사회복지사 1급

회차별 올인 기출문제집

시대에듀

머리말

지난 2003년 사회복지사 1급 자격시험이 시행되면서 사회복지사 자격제도의 전문화를 이루고자 하는 노력이 점점 가속화되고 있습니다. 또한 사회복지사 임금의 현실화 및 복리후생제도를 바탕으로 한 처우개선안 등 사회복지사에 대한 관심이 증가하고 있습니다. 이는 우리의 삶에서 사회복지사의 역할이 더욱 중요해지고 그 범위 또한 광범위하게 넓어지고 있다는 것을 의미합니다.

사회복지사 1급 시험은 전공자들이 응시하는 시험으로 평균 합격률이 38% 정도입니다. 또한 사회복지관련 학자들의 이론뿐만 아니라 사회정책, 이슈, 법령까지 다루는 1~8영역의 넓은 학습범위는 수험생들에게 부담을 더해줍니다. 이에 시대에듀에서는 수험생들의 합격에 도움이 되고자 사회복지사 1급 기출이 답이다 회차별 올인 기출문제집을 출간하였습니다.

어느 시험이든 기출문제는 실제 시험문제의 디딤돌 역할을 합니다. 자신의 현재 실력을 테스트해 볼 수 있고, 출제경향도 파악할 수 있기 때문입니다. 사회복지사 1급 기출이 답이다 회차별 올인 기출문제집은 2025년 제23회부터 2020년 제18회까지의 6개년 기출문제를 수록하였습니다. 한 문제도 빠뜨리지 않고 꼼꼼한 해설에 더욱 신중을 기하여 구성하였습니다. 기출문제를 모두 내 것으로 만든다면 자신감도 한층 더해질 것입니다.

사회복지사 1급에 도전하는 모든 분들의 합격을 진심으로 기원합니다.

편저자 씀

시험안내

INFORMATION

시험정보

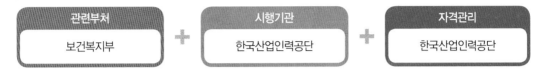

관련부처	시행기관	자격관리
보건복지부	한국산업인력공단	한국산업인력공단

시험과목 및 시험방법

구 분	시험과목	문제형식	시험영역	시험시간(일반)
1교시	사회복지기초(50문항)	객관식 5지선다형	• 인간행동과 사회환경 • 사회복지조사론	50분
2교시	사회복지실천(75문항)		• 사회복지실천론 • 사회복지실천기술론 • 지역사회복지론	75분
3교시	사회복지정책과 제도(75문항)		• 사회복지정책론 • 사회복지행정론 • 사회복지법제론	75분

합격자 결정기준

❶ 매 과목 4할 이상, 전 과목 총점의 6할 이상을 득점한 자를 합격예정자로 결정함

❷ 합격예정자에 대해서는 한국사회복지사협회에서 응시자격 서류심사를 실시하며 심사결과 부적격 사유에 해당되거나,
   응시자격 서류를 정해진 기한 내에 제출하지 않은 경우에는 합격예정을 취소함

   ※ 필기시험에 합격하고 응시자격 서류심사에 통과한 자를 최종합격자로 결정

❸ 최종합격자 발표 후라도 제출된 서류 등의 기재사항이 사실과 다르거나 응시자격 부적격 사유가 발견될 때에는 합격을
   취소함

시험일정

원서접수	시험시행	합격예정자 발표	응시자격 서류제출	최종합격자 발표
2025년 12월 중	2026년 1월 중	2026년 2월 중	2026년 2~3월 중	2026년 3월 중

※ 정확한 시험일정은 시행처인 한국산업인력공단(Q-net)의 확정공고를 필히 확인하시기 바랍니다.

출제경향

사회복지사 1급, 역대 시험은 어떻게 출제되었나?

2025년 제23회

접수자	응시자	응시율	최종합격자	합격률
32,445명	25,305명	77.9%	9,830명	38.8%

사회복지사 1급 자격시험의 2022년 제20회 합격률이 '36.1%', 2023년 제21회 합격률이 '40.1%'를 기록하는 등 비교적 높은 합격률을 보이다가, 지난 2024년 제22회 합격률이 '29.6%'로 낮아진 바 있습니다. 그리고 이번 2025년 제23회 합격률이 '38.8%'를 보이면서 이전의 높은 합격률을 회복하였습니다. 다만, 지난 제22회 시험의 낮은 합격률이 전반적인 난이도상의 문제라기보다는 일부 최신 정책이나 최근 개정 법령 반영 때문으로 볼 때 시행처에서 대략 30% 중후반대 합격률을 목표로 문제를 출제하는 것으로 보입니다.

요컨대, 최근 몇 년간 사회복지사 시험은 전반적으로 제한된 영역 안에서 비교적 무난한 난이도의 문항들이 출제되고 있습니다. 실제로 신출문제나 고난도 문제들이 이전에 비해 다소 줄어들었으므로, 수험생으로서 기본적인 마음가짐으로 학습에 열중한다면 충분히 결실을 거둘 수 있을 것으로 보입니다.

2024년 제22회

접수자	응시자	응시율	최종합격자	합격률
31,608명	25,458명	80.5%	7,554명	29.6%

2023년 제21회 합격률이 '40.1%'를 기록하는 등 비교적 높은 합격률을 보인 반면, 2024년 제22회 합격률은 '29.6%'로 상대적으로 낮은 합격률을 보이고 있습니다. 사실 지난 시험에서 주된 감점 요인은 제20회 시험의 경우 신출문제의 상대적으로 높은 비중에서, 제21회 시험의 경우 확대된 출제범위에서 찾을 수 있습니다. 그러나 제22회 시험은 신출문제의 비중도 그리 높지 않은 데다가 출제범위 또한 비교적 예상된 범위 내에 있었습니다. 다만, 2024년도 기준 정책이나 최근 개정된 법령 관련 구체적인 수치를 묻는 문항과 같이 최신의 정보들을 직접 찾아 학습해야만 맞힐 수 있는 어려운 문항들도 일부 있었으므로 비교적 낮은 합격률의 수치를 어느 정도 이해할 수 있겠습니다.

2023년 제21회

접수자	응시자	응시율	최종합격자	합격률
30,528명	24,119명	79%	9,673명	40.1%

2022년 제20회 합격률이 '36.1%'를 기록한 반면 2023년 제21회 합격률은 그보다 높은 '40.1%'를 기록하였습니다. 사실 지난 제20회 시험의 주된 감점 요인이 신출문제에 있었다면, 제21회 시험에서는 앞선 시험들과 비교해 볼 때 체감상 보다 확대된 출제범위에 있는 것으로 보입니다. 특히 눈여겨보아야 할 것은 최근 자격시험의 문항들이 그와 유사한 다른 자격시험의 문항들(예 청소년상담사 등)을 그대로 가져오거나 이를 약간 변형하여 제시하는 경우들을 종종 볼 수 있다는 점입니다.

2022년 제20회

접수자	응시자	응시율	최종합격자	합격률
31,016명	24,248명	78.2%	8,753명	36.1%

2021년 제19회 합격률이 '60.4%'를 기록한 반면 2022년 제20회 합격률이 '36.1%'를 기록했다는 것은, 제20회 시험이 제19회 시험에 비해 상대적으로 어려웠음을 보여줍니다. 사실 제19회 시험의 경우 일부 문항들에서 수험생들의 혼란을 유발하는 의도적인 함정문제들이 감점의 주요 원인이었다면, 제20회 시험에서는 신출문제와 함께 보다 세부적인 내용을 묻는 문제가 감점의 주요 원인이었다고 볼 수 있습니다.

2021년 제19회

접수자	응시자	응시율	최종합격자	합격률
35,598명	28,391명	79.8%	17,158명	60.4%

전반적인 난이도 측면에서 이전 시험에 비해 쉬웠던 것으로 보입니다. 사례형 문항의 보기 내용도 비교적 짧았고, 선택지의 내용도 심화된 양상을 보이지는 않았습니다. 다만, 일부 문항들의 선택지들이 수험생들의 혼란을 유발하고 있으며, 간간이 출제자가 의도적으로 만들어놓은 함정도 눈에 띕니다. 사실 이와 같은 문제들은 평소 충분한 학습으로 해결할 수 있는데, 막상 시험장에서는 알고 있는 문제도 틀릴 수 있는 만큼 섣불리 답안을 선택하기보다는 선택지를 끝까지 살펴본 후 최종적으로 가장 적합한 답안을 선택하여야 합니다.

이것이 궁금해요

Q 사회복지사는 무슨 일을 하나요?

A 사회복지사는 개인적, 가정적, 사회적으로 어려움을 겪고 있는 사람들이 스스로 문제를 해결하여 자신이 원하는 삶을 찾고, 안정된 생활을 할 수 있도록 돕는 전문인력입니다. 사회복지사는 과거 아동보육시설과 공공부문에서만 활동하던 것에서 최근에는 기업, 학교, 군대, 병원 등으로 활동영역이 확대되었으며, 다양한 분야에서 사회복지에 대한 수요가 증가하고 있는 만큼 향후 사회 전반에서 사회복지사의 업무가 요구될 것으로 보입니다.

Q 사회복지사 자격증을 취득하기 위해 어떤 조건이 필요한가요?

A 대학에서 사회복지학을 전공하거나, 학점은행제, 평생교육원 등에서 필요한 수업을 이수하여 자격을 취득할 수 있습니다. 일정 학점의 수업이수와 현장실습 요건이 충족되면 사회복지사 2급 자격의 취득이 가능하며, 2020년 입학생부터는 17과목의 수업이수와 160시간의 현장실습 요건을 충족해야 합니다. 1급은 사회복지학 학사학위 취득자, 대학원에서 사회복지학 또는 사회사업학을 전공한 석사 또는 박사학위 취득자가 별도의 시험을 통해 자격을 취득하게 됩니다.

사회복지사 2급 자격증을 취득하는 인력이 많아지면서 기관에 따라서 1급 자격증 소지자에 대한 요구로 차별화가 있을 수 있으며, 장기적으로 사회복지현장에서 일하며 관리자급으로 승진 및 경력을 쌓고자 한다면 사회복지사 1급 자격증을 취득하는 것이 경쟁력이 있다고 할 수 있습니다.

Q 사회복지관련 교과목과 명칭은 다르나 같은 내용을 배운 경우, 관련 교과목으로 인정될 수 있나요?

A 사회복지학 전공교과목과 관련 교과목 중 명칭이 상이한 경우, 교과의 내용이 동일한 교과목은 '동일교과목 심의'를 통해 동일교과목 여부를 판단할 수 있습니다. 단, 동일교과목 심의대상은 사회복지학과 또는 관련학과에서 개설한 교과목의 경우에 한하며 심의결과에 따라 인정 여부가 판단되므로, 동일교과목으로 인정되지 않을 수 있음을 참고하시기 바랍니다.

※ 심의범위 : 사회복지학과 또는 관련학과에서 개설한 교과목
※ 동일교과목 심의 '관련학과'란 보건복지부령이 정하는 사회복지학 전공교과목 중 필수 10개 과목(대학·전문대학 기준) 또는 필수 6개 과목(대학원 기준)이 전공과목(학점)으로 개설되어 있는 학과를 말함(심의 요청한 과목을 제외하고도 해당 기준을 충족해야 함)

🅀 사회복지사는 어떤 적성을 가진 사람에게 적합할까요?

🅐 투철한 소명의식과 봉사정신을 갖춘 사람에게 적합하며, 관련 분야에 대한 충분한 전문지식과 직업인으로서의 사명감이 있어야 사회복지사로 활동할 수 있습니다. 복지서비스 수요자를 직접 대면하는 일이 많은 만큼 사람에 대한 공감능력과 이해심, 사회성이 요구됩니다. 직무수행 과정에서 다양한 일이 발생하므로 직관적인 대처능력도 필요합니다. 복지서비스 대상자와의 관계를 수평적으로 설정하고 파트너십을 형성하며, 사람의 삶이 변화되는 과정에 대한 책임감과 대상자에 대한 진실성 있는 자세도 중요합니다.

또한, 국민의 세금으로 복지제도가 운영되는 만큼 최소 비용으로 최대 효과를 낼 수 있는 복지서비스를 기획할 수 있어야 하며, 복지 대상자를 결정할 합리적 기준도 마련해야 합니다. 따라서 냉철한 판단력이 요구됩니다.

사회복지 프로그램 및 서비스를 지속적으로 개발해야 하므로 다양한 분야에 대한 호기심과 높은 창의력도 필요합니다.

🅀 사회복지사 1급 시험의 응시현황과 합격률이 궁금합니다. 알려주세요.

🅐 사회복지사 1급 연도별 현황(최근 5년)

구 분	응시인원(명)	합격인원(명)	합격률(%)	시험과목	문항 수
제23회(2025년)	25,305	9,830	38.8	필수 8과목	200
제22회(2024년)	25,458	7,554	29.6		
제21회(2023년)	24,119	9,673	40.1		
제20회(2022년)	24,248	8,753	36.1		
제19회(2021년)	28,391	17,158	60.4		

🅀 정신보건사회복지사 자격증을 취득하고 싶어요!

🅐 정신보건사회복지사는 사회복지사 1급 자격증 소지자가 보건복지부장관이 지정한 전문요원수련기관에서 1년 이상의 수련을 마치고 자격시험에 통과하면 정신보건사회복지사 2급을 취득할 수 있습니다. 사회복지학 또는 사회사업학을 전공한 석사학위 이상 소지자는 전문요원수련기관에서 3년 이상의 수련을 마치면 정신보건사회복지사 1급을 취득할 수 있습니다.

이 책의 구성과 특징   FEATURE

※ 〈사회복지사 1급 기출이 답이다 회차별 올인 기출문제집〉은 자격시험 대비를 위해 효과적으로 구성되었습니다.
다음의 특징을 충분히 활용한다면 방대한 양의 사회복지사 자격시험도 차근차근 완벽하게 준비할 수 있습니다.

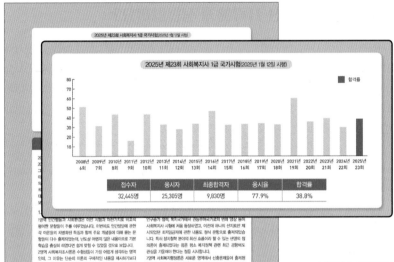

시험을 파헤치자

응시율은 몇인지? 합격률은? 최종합격자 수는?
이 모든 것은 시험의 난이도를 파악할 수 있는
좋은 정보입니다. 계획 있는 공부를 위해 꼭 확인
하세요.

2025~2020년, 6개년 기출문제

2025~2020년의 기출문제를 수록하여 사회복
지사 1급 기출문제를 완벽하게 정복할 수 있도
록 구성했습니다. 합격의 열쇠는 기출문제! 시대
에듀와 함께 기출문제를 확실히 정복하세요.

실전과 같은 문제 풀이

시험장에서 받게 될 시험지와 흡사하게 구성되었기에 실전처럼 풀어볼 수 있습니다. 하루에 1회씩, 실제 시험과 똑같은 시간에 답안지를 작성하며 실전감각을 익혀보세요.

해설을 통한 복습

기출문제를 하나하나 분해해 세심하게 설명했습니다. 왜 보기항이 맞는지, 어떤 이유로 틀린 건지, 어떤 함정이 있는지를 확인하면서 수준 높은 마무리 점검을 할 수 있습니다.

이 책의 구성과 특징 FEATURE

※ 본 도서는 기출문제와 해설을 맞쪽으로 수록하였습니다. 실전감각을 익히기 위하여 문제만 풀어보고 싶은 수험생은 **짝수 페이지의 문제**만 풀어본 후 **홀수 페이지의 정답과 해설**로 실력을 체크하고, 문제와 해설을 함께 보며 빠르게 훑어보고 싶은 수험생은 짝수 페이지와 홀수 페이지를 함께 봄으로써 두 가지 효과를 얻을 수 있습니다. 기출문제를 중심으로 출제의 흐름과 난이도를 파악해 보세요.

❶ 2025~2020년, 총 6회의 기출문제가 수록되어 있습니다.

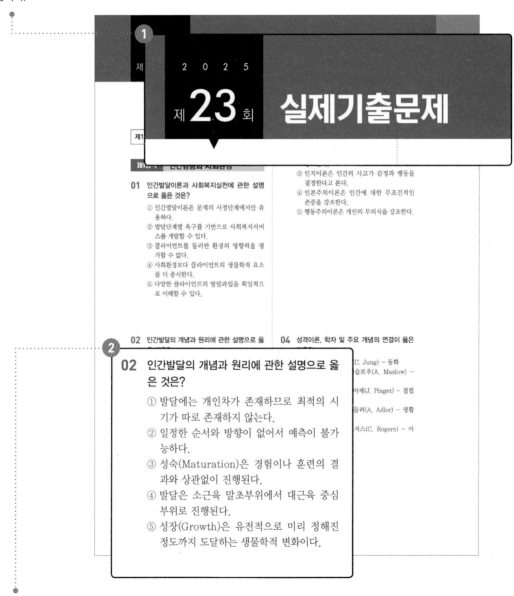

❶ 제 **2 0 2 5** 제 **23** 회 **실제기출문제**

01 인간발달이론과 사회복지실천에 관한 설명으로 옳은 것은?
① 인간발달이론은 문제의 사정단계에서만 유용하다.
② 발달단계별 욕구를 기반으로 사회복지서비스를 개발할 수 있다.
③ 클라이언트를 둘러싼 환경의 영향력을 평가할 수 없다.
④ 사회환경보다 클라이언트의 생물학적 요소를 더 중시한다.
⑤ 다양한 클라이언트의 발달과업을 획일적으로 이해할 수 있다.

③ 인지이론은 인간의 사고가 감정과 행동을 결정한다고 본다.
④ 인본주의이론은 인간에 대한 무조건적인 존중을 강조한다.
⑤ 행동주의이론은 개인의 무의식을 강조한다.

02 인간발달의 개념과 원리에 관한 설명으로 옳은 것은?

04 성격이론, 학자 및 주요 개념의 연결이 옳은

❷
02 인간발달의 개념과 원리에 관한 설명으로 옳은 것은?
① 발달에는 개인차가 존재하므로 최적의 시기가 따로 존재하지 않는다.
② 일정한 순서와 방향이 없어서 예측이 불가능하다.
③ 성숙(Maturation)은 경험이나 훈련의 결과와 상관없이 진행된다.
④ 발달은 소근육 말초부위에서 대근육 중심부위로 진행된다.
⑤ 성장(Growth)은 유전적으로 미리 정해진 정도까지 도달하는 생물학적 변화이다.

(C. Jung) – 동화
슬로우(A. Maslow) –

아제(J. Piaget) – 결핍

들러(A. Adler) – 생활

저스(C. Rogers) – 아

❷ 실제 기출문제와 똑같은 문제를 풀어볼 수 있습니다.

문제와 해설을 따로 또 같이

정답 및 해설

01 ② 02 ③ 03 ⑤ 04 ④ ❸

| 제1과목 ▶ 사회복지기초 |

01

① 인간발달이론은 인간을 보다 정확히 이해하고 전문적 실천행동의 방향을 설정하며, 특정 개입을 위한 지침의 개념적 틀을 제공해 준다는 점에서 사회복지실천에 매우 유용하다.
③·④ '환경 속의 인간(Person In Environment)'은 인간발달 이해를 위한 기본 관점으로, 발달은 유전적 요인만이 아니라 외부로부터 받은 환경과의 상호작용으로 진행된다. 인간행동의 이해를 위해 유전적 요인과 환경적 요인의 상호작용을 분석하여야 한다.
⑤ 인간발달이론은 다양한 클라이언트를 이해할 수 있는 기반을 제공하지만, 다양한 클라이언트의 발달적 특성에 대한 획일적인 이해를 추구하지는 않는다.

02

① 신체발달 및 심리발달에는 발달이 가장 왕성하게 이루어지는 적절한 시기(결정적 시기, Critical Period)가 있다.
②·④ 발달은 일관된 주기 므로 미리 예측이 가능 방향성은 상부에서 하부 위로, 전체활동에서 특수
⑤ 유전적으로 미리 정해진 학적 변화는 성숙(Maturation)이며 (Growth)은 신체 크기의 의 확장 등과 같은 양적 에 국한된 변화를 설명한

03

⑤ 개인의 무의식을 강조한 것은 프로이트(Freud)의 정신분석이론이다. 프로이트는 인간의 행동은 의식적 과정이라기보다는 인식할 수 없는 무의식에 의해 동기가 유발된다고 보았다. 행동주의이론은 인간행동이 내적 충동이 아닌 외적 자극에 의해 동기화된다고 하였다.

04

① 로저스(Rogers)의 인본주의이론(현상학이론)은

❸ 정답이 문제의 옆 페이지에 표기되어 있습니다.
문제만 풀어보기/해설과 함께 풀기 모두 가능합니다.

04

① 로저스(Rogers)의 인본주의이론(현상학이론)은 모든 인간이 긍정적인 방향으로 성장하고자 하는 경향과 자기결정 및 자기실현 경향성을 가지고 있으며, 인간에 대한 무조건적인 존중을 강조하였다. 주요 개념으로는 현상학적 장 및 자기와 자기개념 등이 있다. 참고로 동화는 피아제(Piaget)의 인지발달이론의 주요 개념이다.
② 프로이트(Freud)의 정신분석이론은 개인의 심리내적 갈등이 무의식의 동기에서 비롯된다는 점을 강조하였다. 주요 개념으로는 리비도, 자유연상 등이 있다. 참고로 열등감은 아들러(Adler)의 개인심리이론의 주요 개념이다.
③ 피아제(Piaget)의 인지발달이론은 인간의 인지체계의 발달과 속성을 설명하고, 인지기능의 모델을 제시했으며, 주요 개념으로는 도식, 적응 등이 있

❹ 상세한 해설을 통해 한 번 더 학습효과를 누릴 수 있습니다.

이 책의 목차

CONTENTS

2025년 제23회 실제기출문제 · · · · · · · · · · · · · · · · · 4

2024년 제22회 실제기출문제 · · · · · · · · · · · · · · · · · 106

2023년 제21회 실제기출문제 · · · · · · · · · · · · · · · · · 208

2022년 제20회 실제기출문제 · · · · · · · · · · · · · · · · · 310

2021년 제19회 실제기출문제 · · · · · · · · · · · · · · · · · 412

2020년 제18회 실제기출문제 · · · · · · · · · · · · · · · · · 514

실제기출문제

2025년 제23회

2024년 제22회

2023년 제21회

2022년 제20회

2021년 제19회

2020년 제18회

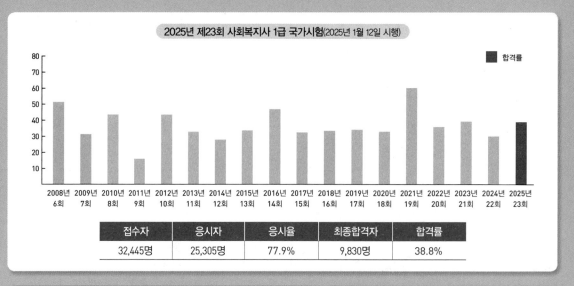

	접수자	응시자	응시율	최종합격자	합격률
	32,445명	25,305명	77.9%	9,830명	38.8%

2025년 제23회 시험은 어떻게 출제되었나?

2022년, 2023년에 비교적 높은 예비합격률을 보이다가, 지난 2024년 제22회 예비합격률이 '29.98%'로 낮아진 바 있습니다. 그리고 이번 2025년 제23회 예비합격률이 '39.44%'를 보이면서 이전의 높은 합격률을 회복하였습니다. 다만, 지난 제22회 시험의 낮은 예비합격률이 전반적인 난도상의 문제라기보다는 일부 최신 정책이나 최근 개정 법령 반영 때문으로 볼 때 시행처에서 대략 30% 중후반 대 합격률을 목표로 문제를 출제하는 것으로 보입니다.

1교시 사회복지기초

1영역 인간행동과 사회환경은 이전 시험과 마찬가지로 비교적 평이한 문항들이 주를 이루었습니다. 이번에도 인간발달에 관한 각 이론들의 차별화된 특징과 함께 주요 개념들에 대해 묻는 문항들이 다수 출제되었는데, 난도상 어렵지 않은 내용이므로 기본 학습을 충실히 하였다면 쉽게 맞힐 수 있었을 것으로 보입니다.

2영역 사회복지조사론은 수험생들이 가장 어렵게 생각하는 영역인데, 그 이유는 단순히 이론의 구체적인 내용을 제시하기보다는 이를 응용하는 방식으로 출제되기 때문입니다. 다만, 이번 시험에서는 사례문제의 비중이 줄어든 반면, 조사연구 혹은 측정을 위한 개념과 다양한 방법들의 특징을 묻는 문항들이 상대적으로 증가하였습니다.

2교시 사회복지실천

3영역 사회복지실천론은 사회복지사 시험에서 주로 출제되는 내용들을 중심으로 전반적으로 고른 영역에서 출제되었습니다. 다만, 실천영역 특성상 정답과 오답이 명확히 구분되지 않는 문항들이 제법 있기에 수험생들을 혼란에 빠뜨리기 쉬웠습니다.

4영역 사회복지실천기술론은 클라이언트 개인이나 가족, 집단을 중심으로 한 여러 가지 모델들이 고르게 출제되었습니다. 다만, 이번 시험에서는 밀러와 롤닉(Miller & Rollnick)의 동기강화모델이나 '노아방주의 원칙' 등 생소한 이론모델이나 개념용어가 제시되었는데, 관련 내용이 추후 재등장할지 추이를 지켜볼 필요가 있습니다. 또한 이번 시험에서도 단일사례설계와 같은 타 영역에 어울릴 법한 문항이 모습을 보였습니다.

5영역 지역사회복지론의 전반부 문항들은 매우 익숙한 형태로 낯익은 지문들이 등장하여 비교적 쉽게 맞힐 수 있었을 것으로 보이나, 지역사회복지실천모델의 문항들에 이르러 세부적인 내용들을 선지로 제시함에 따라 수험생들로 하여금 갑자기 난도가 상승한 듯한 당혹감을 안겼을 것으로 보입니다.

3교시 사회복지정책과 제도

6영역 사회복지정책론은 일부 생소한 문제들이 등장하여 수험생들을 당혹스럽게 만들었을 것으로 보입니다. 정의(Justice)에 관한 새로운 관점으로서 샌델(Sandel)의 정의론, 중상주의 시기의 인구증가 정책, 복지국가에서 권능부여국가로의 변화 양상 등이 사회복지사 시험에 처음 등장하였고, 이전에 하나의 선지로만 제시되었던 최저임금제에 관한 내용도 정식 문항으로 출제되었습니다. 특히 정치철학 분야의 최신 흐름이라 할 수 있는 샌델의 정의론이 출제되었다는 점은 평소 복지정책 관련 최근 경향에도 관심을 기울여야 한다는 점을 시사합니다.

7영역 사회복지행정론은 새로운 영역에서 신출문제가 출제된 것도, 난도 높은 문항들이 출제된 것도 아니므로 비교적 쉽게 접근할 수 있었던 것으로 보입니다. 물론 재무·회계 및 예산 관련 문항들이 약간 어렵게 느껴질 수도 있겠으나, 기본 학습이나 상식 수준에서 맞힐 수 있는 문항들도 제법 눈에 띄었습니다.

8영역 사회복지법제론은 다른 과목영역과 달리 출제분포가 고르지 않은 양상을 보이고 있습니다. 「사회복지관련법」의 입법 시기에 관한 내용을 굳이 2문항이나 낼 필요가 있었는지, 「사회보장기본법」의 내용을 5문항씩이나 낼 필요가 있었는지 의문이지만, 그로 인해 예상치 못한 특별법을 맞닥뜨려 불합격의 공포를 느끼지 않아도 된 만큼 수험생들 입장에서는 환영할 만한 출제 방식이었다고 볼 수 있습니다. 그래도 기본법에서 다수의 문항을 소진한 나머지 정작 중요한 내용을 담고 있는 「사회보장급여법」이나 「국민연금법」을 놓친 것은 분명 문제의 소지가 있습니다.

2025년도 제23회 사회복지사 1급 국가자격시험

교 시	문제형별	시 간	시험과목
1~3교시		200분	① 사회복지기초 ② 사회복지실천 ③ 사회복지정책과 제도

수험번호		성 명	

수험자 유의사항

1. 시험문제지 표지와 시험문제지 내 문제형별의 동일여부 및 시험문제지의 총면수, 문제번호 일련순서, 인쇄상태 등을 확인하시고, 문제지 표지에 수험번호와 성명을 기재하시기 바랍니다.

2. 답은 각 문제마다 요구하는 가장 적합하거나 가까운 답 1개만 선택하고, 답안카드 작성 시 시험문제지 형별누락, 마킹착오로 인한 불이익은 전적으로 수험자에게 책임이 있음을 알려 드립니다.

3. 답안카드는 국가전문자격 공통 표준형으로 문제번호가 1번부터 125번까지 인쇄되어 있습니다. 답안 마킹 시에는 반드시 시험문제지의 문제번호와 동일한 번호에 마킹하여야 합니다.

4. 감독위원의 지시에 불응하거나 시험시간 종료 후 답안카드를 제출하지 않을 경우 불이익이 발생할 수 있음을 알려 드립니다.

5. 답안작성은 시험시행일 현재 시행되는 법령 등을 적용하시기 바랍니다.

6. 시험문제지는 시험 종료 후 가져가시기 바랍니다.

제1과목 ▶ 사회복지기초

제1영역 **인간행동과 사회환경**

01 인간발달이론과 사회복지실천에 관한 설명으로 옳은 것은?

① 인간발달이론은 문제의 사정단계에서만 유용하다.
② 발달단계별 욕구를 기반으로 사회복지서비스를 개발할 수 있다.
③ 클라이언트를 둘러싼 환경의 영향력을 평가할 수 없다.
④ 사회환경보다 클라이언트의 생물학적 요소를 더 중시한다.
⑤ 다양한 클라이언트의 발달과업을 획일적으로 이해할 수 있다.

02 인간발달의 개념과 원리에 관한 설명으로 옳은 것은?

① 발달에는 개인차가 존재하므로 최적의 시기가 따로 존재하지 않는다.
② 일정한 순서와 방향이 없어서 예측이 불가능하다.
③ 성숙(Maturation)은 경험이나 훈련의 결과와 상관없이 진행된다.
④ 발달은 소근육 말초부위에서 대근육 중심부위로 진행된다.
⑤ 성장(Growth)은 유전적으로 미리 정해진 정도까지 도달하는 생물학적 변화이다.

03 인간행동에 관한 관점으로 옳지 않은 것은?

① 정신분석이론은 유년기의 경험을 강조한다.
② 생태체계이론은 환경 속의 인간의 관점을 강조한다.
③ 인지이론은 인간의 사고가 감정과 행동을 결정한다고 본다.
④ 인본주의이론은 인간에 대한 무조건적인 존중을 강조한다.
⑤ 행동주의이론은 개인의 무의식을 강조한다.

04 성격이론, 학자 및 주요 개념의 연결이 옳은 것은?

① 인본주의이론 - 융(C. Jung) - 동화
② 정신분석이론 - 매슬로우(A. Maslow) - 열등감
③ 인지발달이론 - 피아제(J. Piaget) - 결핍동기
④ 개인심리이론 - 아들러(A. Adler) - 생활양식
⑤ 분석심리이론 - 로저스(C. Rogers) - 아니마

제1과목 ▶ 사회복지기초

01

① 인간발달이론은 인간을 보다 정확히 이해하고 전문적 실천행동의 방향을 설정하며, 특정 개입을 위한 지침의 개념적 틀을 제공해 준다는 점에서 사회복지실천에 매우 유용하다.

③ · ④ '환경 속의 인간(Person In Environment)'은 인간발달 이해를 위한 기본 관점으로, 발달은 유전적 요인뿐만 아니라 외부로부터 받은 환경과의 상호작용으로 진행된다. 인간행동의 이해를 위해 유전적 요인과 환경적 요인의 상호작용을 분석하여야 한다.

⑤ 인간발달이론은 다양한 클라이언트를 이해할 수 있는 기반을 제공하지만, 다양한 클라이언트의 발달적 특성에 대한 획일적인 이해를 추구하지는 않는다.

02

① 신체발달 및 심리발달에는 발달이 가장 용이하게 이루어지는 적절한 시기인 결정적 시기(Critical Period)가 있다.

② · ④ 발달은 일관된 주기에 따라 지속되고 누적되므로 미리 예측이 가능하다. 인간발달의 순서 및 방향성은 상부에서 하부로, 중심부위에서 말초부위로, 전체활동에서 특수활동으로 이루어진다.

⑤ 유전적으로 미리 정해진 정도까지 도달하는 생물학적 변화는 성숙(Maturation)이다. 성장(Growth)은 신체 크기의 증대, 근력의 증가, 인지의 확장 등과 같은 양적 확대로, 특히 신체적 부분에 국한된 변화를 설명할 때 주로 사용된다.

03

⑤ 개인의 무의식을 강조한 것은 프로이트(Freud)의 정신분석이론이다. 프로이트는 인간의 행동은 의식적 과정이라기보다는 인식할 수 없는 무의식에 의해 동기가 유발된다고 보았다. 행동주의이론은 인간행동이 내적 충동이 아닌 외적 자극에 의해 동기화된다고 하였다.

04

① 로저스(Rogers)의 인본주의이론(현상학이론)은 모든 인간이 긍정적인 방향으로 성장하고자 하는 경향과 자기결정 및 자기실현 경향성을 가지고 있으며, 인간에 대한 무조건적인 존중을 강조하였다. 주요 개념으로는 현상학적 장 및 자기와 자기개념 등이 있다. 참고로 동화는 피아제(Piaget)의 인지발달이론의 주요 개념이다.

② 프로이트(Freud)의 정신분석이론은 개인의 심리내적 갈등이 무의식의 동기에서 비롯된다는 점을 강조하였다. 주요 개념으로는 리비도, 자유연상 등이 있다. 참고로 열등감은 아들러(Adler)의 개인심리이론의 주요 개념이다.

③ 피아제(Piaget)의 인지발달이론은 인간의 인지체계의 발달과 속성을 설명하고, 인지기능의 모델을 제시했으며, 주요 개념으로는 도식, 적응 등이 있다. 참고로 결핍동기는 매슬로우(Maslow)의 욕구이론(욕구계층이론)의 주요 개념이다.

⑤ 융(Jung)의 분석심리이론은 프로이트(Freud)의 이론을 확대 혹은 재해석하여 정신역동이론으로 발전시켰다. 주요 개념으로는 자아, 자기, 아니마 등이 있다.

05 행동주의이론에 관한 설명으로 옳은 것을 모두 고른 것은?

> ㄱ. 인간을 주관적인 존재로 규정하였다.
> ㄴ. 인간행동은 인간이 지닌 자유의지의 결과이다.
> ㄷ. 선행조건과 결과에 따라 행동이 형성된다는 입장을 가지고 있다.
> ㄹ. 경험주의에 근간을 두고 구체적으로 관찰할 수 있는 행동에 초점을 둔다.

① ㄱ, ㄴ
② ㄱ, ㄷ
③ ㄴ, ㄷ
④ ㄷ, ㄹ
⑤ ㄱ, ㄴ, ㄹ

06 스키너(B. Skinner)의 이론에 관한 설명으로 옳지 않은 것은?

① 부적 강화는 바람직한 행동의 빈도를 감소시킨다.
② 가변비율(Variable-Ratio)계획이 강화계획 중에서 반응률이 가장 높다.
③ 인간행동은 내적 충동보다는 외적 자극에 반응하여 나타난다.
④ 고정간격(Fixed-Interval)계획은 정해진 시간 간격이 지난 후 강화를 주는 것이다.
⑤ 인간행동은 예측 가능하며 통제할 수 있다.

07 아들러(A. Adler)의 이론에 관한 설명으로 옳지 않은 것은?

① 인간은 사회적 관심에 의해 동기화된다.
② 출생순위는 성격 형성에 영향을 준다.
③ 우월에 대한 추구는 선천적으로 타고나는 것이다.
④ 성격유형을 태도와 기능의 조합에 따라 구분했다.
⑤ 가상적 목표(Fictional Finalism)는 어려움에 부딪힐 때 효과적으로 대처하는 데 도움이 된다.

08 프로이트(S. Freud)의 이론에 관한 설명으로 옳지 않은 것은?

① 초자아(Superego)의 특질은 자아이상(Ego Ideal)과 양심(Conscience)으로 구성된다.
② 프로이트(S. Freud)는 실수행위를 통해 무의식이 작용하는 증거를 파악하였다.
③ 내면화(Introjection)는 심리적 갈등이 근육계통의 증상으로 나타나는 방어기제이다.
④ 자아(Ego)는 2차적 사고 과정과 현실 원칙에 의해 지배된다.
⑤ 남자아이는 남근기에 오이디푸스 콤플렉스(Oedipus Complex)로 인한 거세불안을 경험한다.

05

ㄷ. 행동주의의 대표적인 이론가인 스키너(Skinner)는 인간의 행동(Behavior)이 '선행요인 또는 선행 조건(Antecedents)'으로서 환경적 자극에 의해 동기화되며, 행동에 따르는 결과(Consequences)에 의해 전적으로 결정된다는 'ABC 패러다임'을 제시하였다.

ㄱ·ㄹ. 행동주의이론은 인지, 감각, 의지 등 주관적 또는 관념적 특성을 나타내는 것들을 과학적 연구대상에서 제외시키면서, 직접적으로 관찰이 가능한 인간의 행동에 연구의 초점을 맞추었다.

ㄴ. 스키너는 인간을 자유의지 혹은 삶의 목적을 지닌 존재로 보는 인본주의 심리학의 관점에 의문을 제기하면서, 인간의 행동은 환경적 자극에 의해 동기화되고, 행동에 따르는 강화에 의해 전적으로 결정된다고 주장하였다.

06

① 부적 강화는 불쾌 자극을 철회하여 바람직한 행동의 빈도를 증가시키는 것이다. 예를 들어, 발표자에 대한 보충수업 면제를 통보하여 학생들의 발표를 유도하는 것이다.

07

④ 자아의 태도와 기능의 조합에 따라 성격유형을 구분한 것은 융(Jung)의 분석심리이론이다. 융은 자아의 기본적 태도로 '외향성'과 '내향성'을, 자아의 심리적 기능으로 '사고', '감정', '감각', '직관'을 제시하였으며, 이러한 자아의 2가지 태도와 4가지 기능의 결합을 통해 8가지 심리적 유형, 즉 외향적인 사고·감정·감각·직관 그리고 내향적인 사고·감정·감각·직관을 제안하였다. 참고로 아들러(Adler)는 사회적 관심과 활동수준의 2가지 차원을 기준으로 생활양식을 '지배형', '획득형', '회피형', '사회적으로 유용한 형'으로 유형화하였다.

08

③ 심리적인 갈등이 신체 감각기관이나 수의근계통의 증상으로 바뀌어 표출되는 것은 전환(Conversion)이다. 참고로 내면화(Introjection)는 애증과 같은 강한 감정을 직접적으로 표현하는 것을 피하기 위해 외부의 대상을 자기 내면의 자아체계로 받아들이는 방어기제이다. 예를 들어, 어머니를 미워하는 감정을 수용할 수 없어서 자기 자신을 미워하는 것으로 대치하는 경우이다.

09 로저스(C. Rogers)의 이론에 관한 설명으로 옳지 않은 것은?

① 인간의 내재된 잠재력을 강조한다.
② 인간의 욕구발달단계를 제시한다.
③ 인간의 자아실현 경향성을 강조한다.
④ 인간의 주관적 경험을 강조한다.
⑤ 인간을 통합적 존재로 본다.

10 피아제(J. Piaget)의 이론에서 '구체적 조작기'에 관한 설명으로 옳지 않은 것은?

① 물활론적 사고를 한다.
② 논리적 사고가 가능해진다.
③ 보존개념을 획득한다.
④ 순서대로 나열하는 것이 가능해진다.
⑤ 자기중심성에서 벗어나 타인의 입장을 고려할 수 있게 된다.

11 매슬로우(A. Maslow)의 이론에 관한 설명으로 옳은 것은?

① 인간의 무의식을 강조하였다.
② 인간의 본성은 본래 선하다고 주장하였다.
③ 인간행동에 대한 환경결정론을 강조하였다.
④ 자기완성의 필수요인으로 열등감 극복을 강조하였다.
⑤ 모방학습의 중요성을 강조하였다.

12 생태체계이론과 사회복지실천의 연관성으로 옳지 않은 것은?

① 문제에 대한 총체적 이해와 접근을 용이하게 해준다.
② 사회복지실천을 위한 사정도구로서 유용성을 가진다.
③ 환경의 체계 수준별 개입 근거를 제시한다.
④ 각 체계들로부터 다양한 정보획득이 용이하다.
⑤ 원인과 결과의 단선적 인과관계를 강조한다.

09

② 인간의 욕구발달단계를 제시한 대표적인 인본주의이론의 학자로 매슬로우(Maslow)가 있다.

참고

'자아(Ego)'와 '자기(Self)'는 엄밀한 의미에서 차이가 있습니다. 로저스(Rogers)의 인본주의이론에서는 인간의 성격발달을 신체적 · 심리적 · 사회적 발달과정에서의 적응과정에서 형성되는 '자아(Ego)'가 아닌 자신에 대해 가지고 있는 조직적이고 지속적인 인식으로서의 '자기(Self)'로 설명하고 있으므로 '자기(Self)'로 번역하는 것이 바람직합니다.

10

① 물활론적 사고는 생명이 없는 대상에게 생명과 감정을 부여하는 것으로서, 피아제(Piaget)의 인지발달단계 중 전조작기(2~7세)의 발달적 특징에 해당한다.

11

① 인간의 무의식을 강조한 것은 프로이트(Freud)의 정신분석이론으로, 인간의 행동은 무의식에 의해 동기가 유발된다고 하였다.
③ 인간의 모든 행동이 각 개인에게 주어진 환경적 자극에 의해 획득된다는 환경결정론을 표방한 것은 행동주의이론이다.
④ 아들러(Adler)의 개인심리이론은 열등감이 동기 유발의 요인으로서, 인간의 성숙과 자기완성을 위한 필수적인 요소라고 하였다.
⑤ 반두라(Bandura)의 사회학습이론은 상호결정론적 입장을 표방하여, 모델링을 통한 관찰학습과 모방학습을 강조하였다.

12

⑤ 생태체계이론은 문제의 원인을 단선적인 인과관계로 파악하는 것이 아닌 인간과 환경 간의 복잡하고 다변화하는 상호연관성에 초점을 두었다.

13 사회체계이론에 관한 설명으로 옳은 것을 모두 고른 것은?

> ㄱ. 엔트로피(Entropy)는 폐쇄체계에서 주로 나타난다.
> ㄴ. 항상성(Homeostasis)은 체계의 혼란과 무질서를 증가시킨다.
> ㄷ. 체계(System)의 속성은 경계의 개방성과 침투성에 따라 결정된다.
> ㄹ. 균형(Equilibrium)은 주로 외부와의 교류가 활발한 개방체계에서 나타난다.

① ㄱ, ㄴ
② ㄱ, ㄷ
③ ㄴ, ㄹ
④ ㄷ, ㄹ
⑤ ㄴ, ㄷ, ㄹ

14 콜버그(L. Kohlberg)의 이론에 관한 설명으로 옳은 것은?

① 전인습적 수준 : 사회적인 인정에 관심을 가지고 착한 행동을 함으로써 타인의 인정을 받고자 한다.
② 인습적 수준 : 개인의 양심에 비추어 옳고 그름을 판단한다.
③ 인습적 수준 : 행동의 결과가 가져오는 보상이나 처벌에 의해 옳고 그름을 판단한다.
④ 후인습적 수준 : 사회질서의 유지를 위해 법과 규칙은 준수되어야 하지만, 민주적인 절차를 통해 바뀔 수 있다고 생각한다.
⑤ 후인습적 수준 : 규칙을 준수하고 사회질서를 유지하는 것이 도덕적 행동이라 생각한다.

15 다음에 해당하는 사회환경 수준으로 옳은 것은?

> • 개인에게 영향을 주는 정부의 입법과 사회정책
> • 방송매체를 통하여 형성된 외모, 의복, 문화 등에 관한 유행

① 미시체계
② 중간체계
③ 거시체계
④ 외체계
⑤ 시간체계

16 브론펜브레너(U. Bronfenbrenner)의 중간체계(Meso System)에 관한 설명으로 옳은 것은?

① 가족, 친구, 학교, 종교단체 등이 포함된다.
② 부모와 교사와의 관계, 형제관계 등을 말한다.
③ 신념, 태도, 전통을 통해 개인에게 영향을 준다.
④ 아동의 발달에 영향을 주는 학교위원회가 해당된다.
⑤ 개인이 어느 시대에 출생했는지에 관심을 둔다.

13

ㄴ. 항상성은 개방체계적인 속성으로서, 환경과 지속적으로 소통하면서 역동적인 균형을 이루는 상태를 말한다. 항상성의 기능은 체계에 안정을 가져다주는 것은 물론 외부의 정보를 적절히 통제함으로써 체계를 혼란과 무질서로부터 보호한다.

ㄹ. 균형은 폐쇄체계적인 속성으로서, 외부환경과의 에너지 소통 없이 현상을 유지하려는 상태를 말한다. 참고로 외부와의 교류가 활발한 개방체계에서 나타나는 것은 항상성(Homeostasis)이나 안정상태(Steady State)이다. 항상성이 체계의 일관성을 유지하기 위해 일정한 범위 내에서 변화하려고 한다면, 안정상태는 체계 자체를 변화시키려는 노력을 통해 외부 자극을 받아들인다는 점에서 보다 개방적이고 역동적이라 할 수 있다.

14

① 인습적 수준에 해당하는 내용이다. 이들은 규칙이나 관습, 권위에 순응하며, 착한 소년·소녀를 지향한다. 또한 자신의 의사를 앞세우기보다 다른 사람들에 동조함으로써 그들과 관계를 유지하며, 그들에게서 인정을 받고자 한다.

② 후인습적 수준에 해당하는 내용이다. 이들은 개인의 양심과 보편적인 윤리원칙에 따라 옳고 그름을 인식한다. 즉, 인간의 존엄성과 양심에 따라 자율적이고 독립적 판단이 가능하다.

③ 전인습적 수준에 해당하는 내용이다. 이들은 보상 및 처벌과 같은 외부적 요인에 의해 행동의 옳고 그름을 판단한다.

⑤ 인습적 수준에 해당하는 내용이다. 이들은 규칙에 순응하고 권위와 사회질서를 존중하며, 사회적인 의무수행을 중요하게 생각한다.

15

브론펜브레너(Bronfenbrenner)의 생태학적 체계모델에 의한 5가지 체계

미시체계 (Micro System)	개인에게 가장 근접한 환경이다. 가족, 학교, 이웃 등의 물리적 환경과 사회적 환경, 그리고 그 환경 내에서 갖게 되는 지위, 역할, 활동, 대인관계 등을 의미한다.
중간체계 (Meso System)	서로 상호작용하는 2가지 이상 미시체계들 간의 관계망을 말한다. 특히 개인이 다양한 역할을 동시에 수행한다는 의미가 내포된다.
외체계 또는 외부체계 (Exo System)	개인이 직접 참여하거나 관여하지는 않지만 개인에게 영향을 미치는 환경체계이다.
거시체계 (Macro System)	개인이 속한 사회의 이념(신념)이나 제도, 즉 정치, 경제, 문화 등의 광범위한 사회적 맥락을 의미한다.
시간체계 (Chrono System)	전 생애에 걸쳐 일어나는 변화를 비롯하여 사회역사적인 환경을 포함한다. 개인이 어느 시대에 출생하여 성장했는지에 따라 개인의 발달 및 삶의 양상이 크게 좌우될 수 있는 것이다.

16

① 미시체계(Micro System)에 해당한다.
③ 거시체계(Macro System)에 해당한다.
④ 외체계 또는 외부체계(Exo System)에 해당한다.
⑤ 시간체계(Chrono System)에 해당한다.

17 브론펜브레너(U. Bronfenbrenner)의 미시체계(Micro System)에 관한 설명으로 옳은 것을 모두 고른 것은?

> ㄱ. 인간이 가장 밀접하게 상호작용하는 사회환경을 말한다.
> ㄴ. 전 생애에 걸쳐 일어나는 개인의 변화와 사회역사적 환경을 포함한다.
> ㄷ. 개인이 직접 참여하지 않으나, 부모의 직장, 형제가 속한 학급 등이 포함된다.

① ㄱ
② ㄱ, ㄴ
③ ㄱ, ㄷ
④ ㄴ, ㄷ
⑤ ㄱ, ㄴ, ㄷ

18 영아기(0~2세)의 특징으로 옳은 것은?

① 애착관계를 형성한다.
② 분류화 개념을 획득한다.
③ 서열화를 획득한다.
④ 오이디푸스 콤플렉스(Oedipus Complex)를 경험한다.
⑤ 상징적 사고가 활발한 시기이다.

19 유아기(3~6세)의 발달특성에 관한 설명으로 옳지 않은 것은?

① 성역할의 내면화가 이루어진다.
② 영아기(0~2세)보다 발달속도가 느려진다.
③ 에릭슨(E. Erikson)의 주도성 대 죄책감 단계에 해당된다.
④ 프로이트(S. Freud)의 남근기에 해당된다.
⑤ 피아제(J. Piaget)의 자율적 도덕성 단계에 도달한다.

20 아동기(7~12세)의 발달에 관한 설명으로 옳지 않은 것은?

① 가역적 사고가 발달한다.
② 단체놀이를 통해 분업의 원리를 학습한다.
③ 운동기술이나 근육의 협응 능력이 정교해진다.
④ 형식적 조작사고에서 구체적 조작사고로 전환된다.
⑤ 에릭슨(E. Erikson)은 근면성의 발달을 중요한 과업으로 보았다.

17

ㄴ. 시간체계(Chrono System)에 대한 내용이다.
ㄷ. 외체계 또는 외부체계(Exo System)에 대한 내용이다.

18

② · ③ 서열화, 유목화(분류화), 보존개념을 획득하는 시기는 대략 7~12세의 아동기(혹은 후기아동기)이다.
④ 오이디푸스 콤플렉스 또는 엘렉트라 콤플렉스를 경험하는 시기는 대략 3~6세에 해당하는 유아기(혹은 전기아동기)이다.
⑤ 상징적 사고가 활발한 시기는 대략 3~6세에 해당하는 유아기(혹은 전기아동기)이다.

19

⑤ 유아기(3~6세)는 피아제(Piaget)의 전조작기 도덕성 수준의 타율적 도덕성 단계에 해당한다. 참고로 구체적 조작기 도덕성 수준의 자율적 도덕성 단계에 해당하는 시기는 대략 7~12세의 아동기(혹은 후기아동기)이다. 타율적 도덕성 단계에서 규칙은 일방적 · 절대적이고 변경이 불가능한 것으로 인식되는 반면, 자율적 도덕성 단계에서 규칙은 상호합의에 의해 이루어지고 변경이 가능한 것으로 인식된다.

참고

유아기는 독립적인 보행이 가능한 이른바 걸음마기(18개월 또는 2세~4세)를 말하지만, 걸음마기 후반(3~4세)에서 전기아동기(4~6세)까지를 포함하는 것으로 보기도 합니다. 최근 사회복지사 시험에서는 유아기를 3~6세로 포괄적으로 다루는 경향이 있으므로, 걸음마기와 전기아동기의 특성을 서로 구분하는 동시에 이를 통합적으로 학습할 필요가 있습니다.

20

④ 구체적 조작사고가 발달하는 것은 아동기(7~12세)이며, 형식적 조작사고가 발달하는 것은 청소년기(13~19세)이다. 즉, 구체적 조작사고에서 형식적 조작사고의 단계로 전환된다.

참고

인간발달단계와 관련하여 문제상에 제시되는 각 발달단계별 연령은 학자에 따라 혹은 교재에 따라 약간씩 다르게 제시되고 있습니다. 예를 들어, 아동기(후기아동기)의 연령은 '6~12세' 혹은 '7~12세'로 구분하기도 하며, 중년기(장년기)의 연령은 '30~65세', '36~64세' 혹은 '40~64세'로 구분하기도 합니다.

21 청소년기(13~19세)의 발달에 관한 설명으로 옳은 것은?

① 조합기술(Combination Skill)이 획득된다.
② 가설연역적 사고에서 경험귀납적 사고로 전환된다.
③ 마샤(J. Marcia)는 자아정체감을 4가지 유형으로 구분했다.
④ 2차 성징은 직접적인 생식기능과 관련된 성적 성숙이다.
⑤ 상상적 청중(Imaginary Audience)과 개인적 우화(Personal Fable)를 통해 자아중심성에서 벗어날 수 있다.

22 청년기(20~39세)의 발달에 관한 설명으로 옳은 것은?

① 자아통합이 완성되는 시기로 삶 전체에 대한 평가를 시도한다.
② 전환적 추론이 가능해진다.
③ 부모로부터의 독립에 대한 양가감정에서 해방된다.
④ 피아제(J. Piaget)는 구체적 조작사고가 발달한다고 보았다.
⑤ 에릭슨(E. Erikson)은 친밀감 대 고립의 심리사회적 위기가 발생한다고 보았다.

23 중년기(40~64세)에 관한 설명으로 옳은 것은?

① 에릭슨(E. Erikson)의 정체성 대 침체 단계에 해당된다.
② 갱년기는 남성에게는 나타나지 않는다.
③ 여성은 에스트로겐 분비가 증가하고, 남성은 테스토스테론 분비가 감소한다.
④ 시각, 청각, 미각, 후각 등의 감각기능이 가장 좋은 시기이다.
⑤ 결정성(Crystallized) 지능은 계속 발달한다.

24 노년기(65세 이상)에 관한 설명으로 옳지 않은 것은?

① 외향성이 증가한다.
② 노년기 사회적 역할과 관계망의 축소는 고독과 소외를 초래할 수도 있다.
③ 친근한 사물에 대한 애착이 증가한다.
④ 생에 대한 회상경향이 증가한다.
⑤ 에릭슨(E. Erikson)은 심리사회적 위기를 극복하면 지혜라는 능력을 얻게 된다고 보았다.

21

③ 마샤(Marcia)는 자아정체감을 정체감 성취, 정체감 유예, 정체감 유실, 정체감 혼란(혼미)의 4가지 유형으로 구분하였다.

① 조합기술의 획득으로 사칙연산이 가능해지는 것은 아동기(7~12세)이다.

② 청소년기에는 추상적 사고, 가설 설정, 연역적 추론, 미래사건 예측이 가능해지는 시기이며, 경험 귀납적 사고는 아동기(7~12세)의 인지발달적 특징에 해당한다.

④ 성적 성숙(Sexual Maturation)은 생식기관의 발달과 관련하여 일어나는 사회적 · 심리적 적응과정 모두를 일컫는다. 특히 직접적인 생식기능과 관련된 성적 성숙은 1차 성징을 의미하는 반면, 남자와 여자를 구분해 주지만 생식에 직접적인 영향을 미치지 않는 성적 성숙은 2차 성징을 의미한다.

⑤ 청소년기에는 자아중심적 사고로 인해 상상적 청중(Imaginary Audience) 현상과 개인적 우화(Personal Fable) 현상을 보이며, 이는 다양한 대인관계 경험을 통해 서서히 사라지게 된다.

22

① 자아통합의 시기는 노년기(65세 이후)로, 신체변화에 대한 적응, 인생에 대한 평가, 역할 재조정, 여가시간 활용, 죽음에 대한 대비 등을 발달과제로 한다.

② 유아기의 인지발달적 특징에 해당한다. 유아기에는 전개념적 사고의 한계 때문에 귀납적 추론이나 연역적 추론을 하지 못하는 대신 전환적 추론을 한다.

③ 청년기에는 부모로부터 분리 및 독립하여 자율성을 찾는 과정에서 양가감정(Ambivalence)을 갖게 된다. 이는 부모로부터의 독립에 대한 갈망과 함께 부모로부터 분리되는 것에 대한 불안감에서 비롯된다.

④ 구체적 조작사고가 발달하는 시기는 아동기(7~12세)이며, 청소년기(13~19세)에는 형식적 조작사고가 발달한다고 보았다.

23

⑤ 유동성(Fluid) 지능은 퇴보하기 시작하는 반면, 결정성(Crystallized) 지능은 계속 발달하는 경향이 있다.

① 중년기는 에릭슨(Erikson)의 생산성 대 침체 단계에 해당한다.

② 남성과 여성 모두 갱년기 현상이 나타나며, 특히 남성의 갱년기는 여성의 갱년기에 비해 늦게 시작되어 서서히 진행된다.

③ 여성의 경우 에스트로겐(Estrogen)의 분비가 감소하여 폐경을 경험하며, 남성의 경우 테스토스테론(Testosterone)의 분비가 감소하여 성기능 저하 및 성욕감퇴를 경험한다.

④ 중년기에는 전반적인 신진대사의 둔화와 함께 신체적 능력과 건강이 감퇴하기 시작한다. 시력 저하, 청각 신경세포의 둔화 등 감각기관의 능력 또한 감소한다.

24

① 노년기에는 내향성, 의존성(수동성)이 증가하며, 우울증 경향이 두드러진다.

25 생애주기별 특징에 관한 설명으로 옳은 것은?

① 영아기(0~2세) – 성역할 인식 확립
② 아동기(7~12세) – 대상영속성 형성
③ 청소년기(13~19세) – 자아정체감 확립
④ 중년기(40~64세) – 자아통합 완성
⑤ 노년기(65세 이상) – 친밀감 형성

제2영역 **사회복지조사론**

26 사회복지실천을 위한 조사연구의 필요성으로 옳지 않은 것은?

① 문제해결을 위한 사회복지 개입방법의 타당성을 검증할 수 있다.
② 사회복지서비스를 위한 지식과 기술을 제공할 수 있다.
③ 문제의 원인을 설명함으로써 사회복지사의 직관에 의한 실천지식을 강화할 수 있다.
④ 프로그램의 지속 여부를 결정하는 객관적 근거를 제공할 수 있다.
⑤ 클라이언트의 욕구를 파악하여 문제해결의 방향을 제시할 수 있다.

27 사회복지 조사연구에서 과학적 연구방법으로 옳은 것은?

① 기술(Description)연구에서 문제발생의 원인을 설명하고자 하였다.
② 연구결과의 일반화를 위해 모집단의 속성이 반영된 충분한 표본을 조사하였다.
③ 가설검증 결과가 연구자의 기대와 달라서 가설을 연구결과에 맞추어 수정하였다.
④ 연구자의 주관적 판단에 입각하여 연구결과를 해석하였다.
⑤ 조사를 통해 검증된 인과관계에 입각하여 문제의 발생을 단정적 결정론으로 예측하였다.

28 "여성가족부는 2022년 전국가정폭력실태조사 결과를 이전에 실시한 동일한 조사내용과 비교하여 보고하였다. 2025년 조사에서도 전국의 가구 중 일부를 선정하여 동일한 조사항목에서 어떠한 변화가 있는지를 보고할 것이다." 이에 관한 조사유형에 해당하는 것으로 모두 묶인 것은?

> ㄱ. 종단조사
> ㄴ. 표본조사
> ㄷ. 패널조사
> ㄹ. 경향조사

① ㄷ
② ㄱ, ㄴ
③ ㄴ, ㄷ
④ ㄱ, ㄴ, ㄹ
⑤ ㄱ, ㄴ, ㄷ, ㄹ

25

① 유아기 때부터 성역할을 인식하기 시작하며, 청년기(성인 초기)에 이르러 성역할 정체감(Sex-role Identity)이 확고해짐으로써 성적 사회화(Sexual Socialization)가 이루어진다.

② 대상영속성(Object Permanence)의 형성은 영아기의 특징이다.

④ 자아통합의 완성은 노년기의 특징이다.

⑤ 친밀감의 형성은 청년기의 특징이다.

26

③ 사회복지실천을 위한 조사연구는 효과적인 개입전략과 방안을 모색하기 위한 것으로, 이를 위해 과학적 실천지식을 필요로 한다. 과학적 실천지식은 관습이나 전통, 직관 등에 근거한 것이 아니라 인간의 논리적이고 합리적인 사고에 기초한다.

27

② 표본의 크기가 클수록 비용이 많이 들지만 일정 수준 조사의 신뢰성을 높일 수 있다. 이는 표본크기가 커질수록 모수와 통계치의 유사성도 커지기 때문이다.

① 문제발생의 원인을 설명하는 데 적합한 연구는 설명(Explanation)연구이다.

③ 가설검증 결과가 연구자의 기대와 다른 경우 해당 가설은 기각된다.

④ 과학적 연구방법은 객관성(Objective)에 근거한다.

⑤ 과학적 연구방법은 허위화(Falsification)의 가능성에 대해 개방적이어야 한다.

28

ㄱ・ㄷ. 종단조사는 둘 이상의 시점에서 동일한 분석단위를 연구하는 것을 말한다. 종단조사에는 경향조사 또는 추세조사(Trend Study), 코호트 조사 또는 동년배 조사(Cohort Study), 그리고 패널조사(Panel Study) 등이 포함되는데, 그중 패널조사는 다른 조사와 달리 동일대상 반복측정을 원칙으로 한다.

ㄴ. 표본조사는 모집단 전체를 대상으로 조사하는 전수조사와 달리, 모집단의 일부만을 추출하여 이를 토대로 모집단 전체를 추정하는 방식이다.

ㄹ. 경향조사(추세연구)는 일정한 기간 동안 전체 모집단 내의 변화를 연구하는 것으로, 일정 주기별 인구변화에 대한 조사에 해당한다.

29 사회복지조사 과정을 순서대로 나열한 것은?

> ㄱ. 표집방법을 수립하였다.
> ㄴ. 연구문제의 잠정적 결론으로 가설을 설정하였다.
> ㄷ. 연구가 필요한 주제를 선정하였다.
> ㄹ. 검증된 측정도구로 자료를 수집하였다.
> ㅁ. 자료를 분석하고 가설의 지지여부를 결정하였다.

① ㄱ → ㄴ → ㅁ → ㄷ → ㄹ
② ㄴ → ㄱ → ㄷ → ㄹ → ㅁ
③ ㄴ → ㄷ → ㄱ → ㅁ → ㄹ
④ ㄷ → ㄱ → ㄹ → ㅁ → ㄴ
⑤ ㄷ → ㄴ → ㄱ → ㄹ → ㅁ

30 통계적 가설검증에 관한 설명으로 옳은 것은?

① 가설의 지지여부는 연구가설을 직접 검증하여 반증한다.
② 신뢰수준을 95%에서 99%로 높이면 제1종 오류의 가능성이 높아진다.
③ 연구가설은 두 변수 간의 관계가 오류에 의해 발생하였음을 가정한다.
④ 유의확률(p)이 설정한 유의수준(α)보다 낮으면 영가설을 기각한다.
⑤ 신뢰수준을 낮추면 제2종 오류의 가능성이 높아진다.

31 다음 가설에 포함된 변수에 관한 설명으로 옳은 것은?

> 사회복지사가 느끼는 업무부담에 따른 소진정도는 동료와의 친밀도에 따라 달라질 것이다.

① 소진정도 : 통제변수
② 업무부담 : 매개변수
③ 소진정도 : 독립변수
④ 업무부담 : 종속변수
⑤ 동료와의 친밀도 : 조절변수

32 다음의 사례에서 확인하고 있는 타당도로 옳은 것은?

> A사회복지사는 종합사회복지관 이용만족에 관한 측정도구의 타당도를 확인하고자 한다. 이를 위해 전문가들을 대상으로 프로그램, 사회복지사의 전문성 등의 요소가 측정문항에 충분히 포함되어 있는지에 대한 의견을 확인하였다.

① 내용타당도
② 판별타당도
③ 예측타당도
④ 동시타당도
⑤ 수렴타당도

29

사회복지조사 과정(조사연구의 절차)

연구문제 설정 → 가설 설정 → 조사설계 → 자료수집 → 자료분석 → 보고서 작성

31

조절변수(Moderating Variable)

독립변수와 종속변수 사이의 관계를 체계적으로 변화시키는 일종의 독립변수로서, 종속변수에 영향을 미치는 독립변수의 인과관계를 조절할 수 있는 또 다른 독립변인이다.

사회복지사가 느끼는 업무부담에 따른 소진정도는
          (독립변수)   (종속변수)
동료와의 친밀도에 따라 달라질 것이다.
  (조절변수)

30

④ 사회과학연구에서는 보통 유의수준을 0.05나 0.01 정도에 두는데, 이는 현재의 영가설이 옳다는 가정하에 이루어진 표집분포를 두고서, 특정한 표본 결과가 거기에 포함될 가능성이 5% 혹은 1% 이하로 나타날 경우, 그 정도의 유의확률은 감수하고 영가설을 기각할 수 있다는 것이다.

① 연구가설은 그 자체를 직접 검증할 수 없다. 연구가설의 타당성은 연구가설을 정면으로 부인하는 영가설의 존재를 부정하는 것을 통해 입증된다. 이때 영가설은 연구가설을 반증하는 과정에서 활용된다.

②·⑤ 제1종 오류는 영가설이 참(True)인데도 불구하고 영가설을 기각하고 대립가설을 채택하는 경우인 반면, 제2종 오류는 영가설이 거짓(False)인데도 불구하고 영가설을 채택하는 경우이다. 제1종 오류와 제2종 오류는 반대의 양상으로 서로 연결되어 있으므로, 신뢰수준을 높이거나 유의수준을 낮출 경우 제1종 오류의 확률은 줄어드는 반면, 제2종 오류의 확률은 증가하게 된다.

③ 연구가설은 두 변수 간에 관계(차이)가 있다거나 독립변수가 종속변수에 영향을 미친다고 가정하는 것을 의미한다.

32

① 측정도구의 내용타당도는 문항구성 과정이 그 개념을 얼마나 잘 반영하고 있는지, 그리고 해당 문항들이 각 내용 영역들의 독특한 의미를 얼마나 잘 나타내 주고 있는지를 의미한다.

② 판별타당도(변별타당도)는 검사 결과가 이론적으로 해당 속성과 관련 없는 변수들과 어느 정도 낮은 상관관계를 가지고 있는지를 측정한다.

③ 예측타당도(예언타당도)는 어떠한 행위가 일어날 것이라고 예측한 것과 실제 대상자 또는 집단이 나타낸 행위 간의 관계를 측정하는 것이다.

④ 동시타당도(공인타당도)는 새로운 검사를 제작했을 때 새로 제작한 검사의 타당도를 위해 기존에 타당도를 보장받고 있는 검사와의 유사성 혹은 연관성에 의해 타당도를 검증하는 방법이다.

⑤ 수렴타당도(집중타당도)는 검사 결과가 이론적으로 해당 속성과 관련 있는 변수들과 어느 정도 높은 상관관계를 가지고 있는지를 측정한다.

33 ○○고등학교에서는 전교생을 대상으로 취약 청소년 집단(A, B, C)에 대한 사회적 거리감을 조사하고자 한다. 아래에서 제시되는 척도로 옳은 것은?

※ 각 대상에 관한 귀하의 생각에 해당되는 칸에 "O"표 하십시오.			
문 항	A집단 청소년	B집단 청소년	C집단 청소년
1. 친밀한 동아리 구성원으로 받아들임			
2. 같은 학교의 구성원으로 받아들임			
3. 일시적인 방문객으로 받아들임			

① 리커트 척도(Likert Scale)
② 어의적 분화 척도(Semantic Differential Scale)
③ 보가더스 척도(Bogardus Scale)
④ 소시오매트릭스(Sociomatrix)
⑤ 서스톤 척도(Thurstone Scale)

34 측정도구의 타당도와 신뢰도에 관한 설명으로 옳지 않은 것은?

① 신뢰도는 측정값의 일관성 정도를 의미한다.
② 타당도는 측정하고자 하는 바를 반영하는 정도를 의미한다.
③ 측정항목의 수가 적어지면 신뢰도가 낮아지는 경향이 있다.
④ 신뢰도는 타당도의 필요충분조건이 된다.
⑤ 타당도가 높으면 신뢰도는 높은 경우가 많다.

35 측정의 개념적 정의와 조작적 정의에 관한 설명으로 옳은 것은?

① 조작적 정의는 개념적 정의에 비해 주관적 해석의 수준이 낮다.
② 조작적 정의는 양적 조사에 비해 질적 조사에서 더욱 중요하다.
③ 측정하고자 하는 개념의 의미는 조작적 정의를 통해 확장된다.
④ '조작적 정의 → 개념적 정의 → 측정'의 순서로 이루어진다.
⑤ 개념적 정의를 통해 변수를 직접 측정할 수 있다.

36 표본 연구에 관한 설명으로 옳지 않은 것은?

① 표본 연구는 전수 연구에 비해 시간과 비용 측면에서 효율적이다.
② 모집단이 큰 경우에는 표본 연구가 적합하다.
③ 표본 연구는 전수 연구에 비해 비표본오차가 크다.
④ 전수 연구에서 모수와 통계치의 구분은 필요하지 않다.
⑤ 확률표집은 비확률표집에 비해 정확한 표집틀이 필요하다.

33

보가더스(Bogardus)의 사회적 거리척도(Social Distance Scale)

- 서열척도이자 누적척도의 일종으로, 서로 다른 인종이나 민족, 사회계층 간의 사회심리적 거리감을 측정하기 위해 사용한다.
- 소시오메트리(Sociometry)가 개인을 중심으로 하여 집단 내에 있어서의 개인 간의 친근관계를 측정하는 데 반해, 사회적 거리척도는 주로 집단 간(가족과 가족, 민족과 민족)의 친근 정도를 측정한다.

참고

소시오메트리(Sociometry)는 개인의 집단 내 행동을 사정하는 도구로, 이러한 소시오메트리를 포함하는 사회네트워크 자료를 분석하는 방법 중 행렬(Matrix) 도표를 이용하는 방법이 소시오매트릭스(Sociomatrix)입니다.

34

④ 타당도는 신뢰도의 충분조건인 반면, 신뢰도는 타당도의 필요조건에 해당한다. 즉, 신뢰도가 높다고 하여 반드시 타당도가 높은 것은 아니며, 타당도가 낮다고 하여 반드시 신뢰도가 낮은 것은 아니다.

35

① 조작적 정의는 추상적인 개념적 정의를 실증적·경험적으로 측정이 가능하도록 구체화하여 정의하는 것이므로, 개념적 정의에 비해 주관적 해석의 수준이 낮다.
② 조작적 정의의 최종산물은 수량화(계량화)이며, 이는 양적 조사에서 중요한 과정에 해당한다.
③ 측정하고자 하는 개념의 의미는 조작적 정의를 통해 구체화된다.
④ '개념적 정의 → 조작적 정의 → 측정'의 순서로 이루어진다.
⑤ 가설 검증을 위해서는 관계에 동원된 변수들에 대한 경험적 측정이 가능해야 하므로 조작적 정의가 필요하다.

36

표본오차(표집오차)와 비표본오차(비표집오차)

- 표본오차(Sampling Error)는 표집 과정에서 모집단과 표본의 차이에 의해 발생하는 오류로, 모수(치)와 표본의 통계치 간의 차이를 의미한다.
- 비표본오차(Non-sampling Error)는 조사 과정 및 집계상에서 발생하는 오차로, 조사연구의 전 과정에서 발생하는 전체 오차에서 표본오차를 제외한 나머지 부분을 의미한다.
- 표본오차는 표본의 크기가 커지면 줄어들지만, 비표본오차는 표본의 크기가 커지면 늘어나는 경향이 있다.
- 표본 연구는 비표본오차의 감소와 조사대상의 오염방지를 통해 전수 연구보다 더 정확한 자료획득이 가능하다.

37 다음의 변수 중 산술평균의 산출이 적합한 변수를 모두 고른 것은?

> ㄱ. 만원 단위로 측정한 청소년의 월평균 용돈
> ㄴ. 상·중·하 등급으로 평가한 국어 교과목의 성적
> ㄷ. 연 단위로 측정한 청소년의 총 재학 기간
> ㄹ. 가출 횟수로 측정한 청소년의 가출 경험

① ㄴ
② ㄱ, ㄷ
③ ㄴ, ㄹ
④ ㄱ, ㄷ, ㄹ
⑤ ㄱ, ㄴ, ㄷ, ㄹ

38 다음의 연구에서 활용한 표집방법에 관한 설명으로 옳은 것은?

> 노인복지관 만족도 조사를 위해 지역 내 전체 노인복지관별 등록자명단에서 등록인원 수에 비례해서 난수표를 활용하여 표본을 선정하였다.

① 최종적인 표본 선정은 비확률표집방법을 활용하여 이루어진다.
② 군집표집에 의한 조사에 비해 표집오차를 줄일 수 있다.
③ 표집단계에서의 편향성을 해결하기 위해 분석단계에서 가중치를 활용한다.
④ 표집틀의 부재로 상위군집에서 하위군집으로 이동하여 최종 표본을 추출한다.
⑤ 표본의 집단별 분포를 미리 정하고 할당된 수만큼의 표본을 임의로 선정한다.

39 표본의 크기에 관한 설명으로 옳은 것은?

① 추정치가 모수에 근접할 확률은 표본의 크기에 반비례한다.
② 모집단 내 편차가 클수록 표본의 크기를 늘려야 한다.
③ 조사비용과 시간의 한계는 표본의 크기와 관련이 없다.
④ 표본의 크기와 표본오차는 비례한다.
⑤ 통계분석방법은 표본의 크기와 관련이 없다.

40 다음에서 활용된 조사설계로 옳은 것은?

> 부모를 대상으로 한 아동학대 예방 프로그램의 효과성을 평가하기 위해 연구참여자의 아동양육 태도 등을 여러 차례 측정하였다. 프로그램 개입 이후에도 여러 차례 측정하여 프로그램 개입 전후비교를 실시하였다.

① 비동일 비교집단설계(Nonequivalent Comparison Group Design)
② 분리표본 사전사후 검사설계(Separate-Sample Pretest-Posttest Design)
③ 솔로몬 4집단설계(Solomon Four-Group Design)
④ 단순시계열설계(Simple Time-Series Design)
⑤ 단일집단 사전사후 검사설계(One-Group Pretest-Posttest Design)

37

ㄴ. 상·중·하 등급으로 평가한 국어 교과목의 성적은 서열변수에 해당한다. 반면, 산술평균은 등간성을 지닌 척도(예) 등간척도, 비율척도)를 이용하여 측정한 변수에만 적용될 수 있다.

ㄱ·ㄷ·ㄹ. 비율변수에 해당한다.

참고

등간변수와 비율변수를 묶어서 보통 '수량변수'라고 합니다. 수량변수의 변숫값은 단순한 구분 기호에서 벗어나 숫자로서의 의미를 지닙니다. 사실 변숫값들이 완전한 수의 의미를 지니기 위해서는 비율변수 수준으로 측정되어야 하지만, 등간변수로 측정된 경우에도 덧셈(+), 뺄셈(−) 등 기초적인 연산식이 가능하므로 이를 수량변수에 포함시키는 경향이 있습니다.

38

①·②·⑤ 보기의 사례는 확률표집방법으로서 층화표집의 유형 중 비례층화표집(Proportionate Stratified Sampling)에 해당한다. 층화표집은 분류된 소집단을 모두 이용하여 무작위로 표본을 선정하는 데 반해, 군집표집(집락표집)은 소집단들 중 몇 개만을 무작위로 추출하고, 추출된 소집단 전부 혹은 일부를 표본으로 선정한다는 점에서 차이가 있다. 특히 군집표집은 '집단 내 이질적', '집단 간 동질적'인 특성을 보이므로, 소집단 내 표본요소들이 비교적 동질적인 경우 표집오차가 커질 가능성이 있다.

③ 층화표집의 유형 중 비비례층화표집(Disproportionate Stratified Sampling)의 특징에 해당한다. 예를 들어, 모집단의 남녀 분포가 9대 1인 집단에 대해 통계분석을 실시할 경우 편향성 문제가 제기될 수 있으므로, 이에 차등적 비율을 적용하여 표본을 추출하게 된다.

④ 군집표집의 특징에 해당한다. 실제로 대규모 서베이 조사에서는 모집단의 전체 틀을 확보하기 어렵고 비용도 막대하게 소요되므로 군집표집을 널리 사용한다.

39

② 모집단이 이질적인 경우에는 표본의 크기를 늘려야 한다.

① 표본의 크기가 커질수록 추정치가 모수에 근접하게 된다.

③ 표본의 크기가 커질수록 시간과 비용이 많이 든다.

④ 동일한 조건이라면 표본의 크기가 커질수록 표본오차(표집오차)가 감소한다. 다만, 표본의 크기가 커질수록 작아지던 오차는 일정 수준에 도달하게 되면 더 이상 줄어들지 않게 된다.

⑤ 통계분석방법은 표본의 크기와 관련이 있으므로, 사용하려는 통계분석의 성격을 고려하여 표본의 크기를 결정한다.

40

④ 단순시계열설계는 별도의 통제집단을 두지 않은 채 동일집단 내에서 수차례에 걸쳐 실시된 사전검사 점수와 사후검사 점수를 비교하여 실험조치의 효과를 추정하는 방법이다.

① 비동일 비교집단(통제집단)설계는 임의적인 방법으로 양 집단을 선정하고 사전·사후 검사를 실시하여 종속변수의 변화를 비교하는 방법이다.

② 분리표본 사전사후 검사설계는 실험집단에 대해 사전검사를 실시하지 않은 채 독립변수를 도입한 후 사후검사를 실시하는 반면, 통제집단에 대해서는 사전검사만 실시하는 방법이다.

③ 솔로몬 4집단설계는 연구대상을 4개의 집단으로 무작위할당한 것으로서, 통제집단 사전사후 검사설계와 통제집단 사후 검사설계를 혼합해 놓은 방법이다.

⑤ 단일집단 사전사후 검사설계(단일집단 전후 비교설계)는 조사대상에 대해 사전검사를 한 다음 개입을 하며, 이후 사후검사를 하여 인과관계를 추정하는 방법이다.

41 온라인 설문에 관한 설명으로 옳은 것은?

① 표적집단 확인이 대면면접에 비해 제한적이다.
② 인터넷 접근에 상관없이 표집을 광범위하게 할 수 있다.
③ 대면설문보다 비용은 저렴하지만 시간이 더 많이 소요된다.
④ 복잡하거나 문항 수가 많은 경우에 적합하다.
⑤ 동일인의 중복응답에 대한 통제가 용이하다.

42 실험설계에서의 내적 타당도 저해요인으로 옳지 않은 것은?

① 실험집단과 통제집단의 참여자 간 프로그램 내용에 대해 소통하면서 상호작용이 이루어졌다.
② 프로그램 진행과정에서 일부 대상자가 참여를 중단하였다.
③ 사전검사 결과 학교 부적응 학생들이 실험집단에 과도하게 모인 것이 확인되었다.
④ 사전검사와 사후검사 척도가 동일하기 때문에 참여자의 학습효과가 발생하였다.
⑤ 일부 참여자들이 프로그램에 참여하고 있다는 것을 의식해서 평소와는 다르게 행동하였다.

43 솔로몬 4집단설계에 관한 설명으로 옳지 않은 것은?

① 사회복지현장에서 실제 활용하기에 용이하다.
② 외부사건을 통제할 수 있다.
③ 내적 타당도가 매우 높은 설계 유형이다.
④ 통제집단 사전사후 검사설계와 통제집단 사후 검사설계를 병행하는 방식이다.
⑤ 순수실험설계 유형이다.

44 다음의 조사설계에 관한 설명으로 옳은 것은?

A기관에서는 사회복지프로그램의 효과성을 측정하기 위한 조사설계를 진행하였다. 이를 위해 참여자를 실험집단과 통제집단에 무작위로 배정하여 종속변수의 변화를 측정하였다.

① 인과적 추론 정도가 무작위배정을 하지 않은 실험설계보다 낮다.
② 외생변수 통제, 독립변수 조작, 종속변수의 비교 등에 한계가 있을 때 주로 활용한다.
③ 개입 전에 두 집단의 동질성을 가정할 수 없다.
④ 정태적 집단 비교설계(Static-Group Comparison Design)에 해당된다.
⑤ 전실험설계(Pre-experimental Design)보다 내적 타당도가 높다.

41

① · ⑤ 온라인 설문은 응답자의 적격성(Eligibility) 확인이 어렵다. 온라인상에서는 응답자의 신분을 확인할 방법이 제한되어 있으므로, 응답자의 표적 집단과의 불일치, 동일인의 중복응답에 따른 자료의 타당성 등이 문제시될 수 있다.

② 온라인 설문은 컴퓨터와 인터넷을 사용할 수 있는 사람만을 대상으로 할 수 있다.

③ 온라인 설문은 조사비용이 적게 들며, 절차가 간편하여 조사가 신속히 이루어진다.

④ 온라인 설문은 복잡하거나 문항 수가 많은 경우에 적합하지 않다.

42

⑤ 연구 참여자가 연구자의 관찰 사실을 의식하여 연구자가 원하는 방향으로 반응을 보이는 조사반응성(반응효과)의 문제는 외적 타당도를 저해하는 요인에 해당한다.

① 내적 타당도 저해요인 중 모방(개입의 확산)에 해당한다. 모방은 분리된 집단들을 비교하는 조사연구에서 적절한 통제가 이루어지지 않을 때 발생한다.

② 내적 타당도 저해요인 중 상실요인(중도탈락 또는 실험대상의 탈락)에 해당한다. 상실요인은 조사기간 중 조사대상 집단의 일부가 탈락 또는 상실되어 남아있는 대상이 처음의 조사대상 집단과 다른 특성을 갖게 될 때 발생한다.

③ 내적 타당도 저해요인 중 선별요인(선택요인)에 해당한다. 선별요인은 편향된 선별(선정편향), 선택의 편의 등으로 실험집단과 통제집단 간 구성원 차이가 있을 때 발생한다.

④ 내적 타당도 저해요인 중 검사요인(테스트 효과)에 해당한다. 검사요인은 특정 프로그램의 효과를 확인하기 위해 프로그램 실시 전과 실시 후에 동일한(혹은 매우 유사한) 검사를 반복할 때 발생한다.

43

① 솔로몬 4집단설계(Solomon Four-Group Design)는 연구대상을 4개의 집단으로 무작위할당한 것으로서, 사전검사를 한 2개의 집단 중 하나와 사전검사를 하지 않은 2개의 집단 중 하나를 실험조치하여 실험집단으로 하며, 나머지 2개의 집단에 대해서는 실험조치를 하지 않은 채 통제집단으로 한다. 이는 실험집단과 통제집단의 선정과 관리가 어렵고 비경제적이므로, 사회복지현장에서 실제 활용하기에 용이하지 않다.

44

① · ③ · ⑤ 조사설계의 내적 타당도는 연구과정 중 종속변수에서 나타나는 변화가 독립변수의 변화에 의한 것임을 확신할 수 있는 정도, 즉 인과적 추론 정도를 말한다. 이러한 내적 타당도를 높이는 대표적인 방법으로 연구대상을 실험집단과 통제집단으로 무작위로 배치함으로써 두 집단이 동질적이 되도록 하는 무작위배정 혹은 무작위할당(Random Assignment)이 있다. 따라서 무작위배정(무작위할당)을 전제조건으로 하는 순수실험설계가 그렇지 않은 전실험설계보다 내적 타당도가 높다.

② 외생변수 통제, 독립변수 조작, 종속변수의 비교 등에 한계가 있을 때 유사실험설계(준실험설계)나 전실험설계(선실험설계)를 활용한다.

④ 정태적 집단 비교설계는 전실험설계(선실험설계)의 한 유형으로서, 실험집단과 통제집단을 임의적으로 선정한 후 실험집단에는 실험조치를 가하는 반면, 통제집단에는 이를 가하지 않은 상태로 그 결과를 비교하는 방법이다.

45 델파이기법에 관한 설명으로 옳지 않은 것은?

① 참여자의 다양한 아이디어를 수집할 수 있다.
② 기명으로 진행되기 때문에 참여자들의 책임성을 높일 수 있다.
③ 결과 도출을 위해 반복해서 진행할 수 있다.
④ 비대면을 원칙으로 한다.
⑤ 전문가들의 합의점을 찾는 데 목표를 둔다.

46 양적 연구방법에 관한 설명으로 옳지 않은 것은?

① 논리실증주의에 기반한다.
② 주관적이며 직관적인 관점에서 접근한다.
③ 구조화된 조사표에 대한 활용 빈도가 높다.
④ 변인에 대한 통제와 측정이 가능하다.
⑤ 질적 연구보다 일반화의 가능성이 높다.

47 사회복지실천현장에서 단일사례설계에 관한 설명으로 옳은 것을 모두 고른 것은?

ㄱ. AB 설계는 기초선 단계(A)와 개입 단계(B)로 구성된다.
ㄴ. 복수기초선설계는 AB 설계를 다양한 대상이나 상황 등에 적용하여 동일한 효과를 보이는지를 확인하는 설계방법이다.
ㄷ. 사례가 집단일 경우 개별 구성원의 정보들은 평균이나 전체 빈도 등으로 요약되어 단일사례로 취급될 수 있다.
ㄹ. 외적 타당도가 높아 일반화의 가능성이 높다.

① ㄱ
② ㄴ, ㄷ
③ ㄴ, ㄹ
④ ㄱ, ㄴ, ㄷ
⑤ ㄱ, ㄴ, ㄷ, ㄹ

48 자료수집방법에 관한 설명으로 옳은 것은?

① 관찰법은 참여자가 면접에 비협조적인 경우에도 활용가능하다.
② 우편조사법은 대면면접법에 비해 조사자의 편견을 배제하기 힘들다.
③ 전화면접법은 대면면접법에 비해 익명성 보장이 어렵다.
④ 대면면접법은 복잡한 질문의 사용을 배제해야 한다.
⑤ 대면면접법 중 반구조화된 면접은 질문의 순서, 질문 문항 등을 명확하게 제시해야 한다.

45

② 델파이기법(Delphi Technique)은 전문가·관리자들로부터 우편이나 이메일(E-mail)로 의견이나 정보를 수집하여 그 결과를 분석한 후 그것을 다시 응답자들에게 보내어 의견을 묻는 식으로 만족스러운 결과를 얻을 때까지 계속하는 방법이다. 익명의 전문가들을 패널로 활용하므로, 응답 시 다른 참여자의 영향력을 배제할 수 있는 장점이 있다.

46

② 양적 연구는 객관적이며 논리적인 관점에서 접근하는 반면, 질적 연구는 주관적이며 직관적인 관점에서 접근한다.
① 양적 연구는 실증주의, 논리실증주의에 이론적 근거를 두는 반면, 질적 연구는 해석학, 현상학에 이론적 근거를 둔다.
③ 양적 연구는 구조화된 조사표(설문지)나 실험에 대한 활용 빈도가 높은 반면, 질적 연구는 관찰이나 심층면접 등에 대한 활용 빈도가 높다.
④ 양적 연구는 변인에 대한 통제와 측정이 가능한 반면, 질적 연구는 변인에 대한 통제가 사실상 불가능하고 계량적 측정이 어렵다.
⑤ 양적 연구는 연구결과의 일반화 가능성이 높은 반면, 질적 연구는 연구결과의 일반화 가능성이 낮다.

47

ㄹ. 단일사례설계에서는 개입의 효과성, 개입의 효과가 나타나기까지 걸리는 시간과 그 효과가 지속되는 시간, 개입의 효과가 다른 상황들에도 일반화될 수 있는지의 여부 등을 알 수 있다. 다만, 기본적으로 외적 타당도가 낮아서 조사 결과의 일반화 가능성은 낮다.

48

① 관찰법은 관찰 대상자(참여자)가 표현능력은 있더라도 조사에 비협조적이거나 면접을 거부할 경우에도 활용가능하다.
② 우편조사법에서 조사자는 응답자의 외모나 차림새 등의 편견을 용이하게 통제할 수 있다.
③ 대면면접법은 전화면접법에 비해 익명성 보장이 어려우므로 피면접자가 솔직한 응답을 회피할 수 있다.
④ 대면면접법은 복잡한 질문을 사용할 수 있으며, 질문의 내용을 응답자가 잘 이해하지 못하는 경우에 면접자가 설명해 줄 수도 있다.
⑤ 대면면접법 중 구조화된 면접(표준화 면접)은 질문의 순서, 질문 문항 등이 명확히 제시된 면접조사표(Interview Schedule)에 의거하여 모든 응답자에게 동일한 질문순서와 동일한 질문내용에 따라 면접을 수행한다.

49 다음의 사회복지 연구방법에서 성격이 다른 것은?

① 근거이론(Grounded Theory) 연구
② 참여행동(Participatory Action) 연구
③ 서베이(Survey) 연구
④ 민속학적(Ethnographic) 연구
⑤ 현상학적(Phenomenological) 연구

50 내용분석과 내러티브 탐구에 관한 비교로 옳지 않은 것은?

① 내용분석은 2차적 자료를 분석하고, 내러티브 탐구는 1차적 자료를 분석한다.
② 모두 비관여적 혹은 비반응성 연구이다.
③ 내용분석에 비해 내러티브 탐구는 과정중심적으로 접근할 수 있다.
④ 내용분석은 내러티브 탐구에 비해 보다 많은 사례를 분석할 수 있다.
⑤ 모두 자료를 해석하고 구조화하는 데 연구자의 객관성 유지가 필요하다.

제2과목 ▶ 사회복지실천

제1영역 **사회복지실천론**

01 임파워먼트모델에서 클라이언트와 사회복지사에 관한 설명으로 옳지 않은 것은?

① 클라이언트가 원하는 변화를 위해 양자 간 협력적 관계를 형성한다.
② 클라이언트를 서비스에 대한 권리를 가진 소비자로 본다.
③ 클라이언트를 경험과 역량을 가진 원조 과정의 파트너로 본다.
④ 클라이언트의 참여를 중시하고 자기결정권을 강조한다.
⑤ 사회복지사는 치료자이고, 클라이언트는 서비스의 수동적 수혜자로 여긴다.

02 사례관리 과정에서 사정 영역에 관한 내용으로 옳은 것을 모두 고른 것은?

> ㄱ. 욕구에 대한 클라이언트의 능력
> ㄴ. 클라이언트의 욕구 및 문제
> ㄷ. 클라이언트 지원체계의 능력
> ㄹ. 지원체계 활용의 장애

① ㄱ, ㄴ, ㄷ
② ㄱ, ㄴ, ㄹ
③ ㄱ, ㄷ, ㄹ
④ ㄴ, ㄷ, ㄹ
⑤ ㄱ, ㄴ, ㄷ, ㄹ

49

③ 서베이 연구는 질문지(설문지), 면접, 전화 등을 사용하여 응답자로 하여금 연구주제와 관련된 질문에 답하도록 함으로써 체계적이고 계획적으로 자료를 수집 및 분석하는 양적 연구방법이다.

① 근거이론연구는 사람이나 현상에 대한 이론을 귀납적으로 구성하는 데 중점을 두는 것으로, 연구하고자 하는 현상의 맥락과 밀접하게 연관된 이론을 개발하는 데 주력하는 질적 연구방법이다.

② 참여행동연구는 사회변화와 임파워먼트를 목적으로, 단순히 개인이나 지역사회의 문제를 밝히는 데 그치지 않고 급진적인 변화를 시도하는 질적 연구방법이다.

④ 민속학적 연구(문화기술지 연구)는 문화적 또는 사회적 집단의 행동이나 관습, 생활양식 등을 탐구하여 이를 기술하고 해석하는 데 주력하는 질적 연구방법이다.

⑤ 현상학적 연구는 어떤 현상에 대한 사람들의 주관적인 경험의 의미를 탐구하고 해석하는 질적 연구방법이다.

50

② 내용분석은 비관여적(혹은 비반응성) 연구방법인 반면, 내러티브 탐구는 관여적(혹은 반응성) 연구방법이다. 내러티브 탐구는 인간 경험을 진술하는 일련의 사건들에 대한 이야기나 내러티브 또는 기술들을 연구하는 질적 연구방법으로, 한 명 이상의 개인들을 면접하거나 관련 문서들을 활용하여 자료들을 수집함으로써 인생 이야기를 전개해 나간다.

| 제2과목 ▶ 사회복지실천 |

01

⑤ 임파워먼트모델은 클라이언트를 일방적 수혜자로 인식하지 않으며, 상호협력적인 파트너십을 통해 클라이언트와의 동맹·협력적인 관계를 창출한다.

02

사례관리 과정에서 사정의 영역(범주)

욕구와 문제	문제는 클라이언트의 욕구가 해소되지 못할 때 발생하게 되므로, 사례관리자는 클라이언트와 함께 욕구와 문제에 대한 목록을 만들어 개입의 우선순위를 정해야 한다.
자원 (지원체계)	사례관리자는 문제 해결을 위해 필요한 공식적 자원 및 비공식적 자원을 클라이언트와 함께 사정하고 클라이언트의 강점을 파악한다.
장애물	사례관리자는 클라이언트의 환경과 관련된 외부장애물, 클라이언트의 왜곡된 신념이나 가치 등의 내부장애물, 그리고 클라이언트 스스로 통제할 수 없는 선천적 무능력 등의 장애물을 사정한다.

03 핀커스와 미나한(A. Pincus & A. Minahan)이 제시한 사회복지실천의 목적을 설명한 것으로 옳지 않은 것은?

① 개인의 문제해결과 대처능력을 향상한다.
② 개인을 사회자원, 서비스, 기회를 제공해 주는 환경체계와 연결한다.
③ 다양한 사회복지기관이나 조직의 효과적이고 효율적인 운영을 촉진한다.
④ 개인과 환경 간 불균형 발생 시 문제를 극대화하도록 돕는다.
⑤ 사회정책의 개발과 향상에 기여한다.

04 임파워먼트모델의 각 단계와 실천과업을 연결한 것으로 옳은 것을 모두 고른 것은?

> ㄱ. 대화(Dialogue)단계 – 성공의 확인
> ㄴ. 발견(Discovery)단계 – 자원역량 사정
> ㄷ. 발달(Development)단계 – 파트너십 형성
> ㄹ. 발달(Development)단계 – 강점의 확인

① ㄴ
② ㄹ
③ ㄴ, ㄷ
④ ㄱ, ㄷ, ㄹ
⑤ ㄴ, ㄷ, ㄹ

05 사회복지실천의 역사적 발달과정을 발생한 순서대로 옳게 나열한 것은?

> ㄱ. 기능주의 학파와 진단주의 학파의 갈등
> ㄴ. 밀포드(Milford) 회의에서 개별사회사업방법론을 기본으로 하는 사회복지실천의 공통요소 제시
> ㄷ. 사회복지실천에 관한 이론과 방법을 최초로 체계화한 「사회진단」 출간
> ㄹ. 사회복지실천방법으로 통합적 방법론 등장

① ㄱ – ㄴ – ㄷ – ㄹ
② ㄴ – ㄱ – ㄹ – ㄷ
③ ㄴ – ㄷ – ㄹ – ㄱ
④ ㄷ – ㄱ – ㄴ – ㄹ
⑤ ㄷ – ㄴ – ㄱ – ㄹ

06 개인의 적응 욕구와 환경 또는 사회적 요구 사이의 조화와 균형의 정도를 의미하는 생태체계관점의 개념은?

① 경 계
② 엔트로피
③ 상호교류
④ 적합성
⑤ 대 처

03

핀커스와 미나한(Pincus & Minahan)이 제시한 사회복지실천의 목적 및 목표

- 4가지 목적
  - 개인의 문제해결과 대처능력을 향상한다.
  - 개인을 사회자원, 서비스, 기회를 제공해 주는 환경체계와 연결한다.
  - 다양한 사회복지기관이나 조직의 효과적이고 효율적인 운영을 촉진한다.
  - 사회정책의 개발과 향상에 기여한다.
- 4가지 목표
  - 사람들의 문제를 해결하고 처리하는 능력을 신장시킨다.
  - 사람들을 자원과 서비스, 기회를 제공해 주는 체계와 연결해 준다.
  - 이들 체계가 효과적·효율적으로 운영되고 인도적으로 작동하도록 증진한다.
  - 사회정책을 개발하고 개선하도록 돕는다.

04

임파워먼트모델의 단계별 과업

- 대화(Dialogue) : 클라이언트와의 파트너십(협력관계) 형성하기, 현재 상황을 명확히 하기(도전들을 자세히 설명하기), 방향 설정하기(일차적 목표 설정하기) 등
- 발견(Discovery) : 강점 확인하기, 자원체계 조사하기(잠재적 자원을 사정하기), 자원역량 분석하기(수집된 정보를 조직화하기), 해결책 고안하기(구체적인 행동계획을 수립하기) 등
- 발전 또는 발달(Development) : 자원을 활성화하기, 동맹관계를 창출하기, 기회를 확장하기, 성공을 인식(인정)하기, 결과(달성한 것)를 통합하기 등

05

ㄷ. 1917년 리치몬드(Richmond)가 교육 및 훈련을 위해 사회복지실천 과정의 이론을 최초로 정리한 「사회진단(Social Diagnosis)」을 저술함으로써 사회복지실천의 전문화에 기여하였다.

ㄴ. 1929년에 밀포드 회의(Milford Conference)를 통해 개별사회사업방법론의 공통 기반을 조성하였다.

ㄱ. 1920년대에 프로이트(Freud)의 정신분석이론을 기반으로 한 진단주의 학파가 발달하였고, 이에 대한 반발로 1930년대 후반에 기능주의 학파가 등장하였다.

ㄹ. 통합적 접근방법이 본격적으로 대두된 것은 1960~1970년대로, 이는 '결합적 접근방법', '중복적 접근방법', '단일화 접근방법'의 세 측면에서 통합을 이룬 형태로 나타났다.

06

④ '적합성(Goodness-of-fit)'은 인간의 욕구와 환경자원이 부합되는 정도를 말한다.

① '경계(Boundary)'는 체계를 구성하는 소단위로서 물리적 또는 개념적 공간을 말한다.

② '엔트로피(Entropy)'는 체계가 외부로부터 에너지 유입 없이 소멸되어가는 상태를 말한다.

③ '상호교류(Transaction)'는 인간이 다른 환경의 사람과 의사소통하고 관계를 맺는 것을 말한다.

⑤ '대처(Coping)'는 적응의 한 양상으로서, 문제를 극복하기 위해 노력하는 것을 말한다.

07 사회복지실천현장의 예와 분류의 연결로 옳은 것은?

① 지역아동센터 – 1차 현장, 이용시설
② 행정복지센터 – 1차 현장, 생활시설
③ 노인요양공동생활가정 – 1차 현장, 이용시설
④ 아동보호전문기관 – 2차 현장, 생활시설
⑤ 지역자활센터 – 2차 현장, 이용시설

08 인도주의와 박애사상이 사회복지실천에 미친 영향으로 옳은 것을 모두 고른 것은?

> ㄱ. 빈민에 대한 인도주의적 서비스 제공
> ㄴ. 수혜자격의 축소
> ㄷ. 타인을 위하여 봉사하는 정신으로 실천

① ㄱ
② ㄴ
③ ㄱ, ㄷ
④ ㄴ, ㄷ
⑤ ㄱ, ㄴ, ㄷ

09 관찰기술에 관한 내용으로 옳지 않은 것은?

① 클라이언트의 행동과 외모, 몸짓, 태도 등에 주의를 기울이는 기술
② 클라이언트가 자신에 대해 미처 알지 못한 것을 깨달을 수 있도록 설명해 주는 기술
③ 클라이언트의 언어적, 비언어적 메시지의 차이를 파악할 수 있는 기술
④ 사회복지사의 편견에 의해 판단하지 않도록 주의를 기울여야 하는 기술
⑤ 클라이언트의 침묵이 언제, 어떤 이야기 도중 발생하였는지를 파악하는 기술

10 클라이언트와의 관계형성을 위해 사회복지사가 자신의 생각이나 경험을 공유하는 면담기술은?

① 직 면
② 경 청
③ 자기노출
④ 해 석
⑤ 질 문

07

② 행정복지센터는 2차 현장이면서 이용시설에 해당한다.

③ 노인요양공동생활가정은 2차 현장이면서 생활시설에 해당한다.

④ 아동보호전문기관은 1차(혹은 2차) 현장*이면서 이용시설에 해당한다.

⑤ 지역자활센터는 1차 현장이면서 이용시설에 해당한다.

참고

기관의 운영목적에 따른 분류로서 1차 현장 및 2차 현장은 활동의 양상에 따라 달리 분류될 수 있습니다. 즉, 사회복지서비스를 제공하는 것이 그 기관의 일차적인 목적인 경우 1차 현장으로, 교육서비스나 의료서비스 등을 제공하는 것이 그 기관의 일차적인 목적인 경우 2차 현장으로 분류됩니다. 다만, 제공되는 서비스의 양상을 명확히 구분하기 어려운 경우도 있으므로, 이와 같은 분류가 교재에 따라 달리 제시될 수도 있습니다. 예를 들어, 아동보호전문기관의 경우 학대피해아동 및 그 가족에 대한 상담, 사례관리 등의 서비스를 제공하는 한편 아동학대에 관한 교육, 임상심리치료 전문인력에 의한 전문적인 치료가 이루어진다는 점에서 1차 현장 혹은 2차 현장으로도 분류할 수 있습니다.

08

ㄴ. 개인주의(Individualism)가 사회복지실천에 미친 영향에 해당한다. 개인주의는 사회복지에 있어서 각 개인의 권리와 의무를 강조하면서 클라이언트의 개인적 특성, 즉 개별화를 중시한다. 빈곤문제에 있어서 개인의 책임을 강조하면서, 최소한의 수혜자격 원칙을 표방한다.

ㄱ·ㄷ. 인도주의(Humanitarianism) 또는 박애사상(Philanthropy)은 사회복지의 근간이 되는 이념으로서, 봉사정신과 이타주의를 토대로 인도주의적인 구호를 제공한다. 특히 자선조직협회(COS)의 우애방문자들이 무조건적인 봉사정신에 입각하여 사회빈곤층을 대상으로 인도주의적인 구호활동을 전개하였다.

09

② 클라이언트가 이야기한 내용에서 클라이언트 스스로 미처 자각하지 못하고 있는 의미와 관계성을 사회복지사가 설명해 주는 기술로 해석(Interpretation)이 있다. 해석은 클라이언트의 표현 및 행동 저변의 단서를 발견하고 그 결정적 요인들을 찾아서 클라이언트로 하여금 자신의 행동, 감정, 생각을 새로운 시각으로 볼 수 있도록 돕는다.

10

① 직면(Confrontation)은 클라이언트의 감정, 사고, 행동의 모순을 깨닫도록 하는 기술이다.

② 경청(Listening)은 클라이언트의 감정과 사고가 어떤 것인지 이해하며 파악하고 듣는 기술이다.

④ 해석(Interpretation)은 클라이언트가 이야기한 내용에 사회복지사가 새로운 의미와 관계성을 부여하여 언급하는 것이다.

⑤ 질문(Question)은 클라이언트로부터 필요한 정보를 얻기 위해, 클라이언트의 생각과 느낌을 표현하도록 돕기 위해 사용되는 기술이다.

11 비스텍(F. Biestek)의 관계원칙에 관한 내용으로 옳은 것을 모두 고른 것은?

> ㄱ. 수용 : 클라이언트를 있는 그대로 인정해야 한다.
> ㄴ. 비심판적 태도 : 클라이언트를 비난하지 않아야 한다.
> ㄷ. 통제된 정서적 관여 : 클라이언트가 자신의 감정을 자유롭게 표현하도록 해야 한다.
> ㄹ. 개별화 : 클라이언트의 감정에 민감성과 이해로써 반응해야 한다.

① ㄹ
② ㄱ, ㄴ
③ ㄴ, ㄷ
④ ㄱ, ㄷ, ㄹ
⑤ ㄱ, ㄴ, ㄷ, ㄹ

12 한국 사회복지사 윤리강령에서 '클라이언트에 대한 윤리기준'에 해당하지 않는 것은?

① 서비스의 종결
② 클라이언트의 자기결정권 존중
③ 클라이언트의 권익옹호
④ 인간 존엄성 존중
⑤ 기록 · 정보 관리

13 사회복지사의 역할에 관한 설명으로 옳은 것은?

① 협상가(Negotiator) : 갈등상황에 있는 사람들 간의 합의를 이끌어 내기 위해 어느 한쪽과 동맹을 맺고 타협하는 역할
② 중개자(Broker) : 불이익을 받는 집단을 위해 특정 제도를 변화, 개선하는 역할
③ 중재자(Mediator) : 흩어져 있는 서비스들을 조직적인 형태로 정리하는 역할
④ 조력자(Enabler) : 관심을 끌어오지 못한 문제에 대중이 관심을 갖도록 집중시키는 역할
⑤ 교육자(Educator) : 권리침해나 불평등 이슈에 관심을 갖고 연대를 통해 변화를 이끄는 역할

14 인권에 관한 설명으로 옳지 않은 것은?

① 평등권은 국가의 적극적 책임과 의무를 강조하는 것으로 사회보장의 권리를 의미한다.
② 자유권은 국가의 통치와 간섭으로부터 자유를 보장하기 위한 권리이다.
③ 평화권은 국가들 간의 연대와 단결의 권리이다.
④ 자유권은 국가가 반드시 보호해 주어야 하는 권리이다.
⑤ 평등권은 구속 및 인신매매로부터의 보호를 의미한다.

11

ㄷ. 클라이언트가 자신의 긍정적·부정적 감정을 자유로이 표명하고자 하는 욕구에 대한 인식은 '의도적인 감정표현'에 해당한다. 반면, '통제된 정서적 관여'는 문제에 대한 공감을 얻고 싶은 욕구를 말한다.

ㄹ. 클라이언트의 감정에 민감성과 이해로써 반응해야 하는 것은 '통제된 정서적 관여'에 해당한다. 반면, '개별화'는 개인으로서 처우 받고 싶은 욕구를 말한다.

12

④ '인간 존엄성 존중'은 한국 사회복지사 윤리강령에서 '기본적 윤리기준'에 해당한다.

클라이언트에 대한 윤리기준
- 클라이언트의 권익옹호(③)
- 클라이언트의 자기 결정권 존중(②)
- 클라이언트의 사생활 보호 및 비밀 보장
- 정보에 입각한 동의
- 기록·정보 관리(⑤)
- 직업적 경계 유지
- 서비스의 종결(①)

13

② 중개자는 클라이언트로 하여금 지역사회 내에 있는 서비스체계나 자원을 활용할 수 있도록 돕거나 안내해 주는 역할을 말한다.

③ 중재자는 서로 다른 조직이나 집단 간 이해관계 갈등을 해결하여 서로 간에 만족스러운 결과를 얻을 수 있도록 돕는 역할을 말한다.

④ 조력자는 클라이언트가 직면하고 있는 문제를 보다 분명하게 해 주고 해결방안을 찾도록 도우며, 그들 자신의 문제를 보다 효과적으로 다룰 수 있는 능력을 발달시켜 주는 역할을 말한다.

⑤ 교육자는 클라이언트로 하여금 문제를 예방하거나 사회적 기능을 향상하는 데 필요한 지식과 기술을 갖추도록 돕는 역할을 말한다.

14

인권의 발전단계

- 자유권 : 정치적, 시민적 권리를 의미하며, 자유, 자기 결정, 평등, 구속 및 인신매매로부터의 보호, 구금 및 고문에서의 보호 등을 통해 이루어진다.

- 평등권(사회권) : 경제, 사회, 문화적 권리를 의미하며, 보건, 복지, 교육, 노동, 문화 등 모든 사람에게 동일하게 사회보장을 제공할 때 이루어진다.

- 평화권 : 발전권, 환경권, 평화권을 포함하는 국가들 간의 연대와 단결의 권리이다. 발전 국가와 저발전 국가 간 격차 문제, 군비경쟁과 핵위협 문제, 환경파괴로 인한 생태 문제 등으로 발생하는 인권과 평화의 문제는 초국경 차원의 연대를 통해 대응할 수 있다.

15 통합적 접근방법의 등장배경에 관한 설명으로 옳은 것을 모두 고른 것은?

> ㄱ. 전통적 방법이 지나치게 분화되어 서비스의 파편화를 초래하였다.
> ㄴ. 전통적 방법이 공통기반을 전제하지 않아 정체성 확립에 어려움이 발생하였다.
> ㄷ. 전통적 방법이 복잡한 문제에 포괄적으로 개입하여 전문성이 부족하였다.
> ㄹ. 전통적 방법이 전문화 중심으로 교육되어 사회복지사의 분야별 이동을 어렵게 하였다.

① ㄱ, ㄴ, ㄷ
② ㄱ, ㄴ, ㄹ
③ ㄱ, ㄷ, ㄹ
④ ㄴ, ㄷ, ㄹ
⑤ ㄱ, ㄴ, ㄷ, ㄹ

16 다음 사례에서 콤튼과 갤러웨이(B. Compton & B. Galaway)의 사회복지실천대상과 체계의 연결로 옳은 것은?

> 학교사회복지사 A는 학교 징계위원회로부터 상담명령을 받은 학교폭력 가해자인 학생 B를 만났다. B는 비밀보장을 요청하며 상담을 해달라고 하였다. 그러나 담임교사와 학교는 학생과의 면담을 모두 보고하도록 요구하였다. 결국 A는 이 문제를 학교사회복지사협회와 의논하여 학교에 사회복지사의 비밀보장 의무에 대한 공문을 요청하였다. A는 가해자로 지목된 다른 학생 C, D와 B를 대상으로 집단 프로그램을 운영하였다.

① 학교 징계위원회 – 응답체계
② 학교사회복지사협회 – 전문가체계
③ 학교사회복지사 A – 행동체계
④ 담임교사 – 표적체계
⑤ 가해자 학생 C, D – 변화매개체계

17 다음에서 설명하는 전문적 관계의 기본 요소는?

> • 사회복지사가 클라이언트의 입장에서 이해하는 것
> • 반영 등의 기법을 사용하여 이해하고 있다는 것을 표현하는 것

① 공 감
② 진실성
③ 문화적 민감성
④ 자기를 관찰하는 능력
⑤ 헌 신

18 다음에서 설명하는 의사소통기술은?

> • 클라이언트 혼자만이 겪는 문제가 아니라는 것을 인식하게 하는 기법
> • 클라이언트의 생각과 느낌이 다른 사람과 비슷하다고 말해줌으로써 클라이언트의 소외감을 감소시켜 주는 기술

① 재명명
② 초점화
③ 직 면
④ 일반화
⑤ 조 언

15

ㄷ. 기존의 전통적인 사회복지실천이 개별사회사업, 집단사회사업, 지역사회조직사업 등 개별적인 접근법을 통해 주로 특정 문제 중심으로 개입함으로써 다양한 문제에 효과적으로 대처하는 것이 어려웠다.

16

콤튼과 갤러웨이(B. Compton & B. Galaway)의 6체계 모델

- 표적체계 : 목표를 달성하기 위해 변화시키는 것이 필요한 대상(예 가해자 학생 B, C, D)
- 클라이언트체계 : 서비스나 도움을 필요로 하는 사람(예 학교 징계위원회)
- 변화매개체계 : 사회복지사와 사회복지사를 고용하고 있는 기관 및 조직(예 학교사회복지사 A)
- 행동체계 : 변화노력을 달성하기 위해 상호작용하는 사람(예 담임교사, 학교)
- 전문체계(전문가체계) : 전문가단체, 전문가를 육성하는 교육체계, 전문적 실천의 가치와 인가 등 (예 학교사회복지사협회)
- 문제인식체계(의뢰-응답체계) : 잠재적 클라이언트를 사회복지사의 관심영역으로 끌어들이기 위해 행동하는 체계(예 의뢰체계-학교 징계위원회, 응답체계-가해자 학생 B)

17

② 진실성은 사회복지사가 자신과 자신의 감정에 대해 정직한 태도를 견지하는 것, 즉 사회복지사가 자기인식을 바탕으로 자신의 감정과 반응을 있는 그대로 클라이언트에게 전달하는 능력을 말한다.
③ 문화적 민감성은 사회복지사가 클라이언트와의 문화적 차이를 인정하고 존중하며, 문화적 요소를 민감하게 고려하는 것을 말한다.
④ 자기를 관찰하는 능력은 사회복지사가 자신의 목표에 대해 신중히 생각하고 자신을 신뢰하며, 자신을 복잡한 개입활동의 한 부분으로 관찰할 수 있는 능력을 말한다.
⑤ 헌신은 원조과정에서의 책임감을 의미하는 것으로, 사회복지사가 클라이언트를 위한 일에 자신을 내어줌으로써 클라이언트로 하여금 사회복지사와 관계형성을 통해 자신을 보다 정직하고 개방적으로 표출하게 하는 것이다.

18

① 재명명 : 클라이언트로 하여금 문제를 다른 시각에서 보거나 다른 방법으로 이해하도록 돕는 기술이다.
② 초점화 : 클라이언트로 하여금 말 속에 숨겨진 선입견이나 가정, 혼란을 드러내어 자신의 사고 과정을 명확히 볼 수 있도록 하는 기술이다.
③ 직면 : 클라이언트의 말과 행동이 불일치하고, 감정을 왜곡하거나 부정하고 있을 때 이를 설명하여 상황을 인식하도록 돕는 기술이다.
⑤ 조언 : 클라이언트가 해야 할 것을 추천하거나 제안하는 기술이다. 조언은 클라이언트가 요구할 때 주어야 한다.

19 사회복지실천과정의 간접개입기법 중 환경 조정이 필요한 상황에 해당하지 않는 것은?

① 아동이 가정에서 성적 학대를 받을 때
② 화재로 장애청소년의 부모가 사망했을 때
③ 직장에서 성폭력 예방을 위한 교육 프로그램을 제공할 때
④ 자연재해로 집을 잃었을 때
⑤ 고령의 노인이 가정에서 학대를 받을 때

20 사례관리 과정과 수행업무의 연결로 옳은 것은?

① 인테이크 – 상담, 교육, 자원 제공
② 사정 – 사례관리 대상자의 적격성 판정
③ 서비스 계획 – 클라이언트의 욕구와 자원에 관한 정보수집
④ 점검 – 서비스가 계획대로 제공되고 있는지 확인
⑤ 평가 – 서비스가 필요한 클라이언트의 욕구 확인

21 접수단계에서 수행할 수 있는 과업이 아닌 것은?

① 의 뢰
② 관계형성
③ 서비스 동의
④ 목표설정
⑤ 문제 확인

22 사정의 특성으로 옳지 않은 것은?

① 클라이언트의 생활 속에서 욕구를 발견하고 문제를 정의한다.
② 클라이언트와 사회복지사 양자가 참여하는 상호과정이다.
③ 환경 속의 클라이언트를 이해하고 계획의 근거를 마련하는 이중초점을 지닌다.
④ 클라이언트의 독특한 상황과 관련하여 개별화되어야 한다.
⑤ 클라이언트에 대한 서비스 제공 여부를 판단한다.

19

③ 교육프로그램을 제공하여 클라이언트의 행동을 촉진하거나 기능을 향상시키는 등 직접적 영향을 주는 것은 직접적 개입기법에 해당한다.

①·②·④·⑤ 간접적 개입기법인 환경조정은 클라이언트가 필요로 하는 자원을 발굴하여 제공·연계하거나, 클라이언트에 대한 옹호 및 중재활동을 하거나, 클라이언트 스스로 주변을 변화시킬 수 있도록 원조하는 것이다. 예를 들어, 아동이나 노인이 가정에서 학대를 받을 경우 이들을 아동보호전문기관이나 노인보호전문기관 혹은 임시보호시설 등에서 보호조치를 받을 수 있도록 한다.

20

① 접수(Intake)단계에서는 서비스를 필요로 하는 클라이언트의 장애나 욕구를 개략적으로 파악하여 기관의 서비스에 부합하는지의 여부를 판단한다.

② 사정(Assessment)단계에서는 클라이언트의 문제와 상황을 검토하며, 현재 기능수준과 욕구를 파악한다.

③ 계획(Service Plan)단계에서는 욕구와 문제를 해결할 수 있는 자원을 연결시키기 위해 일련의 개입 계획을 수립한다.

⑤ 평가(Evaluation) 및 종결(Disengagement)단계에서는 전반적인 사례관리 서비스 효과에 대해 평가한다.

참고

사례관리의 과정은 학자에 따라 혹은 교재에 따라 약간씩 다르게 제시되고 있습니다. 위의 해설은 〈접수 – 사정 – 계획 – 개입(계획의 실행) – 점검 및 재사정 – 평가 및 종결〉의 과정을 토대로 하였습니다.

21

④ 목표를 설정하고 이를 구체화하는 과정은 계획단계에서 이루어진다.

접수단계에서 사회복지사의 주요 과제(과업)

• 클라이언트의 문제와 욕구를 확인한다.
• 클라이언트와 라포(Rapport)를 형성하며, 원조관계를 수립한다.
• 클라이언트를 동기화하며, 기관의 서비스와 원조과정에 대해 안내한다.
• 클라이언트의 양가감정을 수용하고 저항감을 해소한다.
• 서비스 제공 여부를 결정하며, 필요시에 다른 기관으로 의뢰한다.

22

⑤ 클라이언트에 대한 서비스 제공 여부를 판단 및 결정하여, 필요시에 다른 기관으로 의뢰하는 것은 접수(Intake)의 주요 과제이다.

23 사례관리의 등장배경으로 옳지 않은 것은?

① 복합적인 서비스를 필요로 하는 대상자가 증가하였다.
② 복지국가 재정위기로 정책방향을 저비용 · 고효율로 전환하였다.
③ 시설 중심의 통합적 서비스 제공에 대한 요구가 증가하였다.
④ 지역사회에서 서비스 조정이 필요하게 되었다.
⑤ 서비스 공급주체가 중앙정부에서 지방정부로 변화하였다.

24 사례관리자가 수행하는 직접실천기술은?

① 클라이언트를 서비스나 자원에 연결한다.
② 클라이언트의 권리를 보호하고 클라이언트에게 서비스에 대한 자격이 주어지도록 옹호한다.
③ 클라이언트에게 제공되는 서비스와 자원의 전달상황을 점검한다.
④ 다양한 전문가들의 협력과 조정을 수행한다.
⑤ 클라이언트와 가족 간의 문제해결을 위해 가족상담을 진행한다.

25 생태도를 통하여 파악할 수 없는 것은?

① 클라이언트 가족의 세대 간 반복되는 정서적 유형
② 클라이언트에게 스트레스가 되는 체계
③ 클라이언트와 환경 간 자원교환의 정도
④ 클라이언트가 이용하는 서비스 기관
⑤ 클라이언트에게 유용한 자원이나 환경

제2영역 **사회복지실천기술론**

26 실천지혜(Practice Wisdom)에 관한 설명으로 옳지 않은 것은?

① 암묵적 지식과 같은 의미이다.
② 사회복지사의 직관에 영향을 받는다.
③ 실천 활동을 조작화하고 구조화한 것이다.
④ 개인의 가치체계와 경험으로부터 만들어진다.
⑤ 현장에서 유용하나 공인된 지식은 아니다.

23

③ 사례관리는 클라이언트에 대한 지속적인 지원을 위한 통합적인 서비스 제공의 요구가 증가함과 같이 탈시설화 및 재가복지서비스를 강조하는 추세에서 등장하였다.

24

사회복지실천의 방법

• 직접 실천
  - 클라이언트와의 직접적인 대면접촉을 통해 서비스를 제공하는 실천방식이다.
  - 주로 개인, 가족, 집단을 대상으로 대인관계 및 환경과의 상호작용 능력을 강조함으로써 이들의 사회적인 기능 향상을 도모한다.
  - 임상사회사업 분야에서 클라이언트에 대한 상담 및 면접, 치료 등의 형태로 운영된다.

• 간접 실천
  - 클라이언트와의 직접적인 대면접촉 없이 클라이언트의 문제해결을 위해 간접적으로 조력하는 실천방식이다.
  - 지역사회를 중심으로 클라이언트를 둘러싼 환경체계에 개입하여 지역의 자원 및 지지체계를 발굴하여 이를 연계한다.
  - 지역사회조직, 지역복지계획, 사회복지정책, 사회복지행정 등의 형태로 운영된다.

25

① 클라이언트 가족의 세대 간 반복되는 정서적 유형은 가계도(Genogram)를 통해 파악할 수 있다.

생태도(Ecomap)

환경 속의 클라이언트에 초점을 두고 클라이언트의 상황에서 의미 있는 체계들과의 역동적 관계를 그림으로 표현함으로써 특정 문제에 대한 개입계획을 세우는 데 유효한 정보를 제공한다. 가족과 환경과의 상호작용을 그림으로 표시하여 가족에 대한 총체적인 견해를 갖도록 돕고, 특히 클라이언트 가족에게 유용한 자원은 물론 부족한 자원과 보충되어야 할 자원이 무엇인지 알 수 있도록 해준다.

26

③ 실천지혜는 '직관/암묵적 지식'이라고도 하며, 실천현장에서 귀납적으로 만들어진 지식의 종류를 의미한다. 이는 의식적으로 표현하거나 구체적으로 명시할 수 없는 지식으로, 개인의 가치체계 및 경험으로부터 얻어진다.

27 정신역동모델의 개입기술에 관한 설명으로 옳은 것은?

① 전이는 현재의 인물에게 느끼는 사랑이나 증오의 감정을 과거의 인물에게 전치하는 것을 말한다.
② 훈습은 경험적 확신을 갖도록 전이와 저항에 대한 분석과 해석을 반복적으로 진행하는 것이다.
③ 직면은 클라이언트의 말과 행동 사이의 불일치나 모순이 있을 때에 우회적 방법으로 알리는 것이다.
④ 해석은 클라이언트의 공감능력을 키우는 효과가 있다.
⑤ 자유연상은 클라이언트가 수치스럽게 생각하거나 도움이 안 되는 내용을 선택할 수 있다.

28 다음 사례에서 활용한 심리사회모델의 개입기법은?

> 가까워지기 어려운 사람들과 친밀감을 높이기 위해 당신이 자주 사용하는 행동 패턴이 있다고 생각하십니까?

① 직접적 영향 주기
② 탐색-기술(묘사)-환기
③ 지지하기
④ 유형-역동성 고찰
⑤ 발달적 고찰

29 다음 사례에 해당하는 인지적 오류는?

> 입사시험 면접을 잘 마쳤음에도 불구하고 K 씨는 부모님께 시험에 떨어질 것이라고 말씀드렸다.

① 이분법적 사고
② 개인화
③ 과잉일반화
④ 재앙화
⑤ 임의적 추론

30 클라이언트중심모델의 주요 개념으로 옳지 않은 것은?

① 실현화 경향
② 자아실현 욕구
③ 인지적 개입
④ 조건부 가치
⑤ 긍정적 관심

27

① 전이(Transference)는 클라이언트가 과거에 타인과의 관계에서 경험하였던 소망이나 두려움 등의 감정을 사회복지사에게 보이는 반응을 말한다.

③ 직면(Confrontation)은 클라이언트가 문제해결의 과정에서 저항하는 모습을 보이거나 비순응적인 태도를 보이거나 혹은 클라이언트의 말과 행동 사이에 불일치나 모순이 있는 경우 그것을 직접적으로 지적하는 것이다.

④ 해석(Interpretation)은 클라이언트의 통찰력 향상을 위해 상담자의 직관에 근거하여 설명하는 것이다.

⑤ 자유연상(Free Association)은 클라이언트로 하여금 의식에 떠오르는 것이면 모든 것을 이야기하도록 하는 것이다. 고통스러운 것이든 즐거운 것이든 마음속에 떠오르는 것은 무엇이든지 이야기하도록 허용된다.

28

④ 유형 - 역동에 대한 고찰(Pattern - Dynamic Reflection)은 클라이언트의 성격 혹은 행동의 유형과 심리내적인 역동에 대해 고찰하는 것이다.

① 직접적 영향(Direct Influence) 또는 지시하기는 클라이언트의 행동을 촉진하거나 기능을 향상시키기 위한 조언, 충고, 제안 등을 통해 사회복지사의 의견을 클라이언트가 받아들이도록 하는 기법이다.

② 탐색 - 기술(묘사) - 환기(Exploration - Description - Ventilation)는 클라이언트와 환경과의 상호작용에 대한 사실을 기술하고 감정을 표현하도록 하는 기법이다.

③ 지지하기(Sustainment)는 사회복지사가 클라이언트를 수용하고 원조하려는 의사와 클라이언트의 문제해결능력에 대한 확신을 표현함으로써 클라이언트의 불안을 줄이고 자기존중감을 증진시키는 기법이다.

⑤ 발달적 고찰(Developmental Reflection)은 클라이언트로 하여금 성인기 이전의 생애경험과 이러한 경험이 현재 기능에 미치는 영향에 대해 고찰하도록 하는 기법이다.

29

⑤ 임의적 추론(Arbitrary Inference)은 어떤 결론을 지지하는 증거가 없거나 그 증거가 결론에 위배됨에도 불구하고 그와 같은 결론을 내리는 것이다.

① 이분법적 사고(Dichotomous Thinking)는 모든 경험을 한두 개의 범주로만 이해하고 중간지대가 없이 흑백논리로써 현실을 파악하는 것이다.

② 개인화(Personalization)는 자신과 관련시킬 근거가 없는 외부사건을 자신과 관련시키는 성향으로서, 실제로는 다른 것 때문에 생긴 일에 대해 자신이 원인이고 자신이 책임져야 할 것으로 받아들이는 것이다.

③ 과잉일반화(Overgeneralization)는 한두 가지의 고립된 사건에 근거해서 일반적인 결론을 내리고 그것을 서로 관계없는 상황에 적용하는 것이다.

④ 재앙화(Catastrophizing)는 어떠한 사건에 대해 자신의 걱정을 지나치게 과장하여 항상 최악을 생각함으로써 두려움에 사로잡히는 것이다.

30

③ 인지적 개입은 인지행동모델의 주요 개념에 해당한다. 사회복지사는 클라이언트로 하여금 상황에 대한 왜곡된 해석과 그로 인한 부적절한 정서를 변화시킬 수 있도록 돕는다.

클라이언트중심모델의 주요 개념

- 실현화 경향 : 유기체를 유지하거나 고양시키는 방식으로 발달해 가려는 유기체의 생득적인 경향을 말한다.
- 자아실현 욕구 : 실현화 경향의 하위체계이며, 자아가 형성되면서 일부 실현화 경향이 자아실현으로 표현된다.
- 긍정적 관심 : 자아가 발달하면서 긍정적인 관심(예 사랑, 인정 등)을 받기 위해 다른 사람이 평가한 것에 맞추어 행동하게 된다.
- 조건부 가치 : 중요한 타인들의 긍정적인 관심이 조건부로 주어짐에 따라 어떤 측면에서는 자신이 존중받고 있지만 다른 측면에서는 그렇지 않다고 느낄 때 일어난다.

31 과제중심모델에 관한 설명으로 옳은 것은?

① 개인의 신념체계의 변화를 강조한다.
② 특정 이론보다는 경험적 자료를 통해 개입의 기초를 마련한다.
③ 인간의 신념이나 생각은 정서와 행동에 영향을 미친다고 가정한다.
④ 클라이언트가 무력한 상태에서 힘을 가진 상태로 이동하는 것을 목표로 한다.
⑤ 변화는 항상 일어나며 불가피한 것으로 본다.

32 해결중심모델의 주요 원리로 옳지 않은 것은?

① 건강한 것에 초점을 둔다.
② 개입의 목적을 증상 감소에 둔다.
③ 현재에 초점을 맞추며 미래지향적이다.
④ 클라이언트와의 협력관계를 중요시한다.
⑤ 탈이론적이며 비규범적이다.

33 밀러와 롤닉(W. Miller & S. Rollnick)의 동기강화모델의 원리로 옳지 않은 것은?

① 불일치감 인식하기
② 자기효능감 지지하기
③ 저항과 함께하기
④ 내적 의사소통 명료화하기
⑤ 공감 표현하기

34 임파워먼트모델의 실천기법으로 옳은 것을 모두 고른 것은?

ㄱ. 강점 사정하기
ㄴ. 자원 확보하기
ㄷ. 촉진적 개입하기
ㄹ. 합류하기

① ㄱ, ㄴ
② ㄴ, ㄷ
③ ㄱ, ㄴ, ㄷ
④ ㄱ, ㄷ, ㄹ
⑤ ㄱ, ㄴ, ㄷ, ㄹ

31

① 개인의 신념체계의 변화를 강조한 것은 인지행동 모델이다. 인지행동모델은 인간의 비합리적 사고 또는 신념이 부적응을 유발한다고 보고, 인지재구 성 또는 인지재구조화(Cognitive Restructuring) 를 통해 클라이언트의 역기능적이고 비합리적인 신념체계를 보다 기능적이고 합리적인 신념체계 로 대체할 수 있도록 한다.

③ 인지행동모델에 관한 설명이다.

④ 임파워먼트모델(권한부여모델, 역량강화모델)은 무기력 상태에 있거나 필요한 자원을 스스로 활용 하지 못하는 클라이언트를 대상으로 자신의 삶과 상황에 대해 더 많은 통제력을 갖도록 돕는다. 클 라이언트로 하여금 생활상의 문제에 직면하여 스 스로의 삶에 대해 결정을 내리고 행동에 옮길 수 있도록 힘을 부여한다.

⑤ 해결중심모델은 인간의 삶에 있어서 안정은 일시 적인 반면 변화는 지속적이고 불가피하므로, 변화 자체를 치료를 위한 해결책으로 활용한다.

32

② 해결중심모델은 병리적인 것 대신 건강한 것에 초 점을 두는데, 이는 클라이언트를 증상을 가진 환 자가 아닌 삶에 대해 몇 가지 불평을 가진 사람으 로 간주하는 데서 비롯된다.

해결중심모델의 주요 원리

• 병리적인 것 대신 건강한 것에 초점을 둔다.(①)
• 클라이언트의 강점과 자원, 건강한 특성을 발견하 여 이를 치료에 활용한다.
• 탈이론적이고 비규범적이며 클라이언트의 견해를 존중한다.(⑤)
• 변화는 항상 일어나며 불가피하다.
• 현재와 미래를 지향한다.(③)
• 클라이언트의 자율적인 협력을 중요시한다.(④)

33

④ '내적 의사소통 명료화'는 클라이언트 스스로 자신 에 대해 독백하고 사고하는 과정으로, 인지행동모 델의 개입기법에 해당한다.

동기강화모델의 기본원리(Miller & Rollnick)

• 공감 표현하기 : 사회복지사는 클라이언트의 상황 을 정확하게 이해하며, 클라이언트의 상황에 공감 하고 있음을 충분히 표현하고 전달해야 한다.
• 불일치감 인식하기 : 클라이언트가 지닌 신념이나 가치와 행동 간의 불일치를 깨닫게 해야 한다.
• 저항과 함께하기 : 클라이언트가 주저하거나 망설 임 또는 저항을 보일 때 반박하지 않고 그대로 인 정해야 한다.
• 자기효능감 지지하기 : 클라이언트가 스스로 특정 과제를 성취할 수 있도록 하여, 성공할 수 있다는 믿음을 가지게 한다.

34

ㄹ. 합류 또는 합류하기(Joining)는 치료자가 가족성 원들과의 관계형성을 위해 가족을 수용하고 가족 에 적응함으로써 기존의 가족구조에 참여하는 방 법으로, 특히 구조적 가족치료모델에서 사용하는 실천기법이다.

임파워먼트모델의 주요 실천기법

• 강점 사정하기
• 문제해결기술 습득하기
• 자원 확보와 체계 활용하기
• 촉진적 개입하기

35 골란(N. Golan)의 위기발달 단계로 옳은 것은?

① 위험사건 − 촉발요인 − 취약단계 − 위기 단계 − 재통합
② 취약단계 − 위험사건 − 촉발요인 − 위기 단계 − 재통합
③ 취약단계 − 위험사건 − 위기단계 − 촉발 요인 − 재통합
④ 위험사건 − 취약단계 − 위기단계 − 촉발 요인 − 재통합
⑤ 위험사건 − 취약단계 − 촉발요인 − 위기 단계 − 재통합

36 실천과정에서 "환류하기"에 관한 설명으로 옳은 것은?

① 개입단계에서 그간의 문제해결 과정을 점검하는 활동이다.
② 사회복지사와 클라이언트 간 합의된 목표의 달성도를 측정하는 것이다.
③ 클라이언트의 문제해결에 필요한 자원을 적극적으로 끌어들이기 위한 전략이다.
④ 욕구를 재확인하여 서비스 계획이나 개입 전략을 수정하는 과정이다.
⑤ 클라이언트의 주변체계에 문제의 심각성을 알리고 적극적으로 옹호하는 활동이다.

37 가족치료모델의 개입 목표에 관한 설명으로 옳지 않은 것은?

① 해결중심 가족치료 : 가족이 문제 중심에서 벗어나 해결방안을 모색하고 실행하도록 돕는다.
② 다세대 가족치료 : 가족구성원의 불안 감소 및 미분화된 원가족과의 관계에서 자아분화를 증진시킨다.
③ 구조적 가족치료 : 역기능적 가족구조를 재구조화한다.
④ 경험적 가족치료 : 자아존중감 향상과 의사소통 방식의 변화를 통해 대처능력을 향상시킨다.
⑤ 전략적 가족치료 : 다양한 전략을 활용하여 제시된 문제의 원인을 찾도록 돕는다.

38 미누친(S. Minuchin)의 구조적 가족치료의 대표적 기법을 옳게 나열한 것은?

① 합류하기, 균형 깨뜨리기, 실연
② 합류하기, 경계 만들기, 가족그림
③ 경계 만들기, 탈삼각화, 과제부여
④ 과제부여, 균형 깨뜨리기, 역설적 지시
⑤ 균형 깨뜨리기, 경계 만들기, 순환적 질문

35

위기반응의 단계(Golan)

- 제1단계 : 위험한 사건
- 제2단계 : 취약 상태
- 제3단계 : 위기촉진요인(위기촉발요인)
- 제4단계 : 실제 위기 상태
- 제5단계 : 재통합

36

④ 사회복지실천과정에서 평가는 프로그램의 최종 목표 달성 여부를 효과성과 효율성 측면에서 평가하는 총괄평가(Summative Evaluation), 개입이 이루어지는 동안 발생하는 자료를 수집하여 환류하는 형성평가(Formative Evaluation)로 구분된다. 특히 형성평가는 현재와 미래에 관련된 프로그램 수행상의 문제해결이나 결정을 내리기 위해 실시하는데, 이를 통해 프로그램(혹은 서비스) 계획이나 개입전략의 수정·변경 여부를 결정하도록 돕는다.

37

⑤ 전략적 가족치료모델은 헤일리(Haley)가 의사소통 가족치료의 전통을 계승하여 제안한 것으로, 인간행동의 원인에는 관심이 없으며 단지 문제행동의 변화를 위한 해결방법에 초점을 둔다.

38

② 가족그림(Family Drawing)은 경험적 가족치료모델의 치료기법에 해당한다.

③ 탈삼각화(Detriangulation)는 다세대적 가족치료모델(세대 간 가족치료모델)의 치료기법에 해당한다.

④ 역설적 지시(Paradoxical Directives)는 전략적 가족치료모델의 치료기법에 해당한다.

⑤ 순환적 질문(Circular Questioning)은 전략적 가족치료모델의 치료기법에 해당한다.

구조적 가족치료모델의 대표적 기법(Minuchin)

- 가족 재구조화(Restructuring)
- 재구성(Reframing) 또는 재명명(Relabeling)
- 경계 만들기(Boundary Making)
- 합류 또는 합류하기(Joining)
- 실연(Enactment)
- 긴장 고조시키기(Increasing the Stress)
- 균형 깨기 또는 균형 깨뜨리기(Unbalancing)
- 과제부여(과제주기) 또는 과제할당(Task Setting)
- 촉진적 개입하기

39 다음 사례에 해당하는 가족개입 기법은?

> 끊임없는 잔소리로 말다툼이 잦아 갈등을 겪고 있는 부부에게 매일 1회 시간을 정해서 30분 동안 부부싸움을 하도록 하였다.

① 실 연
② 재구성
③ 역설적 지시
④ 순환적 질문하기
⑤ 긍정적 의미부여

40 보웬(M. Bowen)의 다세대 가족치료의 주요 개념과 기법에 관한 설명으로 옳은 것을 모두 고른 것은?

> ㄱ. 자아분화 수준이 더 낮은 성원이 가족투사의 대상이 된다.
> ㄴ. 가계도를 작성하고 해석하면서 가족의 정서적 과정을 이해한다.
> ㄷ. 성공적인 치료를 위해 사회복지사는 치료적 삼각관계를 형성하여 개입한다.
> ㄹ. 자아분화 수준이 낮을수록 가족원의 자율성이 증가하여 독립적으로 행동한다.

① ㄱ, ㄴ
② ㄴ, ㄷ
③ ㄱ, ㄴ, ㄷ
④ ㄱ, ㄷ, ㄹ
⑤ ㄱ, ㄴ, ㄷ, ㄹ

41 경험적 가족치료에 관한 설명으로 옳지 않은 것은?

① 자아존중감을 높이는 것이 중요한 치료목표이다.
② 역기능적 의사소통 유형을 일치형으로 바꾸도록 돕는다.
③ 가족규칙을 합리적으로 바꾸고, 자기 인생에 대한 선택권을 스스로 갖도록 한다.
④ 역기능적인 상호작용의 개선이나 증상 제거보다 개인의 성장에 더 초점을 둔다.
⑤ 가족의 상호작용 유형을 확인하고 문제를 외현화한다.

42 체계론적 관점에서 가족에 관한 설명으로 옳은 것은?

① 가족의 항상성은 어떤 행동이 허용되는가를 결정하는 가족규칙을 통해 공고해진다.
② 일탈행동이나 갈등상황에 대해 부적 환류를 적용하면 최초의 일탈이나 갈등을 증폭시키는 작용을 한다.
③ 가족은 상위체계와는 독립적으로 존재하며 그 안에 다양한 하위체계를 포함한다.
④ 경직된 경계를 가진 가족은 독립성과 자율성이 결여되어 있다.
⑤ 부모−자녀 하위체계는 가족을 이끄는 책임을 지는 하위체계로 권위를 갖는 것이 중요하다.

39

③ 역설적 지시(Paradoxical Directives)는 문제행동을 계속하도록 지시하여 역설적 치료 상황을 조장하는 것으로, 가족이 그 가족 내에서 문제시해 온 행동을 과장하여 계속하도록 함으로써 문제를 유지하는 순환고리를 끊도록 한다.

① 실연(Enactment)은 치료면담 과정에서 가족성원들로 하여금 역기능적인 교류를 실제로 재연시키는 것이다.

② 재구성(Reframing)은 가족성원의 문제를 다른 시각에서 보거나 다른 방법으로 이해하도록 돕는 방법이다.

④ 순환적 질문(Circular Questioning)은 문제에 대한 제한적이고 단선적인 시각에서 벗어나 문제의 순환성을 깨닫도록 하기 위해 연속적으로 질문을 하는 것이다.

⑤ 긍정적 의미부여(Positive Connotation)는 가족의 응집을 향상하고 치료에 대한 저항을 줄이기 위한 것으로, 가족의 문제나 행동을 긍정적으로 재해석하는 것이다.

40

자아분화(Differentiation of Self)

• 정서적인 것과 지적인 것의 분화를 의미하며, 감정과 사고가 적절히 분리되어 있는 경우 자아분화 수준이 높은 것으로 간주한다.

• 자아분화 수준이 높은 사람은 사고와 감정이 균형을 이루며, 타인과의 관계에서 자주적·자율적으로 행동한다. 반면, 자아분화 수준이 낮은 사람은 합리적으로 의사결정을 하지 못하며, 반사적인 행동 수준에 머무른다. 특히 삼각관계를 통해 자신의 불안을 회피하고자 하며, 적응력과 자율성이 작아진다.

41

문제의 외현화(Externalization)

• 이야기치료에서 주로 사용하는 문제의 외현화는 가족의 문제가 가족구성원 개인이나 가족 자체의 문제가 아닌 가족에게 부정적인 영향을 미치는 별개의 존재로서 이야기하도록 하는 것이다.

• 문제의 외현화 작업을 통해 클라이언트 가족으로 하여금 가족과 문제가 동일한 것이 아님을 깨닫도록 하며, 가족과 문제 사이에 일정한 공간을 만듦으로써 그 관계를 재조명하고 수정할 수 있도록 한다.

42

② 부적 환류(Negative Feedback)는 체계가 변화를 거부한 채 안정적인 상태를 유지하려는 방향으로 피드백이 이루어지는 것을 말한다. 체계가 규범에서 벗어나는 행동을 저지하여 안정성을 유지하려는 일탈 감소의 역할을 한다.

③ 가족은 상위체계와 독립적으로 존재하지 않으며, 가족체계 내의 어느 한 요소의 변화가 가족 전체에 영향을 미치는 순환적 인과성(Circular Causality)의 특징을 가진다.

④ 경직된 경계선(Rigid Boundary)을 가진 가족은 독립적이고 자율적으로 기능할 수는 있으나 충성심 및 소속감이 부족하여 도움이 필요할 때 원조를 요청하는 능력이 부족하다.

⑤ 가족의 하위체계(예 부부 하위체계, 부모 하위체계, 부모-자녀 하위체계, 형제(자매) 하위체계 등) 중 부모 하위체계에 해당하는 설명이다. 참고로 부모-자녀 하위체계는 부모가 자녀에게 엄격함과 허용을 적절히 조화시키는 것이 중요하다.

43 가족의 구조와 기능에 관한 설명으로 옳은 것을 모두 고른 것은?

> ㄱ. 기능적인 가족은 가족규칙을 융통성 있게 적용한다.
> ㄴ. 부모와 자녀 간의 밀착된 관계는 하위체계 간 균형을 유지하게 한다.
> ㄷ. 밀착된 가족은 경계의 투과성이 높아 체계 간 구분이 어렵다.
> ㄹ. 기능적 가족은 가족성원에게 고정된 역할을 부여하여 혼란을 감소시킨다.

① ㄱ, ㄴ
② ㄱ, ㄷ
③ ㄴ, ㄷ
④ ㄴ, ㄷ, ㄹ
⑤ ㄱ, ㄴ, ㄷ, ㄹ

44 집단문화에 관한 설명으로 옳지 않은 것은?

① 집단 고유의 스타일이나 독특성을 만들어 낸다.
② 집단응집력은 집단문화 형성에 영향을 미치는 요인이다.
③ 성원들의 가치가 혼합되면서 타 집단과 구분되는 특성이 만들어진다.
④ 다양한 성원들이 참여하는 개방형 집단에서 빠르게 형성된다.
⑤ 고정관념이나 편견이 많은 성원들은 집단문화 형성에 방해가 된다.

45 자조집단이 갖는 특징으로 옳은 것을 모두 고른 것은?

> ㄱ. 동병상련의 경험에 기반을 둔다.
> ㄴ. 집단사회복지사의 주요 역할은 변화매개인 이다.
> ㄷ. 집단 내 원활한 의사소통과 상호작용을 위해 공동지도자를 둔다.
> ㄹ. 노아방주의 원칙(Noah's Ark Principle)에 따라 성원을 모집한다.

① ㄱ
② ㄴ, ㄷ
③ ㄴ, ㄹ
④ ㄴ, ㄷ, ㄹ
⑤ ㄱ, ㄴ, ㄷ, ㄹ

46 집단대상 실천의 치료적 효과에 해당하는 것을 모두 고른 것은?

> ㄱ. 정보습득
> ㄴ. 보편성
> ㄷ. 이타심
> ㄹ. 정화

① ㄱ
② ㄴ, ㄷ
③ ㄴ, ㄹ
④ ㄴ, ㄷ, ㄹ
⑤ ㄱ, ㄴ, ㄷ, ㄹ

43

ㄴ. 부모와 자녀 간의 밀착된 관계는 부모와 자녀가 서로 지나치게 관여하고 간섭하여 적정 수준의 경계가 결여된 경우이므로 하위체계 간 균형을 깨뜨린다.

ㄹ. 기능적 가족은 가족성원의 역할이 고정되어 있지 않으며, 가족생활주기에 따라 각자의 역할도 변화한다.

44

④ 집단문화는 집단성원들이 동질적으로 구성되어 있을 때 빠르게 형성되는 반면, 다양한 성원들로 구성되어 있을 때 느리게 형성된다. 따라서 집단의 연속성과 성원들 간의 강한 응집력을 가지는 폐쇄형 집단에서 집단문화는 빠르게 형성된다.

45

ㄴ · ㄷ. 자조집단은 서로 유사한 문제나 공동의 관심사를 가진 사람들이 자발적으로 구성하여 각자의 경험을 공유하며, 개인적으로 바람직한 변화를 위해 노력하는 상호원조집단이다. 공동지도자나 집단사회복지사의 주도적인 역할 없이 비전문가들에 의해 구성 · 유지된다.

ㄹ. 노아방주의 원칙(Noah's Ark Principle)은 노아가 방주에 태울 동물을 선택할 때 모든 종류의 동물들을 최소 2마리씩 선택한 것에서 비롯된다. 집단사회복지사가 집단을 구성할 때 특정의 인종, 성별, 생활양식 등에서 한 사람만을 선택하지 않도록 유의해야 한다는 것으로, 이는 타 구성원과 구별되는 특성을 가진 그 한 사람이 집단의 희생양이 될 가능성이 높기 때문이다.

46

집단의 치료적 효과(Yalom)

- 희망의 고취
- 보편성(일반화)(ㄴ)
- 정보전달(정보습득)(ㄱ)
- 이타심(이타성)(ㄷ)
- 1차 가족집단의 교정적 재현
- 사회기술의 개발
- 모방행동
- 대인관계학습
- 집단응집력
- 정화(Catharsis)(ㄹ)
- 실존적 요인들

47 집단 사정도구의 활용 목적으로 옳은 것은?

① 소시오메트리 : 개별 성원의 행동패턴 분석
② 소시오그램 : 성원 간 상호작용 빈도 측정
③ 사회적 관계망표 : 집단성원 활동에 대한 상호 평가
④ 상호작용차트 : 성원의 집단참여 수준 분석
⑤ 의의차별척도 : 하위집단의 구성 여부 파악

48 집단의 종결단계에서 수행하는 과업으로 옳은 것을 모두 고른 것은?

> ㄱ. 성원 간의 이해를 돕기 위해 자기 노출의 기회를 갖는다.
> ㄴ. 집단경험을 통해 학습한 내용의 활용계획을 세운다.
> ㄷ. 공통의 관심사를 찾기 위해 개방적 토론 시간을 늘린다.
> ㄹ. 측정도구를 통해 성원 개인별 변화를 평가한다.

① ㄱ
② ㄴ, ㄷ
③ ㄴ, ㄹ
④ ㄴ, ㄷ, ㄹ
⑤ ㄱ, ㄴ, ㄷ, ㄹ

49 단일사례설계에 관한 설명으로 옳지 않은 것은?

① 동시에 여러 문제의 변화를 측정하는 것이 불가능하다.
② 개입의 효과성을 파악하기 위해 반복측정을 한다.
③ 기초선 자료수집은 개입 이전이나 이후에도 가능하다.
④ 개입 과정에서 개입의 강도나 방식을 바꿀 수 있다.
⑤ 조사대상은 개인뿐 아니라 가족, 집단, 기관도 가능하다.

50 클라이언트의 개인정보 보호를 위한 기록 방법으로 옳지 않은 것은?

① 정확한 정보를 기록하고, 부정확한 것으로 확인되면 삭제나 수정할 수 있다.
② 서비스 신청에 필요하더라도 민감한 사적 정보는 제외한다.
③ 개인정보가 담긴 사례기록을 방치하는 것은 위법 행위이다.
④ 클라이언트의 사생활이나 비밀스러운 내용은 일반적인 용어로 바꾸어 기록한다.
⑤ 전산화된 기록에 대한 접근 권한을 제한하기 위해 암호화한다.

47

① 소시오메트리(Sociometry)는 집단성원들이 서로 간의 관계에 대해 인식하고 있는 정도, 즉 집단성원 간 관심 정도를 사정하는 도구이다.
② 소시오그램(Sociogram)은 집단의 전반적인 상호작용 양상을 평가하기 위한 도구로, 구성원의 지위, 구성원 간의 관계, 하위집단은 물론 집단성원 간 결탁, 수용, 거부 등을 파악하는 데 유용하다. 반면, 집단성원들 간의 상호작용 빈도를 확인하는 것은 상호작용차트(Interaction Chart)이다.
③ 사회적 관계망표(사회적 관계망 격자, Social Network Grid)는 클라이언트의 환경 내에 영향을 미치는 중요한 사람이나 체계로부터 물질적·정서적 지지, 원조 방향, 충고와 비판, 접촉 빈도 및 시간 등에 관한 정보를 제공한다.
⑤ 의의차별척도(Semantic Differential Scale)는 동료성원에 대한 평가, 동료성원의 잠재력에 대한 인식, 동료성원의 활동력에 대한 인식 등을 평가하는 데 활용된다. 반면, 집단 내 하위집단이 형성되었는지를 파악하기 위해 소시오그램(Sociogram) 등을 활용한다.

48

ㄱ. 주로 집단의 초기단계(시작단계)에서 수행하는 과업에 해당한다. 초기단계에서는 집단성원들이 차례대로 돌아가면서 자신을 소개하고, 프로그램 활동 과정에 대한 정보를 공유하여, 집단성원으로 하여금 신뢰감을 갖고 참여할 수 있도록 분위기를 조성해야 한다.
ㄷ. 주로 집단의 중간단계(개입단계)에서 수행하는 과업에 해당한다. 중간단계에서는 집단을 구조화하며, 집단 회합이나 프로그램 활동을 마련하여 집단성원 간 공통점과 차이점은 물론 집단의 상호작용, 갈등, 협조체계 등을 파악한다.

49

① 단일사례설계는 둘 이상의 클라이언트, 둘 이상의 상황이나 문제에 적용 가능하다.

50

클라이언트의 개인정보 보호를 위한 기록 지침 (Hepworth, Rooney & Larsen)

- 서비스 신청에 필요하거나 서비스 전달 및 평가와 관련된 것만 기록한다.(②)
- 클라이언트의 사생활이나 비밀스러운 내용 등 민감한 정보는 자세히 기록하지 않으며, 일반적인 용어로 바꾸어 기록한다.(④)
- 정확한 정보를 기록하고, 부정확한 것으로 확인되면 삭제하거나 이전에 기록된 정보가 정확하지 않음을 추가로 기입한다.(①)
- 사례기록은 반드시 잠금장치가 되어 있는 곳에 보관하며, 기록파일에 빈번히 접근해야 하는 사람만이 이를 열 수 있도록 한다.
- 특별히 허가된 예외적인 경우를 제외하고 기록파일 자체를 기관 외부로 반출하지 않는다.
- 면담 중, 회의 중 혹은 일과 중에도 사례기록을 방치하여 아무나 볼 수 있게 해서는 안 된다.(③)
- 전산화된 기록은 암호장치를 두어 합법적 권한을 가진 사람만이 접근하도록 한다.(⑤)
- 사회복지기관은 정보 제공 절차에 관한 규칙을 갖추며, 이러한 절차를 사회복지사가 잘 지킬 수 있도록 훈련하고 감독한다.

51 다음에서 설명하는 지역사회복지 이념은?

> • 지역주민은 지역사회복지의 이용자인 동시에 제공자라는 관점을 강조한다.
> • 지역주민의 욕구 및 문제를 해결하기 위한 주민의 주체성에 초점을 둔다.

① 전문화
② 정상화
③ 탈시설화
④ 주민참여
⑤ 사회통합

52 다음에서 설명하는 길버트와 스펙트(N. Gilbert & H. Specht)의 지역사회 기능은?

> 지역사회가 공유하는 지식, 사회적 가치, 행동양식을 지역사회 구성원들에게 전달하는 것

① 상부상조 기능
② 생산 · 분배 · 소비 기능
③ 사회화 기능
④ 사회통합 기능
⑤ 사회통제 기능

53 던햄(A. Dunham)의 지역사회 유형에 따른 예시로 옳은 것을 모두 고른 것은?

> ㄱ. 인구 크기 – 대도시, 중 · 소도시
> ㄴ. 인구 구성의 사회적 특수성 – 외국인촌, 저소득층 지역
> ㄷ. 경제적 기반 – 농촌, 어촌, 광산촌
> ㄹ. 행정구역 – 특별시, 광역시 · 도, 시 · 군 · 구, 읍 · 면 · 동

① ㄱ, ㄴ
② ㄱ, ㄷ
③ ㄴ, ㄹ
④ ㄱ, ㄷ, ㄹ
⑤ ㄱ, ㄴ, ㄷ, ㄹ

54 한국의 지역사회복지 역사에 관한 설명으로 옳지 않은 것은?

① 1950년대 – 외국민간원조한국연합회(KAVA) 결성
② 1980년대 – 사회복지관 운영 · 건립 국고보조사업 지침 마련
③ 1990년대 – 재가복지봉사센터 설치 · 운영
④ 2010년대 – 읍 · 면 · 동 복지허브화사업 실시
⑤ 2020년대 – 시 · 군 · 구 희망복지지원단 설치 · 운영

51

지역사회복지 이념

- 정상화 : 지역주민이 지역사회와 관계를 맺고 사회의 온갖 다양한 문제들에서 벗어나 사회적으로 가치 있는 역할을 수행할 수 있도록 한다.
- 탈시설화 : 지역사회복지의 확대 발전에 따라 기존의 대규모 시설 위주에서 그룹홈, 주간 보호시설 등의 소규모로 전개되는 것을 말한다.
- 주민참여 : 지역주민이 자신의 욕구와 문제를 주체적으로 해결할 수 있도록 하는 것으로서, 지역주민과 지자체와의 동등한 파트너십을 형성하는 방법이기도 하다.
- 사회통합 : 지역사회 내의 갈등이나 지역사회 간의 차이 또는 불평등을 뛰어넘어 사회 전반의 통합을 이루는 것이다.
- 네트워크 : 지역사회복지실천의 측면에서 기존의 공급자 중심의 서비스에서 탈피하여 이용자 중심의 서비스로 발전하기 위한 공급체계의 네트워크화 및 관련기관 간의 연계를 말한다.

52

지역사회의 기능(Gilbert & Specht)

- 생산 · 분배 · 소비(경제제도) : 지역사회 주민들이 일상생활에 필요한 물자와 서비스를 생산하고 소비하는 과정과 관련된 기능을 말한다.
- 상부상조(사회복지제도) : 사회제도에 의해 지역주민들이 자신들의 욕구를 스스로 충족할 수 없는 경우에 필요로 하는 사회적 기능을 말한다.
- 사회화(가족제도) : 사회가 향유하고 있는 일반적 지식, 사회적 가치, 행동양식을 그 지역사회 구성원에게 전달하는 과정을 말한다.
- 사회통제(정치제도) : 지역사회가 그 구성원들에게 사회규범에 순응하도록 행동을 규제하는 것을 말한다.
- 사회통합(종교제도) : 사회체계를 구성하는 사회단위 조직들 간의 관계와 관련된 기능을 말한다.

53

지역사회의 유형화 기준(Dunham)

인구의 크기	가장 기본적인 유형으로서, 인구 크기에 따라 지역사회를 구분한다. 예 대도시, 중소도시, 읍지역 등
인구 구성의 특성 (사회적 특수성)	지역사회 구성원 대다수의 경제적 · 인종적 특성에 따라 지역사회를 구분한다. 예 저소득층 밀집주거지역(쪽방촌), 외국인 집단주거지역, 새터민 주거지역 등
정부의 행정구역	행정상 필요에 따라 지역사회를 구분하는 것으로서, 일반적으로 인구 크기를 중심으로 구분하지만, 반드시 인구 크기에 비례하는 것은 아니다. 예 특별시, 광역시 · 도, 시 · 군 · 구, 읍 · 면 · 동 등
산업구조 및 경제적 기반	지역주민들의 경제적 특성은 물론 사회문화적 특성을 파악하기 위한 인류학적 조사연구에서 흔히 사용되는 구분이다. 예 농촌, 어촌, 산촌, 광산촌, 광공업지역, 산업단지 등

54

⑤ 2012년 4월 지역주민 맞춤형 통합서비스체계 구축을 목적으로 지역사회가 보유한 자원과 서비스를 총괄적으로 조정하는 희망복지지원단이 각 지방자치단체에 설치되어 5월부터 공식적으로 운영되었다.

55 영국의 지역사회복지 역사에 영향을 준 사건을 과거부터 시대순으로 옳게 나열한 것은?

> ㄱ. 토인비 홀(Toynbee Hall) 설립
> ㄴ. 시봄(Seebohm)보고서
> ㄷ. 정신보건법(Mental Health Act) 제정
> ㄹ. 바클레이(Barclay)보고서
> ㅁ. 하버트(Harbert)보고서

① ㄱ → ㄴ → ㄹ → ㅁ → ㄷ
② ㄱ → ㄷ → ㄴ → ㅁ → ㄹ
③ ㄱ → ㄷ → ㄹ → ㅁ → ㄴ
④ ㄴ → ㄷ → ㅁ → ㄹ → ㄱ
⑤ ㄷ → ㄱ → ㅁ → ㄹ → ㄴ

56 다음 사례에 해당하는 지역사회복지이론은?

> A사회복지기관은 지방정부로부터 보조금을 지원받은 후 지방정부의 요구와 통제를 수용하였다.

① 갈등이론
② 엘리트주의이론
③ 사회체계이론
④ 권력의존이론
⑤ 사회자본이론

57 지역사회복지이론에 관한 설명으로 옳은 것을 모두 고른 것은?

> ㄱ. 사회체계이론 – 지역사회 내 갈등이 변화의 원동력이다.
> ㄴ. 갈등이론 – 자원의 불평등한 분배로 인해 이해관계의 대립이 발생한다.
> ㄷ. 자원동원이론 – 인간행동은 타인이나 사회환경과 상호작용하는 동안에 학습된다.
> ㄹ. 사회자본이론 – 신뢰와 네트워크를 통해 지역사회 문제해결을 위한 규범 등이 형성된다.

① ㄱ, ㄷ
② ㄴ, ㄹ
③ ㄷ, ㄹ
④ ㄴ, ㄷ, ㄹ
⑤ ㄱ, ㄴ, ㄷ, ㄹ

58 포플(K. Popple, 1996)의 지역사회복지실천 모델로 옳지 않은 것은?

① 지역사회연계
② 지역사회교육
③ 지역사회개발
④ 지역사회행동
⑤ 인종차별철폐 지역사회사업

55

ㄱ. 1884년
ㄴ. 1968년
ㄷ. 1959년
ㄹ. 1982년
ㅁ. 1971년

56

④ 권력의존이론(힘 의존이론)은 재정지원자에 대한 사회복지조직의 지나친 의존에 따른 자율성 제한의 문제를 다룬다.
① 갈등이론은 지역사회에 존재하는 갈등 현상에 주목하며, 갈등을 사회발전의 요인과 사회통합의 관점에서 다룬다.
② 엘리트주의이론(엘리트이론)은 지역사회 내 소수의 엘리트 집단의 권력이 지역사회복지정책을 좌우한다고 주장한다.
③ 사회체계이론은 지역사회를 지위·역할·집단·제도들로 이루어진 하나의 체계로 보고 다양한 체계들 간의 상호작용을 강조하며, 지역사회와 환경의 관계를 설명한다.
⑤ 사회자본이론은 사회자본이 지역사회의 신뢰, 네트워크, 호혜성의 규범과 가치로 구성되어 있다고 주장하면서, 이를 포함하는 공식적 및 비공식적 제도와 관계구조를 다룬다.

57

ㄱ. 지역사회 내 갈등을 변화의 원동력으로 보는 대표적인 이론으로 갈등이론이 있다.
ㄷ. 인간행동은 타인이나 사회환경과 상호작용하는 동안에 학습된다고 보는 대표적인 이론으로 사회학습이론이 있다.

58

포플(Popple)의 지역사회복지실천모델

- 지역사회보호(Community Care)
- 지역사회조직(Community Organization)
- 지역사회개발(Community Development)(③)
- 사회/지역계획(Social/Community Planning)
- 지역사회교육(Community Education)(②)
- 지역사회행동(Community Action)(④)
- 여권주의적 지역사회사업(Feminist Community Work)
- 인종차별철폐 지역사회사업(Black and Anti-racist Community Work)(⑤)

59 로스만(J. Rothman)의 지역사회복지실천모델에 관한 설명으로 옳은 것을 모두 고른 것은?

> ㄱ. 지역사회개발모델은 지역사회 역량강화, 통합, 자조를 활동 목표로 둔다.
> ㄴ. 사회계획모델에서는 변화의 매개체로 과업 지향적인 소집단을 활용한다.
> ㄷ. 사회행동모델에서 사회복지사의 핵심 역할은 옹호자, 선동가, 협상가이다.
> ㄹ. 지역사회개발모델은 지역사회 문제해결을 위해 전문가의 주도적 개입을 강조한다.

① ㄱ, ㄷ
② ㄴ, ㄷ
③ ㄴ, ㄹ
④ ㄱ, ㄴ, ㄷ
⑤ ㄱ, ㄴ, ㄹ

60 웨일과 갬블(M. Weil & D. Gamble)의 근린 지역사회조직모델에 관한 설명으로 옳지 않은 것은?

① 조직화를 위한 구성원의 능력개발에 초점을 둔다.
② 일차적 구성원은 지역사회 이웃주민이다.
③ 사회복지사의 주요 역할은 조직가, 교육자, 촉진자, 코치이다.
④ 지방정부, 외부개발자, 지역주민을 변화의 표적체계로 본다.
⑤ 관심영역은 공통 관심사나 특정 이슈에 대한 정책, 행위, 인식의 변화이다.

61 다음에서 설명하는 테일러와 로버츠(S. Taylor & R. Roberts)의 지역사회복지실천 모델은?

> • 지역사회의 문제해결을 위해 관계망을 형성하거나 조정
> • 사회복지사, 자원봉사자, 행정가 등 다양한 구성원이 참여
> • 지역사회복지 실천 과정에서 클라이언트와 후원자의 영향력이 동등

① 계획모델
② 지역사회연계모델
③ 지역사회개발모델
④ 정치적 역량강화모델
⑤ 프로그램 개발 및 조정모델

62 지역사회개발모델에서 사회복지사의 핵심 역할이 아닌 것은?

① 치료자
② 조력자
③ 촉진자
④ 안내자
⑤ 교육자

59

ㄴ. 변화의 매개체로 과업지향적인 소집단을 활용하는 것은 지역사회개발모델이다. 참고로 사회계획모델은 변화의 매개체로 공식조직 및 관료조직을 중시한다.

ㄹ. 지역사회 문제해결을 위해 전문가의 주도적 개입을 강조하는 것은 사회계획모델이다. 참고로 지역사회개발모델은 지역주민의 자조와 자발적이고 적극적인 참여, 강력한 주도권을 강조한다.

60

⑤ 공통 관심사나 특정 이슈에 대한 정책, 행위, 인식의 변화에 초점을 두는 것은 웨일과 갬블(Weil & Gamble)의 기능적 지역사회조직모델이다. 참고로 근린지역사회조직모델은 지역주민의 삶의 질에 관심을 기울인다.

61

② '지역사회연계모델'은 지역사회의 문제를 해결하기 위해 클라이언트의 개별적인 문제와 지역사회의 문제를 연계하는 데 초점을 둔다. 일선 사회복지기관의 사회복지사나 행정가들이 클라이언트의 문제해결을 위해 필요한 연계활동을 전개한다.

① '계획모델'은 조사연구, 과학적 분석 등 기술적 능력에 큰 비중을 두는 방식으로, 합리성, 중립성, 객관성의 원칙에 따라 공식적 구조 및 과정을 통해 지역사회의 문제를 해결해 나가는 데 초점을 둔다.

③ '지역사회개발모델'은 지역사회의 자체적 역량을 개발하여 지역사회 문제를 스스로 해결할 수 있도록 지지 및 지원하는 데 초점을 둔다.

④ '정치적 역량강화모델'은 사회적으로 배제된 집단의 사회참여를 지원 및 지지하고, 자신들의 권리를 확보할 수 있도록 집단의 역량을 강화하는 데 초점을 둔다.

⑤ '프로그램 개발 및 조정모델'은 지역사회의 변화를 효과적이고 효율적으로 유도하기 위해 프로그램을 개발 및 조정해 나가는 데 초점을 둔다.

62

① 지역사회개발모델에서 사회복지사는 민주적인 절차와 자발적인 협동을 통해 과업의 성취보다는 과정중심의 목표에 중점을 두는 안내자, 조력자, 조정자, 촉진자, 교육자, 능력부여자 등의 역할을 수행한다. 이에 반해 지역사회개발모델에서 사회복지사의 치료자로서 역할은 좀 더 직접적이고 구체적인 개입을 전제로 하는데, 이는 마치 치료자가 클라이언트를 진단(Diagnosis)하고 개별적인 특성에 따라 치료기법을 적용하는 것처럼 지역사회 자체를 대상으로 진단하고, 지역주민들 스스로 치료하게 하거나 경우에 따라 직접 치료 조치를 강구한다는 점에서 과정지향적 활동목표를 가진 지역사회개발모델의 핵심 역할로 보기는 어렵다.

참고

로스(Ross)는 지역사회개발모델에서 사회복지사의 역할로 안내자(Guide), 조력자(Enabler), 전문가(Expert), 치료자 또는 사회치료자(Therapist)를 강조한 바 있습니다. 다만, 이 문제는 로스(Ross) 등 특정 학자가 제안한 지역사회개발모델에서 사회복지사의 역할을 묻는 것은 아니며, 일반적으로 지역사회개발모델에서 사회복지사의 여러 가지 역할 중 핵심적인 역할로 보기는 어려운 것을 고르는 취지의 문제입니다. 참고로 이 문제에 대해 몇몇 수험생들이 시행처인 한국산업인력공단에 이의를 제기하였으나 받아들여지지 않았습니다.

63 지역사회복지실천 과정에 관한 설명으로 옳지 않은 것은?

① 지역사회 문제해결 과정으로 볼 수 있다.
② 지역사회 사정은 지역사회의 욕구와 자원을 파악하는 단계이다.
③ 지역사회 문제나 욕구는 지역사회 상황에 따라 다양한 형태로 나타날 수 있다.
④ 자원동원, 재정집행, 네트워크는 실행단계에서 수행된다.
⑤ 총괄평가는 수행과정 중에 실시되어 실천과정의 문제점을 수정하는 데 유용하다.

64 다음에서 설명하는 지역사회 욕구사정 방법에 관한 설명으로 옳은 것을 모두 고른 것은?

> ㄱ. 서베이 – 지역주민으로부터 설문조사를 통해 직접적으로 자료를 수집하는 방법
> ㄴ. 초점집단기법 – 전문가 패널을 대상으로 반복된 설문을 통해 합의에 이를 때까지 의견을 수렴하는 방법
> ㄷ. 사회지표분석 – 정부기관이나 사회복지 관련 조직에 의해 수집된 기존 자료를 활용하는 방법
> ㄹ. 명목집단기법 – 지역사회 내 다양한 의견을 수렴하여 욕구의 우선순위를 결정하는 방법

① ㄱ, ㄷ
② ㄱ, ㄹ
③ ㄱ, ㄴ, ㄷ
④ ㄱ, ㄷ, ㄹ
⑤ ㄴ, ㄷ, ㄹ

65 지역사회복지 실천기술 중 조직화 기술에 해당하지 않는 것은?

① 주민의 효율적 통제 기술
② 주민회의, 토론 등을 통한 의사소통
③ 구성원 간 갈등조율을 위한 대인관계기술
④ 주민지도력 발굴 및 향상 교육
⑤ 지역사회 문제와 이슈에 대한 정보수집 및 분석

66 다음 지역사회복지 실천과정에서 사회복지사가 활용한 기술은?

> A사회복지사는 사회적 고립가구 지원을 위해 ○○복지재단에 신청서를 제출하여 사업에 필요한 예산을 확보하였으며 지역 대학교에 봉사자를 요청하였다.

① 협 상
② 자원개발 및 동원
③ 옹 호
④ 조직화
⑤ 지역사회교육

63

⑤ 수행과정 중에 실시되어 실천과정의 문제점을 수정하는 데 유용한 것은 형성평가이다. 반면, 총괄평가는 달성하고자 했던 목표를 얼마나 잘 성취했는가의 여부를 평가하는 데 목적이 있다.

64

ㄴ. 전문가 패널을 대상으로 반복된 설문을 통해 합의에 이를 때까지 의견을 수렴하는 방법은 델파이기법(Delphi Technique)이다. 참고로 초점집단기법(Focus Group Technique)은 소수 이해관계자들의 인위적인 면접집단 또는 토론집단을 구성하여 연구자가 토의 주제나 쟁점을 제공하며, 특정한 토의 주제 또는 쟁점에 대해 여러 명이 동시에 질의 · 응답을 하거나 인터뷰를 하는 등의 방법으로 상호작용을 통해 공동의 관점을 확인하는 방법이다.

65

사회복지사가 활용하는 조직화 기술

• 지역문제 이슈설정 기술 : 사회복지사는 사회조사 전문가가 아니더라도 최소한 지역사회에서 일어나는 주요 이슈와 관련하여 지식이 있어야 한다.(⑤)
• 회의 기술 : 지역주민들이 문제에 대해 논의할 수 있도록 집단회의를 개최할 수 있어야 한다.(②)
• 지역사회 지도자 발굴 기술 : 지역주민을 대표할 수 있는 대표자(지도자)들을 선출하여 위원회를 구성하고 그들과 함께 일하는 것이 일의 효율성을 증가시키는 방법이다.(④)
• 협상 기술 : 갈등을 해결하기 위해 위원회 개최, 집단회의, 개별상담을 통해 협상을 수행할 수 있어야 한다.(③)

66

자원개발 및 동원

• 자원(Resources)은 사회복지실천에서 클라이언트의 변화나 그들의 생활을 향상시키는 데 유용하게 사용할 수 있는 인력, 물질, 조직, 정보 등을 의미한다.
• 자원개발 및 동원 기술은 지역주민의 욕구 충족 및 문제 해결을 위해 자원이 필요한 경우 자원을 발굴하고 동원하는 기술이다.
• 특히 인적 자원을 동원하기 위해 기존 조직(집단)이나 네트워크를 활용하며, 개별적 접촉을 통해 지역사회실천에 동참하도록 유도한다.

67 다음 사례에 제시된 사회복지사의 핵심 역할은?

> A사회복지사는 지역 내 복합적인 욕구를 가진 가구에 대한 사례관리 계획을 수립하였다. 이를 위해 지역사회의 다양한 기관들과 함께 서비스의 중복과 누락을 방지하기 위한 효율적인 개입방안을 논의하였다.

① 옹호자
② 교육자
③ 조정자
④ 자원개발자
⑤ 협상가

68 지방자치제도에 관한 설명으로 옳지 않은 것은?

① 지역복지 활성화의 토대가 될 수 있다.
② 복지예산의 중앙집중화로 정책 효과성이 강화된다.
③ 우리나라는 지방자치법의 제정으로 도입되었다.
④ 지역복지 실현을 위해 중앙정부와 분담적 관계를 추구한다.
⑤ 사회복지서비스의 책임과 권한이 지방에 이양된다.

69 지방분권화가 지역사회복지에 미치는 영향으로 옳지 않은 것은?

① 지역 간의 경쟁이 심화되어 지역 이기주의가 나타날 수 있다.
② 지역사회복지에 대한 자기통치 원리가 중요시된다.
③ 지역주민의 의사를 반영한 행정서비스가 강화된다.
④ 지역 간 상대적 박탈감으로 사회적 형평성 문제가 발생된다.
⑤ 지방의회의 사회적 책임성이 약화된다.

70 지역사회보장협의체의 구성 및 역할에 관한 설명으로 옳은 것은?

① 대표협의체는 사회보장급여 제공과 관련된 조례를 제정한다.
② 대표협의체 위원에는 공무원이 포함되지 않는다.
③ 실무협의체는 사회보장급여 제공에 관한 사항을 심의·자문한다.
④ 실무협의체 위원은 10명 이상 40명 이하로 구성한다.
⑤ 읍·면·동 지역사회보장협의체는 지역사회보장계획의 시행결과를 평가한다.

67

③ 조정자(Coordinator)로서 사회복지사는 원조를 수행하는 과정에서 클라이언트의 욕구와 자원과의 관계, 클라이언트와 원조자들 간의 관계에서 필요한 조정 및 타협을 수행하는 역할을 한다.

① 옹호자(Advocate)로서 사회복지사는 클라이언트 개인이나 집단의 권익을 변호하여 새로운 자원이나 서비스 제공을 촉구하는 정치적 역할을 한다.

② 교육자(Educator)로서 사회복지사는 클라이언트로 하여금 문제를 예방하거나 사회적 기능을 향상하는 데 필요한 지식과 기술을 갖추도록 돕는 역할을 한다.

④ 자원개발자(Resource Developer)로서 사회복지사는 클라이언트나 지역주민의 다양하고 복잡한 욕구를 충족시키고 사회적 기능을 향상시키기 위해 인적·물적 자원을 개발하는 역할을 한다.

⑤ 협상가(Negotiator)로서 사회복지사는 특정 개인이나 집단의 편에 서서 그들을 대표하여 관계 당사자들 간의 이견과 논란을 해결하는 역할을 한다.

68

② 지방자치단체들 간에 재정력 격차가 존재하는 상황에서 복지예산의 재정분권화는 재정이 취약한 지방정부의 경우 복지예산의 감축으로 이어질 수 있으므로 지역 간 복지수준의 격차와 불평등 심화를 유발하는 한편, 중앙정부의 복지정책 목표 달성에도 부정적인 영향을 미치게 된다.

69

지방분권이 지역사회복지에 미치는 부정적 영향

• 지방자치단체장의 의지에 따라 복지서비스의 지역 간 불균형이 나타날 수 있다.

• 사회복지 행정업무와 재정을 지방에 이양함으로써 중앙정부의 사회적 책임성을 약화시킬 수 있다. (⑤)

• 지방정부가 사회개발정책에 우선을 두는 경우 지방정부의 복지예산이 감소될 수 있다.

• 지방정부 간의 재정력 격차로 복지수준의 차이가 나타날 수 있다.

• 지방정부 간의 경쟁이 심화되어 지역 이기주의가 나타날 수 있다.

• 복지행정의 전국적 통일성을 저해할 수 있다.

70

④ 실무협의체는 위원장 1명을 포함하여 10명 이상 40명 이하의 위원으로 구성한다(사회보장급여의 이용·제공 및 수급권자 발굴에 관한 법률 시행규칙 제6조 제1항).

①·③ 대표협의체는 시·군·구의 사회보장급여 제공에 관한 사항을 심의·자문한다(동법 제41조 제2항 참조).

② 대표협의체 위원에는 사회보장에 관한 업무를 담당하는 공무원이 포함된다(동법 제41조 제3항 참조).

⑤ 보건복지부장관은 시·도 지역사회보장계획의 시행결과를, 시·도지사는 시·군·구 지역사회보장계획의 시행결과를 각각 보건복지부령으로 정하는 바에 따라 평가할 수 있다(동법 제39조 제1항).

71 시·군·구 지역사회보장계획 수립 및 시행 절차에 관한 설명으로 옳은 것을 모두 고른 것은?

> ㄱ. 시·군·구는 4년마다 지역사회보장계획을 수립하여야 한다.
> ㄴ. 사회보장위원회의 심의와 지방의회 보고를 거쳐 시·도지사에게 제출한다.
> ㄷ. 지역사회보장계획에는 사회보험에 필요한 재원 규모와 조달 방안이 포함된다.
> ㄹ. 지역사회보장조사는 지역사회보장 욕구조사와 자원조사로 구성된다.

① ㄱ, ㄴ
② ㄱ, ㄷ
③ ㄱ, ㄹ
④ ㄴ, ㄷ
⑤ ㄴ, ㄹ

72 지역사회복지기관의 역할로 옳지 않은 것은?

① 사회복지협의회 : 사회복지기관 간의 연계·협력·조정
② 자원봉사센터 : 자원봉사 프로그램 개발·보급
③ 지역자활센터 : 자활기금 설치·운영
④ 사회복지공동모금회 : 모금 및 배분의 운용·관리
⑤ 사회복지관 : 지역사회 복지문제 예방·해결

73 사회복지관 사업 내용 중 서비스제공 기능에 해당하는 것은?

① 지역욕구조사 실시
② 자원봉사자 개발 및 관리
③ 사회복지현장실습 교육 및 지도
④ 독거노인을 위한 일상생활 지원
⑤ 후원자 개발을 위한 기관 소식지 제작

74 사회적경제에 관한 설명으로 옳은 것을 모두 고른 것은?

> ㄱ. 사회적경제 주체는 정부와 시장이다.
> ㄴ. 사회통합과 공동체 의식 증진에 기여할 수 있다.
> ㄷ. 호혜와 연대에 기초한 사회적 자본으로 시장경제의 대안이 된다.
> ㄹ. 사회적경제 조직의 유형에는 협동조합, 마을기업, 자활기업 등이 있다.

① ㄱ
② ㄱ, ㄴ
③ ㄴ, ㄷ
④ ㄱ, ㄷ, ㄹ
⑤ ㄴ, ㄷ, ㄹ

71

ㄱ. 시·도지사 및 시장·군수·구청장은 지역사회보장계획을 4년마다 수립하고, 매년 지역사회보장계획에 따라 연차별 시행계획을 수립하여야 한다(사회보장급여의 이용·제공 및 수급권자 발굴에 관한 법률 제35조 제1항).

ㄹ. 지역사회보장협의체는 지역사회보장조사를 통해 지역사회주민의 사회보장 욕구 및 자원 전반에 관한 사항을 조사한다.

ㄴ. 시장·군수·구청장은 해당 시·군·구의 지역사회보장계획(연차별 시행계획을 포함)을 지역주민 등 이해관계인의 의견을 들은 후 수립하고, 지역사회보장협의체의 심의와 해당 시·군·구 의회의 보고를 거쳐 시·도지사에게 제출하여야 한다(동법 제35조 제2항 참조).

ㄷ. 시·군·구 지역사회보장계획에는 지역사회보장에 필요한 재원의 규모와 조달 방안에 관한 사항이 포함된다(동법 제36조 제1항 참조).

72

③ 자활기금의 설치 및 운영 주체는 보장기관인 시·도지사 및 시장·군수·구청장이다. 보장기관은 자활지원사업의 효율적 추진을 위하여 필요하다고 인정하는 경우에는 자활기금의 관리·운영을 한국자활복지개발원 또는 자활지원사업을 수행하는 비영리법인에 위탁할 수 있다(국민기초생활보장법 제18조의7 제2항 참조).

73

④ 독거노인을 위한 일상생활 지원은 사회복지관의 서비스제공 기능 중 지역사회보호 분야에 해당한다.

① 지역욕구조사 실시는 사회복지관의 지역조직화 기능 중 복지네트워크 구축 분야에 해당한다.

② 자원봉사자 개발 및 관리는 사회복지관의 지역조직화 기능 중 자원 개발 및 관리 분야에 해당한다.

③ 사회복지현장실습 교육 및 지도는 사회복지관의 지역조직화 기능 중 복지네트워크 구축 분야에 해당한다.

⑤ 후원자 개발을 위한 기관 소식지 제작은 사회복지관의 지역조직화 기능 중 자원 개발 및 관리 분야에 해당한다.

74

사회적경제의 주요 주체

• 사회적기업 : 취약계층에게 사회서비스 또는 일자리를 제공하거나 지역사회에 공헌함으로써 지역주민의 삶의 질을 높이는 등의 사회적 목적을 추구하면서 재화 및 서비스의 생산·판매 등 영업활동을 하는 기업이다.

• 마을기업 : 지역주민이 각종 지역자원을 활용한 수익사업을 통해 공동의 지역문제를 해결하고, 소득 및 일자리를 창출하여 지역공동체 이익을 효과적으로 실현하기 위해 설립·운영하는 마을단위의 기업이다.

• 자활기업 : 2인 이상의 수급자 또는 차상위자가 상호 협력하여, 조합 또는 사업자의 형태로 탈빈곤을 위한 자활사업을 운영하는 업체를 말한다.

• 협동조합 : 재화 또는 용역의 구매·생산·판매·제공 등을 협동으로 영위함으로써 조합원의 권익을 향상하고 지역사회에 공헌하고자 하는 사업조직을 말한다.

75 지역사회복지운동에 관한 설명으로 옳지 않은 것은?

① 지역사회의 부당한 권력구조를 변화시키기 위해 노력한다.
② 지역주민 참여를 위한 수요자 중심의 활동이 이루어진다.
③ 지역사회복지운동의 주체로 사회복지 실무자도 포함된다.
④ 특정 계층에 국한된 수단지향적인 활동이다.
⑤ 조례제정운동과 같은 제도변화 과정을 예로 들 수 있다.

제3과목 ▶ 사회복지정책과 제도

제1영역   사회복지정책론

01 사회복지정책의 목적으로 옳지 않은 것은?

① 빈부 간 갈등 예방과 사회통합
② 개인의 자립과 성장
③ 소득재분배에 의한 평등 추구
④ 사회안전망 강화와 생존권 보장
⑤ 개인의 능력에 따른 분배구조 확대

02 사회복지정책 가치인 연대에 관한 설명으로 옳지 않은 것은?

① 사람들이 서로 의무감과 책임감을 느끼고 함께 하려는 상태를 의미한다.
② 일반적으로 동질성과 동등성을 갖지 못한 대상에 대한 배타성을 갖게 된다.
③ 이질성과 개인화가 강조되는 상태에서 유지되는 연대를 유기적 연대라고 한다.
④ 최근 우리나라에서는 노동시장의 변화로 노동자들 간 동질성이 더욱 강화되었다.
⑤ 장애인의무고용은 연대를 제도화한 것이다.

03 마이클 샌델(M. Sandel)의 정의에 관한 설명으로 옳지 않은 것은?

① 절차적 장치로써 무지의 베일 활용
② 도덕에 기초하는 정치
③ 불평등 해소방법, 연대, 시민의 미덕
④ 시장의 도덕적 한계를 인정
⑤ 시민의식, 희생, 봉사

75

④ 지역사회복지운동은 지역사회문제를 해결하기 위한 목적지향적인 활동으로서, 지역주민, 지역사회활동가, 사회복지전문가는 물론 사회복지시설 종사자 및 사회복지서비스 이용자도 지역사회복지운동의 주체가 될 수 있다.

제3과목 ▶ 사회복지정책과 제도

01

⑤ 자본주의 사회는 개인의 능력이나 경쟁을 지나치게 강조한 나머지 사회적 불평등과 인간소외 현상을 가져왔다. 따라서 사회복지정책은 인간존엄성과 사회연대의식을 기초로 사회통합과 질서유지를 도모하며, 소득재분배에 의한 사회적 평등을 실현하고자 한다.

사회복지정책의 일반적인 기능

- 사회통합과 정치적 안정
- 사회문제 해결과 사회적 욕구 충족
- 개인의 자립 및 성장, 잠재능력 향상을 통한 재생산의 보장
- 기회의 재분배를 통한 사회구성원의 사회화
- 소득재분배와 최저생활 확보

02

④ 최근 우리나라에서는 시장의 국제화, 새로운 기술의 발달과 생산체제의 변화 등으로 인해 노동시장에 있어서도 정규직에서 비정규직으로 고용 형태의 변화가 빠른 속도로 진행되고 있으며, 고숙련 직종과 저숙련 직종 간 소득 격차가 커지는 등 노동시장의 양극화 현상이 심화되고 있다.

03

① 원초적 상황에 있는 사람들은 무지의 베일(Veil of Ignorance)에 싸여 최소극대화 원칙(Maximin Rule)을 선택하게 된다고 주장한 것은 롤즈(Rawls)의 사회정의론이다. 샌델(Sandel)은 『정의론(Justice)』을 통해 개인의 기본적 자유 보장을 제1원칙으로 전제한 롤즈의 분배적 정의의 관점을 비판하면서, 시민의 미덕(Civic Virtue)과 공동선(Common Good)을 강조하는 공동체적 정의의 관점을 제안하였다.

공동선을 추구하는 새로운 정치에 관한 4가지 주제 (Sandel)

- 시민의식, 희생, 봉사
- 시장의 도덕적 한계에 대한 인정
- 불평등 해소, 연대, 시민의 미덕
- 도덕에 기초하는 정치(도덕적 참여의 정치)

04 사회복지정책의 역사를 세 단계로 나눌 때 ( )에 들어갈 내용을 순서대로 나열한 것은?

구 분	대상자	사회복지 주체	권리 수준
빈민법	걸인, 부랑인, 구제가치가 있는 빈민	(ㄱ)	무권리, 정책당국의 재량
사회 보험	노동자 계급	국가, 노동조합	(ㄴ)
복지 국가	(ㄷ)	국가, 시민단체	시민권

① ㄱ : 노동조합
　ㄴ : 계약에 입각한 권리
　ㄷ : 노동자 계급
② ㄱ : 국가, 노동조합
　ㄴ : 시민권
　ㄷ : 노동자 계급
③ ㄱ : 국가, 교회, 영주
　ㄴ : 계약에 입각한 권리
　ㄷ : 시민, 개인
④ ㄱ : 노동조합
　ㄴ : 정책당국의 재량
　ㄷ : 시민, 개인
⑤ ㄱ : 국가, 교회, 영주
　ㄴ : 시민권
　ㄷ : 노동자 계급

05 제2차 세계대전 이후 서구 복지국가의 전개 과정에 관한 설명으로 옳은 것은?

① 노동과 자본의 극단적인 대립
② 대규모 재분배를 가능하게 하는 케인즈주 의 경제정책
③ 자유방임 자본주의를 옹호하는 사상 확산
④ 공공부조 위주의 사회보장체계 구축
⑤ 가족과 시장의 책임강조

06 중상주의에 관한 설명으로 옳은 것을 모두 고른 것은?

> ㄱ. 15세기 중반부터 18세기 중반까지 유럽대 륙을 지배하였던 경제사상을 지칭하는 용어 이다.
> ㄴ. 국가유지에 필요한 비용을 마련하기 위해 식민지 개척과 무역정책을 추진하였다.
> ㄷ. 식량부족으로 인구증가 억제정책을 추진하 였다.
> ㄹ. 빈민들의 근면성을 위해 임금수준을 낮게 유지하고자 하였다.

① ㄱ
② ㄴ, ㄷ
③ ㄱ, ㄴ, ㄹ
④ ㄴ, ㄷ, ㄹ
⑤ ㄱ, ㄴ, ㄷ, ㄹ

07 재분배에 관한 설명으로 옳은 것은?

① 건강보험은 건강한 사람으로부터 질병을 겪는 사람에게 자원을 재분배한다.
② 고용보험은 수직적 재분배 효과가 가장 크 다.
③ 정부는 최소극대화의 원칙에 따라 불평등 을 완화하기 위해 모든 대상자에게 동일한 보험료를 부과한다.
④ 민간에서 이루어지는 자선활동에서는 파레 토 개선 효과가 나타나지 않는다.
⑤ 사회민주주의에서는 개인의 효용관점에서 재분배를 정당화한다.

04

ㄱ. 빈민법은 유럽 절대왕정시대의 정책으로서, 그 주된 대상자는 걸인과 부랑인 및 구제가치가 있는 빈민이었다. 정책의 주체는 절대주의 국가, 교회, 봉건영주였으며, 정책 대상자의 욕구는 최소한의 생존(Survival)으로 국한되었다. 빈민법을 통한 구제는 그 대상자의 권리와는 무관했으며, 급여는 그 제공자인 정책당국의 재량에 좌우되었다.

ㄴ. 사회보험은 1880년대 독일 비스마르크 사회입법으로부터 시작된 정책으로서, 그 주된 대상자는 노동자 계급이었고, 정책의 주체는 국가와 노동조합이었으며, 정책 대상자의 욕구는 산업화·도시화로 인한 사회적 위험, 즉 산업재해, 실업, 질병, 노령 등이었다. 권리 수준은 사회보험 가입자로서 보유하는 권리, 즉 계약에 입각한 권리였다.

ㄷ. 복지국가는 제2차 세계대전 직후 영국에서부터 시작된 정책으로서, 그 대상자는 전 국민, 즉 시민으로 확대되었고, 정책의 주체는 국가와 시민단체였으며, 정책 대상자의 욕구는 국민최저(National Minimum) 이상으로 확장되었다. 권리 수준은 시민들의 복지수급권, 즉 시민권의 완전한 보장이었다.

05

② 케인즈주의 경제정책은 국가의 시장개입을 통해 재정지출을 증대하고 금융정책 및 사회재분배정책을 확대하여 경기를 활성화함으로써 소비와 투자를 늘려 유효수요를 증대시키고자 하였다.

① 노동과 자본의 합의정신에 의해 생산 관련 결정은 자본가계급에게 일임하되, 정책결정 환경은 국가와 노동조합이 통제하는 체제가 구축되었다.

③ 케인즈식 국가개입주의를 옹호하는 사상이 확산되었다.

④ 산업화의 진전으로 사회복지정책에서 도시 노동자들의 입장이 더욱 큰 비중을 차지하게 됨에 따라 사회보험 위주의 사회보장체계가 구축되었다.

⑤ 광범위한 사회보장과 완전고용을 실현하는 데 있어서 국가의 책임을 강조하는 분위기가 확산되었다.

06

ㄷ. 중상주의(Mercantilism)는 대외무역을 통한 상업자본의 축적을 최대 목표로 삼은 만큼 특히 17C 전후의 유럽 국가들은 공장설립지원책을 확대하는 한편, 노동자나 빈민의 값싼 노동력을 국가 부의 축적수단으로 사용하였다. 이와 같은 중상주의는 19C 초 자유주의 사상에 의해 비판을 받았는데, 특히 맬더스(Malthus)는 인구가 기하급수적으로 늘어나는 데 비해 식량은 산술급수적으로 늘어난다고 지적하면서, 중상주의 시기에 국가 부의 창출의 바탕으로 보았던 인구증가 정책을 강하게 비판하였다.

07

① 건강보험은 위험 미발생집단에서 위험 발생집단으로 소득이 이전되는 경우로 수평적 재분배 효과가 나타난다.

② 수직적 재분배 효과가 가장 큰 것은 공공부조이다.

③ 최소극대화 원칙은 최소 수혜자의 최대 편익, 즉 최소수준의 효용을 가진 사람의 효용을 극대화해야 한다는 차등의 원칙을 강조한다.

④ 파레토 개선은 다른 사람들의 효용을 감소시키지 않으면서 어떤 사람들의 효용을 증가시키는 것으로, 민간의 자선활동을 예로 들 수 있다.

⑤ 사회민주주의에서는 사회적 효용관점에서 재분배를 정당화한다.

08 사회적 배제에 관한 설명으로 옳지 않은 것은?

① 생활수준은 소득이나 재화뿐만 아니라 개인역량의 실현을 중심으로 판단되어야 한다.
② 사회적 배제의 범위에는 빈곤, 저학력, 열악한 주거환경 등 다양한 영역을 포괄한다.
③ 사회적 배제는 기본적으로 소득빈곤 개념의 협소성에 대한 비판으로 이해될 수 있다.
④ 사회적 배제 개념은 빈곤에 이르는 과정보다는 빈곤이라는 결과적인 상태에 초점을 둔다.
⑤ 불평등과 빈곤 개념은 소득의 차원을 넘어 다양한 차원으로 확대되어야 한다.

09 길버트(N. Gilbert)가 주장한 권능부여국가(Enabling State)의 주요 요소에 해당하는 것은?

① 사회적 지원, 노동의 재상품화, 공공기관에 의한 제공, 권리의 공유를 통한 연대
② 사회적 포섭, 노동의 탈상품화, 민간기관에 의한 제공, 사회권으로서의 급여
③ 사회적 포섭, 노동의 재상품화, 민영화, 사회권으로서의 급여
④ 근로촉진, 선별적 표적화, 민영화, 사회적 의무와 연계된 급여
⑤ 근로촉진, 생활임금, 공적 운영, 사회적 의무와 연계된 급여

10 다음에서 설명하고 있는 정책결정모형은?

- 큰 범위에서의 기본적인 결정은 합리적으로 이루어지지만, 세부적 결정은 기본적 결정을 보완·수정하여 점증적으로 이루어진다고 주장하는 정책결정모형이다.
- 기본적 결정은 전체적인 방향을 설정하기 위해 중요한 대안을 탐색한 후에 이루어진다.
- 두 개의 대립되는 극단의 모형들을 절충한 것에 지나지 않는다는 비판이 있다.

① 쓰레기통 모형
② 점증모형
③ 혼합모형
④ 만족모형
⑤ 최적모형

11 사회복지 급여형태 중 운영효율성이 가장 높은 급여와 목표효율성이 가장 높은 급여를 순서대로 짝지은 것은?

ㄱ. 현 금
ㄴ. 증서(바우처)
ㄷ. 현 물
ㄹ. 기 회

① ㄱ, ㄴ
② ㄱ, ㄷ
③ ㄴ, ㄷ
④ ㄷ, ㄹ
⑤ ㄹ, ㄷ

08

④ 사회적 배제(Social Exclusion)는 빈곤에 대해 다차원적으로 접근하는 개념으로 빈곤의 역동성과 동태적 과정, 즉 빈곤화(Impoverishment)에 이르는 역동적 과정을 강조한다.

09

복지국가에서 권능부여국가로의 변화

복지국가		권능부여국가
노동자 보호 보편적 권리 공공부문의 복지제공 사회권으로서의 급여	⇒	근로촉진 선별적 표적화 민영화 사회적 의무와 연계된 급여

10

③ 혼합모형은 합리모형과 점증모형의 혼합으로서, 종합적 합리성(Comprehensive Rationality)을 토대로 기본적·거시적 결정은 합리적으로 이루어지는 반면, 세부적·미시적 결정은 점증적으로 이루어진다는 것이다.

① 쓰레기통 모형은 정책결정이 합리성이나 타협에 의해 이루어지는 것이 아닌 조직화된 무정부 상태 속에서 나타나는 몇 가지 흐름에 의해 우연히 이루어진다는 것이다.

② 점증모형은 과거의 정책을 약간 수정한 정책결정이 이루어지고, 여론의 반응에 따라 정책수정을 반복한다는 것이다.

④ 만족모형은 사람은 자신의 제한된 능력과 환경적 제약으로 인해 모든 대안이 초래할 결과를 완전히 예측할 수는 없으며, 최선의 대안이 아닌 만족할 만한 대안을 선택한다는 것이다.

⑤ 최적모형은 체계론적 관점에서 정책결정을 최적화하려는 데 초점을 두는 것이다.

11

목표효율성과 운영효율성

• 목표효율성(Target Efficiency)은 정책이 목표로 하는 대상자들에게 자원을 얼마나 집중적으로 할당하였는지를 판단한다.

• 운영효율성(Administrative Efficiency)은 정책을 운영하는 데 비용을 얼마나 유효적절하게 투입하였는지를 판단한다.

• 현물급여는 목표효율성은 높지만, 운영효율성은 낮다. 반면, 현금급여는 운영효율성은 높지만, 목표효율성은 상대적으로 낮다.

12 사회복지 공공재원에 관한 설명으로 옳지 않은 것은?

① 조세는 다른 재원에 비해서 평등을 구현하는 데 용이하다.
② 사회보험료는 소득세에 비해 상대적으로 조세저항이 약하다.
③ 사회보험료는 조세와 비교해 상대적으로 소득재분배 효과가 약하다.
④ 소득세 누진성이 낮을수록 재분배효과가 크다.
⑤ 조세는 재원의 안정성과 지속성이 가장 강하다.

13 사회복지서비스 공급주체로서 중앙정부에 관한 설명으로 옳은 것은?

① 서비스 수혜자의 정책결정 과정 참여가 용이하다.
② 지역주민의 욕구에 신속하게 대응할 수 있다.
③ 서비스의 지속성과 안정성 확보에 유리하다.
④ 사회통합의 저해 우려가 있고 규모의 경제 실현이 어렵다.
⑤ 이용자의 다양한 선택권을 보장하는 데 유리하다.

14 사회복지전달체계에 관한 설명으로 옳은 것을 모두 고른 것은?

> ㄱ. 사회복지서비스의 제공자들 사이 또는 공급자와 수급자 사이를 연결하기 위한 조직적, 구조적, 기능적 장치이다.
> ㄴ. 사회복지전달체계의 운영주체는 크게 공공과 민간으로 나눌 수 있다.
> ㄷ. 사회복지전달체계를 발전시키기 위해서는 서비스의 분열성, 불연속성, 무책임성, 비접근성을 배제해야 한다.
> ㄹ. 비영리 민간사회복지기관은 공공부문과 연계하여 서비스를 제공하기도 한다.

① ㄱ
② ㄱ, ㄹ
③ ㄴ, ㄷ
④ ㄴ, ㄷ, ㄹ
⑤ ㄱ, ㄴ, ㄷ, ㄹ

15 현물급여를 모두 고른 것은?

> ㄱ. 노인장기요양보험의 재가급여
> ㄴ. 산업재해보상보험의 요양급여
> ㄷ. 국민건강보험의 건강검진
> ㄹ. 국민기초생활보장제도의 생계급여

① ㄱ
② ㄴ, ㄹ
③ ㄱ, ㄴ, ㄷ
④ ㄴ, ㄷ, ㄹ
⑤ ㄱ, ㄴ, ㄷ, ㄹ

12

④ 소득세의 누진성이 높을수록 재분배효과가 크다. 참고로 누진성(Progressivity)은 소득이 높은 사람에게 더 높은 조세부담이 발생하는 것으로, 특히 소득세가 대표적인 누진적 조세에 해당한다. 반면, 역진성(Regressivity)은 소득이 낮은 사람에게 상대적으로 높은 조세부담이 발생하는 것으로, 특히 소비세와 조세지출이 대표적인 역진적 조세에 해당한다.

13

③ · ④ 중앙정부 전달체계는 서비스의 통일성, 지속성, 안정성 확보에 유리하며, 규모의 경제 실현과 사회통합이나 평등과 같은 정책목표를 달성하는 데 유리하다.

① · ② 중앙정부 전달체계는 서비스 수혜자의 정책결정 과정 참여가 용이하지 않으며, 서비스에 관한 지역 수급자의 욕구 반영이 어렵다.

⑤ 이용자의 다양한 선택권을 보장하는 데 유리한 것은 민간 전달체계이다. 민간 전달체계는 서비스의 다양성 및 전문성과 함께 서비스 공급의 신속성 · 접근성 · 창의성 · 융통성 등에 유리하다.

14

ㄱ. 사회복지전달체계는 사회복지서비스의 제공자들 사이 또는 공급자와 수급자 사이에 존재하는 조직체계(Organizational Arrangement)를 의미한다.

ㄴ. 사회복지전달체계의 운영주체는 크게 두 가지, 즉 정부(지방정부 포함)와 민간으로 구분되며, 정부가 시행하는 사회복지를 공공복지(Public Welfare), 민간기관이 운영하는 사회복지를 민간복지(Voluntary Welfare)라 한다.

ㄷ. 사회복지전달체계를 발전시키기 위해서는 조정능력 제고와 의사소통 확대를 통해 서비스의 분열성과 불연속성을 감소시키고, 클라이언트 또는 이용자의 시스템 참여 확대와 의사결정 권한 증대를 통해 무책임성을 감소시키며, 서비스에 대한 새로운 접근수단 마련과 기존 서비스에 대한 노력의 배가를 통해 비접근성을 감소시켜야 한다.

ㄹ. 비영리 민간사회복지기관은 공공부문과 연계하여 서비스를 제공하기도, 공공기관이 직영하던 사회복지서비스를 일정한 계약 아래 위탁운영하기도 한다.

15

ㄹ. 국민기초생활보장제도의 생계급여는 현금급여에 해당한다. 생계급여는 금전을 지급하는 것을 원칙으로 하며, 금전으로 지급할 수 없거나 금전으로 지급하는 것이 적당하지 아니하다고 인정하는 경우에 한하여 물품을 지급할 수 있도록 하고 있다(국민기초생활보장법 제9조 제1항 참조).

16 현재 우리나라의 사회복지제도 중 보편주의적 성격에 해당하지 않는 것은?

① 아동수당
② 기초연금
③ 의무교육
④ 무상급식
⑤ 건강보험

17 산업재해보상보험에서 업무상 재해 인정기준에 해당하는 것을 모두 고른 것은?

> ㄱ. 사업주가 주관한 행사준비 중에 발생한 사고
> ㄴ. 휴게시간 중 사업주의 지배관리하에 있다고 볼 수 있는 행위로 발생한 사고
> ㄷ. 통상적인 경로와 방법으로 출·퇴근하는 중 발생한 사고
> ㄹ. 직장 내 괴롭힘으로 인한 업무상 정신적 스트레스가 원인이 되어 발생한 질병

① ㄱ, ㄴ
② ㄱ, ㄷ
③ ㄴ, ㄹ
④ ㄴ, ㄷ, ㄹ
⑤ ㄱ, ㄴ, ㄷ, ㄹ

18 국민연금제도에 관한 설명으로 옳은 것을 모두 고른 것은? (해설참조)

> ㄱ. 국민연금공단은 관리운영과 보험료 징수를 담당한다.
> ㄴ. 기본연금액의 균등부분은 연금수급 전 3년간 전체 가입자 평균소득월액의 평균액이다.
> ㄷ. 기본연금액의 균등부분에서 소득재분배 효과가 나타난다.
> ㄹ. 기본연금액의 소득비례부분은 전체 가입자의 기준소득월액의 평균액이다.
> ㅁ. 2028년 이후 국민연금의 소득대체율은 40년 가입 기준 40%이다.

① ㄱ, ㄷ
② ㄴ, ㄹ
③ ㄱ, ㄹ, ㅁ
④ ㄴ, ㄷ, ㅁ
⑤ ㄱ, ㄴ, ㄷ, ㄹ, ㅁ

19 건강보험 진료비 지불제도에 관한 설명으로 옳은 것은?

① 행위별수가제는 질병 범주별로 구분하여 고정금액을 보수로 지불하는 방식이다.
② 포괄수가제는 의사가 담당하는 환자 수에 비례하여 일정 금액을 지급하는 방식이다.
③ 행위별수가제는 행정절차가 간소하여 비용절감효과가 있다.
④ 우리나라는 포괄수가제를 일부 질병군에 적용하고 있다.
⑤ 포괄수가제는 의료기관의 1년간 운영비를 포괄적으로 지불하는 제도이다.

16

② 기초연금은 선별주의에 입각한 사회복지제도에 해당한다. 기초연금은 만 65세 이상의 노인들(→ 인구학적 기준) 중 소득인정액(→ 자산조사)이 선정기준액 이하인 노인을 대상으로 한다.

17

업무상 재해 인정기준(산업재해보상보험법 제37조 제1항 참조)

- 업무상 사고
  - 근로자가 근로계약에 따른 업무나 그에 따르는 행위를 하던 중 발생한 사고
  - 사업주가 제공한 시설물 등을 이용하던 중 그 시설물 등의 결함이나 관리소홀로 발생한 사고
  - 사업주가 주관하거나 사업주의 지시에 따라 참여한 행사나 행사준비 중에 발생한 사고(ㄱ)
  - 휴게시간 중 사업주의 지배관리하에 있다고 볼 수 있는 행위로 발생한 사고(ㄴ)
  - 그 밖에 업무와 관련하여 발생한 사고
- 업무상 질병
  - 업무수행 과정에서 물리적 인자, 화학물질, 분진, 병원체, 신체에 부담을 주는 업무 등 근로자의 건강에 장해를 일으킬 수 있는 요인을 취급하거나 그에 노출되어 발생한 질병
  - 업무상 부상이 원인이 되어 발생한 질병
  - 직장 내 괴롭힘, 고객의 폭언 등으로 인한 업무상 정신적 스트레스가 원인이 되어 발생한 질병(ㄹ)
  - 그 밖에 업무와 관련하여 발생한 질병
- 출퇴근 재해
  - 사업주가 제공한 교통수단이나 그에 준하는 교통수단을 이용하는 등 사업주의 지배관리하에서 출퇴근하는 중 발생한 사고
  - 그 밖에 통상적인 경로와 방법으로 출퇴근하는 중 발생한 사고(ㄷ)

18

이 문제는 개정 전 내용에 해당하므로 간단히 살펴본 후 넘어가도록 합니다. 국민연금의 명목소득대체율은 제도 도입 당시 70%, 1999년 60%, 2008년 50%로 낮아졌으며, 법률 부칙에 따라 매년 0.5%p씩 인하되어 2028년까지 40%로 조정될 예정이었으나, 2025년 4월 2일 국민연금법 개정에 따라 2026년부터 43%로 고정되도록 하였습니다. 참고로 이 문제의 정답은 출제 당시 ④번이었습니다.

ㄱ. 국민연금의 전반적인 관리운영은 국민연금공단이 담당하지만, 연금보험료 징수업무는 2011년 1월 1일부터 사회보험 징수통합에 따라 국민건강보험공단이 담당한다.

ㄹ. 기본연금액의 소득비례부분은 가입자 개인의 가입기간 중 기준소득월액의 평균액이다. 참고로 기본연금액은 모든 연금액 산정의 기초가 되며, 가입자 전체의 소득(→ 소득재분배 기능)과 가입자 본인의 소득(→ 소득비례 기능) 및 가입기간에 따라 산정된다.

ㅁ. 연금개혁에 따라 2026년부터 국민연금의 소득대체율은 40년 가입 기준 43%로 고정된다.

19

④ 우리나라는 진료비 지불방식으로 행위별수가제를 기본으로 하고 있으며, 7개 질병군에 대해 포괄수가제를 적용하고 있다.

① 치료과정이 비슷한 질병군별로 제공된 의료서비스의 종류와 관계없이 미리 책정된 정액진료비를 지불하는 방식은 포괄수가제에 해당한다.

② 의사가 담당하는 환자 수에 비례하여 일정 금액을 지급하는 방식은 인두제에 해당한다.

③ 행정절차가 간소하여 비용절감효과가 있는 것은 포괄수가제에 해당한다. 반면, 행위별수가제에서는 의료진의 진료행위 하나하나가 의료기관의 수익에 직결되므로 과잉진료를 유도할 수 있다.

⑤ 보험자와 의료기관이 일정 기준에 따라 연간 진료비 총액을 계약하고 그 총액 범위 내에서 의료서비스를 제공하도록 하는 방식은 총액계약제에 해당한다.

20 노인장기요양보험제도에 관한 설명으로 옳지 않은 것은?

① 가족요양비는 신체·정신 등의 사유로 인하여 가족에게 요양을 받아야 하는 자에게 지급할 수 있다.

② 재가급여로 분류되는 단기보호의 급여기간은 월 9일 이내를 원칙으로 하되 특별한 사유가 있는 경우 연장 가능하다.

③ 장기요양등급판정을 받은 65세 이상 노인은 소득수준과 상관없이 장기요양보험 급여를 받을 수 있다.

④ 일반 노인장기요양보험 가입자는 재가급여를 이용할 경우 15%의 본인부담금을 부담하여야 한다.

⑤ 노인요양공동생활가정은 5인 이상 15인 이하로 운영된다.

21 공공부조와 사회보험의 차이에 관한 설명으로 옳은 것은?

① 사회보험은 주로 보험료로 재정을 충당하며, 공공부조는 조세로 충당한다.

② 사회보험은 사후적인 성격이 강한 반면 공공부조는 예방적인 성격이 강하다.

③ 사회보험과 공공부조 모두 빈곤을 예방하는 데 목적이 있다.

④ 공공부조가 사회보험보다 계약적 권리성이 강하다.

⑤ 사회보험은 중앙과 지방정부가, 공공부조는 정부가 위임한 관리운영기구가 운영주체이다.

22 사회서비스에 관한 설명으로 옳은 것은?

① 수급자 등 빈곤층만을 대상으로 한다.

② 주로 바우처 방식으로 수요자를 지원한다.

③ 전액 국비로 지원한다.

④ 단일 기관이 독점하여 공급한다.

⑤ 주로 획일화된 서비스를 제공한다.

23 최저임금제에 관한 설명으로 옳지 않은 것은?

① 우리나라에서는 최저임금제가 2000년부터 실시되었다.

② 최저임금제는 정신장애로 근로능력이 현저히 낮은 사람에게는 적용되지 않는다.

③ 최저임금제는 근로자에게 최저한의 생계를 유지할 수 있는 수준의 임금을 보장하기 위한 제도이다.

④ 최저임금제는 저임금 근로자의 증가를 억제하는 장치로 작용할 수 있다.

⑤ 최저임금제는 사회보장 급여수준에 영향을 미칠 수 있다.

20

⑤ 노인의료복지시설로서 노인요양공동생활가정은 노인복지법규에 따라 입소정원 5명 이상 9명 이하로 운영되며, 입소정원 1명당 연면적 20.5m² 이상의 공간을 확보해야 한다(노인복지법 시행규칙 제22조 제1항 및 별표4 참조).

① 가족요양비는 도서·벽지 등 장기요양기관이 현저히 부족한 지역에 거주하는 자, 천재지변이나 그 밖에 이와 유사한 사유로 인하여 장기요양기관이 제공하는 장기요양급여를 이용하기 어려운 자, 신체·정신 또는 성격 등의 사유로 인하여 가족 등으로부터 장기요양을 받아야 하는 자에게 지급할 수 있다(노인장기요양보험법 제24조 제1항 참조).

② 단기보호 급여를 받을 수 있는 기간은 월 9일 이내로 한다. 다만, 가족의 여행, 병원치료 등의 사유로 수급자를 돌볼 가족이 없는 경우 등 보건복지부장관이 정하여 고시하는 사유에 해당하는 경우에는 1회 9일 이내의 범위에서 연간 4회까지 연장할 수 있다(동법 시행규칙 제11조 제1항).

③ 장기요양등급판정을 받은 65세 이상의 노인 또는 65세 미만의 치매·뇌혈관성질환 등 노인성 질병을 가진 사람으로 장기요양보험 가입자 및 피부양자 또는 의료급여수급권자는 소득수준과 상관없이 장기요양보험 급여를 받을 수 있다(동법 제12조 참조).

④ 일반 노인장기요양보험 가입자는 재가급여를 이용할 경우 15%, 시설급여를 이용할 경우 20%의 본인부담금을 부담하여야 한다(동법 시행령 제15조의8 참조).

21

① 사회보험은 주로 보험료로 재정을 충당하며, 경우에 따라 목적세와 본인부담금으로 보충된다. 반면, 공공부조는 정부의 일반세입으로 재정을 충당한다.

②·③ 사회보험은 빈곤의 예방을 목적으로 하는 사전적 제도인 반면, 공공부조는 이미 발생한 빈곤 상황으로 인한 문제들을 해소하는 사후적 제도이다.

④ 사회보험은 수급자가 보험료를 부담하여 재정을 스스로 조달하는 만큼 강한 권리성을 가지는 반면, 공공부조는 수급자가 재정에 직접적인 기여를 하지 않으므로 권리성 측면에서 약하다.

⑤ 공공부조는 중앙과 지방정부가, 사회보험은 정부가 위임한 관리운영기구가 운영주체이다.

22

② 기존의 사회복지서비스는 공급자 지원방식으로 수요자의 선택권이 제한되어 시장 창출에 한계를 드러냈다. 이에 수요자 중심의 직접지원 또는 직접지불 방식으로 이루어지는 바우처(이용권) 제도를 도입하게 되었다.

공급자 지원방식에서 수요자 지원방식으로의 전환

구 분	공급자 지원방식	수요자 지원방식
서비스 대상	수급자 등 빈곤층	서민·중산층까지 확대
서비스 비용	전액 국비 지원	일부 본인 부담
서비스 시간	공급기관 재량	대상자 욕구별 표준화
서비스 공급	단일 기관 독점	다수 기관 간 경쟁
서비스 특징	획일화된 서비스 제공	다양한 서비스 제공

23

① 우리나라의 최저임금제도는 1986년 「최저임금법」 제정으로, 1988년부터 실시되었다.

참고

'최저임금법'은 1986년 12월 31일 제정·시행되었으나, 부칙 제3조 "최초로 시행되는 최저임금의 결정에 관한 경과조치"에 따라 1988년부터 최저임금제도가 실시되었습니다.

24 도덕적 해이에 관한 설명으로 옳지 않은 것은?

① 도덕적 해이는 보험계약이 가입자들의 행동에 영향을 미치는 현상이다.
② 도덕적 해이는 보험가입 집단의 크기가 클수록 약화된다.
③ 도덕적 해이는 실업보험에서 발생할 가능성이 높다.
④ 도덕적 해이는 건강보험 진료비 본인부담을 정당화하는 논리로 사용된다.
⑤ 도덕적 해이가 심각해지면 민간보험사의 보험료 상승으로 이어질 수 있다.

25 사회보험과 민간보험에 관한 설명으로 옳은 것은?

① 사회보험은 조세를 주된 재원으로 한다.
② 민간보험은 사회보험보다 사회적 적절성이 중요하다.
③ 사회보험은 개인에게 발생할 수 있는 모든 위험을 대상으로 한다.
④ 민간보험은 물가상승에 따른 실질가치의 변동을 보장한다.
⑤ 사회보험 급여는 민간보험 급여보다 법적 권리성이 강하다.

제2영역 **사회복지행정론**

26 사회복지행정의 개념에 관한 설명으로 옳은 것은?

① 정부조직만을 대상으로 한다.
② 조직의 효과성보다 효율성이 중요하다.
③ 정부 재정 외에 민간자원 활용은 배제한다.
④ 사회문제 해결과정에서 가치판단을 배제한다.
⑤ 사회복지정책을 서비스로 전환하는 과정이다.

27 한국 사회복지행정 역사에 관한 설명으로 옳지 않은 것은?

① 1950년대에는 긴급구호와 생활(수용)시설에서의 보호가 주를 이루었다.
② 1970년 「사회복지사업법」 제정으로 사회복지시설 운영에 관한 법적 근거가 마련되었다.
③ 1997년 「사회복지사업법」 개정을 통해 사회복지시설 평가가 법제화되었다.
④ 1998년 사회복지공동모금회가 설립되었다.
⑤ 2008년 노인장기요양보험제도 도입으로 민간기관의 서비스 제공이 금지되었다.

24

② 도덕적 해이(Moral Hazard)는 어떤 사람이 보험에 가입했다고 하여 보험에 가입하기 전에 비해 위험발생을 예방하려는 노력을 덜하게 되는 현상을 말한다. 도덕적 해이는 보험가입 집단의 크기가 클수록 심화되는 경향이 있다.

25

⑤ 사회보험 급여는 법에 의해 규정되므로 법적 권리성이 강한 반면, 민간보험 급여는 법적 계약에 의거하므로 계약적 권리성이 강하다.

① 사회보험은 보험료를 주된 재원으로 한다. 참고로 조세를 주된 재원으로 하는 것은 공공부조이다.

② 민간보험은 개인적 형평성(개별적 공평성)을 중시한다. 반면, 사회보험은 사회적 적절성을 중시하면서 개인적 형평성(개별적 공평성)을 함께 반영한다.

③ 사회보험은 국민에게 발생할 수 있는 사회적 위험(예 노령, 장애, 실업, 질병 등)을 대상으로 한다.

④ 민간보험은 인플레이션에 취약하므로 물가상승에 따른 실질가치의 변동을 보장하지 못한다.

26

⑤ 사회복지행정은 사회복지정책으로 표현된 추상적인 것을 실제적인 사회복지서비스로 전환하는 공·사의 전 과정이다.

① 사회복지행정은 공공 및 민간기관을 포함한 사회복지조직 구성원들의 총체적인 활동을 의미한다.

② 조직의 효과성과 효율성이 모두 중요하다.

③ 정부 재정 외에 민간자원의 발굴 및 활용이 강조된다.

④ 사회문제 해결과정에서 도덕적·윤리적 가치판단이 강조된다.

27

⑤ 2008년 노인장기요양보험제도 도입으로 그동안 사회복지법인을 중심으로 한 시설이 민간의 개인사업자에게까지 확대·개설할 수 있도록 허용되었다.

28 사회복지조직 이론에 관한 설명으로 옳은 것을 모두 고른 것은?

> ㄱ. 과학적 관리론 : 직무에 관한 과학적 연구와 분석
> ㄴ. 관료제이론 : 표준 운영 절차를 통한 합리성과 전문성 추구
> ㄷ. 인간관계론 : 조직 내 인간을 심리적, 사회적 욕구를 가진 전인격적 존재로 파악
> ㄹ. 상황이론 : 조직의 상황에 관계없이 효율성을 극대화할 수 있는 이상적 방법 추구

① ㄱ, ㄴ
② ㄷ, ㄹ
③ ㄱ, ㄴ, ㄷ
④ ㄴ, ㄷ, ㄹ
⑤ ㄱ, ㄴ, ㄷ, ㄹ

29 신공공관리(New Public Management)에 관한 설명으로 옳지 않은 것은?

① 공공부문 조직운영에 시장원리를 적용한다.
② 조직규모 확장과 중앙집권화를 지향한다.
③ 행정 효율성과 고객에 대한 대응성을 중시한다.
④ 규제 완화와 조직원 참여를 중시한다.
⑤ 시민과 고객을 중심으로 서비스의 질적 수준 제고에 중점을 둔다.

30 민간비영리조직의 특성에 관한 설명으로 옳지 않은 것은?

① 이윤이 발생하면 구성원에게 균등하게 배당한다.
② 시장과 정부 실패를 보완할 수 있다.
③ 최소한의 조직 구조와 운영 공식성을 갖는다.
④ 지방자치단체 보조금을 받을 수 있다.
⑤ 비영리조직 회원은 자발적으로 가입한다.

31 조직 분권화의 특성에 관한 설명으로 옳지 않은 것은?

① 최고관리자의 업무와 책임을 감소시킬 수 있다.
② 직원들의 자발적 협조를 유도할 수 있다.
③ 부서 간 협조가 늘어날 수 있다.
④ 위기와 갈등을 신속하게 해결할 수 있다.
⑤ 하위부서 재량권을 강화하는 효과가 있다.

28

ㄹ. 상황이론(상황적합이론)은 효과적인 조직관리 방법이 조직이 처한 환경과 조건에 따라 달라진다고 본다. 모든 문제를 해결하기 위한 한 가지 최선의 방법은 존재하지 않으며, 외부환경이나 조직의 규모 또는 기술체계 등에 영향을 받아 여러 개의 적합하고 합리적인 조직구조나 관리방식이 존재하게 된다고 가정한다.

ㄱ. 과학적 관리론은 조직 구성원의 업무를 과학적으로 분석하여 그에 관한 지식을 적극적으로 활용한다면 조직의 능률성을 극대화할 수 있다고 주장한다.

ㄴ. 관료제는 조직관리를 위한 합리적인 규칙을 의미하는 것으로, 관료제이론은 전문화된 분업과 엄격한 규칙에 의한 위계적 관리를 강조한다.

ㄷ. 인간관계론은 인간의 심리사회적 욕구에 초점을 두며, 인간의 정서적인 측면과 사회적인 관계를 중시한다.

30

① 민간비영리조직은 조직활동의 결과로서 이윤이 발생하더라도 그것을 본래의 목적을 위해 재투자하는 것을 원칙으로 한다.

29

② 신공공관리론(NPM)은 신보수주의 · 신자유주의에 이론적 기반을 둔 것으로, 시장주의와 신관리주의(Neo-managerialism)를 결합한 것이다. 전통적 공공관리가 형평성을 중심적인 가치로 삼은 반면, 신공공관리는 성과 중심의 효율성을 중심적인 가치로 한다. 특히 정부서비스의 독점적 제공 방식을 지양하고 경쟁원리를 도입함으로써 행정의 효율성을 높이고자 한다.

31

조직 분권화의 문제점(단점)
- 하위계층(하위부서)의 재량권 강화는 통제력 약화로 이어질 수 있다.
- 행정업무의 중복을 초래하여 업무처리가 산만해진다.
- 조직의 행정력이 분산되어 위기와 갈등을 신속하게 해결하기 어렵다.(④)
- 타 분야 전문적인 기술의 활용이 어려워지기도 한다.

32 다음에서 설명하는 조직구조는?

> • 특정 사업이나 활동수행을 위해 기존 부서에
>   서 인력을 파견하여 구성함
> • 조직구성원의 역량을 최대한 활용할 수 있음
> • 임시적으로 활동하고 과업이 종료되면 해체됨

① 라인-스탭(Line-Staff)
② 태스크포스(Task Force)
③ 감사(Audit)조직
④ 거버넌스(Governance)조직
⑤ 위계(Hierarchy)조직

33 허츠버그(F. Herzberg)의 동기-위생이론에 따른 동기유발요인에 해당하는 것은?

① 성취에 대한 인정(Recognition)
② 기술적 감독(Technical Supervision)
③ 급여(Salary)
④ 근로조건(Working Condition)
⑤ 인간관계(Interpersonal Relations)

34 블레이크와 무톤(R. Blake & J. Mouton)의 관리격자(Managerial Grid) 리더십유형 분류에 관한 설명으로 옳은 것은?

① 효과성과 효율성에 대한 관심을 교차하여 유형화하였다.
② 이상적 유형은 컨트리클럽형(1.9)이다.
③ 팀형(9.9)은 과업성과보다는 구성원의 사기와 공동체의식을 중시한다.
④ 중도형(5.5)은 인간적 요소와 조직성과 간의 타협과 균형을 추구한다.
⑤ 무기력형(1.1)은 인간적 요소에 최대의 관심을 갖는다.

35 인적자원관리체계에 관한 설명으로 옳은 것은?

① 직무설계 - 직무 내용, 수행방법, 직무 간의 관계 등 설정
② 직무분석 - 일의 종류, 난이도, 책임수준이 유사한 직급으로 묶음
③ 직무평가 - 평가대상 직무에 종사하는 직원들 평가
④ 직무기술서 - 직무수행자 자격요건 기술
⑤ 직무명세서 - 직무 성격, 내용, 수행방법 등 기술

32

② 태스크포스(TF)는 특정 업무 해결을 위해 각 부서로부터 인력을 뽑아 프로젝트 팀을 만들고 업무가 해결되면 다시 해당 부서에 복귀시키는 조직이다.
① 라인-스탭에서 라인(Line)은 상하명령관계로 구성되는 수직조직(계선조직)을, 스탭(Staff)은 수직조직을 지원하는 체제로서 수평조직(막료조직)을 의미한다.
③ 감사(Audit)는 전체 프로그램이 목적 달성을 위한 투입요소가 제대로 이루어지고 있는지에 초점을 두는 프로그램 감사(Program Audit), 특정 기관과 사업의 운영과 관련된 예산 지출의 적법성을 따지는 데 초점을 두는 회계감사(Accounting Audit)로 구분된다.
④ 거버넌스(Governance)는 공공서비스의 효율성을 높이고자 하는 새로운 조직 구조상의 변화로, 정부만이 공공서비스를 공급하는 방식이 아닌 비정부조직이나 민간영역이 함께 공공서비스를 공급하는 구조이다.
⑤ 위계조직은 권한과 책임 및 의무의 등급화 정도에 따라 상하 간 계층을 설정하는 원리에 의하여 등급화된 조직이다.

33

허츠버그(Herzberg)의 동기-위생이론

동기요인 (직무)	직무만족과 관련된 보다 직접적인 요인으로서 동기요인이 충족되지 않아도 불만족은 생기지 않으나, 이 요인을 좋게 하면 일에 대해 만족하게 되어 직무성과가 올라간다. 예 직무 그 자체, 직무상의 성취, 직무성취에 대한 인정, 승진, 책임, 성장 및 발달 등
위생요인 (환경)	일과 관련된 환경요인으로서 위생요인을 좋게 하는 것은 불만족을 감소시킬 수는 있으나, 만족감을 산출할 힘은 갖고 있지 못하다. 예 조직의 정책과 관리, 감독, 보수(급여), 대인관계, 근무조건(근무환경) 등

34

관리격자모형(Blake & Mouton)

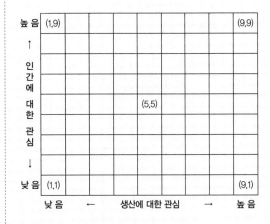

- (1,1) : 방임형 또는 무기력형(무력형)
- (1,9) : 인간중심형 또는 컨트리클럽형
- (9,1) : 생산지향형 또는 과업형
- (5,5) : 중도형
- (9,9) : 이상형 또는 팀형

35

① 직무설계(Job Design)는 조직이 목표를 달성하는 동시에 직무를 수행하는 개인에게 의미와 만족감을 부여하기 위해 필요한 직무의 내용ㆍ기능ㆍ관계를 설계하고, 종업원의 직무만족과 더 나아가 생산성 향상을 위해 작업방법 등을 결정하는 과정이다.
② 직무분석(Job Analysis)은 직무를 구성하고 있는 일, 즉 해당 직무의 내용 및 직무의 수행을 위한 직무조건을 조직적으로 밝히는 절차이다.
③ 직무평가(Job Evaluation)는 직무분석을 통해 작성된 직무명세서(작업자 명세서)에 의해 조직 내 각종 직무의 숙련, 노력ㆍ책임의 정도, 직무수행의 난이도 등을 비교ㆍ평가함으로써 각종 직무들 간의 상대적인 가치를 결정하는 작업이다.
④ 직무수행자에게 요구되는 자격요건을 기술한 것은 직무명세서(Job Specification)이다.
⑤ 직무의 성격, 내용, 수행방법 등을 기술한 것은 직무기술서(Job Description)이다.

36 사회복지조직에서 수행되는 슈퍼비전에 관한 설명으로 옳지 않은 것은?

① 조직구성원 훈련 및 개발에 유용한 도구이다.
② 교육적 기능은 직원의 정신적, 심리적 부담을 완화한다.
③ 행정적 기능은 효율적으로 일하는 구조와 자원을 제공한다.
④ 슈퍼바이저는 관리자, 중재자, 멘토 역할을 한다.
⑤ 슈퍼비전 구성요소는 슈퍼바이지, 슈퍼바이저, 클라이언트, 조직 등이다.

37 예산 유형에 관한 설명으로 옳지 않은 것은?

① 품목별 예산은 수입과 지출목록마다 예상되는 금액을 명시한다.
② 영기준 예산은 전년도 예산을 고려하지 않고 편성한다.
③ 기획예산제도(PPBS)는 장기적 기획과 단기적 예산 편성을 프로그램 작성을 통해 결합한다.
④ 프로그램 예산은 사업 목적보다 지출 품목을 강조한다.
⑤ 성과주의 예산은 '단위원가 × 업무량 = 예산액'으로 편성한다.

38 사회복지조직의 재무·회계에 관한 설명으로 옳지 않은 것은?

① 보건복지부는 「국가재정법」을 적용한다.
② 사회복지시설은 「사회복지법인 및 사회복지시설 재무·회계 규칙」을 적용한다.
③ 사회복지법인 회계는 법인회계, 시설회계, 수익사업회계로 구분한다.
④ 법인회계와 수익사업회계는 필요시 복식부기도 할 수 있다.
⑤ 사회복지법인 대표이사는 관·항·목간 예산을 전용할 수 없다.

39 사회복지시설 예산 편성 및 결정 절차를 순서대로 나열한 것은?

┌─────────────────────────┐
│ ㄱ. 시설운영위원회 보고   │
│ ㄴ. 예산 공고   │
│ ㄷ. 예산 편성   │
│ ㄹ. 이사회 의결   │
│ ㅁ. 지방자치단체 제출   │
└─────────────────────────┘

① ㄱ - ㅁ - ㄹ - ㄴ - ㄷ
② ㄴ - ㄷ - ㄱ - ㄹ - ㅁ
③ ㄷ - ㄱ - ㄹ - ㅁ - ㄴ
④ ㄷ - ㄱ - ㅁ - ㄹ - ㄴ
⑤ ㅁ - ㄱ - ㄹ - ㄷ - ㄴ

36

② 교육적 기능은 사회복지사의 효과적인 직무수행을 위해 필요한 지식과 기술을 제공하고 전문적 자아발달을 도모하는 것이다. 참고로 사회복지사가 능률적으로 업무를 수행할 수 있도록 심리적 자원을 제공함으로써 정신적 · 심리적 부담을 완화하는 것은 지지적 기능에 해당한다.

37

프로그램 예산(Program Budget)

• 목표수행 혹은 수행업무에 중점을 두는 관리지향 예산제도로서, '성과주의 예산(Performance Budget)' 또는 '기능주의 예산(Functional Budget)'이라고도 한다.
• 품목별 예산의 약점인 활동을 표시하기 위해 개발된 것으로, 지출 품목보다 사업 목적을 강조하는 형식이다.
• 각 세부사업을 '단위원가 × 업무량 = 예산액'으로 표시하여 편성한다.

38

⑤ 사회복지법인의 대표이사 및 사회복지시설의 장은 관 · 항 · 목간의 예산을 전용할 수 있다(사회복지법인 및 사회복지시설 재무 · 회계 규칙 제16조 제1항).
① 「국가재정법」은 국가의 예산 · 기금 · 결산 · 성과관리 및 국가채무 등 재정에 관한 사항을 규정한다.
② 「사회복지법인 및 사회복지시설 재무 · 회계 규칙」은 사회복지법인 및 사회복지시설의 재무 · 회계, 후원금관리 및 회계감사에 관한 사항을 규정한다.
③ 이 규칙에서의 회계는 사회복지법인의 업무전반에 관한 법인회계, 사회복지시설의 운영에 관한 시설회계 및 사회복지법인이 수행하는 수익사업에 관한 수익사업회계로 구분한다.(동규칙 제6조 제1항).
④ 회계는 단식부기에 의한다. 다만, 법인회계와 수익사업회계에 있어서 복식부기의 필요가 있는 경우에는 복식부기에 의한다(동규칙 제23조).

39

사회복지법인이 설치 · 운영하는 사회복지시설의 예산 편성 및 결정 절차

• 제1단계 : 법인의 대표이사 및 시설의 장이 예산을 편성한다.(ㄷ)
• 제2단계 : 시설운영위원회에 보고한다.(ㄱ)
• 제3단계 : 법인 이사회의 의결을 거쳐 확정한다.(ㄹ)
• 제4단계 : 확정한 예산을 매 회계연도 개시 5일 전까지 관할 시장 · 군수 · 구청장에게 제출한다.(ㅁ)
• 제5단계 : 시장 · 군수 · 구청장은 시 · 군 · 구의 게시판과 인터넷 홈페이지에, 법인의 대표이사 및 시설의 장은 해당 법인 및 시설의 게시판과 인터넷 홈페이지에 20일 이상 공고한다.(ㄴ)

40 패러슈라만 등(A. Parasuraman, V. A. Zeithaml & L. L. Berry)의 서비스 질 구성 차원 중 다음에 해당하는 것은?

> • 직원의 지식수준과 정중함, 신뢰와 확신을 심어줄 수 있는 능력
> • 긍정적 의사소통기법을 사용, 제품과 서비스를 정확히 설명

① 즉응성(Responsiveness)
② 확신성(Assurance)
③ 신뢰성(Reliability)
④ 유형성(Tangible)
⑤ 공감성(Empathy)

41 다음에서 설명하는 사회복지 전달체계 구축 원칙은?

> • 지역사회통합돌봄(커뮤니티 케어)
> • 원스탑서비스 제공
> • 서비스 단편성과 비연속성 문제를 해결

① 책임성
② 접근성
③ 지속성
④ 통합성
⑤ 적절성

42 사회복지 전달체계에 관한 설명으로 옳지 않은 것은?

① 공공 전달체계, 민간 전달체계, 공공과 민간 혼합 전달체계로 구분한다.
② 집행체계는 수급자와 대면 관계를 통해 서비스를 제공한다.
③ 행정복지센터, 공단, 사회복지법인은 공공 전달체계이다.
④ 사회복지서비스 공급자와 소비자를 연결하는 조직적·체계적 장치이다.
⑤ 우리나라 사회복지서비스는 공공과 민간의 혼합 전달체계로 제공된다.

43 기획에 활용되는 기법에 관한 설명으로 옳지 않은 것은?

① 간트 차트(Gantt Chart)는 사업을 계획할 때 쉽고 간단하게 작성할 수 있다.
② 간트 차트(Gantt Chart)는 일정계획 변경을 유연하게 수용하기 어렵다.
③ 프로그램 평가 검토기법(PERT)은 업무를 체계적으로 수행하는 데 도움이 된다.
④ 프로그램 평가 검토기법(PERT)은 일정변경 등 유동적인 상황을 대처하는 데 어렵다.
⑤ 총괄진행표(Flow Chart)는 프로그램 제공과정을 시작부터 종료까지 한눈에 볼 수 있다.

40

서비스 품질에 관한 SERVQUAL 모형의 구성차원
(Parasuraman, Zeithaml & Berry)

신뢰성 (Reliability)	생산과 서비스에 있어서 지속성 및 예측성과 연관된다. 예 믿음직하고 정확하게 약속한 서비스를 이행함
반응성 또는 즉응성 (Responsiveness)	생산과 서비스 제공의 시기적절성과 연관된다. 예 신속한 서비스를 제공하여 고객들을 도움
확신성 (Assurance)	직원에 의해 수행되는 지원 및 능력에 대한 느낌과 연관된다. 예 신뢰와 확신, 자신감 고취
공감성 (Empathy)	직원으로부터 개인적인 보호나 관심을 받는다는 느낌과 연관된다. 예 고객들에게 개별적인 관심을 갖고 서비스를 제공함
유형성 (Tangibles)	서비스 제공 혹은 상품생산을 위해 사용된 장비나 물리적인 시설 등의 외형(외관) 혹은 미적 상태와 연관된다. 예 물리적인 시설 및 장비 능력, 종업원의 외모(용모), 통신장비의 이해와 활용의 용이성 등

41

④ 통합성은 클라이언트의 문제는 매우 복합적이고 상호 연관되어 있기 때문에 이러한 문제를 해결하기 위해서 기관 간의 서비스가 통합적으로 제공되어야 한다는 원칙이다.
① 책임성은 사회복지조직은 복지국가가 시민의 권리로 인정한 사회복지서비스를 전달하도록 위임받은 조직이므로 사회복지서비스의 전달에 대하여 책임을 져야 한다는 원칙이다.
② 접근성(접근 용이성)은 사회복지서비스는 그것을 필요로 하는 사람들이면 누구나 쉽게 받을 수 있어야 하기 때문에 클라이언트가 접근하기에 용이해야 한다는 원칙이다.
③ 지속성(연속성)은 한 개인이 필요로 하는 다른 종류의 서비스와 질적으로 다른 서비스를 지역사회 내에서 계속적으로 받을 수 있도록 서비스들이 상호 연계되어야 한다는 원칙이다.

⑤ 적절성(충분성)은 사회복지서비스는 그 양과 질, 제공하는 기간이 클라이언트나 소비자의 욕구충족과 서비스의 목표달성에 충분해야 한다는 원칙이다.

42

③ 사회복지법인은 민간 전달체계에 해당한다. 민간 전달체계는 민간이 자체적으로 자원을 마련하고 주도적으로 프로그램을 기획하고 서비스를 제공하는 조직구조를 말하는 것으로, 개인, 영리를 목적으로 하지 않는 주민조직과 사단법인, 종교단체, 법정단체, 특수법인, 그 밖에 사회복지 활동이나 프로그램을 수행하는 비영리 사회단체, 기업 등이 해당한다.

참고

일부 수험서에서는 공단을 민간 전달체계로 설명하고 있으나, 국민연금공단, 국민건강보험공단 등 공단은 「공공기관의 운영에 관한 법률」에 따른 공공기관으로서 공공 전달체계가 옳습니다. 참고로 국민연금공단은 '기금관리형 준정부기관', 국민건강보험공단은 '위탁집행형 준정부기관'으로 분류됩니다.

43

프로그램 평가 검토기법(PERT)의 장단점

장점	• 활동 간 상관관계를 알 수 있으므로 전반적인 진행의 흐름을 파악하기 용이하다. • 활동의 순서를 알 수 있으므로 업무를 체계적으로 수행하는 데 도움이 된다. • 활동을 진행하면서 특정 활동의 소요시간 증감, 일정변경 등 유동적인 상황에 대처하기 용이하다. (④)
단점	• 소요시간 예측이 쉽지 않으므로 치밀한 계산이 필요하다. • 모든 활동의 활동 간 연결성을 도식화하는 데 시간과 비용이 많이 소요되며, 도식화 자체가 어려울 수 있다. • 도식화가 지나치게 복잡하면 오히려 진행의 흐름을 파악하기 어려울 수 있다.

44 사회복지조직에서 정보관리가 중요하게 된 이유에 관한 설명으로 옳지 않은 것은?

① 사회복지조직의 책임성을 강화할 수 있기 때문이다.
② 사회복지조직에서 정보관리가 최우선이기 때문이다.
③ 업무수행을 위한 적절한 정보체계를 구축할 수 있기 때문이다.
④ 종사자의 전문성을 강화할 수 있기 때문이다.
⑤ 사회복지조직의 효과성을 높이기 때문이다.

45 쓰레기통 모형(Garbage Can Model)에 관한 설명으로 옳은 것은?

① 문제 진단과 의사결정 과정이 체계적이고 논리적으로 이루어진다.
② 결정자의 행동보다는 객관적인 상황적 조건에 더 많은 주의를 기울인다.
③ 가장 합리적인 대안을 선택하는 모형이다.
④ 합리성과 비합리성을 절충한 모형이다.
⑤ 조직화된 무질서 속에서 우연히 의사결정이 이루어진다.

46 비영리조직 마케팅에 관한 설명으로 옳은 것은?

① 고객 욕구충족보다는 판매에 집중한다.
② 이윤을 남기는 것이 최우선 목표이다.
③ 비영리조직의 책임성과 효과성이 강조되면서 중요성이 커졌다.
④ 후원자에게만 초점이 맞춰져 있다.
⑤ 비영리조직 마케팅 목적은 프로그램을 알리는 것이지 재정확충은 아니다.

47 사회복지조직 책임성에 관한 설명으로 옳지 않은 것은?

① 획일적 기준으로 책임성을 규명하기 어렵다.
② 사회복지 공급주체가 다양해지면서 책임성 요구가 늘어나고 있다.
③ 사회복지시설 민간위탁으로 책임성 요구가 커졌다.
④ 「사회복지사업법」 개정으로 사회복지시설 평가는 법으로 제도화되었다.
⑤ 책임성 요구가 증가하면서 사회복지서비스에 대한 질적 평가는 제외되었다.

44

② 정보기술의 발전이 조직의 업무구조나 생산방식을 근본적으로 바꾸어 놓았을 뿐만 아니라 사회 전반에 미치는 영향 또한 지대해졌기 때문이다. 특히 정보화 사회가 심화되면서 복지행정관리 분야의 정보체계화는 물론 복지서비스 분야의 전반적인 복지정보체계화라는 새로운 복지욕구가 나타나고 있으며, 정보전달매체를 통한 복지서비스 전달의 범위 또한 확대되고 있다.

46

③ 비영리조직은 일반적으로 정부의 보조금이나 기타 단체의 기부금 등으로 운영되므로 서비스 제공에 있어서 효과성과 효율성을 달성할 책임을 지고 있으며, 이를 위해 조직 운영에 있어서 전략적인 마케팅을 도입할 필요성이 높아지고 있다.
① 비영리조직은 상품 중심이 아니라 서비스 중심의 마케팅을 하며, 고객의 욕구충족을 위해 서비스 활동을 수행한다.
② 이윤추구보다는 사회적 가치 실현에 주안점을 둔다.
④ 다양한 그룹에 초점이 맞춰져 있다. 정부, 일반시민, 시민단체, 전문가 그룹 등 여러 분야의 다양한 그룹들이 비영리조직의 모금액수, 모금방법, 모금원, 사용내역 등에 관심을 갖고 주시하기 때문이다.
⑤ 비영리조직 간 경쟁이 심화되고 있는 상황에서 기업의 마케팅 전략이 비영리조직의 생존과 성장을 위한 재정자립의 방안 중 하나로 떠오르고 있다.

45

①·⑤ 쓰레기통 모형은 의사결정 상황을 고도로 불확실한 상황이라 전제하면서, 그와 같은 상황을 '조직화된 무정부 상태(Organized Anarchy)'로 규정한다. 즉, 의사결정이 합리성이나 타협에 의해 이루어지는 것이 아닌 조직화된 무질서 속에서 나타나는 몇 가지 흐름에 의해 우연히 이루어진다는 것이다.
② 의사결정자의 개인적 차원을 강조하면서, 의사결정에 있어서 객관적인 상황적 조건보다는 결정자의 행동에 더 많은 주의를 기울이는 것은 만족모형이다.
③ 인간의 이성과 합리성을 전제로 최선의 대안을 찾을 수 있다고 가정하는 것은 합리모형이다.
④ 합리성을 전제로 하는 합리모형과 비합리성을 전제로 하는 점증모형을 절충한 것은 혼합모형이다.

47

⑤ 서비스의 질은 서비스 우수성의 관점, 서비스 그 자체를 기준으로 한 관점, 이용자의 관점, 서비스 과정의 관점, 제품의 가치를 기준으로 한 관점 등 여러 가지 관점에서 살펴볼 수 있는데, 고객 개개인의 욕구충족 여부에 중점을 두는 이용자 관점과 제공자(공급자)의 기술적·방법적 측면에 중점을 두는 제공자 관점을 기준으로 한 질적 평가가 더욱 중요시되고 있다.

48 최근 사회복지행정 환경변화에 관한 설명으로 옳은 것은?

① 기업경영 방식 활용이 늘어나고 있다.
② 국가가 직접 제공하는 서비스가 늘어나고 있다.
③ 성과(Outcome) 중심 평가에서 산출(Output) 중심 평가로 전환되고 있다.
④ 사회복지행정의 이론적 준거틀이 필요 없게 되었다.
⑤ 사회복지서비스가 다양화되면서 전문가 활용이 감소하고 있다.

49 프로그램 평가에 관한 설명으로 옳은 것을 모두 고른 것은?

> ㄱ. 비용-편익 분석은 효율성 평가이다.
> ㄴ. 비용-효과 분석은 효과성 평가이다.
> ㄷ. 프로그램 종결 후 실시하는 성과평가는 총괄평가이다.
> ㄹ. 효과발생의 인과 경로를 밝히는 것은 형성평가이다.

① ㄱ, ㄴ
② ㄱ, ㄷ
③ ㄱ, ㄷ, ㄹ
④ ㄴ, ㄷ, ㄹ
⑤ ㄱ, ㄴ, ㄷ, ㄹ

50 사회복지마케팅전략에 관한 설명으로 옳은 것은?

① 생산과 소비의 동시성을 고려한다.
② 세분화(Segmentation)는 시장을 임의로 구분한다.
③ 클라이언트 집단은 마케팅전략의 대상이 될 수 없다.
④ 시장조사를 하지 않는다.
⑤ 영리마케팅에 비하여 상품의 내구성을 고려한 전략을 수립한다.

제3영역 **사회복지법제론**

51 법률의 제정 연도가 가장 빠른 것은?

① 산업재해보상보험법
② 국민기초생활보장법
③ 고용보험법
④ 국민연금법
⑤ 국민건강보험법

48

① 사회복지조직의 운영에 있어서 기업의 경영관리 기법 도입, 마케팅의 활성화, 품질관리 강화 등 시장의 경쟁적 구조에 적합한 조직 운영 방안이 모색되고 있다.

② 국가는 공공의 책임성을 다하는 동시에 민간의 전문성을 확보할 수 있도록 민간 위탁이나 민·관 협력 등 다양한 방식으로 서비스 제공을 추진하고 있다.

③ 성과에 대한 강조 흐름에 따라 결과 중심의 평가 중에서도 산출(Output) 중심의 평가보다는 성과(Outcome) 중심의 평가가 선호되고 있다.

④ 사회복지행정의 이론적 준거틀이 발달하고 있다. 특히 창의적인 사회복지행정가들은 관리 및 행정과정의 관점에 대한 이론적 기초를 형성하기 시작하였으며, 앞으로도 수많은 이론적 준거틀이 형성될 것이다.

⑤ 전문가 및 전문가팀의 활용이 증가하고 있다. 특히 전문가팀은 지식과 기술을 공유하고 자원을 결집시키며, 인간문제를 해결하려는 사회복지사들에게 추가적인 동기를 부여하고 있다.

49

ㄴ. 비용-효과 분석은 효율성 평가이다. 비용-효과 분석은 동일한 목표를 가진 프로그램들에 드는 비용을 각각 비교하여 최소비용으로 최대효과를 내는 프로그램이 가장 효율적이라는 판단에서 비롯된다.

50

① 사회복지부문의 서비스는 생산과 소비가 동시에 일어난다. 영리부문에서의 서비스는 생산이 선행되고 고객에 의해 소비가 발생하는 반면, 사회복지조직에서는 생산과 소비가 분리되지 않는 경우가 많다. 이는 생산자와 소비자가 서비스 생산과정에 동시에 참여한다는 것을 의미한다.

② 시장세분화(Segmentation)는 전체 시장을 일정한 기준에 의해 동질적인 세분시장으로 구분하는 과정이다.

③ 조직의 소비자인 클라이언트 및 클라이언트 집단은 사회복지조직에서 마케팅전략의 대상이다.

④ 시장조사를 통해 잠재적 후원자와 그들이 원하는 바를 파악한다.

⑤ 영리부문의 상품은 견고성, 내구성, 디자인 등 상품의 품질을 측정할 수 있는 객관적인 기준이 존재하지만, 사회복지부문의 서비스는 특성상 그 품질을 객관적으로 제시할 수 있는 기준이 충분치 않다.

51

① 산업재해보상보험법 : 1963년 11월 5일 제정, 1964년 1월 1일 시행

② 국민기초생활보장법 : 1999년 9월 7일 제정, 2000년 10월 1일 시행

③ 고용보험법 : 1993년 12월 27일 제정, 1995년 7월 1일 시행

④ 국민연금법 : 1986년 12월 31일 전부개정(1973년 12월 24일 제정된 「국민복지연금법」의 전부개정), 1988년 1월 1일 시행

⑤ 국민건강보험법 : 1999년 2월 8일 제정, 2000년 1월 1일 시행

52 우리나라 사회복지법 체계와 법원에 관한 설명으로 옳은 것은?

① 성문법원의 종류로 관습법, 판례법, 조리가 있다.
② 시행령과 시행규칙은 국회의 의결을 거쳐 제정, 공포된 법원이다.
③ 시행령보다 시행규칙이 상위 법규범이다.
④ 대통령은 법률에서 구체적으로 위임받은 사항과 법률을 집행하기 위하여 필요한 사항에 관하여 대통령령을 발할 수 있다.
⑤ 정부는 법률안을 제출할 수 없다.

53 우리나라 사회복지 관련법의 입법 변천사에 관한 설명으로 옳은 것을 모두 고른 것은?

> ㄱ. 1981년 노인복지법이 제정되었다.
> ㄴ. 2007년 노인장기요양보험법이 제정되었다.
> ㄷ. 1961년 제정된 아동복리법은 1989년 아동복지법으로 개정되었다.
> ㄹ. 1981년 제정된 심신장애자복지법은 1989년 장애인복지법으로 개정되었다.

① ㄱ
② ㄴ, ㄷ
③ ㄱ, ㄴ, ㄹ
④ ㄴ, ㄷ, ㄹ
⑤ ㄱ, ㄴ, ㄷ, ㄹ

54 사회보장기본법상 사회보장수급권의 보호와 포기에 관한 설명으로 옳지 않은 것은?

① 사회보장수급권은 다른 사람에게 양도할 수 없다.
② 사회보장수급권은 담보로 제공할 수 없다.
③ 사회보장수급권은 정당한 권한이 있는 기관에 서면으로 통지하여 포기할 수 있다.
④ 사회보장수급권의 포기는 취소할 수 없다.
⑤ 사회보장수급권을 포기하는 것이 다른 사람에게 피해를 주는 경우에는 이를 포기할 수 없다.

55 사회보장기본법과 사회보장급여의 이용·제공 및 수급권자 발굴에 관한 법률에 명시되어 있는 사회보장 관련 계획에 관한 설명으로 옳은 것은?

① 사회보장 기본계획은 7년 주기로 수립된다.
② 보건복지부장관은 관계 중앙행정기관의 장과 협의하여 사회보장 기본계획을 수립하여야 한다.
③ 사회보장 기본계획은 사회보장위원회의 심의사항이 아니다.
④ 지방자치단체의 장은 지역사회보장계획을 5년마다 수립해야 한다.
⑤ 시·도 지역사회보장협의체와 시·군·구의 사회보장위원회는 지역사회보장계획을 심의·의결한다.

52

④ 대통령은 법률에서 구체적으로 범위를 정하여 위임받은 사항에 관하여 위임명령을 발하고, 법률을 집행하기 위하여 필요한 사항에 관하여 집행명령을 발할 수 있는데, 이를 일반적으로 '시행령'이라 한다.
① 불문법원의 종류로 관습법, 판례법, 조리가 있다.
② 시행령, 시행규칙 등 명령은 국회의 의결을 거치지 않고 대통령 이하의 행정기관이 제정하는 법규이다.
③ 시행령이 시행규칙보다 상위 법규범이다.
⑤ 국회의원과 정부는 법률안을 제출할 수 있다(헌법 제52조).

53

ㄷ. 아동복지법은 1981년 4월 13일 전부개정되어 같은 날 시행되었다(1961년 12월 30일 제정된 「아동복리법」의 전부개정).
ㄱ. 노인복지법은 1981년 6월 5일 제정되어 같은 날 시행되었다.
ㄴ. 노인장기요양보험법은 2007년 4월 27일 제정되어 2008년 7월 1일부터 시행되었다(일부는 2007년 10월 1일부터 시행).
ㄹ. 장애인복지법은 1989년 12월 30일 전부개정되어 같은 날 시행되었다(1981년 6월 5일 제정된 「심신장애자복지법」의 전부개정).

54

④ 사회보장수급권의 포기는 취소할 수 있다(사회보장기본법 제14조 제2항).
①·② 사회보장수급권은 관계 법령에서 정하는 바에 따라 다른 사람에게 양도하거나 담보로 제공할 수 없으며, 이를 압류할 수 없다(동법 제12조).
③ 동법 제14조 제1항
⑤ 사회보장수급권을 포기하는 것이 다른 사람에게 피해를 주거나 사회보장에 관한 관계 법령에 위반되는 경우에는 사회보장수급권을 포기할 수 없다(동법 제14조 제3항).

55

①·② 보건복지부장관은 관계 중앙행정기관의 장과 협의하여 사회보장 증진을 위하여 사회보장에 관한 기본계획을 5년마다 수립하여야 한다(사회보장기본법 제16조 제1항).
③ 사회보장 기본계획은 사회보장위원회와 국무회의의 심의를 거쳐 확정한다(동법 제16조 제3항).
④ 시·도지사 및 시장·군수·구청장은 지역사회보장계획을 4년마다 수립하고, 매년 지역사회보장계획에 따라 연차별 시행계획을 수립하여야 한다. 이 경우 사회보장기본법에 따른 사회보장에 관한 기본계획과 연계되도록 하여야 한다(사회보장급여의 이용·제공 및 수급권자 발굴에 관한 법률 제35조 제1항).
⑤ 시·군·구 지역사회보장협의체와 시·도 사회보장위원회에서 지역사회보장계획을 심의하고 계획안을 확정하는 과정을 거친다.

56 사회보장기본법상 용어의 정의에 관한 설명이다. ㄱ, ㄴ에 들어갈 용어로 옳은 것은?

> (ㄱ) : 국민에게 발생하는 사회적 위험을 보험의 방식으로 대처함으로써 국민의 건강과 소득을 보장하는 제도
>
> (ㄴ) : 국가와 지방자치단체의 책임하에 생활유지 능력이 없거나 생활이 어려운 국민의 최저생활을 보장하고 자립을 지원하는 제도

① ㄱ : 사회보험, ㄴ : 사회서비스
② ㄱ : 사회보험, ㄴ : 공공부조
③ ㄱ : 공공부조, ㄴ : 사회보장
④ ㄱ : 사회보장, ㄴ : 사회서비스
⑤ ㄱ : 사회서비스, ㄴ : 공공부조

57 사회보장기본법상 사회보장위원회에 관한 설명으로 옳지 않은 것은?

① 사회보장에 관한 주요 시책을 심의·조정하기 위해 국무총리 소속으로 두고 있다.
② 실무위원회를 두며 실무위원회에 분야별 전문위원회를 둘 수 있다.
③ 위원은 30명 이내로 구성한다.
④ 위원의 임기는 4년이다.
⑤ 관계 중앙행정기관의 장과 지방자치단체의 장은 위원회의 심의·조정 사항을 반영하여 사회보장제도를 운영해야 한다.

58 조례와 규칙에 관한 설명으로 옳지 않은 것은?

① 조례는 지방의회의 의결을 거쳐 제정한다.
② 규칙은 지방자치단체의 장이 제정한 법규범이다.
③ 지방자치단체는 법령의 범위에서 그 사무에 관하여 조례를 제정할 수 있다.
④ 시·군 및 자치구의 규칙은 시·도의 규칙보다 상위 법규범이다.
⑤ 조례는 규칙보다 상위 법규범이다.

59 사회보장기본법상 사회보장 비용의 부담에 관한 설명으로 옳지 않은 것은?

① 사회보장 비용의 부담은 국가, 지방자치단체 및 민간부문 간에 합리적으로 조정되어야 한다.
② 공공부조에 드는 비용은 지방자치단체가 전부 부담한다.
③ 부담 능력이 있는 국민에 대한 사회서비스에 드는 비용은 그 수익자가 부담함을 원칙으로 한다.
④ 사회보험에 드는 비용은 사용자, 피용자 및 자영업자가 부담함을 원칙으로 한다.
⑤ 사회보험에 드는 비용의 일부를 관계 법령에서 정하는 바에 따라 국가가 부담할 수 있다.

56

사회보장 및 사회서비스의 정의(사회보장기본법 제3조 참조)

- 사회보장 : 출산, 양육, 실업, 노령, 장애, 질병, 빈곤 및 사망 등의 사회적 위험으로부터 모든 국민을 보호하고 국민 삶의 질을 향상시키는 데 필요한 소득·서비스를 보장하는 사회보험, 공공부조, 사회서비스를 말한다.
- 사회서비스 : 국가·지방자치단체 및 민간부문의 도움이 필요한 모든 국민에게 복지, 보건의료, 교육, 고용, 주거, 문화, 환경 등의 분야에서 인간다운 생활을 보장하고 상담, 재활, 돌봄, 정보의 제공, 관련 시설의 이용, 역량 개발, 사회참여 지원 등을 통하여 국민의 삶의 질이 향상되도록 지원하는 제도를 말한다.

57

④ 사회보장위원회 위원의 임기는 2년으로 한다. 다만, 공무원인 위원의 임기는 그 재임 기간으로 하고, 기관·단체의 대표자 자격으로 대통령이 위촉하는 위원의 임기는 대표의 지위를 유지하는 기간으로 한다(사회보장기본법 제21조 제4항 참조).

① 사회보장에 관한 주요 시책을 심의·조정하기 위하여 국무총리 소속으로 사회보장위원회(이하 "위원회"라 한다)를 둔다(동법 제20조 제1항).

② 위원회를 효율적으로 운영하고 위원회의 심의·조정 사항을 전문적으로 검토하기 위하여 위원회에 실무위원회를 두며, 실무위원회에 분야별 전문위원회를 둘 수 있다(동법 제21조 제6항).

③ 위원회는 위원장 1명, 부위원장 3명과 행정안전부장관, 고용노동부장관, 여성가족부장관, 국토교통부장관을 포함한 30명 이내의 위원으로 구성한다(동법 제21조 제1항).

⑤ 관계 중앙행정기관의 장과 지방자치단체의 장은 위원회의 심의·조정 사항을 반영하여 사회보장제도를 운영 또는 개선하여야 한다(동법 제20조 제4항).

58

④ 시·도의 규칙은 시·군 및 자치구의 규칙보다 상위 법규범이다. 따라서 시·군 및 자치구의 조례나 규칙은 시·도의 조례나 규칙을 위반해서는 아니 된다(지방자치법 제30조).

59

② 공공부조 및 관계 법령에서 정하는 일정 소득 수준 이하의 국민에 대한 사회서비스에 드는 비용의 전부 또는 일부는 국가와 지방자치단체가 부담한다(사회보장기본법 제28조 제3항).

① 사회보장 비용의 부담은 각각의 사회보장제도의 목적에 따라 국가, 지방자치단체 및 민간부문 간에 합리적으로 조정되어야 한다(동법 제28조 제1항).

③ 부담 능력이 있는 국민에 대한 사회서비스에 드는 비용은 그 수익자가 부담함을 원칙으로 하되, 관계 법령에서 정하는 바에 따라 국가와 지방자치단체가 그 비용의 일부를 부담할 수 있다(동법 제28조 제4항).

④·⑤ 사회보험에 드는 비용은 사용자, 피용자 및 자영업자가 부담하는 것을 원칙으로 하되, 관계 법령에서 정하는 바에 따라 국가가 그 비용의 일부를 부담할 수 있다(동법 제28조 제2항).

60 사회복지사업법상 사회복지사에 관한 설명으로 옳지 않은 것은?

① 피성년후견인 또는 피한정후견인은 사회복지사가 될 수 없다.
② 보건복지부장관은 사회복지사가 거짓이나 그 밖의 부정한 방법으로 자격을 취득한 경우 사회복지사 자격을 취소하여야 한다.
③ 보건복지부장관은 사회복지사가 자격정지 처분 기간에 자격증을 사용하여 자격 관련 업무를 수행한 경우 그 자격을 취소하거나 1년의 범위에서 정지시킬 수 있다.
④ 보건복지부장관은 자격이 취소된 사람에게는 그 취소된 날부터 2년 이내에 자격증을 재교부하지 못한다.
⑤ 사회복지법인에 종사하는 사회복지사는 정기적으로 인권에 관한 내용이 포함된 보수교육을 받아야 한다.

61 사회복지사업법상 사회복지법인 설립허가를 반드시 취소하여야 하는 경우를 모두 고른 것은?

> ㄱ. 설립허가 조건을 위반하였을 때
> ㄴ. 목적 달성이 불가능하게 되었을 때
> ㄷ. 거짓이나 그 밖의 부정한 방법으로 설립허가를 받았을 때
> ㄹ. 법인 설립 후 기본재산을 출연하지 아니한 때

① ㄱ, ㄴ
② ㄱ, ㄷ
③ ㄴ, ㄷ
④ ㄴ, ㄹ
⑤ ㄷ, ㄹ

62 사회복지사업법상 사회복지시설(이하 '시설'이라고 한다)에 관한 설명으로 옳은 것은?

① 사회복지관은 사회복지서비스를 직업 및 취업 알선이 필요한 사람에게 우선 제공할 수 없다.
② 시설의 장은 시설의 운영에 관한 사항을 의결하기 위하여 시설에 운영위원회를 두어야 한다.
③ 국가 또는 지방자치단체 외의 자가 시설을 설치·운영하려는 경우에는 시장·군수·구청장에게 신고하여야 한다.
④ 대통령령으로 정하는 경우를 제외하고, 각 시설의 수용인원은 200명을 초과할 수 없다.
⑤ 시설의 장은 비상근 겸직할 수 있다.

63 아동복지법령상 아동보호전문기관의 업무가 아닌 것은?

① 아동학대 신고접수, 현장조사 및 응급보호
② 피해아동, 피해아동의 가족 및 아동학대행위자를 위한 상담·치료 및 교육
③ 아동학대예방 교육 및 홍보
④ 피해아동 및 피해아동 가정의 기능 회복 서비스 제공
⑤ 피해아동 가정의 사후관리

60

① 피성년후견인은 사회복지사가 될 수 없으나 피한정후견인은 사회복지사가 될 수 있다. 2024년 1월 23일 법 개정에 따라 2024년 4월 24일부로 사회복지사의 결격사유에서 피한정후견인이 제외되었다(사회복지사업법 제11조의2 참조).
② 동법 제11조의3 제1항 제1호
③ 동법 제11조의3 제1항 제6호
④ 동법 제11조의3 제4항
⑤ 보건복지부장관은 사회복지사의 자질 향상을 위하여 필요하다고 인정하면 사회복지사에게 교육을 받도록 명할 수 있다. 다만, 사회복지법인 또는 사회복지시설에 종사하는 사회복지사는 정기적으로 인권에 관한 내용이 포함된 보수교육을 받아야 한다(동법 제13조 제2항).

61

사회복지법인의 설립허가 취소사유(사회복지사업법 제26조 제1항 참조)

• 거짓이나 그 밖의 부정한 방법으로 설립허가를 받았을 때(반드시 취소)(ㄷ)
• 설립허가 조건을 위반하였을 때(ㄱ)
• 목적 달성이 불가능하게 되었을 때(ㄴ)
• 목적사업 외의 사업을 하였을 때
• 정당한 사유 없이 설립허가를 받은 날부터 6개월 이내에 목적사업을 시작하지 아니하거나 1년 이상 사업실적이 없을 때
• 법인이 운영하는 시설에서 반복적 또는 집단적 성폭력범죄 및 학대관련범죄가 발생한 때
• 법인이 운영하는 시설에서 중대하고 반복적인 회계부정이나 불법행위가 발생한 때
• 법인 설립 후 기본재산을 출연하지 아니한 때(반드시 취소)(ㄹ)
• 임원 정수를 위반한 때
• 임원선임 관련 규정을 위반하여 이사를 선임한 때
• 임원의 해임명령을 이행하지 아니한 때
• 그 밖에 이 법 또는 이 법에 따른 명령이나 정관을 위반하였을 때

62

③ 국가나 지방자치단체는 사회복지시설(이하 "시설"이라 한다)을 설치·운영할 수 있다. 국가 또는 지방자치단체 외의 자가 시설을 설치·운영하려는 경우에는 보건복지부령으로 정하는 바에 따라 시장·군수·구청장에게 신고하여야 한다(사회복지사업법 제34조 제1항 및 제2항).
① 사회복지관은 사회복지서비스를 직업 및 취업 알선이 필요한 사람에게 우선 제공하여야 한다(동법 제34조의5 제2항 참조).
② 시설의 장은 시설의 운영에 관한 사항을 심의하기 위하여 시설에 운영위원회를 두어야 한다(동법 제36조 제1항).
④ 각 시설의 수용인원은 300명을 초과할 수 없다. 다만, 대통령령으로 정하는 경우에는 그러하지 아니하다(동법 제41조).
⑤ 시설의 장은 상근하여야 한다(동법 제35조 제1항).

63

① 아동학대 신고접수, 현장조사 및 응급보호, 피해아동과 피해아동의 가족 및 아동학대행위자에 대한 상담·조사 등 법령으로 정하는 아동학대 관련 업무는 시·도지사 또는 시장·군수·구청장이 수행하며, 시·도지사 또는 시장·군수·구청장은 이의 업무를 수행하기 위하여 아동학대전담공무원을 두어야 한다(아동복지법 제22조 제3항 및 제4항 참조).

참고

아동학대 신고접수, 현장조사 및 응급보호는 본래 아동보호전문기관의 업무였으나, 비영리법인인 아동보호전문기관이 그와 같은 업무를 수행하는 데 한계가 있다는 지적에 따라, 시·도지사 또는 시장·군수·구청장으로 하여금 아동학대전담공무원을 두어 해당 업무를 수행하도록 하고 있습니다.

64 노인복지법상 금지행위에 해당하는 것을 모두 고른 것은?

> ㄱ. 노인에게 성적 수치심을 주는 성폭행·성희롱 등의 행위
> ㄴ. 노인에게 구걸을 하게 하거나 노인을 이용하여 구걸하는 행위
> ㄷ. 노인을 위하여 증여 또는 급여된 금품을 그 목적 외의 용도에 사용하는 행위

① ㄱ
② ㄷ
③ ㄱ, ㄴ
④ ㄴ, ㄷ
⑤ ㄱ, ㄴ, ㄷ

65 장애인복지법의 내용으로 옳은 것은?

① 보건복지부장관 소속하에 장애인정책조정위원회를 둔다.
② 장애실태조사는 5년마다 실시하여야 한다.
③ 재외동포 및 외국인은 장애인 등록을 할 수 없다.
④ 장애인의 날은 매년 5월 20일이다.
⑤ 「장애인연금법」상의 중증장애인에게는 장애수당을 지급하지 아니한다.

66 한부모가족지원법의 내용으로 옳은 것은?

① 보건복지부장관은 한부모가족 지원을 위하여 한부모가족 정책에 관한 기본계획을 5년마다 수립하여야 한다.
② 청소년 한부모란 25세 이하의 모 또는 부를 말한다.
③ 아동이란 18세 미만의 자를 말하되, 병역면제인 자가 취학 중인 경우에는 22세 미만을 말한다.
④ 혼인 관계에 있지 아니한 자로서 출산 전 임신부는 출산지원시설을 이용할 때에도 이 법에 따른 지원대상자가 될 수 없다.
⑤ 이 법에 따른 복지 급여는 생계비, 아동수당, 아동교육비, 아동양육비이다.

67 가정폭력방지 및 피해자보호 등에 관한 법률의 내용으로 옳지 않은 것은?

① 피해자란 가정폭력으로 인하여 직접적으로 피해를 입은 자를 말한다.
② 사회복지법인과 그 밖의 비영리법인은 시장·군수·구청장의 인가를 받아 보호시설을 설치·운영할 수 있다.
③ 국가나 지방자치단체는 피해자나 피해자가 동반한 가정구성원이 아동인 경우 주소지 외의 지역에서 취학할 필요가 있을 때에는 그 취학이 원활히 이루어지도록 지원하여야 한다.
④ 유치원의 장, 어린이집의 원장, 초·중등학교의 장은 가정폭력의 예방과 방지를 위하여 필요한 교육을 실시하고, 그 결과를 여성가족부장관에게 제출하여야 한다.
⑤ 단기보호시설은 피해자 등을 6개월의 범위에서 보호하는 시설이다.

64

금지행위(노인복지법 제39조의9)

누구든지 65세 이상의 노인에 대하여 다음의 어느 하나에 해당하는 행위를 하여서는 아니 된다.

• 노인의 신체에 폭행을 가하거나 상해를 입히는 행위
• 노인에게 성적 수치심을 주는 성폭행·성희롱 등의 행위(ㄱ)
• 자신의 보호·감독을 받는 노인을 유기하거나 의식주를 포함한 기본적 보호 및 치료를 소홀히 하는 방임행위
• 노인에게 구걸을 하게 하거나 노인을 이용하여 구걸하는 행위(ㄴ)
• 노인을 위하여 증여 또는 급여된 금품을 그 목적 외의 용도에 사용하는 행위(ㄷ)
• 폭언, 협박, 위협 등으로 노인의 정신건강에 해를 끼치는 정서적 학대행위

65

⑤ 장애인복지법 제49조 제2항
① 장애인 종합정책을 수립하고 관계 부처 간의 의견을 조정하며 그 정책의 이행을 감독·평가하기 위하여 국무총리 소속하에 장애인정책조정위원회를 둔다(동법 제11조 제1항).
② 보건복지부장관은 장애인 복지정책의 수립에 필요한 기초 자료로 활용하기 위하여 3년마다 장애실태조사를 실시하여야 한다(동법 제31조 제1항).
③ 재외동포 및 외국인 중 「재외동포의 출입국과 법적 지위에 관한 법률」에 따라 국내거소신고를 한 사람, 「주민등록법」에 따라 재외국민으로 주민등록을 한 사람, 「출입국관리법」에 따라 외국인등록을 한 사람으로서 대한민국에 영주할 수 있는 체류자격을 가진 사람, 「재한외국인 처우 기본법」에 따른 결혼이민자, 「난민법」에 따른 난민인정자는 장애인 등록을 할 수 있다(동법 제32조의2 제1항).
④ 장애인에 대한 국민의 이해를 깊게 하고 장애인의 재활의욕을 높이기 위하여 매년 4월 20일을 장애인의 날로 하며, 장애인의 날부터 1주간을 장애인 주간으로 한다(동법 제14조 제1항).

66

③ "아동"이란 18세 미만(취학 중인 경우에는 22세 미만을 말하되, 「병역법」에 따른 병역의무를 이행하고 취학 중인 경우에는 병역의무를 이행한 기간을 가산한 연령 미만을 말한다)의 자를 말한다(한부모가족지원법 제4조 제5호).
① 여성가족부장관은 한부모가족 지원을 위하여 한부모가족 정책에 관한 기본계획을 5년마다 수립하여야 한다(동법 제5조의5 제1항).
② "청소년 한부모"란 24세 이하의 모 또는 부를 말한다(동법 제4조 제1의2호).
④ 혼인 관계에 있지 아니한 자로서 출산 전 임신부와 출산 후 해당 아동을 양육하지 아니하는 모는 출산지원시설을 이용할 때에는 이 법에 따른 지원 대상자가 된다(동법 제5조의2 제1항).
⑤ 이 법에 따른 복지 급여는 생계비, 아동교육지원비, 아동양육비 등이 있다(동법 제12조 제1항 참조). 참고로 아동수당은 「아동수당법」에 따른 복지 급여이다.

67

④ 국가기관, 지방자치단체 및 「초·중등교육법」에 따른 각급 학교의 장, 그 밖에 대통령령으로 정하는 공공단체의 장은 가정폭력의 예방과 방지를 위하여 필요한 교육을 실시하고, 그 결과를 여성가족부장관에게 제출하여야 한다(가정폭력방지 및 피해자보호 등에 관한 법률 제4조의3 제1항).
① 동법 제2조 제3호
② 동법 제7조 제2항
③ 동법 제4조의4 제1항
⑤ 동법 제7조의2 제1항 제1호

68 국민기초생활 보장법상 국내에 체류하고 있는 외국인에 대한 특례를 적용할 수 없는 자는?

① 대한민국 국민과 혼인하여 본인 또는 배우자가 임신 중인 자
② 대한민국 국적의 미성년 자녀를 양육하고 있는 자
③ 배우자의 대한민국 국적인 직계존속과 생계를 같이하고 있는 자
④ 배우자의 대한민국 국적인 직계존속과 주거를 같이하고 있는 자
⑤ 대한민국 국적의 성인 장애인과 함께 생활하고 있는 자

69 국민기초생활 보장법상 자활지원사업 수행기관에게 요구되는 개인정보보호에 관한 설명으로 옳지 않은 것은?

① 보건복지부장관은 수행기관의 통합정보전산망 사용 요청에 대하여 특별한 사정이 없는 한 모든 정보를 제공하여야 한다.
② 수행기관은 보건복지부장관에게 통합정보전산망 사용을 요청하는 경우 보안교육 등 자활지원사업 참여자의 개인정보에 대한 보호대책을 마련하여야 한다.
③ 수행기관은 통합정보전산망을 이용하고자 하는 경우 사전에 정보주체의 동의를 받아야 한다.
④ 사회보장급여 수급이력 등 개인정보는 수행기관에서 자활지원사업을 담당하는 자 중 해당 기관의 장으로부터 개인정보 취급 승인을 받은 자만 취급할 수 있다.
⑤ 자활지원사업 업무에 종사하였던 자는 자활지원사업 업무 수행과 관련하여 알게 된 개인·법인의 정보를 다른 용도로 사용해서는 아니 된다.

70 기초연금법상 기초연금 수급권을 상실하게 되는 경우가 아닌 것을 모두 고른 것은?

> ㄱ. 사망한 때
> ㄴ. 국적을 상실한 때
> ㄷ. 장기요양등급판정을 받은 때
> ㄹ. 국외로 이주한 때

① ㄴ
② ㄷ
③ ㄱ, ㄴ
④ ㄷ, ㄹ
⑤ ㄱ, ㄷ, ㄹ

71 의료급여법의 내용으로 옳은 것은?

① 「입양특례법」에 따라 국내에 입양된 아동은 25세까지 수급권자로 특례 적용된다.
② 수급권자가 업무 또는 공무로 생긴 질병·부상·재해로 다른 법령에 따른 급여나 보상을 받게 되는 경우에는 이 법에 따른 의료급여를 하지 아니한다.
③ 의료급여에 관한 업무는 수급권자의 출생지를 관할하는 시장·군수·구청장이 한다.
④ 「지역보건법」에 따라 설치된 보건소는 의료급여기관이 될 수 없다.
⑤ 시장·군수·구청장은 수급권자가 정당한 이유 없이 의료급여기관의 진료에 관한 지시에 따르지 아니한 경우에도 의료급여를 제한해서는 아니 된다.

68

외국인에 대한 특례(국민기초생활보장법 제5조의2)

국내에 체류하고 있는 외국인 중 <u>대한민국 국민과 혼</u>
<u>인하여 본인 또는 배우자가 임신 중이거나 대한민국</u>
<u>국적의 미성년 자녀를 양육하고 있거나 배우자의 대</u>
<u>한민국 국적인 직계존속과 생계나 주거를 같이하고</u>
<u>있는 사람으로서</u> 대통령령으로 정하는 사람이 이 법
에 따른 급여를 받을 수 있는 자격을 가진 경우에는
수급권자가 된다.

69

① 보건복지부장관은 수행기관의 통합정보전산망 사
  용 요청에 대하여 법령에 따른 정보 중 업무에 필
  요한 최소한의 정보만 제공하여야 한다(국민기초
  생활보장법 제18조의11 제1항).
② 동법 제18조의11 제2항
③ 동법 제18조의11 제3항
④ 동법 제18조의11 제5항 참조
⑤ 자활지원사업 업무에 종사하거나 종사하였던 자
  는 자활지원사업 업무 수행과 관련하여 알게 된
  개인 · 법인 또는 단체의 정보를 누설하거나 다른
  용도로 사용해서는 아니 된다(동법 제18조의11 제
  6항).

70

ㄱ · ㄴ · ㄹ. 기초연금 수급권자는 <u>사망한 때</u>, 국적을
  <u>상실하거나 국외로 이주한 때</u>, 법령에 따른 기초
  연금 수급권자에 해당하지 아니하게 된 때에 기
  초연금 수급권을 상실한다(기초연금법 제17조).

71

② 의료급여법 제4조 제1항
① 「입양특례법」에 따라 국내에 입양된 18세 미만의
  아동은 이 법에 따른 수급권자가 된다(동법 제3조
  제1항 제4호). 참고로 의료급여법은 난민에 대한
  특례(제3조의2), 장애인 및 임산부에 대한 특례
  (제13조) 규정을 두고 있으나 국내 입양아동에 대
  한 별도의 특례 규정을 두고 있지 않다.
③ 이 법에 따른 의료급여에 관한 업무는 수급권자의
  거주지를 관할하는 특별시장 · 광역시장 · 도지사
  와 시장 · 군수 · 구청장이 한다(동법 제5조 제1
  항).
④ 「지역보건법」에 따라 설치된 보건소 · 보건의료원
  및 보건지소는 의료급여기관이 될 수 있다(동법
  제9조 제1항 제2호).
⑤ 시장 · 군수 · 구청장은 수급권자가 정당한 이유
  없이 이 법의 규정이나 의료급여기관의 진료에 관
  한 지시에 따르지 아니한 경우 이 법에 따른 의료
  급여를 하지 아니한다. 다만, 보건복지부장관이
  의료급여를 할 필요가 있다고 인정하는 경우에는
  그러하지 아니하다(동법 제15조 제1항 참조).

참고

「입양특례법」이 2023년 7월 18일 전부개정 되어 「국내입
양에 관한 특별법」의 제명으로 2025년 7월 19일부터 시
행됩니다.

72 국민건강보험법상 국민건강보험공단에 관한 설명으로 옳지 않은 것은?

① 요양급여 외에 임신·출산 진료비, 장제비, 상병수당, 그 밖의 급여를 실시할 수 있다.

② 가입자와 피부양자에 대하여 질병의 조기 발견과 그에 따른 요양급여를 하기 위하여 건강검진을 실시한다.

③ 회계연도마다 예산안을 독자적으로 편성하고 지출할 수 있다.

④ 고의 또는 중대한 과실로 인한 범죄행위에 그 원인이 있는 경우 보험급여를 하지 아니한다.

⑤ 보험료 등의 납부의무자가 납부기한까지 보험료 등을 내지 아니하면 그 납부기한이 지난 날부터 매 1일이 경과할 때마다 연체금을 징수한다.

73 산업재해보상보험법상 보험급여의 종류가 아닌 것은?

① 요양급여
② 휴업급여
③ 예방·재활급여
④ 상병보상연금
⑤ 직업재활급여

74 고용보험법상 명시되어 있는 고용보험사업을 모두 고른 것은?

```
ㄱ. 고용안정·직업능력개발 사업
ㄴ. 실업급여
ㄷ. 육아휴직 급여
ㄹ. 자활급여
```

① ㄱ, ㄴ
② ㄱ, ㄷ
③ ㄴ, ㄷ
④ ㄱ, ㄴ, ㄷ
⑤ ㄴ, ㄷ, ㄹ

75 노인장기요양보험법상 장기요양인정에 관한 설명으로 옳지 않은 것은?

① 장기요양기관은 수급자를 대리하여 장기요양인정을 신청한다.

② 대통령령으로 정하는 경우를 제외하고, 장기요양인정을 신청하는 자는 국민건강보험공단에 장기요양인정신청서에 의사 또는 한의사가 발급하는 소견서를 첨부하여 제출하여야 한다.

③ 국민건강보험공단은 장기요양인정신청서를 접수한 때 소속 직원으로 하여금 신청인의 심신상태, 신청인에게 필요한 장기요양급여의 종류 및 내용 등에 대하여 조사하게 하여야 한다.

④ 등급판정위원회는 신청인이 신청자격요건을 충족하고 6개월 이상 동안 혼자서 일상생활을 수행하기 어렵다고 인정하는 경우 등급판정기준에 따라 수급자로 판정한다.

⑤ 국민건강보험공단은 등급판정위원회가 장기요양인정 및 등급판정의 심의를 완료한 경우 지체 없이 장기요양인정서를 작성하여 수급자에게 송부하여야 한다.

72

③ 국민건강보험공단은 회계연도마다 예산안을 편성하여 이사회의 의결을 거친 후 보건복지부장관의 승인을 받아야 한다. 예산을 변경할 때에도 또한 같다(국민건강보험법 제36조).
① 동법 제50조
② 동법 제52조 제1항
④ 동법 제53조 제1항 제1호
⑤ 동법 제80조 제1항

73

산업재해보상보험법상 보험급여의 종류(산업재해보상보험법 제36조 제1항 참조)

- 요양급여(①)
- 휴업급여(②)
- 장해급여
- 간병급여
- 유족급여
- 상병보상연금(④)
- 장례비
- 직업재활급여(⑤)

74

ㄹ. 자활급여는 「국민기초생활보장법」에 따른 급여에 해당한다.

고용보험사업(고용보험법 제4조 제1항)

고용보험은 이 법의 목적을 이루기 위하여 고용보험사업으로 고용안정·직업능력개발 사업, 실업급여, 육아휴직 급여 및 출산전후휴가 급여 등을 실시한다.

75

① 장기요양인정 신청 등을 대리할 수 있는 사람은 장기요양급여를 받고자 하는 사람 또는 수급자 본인의 가족이나 친족 또는 이해관계인, 사회복지전담공무원, 치매안심센터의 장(장기요양급여를 받고자 하는 사람 또는 수급자가 치매환자인 경우로 한정한다), 특별자치시장·특별자치도지사·시장·군수·구청장이 지정한 자 등이다(노인장기요양보험법 제22조 및 시행규칙 제10조 참조).
② 동법 제13조 제1항 및 제2항 참조
③ 동법 제14조 제1항 참조
④ 동법 제15조 제2항
⑤ 동법 제17조 제1항

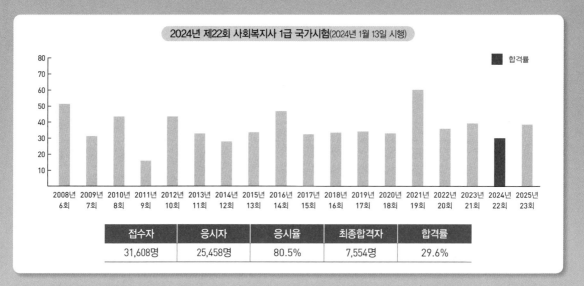

2024년 제22회 사회복지사 1급 국가시험(2024년 1월 13일 시행)

접수자	응시자	응시율	최종합격자	합격률
31,608명	25,458명	80.5%	7,554명	29.6%

2024년 제22회 시험은 어떻게 출제되었나?

2022년 제20회 예비합격률이 '36.62%', 2023년 제21회 예비합격률이 '40.7%'를 기록하는 등 비교적 높은 예비합격률을 보인 반면, 2024년 제22회 예비합격률은 '29.98%'로 상대적으로 낮은 예비합격률을 보였습니다. 이번 시험에서는 2024년도 기준 정책이나 최근 개정된 법령 관련 구체적인 수치를 묻는 문항과 같이 최신의 정보들을 직접 찾아 학습해야만 맞힐 수 있는 어려운 문항들도 일부 포함되어 있었으므로 비교적 낮은 예비합격률의 수치를 어느 정도 이해할 수 있겠습니다.

1교시 사회복지기초

1영역 인간행동과 사회환경은 이전 시험과 마찬가지로 비교적 평이한 문항들이 주를 이루었습니다. 특징적인 것은 인간발달이론, 사회체계이론 등 다양한 학자들을 중심으로 한 이론적인 내용을 다루는 문항들과 각 발달단계별 특성을 묻는 문항들이 비교적 균등하게 출제되었다는 점입니다.

2영역 사회복지조사론은 사례문제의 비중이 줄어든 반면, 이론 진술이나 개념의 진위를 판별하는 방식의 문항들이 상대적으로 증가하였는데, 출제자가 각 선지의 내용들을 교묘하게 변경하여 오답을 유도하는 방식의 문항들이 제법 눈에 띄었습니다. 그로 인해 실험설계, 표본조사 등 까다로운 내용들이 비교적 무난하게 출제되었음에도 이전과 비슷한 난이도를 유지한 것으로 보입니다.

2교시 사회복지실천

3영역 사회복지실천론은 특히 사회복지실천의 윤리와 전문적 관계에 관한 내용이 비중 있게 다루어졌습니다. 난이도는 전반적으로 예전과 비슷한 듯 보이나, 한국 사회복지사 윤리강령의 '클라이언트에 대한 윤리기준'이나 밀포드(Milford) 회의에서 발표된 사회복지실천의 공통요소와 같이 암기를 필요로 하는 문항도 보였습니다.

4영역 사회복지실천기술론은 클라이언트 개인이나 가족, 집단을 중심으로 한 여러 가지 모델들이 고르게 출제되었습니다. 또한 집단 대상 사회복지실천에서는 집단 모델의 분류와 집단 사회복지실천의 사정단계, 중간단계, 종결단계 등이 고르게 출제되었습니다. 이와 같이 이 영역에서는 출제자가 문제를 고르게 출제하

기 위해 고심한 흔적이 보이는데, 이는 다양한 이론 모델에 대한 체계적인 학습의 필요성을 강조합니다.

5영역 지역사회복지론은 전반적으로 고른 영역에서 다양한 내용들이 출제되었습니다. 이전에는 지역사회복지실천모델 중 로스만(Rothman), 웨일과 갬블(Weil & Gamble)의 모델에서 다수의 문항이 출제되었다면, 이번에는 특히 포플(Popple)의 모델이 눈에 띄었으며, 지역사회복지실천모델과 관련하여 로스(Ross), 샌더스(Sanders) 등이 제안한 사회복지사의 역할에 관한 문항도 비교적 무난하게 출제되었습니다.

3교시 사회복지정책과 제도

6영역 사회복지정책론은 이번 시험에서 다소 까다롭게 출제되었습니다. 사회복지의 잔여적 개념과 보편적 개념, 선별주의와 보편주의 등 매해 출제되는 기본적인 문제도 있으나, 길버트와 테렐(Gilbert & Terrell)의 전달체계 재구조화 전략이나 미국의 공공부조제도인 TANF와 관련하여 세부적인 내용을 묻는 문제도 출제되었습니다. 그러나 수험생들을 더욱 곤혹스럽게 한 것은 올해 국민기초생활보장제도 수급자 선정 소득기준이나 긴급복지지원제도의 주요 지원 횟수와 같이 최근 정책 경향을 묻는 문제가 출제되었다는 점입니다.

7영역 사회복지행정론도 전반적으로 고른 영역에서 다양한 내용들이 출제되었습니다. 직무수행평가나 사회복지서비스 마케팅과 같이 기존에 출제된 내용에 대해서도 그 구체적인 순서나 과정을 묻는 방식으로 출제되었고, 사회복지조직 혁신의 방해 요인에 관한 문제와 같이 사회복지사 시험에 처음 출제된 문제도 보였습니다.

8영역 사회복지법제론은 문제 출제가 예상된 범위 내에서 이루어진 만큼 「건강가정기본법」이나 「정신건강증진 및 정신질환자 복지서비스 지원에 관한 법률」 등 초출이 이루어지기도 했던 지난 제21회 시험에 비해 비교적 무난했다고 볼 수 있습니다. 또한 「사회복지사업법」, 「사회보장기본법」 등에서 다수의 문제가 출제된 만큼 과거의 출제패턴으로 되돌아온 것으로 보입니다. 다만, 일부 문항들에서 처음 선보인 법률조항과 함께 출제자의 의도적인 함정 지문이 시험의 난이도를 유지시켰다고 볼 수 있습니다.

2024년도 제22회 사회복지사 1급 국가자격시험

교 시	문제형별	시 간	시험과목
1~3교시		200분	① 사회복지기초 ② 사회복지실천 ③ 사회복지정책과 제도

수험번호		성 명	

수험자 유의사항

1. 시험문제지 표지와 시험문제지 내 문제형별의 동일여부 및 시험문제지의 총면수, 문제번호 일련순서, 인쇄상태 등을 확인하시고, 문제지 표지에 수험번호와 성명을 기재하시기 바랍니다.

2. 답은 각 문제마다 요구하는 가장 적합하거나 가까운 답 1개만 선택하고, 답안카드 작성 시 시험문제지 형별누락, 마킹착오로 인한 불이익은 전적으로 수험자에게 책임이 있음을 알려 드립니다.

3. 답안카드는 국가전문자격 공통 표준형으로 문제번호가 1번부터 125번까지 인쇄되어 있습니다. 답안 마킹 시에는 반드시 시험문제지의 문제번호와 동일한 번호에 마킹하여야 합니다.

4. 감독위원의 지시에 불응하거나 시험시간 종료 후 답안카드를 제출하지 않을 경우 불이익이 발생할 수 있음을 알려 드립니다.

5. 답안작성은 시험시행일 현재 시행되는 법령 등을 적용하시기 바랍니다.

6. 시험문제지는 시험 종료 후 가져가시기 바랍니다.

제1과목 ▶ 사회복지기초

제1영역 **인간행동과 사회환경**

01 인간발달이론이 사회복지실천에 미친 영향으로 옳지 않은 것은?

① 스키너(B. Skinner) 이론은 행동결정요인으로 인지와 정서의 중요성을 이해하는 계기를 제공하였다.

② 융(C. Jung) 이론은 중년기 이후의 발달을 이해하는 데 도움을 제공하였다.

③ 에릭슨(E. Erikson) 이론은 생애주기별 실천개입의 기반을 제공하였다.

④ 프로이트(S. Freud) 이론은 인간행동의 무의식적 측면을 심층적으로 분석할 수 있는 기반을 제공하였다.

⑤ 매슬로우(A. Maslow) 이론은 인간의 욕구를 파악할 수 있는 근거를 마련하였다.

02 인간발달에 관한 설명으로 옳은 것은?

① 긍정적 · 상승적 변화는 발달로 간주하지만, 부정적 · 퇴행적 변화는 발달로 보지 않는다.

② 순서대로 진행되고 예측가능하다는 특징이 있다.

③ 인간의 전반적 변화를 다루기 때문에 개인차는 중요하지 않다고 본다.

④ 키 · 몸무게 등의 질적 변화와 인지특성 · 정서 등의 양적 변화를 모두 포함하는 개념이다.

⑤ 각 발달단계에서의 발달 속도는 거의 일정한 것으로 알려져 있다.

03 문화와 관련된 설명으로 옳지 않은 것은?

① 문화는 인간집단의 생활양식의 총체로 정의할 수 있다.

② 다문화주의는 다양한 문화나 언어를 공유하고 상호 존중하여 적극 수용하려는 입장을 취한다.

③ 베리(J. Berry)의 이론에서 동화(Assimilation)는 자신의 고유문화와 새로운 문화를 모두 존중하는 상태를 의미한다.

④ 문화는 학습되고 전승되는 특징이 있다.

⑤ 주류와 비주류 문화 사이의 권력 차이로 차별이 발생할 수 있다.

04 스키너(B. Skinner)의 이론에 관한 설명으로 옳지 않은 것은?

① 강화계획 중 반응율이 가장 높은 것은 가변비율(Variable-Ratio) 계획이다.

② 정적 강화물의 예시로 음식, 돈, 칭찬 등을 들 수 있다.

③ 인간행동은 예측가능하며 통제될 수 있다고 본다.

④ 인간의 창조성과 자아실현을 강조한다.

⑤ 부적 강화는 바람직한 행동의 빈도를 증가시키는 데 초점을 둔다.

제1과목 ▶ 사회복지기초

01

① 스키너(Skinner)는 인간의 모든 행동은 각 개인에게 주어진 환경적 자극에 의해 획득된다는 환경결정론적 입장을 표방하였다. 즉, 인간행동에 대한 환경의 결정력을 지나치게 강조한 나머지 행동에 영향을 미치는 인간의 내적·정신적 특성을 배제하였다.

02

① 발달은 양과 질의 상승적·퇴행적 변화도 모두 포함한다.
③ 인간의 발달에는 신체적, 심리적, 사회적 요인 등 다양한 변수로 인해 발달이 각기 다르기 때문에 개인차를 중요하게 여긴다.
④ 발달은 양적 변화와 질적 변화를 모두 포함하는 개념인데, 양적 변화는 크기 또는 양에서의 변화를 의미하는 반면, 질적 변화는 본질, 구조, 비율, 기능에서의 변화를 의미한다.
⑤ 발달 속도나 발달의 진행 정도는 사람마다 개인차가 있어 일정하다고 볼 수 없다.

03

③ 베리(Berry)의 이론에서 동화(Assimilation)는 주류사회와의 관계는 유지하지만 모국의 문화적 가치는 유지하지 않는 상태를 일컫는다.
① 문화는 사회구성원으로서 인간이 습득한 지식, 믿음, 예술, 도덕, 법, 관습 등 모든 능력과 습관의 복합적인 총체이다.
② 다문화주의는 민족 및 나라마다 다른 다양한 문화나 언어를 통일시키지 않고 다른 문화 및 언어와 공존시켜 각기 다른 문화나 언어를 존중하는 사상·정책을 말한다.
④ 문화는 선천적으로 소유하는 것이 아닌 후천적인 습득의 과정을 통해 얻어지며 습득한 문화는 한 세대에서 다음 세대로 전승된다.
⑤ 주류 문화는 어느 한 사회가 공통적으로 공유하는 문화이지만 비주류 문화는 사회의 특정 집단 구성원들이 공유하는 문화로 주류 문화에 비해 구성원이 적어 권력 차이로 인해 차별이 발생할 수 있다.

04

④ 인간의 창조성과 자아실현을 강조한 대표적인 학자로 인본주의이론의 매슬로우(Maslow)를 들 수 있다. 매슬로우는 인간이 삶을 유지하려는 동기와 삶을 창조하려는 동기를 가지고 있으며, 자아실현을 이루려고 노력한다고 보았다. 반면, 스키너의 행동주의이론은 인간행동이 내적 동기보다 외적 자극에 의해 동기화된다는 점을 강조하였다.

05 학자와 주요개념의 연결로 옳은 것을 모두 고른 것은?

> ㄱ. 로저스(C. Rogers) – 자기실현 경향성
> ㄴ. 벡(A. Beck) – 비합리적인 신념
> ㄷ. 반두라(A. Bandura) – 행동조성
> ㄹ. 아들러(A. Adler) – 집단무의식

① ㄱ
② ㄱ, ㄴ
③ ㄴ, ㄷ
④ ㄱ, ㄴ, ㄷ
⑤ ㄴ, ㄷ, ㄹ

06 아들러(A. Adler)의 이론에 관한 설명으로 옳은 것은?

① 성격은 점성원리에 따라 발달한다.
② 개인의 창조성을 부정한다.
③ 무의식적 결정론을 고수하고 있다.
④ 유전적 · 환경적 요인의 중요성을 배제한다.
⑤ 인간을 목표지향적 존재로 본다.

07 에릭슨(E. Erikson)의 심리사회적 발달단계 위기와 성취 덕목(Virtue)이 옳게 연결된 것은?

① 근면성 대 열등감 – 성실(Fidelity)
② 주도성 대 죄의식 – 목적(Purpose)
③ 신뢰 대 불신 – 의지(Will)
④ 자율성 대 수치심과 의심 – 능력(Competence)
⑤ 정체감 대 정체감 혼란 – 희망(Hope)

08 로저스(C. Rogers) 이론에 관한 설명으로 옳지 않은 것은?

① 개인의 잠재력 실현을 위하여 조건적 긍정적 관심의 제공이 중요함을 강조하였다.
② 자기실현을 완성하는 사람의 특성을 완전히 기능하는 사람(Fully Functioning Person)이라는 용어로 제시하였다.
③ 클라이언트에 대한 공감적 이해의 중요성을 강조하였다.
④ 주관적이고 사적인 경험 세계를 강조하였다.
⑤ 인간을 긍정적이며 창조적인 존재로 보았다.

05

ㄱ. 로저스(Rogers)는 인본주의이론의 주요 개념으로 자신을 성장시키고 발전시키기 위해 자신의 모든 잠재력을 발휘하는 인간의 선천적 경향성으로서 자기실현 경향성(Self-actualizing Tendency)을 강조하였다.

ㄴ. '비합리적인 신념'은 벡(Beck)의 인지치료가 아닌 엘리스(Ellis)의 합리적 · 정서적 행동치료(REBT)의 주요 개념에 해당한다.

ㄷ. '행동조성'은 스키너(Skinner)의 조작적 조건화 이론의 주요 개념에 해당한다.

ㄹ. '집단무의식'은 융(Jung)의 분석심리이론의 주요 개념에 해당한다.

06

⑤ 아들러(Adler)는 인간을 목표지향적 존재로 보았으며, 특히 개인이 추구하는 궁극적 목적이 현실에서 결코 검증되거나 확인될 수 없는 가상적 목표(Fictional Finalism)라고 하였다.

① 점성원리(Epigenetic Principle)는 에릭슨(Erikson)의 심리사회이론의 주요 개념에 해당한다.

② 아들러는 개인의 창조적 자기(Creative Self)가 인생의 목표와 목표추구 방법을 결정하며, 사회적 관심을 발달시킨다고 강조했다.

③ · ④ 아들러는 유전적 요인과 환경적 요인이 성격 형성에 미치는 영향을 인정하지만, 그보다 각 개인이 지닌 창조적 힘이 인간 본성을 결정하는 데 더욱 중요하다고 보았다.

07

에릭슨(E. Erikson)의 심리사회적 발달단계에서 심리사회적 위기와 성취 덕목

• 유아기(0~18개월) : 기본적 신뢰감 대 불신감 – 희망 대 공포

• 초기아동기(18개월~3세) : 자율성 대 수치심 · 회의 – 의지력 대 의심

• 학령전기 또는 유희기(3~6세) : 주도성 대 죄의식 – 목적의식 대 목적의식 상실

• 학령기(6~12세) : 근면성 대 열등감 – 능력감 대 무능력감

• 청소년기(13~19세) : 자아정체감 대 정체감 혼란 – 성실성 대 불확실성

• 성인 초기(20~24세) : 친밀감 대 고립감 – 사랑 대 난잡함

• 성인기(24~65세) : 생산성 대 침체 – 배려 대 이기주의

• 노년기(65세 이후) : 자아통합 대 절망 – 지혜 대 인생의 무의미함

참고

에릭슨(Erikson)의 심리사회적 발달단계에서 각 단계별 명칭 및 발달 시기, 심리사회적 위기와 그 결과 등에 대해서는 교재에 따라 약간씩 다르게 제시되고 있으므로, 이점 감안하여 학습하시기 바랍니다.

08

① 로저스(Rogers)의 이론은 개인의 잠재력 실현을 위해서는 무조건적인 긍정적 관심의 중요함을 강조하였다.

09 융(C. Jung)의 이론에 관한 설명으로 옳은 것은?

① 정신분석(Psychoanalysis)이론이라 불린다.
② 사회적 관심과 활동수준을 기준으로 심리적 유형을 8가지로 구분하였다.
③ 발달단계에 관하여 언급하지 않았다는 특징을 지니고 있다.
④ 개성화(Individuation)를 통한 자기실현 과정을 중요시하였다.
⑤ 성격형성에 있어서 창조적 자기(Creative Self)의 역할을 강조하였다.

10 반두라(A. Bandura)의 이론에 관한 설명으로 옳은 것을 모두 고른 것은?

> ㄱ. 개인의 신념, 기대와 같은 인지적 요인을 중요시 하였다.
> ㄴ. 대리적 강화(Vicarious Reinforcement)의 중요성을 강조하였다.
> ㄷ. 자기효능감을 높이는 가장 효과적인 방법으로 대리적 경험을 제시하였다.
> ㄹ. 외부로부터 주어지는 강화의 중요성을 강조하는 자기강화(Self Reinforcement)의 개념을 제시하였다.

① ㄱ
② ㄴ
③ ㄱ, ㄴ
④ ㄴ, ㄷ, ㄹ
⑤ ㄱ, ㄴ, ㄷ, ㄹ

11 방어기제와 그 예시로 옳지 않은 것은?

① 합리화(Rationalization) : 지원한 회사에 불합격한 후 그냥 한번 지원해본 것이며 합격했어도 다니지 않았을 것이라 생각한다.
② 억압(Repression) : 시험을 망친 후 성적 발표 날짜를 아예 잊어버린다.
③ 투사(Projection) : 자신이 싫어하는 직장 상사에 대해서 상사가 자기를 싫어하기 때문에 사이가 나쁘다고 여긴다.
④ 반동형성(Reaction Formation) : 관심이 가는 이성에게 오히려 짓궂은 말을 하게 된다.
⑤ 전치(Displacement) : 낮은 성적을 받은 이유를 교수가 중요치 않은 문제만 출제한 탓이라 여긴다.

12 피아제(J. Piaget)의 이론에 관한 설명으로 옳지 않은 것은?

① 인간은 자신과 환경 사이에 조화로운 관계인 평형화(Equilibration)를 이루고자 하는 경향성이 있다.
② 감각운동기에 대상영속성(Object Permanence)을 획득한다.
③ 조절(Accommodation)은 새로운 정보를 접했을 때 기존의 도식을 변경하는 것을 말한다.
④ 구체적 조작기에는 추상적 사고가 가능해진다.
⑤ 보존(Conservation) 개념 획득을 위해서는 동일성, 가역성, 보상성의 원리를 이해해야 한다.

09

④ 융(Jung)은 성격의 발달을 개성화(Individua-tion)를 통한 자기실현 과정으로 보고, 개성화 과정을 인생의 전반기와 후반기로 나누어 설명하였다. 인생 전반기에는 정신에너지의 흐름이 외부로 지향하여 외부 환경과의 상호작용이 활발히 이루어지는 데 반해, 중년기를 전환점으로 하는 인생 후반기에는 정신에너지의 흐름이 내부로 지향하여 자신의 내면세계에 대한 탐색이 강화된다.
① 융의 이론은 분석심리이론으로, 프로이트(Freud)의 이론인 정신분석이론을 확대 및 재해석해 만든 이론이다.
② 아들러(Adler)는 사회적 관심과 활동수준의 두 가지 차원을 기준으로 생활양식을 지배형, 획득형, 회피형, 사회적으로 유용한 형으로 유형화하였다.
③ 융은 성격발달을 4단계, 즉 아동기, 청년 및 성인 초기(청소년기 및 성인기), 중년기, 노년기로 구분하였다.
⑤ 성격형성에 있어서 창조적 자기(Creative Self)의 역할을 강조한 대표적인 학자는 아들러이다.

10

ㄷ. 자기효능감(자기효율성)은 성취경험, 대리적 경험, 언어적 설득, 정서적 각성 등 다양한 요인에 의해 형성된다. 특히 반두라(Bandura)는 자기효능감을 높이는 가장 효과적인 방법으로 '성취경험'을 제시하였다.
ㄹ. 자기강화(Self Reinforcement)는 자신이 통제할 수 있는 보상을 스스로에게 주어서 자신의 행동을 유지하거나 변화시키는 과정이다.

11

⑤ 전치(Displacement)는 자신이 어떤 대상에 느낀 감정을 보다 덜 위협적인 다른 대상에게 표출하는 것이다. 참고로 어떤 일의 잘못된 결과에 대해 그 책임을 자신이 아닌 다른 사람에게 전가하는 것은 투사(Projection)의 방어기제에 해당한다.

12

④ 가설 · 연역적 사고는 물론 추상적 사고 또한 가능한 것은 형식적 조작기이다. 참고로 구체적 조작기에는 인지적 능력이 급속도로 발전하여 구체적 사물을 중심으로 한 논리적 사고가 가능하다.

13 생태체계 이론의 중간체계(Meso System)에 관한 설명으로 옳은 것은?

① 미시체계 간의 상호작용에 초점을 둔다.
② 개인이 직접적으로 대면하는 체계를 의미한다.
③ 신념, 태도, 전통 등을 통해 영향력을 행사한다.
④ 대표적인 중간체계로 가족과 집단을 들 수 있다.
⑤ 문화, 정치, 사회, 법, 종교 등이 해당된다.

14 체계로서의 지역사회에 관한 설명으로 옳은 것을 모두 고른 것은?

> ㄱ. 지역을 중심으로 형성된 공동체적 특징을 지닌다.
> ㄴ. 구성원에게 사회규범에 순응하도록 규제하는 사회통제의 기능을 지닌다.
> ㄷ. 사회가 향유하는 지식, 가치 등을 구성원에게 전달하는 기능을 지닌다.
> ㄹ. 외부와 상호작용을 통하여 엔트로피(Entropy) 상태를 유지하는 것이 필요하다.

① ㄱ
② ㄱ, ㄴ
③ ㄱ, ㄴ, ㄷ
④ ㄴ, ㄷ, ㄹ
⑤ ㄱ, ㄴ, ㄷ, ㄹ

15 브론펜브레너(U. Bronfenbrenner)의 생태체계이론에서 다음에 해당하는 개념으로 옳은 것은?

> • 전 생애에 걸쳐 발생하는 변화와 사회역사적인 환경을 포함한다.
> • 인간의 생에 단일 사건뿐 아니라 시간의 경과와 함께 연속적으로 일어나는 사건들이 누적되어 영향을 미친다는 것을 보여주고 있다.

① 미시체계(Micro System)
② 외체계(Exo System)
③ 거시체계(Macro System)
④ 환류체계(Feedback System)
⑤ 시간체계(Chrono System)

16 다음에 해당하는 개념으로 옳은 것은?

> • 한 체계에서 일부가 변화하면 그 변화가 체계의 나머지 부분들의 변화를 초래하게 되는 개념을 말한다.
> • 예시로는 회사에서 간부 직원이 바뀌었을 때, 파생적으로 나타나는 조직의 변화 및 직원 역할의 변화 등을 들 수 있다.

① 균형(Equilibrium)
② 호혜성(Reciprocity)
③ 안정상태(Steady State)
④ 항상성(Homeostasis)
⑤ 적합성(Goodness of Fit)

13

②·④ 미시체계(Micro System)는 개인에게 가장 근접한 환경이며, 상호호혜성에 기반을 둔다.

③·⑤ 거시체계(Macro System)는 개인이 속한 사회의 이념(신념)이나 제도, 즉 정치, 경제, 문화 등의 광범위한 사회적 맥락을 의미한다.

> **참고**
>
> 브론펜브레너(Bronfenbrenner)는 생태학적 체계모델을 토대로 5가지 체계, 즉 미시체계, 중간체계, 외체계(외부체계), 거시체계, 시간체계 등으로 구분한 바 있으나, 재스트로와 커스트-애시만(Zastrow & Kirst-Ashman)은 이를 3단계 체계, 즉 미시체계, 중간체계, 거시체계로 구분하였습니다. 참고로 브론펜브레너는 가족, 이웃과 같은 소집단을 미시체계로 간주한 반면, 재스트로와 커스트-애시만은 이를 중간체계로 간주하는 등 체계의 구성에 있어서 약간 다른 관점을 보이고 있습니다.

14

ㄹ. 외부와 상호작용을 통하여 역엔트로피(Negentropy) 상태를 유지하는 것이 필요하다.

역엔트로피(네겐트로피, Negentropy)

개방체계적인 속성을 가지며, 체계 외부로부터 에너지가 유입됨으로써 체계 내부의 불필요한 에너지가 감소하는 상태를 말한다. 체계 내에 질서, 형태, 분화가 있는 상태를 의미한다.

15

브론펜브레너(Bronfenbrenner)의 생태학적 체계모델에 의한 5가지 체계

미시체계 (Micro System)	개인에게 가장 근접한 환경이다. 가족, 학교, 이웃 등의 물리적 환경과 사회적 환경, 그리고 그 환경 내에서 갖게 되는 지위, 역할, 활동, 대인관계 등을 의미한다.
중간체계 (Meso System)	서로 상호작용하는 두 가지 이상 미시체계들 간의 관계망을 말한다. 특히 개인이 다양한 역할을 동시에 수행한다는 의미가 내포된다.
외체계 또는 외부체계 (Exo System)	개인이 직접 참여하거나 관여하지는 않지만 개인에게 영향을 미치는 환경체계이다.
거시체계 (Macro System)	개인이 속한 사회의 이념(신념)이나 제도, 즉 정치, 경제, 문화 등의 광범위한 사회적 맥락을 의미한다.
시간체계 (Chrono System)	전 생애에 걸쳐 일어나는 변화를 비롯하여 사회역사적인 환경을 포함한다. 개인이 어느 시대에 출생하여 성장했는지에 따라 개인의 발달 및 삶의 양상이 크게 좌우될 수 있는 것이다.

16

① 균형(Equilibrium) : 폐쇄체계적인 속성으로서, 외부환경과의 에너지 소통 없이 현상을 유지하려는 상태를 말한다.

③ 안정상태(Steady State) : 개방체계적인 속성으로서, 부분들 간에 관계를 유지하면서 체계가 붕괴되지 않도록 에너지를 계속 사용하는 상태를 말한다.

④ 항상성(Homeostasis) : 개방체계적인 속성으로서, 환경과 지속적으로 소통하면서 역동적인 균형을 이루는 상태를 말한다.

⑤ 적합성(Goodness-of-fit) : 인간의 욕구와 환경 자원이 부합되는 정도를 말한다.

17 영아기(0~2세)에 관한 설명으로 옳은 것은?

① 콜버그(L. Kohlberg) : 전인습적 도덕기에 해당한다.
② 에릭슨(E. Erikson) : 주 양육자와의 "신뢰 대 불신"이 중요한 시기이다.
③ 피아제(J. Piaget) : 보존(Conservation) 개념이 확립되는 시기이다.
④ 프로이트(S. Freud) : 거세불안(Castration Anxiety)을 경험하는 시기이다.
⑤ 융(C. Jung) : 생활양식이 형성되는 시기이다.

18 청소년기(13~19세)에 관한 설명으로 옳지 않은 것은?

① 신체적 측면에서 제2의 급성장기이다.
② 심리적 이유기의 특징을 보인다.
③ 부모보다 또래집단의 영향력이 커진다.
④ 피아제(J. Piaget)에 의하면 비가역적 사고의 특징이 나타나는 시기이다.
⑤ 프로이트(S. Freud)의 심리성적 발달단계에서 생식기에 해당한다.

19 유아기(3~6세)에 관한 설명으로 옳지 않은 것은?

① 자신의 성을 인식하는 성 정체성이 발달한다.
② 놀이를 통한 발달이 활발한 시기이다.
③ 신체적 성장이 영아기(0~2세)보다 빠른 속도로 진행된다.
④ 언어발달이 현저하게 이루어지는 시기이다.
⑤ 정서적 표현의 특징은 일시적이며 유동적이다.

20 청년기(20~39세)에 관한 설명으로 옳은 것은?

① 에릭슨(E. Erikson)은 근면성의 발달을 중요한 과업으로 보았다.
② 다른 시기에 비하여 경제적으로 안정되어 있고 직업에서도 높은 지위와 책임을 갖게 된다.
③ 빈둥지 증후군을 경험하는 시기이다.
④ 또래와의 상호작용을 통하여 자아개념이 발달하기 시작한다.
⑤ 직업 준비와 직업선택에 대한 의사결정을 하는 시기이다.

17

① 전인습적 도덕기(4~10세)는 자기중심적인 도덕적 판단을 특징으로 하며, 사회적인 기대나 규범, 관습으로서의 인습을 잘 이해하지 못한다.
③ 보존개념은 전조작기(2~7세)에 어렴풋이 이해하기 시작하며, 구체적 조작기(7~12세)에 이르러서 완전히 획득한다.
④ 남근기(3~6세)에 남아가 이성 부모에게 관심을 가지며 오이디푸스 콤플렉스(Oedipus Complex)를 경험하게 되면서 거세불안(→ 여아의 경우 남근선망)을 경험한다.
⑤ 생활양식(Style of Life)은 아들러(Adler) 개인심리이론의 주요 개념에 해당한다. 아들러는 기본적인 생활양식이 대략 4~5세경에 형성되며, 특히 가족관계 또는 가족 내에서의 경험이 중요한 영향을 미친다고 보았다.

19

③ 영아기(0~2세)는 인간의 일생에 있어서 신체적 성장이 가장 빠른 속도로 이루어지는 '제1성장 급등기'에 해당한다.

18

④ 피아제(Piaget)에 의하면 구체적 조작기가 시작되는 약 7세경부터 아동이 정신적 조작을 수행할 수 있는 능력을 획득하게 되는데, 이 시기에 직관적 사고에서 논리적 사고로, 중심화에서 탈중심화로, 비가역적 사고에서 가역적 사고로 변하게 된다.

20

① 에릭슨(Erikson)의 근면성의 발달은 후기아동기(학령기, 6~12세)의 중요과업이다.
② 중년기(40~64세)에는 사회경제적 활동능력이 최고조에 달하며, 직장 내에서 자신의 위치를 확립하고 리더십을 발휘한다.
③ 중년기(40~64세) 여성의 경우 자녀의 독립, 남편의 일에 대한 몰두 등에 의해 나타나는 일종의 우울증상으로서 '빈둥지 증후군(Empty Nest Syndrome)'에 직면한다.
④ 아동기(7~12세)는 또래 친구들과 함께 많은 시간을 보내면서 정서 및 사회적 발달에 영향을 받아 '도당기(徒黨期 ; Gang Age)'라고도 한다.

21 생애주기와 발달적 특징의 연결로 옳지 않은 것은?

① 영아기(0~2세) – 애착발달
② 아동기(7~12세) – 자아정체감 확립
③ 청소년기(13~19세) – 제2차 성징의 발달
④ 중년기(40~64세) – 신진대사의 저하
⑤ 노년기(65세 이상) – 내향성과 수동성의 증가

22 다음 중 태내기(수정–출산)에 관한 설명으로 옳지 않은 것은?

① 배종기(Germinal Period)는 수정 후 수정란이 자궁벽에 착상할 때까지의 시기를 말한다.
② 임신 3개월이 지나면 태아의 성별구별이 가능해진다.
③ 양수검사(Amniocentesis)를 통해서 다운증후군 등 다양한 유전적 결함을 판별할 수 있다.
④ 임신 중 어머니의 과도한 음주는 태아알콜증후군(Fetal Alcohol Syndrome)을 초래할 수 있다.
⑤ 배아의 구성은 외배엽과 내배엽으로 이루어지며, 외배엽은 폐, 간, 소화기관 등을 형성하게 된다.

23 중년기(40~64세)의 설명으로 옳은 것은?

① 에릭슨(E. Erikson)에 의하면 "생산성 대 침체"라는 심리사회적 위기를 극복하게 되면 돌봄(Care)의 덕목을 갖추게 된다.
② 유동성 지능(Fluid Intelligence)은 높아지며 문제해결능력도 향상될 수 있다.
③ 자아통합이 완성되는 시기로 자신의 삶에 대한 평가를 시도한다.
④ 갱년기 증상은 여성에게 나타나고 남성은 경험하지 않는다.
⑤ 융(C. Jung)에 의하면 남성에게는 아니무스가, 여성에게는 아니마가 드러나는 시기이다.

24 아동기(7~12세)의 발달에 관한 설명으로 옳은 것을 모두 고른 것은?

ㄱ. 프로이트(S. Freud) : 성 에너지(리비도)가 무의식 속에 잠복하는 잠재기(Latency Stage)
ㄴ. 피아제(J. Piaget) : 보존, 분류, 유목화, 서열화 등의 개념을 점차적으로 획득
ㄷ. 콜버그(L. Kohlberg) : 인습적 수준의 도덕성 발달단계로 옮겨가는 시기
ㄹ. 에릭슨(E. Erikson) : "주도성 대 죄의식"의 발달이 중요한 시기

① ㄱ, ㄴ
② ㄴ, ㄹ
③ ㄱ, ㄴ, ㄷ
④ ㄱ, ㄷ, ㄹ
⑤ ㄴ, ㄷ, ㄹ

21

② 자아정체감 확립의 발달적 특징을 보이는 생애주기는 청소년기(13~19세)이다. 참고로 아동기(7~12세)에는 사회적 관계의 장이 확대되며, 협동·경쟁·협상·분업의 원리를 체득한다.

22

배아의 구성(배아의 3배엽 세포층)

• 외배엽(Ectoderm) : 뇌, 척추, 피부 등의 조직을 형성하게 된다.
• 중배엽(Mesoderm) : 근육, 뼈, 혈관 등의 조직을 형성하게 된다.
• 내배엽(Endoderm) : 폐, 간, 소화기관 등의 조직을 형성하게 된다.

23

② 유동성 지능은 점차 퇴보하기 시작하며, 인생의 경험에서 터득한 지혜로 인해 문제해결능력이 향상되는 경향이 있다.
③ 자아통합의 시기로 신체변화에 대한 적응, 인생에 대한 평가, 죽음에 대한 대비 등을 주요 특징으로 보이는 시기는 노년기(65세 이후)이다.
④ 갱년기는 남성과 여성 모두에게 나타나며, 특히 남성의 갱년기는 여성의 갱년기에 비해 늦게 시작되어 서서히 진행된다.
⑤ 중년기 성인들은 외부세계에 쏟았던 에너지를 자신의 내부로 돌리면서 자신의 잠재력에 대해 깊은 관심을 가지게 된다. 남성의 경우 여성적인 측면(→ 아니마)을, 여성의 경우 남성적인 측면(→ 아니무스)을 표현하게 되는데, 이는 무의식의 세계에 대한 인식에서 비롯된다.

24

ㄹ. '주도성 대 죄의식'의 발달이 중요한 시기는 에릭슨(Erikson)의 심리사회적 발달단계 중 학령전기 또는 유희기(3~6세)로, 이는 일반적인 발달단계상 유아기(3~6세)에 해당한다. 반면, 발달단계상 아동기(7~12세)는 에릭슨의 학령기(6~12세)로, 이 시기에는 '근면성 대 열등감'의 발달이 중요하다.

25 체계이론에 관한 설명으로 옳지 않은 것은?

① 넥엔트로피(Negentropy)란 체계를 유지하고, 발전을 도모하고, 생존하는 것을 의미한다.
② 항상성(Homeostasis)은 비교적 안정적으로 균형 상태를 유지하기 위한 체계의 경향을 말한다.
③ 경계(Boundary)는 체계를 외부 환경과 구분 짓는 둘레를 말한다.
④ 다중종결성(Multifinality)은 서로 다른 경로와 방법을 통해 같은 결과에 도달할 수 있음을 말한다.
⑤ 부적 환류(Negative Feedback)는 체계가 목적 달성이 어려운 방식으로 움직이고 있다는 정보를 제공하여 체계의 변화를 도모한다.

제2영역　**사회복지조사론**

26 과학철학에 관한 설명으로 옳지 않은 것은?

① 쿤(T. Kuhn)은 과학적 혁명에서 패러다임 전환을 제시하였다.
② 쿤(T. Kuhn)은 당대의 지배적 패러다임에서 벗어나지 않는 것을 정상과학이라고 지칭하였다.
③ 포퍼(K. Popper)는 쿤의 과학적 인식에 내재된 문제점을 극복하기 위하여 반증주의를 제시하였다.
④ 포퍼(K. Popper)의 반증주의는 연역법에 의존한다.
⑤ 포퍼(K. Popper)는 이론이란 증명되는 것이 아니라 반증되는 것이라고 하였다.

27 과학적 탐구에서 제기되는 윤리적 문제에 관한 설명으로 옳지 않은 것은?

① 어떤 경우라도 연구참여자 속이기는 허용되지 않는다.
② 고지된 동의는 조사대상자의 판단능력을 고려하여야 한다.
③ 연구자는 기대했던 연구결과와 다르더라도 그 결과를 사실대로 보고해야 한다.
④ 사회복지조사에서는 비밀유지가 엄격히 지켜질 수 없는 상황이 발생할 수 있다.
⑤ 연구자는 개인정보 유출 등으로 인해 연구참여자에게 피해를 주지 않도록 신중을 기해야 한다.

28 과학적 지식의 특성에 관한 설명으로 옳은 것을 모두 고른 것은?

> ㄱ. 경험적으로 검증 가능하여야 한다.
> ㄴ. 연구결과는 잠정적이며 수정될 수 있다.
> ㄷ. 연구자의 주관적 가치판단이 연구과정이나 결론에 작용하지 않도록 객관성을 추구한다.
> ㄹ. 같은 절차를 다른 대상에 반복적으로 적용하여 같은 결과가 나오는지 검토할 수 있다.

① ㄱ, ㄷ
② ㄴ, ㄹ
③ ㄱ, ㄴ, ㄷ
④ ㄴ, ㄷ, ㄹ
⑤ ㄱ, ㄴ, ㄷ, ㄹ

25

동등종결성과 다중종결성

동등종결성 (Equifinality)	체계를 구성하는 요소들의 상호작용 성격에 따라 서로 다른 조건이라도 유사한 결과를 초래하는 경우를 말한다. 예 모자(母子) 한부모가정의 경우 거의 대부분 경제적 지위가 매우 열악한 상황에 처해지게 되는데, 그와 같은 상태에 이르게 된 원인은 이혼, 사별, 미혼모 등 다양할 수 있다.
다중종결성 (Multifinality)	체계를 구성하는 요소들의 상호작용 성격에 따라 유사한 조건이라도 각기 다른 결과를 초래하는 경우를 말한다. 예 어떤 가정에서는 장애아의 출생으로 인해 가족의 응집력이 높아지는 반면, 다른 가정에서는 부부관계가 소원해져 가정불화가 나타나기도 한다.

26

쿤(Kuhn)의 '과학적 혁명'의 등장배경

토마스 쿤(T. Kuhn)은 반증주의를 주장한 칼 포퍼(K. R. Popper)와 마찬가지로 현상을 관찰할 때 기존 패러다임에 구속될 경우 새로운 인식체계를 추구할 수 없게 되어 과학 발전이 저해된다고 주장하였다. 다만, 쿤은 포퍼의 주장이 실제 과학의 역사적 흐름과는 일치하지 않는다고 지적하면서, 과학적 혁명(Scientific Revolution)을 도입하였다.

27

연구대상자의 승낙과 관련된 윤리적 문제

• 일반적으로 사회복지조사는 조사대상자(혹은 연구참여자)의 승낙을 얻어야 하는 것이 원칙이다. 다만, 조사연구의 의도를 숨겨야만 정확한 결과를 얻을 수 있는 경우 최소한의 범위 내에서 조사대상자의 승낙 없이 조사를 할 수 있다(예 갱집단 활동, 성매매행위 등).

• 이 경우 조사 후 조사대상자에게 간단히 그 과정을 설명하며, 그들에게 의견을 표현할 기회를 주어야 한다. 또한 조사대상자에 대한 익명을 보장하고, 그들이 조사로 인해 피해를 입지 않도록 해야 한다.

28

ㄱ. 과학적 지식은 경험적 자료에 기반하여 어떤 사실을 검증함으로써 그 사실의 타당성을 확인하는 검증가능성(Verifiability)을 특징으로 한다.

ㄴ. 과학적 지식은 기존의 신념이나 연구결과가 새로운 것에 의해 언제든지 비판되고 수정될 수 있는 변화가능성(Changeable)을 특징으로 한다.

ㄷ. 과학적 지식은 건전한 감각기관을 가진 여러 사람이 같은 대상을 인식하고, 그로부터 얻은 인상이 서로 일치하는 객관성(Objective)을 특징으로 한다.

ㄹ. 과학적 지식은 동일한 조건하에서 동일한 결과가 재현되는 재생가능성(Reproducibility)을 특징으로 한다.

29 다음에서 설명하는 조사유형을 바르게 짝지은 것은?

> ㄱ. 동일한 표본을 대상으로 시간을 달리하여 추적 관찰하는 연구
> ㄴ. 일정연령이나 일정연령 범위 내 사람들의 집단이 조사대상인 종단연구

① ㄱ : 경향조사
  ㄴ : 코호트(Cohort) 조사
② ㄱ : 경향조사
  ㄴ : 패널조사
③ ㄱ : 코호트(Cohort) 조사
  ㄴ : 경향조사
④ ㄱ : 패널조사
  ㄴ : 경향조사
⑤ ㄱ : 패널조사
  ㄴ : 코호트(Cohort) 조사

30 분석단위에 관한 설명으로 옳은 것을 모두 고른 것은?

> ㄱ. 이혼, 폭력, 범죄 등과 같은 분석단위는 사회적 가공물(Social Artifacts)에 해당한다.
> ㄴ. 생태학적 오류는 집단에 대한 조사를 기초로 하여 개인을 분석단위로 주장하는 오류이다.
> ㄷ. 환원주의는 특정 분석단위 또는 변수가 다른 분석단위 또는 변수에 비해 관련성이 높다고 설명하는 경향이 있다.

① ㄴ
② ㄱ, ㄴ
③ ㄱ, ㄷ
④ ㄴ, ㄷ
⑤ ㄱ, ㄴ, ㄷ

31 변수에 관한 설명으로 옳지 않은 것은?

① 매개변수(Mediating Variable)는 독립변수의 영향을 받아 종속변수에 영향을 미치는 변수이다.
② 통제변수(Control Variable)는 독립변수와 종속변수의 관계에 영향을 줄 수 있기 때문에 통제대상이 되는 변수이다.
③ 독립변수는 결과변수이고 종속변수는 설명변수이다.
④ 조절변수(Moderating Variable)는 독립변수와 종속변수 간의 관계의 강도에 영향을 미칠 수 있다.
⑤ 변수들 간의 관계는 그 속성에 따라 직선이 아닌 곡선의 형태로도 나타날 수 있다.

32 영가설(Null Hypothesis)과 연구가설(Research Hypothesis)에 관한 설명으로 옳은 것은?

① 연구가설은 연구의 개념적 틀 혹은 연구모형으로부터 도출될 수 있다.
② 연구가설은 그 자체를 직접 검정할 수 있다.
③ 영가설은 연구가설의 검정 결과에 따라 채택되거나 기각된다.
④ 연구가설은 수집된 자료에서 나타난 차이나 관계가 표본추출에서 오는 우연에 의한 것으로 진술된다.
⑤ 연구가설은 영가설에 대한 반증의 목적으로 설정된다.

29

종단조사의 주요 유형

경향조사 (추세연구)	• 일정한 기간 동안 전체 모집단 내의 변화를 연구하는 것으로, 일정 주기별 인구변화에 대한 조사에 해당한다. • 어떤 광범위한 연구대상의 특정 속성을 여러 시기를 두고 관찰·비교하는 방법이다.
코호트 조사 (동년배 조사)	• 동기생·동시경험집단 연구 혹은 동류집단연구에 해당한다. • 일정한 기간 동안 어떤 한정된 부분 모집단의 변화를 연구하는 것으로, 특정 경험을 같이 하는 사람들이 가지는 특성들에 대해 두 번 이상의 다른 시기에 걸쳐서 비교·연구하는 방법이다.
패널조사 (패널연구)	• 동일집단 반복연구에 해당한다. • '패널(Panel)'이라 불리는 특정응답자 집단을 정해 놓고 그들로부터 상당히 긴 시간 동안 지속적으로 연구자가 필요로 하는 정보를 획득하는 방법이다.

31

독립변수와 종속변수

독립변수 (Independent Variable)	원인변수, 설명변수, 예측변수라고도 하며, 일정하게 전제된 원인을 가져다주는 기능을 하는 변수이다.
종속변수 (Dependent Variable)	결과변수, 피설명변수, 피예측변수라고도 하며, 독립변수의 원인을 받아 일정하게 전제된 결과를 나타내는 기능을 하는 변수이다.

30

ㄱ. 친구 사귐, 결혼과 이혼, 폭력, 범죄, 비행기 납치 등은 사회적 상호작용에서 비롯된 것으로, 이는 분석단위로서 사회적 가공물(Social Artifacts)에 해당한다.

ㄴ. 생태학적 오류(Ecological Fallacy)는 분석단위를 집단에 두고 얻어진 연구결과를 개인에 동일하게 적용함으로써 발생하는 오류이다.

ㄷ. 환원주의(Reductionism)는 넓은 범위의 인간의 사회적 행위를 이해하는 데 필요한 변수 또는 개념의 종류를 지나치게 한정시키거나 한 가지로 환원시키려는 경향에서 발생하는 오류이다.

32

① 연구가설은 연구문제에 대한 잠정적 대답으로서, 보통 가설이라 하면 연구가설을 말한다. 이러한 연구가설은 이론과 관련성을 가지는데, 이론이나 선행연구에 기초해서 도출되기도 혹은 다른 가설들로부터 떠오르기도 한다. 즉, 기존의 이론적 체계나 개념적 틀 혹은 연구모형을 이용하여 연구문제를 설정할 수 있는 것이다.

②·⑤ 연구가설은 그 자체를 직접 검정할 수 없다. 연구가설의 타당성은 연구가설을 정면으로 부인하는 영가설의 존재를 부정하는 것을 통해 입증된다. 이때 영가설은 연구가설을 반증하는 과정에서 활용된다.

③ 연구가설은 영가설의 검정 결과에 따라 채택되거나 기각된다. 즉, 영가설을 기각하면 연구가설이 잠정적으로 채택된다.

④ 영가설은 수집된 자료에서 나타난 차이나 관계가 표본추출에서 오는 우연에 의한 것으로 진술된다.

33 인과관계 추론에 관한 설명으로 옳은 것은?

① 독립변수들 사이의 상관관계는 인과관계 추론의 일차적 조건이다.
② 독립변수와 종속변수 간의 관계는 두 변수 모두의 원인이 되는 제3의 변수로 설명되어서는 안 된다.
③ 종속변수가 독립변수를 시간적으로 앞서야 한다.
④ 횡단적 연구는 종단적 연구에 비해 인과관계 추론에 더 적합하다.
⑤ 독립변수의 변화는 종속변수의 변화와 관련성이 없어야 한다.

34 척도의 종류가 올바르게 짝지어진 것은?

> ㄱ. 종교 – 기독교, 불교, 천주교, 기타
> ㄴ. 교육연수 – 정규 학교 교육을 받은 기간(년)
> ㄷ. 학점 – A, B, C, D, F

① ㄱ : 명목척도, ㄴ : 서열척도, ㄷ : 비율척도
② ㄱ : 명목척도, ㄴ : 비율척도, ㄷ : 서열척도
③ ㄱ : 비율척도, ㄴ : 등간척도, ㄷ : 서열척도
④ ㄱ : 서열척도, ㄴ : 등간척도, ㄷ : 비율척도
⑤ ㄱ : 서열척도, ㄴ : 비율척도, ㄷ : 명목척도

35 측정의 수준이 서로 다른 변수로 묶인 것은?

① 대학 전공, 아르바이트 경험 유무
② 복지비 지출 증가율, 월평균 소득(만원)
③ 온도(℃), 지능지수(IQ)
④ 생활수준(상, 중, 하), 혈액형
⑤ 성별, 현재 흡연여부

36 측정에 관한 설명으로 옳지 않은 것은?

① 측정은 연구대상의 속성에 대하여 일정한 규칙에 따라 숫자나 기호를 부여하는 과정이다.
② 사회과학에서는 개념을 측정하기 위해 특질 자체를 측정하기 보다는 특질을 나타내는 지표를 사용하여 간접적으로 측정하는 경우가 많다.
③ 보가더스(Bogardus)의 사회적 거리척도는 등간척도의 한 종류이다.
④ 리커트(Likert) 척도는 각 문항의 점수를 합산하여 전체적인 경향이나 특성을 측정하는 방법이다.
⑤ 측정항목의 수를 많게 하면 신뢰도가 높아지는 경향이 있다.

33

② 독립변수와 종속변수 간 인과관계가 성립되기 위해서는 원인으로 작용하는 독립변수가 종속변수의 결과를 일으키나 종속변수의 결과는 독립변수 이외에는 일어나지 않아야 한다. 즉, 순수한 인과관계를 밝히기 위해서는 종속변수에 영향을 미칠 수 있는 제3의 변수로서 외생변수의 영향을 제거한 상태에서 검증이 이루어져야 한다.

① · ⑤ 인과관계 추론의 일차적 조건은 공변성에 있다. 즉, 한 변수(예 독립변수)가 변화할 때 그와 관련이 있다고 믿어지는 다른 변수(예 종속변수)도 따라서 변화해야 한다.

③ 독립변수가 종속변수를 시간적으로 앞서야 한다.

④ 종단적 연구는 횡단적 연구에 비해 인과관계 추론에 더 적합하다.

34

척도의 주요 적용 범주

명목척도	성별, 결혼유무, 종교, 인종, 직업유형, 장애유형, 혈액형, 거주지역, 계절 등
서열척도	사회계층, 선호도, 석차, 학점(A/B/C/D/F), 교육수준(중졸 이하/고졸/대졸 이상), 수여 받은 학위(학사/석사/박사), 자격등급, 장애등급 등
등간척도	지능지수(IQ), 온도, 시험점수(0~100점), 물가지수, 사회지표, 학년 등
비율척도	연령, 무게, 신장, 수입, 매출액, 출생률, 사망률, 이혼율, 경제성장률, 백신 접종률, 졸업생 수, 교육연수(정규교육을 받은 기간) 등

35

④ 생활수준(상 · 중 · 하)은 서열측정, 혈액형은 명목측정 수준에 해당한다.

① 명목측정, ② 비율측정, ③ 등간측정, ⑤ 명목측정

36

③ 보가더스(Bogardus)의 사회적 거리척도(Social Distance Scale)는 서열척도이자 누적척도의 일종으로, 서로 다른 인종이나 민족, 사회계층 간의 사회심리적 거리감을 측정하기 위해 사용한다.

37 내적 일관성 방법에 근거하여 신뢰도를 측정하는 방법으로 옳은 것을 모두 고른 것은?

> ㄱ. 검사–재검사법
> ㄴ. 조사자 간 신뢰도
> ㄷ. 알파계수
> ㄹ. 대안법

① ㄱ
② ㄷ
③ ㄴ, ㄷ
④ ㄱ, ㄷ, ㄹ
⑤ ㄴ, ㄷ, ㄹ

38 신뢰도와 타당도에 관한 설명으로 옳은 것은?

① 타당도가 있다면 어느 정도 신뢰도가 있다고 볼 수 있다.
② 신뢰도가 높을 경우 타당도도 높다고 할 수 있다.
③ 요인분석법은 신뢰도를 측정하는 방법이다.
④ 신뢰도는 측정하려고 의도된 개념을 얼마나 정확하게 측정하는가를 나타내는 것이다.
⑤ 주어진 척도가 측정하고자 하는 내용을 담고 있다고 일련의 전문가가 판단할 때 판별타당도가 있다고 한다.

39 다음 사례에 해당하는 표집용어와 관련한 내용으로 옳은 것은?

> A종합사회복지관을 이용하는 노인들을 대상으로 노인맞춤돌봄서비스에 관한 설문조사를 위하여 노인 이용자명단에서 300명을 무작위 표본추출 하였다.

① 모집단 : 표본추출된 300명
② 표집방법 : 할당표집
③ 관찰단위 : 집단
④ 표집틀 : 노인 이용자명단
⑤ 분석단위 : 집단

40 표집에 관한 설명으로 옳지 않은 것은?

① 의도적 표집(Purposive Sampling)은 비확률표집이다.
② 할당표집(Quota Sampling)은 동일추출확률에 근거한다.
③ 눈덩이표집(Snowball Sampling)은 질적연구나 현장연구에서 많이 사용된다.
④ 집락표집(Cluster Sampling)은 모집단에 대한 표집틀이 갖추어지지 않더라도 사용가능하다.
⑤ 체계적 표집(Systematic Sampling)은 주기성(Periodicity)이 문제가 될 수 있다.

37

문항내적합치도 또는 내적 일관성 분석법(Item Internal Consistency)

- 단일의 신뢰도 계수를 계산할 수 없는 반분법의 문제점을 고려하여, 가능한 한 모든 반분신뢰도를 구한 다음 그 평균값을 신뢰도로 추정하는 방법이다.
- 크론바흐 알파계수(Cronbach's α Coefficient)는 일반적으로 가장 널리 사용되는 신뢰도의 지표로서 0~1의 값을 가지며, 값이 높을수록 신뢰도가 높다. 특히 크론바흐 알파값이 0.6~0.7 이상이면 척도의 신뢰도가 있다고 간주한다.

38

① · ② 타당도는 신뢰도의 충분조건인 반면, 신뢰도는 타당도의 필요조건에 해당한다. 즉, 신뢰도가 높다고 하여 반드시 타당도가 높은 것은 아니며, 타당도가 낮다고 하여 반드시 신뢰도가 낮은 것은 아니다.

③ 요인분석법은 타당도를 측정하는 방법이다.

④ 타당도는 측정하려고 의도된 개념을 얼마나 정확하게 측정하는가를 나타내는 것이다.

⑤ 주어진 척도가 측정하고자 하는 내용을 담고 있다고 일련의 전문가가 판단할 때 내용타당도가 있다고 한다.

39

① 모집단 : A종합사회복지관 이용 노인들
② 표집방법 : 무작위
③ 관찰단위 : 개인
⑤ 분석단위 : 개인

40

② 할당표집(Quota Sampling)은 모집단의 구성요소들이 표본으로 선정될 확률이 동일하지 않다. 할당표집은 층화표집과 상당히 유사한데, 마지막 단계에서 표본추출이 작위적으로 이루어진다는 점에서 차이가 있다. 따라서 각 사례가 추출될 확률이 다르고 그 추출될 확률 또한 정확히 알 수 없으므로 조사결과에 대해 정확한 통계적 추론을 할 수 없다.

41 표집오차(Sampling Error)에 관한 설명으로 옳지 않은 것은?

① 표본의 선정과정에서 발생하는 오차이다.
② 표집방법에 따라 달라질 수 있다.
③ 동일한 조건이라면 표본크기가 클수록 감소한다.
④ 모집단의 크기와 표본크기의 차이를 말한다.
⑤ 동일한 조건이라면 이질적 집단보다 동질적 집단에서 추출한 표본의 표집오차가 작다.

42 질적 연구에서 일반적으로 사용되는 표집방법이 아닌 것은?

① 판단(Judgemental) 표집
② 체계적(Systematic) 표집
③ 결정적 사례(Critical Case) 표집
④ 극단적 사례(Extreme Case) 표집
⑤ 최대변이(Maximum Variation) 표집

43 다음 사례에 관한 설명으로 옳지 않은 것은?

> 다문화교육이 청소년들의 다문화수용성에 미치는 영향을 알아보기 위해 청소년 100명을 무작위로 두 집단으로 나누었다. 교육 실시 전 두 집단의 다문화수용성을 측정하고, 한 집단에만 다문화 교육을 실시한 후 다시 두 집단 모두 다문화수용성을 측정하였다.

① 전형적인 실험설계이다.
② 교육에 참여한 집단이 실험집단이다.
③ 외적 요인의 통제를 시도하지 않았다.
④ 내적 타당도의 저해요인이 발생할 수 있다.
⑤ 두 집단 간의 사전, 사후 측정치를 비교하여 효과를 판단할 수 있다.

44 내용분석에 관한 설명으로 옳지 않은 것은?

① 반응적(Reactive) 연구방법이다.
② 서베이(Survey) 조사에서 사용하는 표본추출방법을 사용할 수 있다.
③ 연구과정에서 실수를 하더라도 재조사가 가능하다.
④ 숨은 내용(Latent Content)의 분석이 가능하다.
⑤ 양적 분석과 질적 분석 모두 적용 가능하다.

41

④ 표집오차(Sampling Error)는 모집단의 모수와 표본의 통계치 간의 차이를 말한다. 참고로 모수(모수치)는 모집단의 특성을 나타내는 값을, 통계치는 표본집단의 특성을 나타내는 값을 말한다.

42

② 체계적 표집(Systematic Sampling)은 표집틀인 모집단 목록에서 구성요소에 대해 일정한 순서에 따라 매 K번째 요소를 추출하는 방법으로, 양적 연구에서 일반적으로 사용되는 확률표집방법에 해당한다.

① · ③ · ④ · ⑤ 특이하고 예외적인 사례를 표본추출하는 극단적(예외적) 사례표집(Extreme Case Sampling), 전형적인 사례를 표본추출하는 전형적 사례표집(Typical Case Sampling), 모집단으로부터 매우 다양한 특성을 가진 이질적인 표본을 추출하는 최대변이표집(Maximum Variation Sampling), 어떤 사항에 대해 극적인 요점을 제공해 줄 수 있는 사례를 표본추출하는 결정적 사례표집(Critical Case Sampling) 등은 판단표집(유의표집)에 포함되는 것으로, 질적 연구에서 일반적으로 사용되는 비확률표집방법에 해당한다.

43

① · ③ 실험설계에서 집단 간 비교를 하기 위해서는 두 집단이 처음부터 동질적이어야 한다. 통제집단 사전사후 검사설계(통제집단 전후 비교설계)는 무작위 집단 할당을 통해 통계학적 혹은 확률적으로 두 집단이 동질적일 가능성을 극대화할 수 있으며, 이를 통해 순수한 개입효과에 방해가 되는 불필요하고 혼란스러운 외생변수와 예기치 않은 영향을 배제할 수 있다.

② 실험설계에서는 실험집단에 독립변수, 즉 실험적 자극(예 다문화 교육 실시 등)을 가하게 된다.

④ · ⑤ 통제집단 사전사후 검사설계에서는 두 집단 간의 사전, 사후 측정치를 비교하여 효과를 판단하게 되는데, 실험대상자들에게 사전과 사후에 두 번의 검사를 실시하므로, 테스트(검사) 효과나 도구효과가 발생할 가능성이 있다.

44

① 내용분석은 비관여적(혹은 비반응성) 연구방법이다. 비관여적 연구방법은 관여적 연구방법의 반응성 문제를 해결하기 위해 기존의 통계자료나 문헌, 기록물이나 역사자료, 물리적 흔적 등을 분석함으로써 관찰대상(연구대상)과 아무런 상호작용 없이 비관여적으로 자료를 수집한다.

45 단일사례연구에 관한 설명으로 옳지 않은 것은?

① 복수의 각기 다른 개입방법을 연속적으로 도입할 수 없다.
② 시계열설계의 논리를 개별사례에 적용한 것이다.
③ 윤리적인 문제가 발생할 수 있다.
④ 실천 과정과 조사연구 과정이 통합될 수 있다.
⑤ 다중기초선설계의 적용이 가능하다.

46 질적 연구에 관한 설명으로 옳은 것은?

① 변수중심의 분석이 이루어진다.
② 논리실증주의적 관점을 견지한다.
③ 인간행동의 규칙성과 보편성을 중시한다.
④ 모집단을 대표할 수 있는 표본을 추출한다.
⑤ 관찰로부터 이론을 도출하는 귀납적 방법을 활용한다.

47 다음에서 설명하는 설계에 해당하는 것은?

> 심리상담 프로그램이 시설입소노인의 정서적 안정감에 미치는 영향을 알아보기 위해 사전조사 없이 A요양원의 노인들을 대상으로 프로그램을 실시하였다. 프로그램 종료 후, 인구사회학적 배경이 유사한 B요양원 노인들을 비교집단으로 하여 두 집단의 정서적 안정감을 측정하였다.

① 비동일 통제집단설계
② 정태적 집단 비교설계
③ 다중시계열설계
④ 통제집단 사후 검사설계
⑤ 플라시보 통제집단설계

48 질문 내용 및 방법의 표준화 정도가 낮은 자료수집 유형끼리 바르게 묶인 것은?

> ㄱ. 스케줄—구조화 면접
> ㄴ. 설문지를 이용한 면접조사
> ㄷ. 심층면접
> ㄹ. 비구조화 면접

① ㄱ, ㄴ
② ㄱ, ㄹ
③ ㄴ, ㄷ
④ ㄴ, ㄹ
⑤ ㄷ, ㄹ

45

① 단일사례연구는 복수의 각기 다른 개입방법을 연속적으로 도입할 수 있다. 예를 들어, ABCD설계는 하나의 기초선에 대해 여러 가지 각기 다른 개입방법을 연속적으로 도입하는 것으로서, 각기 다른 개입방법을 바꾸어가며 적용해서 비교하기 위한 설계유형이다.

46

⑤ 양적 연구는 결과에 관심을 가지며 선(先)이론 후(後)조사의 연역적 방법을 주로 활용하는 반면, 질적 연구는 과정에 관심을 가지며 선(先)조사 후(後)이론의 귀납적 방법을 주로 활용한다.
① 양적 연구는 변수중심의 분석이 이루어지는 반면, 질적 연구는 사례중심의 분석이 이루어진다.
② 양적 연구는 실증주의, 논리실증주의에 이론적 근거를 두는 반면, 질적 연구는 현상학, 해석학에 이론적 근거를 둔다.
③ 양적 연구는 인간행동의 규칙성과 보편성(안정성)을 중시하는 반면, 질적 연구는 인간행동의 가변성, 역동성을 중시한다.
④ 양적 연구는 모집단을 대표할 수 있는 표본을 추출하는 확률표본추출을 사용하는 반면, 질적 연구는 모집단을 명확히 알지 못하여 표집틀을 작성하지 못하는 경우 조사자의 주관적 판단에 의해 표본을 추출하는 비확률표본추출을 사용한다.

47

② 정태적 집단 비교설계(고정집단 비교설계)는 실험집단과 통제집단을 임의적으로 선정한 후 실험집단에는 실험조치를 가하는 반면, 통제집단에는 이를 가하지 않은 상태로 그 결과를 비교하는 방법이다.
① 비동일 통제집단(비교집단)설계는 임의적인 방법으로 양 집단을 선정하고 사전·사후 검사를 실시하여 종속변수의 변화를 비교하는 것이다.
③ 다중시계열설계(복수시계열설계)는 우연한 사건(역사요인) 등 내적 타당도의 문제점을 개선하기 위해 단순시계열설계에 하나 또는 그 이상의 통제집단을 추가한 것이다.
④ 통제집단 사후 검사설계(통제집단 후 비교설계)는 통제집단 사전사후 검사설계의 단점을 보완하기 위해 실험대상자를 무작위할당하고 사전조사 없이 실험집단에 대해서는 조작을 가하고 통제집단에 대해서는 아무런 조작을 가하지 않은 채 그 결과를 서로 비교하는 방법이다.
⑤ 플라시보 통제집단설계는 통제집단 사전사후 검사설계나 통제집단 사후 검사설계에 플라시보 효과(가실험 효과)를 측정할 수 있는 집단을 추가적으로 결합한 것이다.

48

ㄷ. 심층면접은 연구자가 개방적 질문을 통해 연구대상자의 경험, 관계 및 세계관 등 보다 깊이 있는 내용에 대해 구체적으로 이야기하도록 유도하는 방법이다.
ㄹ. 비구조화 면접(비표준화 면접)은 질문 내용, 형식, 순서를 미리 정하지 않은 채 면접상황에 따라 자유롭게 응답자와 상호작용을 통해 자료를 수집하는 방법이다.
ㄱ. 스케줄-구조화 면접은 질문 내용, 형식, 순서 등이 미리 고정되어 있으며, 모든 조사자들이 모든 응답자들에게 이를 똑같이 적용하는 방법이다.
ㄴ. 설문지를 이용한 면접조사는 조사자가 질문 내용에 대해 직접 질문하고 응답자의 대답을 기록하는 방법이다.

49 내적 타당도 저해 요인 중 통계적 회귀에 관한 설명으로 옳은 것은?

① 프로그램의 개입 후 측정치가 기초선으로 돌아가려는 경향
② 프로그램 개입의 효과가 완전한 선형관계로 나타나는 경향
③ 프로그램의 개입과 관계없이 사후검사 측정치가 평균값에 근접하려는 경향
④ 프로그램 개입 전부터 이미 이질적인 두 집단이 사후조사 결과에서도 차이가 나타나는 경향
⑤ 프로그램의 개입 전후에 각각 다른 측정도구로 측정함으로써 차이가 나타나는 경향

50 완전참여자(Complete Participant)에 관한 설명으로 옳은 것은?

① 연구대상이 관찰된다는 사실을 알기에 자연적인 상태에서의 관찰이 불가능하다.
② 관찰대상과 상호작용 없이 연구대상을 관찰할 수 있다.
③ 관찰대상의 승인을 받고 관찰대상과 어울리면서도 객관성을 유지할 수 있다.
④ 관찰대상의 승인을 받지 않고 관찰한다는 점에서 연구윤리문제가 제기될 수 있다.
⑤ 관찰 상황을 인위적으로 통제한 상황에서 관찰을 진행할 수 있다.

제2과목 ▶ 사회복지실천

제1영역 **사회복지실천론**

01 사회복지실천의 사회통제적 측면과 관련성이 가장 높은 이념은?

① 인도주의
② 민주주의
③ 박애사상
④ 사회진화론
⑤ 다양화

02 기능주의(Functionalism)에서 강조한 내용으로 옳은 것을 모두 고른 것은?

ㄱ. 개인의 의지
ㄴ. 개인에 대한 심리 내적 진단
ㄷ. 전문가와 클라이언트 사이의 원조관계
ㄹ. 기관의 기능

① ㄱ, ㄴ
② ㄷ, ㄹ
③ ㄱ, ㄷ, ㄹ
④ ㄴ, ㄷ, ㄹ
⑤ ㄱ, ㄴ, ㄷ, ㄹ

49

통계적 회귀(Statistical Regression)

- 극단적인 측정값을 갖는 사례들을 재측정 할 때 평균값으로 회귀하여 처음과 같은 극단적 측정값을 나타낼 확률이 줄어드는 경우이다.
- 사전검사 때 매우 낮은(혹은 매우 높은) 점수를 기록한 사람들은 통계적 회귀의 영향으로 사후검사 때 그보다 높은(혹은 그보다 낮은) 점수를 기록할 가능성이 높다.

50

④ 완전참여자로서 연구자는 자신의 정체를 밝히지 않은 채 구성원의 하나로서 역할을 수행하게 되는데, 이는 비록 타당하고 신뢰성 있는 자료를 얻기 위한 목적이라 하더라도 연구대상자들을 속이는 행위라는 점, 그리고 참여 과정에서 연구대상자들에게 영향을 미칠 수도 있는 점 등의 문제가 제기될 수 있다.

질적 연구자의 역할

완전참여자	연구자는 자신이 연구자임을 밝히지 않은 채 구성원의 하나로서 역할을 하며, 연구대상을 관찰한다.
관찰참여자	자신이 연구자임을 연구대상에게 분명히 공지하나, 연구대상의 구성원으로 할 수 있는 역할 및 기능 등을 연구대상과 동일하게 수행한다.
참여관찰자	자신이 연구자임을 연구대상에게 밝히고 참여하게 되나, 그들과의 직접적인 상호작용은 하지 않은 채 관찰자의 역할을 수행한다.
완전관찰자	연구대상과의 상호작용을 배제한 채 단순히 제삼자로서 관찰연구를 수행한다.

제2과목 ▶ 사회복지실천

01

④ 사회진화론은 사회복지실천의 사회통제적인 측면으로서, 과거에는 중산층의 기독교적 도덕관을 토대로 사회부적합 계층을 사회적합 계층으로 변화시키는 것을 목표로 하였다.

①·③ 인도주의 또는 박애사상은 사회복지의 근간이 되는 이념으로서, 봉사정신과 이타주의를 토대로 인도주의적인 구호를 제공한다.

② 민주주의 또는 사회민주주의는 평등과 공동체의식을 강조하는 이념으로서, 보편주의적인 성격을 띠며 집합적인 이익을 추구한다.

⑤ 다양화는 세계화의 영향에 따라 강조된 것으로서, 사회복지실천에서도 다양한 계층에 대한 수용, 다양한 문제 및 접근방식에 대한 허용 등으로 나타나고 있다.

02

ㄴ. 진단주의(Diagnosticism)는 '질병의 심리학'으로 인간성을 이해하고자 하였다. 클라이언트가 자신의 심리적 과거를 통찰하면 현재의 행동패턴이라는 감옥에서 자유로워진다고 가정하면서, 클라이언트의 심리적 통찰을 발달시키고 자아능력을 강화하기 위해 지지를 제공하는 것을 치료전략으로 하였다.

03 특정 문제에 대해 어떠한 서비스를 제공할 것인가 결정할 때, 클라이언트의 의사를 존중해 주는 것을 의미하는 윤리적 쟁점은?

① 비밀보장
② 진실성 고수와 알 권리
③ 제한된 자원의 공정한 분배
④ 전문적 관계 유지
⑤ 클라이언트의 자기결정권

05 로웬버그와 돌고프(F. Loewenberg & R. Dolgoff)의 윤리적 원칙 중 다음 사례에서 아동학대전담공무원이 결정을 할 때 최우선적으로 고려해야 할 원칙은?

> 아동학대가 발생한 가정의 학대피해아동을 원가정에서 생활하도록 할 것인가 또는 학대피해아동쉼터에서 생활하도록 할 것인가에 대해 1차결정을 해야 한다.

① 평등과 불평등의 원칙
② 최소 손실의 원칙
③ 사회정의 실현의 원칙
④ 진실성과 정보 개방의 원칙
⑤ 사생활보호와 비밀보장의 원칙

04 인권에 관한 설명으로 옳지 않은 것은?

① 천부성은 인간이 세상에 태어나면서부터 존엄성을 가지고 태어났다는 의미이다.
② 자유권은 시민적, 정치적 권리이다.
③ 평화권은 국가들 간의 연대와 단결의 권리이다.
④ 보편성은 자기의 인권은 자기만이 소유할 수 있다는 의미이다.
⑤ 평등권은 경제적, 사회적, 문화적 권리이다.

06 1960년대와 1970년대 외원단체 활동이 우리나라 사회복지발달에 미친 영향으로 옳지 않은 것은?

① 사회복지가 종교와 밀접한 관련 하에 전개되도록 하였다.
② 전문 사회복지의 시작을 촉발하였다.
③ 시설 중심보다 지역사회 중심의 사회복지가 발전하는 계기를 만들었다.
④ 사회복지가 거시적인 사회정책보다는 미시적인 사회사업 위주로 발전하게 하였다.
⑤ 사람들이 사회복지를 구호사업 또는 자선사업과 같은 것으로 인식하게 하였다.

03

① 비밀보장 : 클라이언트의 사생활이 보호되어야 함을 기본 내용으로 하는 것으로서, 적대적 비밀보장과 상대적 비밀보장으로 구분된다.

② 진실성 고수와 알 권리 : 클라이언트에 관한 정보에 대한 클라이언트의 권리를 말하는 것으로, 사회복지사는 클라이언트에게 진실을 알려줌으로써 알 권리를 충족시켜줘야 한다.

③ 제한된 자원의 분배 : 제한된 자원을 분배할 경우 균등성, 욕구, 클라이언트의 지불능력이나 미래 지역사회에 공헌할 수 있는 능력 등을 고려해야 한다.

④ 전문적 관계 유지 : 사회복지사가 특별한 문제를 갖고 도움을 요청하는 클라이언트와 그 문제에 초점을 두고 관계를 형성 및 유지하는 것을 말한다.

• 최소 해악·손실의 원칙 : 문제해결을 위한 대안 선택에 있어서 클라이언트에게 최소한의 유해한 것을 선택하도록 한다.(②)

• 삶의 질 향상의 원칙 : 삶의 질을 긍정적인 방향으로 발전시킬 수 있도록 선택이 이루어져야 한다.

• 사생활보호와 비밀보장의 원칙 : 클라이언트의 비밀이나 사생활은 보호되어야 한다.

• 진실성과 정보 개방의 원칙 : 사회복지사는 클라이언트에게 진실된 태도를 유지해야 하며, 관련 정보는 공개해야 한다.

04

④ '보편성(Universality)'은 인종, 종교, 성별, 사회적 신분 등에 관계없이 누구나 가지는 권리라는 의미이다. 참고로 자기의 인권은 자기만이 소유할 수 있으므로 함부로 양도하거나 포기할 수 없다는 것은 '불가양성(Inalienability)'을 말한다.

05

로웬버그와 돌고프(Loewenberg & Dolgoff)의 윤리적 원칙

• 생명보호의 원칙 : 인간의 생명보호가 다른 모든 원칙에 우선한다.

• 평등과 불평등의 원칙 : 인간은 개개인의 능력과 권력에 따라 동등하게 또는 차별적으로 취급받을 권리가 있다.

• 자율(성)과 자유의 원칙 : 인간의 자율과 자유는 사회복지의 자기결정의 원칙에서 그 중요성이 나타난다.

06

1960~1970년대 외원단체 활동이 우리나라 사회복지 발달에 미친 영향

• 사회복지가 종교와 밀접한 관련 하에 전개되도록 하였다.

• 전문 사회복지의 시작을 촉발하였다.

• 시설 중심의 사회복지가 발전하는 계기를 만들었다.(③)

• 사회복지가 거시적인 사회정책보다는 미시적인 사회사업 위주로 발전하게 하였다.

• 사람들이 사회복지를 구호사업 또는 자선사업과 같은 것으로 인식하게 하였다.

• 외원단체의 철수에 따라 외원에 크게 의존하던 민간 사회사업 부문이 정부에 의존하게 됨으로써 정부 통제 아래 편입되는 데 기여하였다.

07 1929년 밀포드(Milford) 회의에서 발표한 사회복지사가 갖추어야 할 기본적인 지식 및 방법론에 관한 공통요소에 해당하지 않는 것은?

① 사회에서 받아들여지는 규범적 행동에서 벗어난 행동에 관한 지식
② 인간관계 규범의 활용도
③ 클라이언트 사회력(Social History)의 중요성
④ 사회치료(Social Treatment)에 지역사회 자원 활용
⑤ 집단사회사업의 목적, 윤리, 의무를 결정하는 철학적 배경 이해

08 사회복지실천현장 분류의 예로 옳지 않은 것은?

① 1차 현장 : 노인복지관
② 이용시설 : 아동보호치료시설
③ 생활시설 : 장애인거주시설
④ 2차 현장 : 교정시설
⑤ 생활시설 : 노인요양원

09 강점관점에 관한 설명으로 옳은 것을 모두 고른 것은?

> ㄱ. 개입의 핵심은 개인과 가족, 지역사회의 참여이다.
> ㄴ. 클라이언트의 능력보다 전문가의 지식이 우선시 된다.
> ㄷ. 사회복지사는 클라이언트의 진술을 긍정적으로 재해석하여 활용한다.
> ㄹ. 현재 강점을 갖게 된 어린 시절의 원인 사건에 치료의 초점을 맞춘다.

① ㄱ
② ㄱ, ㄹ
③ ㄴ, ㄷ
④ ㄱ, ㄷ, ㄹ
⑤ ㄱ, ㄴ, ㄷ, ㄹ

10 전문적 원조관계에 관한 설명으로 옳은 것은?

① 클라이언트의 문제와 욕구가 중심이 된다.
② 시간적 제한을 두지 않는 관계이다.
③ 전문가의 권위는 부정적 작용을 한다.
④ 전문가 자신과 원조 방법에 대해 통제해서는 안 된다.
⑤ 클라이언트는 전문가의 지시에 무조건 따라야 한다.

07

사회복지사가 갖추어야 할 기본적인 지식 및 방법론에 관한 공통요소

- 사회에서 받아들여지는 규범적 행동에서 벗어난 행동에 관한 지식(①)
- 인간관계 규범의 활용도(②)
- 클라이언트 사회력(Social History)의 중요성(③)
- 사회치료(Social Treatment)에 지역사회자원 활용(④)
- 개별사회사업이 요구하는 과학적 지식과 경험 적용
- 개별사회사업의 목적, 윤리, 의무를 결정하는 철학적 배경 이해(⑤)
- 이상 모든 것을 사회치료에 융합

08

② 아동보호치료시설은 사회복지서비스에 주거서비스가 포함된 시설로 생활시설에 해당한다. 반면, 이용시설은 사회복지서비스에 주거서비스가 포함되지 않으며, 자신의 집에 거주하는 클라이언트를 대상으로 서비스를 제공하는 시설이다.

09

강점관점 실천의 원리

- 개인은 강점, 재능, 자원이 있다.
- 개입의 초점은 가능성에 있다.
- 클라이언트의 진술을 인정한다.
- 클라이언트의 진술은 그 사람에 대해 알아가는 중요한 방법 중 하나이다.
- 개입의 핵심은 개인, 가족, 지역사회의 참여이다. (ㄱ)
- 개인, 가족, 지역사회가 클라이언트 삶의 전문가이다.
- 개인의 발전은 항상 개방되어 있다.
- 변화 자원은 개인, 가족, 지역사회의 강점, 능력, 적응기술이다.
- 돕는 목적은 클라이언트의 삶에 함께 하며 가치를 확고히 하도록 지원하는 것이다.

10

사회복지실천에서 전문적 (원조)관계의 특성

- 서로 합의된 의식적 목적이 있다.
- 클라이언트의 문제와 욕구가 중심이 된다.(①)
- 시간적인 제한을 둔다.
- 전문가 자신의 정서를 통제하는 관계이다.
- 사회복지사는 특화된 지식 및 기술, 그리고 전문직 윤리강령에서 비롯되는 권위를 가진다.

11 핀커스와 미나한(A. Pincus & A. Minahan)의 4체계 모델을 다음 사례에 적용할 때 대상과 체계의 연결로 옳은 것은?

> 가족센터의 교육 강좌를 수강 중인 결혼이민자 A는 최근 결석이 잦아졌다. A의 이웃에 살며 자매처럼 친하게 지내는 변호사 B에게서 A의 근황을 전해 들은 가족센터 소속의 사회복지사 C는 A와 연락 후 가정방문을 하여 A와 남편 D, 시어머니 E를 만나 이야기를 나누었다. C는 가족센터를 이용하면 '바람이 난다'라고 여긴 E가 A를 통제하고 있는 것을 알게 되었다. 또한 D는 A를 지지하고 싶지만, E의 눈치를 보느라 소극적으로 행동하는 것도 파악하였다. A의 도움 요청을 받은 C는 우선 E의 변화를 통해 상황을 개선해 보고자 한다.

① 결혼이민자(A) : 행동체계
② 변호사(B) : 전문가체계
③ 사회복지사(C) : 의뢰–응답체계
④ 남편(D) : 변화매개체계
⑤ 시어머니(E) : 표적체계

12 임파워먼트 모델에 관한 설명으로 옳은 것은?

① 병리적 관점에 기초를 둔다.
② 어떤 경우에도 환경의 변화를 추구하지 않는다.
③ 클라이언트의 적극적인 참여를 강조한다.
④ 전문성을 기반으로 사회복지사는 클라이언트를 통제한다.
⑤ 클라이언트에 대한 정확한 진단을 최우선으로 한다.

13 통합적 접근방법에 관한 설명으로 옳지 않은 것은?

① 클라이언트의 참여와 개별성을 강조한다.
② 광범위하고 포괄적으로 문제를 규정한다.
③ 클라이언트의 잠재력에 대해 미래지향적 관점을 갖는다.
④ 전통적 접근방법인 개별사회사업과 집단사회사업을 지역사회조직으로 통합하였다.
⑤ 사회복지실천 과정에서 공통적으로 적용 가능한 개념이나 원리 등이 있음을 전제한다.

14 사회복지실천 관계의 요소인 헌신과 의무에 관한 설명으로 옳은 것을 모두 고른 것은?

> ㄱ. 일관성을 포함하는 개념이다.
> ㄴ. 원조관계에서 책임감과 관련이 있다.
> ㄷ. 원조관계의 목적을 달성하기 위해 필요하다.
> ㄹ. 클라이언트는 헌신을 해야 하나 의무를 갖지는 않는다.

① ㄴ
② ㄱ, ㄴ, ㄷ
③ ㄱ, ㄷ, ㄹ
④ ㄴ, ㄷ, ㄹ
⑤ ㄱ, ㄴ, ㄷ, ㄹ

11

핀커스와 미나한(A. Pincus & A. Minahan)의 4체계 모델

- 표적체계(Target System) : 목표달성을 위해 변화시킬 필요가 있는 대상(예) 시어머니(E))
- 클라이언트체계(Client System) : 서비스나 도움을 필요로 하는 사람들(예) 결혼이민자(A))
- 변화매개체계(Change Agent System) : 사회복지사와 사회복지사가 속한 기관 및 조직(예) 사회복지사(C))
- 행동체계(Action System) : 변화매개인들이 변화노력을 달성하기 위해 서로 상호작용하는 사람들(예) 변호사(B), 남편(D))

> 참고
>
> 콤튼과 갤러웨이(Compton & Galaway)는 핀커스와 미나한이 제시한 표적체계, 클라이언트체계, 변화매개체계, 행동체계의 네 가지 체계에 두 가지 체계, 즉 전문가체계(전문체계)와 의뢰-응답체계(문제인식체계)를 추가하였습니다.

12

① 임파워먼트 모델은 강점관점에 기초를 둔다.
② 임파워먼트 모델은 자원이 클라이언트체계 내부는 물론 외부의 사회적·물리적 환경에도 존재할 수 있다고 주장하면서, 클라이언트체계와 환경체계의 변화를 추구한다.
④ 사회복지사는 클라이언트와 상호 협력적인 파트너십을 통해 클라이언트와 동맹·협력적인 관계를 창출한다.
⑤ 클라이언트의 자아효능감을 증진하고 자신의 강점을 찾아 자신의 삶과 상황에 대해 더 많은 통제력을 갖도록 돕는 것을 우선으로 한다.

13

사회복지실천에서 통합적 접근방법

'환경 속의 인간(Person in Environment)'을 기본적인 관점으로 하여 인간과 환경을 단선적인 관계가 아닌 순환적인 관계로 이해하는 일반체계이론의 관점, 개인·집단·조직·지역사회 등 보다 구체적이고 역동적인 체계들 간의 관계를 가정하는 사회체계이론의 관점, 유기체와 환경 간의 상호교류 및 역학적 관계를 중시하는 생태체계이론의 관점 등을 포괄한다.

14

ㄹ. 헌신과 의무는 사회복지사와 클라이언트의 책임감을 의미하는 것으로, 관계의 목적을 이루기 위해 서로를 신뢰하고 일관된 태도를 유지하는 것을 일컫는다.

15 한국 사회복지사 윤리강령에서 '사회복지사의 윤리기준' 중 '클라이언트에 대한 윤리기준' 영역에 해당하지 않는 것은?

① 서비스의 종결
② 기록 · 정보 관리
③ 직업적 경계 유지
④ 정보에 입각한 동의
⑤ 이해 충돌에 대한 대처

16 전문적 원조관계 형성의 장애요인이 아닌 것은?

① 전문가의 권위
② 변화에 대한 저항
③ 클라이언트의 전문가에 대한 부정적 전이
④ 전문가의 클라이언트에 대한 역전이
⑤ 클라이언트의 불신

17 사회복지실천 관계의 요소인 수용에 관한 설명으로 옳지 않은 것은?

① 클라이언트를 있는 그대로 이해한다.
② 클라이언트의 부정적인 감정도 받아들인다.
③ 사회규범에서 벗어난 행동도 허용할 수 있다.
④ 편견이나 선입관을 줄여나가면 수용에 도움이 된다.
⑤ 클라이언트가 안도감을 갖게 하여 현실적인 방법으로 문제 대처를 할 수 있도록 돕는다.

18 사정(Assessment)의 특성으로 옳지 않은 것은?

① 클라이언트의 강점을 포함해야 한다.
② 사회복지사의 지식적 근거가 필요하다.
③ 사회복지사와 클라이언트의 상호작용 과정이다.
④ 클라이언트를 완전히 이해하는 것은 한계가 있다.
⑤ 사회복지실천의 초기 단계에서만 이루어진다.

15

⑤ 이해 충돌에 대한 대처는 '클라이언트에 대한 윤리기준' 영역이 아닌 '기본적 윤리기준' 중 '전문가로서의 실천' 영역에 해당한다.

클라이언트에 대한 윤리기준

- 클라이언트의 권익옹호
- 클라이언트의 자기 결정권 존중
- 클라이언트의 사생활 보호 및 비밀보장
- 정보에 입각한 동의
- 기록 · 정보 관리
- 직업적 경계 유지
- 서비스의 종결

16

① 권위(Authority)는 클라이언트와 기관에 의해 사회복지사에게 위임된 권한(Power)을 말한다. 전문가로서 사회복지사는 일정한 지식과 경험을 보유하고 일정한 지위에 있음으로써 영향력을 미칠 수 있는 권한을 가진다.

전문적 원조관계 형성의 주요 장애요인

- 클라이언트의 불신(⑤)
- 클라이언트의 비자발성
- 클라이언트의 변화에 대한 저항(②)
- 클라이언트의 전문가에 대한 부정적 전이(③)
- 전문가의 클라이언트에 대한 역전이(④)
- 공감이 아닌 동정
- 부정적 감정의 노출 등

17

③ 수용은 클라이언트의 일탈된 태도나 행위를 허용하거나 묵인하는 것이 아니라 사회적 · 논리적 판단기준에 따라 클라이언트를 평가하지 않는다는 의미이다.

18

⑤ 사정(Assessment)은 클라이언트와 사회복지사의 지속적인 상호작용 과정으로서 사실상 개입의 전 과정 동안 계속된다.

19 사례관리자의 역할에 관한 예로 옳은 것은?

① 중개자 : 독거노인의 식사지원을 위해 지역
　사회 내 무료급식소 연계
② 상담가 : 욕구사정을 통해 클라이언트에 대
　한 체계적인 개입 계획을 세움
③ 조정자 : 사례회의에서 시청각장애인의 입
　장을 대변하여 이야기함
④ 옹호자 : 지역사회 기관 담당자들이 모여
　난방비 지원사업에 중복 지원되는 대상자
　가 없도록 사례회의를 실시함
⑤ 평가자 : 청소년기 자녀와 갈등을 겪고 있
　는 부모와 자녀 사이에 개입하여 상호 만족
　스러운 합의점을 도출함

20 클라이언트가 타인이 하는 바람직한 행동을
보고 모방함으로써 행동의 변화를 가져오는
개입 기술은?

① 초점화
② 모델링
③ 환 기
④ 직 면
⑤ 격 려

21 사례관리의 원칙에 해당하지 않는 것은?

① 서비스의 개별화
② 서비스의 접근성
③ 서비스의 연계성
④ 서비스의 분절성
⑤ 서비스의 체계성

22 다음 사례에서 사회복지사가 자료수집과정
에서 사용한 정보의 출처가 아닌 것은?

사회복지사는 결석이 잦은 학생 A에 대한 상담
을 하기 전 담임선생님으로부터 A와 반 학생들
사이에 갈등관계가 있음을 들었다. 이후 상담을
통해 A가 반 학생들로부터 따돌림 당하고 있음
을 알게 되었다. 상담 과정에서 A는 사회복지사
와 눈을 맞추지 못하고 본인의 이야기를 하는
것에 주저하는 모습을 보이며 상담 내내 매우
위축된 모습이었다. 어머니와의 전화 상담을 통
해 A가 집에서 가족들과 대화를 하지 않고 방
안에서만 지내고 있다는 것을 알게 되었다.

① 클라이언트의 이야기
② 클라이언트의 비언어적 행동
③ 상호작용의 직접적 관찰
④ 주변인으로부터 정보 획득
⑤ 클라이언트와의 직접적 상호작용 경험

19

① 중개자(Broker)로서 사례관리자는 클라이언트가 필요로 하는 자원을 소정의 사회기관으로부터 제공받지 못하거나, 지식이나 능력이 부족하여 다른 유용한 자원을 활용하지 못할 경우에 다른 유용한 자원과 클라이언트를 연결시킨다.
② 계획가(Planner)로서 사례관리자의 역할에 해당한다.
③ 옹호자(Advocate)로서 사례관리자의 역할에 해당한다.
④ 조정자(Coordinator)로서 사례관리자의 역할에 해당한다.
⑤ 중재자(Mediator)로서 사례관리자의 역할에 해당한다.

20

① 초점화 : 클라이언트로 하여금 말 속에 숨겨진 선입견이나 가정, 혼란을 드러내어 자신의 사고 과정을 명확히 볼 수 있도록 하는 기술이다.
③ 환기 : 클라이언트로 하여금 이해와 안전의 분위기 속에서 자신의 슬픔, 불안, 분노, 증오, 죄의식 등 억압된 감정을 자유롭게 털어놓을 수 있도록 돕거나, 클라이언트의 부정적 감정이 문제해결에 방해가 될 경우 감정의 강도를 약화시키는 기술이다.
④ 직면 : 클라이언트의 말과 행동이 불일치하고, 감정을 왜곡하거나 부정하고 있을 때 이를 설명하여 상황을 인식하도록 돕는 기술이다.
⑤ 격려 : 클라이언트의 행동이나 태도 등을 인정하고 칭찬함으로써 클라이언트의 문제해결 능력과 동기를 최대화시키는 기술이다.

21

① 서비스의 개별화 : 클라이언트 개개인의 신체적·정서적 특성 및 사회적 상황에 맞는 서비스를 제공한다.
② 서비스의 접근성 : 클라이언트가 서비스를 이용하는 데 있어서 장애가 되는 요소들을 살피며, 쉽게 기관 및 자원에 접근할 수 있도록 돕는다.
③ 서비스의 연계성 : 분산된 서비스 체계들을 서로 연계하여 서비스 전달체계의 효율성을 도모한다.
⑤ 서비스의 체계성 : 서비스와 자원을 효율적으로 조정·관리함으로써 서비스 간 중복을 줄이고 자원의 낭비를 방지한다.

22

③ 사회복지사는 학생 A와 반 학생들이 상호작용하는 과정을 직접적으로 관찰하지 않았다.
①·②·⑤ 사회복지사는 학생 A와 상담을 하였으며, 그 과정에서 학생 A의 비언어적 행동을 관찰하였다(예 눈을 맞추지 못함, 본인의 이야기를 하는 것에 주저함).
④ 사회복지사는 학생 A의 어머니와 담임선생님으로부터 학생 A의 가정생활과 학교생활에 관한 이야기를 전해 들었다.

23 경청에 관한 내용으로 옳지 않은 것은?

① 클라이언트와 시선을 맞추어야 한다.
② 클라이언트의 이야기에 반응하지 않아야 한다.
③ 클라이언트의 언어적·비언어적 표현을 함께 파악해야 한다.
④ 클라이언트의 감정과 사고를 이해하고 파악하는 것이다.
⑤ 클라이언트에 대한 열린 마음과 수용적인 태도가 필요하다.

24 사회복지실천과정 중 계획수립 단계에서 수행해야 하는 사회복지사의 과업은?

① 서비스 효과 점검
② 실천활동에 대한 동료 검토
③ 개입효과의 유지와 강화
④ 개입 목표 설정
⑤ 평가 후 개입 계획 수정

25 면접의 유형에 관한 예로 옳은 것을 모두 고른 것은?

> ㄱ. 정보수집면접 : 갈등을 겪고 있는 부부를 대상으로 문제에 대한 과거력, 개인력, 가족력을 파악하는 면접을 진행함
> ㄴ. 사정면접 : 클라이언트의 사회적응을 위해 환경변화를 목적으로 클라이언트와 관련 있는 중요한 사람과 면접을 진행함
> ㄷ. 치료면접 : 학교폭력 피해학생의 자존감 향상을 위해 심리적 지지를 제공하는 면접을 진행함

① ㄱ
② ㄱ, ㄴ
③ ㄱ, ㄷ
④ ㄴ, ㄷ
⑤ ㄱ, ㄴ, ㄷ

제2영역 사회복지실천기술론

26 사회복지사가 가져야 할 지식의 내용으로 옳은 것을 모두 고른 것은?

> ㄱ. 인간행동과 발달
> ㄴ. 인간관계와 상호작용
> ㄷ. 사회복지정책과 서비스
> ㄹ. 사회복지사 자신에 관한 지식

① ㄱ
② ㄱ, ㄴ
③ ㄴ, ㄷ
④ ㄱ, ㄷ, ㄹ
⑤ ㄱ, ㄴ, ㄷ, ㄹ

23

② 사회복지사는 클라이언트의 진술과 감정에 대해 민감히 반응해야 한다. 편안한 분위기에서 클라이언트로 하여금 자신의 경험을 사회복지사와 공유하도록 질문을 던지고 이를 주의 깊게 들음으로써 면접의 생산성을 높일 수 있게 된다.

24

① 개입 단계에서 사회복지사의 과업에 해당한다.
②·③·⑤ 평가 및 종결 단계(종결 및 평가 단계)에서 사회복지사의 과업에 해당한다.

계획의 단계(Kirst-Ashman & Hull. Jr.)
• 1단계 : 클라이언트와 함께 작업하기
• 2단계 : 문제의 우선순위 정하기
• 3단계 : 문제를 욕구로 전환하기
• 4단계 : 개입수준 평가하기
• 5단계 : 일차적 목적 설정하기
• 6단계 : 목표를 구체화하기
• 7단계 : 클라이언트와 계약을 공식화하기

참고

사회복지실천의 과정에 대한 내용은 학자마다 혹은 교재마다 약간씩 차이가 있습니다. 각 단계의 구분방식에 따라 수행해야 할 과업이 달리 분류될 수 있으며, 특정 과업이 배타적으로 어느 한 단계로 분류되지 않은 채 다른 단계에서도 수행될 수 있으므로, 이점 감안하여 학습하시기 바랍니다. 참고로 위의 해설은 〈접수 및 관계형성 – 자료수집 및 사정 – 계획 및 계약 – 개입 – 평가 및 종결(종결 및 평가)〉의 5단계를 토대로 하였습니다.

25

ㄴ. 클라이언트의 기능 향상 및 사회적 적응을 위해 환경을 변화시키는 치료면접의 예에 해당한다.

사정면접
• 서비스를 위한 평가와 적격성을 결정하기 위한 면접이다.
• 문제 상황, 클라이언트의 강점, 문제해결 과정의 장애물 등을 탐색하며, 클라이언트의 욕구 우선순위를 설정하여 문제해결을 위한 목표 및 개입방법 등을 결정한다.

26

사회복지실천을 위한 사회복지사의 전문지식(Johnson et al.)
• 인간행동과 발달에 관한 지식(ㄱ)
• 인간관계와 상호작용에 관한 지식(ㄴ)
• 실천이론과 모델에 관한 지식
• 특정 분야와 대상집단에 관한 지식
• 사회정책과 서비스에 관한 지식(ㄷ)
• 사회복지사 자신에 관한 지식(ㄹ)

27 다음 설명에 해당하는 모델로 옳은 것은?

> • 구조화된 개입
> • 개입의 책임성 강조
> • 클라이언트의 자기결정권 강조
> • 클라이언트의 환경에 대한 개입

① 심리사회모델
② 위기개입모델
③ 해결중심모델
④ 인지행동모델
⑤ 과제중심모델

28 해결중심모델의 개입목표 설정 원칙에 관한 설명으로 옳지 않은 것은?

① 클라이언트에게 중요한 것을 목표로 하기
② 작은 것을 목표로 하기
③ 목표를 종료보다는 시작으로 간주하기
④ 있는 것보다 없는 것에 관심 두기
⑤ 목표수행은 힘든 일이라고 인식하기

29 위기개입모델의 중간단계 활동으로 옳지 않은 것은?

① 위기상황에 대한 초기사정을 실시한다.
② 클라이언트의 일상생활에 활용할 수 있는 자원과 지지체계를 찾아낸다.
③ 목표달성을 위한 구체적인 과제들에 대해 작업한다.
④ 위기사건 이후 상황과 관련된 자료를 보충한다.
⑤ 현재 위기와 관련된 과거 경험을 탐색한다.

30 사회복지실천모델과 기법으로 옳지 않은 것은?

① 행동주의모델 : 소거
② 해결중심모델 : 대처질문
③ 과제중심모델 : 유형-역동에 관한 고찰
④ 인지행동모델 : 소크라테스식 문답법
⑤ 위기개입모델 : 자살의 위험성 평가

27

과제중심모델(과업중심모델)의 특징

- 클라이언트의 문제를 자원 혹은 기술의 부족으로 이해하며, 클라이언트가 동의한 과제를 중심으로 구체적인 문제해결에 주력하는 단기적 개입모델이다.
- 절차나 단계가 구조화되어 있으며, 고도의 구조성이 요구된다.
- 클라이언트의 심리내적 역동보다는 현재의 활동을 강조하며, 환경에 대한 개입이 이루어진다.
- 단기간의 치료로써 효과성 및 효율성을 거두어야 하므로 문제해결을 위한 계약관계가 이루어지며, 개입의 책무성이 강조된다.

28

해결중심모델의 개입목표 설정 원칙

- 클라이언트에게 중요한 것을 목표로 하기(①)
- 작고 구체적이며 행동적인 것을 목표로 하기(②)
- 긍정적이며 과정의 형태로 정의하기
- 클라이언트가 갖고 있지 않은 것보다 갖고 있는 것에 초점을 두기
- 목표를 종료보다는 문제해결의 시작으로 간주하기(③)
- 클라이언트의 생활에서 현실적이고 성취가능한 것을 목표로 하기
- 목표수행은 힘든 일이라고 인식하기(⑤)

29

위기개입모델의 각 단계별 주요 활동(Golan)

시작단계	• 클라이언트와 친화관계를 형성한다. • 위기상황에 대한 초기사정을 실시한다.(①) • 클라이언트와 함께 표적 문제를 설정한다. • 앞으로의 활동에 대한 계약을 체결한다.
중간단계	• 위기사건 이후 상황과 관련된 자료를 보충한다. • 현재 위기와 관련된 과거 경험을 탐색한다. • 클라이언트의 일상생활에 활용할 수 있는 자원과 지지체계를 찾아낸다. • 목표달성을 위한 구체적인 과제들에 대해 작업한다.
종결단계	• 종결에 대한 저항을 다룬다. • 성취한 과제, 목표, 변화와 함께 성취하지 못한 것들에 대해 점검한다. • 가까운 미래의 활동계획에 대해 논의한다.

30

③ 유형-역동에 관한 고찰(유형-역동성 고찰)은 클라이언트로 하여금 성격, 행동, 감정의 주요 경향에 관한 자기이해를 돕는 것으로, 심리사회모델의 개입기법에 해당한다.

31 심리사회모델에 관한 설명으로 옳은 것을 모두 고른 것은?

> ㄱ. 심리사회모델을 체계화하는 데 홀리스(F. Hollis)가 공헌하였다.
> ㄴ. "직접적 영향주기"는 언제나 사용 가능한 기법이다.
> ㄷ. "환기"는 클라이언트의 긍정적 감정을 표출시킨다.
> ㄹ. 간접적 개입기법으로 "환경조정"을 사용한다.

① ㄱ, ㄹ
② ㄴ, ㄷ
③ ㄷ, ㄹ
④ ㄴ, ㄷ, ㄹ
⑤ ㄱ, ㄴ, ㄷ, ㄹ

32 인지행동모델 개입 기법에 관한 설명으로 옳은 것은?

① 행동시연 : 관찰학습과정을 통해 클라이언트가 시행착오를 거치지 않고 행동할 수 있도록 한다.
② 유머사용 : 인지적 기법의 하나로서 비합리적인 신념에서 오는 불안을 감소시키는 데 유용하다.
③ 내적 의사소통 명료화 : 클라이언트 스스로 자신에 대해 독백하고 사고하는 과정이다.
④ 역설적 의도(Paradoxical Intention) : 클라이언트의 역기능적 사고를 인식하고 이를 현실적인 사고로 대치한다.
⑤ 이완훈련 : 클라이언트가 가장 덜 위협적인 상황에서 가장 위협적인 상황까지 순서대로 제시한다.

33 사회복지실천모델에 관한 설명으로 옳지 않은 것은?

① 역량강화모델의 발견단계에서는 사정, 분석, 계획하기를 수행한다.
② 클라이언트중심모델은 문제해결에 대한 클라이언트의 책임을 강조한다.
③ 행동주의모델에서는 인간을 병리적인 관점에서 바라본다.
④ 위기개입모델에서 위기는 사건 자체보다 사건에 대한 개인의 주관적 현실에 기반을 두고 있다.
⑤ 해결중심모델은 사회구성주의 시각을 가진다.

34 정신역동모델 개입과정을 순서대로 옳게 나열한 것은?

> ㄱ. 동일시를 위한 자아구축 단계
> ㄴ. 클라이언트의 자기이해를 원조하는 단계
> ㄷ. 관계형성 단계
> ㄹ. 클라이언트가 독립된 자아정체감을 형성하도록 원조하는 단계

① ㄱ → ㄷ → ㄹ → ㄴ
② ㄴ → ㄷ → ㄱ → ㄹ
③ ㄴ → ㄹ → ㄷ → ㄱ
④ ㄷ → ㄱ → ㄹ → ㄴ
⑤ ㄷ → ㄴ → ㄱ → ㄹ

31

ㄴ. "직접적 영향주기"는 클라이언트의 행동을 촉진하거나 기능을 향상시키기 위한 조언, 충고, 제안 등을 통해 사회복지사의 의견을 클라이언트가 받아들이도록 하는 기법이다. 다만, 이 기법은 클라이언트의 자기결정권을 훼손할 수 있으므로 조심스럽게 사용되어야 한다.

ㄷ. "환기"는 클라이언트로 하여금 사실과 관련된 감정을 끄집어냄으로써 카타르시스를 경험하도록 돕는 기법이다. 다만, 이때 감정은 고통, 당황, 분노, 불안 등 부정적 감정을 포함한다.

32

① 모델링(Modeling)에 대한 설명에 해당한다. 반면, 시연(Rehearsal)은 긍정적인 행동에 대한 반복적인 연습을 통해 이를 숙달되도록 하는 것이다.

② 유머사용(Use of Humor)은 정서적 기법의 하나로서, 비합리적인 신념에서 오는 클라이언트의 불안을 감소시키기 위해 사용된다.

④ 인지재구조화(Cognitive Restructuring)에 대한 설명에 해당한다. 반면, 역설적 의도(Paradoxical Intention)는 특정 행동에 대한 클라이언트의 불안을 감소시키기 위해 의도적으로 문제의 행동을 하도록 지시를 내리는 것이다.

⑤ 체계적 둔감화(Systematic Desensitization)에 대한 설명에 해당한다. 반면, 이완훈련(Relaxation Training)은 근육이나 신경의 긴장을 감소시키는 것으로, 일상생활에서 유발되는 스트레스에 대처할 수 있도록 하는 것이다.

33

③ 인간을 병리적인 관점에서 바라보는 대표적인 실천모델로 정신역동모델을 예로 들 수 있다. 정신역동모델은 클라이언트의 과거 외상적 경험이 현재 증상과 관계가 있다고 보고, 현재의 문제원인을 과거의 경험에서 찾는다. 반면, 행동주의모델(행동수정모델)은 개인의 심리사회적 환경이 개인의 행동에 영향을 미친다고 보고, 환경이 행동에 미치는 영향을 중요하게 평가한다.

34

정신역동모델 개입과정

관계형성 (제1단계)	사회복지사는 본격적인 원조과정으로 들어가기 위해 클라이언트와 신뢰관계를 형성한다.
동일시를 위한 자아구축 (제2단계)	클라이언트는 자신을 사회복지사와 동일시하기 시작하면서 세상을 좀 더 현실적으로 볼 수 있게 된다.
자아정체감 형성 원조 (제3단계)	사회복지사는 클라이언트가 독립된 자아정체감을 형성할 수 있도록 원조한다.
자기이해 원조 (제4단계)	사회복지사는 클라이언트가 자신의 행동과 함께 그 행동의 연원을 이해할 수 있도록 원조한다.

35 사회복지사가 비자발적 클라이언트와 공감하는 기술로 옳은 것을 모두 고른 것은?

> ㄱ. 원하지 않는 면담이 클라이언트에게 힘들다는 것을 이해한다.
> ㄴ. 클라이언트의 행동을 사회복지사의 가치관에 맞추어 평가한다.
> ㄷ. 클라이언트의 어려움을 사회복지사가 도울 수 있다는 것을 알려준다.
> ㄹ. 클라이언트의 저항을 온화한 태도로 수용한다.

① ㄱ, ㄷ
② ㄴ, ㄹ
③ ㄱ, ㄴ, ㄹ
④ ㄱ, ㄷ, ㄹ
⑤ ㄴ, ㄷ, ㄹ

36 생태체계적 관점에서 보는 가족에 관한 설명으로 옳지 않은 것은?

① 항상성 : 가족구성원들이 현재 상태를 유지
② 경직된 경계 : 가족이 다수의 복지서비스를 이용
③ 하위체계 : 가족구성원들이 경계를 가지고 각자의 기능을 수행
④ 피드백 : 가족이 사회환경과 환류를 주고받으며 변화를 도모
⑤ 순환적 인과관계 : 가족 한 사람의 행동이 다른 구성원에게 영향을 주어 가족 전체를 변화

37 알코올 의존을 겪는 가장과 그 자녀의 상황에 사티어(V. Satir)의 의사소통 유형을 적용한 것으로 옳은 것은?

① 회유형 : 모든 것이 자녀 때문이라며 자신이 외롭다고 함
② 초이성형 : 스트레스가 유해하다는 연구를 인용하며 술이라도 마셔서 스트레스를 풀겠다고 침착하게 말함
③ 비난형 : 어려서 고생을 많이 해서 그렇다며 벌떡 일어나 방 안을 왔다갔다 함
④ 산만형 : 살기 힘들어 술을 마신다며 자신의 술 문제가 자녀 학업을 방해했다고 인정함
⑤ 일치형 : 다른 사람들 말이 다 옳고 자신은 아무것도 아니라고 술 문제에 대한 벌을 달게 받겠다고 함

38 가족치료모델의 개입 목표에 관한 설명으로 옳지 않은 것은?

① 이야기 가족치료 : 문제중심 이야기에서 벗어나 새롭고 건설적인 가족 이야기 작성
② 구조적 가족치료 : 가족관계 역기능을 유발하는 가족 위계와 경계의 변화 도모
③ 경험적 가족치료 : 가족이 미분화에서 벗어나 가족체계의 변화를 달성
④ 전략적 가족치료 : 의사소통과 행동 문제의 순환 고리를 끊고 연쇄작용 변화
⑤ 해결중심 가족치료 : 문제가 일어나지 않는 예외상황을 찾아서 확대

35

ㄴ. 비자발적인 클라이언트와의 초기 상담에서는 클라이언트의 관점에서 문제를 이해하도록 노력해야 한다. 클라이언트가 진술하는 문제의 원인, 촉발사건, 자신이 의뢰된 이유 등을 클라이언트의 관점에서 말하도록 하고, 사회복지사는 이를 인정해 줄 수 있어야 한다.

37

② 초이성형은 자신 및 타인을 모두 무시하고 상황만을 중시한다. 이들은 자신이 옳다는 것을 증명하고 갈등을 해결하고자 자료나 연구결과를 인용하기도 하는데, 이는 자신의 감정이 취약하므로 감정에서 상황으로 초점을 바꾸는 의도로 볼 수 있다.

① 비난형의 예에 해당한다. 이들은 자신만을 생각하며, 타인을 무시하고 비난하는 양상을 보인다. 자신을 보호하기 위해 다른 사람을 괴롭히거나 비난하고 환경을 탓한다.

③ 산만형의 예에 해당한다. 이들은 자신 및 타인은 물론 상황까지 모두 무시한다. 이들의 산만한 행동은 혼돈된 심리적 상태를 반영하는데, 쉬지 않고 움직이면서 논의주제로부터 관심을 분산시키려는 의도로 볼 수 있다.

④ 일치형의 예에 해당한다. 이들은 자신이 중심이 되어 타인과 관계를 맺으며, 다른 사람과 연결이 필요한 경우 스스로 직접 선택한다. 이들은 다른 사람이나 상황을 통제하기 위해 선택하는 것이 아니라 자기 자신이 되기를 선택하는 것이다.

⑤ 회유형의 예에 해당한다. 이들은 자신의 내적 감정이나 생각을 무시한 채 타인의 비위와 의견에 맞추려 한다. 이들은 자기 내면의 진정한 감정을 존중하지 못한 채 다른 사람들의 의견에 동조하고 비굴한 자세를 취한다.

36

② 가족경계는 가족 내 체계들 간을 구분하거나 가족체계와 외부체계를 구분해 주는 보이지 않는 선이다. 가족체계의 외부와의 경계가 경직적이고 침투력이 없는 폐쇄형 가족은 외부 정보의 활용이나 외부 전문가의 개입, 외부 자원에 대한 지원 요청 등을 극도로 꺼리는 양상을 보인다.

38

③ 보웬(Bowen)의 다세대 가족치료모델(세대 간 가족치료모델)의 개입 목표에 해당한다. 반면, 사티어(Satir)의 경험적 가족치료모델은 가족이 올바른 의사소통 방식을 학습하고 이를 실제로 적용하여 상호작용의 과정을 통해 문제를 해결할 수 있도록 가족의 갈등과 행동양식에 맞는 경험을 제공하려고 노력한다.

39 보웬(M. Bowen)의 다세대 가족치료의 기법이 적용된 사례에 관한 설명으로 옳지 않은 것은?

① 자아분화 : 가족의 빈곤한 상황에서도 아동 자녀가 자율적으로 생각하고 행동함
② 삼각관계 : 아동 자녀가 부모와의 갈등을 피하기 위해 경찰에 신고함
③ 정서적 체계 : 부모의 긴장관계가 아동 자녀에게 주는 정서적 영향을 파악함
④ 가족투사 과정 : 핵가족의 부부체계가 자신들의 불안을 아동 자녀에게 투영하는 과정을 검토함
⑤ 다세대 전이 : 가족의 관계 형성이나 정서, 증상이 여러 세대에 걸쳐 전수되는 것을 파악함

40 사회변화에 따라 달라지는 가족에 관한 설명으로 옳지 않은 것은?

① 가족 형태가 다양해지는 경향이 있다.
② 저출산 시대에는 무자녀 부부가 증가한다.
③ 세대구성이 단순화되면서 확대가족의 의미가 약화된다.
④ 단독으로 생계를 유지하는 경우는 가구의 범위에 속하지 않는다.
⑤ 양육, 보호, 교육, 부양 등에서 사회 이슈가 발생한다.

41 다음과 같은 기법을 사용하는 가족치료모델은?

> • 가족구성원들 사이 힘의 우위에 따라 대칭적이거나 보완적 관계가 형성된다.
> • 비언어적 의사소통이 가족의 욕구를 나타내므로 메타 의사소통이 중요하다.
> • 가족이 문제행동을 유지하도록 지시함으로써 클라이언트가 통제력을 발휘한다.

① 전략적 가족치료모델
② 해결중심 가족치료모델
③ 구조적 가족치료모델
④ 다세대 가족치료모델
⑤ 경험적 가족치료모델

42 토스랜드와 리바스(R. Toseland & R. Rivas)가 분류한 집단 모델에 관한 설명으로 옳은 것은?

① 치료모델은 집단의 사회적 목표를 강조한다.
② 상호작용모델은 개인 치료를 위한 수단으로 집단을 강조한다.
③ 상호작용모델은 개인의 역기능 변화가 목적이다.
④ 사회적 목표모델은 민주시민의 역량 개발에 초점을 둔다.
⑤ 사회적 목표모델은 집단성원 간 투사를 활용한다.

39

삼각관계와 탈삼각화

- 삼각관계(Triangle)는 스트레스의 해소를 위해 두 사람 간의 상호작용체계에 다른 가족성원을 끌어들여 갈등을 우회시키는 것이다.
- 보웬(Bowen)은 2인 관계는 불안한 성향을 갖고 있다고 지적하는데, 스트레스 상황에 놓일 때 2인 관계하에 있는 두 사람(예 부부)이 제삼자(예 자녀)를 끌어들여 연합을 구축하려는 경향이 있다는 것이다.
- 탈삼각화(Detriangulation)는 가족 내 삼각관계를 교정하여 미분화된 가족자아 집합체로부터 벗어나도록 돕는 것으로, 성공적인 치료를 위해 치료자가 의도적으로 치료적 삼각관계를 형성하여 개입하기도 한다.

40

④ 가족의 개념은 시대와 문화의 영향을 받으며 그에 따른 비전통적인 가족 유형이 늘어나고 있다. 단독으로 생계를 유지하는 경우에도 가구의 범위에 속하며 그러한 가구를 '단독가구'라고 한다.

41

① 전략적 가족치료모델 : 가족 내 의사소통과 행동 문제의 순환고리를 끊고 연쇄작용을 변화시키기 위해 의사소통에 대한 의사소통(→ 메타 의사소통)을 시도하며, 역설적 치료 상황을 조장하기 위해 역설적 지시 기법을 사용한다.
② 해결중심 가족치료모델 : 과거의 문제보다는 미래와 해결방안 구축에 초점을 두며, 상담자와 가족이 함께 해결방안을 발견 및 구축하는 과정에서의 상호협력을 중시한다.
③ 구조적 가족치료모델 : 가족구조를 재조정 혹은 재구조화하여 가족이 적절한 기능을 수행할 수 있도록 돕는다.
④ 다세대 가족치료모델 : 문제해결을 위해 가족성원이 원가족과 맺는 관계를 통찰하는 것을 중요하게 여기며, 개인의 감정과 지적 과정 사이의 구분능력을 강조한다.
⑤ 경험적 가족치료모델 : 가족관계의 병리적 측면보다는 긍정적 측면에 초점을 두며, 가족의 성장을 목표로 한다.

42

① 집단의 사회적 목표를 강조하면서, 집단 내의 사회의식을 개발하고 사회적 책임의 가치를 심고자 하는 것은 사회적 목표모델에 해당한다.
② 개인 치료를 위한 수단으로 집단을 강조하는 것은 치료모델에 해당한다. 치료모델에서 집단은 개인의 목적을 달성하기 위한 도구 또는 상황이다.
③ 집단 내 개별성원의 행동변화에 초점을 두고, 역기능적으로 행동하는 성원들을 회복 및 재활시키고자 하는 것은 치료모델에 해당한다.
⑤ 사회적 목표모델은 집단 내의 민주적 절차와 과정을 중시하며, 토론, 참여, 합의, 집단과업, 지역사회조직화 등을 활용한다.

43 집단 사회복지실천 사정에 활용되는 것을 모두 고른 것은?

> ㄱ. 집단 사회복지사의 관찰
> ㄴ. 외부 전문가의 보고
> ㄷ. 표준화된 사정도구
> ㄹ. 집단성원의 자기관찰

① ㄱ, ㄴ
② ㄱ, ㄹ
③ ㄴ, ㄷ
④ ㄱ, ㄷ, ㄹ
⑤ ㄱ, ㄴ, ㄷ, ㄹ

44 집단에 관한 설명으로 옳은 것은?

① 개방형 집단은 폐쇄형 집단에 비해 집단성원의 중도 가입이 어렵다.
② 개방형 집단은 폐쇄형 집단에 비해 응집력이 강하다.
③ 개방형 집단은 폐쇄형 집단에 비해 집단성원의 역할이 안정적이다.
④ 폐쇄형 집단은 개방형 집단에 비해 집단 발달단계를 예측하기 어렵다.
⑤ 폐쇄형 집단은 개방형 집단에 비해 집단 규범이 안정적이다.

45 집단 중간단계의 개입기술에 관한 설명으로 옳지 않은 것은?

① 집단성원 간 상호작용을 향상시킨다.
② 집단성원을 사후관리한다.
③ 집단의 목표를 달성하도록 원조한다.
④ 집단의 응집력을 향상시킨다.
⑤ 집단성원이 집단과정에 적극 활동하도록 촉진한다.

46 집단 종결단계에서 사회복지사의 역할로 옳은 것을 모두 고른 것은?

> ㄱ. 집단과정에서 성취한 변화를 지속적으로 유지하도록 돕는다.
> ㄴ. 집단성원의 개별 목표를 설정한다.
> ㄷ. 종결을 앞두고 나타나는 다양한 감정을 토론하도록 격려한다.
> ㄹ. 집단에 대한 의존성을 서서히 감소시켜 나간다.

① ㄱ, ㄴ
② ㄷ, ㄹ
③ ㄱ, ㄴ, ㄹ
④ ㄱ, ㄷ, ㄹ
⑤ ㄴ, ㄷ, ㄹ

43

집단 사회복지실천 사정단계

- 집단성원들이 집단 내에서 어떠한 역할을 수행하는지를 사정한다.
- 집단행동양식, 하위집단, 집단의 규범 등에 대해 사정한다.
- 집단성원의 특성, 대인관계, 환경을 비롯하여 집단 내 개별성원들의 장단점을 모두 사정한다.
- 표준화된 척도나 질문지, 집단성원의 자기관찰이나 사회복지사에 의한 관찰, 외부 전문가에 의한 보고 등을 활용한다.

44

① 개방형 집단은 폐쇄형 집단에 비해 집단성원의 중도 가입이 용이하다.
② 개방형 집단은 폐쇄형 집단에 비해 응집력이 약하다.
③ 폐쇄형 집단은 안정적인 구성으로 집단성원의 역할행동을 예측할 수 있다.
④ 집단이 개방적일 경우 그 발달단계를 예측하기 어렵다.

45

② 개입 효과를 지속시키기 위한 실천기술로서 사후관리(Follow-up)는 개인, 가족, 집단이 사회복지사와의 전문적 관계가 종결된 이후 이루어진다.

참고

집단사회복지실천의 단계별 과정은 학자에 따라 혹은 교재에 따라 다양하게 제시되고 있습니다. 예를 들어, 집단단계를 〈준비단계(계획단계) – 초기단계(시작단계) – 사정단계 – 중간단계(개입단계) – 종결단계〉로 구분할 경우 사후관리는 '종결단계'의 과제로 분류되는 반면, 집단단계를 〈준비단계 – 초기단계 – 중간단계 – 종결단계 – 사후관리단계〉로 구분할 경우 사후관리는 '사후관리단계'의 과제로 분류됩니다.

46

ㄴ. 집단성원의 개별 목표를 설정하는 것은 종결단계가 아닌 집단성원 간 공통점을 찾아 연결시키며 집단의 공통적인 목표와 함께 개별적인 목표를 수립하는 초기단계(시작단계)에서 사회복지사의 역할에 해당한다.

47 역기능적 집단의 특성으로 옳은 것은?

① 자발적인 자기표출
② 문제 해결 노력의 부족
③ 모든 집단성원의 토론 참여
④ 집단성원 간 직접적인 의사소통
⑤ 집단 사회복지사를 존중

49 사회복지실천 과정의 개입 단계 기록에 포함될 내용으로 옳지 않은 것은?

① 클라이언트와의 활동
② 개입과정의 진전 상황
③ 클라이언트의 문제에 관한 추가 정보
④ 클라이언트에게 제공한 자원들
⑤ 클라이언트에 관한 사후지도 결과

48 집단 사회복지실천의 장점에 관한 설명으로 옳지 않은 것은?

① 모방행동 : 기존의 행동을 고수한다.
② 희망의 고취 : 문제가 개선될 수 있다는 희망을 갖게 한다.
③ 이타심 : 위로, 지지 등으로 서로 도움을 주고받는다.
④ 사회기술의 발달 : 대인관계에 관한 사회기술을 습득한다.
⑤ 보편성 : 다른 사람들도 비슷한 경험을 하는 것으로 위로를 받는다.

50 다음에 해당하는 단일사례설계 유형에 관한 설명으로 옳지 않은 것은?

> 김모 씨는 대인관계에 어려움이 있어서 지역사회복지관에서 실시하는 사회기술훈련프로그램에 참여하였다. 개입 전 4주간(주2회) 조사를 실시하고 4주간(주2회) 개입의 변화를 기록한 후 개입을 멈추고 다시 4주간(주2회)의 변화를 기록하였다.

① 기초선을 두 번 설정한다.
② 통제집단을 활용한다.
③ 개입효과성에 대한 파악이 가능하다.
④ 표본이 하나다.
⑤ 조사기간이 길어진다.

47

기능적 집단과 역기능적 집단의 특성

기능적 집단	• 자발적인 자기표출(①) • 집단지도자에 대한 존중(⑤) • 개인의 문제 해결에 초점 • 모든 집단성원의 토론 참여(③) • 문제와 관련된 어떤 주제라도 개진 • 집단성원 간 직접적인 의사소통(④) • 장애물이나 집단문제에 대한 논의 등
역기능적 집단	• 피상적인 주제만을 토론 • 위험 회피, 자기폐쇄적 태도 • 지도자에 대해 수시로 비판과 불평 • 문제 해결 노력의 부족(②) • 공격적인 성원들의 집단 지배 허용 • 감정적 긴장, 미묘한 주제에 대한 언급 회피 • 장애물이나 집단문제에 대한 논의 배제 등

48

① 모방행동(Imitative Behavior) : 집단사회복지사와 집단성원은 새로운 행동을 배우는 데 좋은 모델이 될 수 있다.

49

⑤ 클라이언트에 관한 사후지도 결과는 평가 및 종결 단계(종결 및 평가 단계) 혹은 사후지도 단계의 기록에 포함될 내용이다. 참고로 개입과정의 진전 상황은 개입 단계의 기록에, 목적 달성의 진전 상황은 평가 및 종결 단계(종결 및 평가 단계)의 기록에 포함된다.

50

② 단일사례설계는 클라이언트에 대한 즉각적인 연구가 필요할 경우, 통제집단을 구하기 어려운 경우 사용될 수 있는 효과적인 방법이다. 단일사례설계에서 기초선(A)은 개입하기 이전에 표적행동이 어떤 경향을 보이는지를 관찰하는 기간을 의미하는 것으로, 그것이 마치 실험연구에서의 통제집단과 같은 성격을 띤다.

① 보기의 사례는 단일사례설계의 유형 중 ABA설계로 기초선(A)이 두 번 설정되어 있다.

③ ABA설계는 AB설계에 개입을 중단하는 제3의 국면 A를 추가함으로써 클라이언트의 변화가 개입 때문에 일어난 것인지를 확인할 수 있다.

④ 단일사례연구는 하나의 사례를 반복 측정하여 나타나는 변화(→ 종속변수)를 통해 개입(→ 독립변수)의 효과를 파악한다.

⑤ ABA설계는 개입의 효과를 평가하기 위해 개입을 중단하는 것에서 윤리적인 문제가 있으며, 조사기간이 길어져 실제적으로 실시가 어려워지는 문제도 있다.

참고

사실 보기의 사례는 개입의 일시 중단과 개입 중단 후 기록에 관한 내용만 있을 뿐 개입의 효과 유무에 대한 진술이 없으므로 정확히 ABA설계인지 아니면 ABAB설계인지 확정하기 어렵습니다.

51 다음이 설명하는 것은?

> 1950년대 영국의 정신장애인과 지적장애인 시설수용보호에 대한 문제제기로 등장하였으며, 지역사회복지의 가치인 정상화(Normalization)와 관련이 있다.

① 지역사회보호
② 지역사회 사회 · 경제적 개발
③ 자원개발
④ 정치 · 사회행동
⑤ 주민조직

52 길버트와 스펙트(N. Gilbert & H. Specht, 1974)가 제시한 지역사회의 기능은?

> 사회적 위험으로부터 어려움에 직면하게 되었을 때 구성원들 간에 서로 돕는 것

① 생산 · 분배 · 소비의 기능
② 사회화의 기능
③ 상부상조의 기능
④ 사회통합의 기능
⑤ 사회통제의 기능

53 우리나라의 지역사회복지 역사에 관한 설명으로 옳지 않은 것은?

① 향약은 주민 교화 등을 목적으로 한 지식인 간의 자치적인 협동조직이다.
② 오가통 제도는 일제강점기 최초의 인보제도이다.
③ 메리 놀스(M. Knowles)에 의해 반열방이 설립되었다.
④ 태화여자관은 메리 마이어스(M. D. Myers)에 의해 설립되었다.
⑤ 농촌 새마을운동에서 도시 새마을운동으로 확대되었다.

54 영국의 지역사회복지 역사에 해당하지 않는 것은?

① 자선조직협회(COS)는 사회진화론에 영향을 받았다.
② 토인비 홀은 사무엘 바네트(S. Barnett) 목사가 설립한 인보관이다.
③ 헐 하우스는 제인 아담스(J. Adams)에 의해 설립되었다.
④ 시봄(Seebohm) 보고서는 사회서비스의 협력과 통합을 제안하였다.
⑤ 그리피스(Griffiths) 보고서는 지방정부의 책임을 강조하였다.

51

지역사회보호의 개념

- 지역사회보호(Community Care)는 1950년대 영국을 중심으로 발전된 개념으로, 1957년 정신병과 정신장애에 관한 왕립위원회의 보고서에서 지역사회보호의 개념이 공식적으로 사용되었으며, 1959년 '정신보건법(Mental Health Act)'이 제정되어 지역사회보호가 법률적으로 명확히 규정되었다.
- 1952년 덴마크의 지적장애인 부모들의 모임에서 비롯된 정상화(Normalization) 이념과 연관된 것으로, 돌봄이 필요한 사람들에게 가정 또는 그와 유사한 지역사회 내의 환경에서 서비스를 제공하는 사회적 돌봄의 형태를 의미한다.

52

지역사회의 기능(Gilbert & Specht)

- 생산 · 분배 · 소비(경제제도) : 지역사회 주민들이 일상생활에 필요한 물자와 서비스를 생산하고 소비하는 과정과 관련된 기능을 말한다.
- 상부상조(사회복지제도) : 사회제도에 의해 지역주민들이 자신들의 욕구를 스스로 충족할 수 없는 경우에 필요로 하는 사회적 기능을 말한다.
- 사회화(가족제도) : 사회가 향유하고 있는 일반적 지식, 사회적 가치, 행동양식을 그 지역사회 구성원에게 전달하는 과정을 말한다.
- 사회통제(정치제도) : 지역사회가 그 구성원들에게 사회규범에 순응하도록 행동을 규제하는 것을 말한다.
- 사회통합(종교제도) : 사회체계를 구성하는 사회단위 조직들 간의 관계와 관련된 기능을 말한다.

53

② 오가통(五家統)은 정부에 의해 어느 정도 강제성을 지닌 인보제도로서, 각 하급 지방행정구획을 세분하여 그 구역 내의 구성원이 지역의 치안을 유지하고 복리를 증진하며, 교화를 향상하여 지방행정의 운영을 돕도록 한 조선시대의 지방자치제도이다.
① 향약(鄕約)은 지역사회의 발전과 지역주민들의 순화 · 덕화 · 교화를 목적으로 한 지식인들 간의 자치적인 협동조직이다.
③ · ④ 미국의 감리교 선교사 놀스(Knowles)는 1906년 원산에 반열방(班列房)이란 인보관을, 마이어스(Myers)는 1921년 서울에 태화여자관(泰和女子館)이란 인보관을 설립하여 여성을 위한 계몽사업을 실시하였다. 참고로 '태화사회관(泰和社會館) 50년사'의 기록에서는 태화여자관을 우리나라 최초의 인보관이자 사회복지관으로 소개하고 있다.
⑤ 새마을운동은 농촌생활환경개선운동으로 시작되었으나 소득증대운동으로 확대되었으며, 도시민의 의식개선운동으로도 전개되었다.

54

③ 헐 하우스(Hull House)는 미국의 초창기 인보관으로서, 아담스(Adams)가 1889년 시카고(Chicago)에 건립하였다.

55 지역사회복지 이론에 관한 설명으로 옳은 것은?

① 교환이론 - 자원의 교환을 통한 지역사회 발전 강조
② 자원동원이론 - 이익집단들 간의 갈등과 타협 강조
③ 다원주의이론 - 소수 엘리트에 의한 지역사회 발전 강조
④ 기능주의이론 - 지역사회 변화의 원동력을 갈등으로 간주
⑤ 사회자본이론 - 지역사회 하위체계의 기능과 역할 강조

56 사회자본이론과 관련된 개념을 모두 고른 것은?

> ㄱ. 신 뢰
> ㄴ. 호혜성
> ㄷ. 경 계
> ㄹ. 네트워크

① ㄱ, ㄴ
② ㄷ, ㄹ
③ ㄱ, ㄴ, ㄷ
④ ㄱ, ㄴ, ㄹ
⑤ ㄱ, ㄴ, ㄷ, ㄹ

57 다음을 설명하고 있는 이론은?

> 최근 A지방자치단체와 B지방자치단체는 중앙 정부로부터 각각 100억원의 복지 예산을 지원 받았다. 노인복지단체가 많은 A지방자치단체는 지역 노인회의 요구로 노인복지 예산 편성비율이 전체 예산의 50%를 차지하게 되었고, 상대적으로 젊은 층이 많이 거주하고 있는 B지방자치단체는 노인복지 예산의 편성비율이 20% 수준에 그쳤다.

① 교환이론
② 갈등주의이론
③ 사회체계이론
④ 사회자본이론
⑤ 다원주의이론

58 다음 (　　)에 들어갈 내용은?

> 사회복지사는 자신이 가지고 있는 가치와 신념, 행동과 관습 등이 참여자보다 상위에 있는 전문가라고 생각할 수 있기 때문에 (　　)을/를 통하여 참여자들의 문화적 배경에 대해 배우고자 하는 자세가 필요하다.

① 상호학습
② 의사통제
③ 우월의식
④ 지역의 자치성
⑤ 서비스 영역의 일치성

55

① 교환이론(사회교환이론)은 물질적 또는 비물질적인 자원의 교환을 인간의 기본적인 상호작용의 형태로 간주하며, 인간관계에 대한 경제적 관점을 토대로 이익이나 보상에 의한 긍정적인 이득을 최대화하는 한편, 비용이나 처벌의 부정적인 손실을 최소화하는 교환의 과정을 분석한다.

② 지역사회복지정책들이 다양한 관련 이익단체들 간의 갈등과 타협으로 만들어진다고 보는 대표적인 이론으로 다원주의이론(이익집단이론)이 있다.

③ 지역사회 내 소수의 엘리트 집단의 권력이 지역사회복지정책을 좌우한다고 보는 대표적인 이론으로 엘리트이론(엘리트주의이론)이 있다.

④ 지역사회 내 갈등을 변화의 원동력으로 보는 대표적인 이론으로 갈등이론이 있다.

⑤ 지역사회가 다양한 하위체계들로 구성되어 있으며, 각각의 하위체계가 자신의 기능과 역할을 충실히 발휘할 때 지역사회가 발전한다고 보는 대표적인 이론으로 기능주의이론(구조기능론)이 있다.

56

ㄷ. 경계(Boundary)란 체계와 환경 혹은 체계와 체계 간을 구분하는 일종의 테두리를 의미하는 것으로, 사회체계이론의 주요 개념에 해당한다.

ㄱ·ㄴ·ㄹ. 사회자본(Social Capital)은 지역사회 구성원의 사회적 관계에 바탕을 둔 자원으로서, 조직화된 행동을 유도하여 사회발전의 효율성을 증대시키는 대인 간 신뢰, 규범 및 네트워크를 의미한다. 이러한 사회자본은 물리적 자본과는 다른 양상을 보이는데, 사용할수록 총량이 증가하는 반면, 사용하지 않을수록 감소한다. 또한 일방향일 때보다 쌍방향일 때 커지므로 자기충족적(Self-fulfilling)이다.

57

다원주의이론(이익집단이론)

• 정부의 사회복지 지출이 민주주의 사회에서 선거에 의한 득표 경쟁과 밀접하게 연관된다는 점에 근거한다. 즉, 정부의 사회복지 지출은 각각 자신들의 이익을 추구하는 이익집단 활동들의 정치적 결과로 볼 수 있다.

• 지역사회복지정책의 결정은 이익집단들의 상대적 영향력 정도에 따라 달라진다. 예를 들어, 노인층이 다수를 이루는 지역사회에서는 노인복지 예산 편성비율이, 청년층이 다수를 이루는 지역사회에서는 청년복지 예산 편성비율이 상대적으로 높은 수준을 보이게 된다.

58

상호학습(Mutual Learning)

• 특정한 가치와 신념을 신봉하거나 강요하지 아니하며, 지역의 다양한 문화적 배경을 학습하는 것을 의미한다.

• 지역사회복지 실천가와 참여자 집단은 사회변화의 과정에서 동등한 파트너라는 점을 시사한다. 즉, 지역사회복지 실천가는 조직화 과정에서 참여자 집단의 문화적 배경을 배우고자 하는 적극적인 학습자가 되어야 하며, 참여자 집단으로 하여금 클라이언트로서의 역할을 뛰어넘어 교육자이자 파트너로서의 역할을 맡을 수 있도록 동기를 부여해야 한다는 것이다.

59 지역사회복지실천 원칙으로 옳은 것을 모두 고른 것은?

ㄱ. 지역사회 욕구 변화에 따른 유연한 대응
ㄴ. 지역사회 주민을 중심으로 개입 목표 설정과 평가
ㄷ. 지역사회 특성의 일반화
ㄹ. 지역사회의 자기결정권 강조

① ㄱ, ㄴ
② ㄷ, ㄹ
③ ㄱ, ㄴ, ㄷ
④ ㄱ, ㄴ, ㄹ
⑤ ㄱ, ㄴ, ㄷ, ㄹ

60 포플(K. Popple, 1996)의 지역사회복지실천 모델을 모두 고른 것은?

ㄱ. 지역사회개발
ㄴ. 지역사회보호
ㄷ. 지역사회조직
ㄹ. 지역사회연계

① ㄱ, ㄴ
② ㄷ, ㄹ
③ ㄱ, ㄴ, ㄷ
④ ㄱ, ㄴ, ㄹ
⑤ ㄱ, ㄴ, ㄷ, ㄹ

61 다음 사례에서 사회복지사가 활용한 기술은?

행복시(市)에 근무하는 A사회복지사는 무력화되어 있는 클라이언트의 잠재 역량 및 자원을 인정하고 삶을 스스로 결정할 수 있도록 북돋아 주었다.

① 자원동원 기술
② 자원개발 기술
③ 임파워먼트 기술
④ 조직화 기술
⑤ 네트워크 기술

62 지역사회 사정에 해당하지 않는 것은?

① 지역사회의 욕구를 파악한다.
② 협력·조정을 위한 네트워크를 구축한다.
③ 지역 공청회를 통해 주민 의견을 수렴한다.
④ 명목집단 등을 활용한 욕구의 우선순위를 결정할 수 있다.
⑤ 서베이, 델파이기법 등을 활용하여 자료를 수집한다.

59

ㄷ. 지역사회는 있는 그대로 이해되고 수용되어야 하
며, 개인과 집단처럼 지역사회도 서로 상이하므
로 지역사회의 특성과 문제들을 개별화하여야 한다.

60

포플(Popple)의 지역사회복지실천모델

- 지역사회보호(Community Care)
- 지역사회조직(Community Organization)
- 지역사회개발(Community Development)
- 사회/지역계획(Social/Community Planning)
- 지역사회교육(Community Education)
- 지역사회행동(Community Action)
- 여권주의적 지역사회사업(Feminist Community Work)
- 인종차별철폐 지역사회사업(Black and Anti-racist Community Work)

61

③ 임파워먼트(Empowerment) 기술은 지역주민의
강점을 인정하고 스스로 문제 해결을 위한 주도적
인 역할을 함으로써 현재 처한 문제 해결뿐만 아
니라 근본적인 역량을 강화하도록 원조하는 것이다.

①·② 자원개발 및 동원 기술은 지역주민의 욕구 충
족 및 문제 해결을 위해 자원이 필요한 경우 자원
을 발굴하고 동원하는 것이다.

④ 조직화 기술은 지역사회의 당면문제를 해결하기
위해 전체 지역주민을 대표하는 일정 수의 주민을
선정하여 모임을 구성하는 것이다.

⑤ 네트워크(연계) 기술은 서비스의 중복과 누락을
방지하고 자원을 효율적으로 관리하기 위한 것으
로, 클라이언트인 지역주민으로 하여금 적절한 지
역사회 자원과 연계하는 것이다.

62

② 지역사회복지 실천과정에서 실행단계의 주요 과
업에 해당한다.

지역사회복지 실천과정에서 실행단계의 주요 과업

- 재정자원의 집행
- 추진인력의 확보 및 활용
- 참여자 간 저항과 갈등 관리
- 참여자 적응 촉진
- 협력과 조정을 위한 네트워크 구축 등

63 지역사회복지실천 과정의 순서로 옳은 것은?

> ㄱ. 지역사회 사정
> ㄴ. 실 행
> ㄷ. 성과평가
> ㄹ. 실행계획 수립

① ㄱ → ㄴ → ㄷ → ㄹ
② ㄱ → ㄹ → ㄴ → ㄷ
③ ㄹ → ㄱ → ㄴ → ㄷ
④ ㄹ → ㄱ → ㄷ → ㄴ
⑤ ㄹ → ㄴ → ㄷ → ㄱ

64 지역사회개발모델 중 조력자로서의 사회복지사 역할이 아닌 것은?

① 좋은 대인관계를 조성하는 일
② 지역사회를 진단하는 일
③ 불만을 집약하는 일
④ 공동의 목표를 강조하는 일
⑤ 조직화를 격려하는 일

65 사회계획모델에서 샌더스(I. T. Sanders)가 주장한 사회복지사의 역할이 아닌 것은?

① 분석가
② 조직가
③ 계획가
④ 옹호자
⑤ 행정가

66 로스만(J. Rothman)의 사회행동모델에 해당하지 않는 것은?

① 클라이언트 집단을 소비자로 본다.
② 변화를 위한 기본 전략은 '억압자에 대항하기 위한 규합'을 추구한다.
③ 지역사회 내 불평등한 권력구조의 변화를 지향한다.
④ 변화 매개체로 대중조직을 활용한다.
⑤ 여성운동, 빈민운동, 환경운동 등 시민운동에도 활용될 수 있다.

63

지역사회복지실천의 일반적인 과정

문제확인 (제1단계)	지역사회에 내재되어 있거나 표출된 문제들이 무엇인지를 규명하기 위한 과정으로, 지역사회 진단, 표적집단 확인, 우선순위 선정 등이 포함된다.
지역사회 사정 (제2단계)	지역사회의 욕구와 자원을 파악하는 과정으로, 사회지표를 비롯하여 욕구사정을 위한 다양한 자료수집방법들이 활용된다.
계획 및 실행 (제3단계)	목표를 설정하고 프로그램의 내용 및 방법을 구체화하며, 프로그램에 대한 홍보 활동을 진행한다. 또한 실천모델을 결정하여 계획에 맞춰 실행한다.
평 가 (제4단계)	지역사회의 변화를 위해 활용된 개입의 과정 및 결과를 평가한다.

64

② 지역사회개발모델에서 사회복지사의 전문가 (Expert)로서의 역할에 해당한다.

지역사회개발모델에서 사회복지사의 조력자(Enabler)로서의 역할

• 불만을 집약하는 일
• 조직화를 격려하는 일
• 좋은 대인관계를 육성(조성)하는 일
• 공동목표를 강조하는 일

65

사회계획모델에서 사회복지사의 역할(Sanders)

분석가 (Analyst)	지역사회의 현존 문제에 대한 분석에서 사회변화를 위한 프로그램 과정의 분석에 이르기까지 지역사회의 변화를 위한 전반적인 분석과 평가를 수행한다.
계획가 (Planner)	분석의 결과를 토대로 사회문제의 변화를 목표로 하는 계획을 수립한다.
조직가 (Organizer)	조직의 수립과 실천과정에 지역주민은 물론 지역사회의 행정체계를 참여시킨다.
행정가 (Program Administrator)	프로그램이 실제로 운영되어 그 계획이 효과적으로 달성되기 위한 모든 물적·인적 자원을 관리한다.

66

① 수급자로서 클라이언트 집단을 소비자(Consumers)로 보는 것은 사회계획모델에 해당한다. 반면, 사회행동모델에서는 수급자로서 클라이언트 집단을 체제의 희생자(Victims)로 본다. 여기서 체제란 정부나 기업 등 클라이언트 집단에 불이익을 주는 것으로 판단되는 모든 조직과 제도를 포함한다.

67 연계기술에 해당하지 않는 것은?

① 클라이언트 중심의 사회적 관계망을 강화시킬 수 있다.

② 이용자 중심의 통합적 서비스를 제공할 수 있다.

③ 새로운 인프라 구축에 필요한 시간과 비용을 줄일 수 있다.

④ 사회복지시설의 서비스 중복·누락을 방지할 수 있다.

⑤ 지역사회 공공의제를 개발하고 주민 의식화를 강화할 수 있다.

68 지방자치제에 관한 설명으로 옳은 것을 모두 고른 것은?

> ㄱ. 지방자치제는 자기통치 원리를 담고 있다.
> ㄴ. 지방자치는 주민자치와 단체자치를 일컫는다.
> ㄷ. 지방자치단체는 사회복지시설을 평가할 수 있다.
> ㄹ. 지방자치법을 제정함으로써 지방 분권을 위한 법적 장치가 만들어졌다.

① ㄱ, ㄴ

② ㄷ, ㄹ

③ ㄱ, ㄴ, ㄷ

④ ㄱ, ㄴ, ㄹ

⑤ ㄱ, ㄴ, ㄷ, ㄹ

69 지역사회보장에 관한 계획(이하 '지역사회보장계획'이라 한다)에 관한 설명으로 옳은 것은?

① 시장·군수·구청장은 4년마다 지역사회보장계획을 수립한 후 보건복지부장관에게 제출한다.

② 시·군·구의 지역사회보장계획은 시·도 사회보장위원회의 심의를 거친다.

③ 지역사회보장계획은 사회복지사업법에 의거 매년 연차별 시행계획을 수립한다.

④ 시·도의 지역사회보장계획은 지역사회보장협의체의 심의를 거친다.

⑤ 지역사회보장계획의 수립 및 지역사회보장조사의 시기·방법 등에 필요한 사항은 대통령령으로 정한다.

70 사회복지사업법상 (   )에 들어갈 내용으로 옳은 것은?

> **제34조의5(사회복지관의 설치 등)** ① 제34조 제1항과 제2항에 따른 시설 중 사회복지관은 지역복지증진을 위하여 다음 각 호의 사업을 실시할 수 있다.
> 1. 지역사회의 특성과 지역주민의 복지욕구를 고려한 (ㄱ) 사업
> 2. 국가·지방자치단체 및 민간 부문의 사회복지서비스를 연계·제공하는 (ㄴ) 사업
> 3. 지역사회 복지공동체 활성화를 위한 복지자원 관리, 주민교육 및 (ㄷ) 사업

① ㄱ : 서비스 제공   ㄴ : 사례관리
　 ㄷ : 조직화

② ㄱ : 서비스 제공   ㄴ : 조직화
　 ㄷ : 사례관리

③ ㄱ : 사례관리   ㄴ : 서비스 제공
　 ㄷ : 조직화

④ ㄱ : 조직화   ㄴ : 사례관리
　 ㄷ : 재가복지

⑤ ㄱ : 조직화   ㄴ : 지역사회보호
　 ㄷ : 사례관리

67

⑤ 지역사회복지 관련 문제의 쟁점에 대해 일반대중의 관심을 이끌 수 있도록 이를 의제화하고, 문제의 원인이 지역주민 자신들이 아닌 사회구조에 있음을 의식화하도록 하는 것은 임파워먼트(Empowerment) 기술과 연관된다. 이와 관련하여 루빈과 루빈(Rubin & Rubin)은 지역사회의 임파워먼트를 높이기 위한 구체적인 방법으로 공공의제의 틀 형성(공공의제 만들기), 의식 제고(의식 고양하기) 등을 제시한 바 있다.

68

ㄱ. 지방자치제는 민주주의 사상에 기초를 두며, 지역문제에 대한 자기통치 원리를 담고 있다.

ㄴ. '단체자치'는 국가와 별개의 법인격을 가진 지방자치단체가 국가로부터 상대적으로 독립된 지위와 권한을 인정받아 일정한 범위 내에서 중앙의 통제를 받지 아니하고 독자적으로 행정사무를 처리하는 제도를 말한다. 지방자치제는 단체자치라는 수단을 통해 지방자치제의 본질적 요소인 주민자치를 실현한다.

ㄷ. 국가와 지방자치단체는 사회복지서비스의 품질을 관리하기 위하여 사회복지서비스를 제공하는 기관·법인·시설·단체의 서비스 환경, 서비스 제공 인력의 전문성 등을 평가할 수 있다(사회복지사업법 제5조의2 제4항).

ㄹ. 우리나라는 1949년 「지방자치법」을 제정함으로써 지방 분권을 위한 법적 장치가 만들어졌다. 그러나 6.25, 5.16, 군부독재의 정치적 격동기를 거치면서 약 30년간 중단되었다가, 1988년 법의 전면개정에 의해 1991년 지방의회의원 선거, 1995년 지방자치단체장 선거를 치르면서 완전한 민선 지방자치시대를 열게 되었다.

69

⑤ 사회보장급여의 이용·제공 및 수급권자 발굴에 관한 법률 제35조 제9항

① 시장·군수·구청장은 4년마다 지역사회보장계획을 수립한 후 시·도지사에게 제출한다.

② 시·군·구의 지역사회보장계획은 지역사회보장협의체의 심의를 거친다.

③ 시·도지사 및 시장·군수·구청장은 매년 지역사회보장계획에 따라 연차별 시행계획을 수립한다.

④ 시·도의 지역사회보장계획은 시·도 사회보장위원회의 심의를 거친다.

70

사회복지관의 설치 등(사회복지사업법 제34조의5 제1항)

사회복지관은 지역복지증진을 위하여 다음 각 호의 사업을 실시할 수 있다.

1. 지역사회의 특성과 지역주민의 복지욕구를 고려한 서비스 제공 사업
2. 국가·지방자치단체 및 민간 부문의 사회복지서비스를 연계·제공하는 사례관리 사업
3. 지역사회 복지공동체 활성화를 위한 복지자원 관리, 주민교육 및 조직화 사업
4. 그 밖에 복지증진을 위한 사업으로서 지역사회에서 요청하는 사업

71 사회복지관의 사업내용 중 기능이 다른 것은?

① 지역 내 보호가 필요한 대상자 및 위기 개입 대상자 발굴
② 개입 대상자의 문제와 욕구에 맞는 맞춤형 서비스 제공을 위한 사례개입
③ 지역 내 민간 및 공공자원 연계 및 의뢰
④ 발굴한 사례에 대한 개입계획 수립
⑤ 주민협력 강화를 위한 주민의식 교육

72 사회복지공동모금회법상 사회복지공동모금회에 관한 설명으로 옳지 않은 것은?

① 사회복지공동모금회는 사회복지법인이다.
② 특별시 · 광역시 · 특별자치시 · 도 · 특별자치도 단위 사회복지공동모금지회를 둔다.
③ 임원의 임기는 2년으로 하며, 한 차례만 연임할 수 있다.
④ 모금회가 아닌 자는 사회복지공동모금 또는 이와 유사한 명칭을 사용하지 못한다.
⑤ 사회복지활동 등을 지원하기 위한 재원을 조성하기 위하여 복권을 발행할 수 있다.

73 다음 설명을 모두 충족하는 것은?

- 지역공동체에 기반하여 활동한다.
- 도시재생 활성화 및 지원에 관한 특별법에 근거를 두고 있다.
- 주민이 지역자원을 활용한 수익사업을 통해 지역공동체를 활성화한다.

① 사회적기업
② 마을기업
③ 자활기업
④ 협동조합
⑤ 자선단체

74 아른스테인(S. Arnstein)이 분류한 주민참여 단계에 해당하지 않는 것은?

① 협동관계
② 정보제공
③ 주민회유
④ 주민동원
⑤ 권한위임

71

⑤ 주민이 지역사회 문제에 스스로 참여하고 공동체 의식을 갖도록 주민 조직의 육성을 지원하고, 이러한 주민협력 강화에 필요한 주민의식을 높이기 위한 교육을 실시하는 주민조직화 사업은 사회복지관의 '지역조직화 기능'에 해당한다.

사회복지관의 사례관리 기능

사례발굴	지역 내 보호가 필요한 대상자 및 위기 개입 대상자를 발굴하여 개입계획 수립
사례개입	지역 내 보호가 필요한 대상자 및 위기 개입 대상자의 문제와 욕구에 대한 맞춤형 서비스가 제공될 수 있도록 사례개입
서비스연계	사례개입에 필요한 지역 내 민간 및 공공의 가용 자원과 서비스에 대한 정보 제공 및 연계. 의뢰

72

③ 임원의 임기는 3년으로 하며, 한 차례만 연임할 수 있다(사회복지공동모금회법 제7조 제2항).
① 사회복지공동모금회는 「사회복지사업법」 제2조 제3호의 사회복지법인으로 한다(동법 제4조 제2항).
② 사회복지공동모금회에 지역단위의 사회복지공동모금사업을 관장하기 위하여 특별시 · 광역시 · 특별자치시 · 도 · 특별자치도 단위 사회복지공동모금지회를 둔다(동법 제14조 제1항).
④ 동법 제29조
⑤ 사회복지공동모금회는 사회복지사업이나 그 밖의 사회복지활동 등을 지원하기 위한 재원을 조성하기 위하여 복권을 발행할 수 있다(동법 제18조의2 제1항).

73

사회적경제의 주요 주체

• 사회적기업 : 취약계층에게 사회서비스 또는 일자리를 제공하거나 지역사회에 공헌함으로써 지역주민의 삶의 질을 높이는 등의 사회적 목적을 추구하면서 재화 및 서비스의 생산 · 판매 등 영업활동을 하는 기업이다.
• 마을기업 : 지역주민이 각종 지역자원을 활용한 수익사업을 통해 공동의 지역문제를 해결하고, 소득 및 일자리를 창출하여 지역공동체 이익을 효과적으로 실현하기 위해 설립 · 운영하는 마을단위의 기업이다.
• 자활기업 : 2인 이상의 수급자 또는 차상위자가 상호 협력하여, 조합 또는 사업자의 형태로 탈빈곤을 위한 자활사업을 운영하는 업체를 말한다.
• 협동조합 : 재화 또는 용역의 구매 · 생산 · 판매 · 제공 등을 협동으로 영위함으로써 조합원의 권익을 향상하고 지역사회에 공헌하고자 하는 사업조직을 말한다.

74

주민참여 수준 8단계(Arnstein)

• 조작 또는 여론조작(제1단계)
• 처방 또는 대책치료(제2단계)
• 정보제공(제3단계)
• 주민상담 또는 협의(제4단계)
• 회유 또는 주민회유(제5단계)
• 협동관계 또는 파트너십(제6단계)
• 권한위임(제7단계)
• 주민통제(제8단계)

75 우리나라 지역사회복지 환경 변화의 순서로 옳은 것은?

> ㄱ. 희망복지지원단 설치 · 운영
> ㄴ. 사회복지통합관리망(행복e음) 구축
> ㄷ. 지역사회 통합돌봄(커뮤니티케어) 선도사업 시행
> ㄹ. '읍 · 면 · 동 복지허브화' 사업 시행

① ㄱ → ㄴ → ㄷ → ㄹ
② ㄱ → ㄴ → ㄹ → ㄷ
③ ㄴ → ㄱ → ㄷ → ㄹ
④ ㄴ → ㄱ → ㄹ → ㄷ
⑤ ㄴ → ㄷ → ㄱ → ㄹ

제3과목 ▶ 사회복지정책과 제도

제1영역 **사회복지정책론**

01 사회복지의 잔여적 개념과 제도적 개념에 관한 설명으로 옳은 것을 모두 고른 것은?

> ㄱ. 잔여적 개념에 따르면 개인은 기본적으로 가족과 시장을 통해 욕구를 충족시킨다.
> ㄴ. 제도적 개념에 따르면 가족과 시장에 의한 개인의 욕구 충족이 실패했을 때 국가가 잠정적 · 일시적으로 그 기능을 대신한다.
> ㄷ. 잔여적 개념은 작은 정부를 옹호하고 시장과 민간의 역할을 중시하는 보수주의자들의 선호와 맥락을 같이한다.
> ㄹ. 제도적 개념은 사회복지를 시혜나 자선으로 보지 않지만 국가에 의해 주어진 것이므로 권리성은 약하다.

① ㄱ
② ㄹ
③ ㄱ, ㄷ
④ ㄴ, ㄷ
⑤ ㄴ, ㄷ, ㄹ

---

02 복지다원주의 또는 복지혼합에 관한 설명으로 옳지 않은 것은?

① 국가는 복지의 주된 공급자로 인정하면서도 불평등을 야기하는 시장은 복지 공급자로 수용하지 않는다.
② 국가를 포함한 복지제공의 주체를 재구성하는 논리로 활용된다.
③ 비공식부문은 제도적 복지의 발달에도 불구하고 존재하는 비복지 문제에 대응하는 복지주체이다.
④ 시민사회는 사회적경제조직을 구성하여 지역사회에서 공급주체로 참여하는 역할을 한다.
⑤ 복지제공의 주체로 국가 외에 다른 주체를 수용한다는 점에서 복지국가를 비판하는 논리로 쓰인다.

---

03 급여의 형태에 관한 설명으로 옳은 것을 모두 고른 것은?

> ㄱ. 현금급여는 선택의 자유를 보장하지만 사회적 통제가 부과된다.
> ㄴ. 현물급여는 집합적 선을 추구하고 용도 외 사용을 방지하지만 관리비용이 많이 든다.
> ㄷ. 서비스는 클라이언트를 위한 제반 활동을 말하며 목적 외 다른 용도로 사용할 수 없다.
> ㄹ. 증서는 일정한 범위 내에서만 교환가치를 가지기 때문에 개인주의자와 집합주의자 모두 선호한다.
> ㅁ. 기회는 재화와 자원을 통제할 수 있는 영향력을 의미하며 정책에 관한 의사결정권을 갖는 것을 말한다.

① ㄱ, ㄹ
② ㄴ, ㅁ
③ ㄱ, ㄴ, ㄷ
④ ㄱ, ㄷ, ㅁ
⑤ ㄴ, ㄷ, ㄹ

75

ㄴ. 2010년 1월 사회복지 급여·서비스의 지원대상자 자격 및 이력에 관한 정보를 통합적으로 관리하고 지방자치단체의 복지업무처리를 지원하기 위해 사회복지통합관리망(행복e음)이 구축되었다.

ㄱ. 2012년 4월 지역주민 맞춤형 통합서비스체계 구축을 목적으로 지역사회가 보유한 자원과 서비스를 총괄적으로 조정하는 희망복지지원단이 각 지방자치단체에 설치되어 5월부터 공식적으로 운영되었다.

ㄹ. 2014년 7월 읍·면·동 복지허브화 시범사업을 시작으로 2016년부터 읍·면·동에 맞춤형 복지전담팀이 구성되고, 2017년부터 주민자치형 공공서비스를 통해 서비스 확대가 이루어지고 있다.

ㄷ. 2019년 6월부터 주거, 보건의료, 요양, 돌봄, 일상생활의 지원이 통합적으로 확보되는 지역주도형 정책으로서 지역사회 통합돌봄(커뮤니티케어) 선도사업이 실시되어 2026년 통합돌봄의 보편적 실행을 목표로 추진 중이다.

제3과목 ▶ 사회복지정책과 제도

01

ㄴ. 잔여적 개념에 대한 설명에 해당한다.

ㄹ. 제도적 개념은 상대적으로 권리성이 강하다.

사회복지의 잔여적 개념과 제도적 개념

잔여적 개념	개인은 기본적으로 가족과 시장을 통해 욕구를 충족시킨다. 따라서 사회복지는 가족이나 시장경제가 개인의 문제나 욕구를 해결할 수 없는 경우에 한해 국가가 개인의 기본적인 삶을 유지할 수 있도록 해 주는 보완적인 기능을 수행한다.
제도적 개념	개인이 가족이나 시장을 통해 모든 욕구를 충족시킬 수는 없다. 따라서 사회복지는 국가가 모든 국민으로 하여금 그들의 능력을 최대한 발휘하고 사회적 기능을 향상시킬 수 있도록 사회제도로써 사회서비스를 포괄적·지속적으로 제공한다.

02

복지혼합(Welfare Mix)

• 복지공급 주체의 다양화를 표방하는 복지다원주의(Welfare Pluralism) 양상을 나타내는 것으로, 한 사회에서 복지의 총량이 국가, 시장, 그리고 가족 및 비영리 민간복지기관에서 제공하는 다양한 복지의 혼합으로 구성된다는 의미를 내포한다.

• 복지 공급자이자 소득이전자로서 국가의 역할은 축소되어야 하며, 국가가 담당해왔던 대부분의 공급자로서의 역할이 가족, 지역사회, 시장 등으로 넘겨져야 한다고 주장한다.

03

ㄱ. 수급자가 일정한 용도 혹은 범위 내에서 원하는 재화나 서비스를 자유롭게 선택할 수 있도록 보장하지만, 미리 정해 둔 용도와 목적에 맞게 급여를 사용하도록 사회적 통제를 부과하는 것은 증서(Voucher)에 해당한다.

ㅁ. 정책에 관한 의사결정 과정에 수급자를 직접 참여시킴으로써 정책에 영향력을 미칠 수 있도록 하는 것은 권력(Power)에 해당한다.

04 사회서비스 전자바우처에 관한 설명으로 옳지 않은 것은?

① 급여형태는 신용카드 또는 체크카드로 구현한 증서이다.
② 공급자 중심의 직접지원 또는 직접지불 방식이다.
③ 서비스 제공자의 도덕적 해이를 방지하기 위해 도입되었다.
④ 수요자의 선택권을 보장하기 위한 수단으로 활용되고 있다.
⑤ 금융기관 시스템을 활용하여 재정흐름의 투명성이 높아졌다.

05 보편주의와 선별주의에 관한 설명으로 옳은 것을 모두 고른 것은?

> ㄱ. 보편주의는 시민권에 입각해 권리로서 복지를 제공하므로 비납세자는 사회복지 대상에서 제외한다.
> ㄴ. 보편주의는 기여자와 수혜자를 구별하지 않는다.
> ㄷ. 선별주의는 수급자격이 제한된 급여를 제공하기 위해 자산조사 또는 소득조사를 한다.
> ㄹ. 보편주의자와 선별주의자 모두 사회적 평등성 또는 사회적 효과성을 나름대로 추구한다.

① ㄷ
② ㄱ, ㄷ
③ ㄴ, ㄹ
④ ㄱ, ㄴ, ㄹ
⑤ ㄴ, ㄷ, ㄹ

06 사회복지의 민간재원에 관한 설명으로 옳은 것은?

① 사회복지의 민간재원에는 조세지출, 기부금, 기업복지, 퇴직금 등이 포함된다.
② 기부금 규모는 국세청이 추산한 액수보다 더 적을 것으로 추정된다.
③ 이용료는 클라이언트가 직접 지불한 것을 제외하고 사회보장기관 등의 제3자가 서비스 비용을 지불한 것을 의미한다.
④ 기업복지는 기업이 그 피용자들에게 제공하는 임금과 임금 외 급여 또는 부가급여를 의미한다.
⑤ 기업복지의 규모가 커질수록 노동자들 사이의 불평등이 증가한다.

07 조세와 사회보험료에 관한 설명으로 옳은 것은?

① 조세는 사회보험료에 비해 소득역진적이다.
② 조세와 사회보험료는 공통적으로 빈곤완화, 위험분산, 소득유지, 불평등 완화의 기능을 수행한다.
③ 조세와 사회보험료는 공통적으로 상한선이 있어서 고소득층에 유리하다.
④ 사회보험료를 조세로 보기는 하지만 임금으로 보지는 않는다.
⑤ 개인소득세는 누진성이 강하고 일반소비세는 역진성이 강하다.

04

사회서비스 전자바우처의 도입배경

- 기존의 사회복지서비스는 공급자 지원방식으로 이루어져 수요자의 선택권이 제한되어 시장 창출에 한계를 드러냈다.
- 수요자 중심의 직접지원 또는 직접지불 방식을 도입함으로써 수요자의 선택권을 강화할 필요성이 제기되었다.(②)
- 수요자 직접지원을 통해 서비스 제공자의 허위·부당 청구 등 도덕적 해이를 방지하는 한편, 금융기관 시스템을 활용하여 재정흐름의 투명성과 업무 효율성을 높이고 정보의 집적 관리를 통해 사회서비스 발전 기반을 마련할 수 있을 것으로 기대한다.

05

ㄱ. 보편주의(Universalism)는 전 국민을 사회복지의 대상자로 삼는 것을 의미하는 것으로, 사회복지급여는 시민권에 입각한 사회적 권리로서 모든 국민을 대상으로 골고루 주어야 한다는 가치이다. 사회구성원을 '주는 자'와 '받는 자'의 두 집단으로 나누지 않으며, 별도의 자산조사 또는 소득조사를 요구하지 않는다.

06

⑤ 기업복지는 안정된 직장에서 높은 임금을 받는 근로자를 주된 대상으로 하는 만큼 저임금 근로자, 비정규직 근로자, 실업자 등에 상대적으로 불리하므로 역진성이 발생한다. 따라서 기업복지의 규모가 커질수록 노동자들 사이의 불평등이 증가한다.
① 조세지출 또는 조세비용(Tax Expenditure)은 사회복지의 공공재원 중 하나이다.
② 국내 기부금 총액은 국세청에 신고된 개인 기부금과 법인 기부금(기업 기부금)으로 확인할 수 있다. 즉, 세금 혜택을 받기 위한 신고를 하지 않은 금액은 포함되어 있지 않으므로, 실제 기부금 규모는 국세청이 추산한 액수보다 더 많을 것으로 추정된다.
③ 이용료는 사회복지급여나 서비스를 이용하는 사람들이 그 이용의 대가를 지불하는 방법으로 재원을 조달하는 것을 말한다.
④ 기업복지는 인건비 성격이지만 임금을 포함하는 항목으로 분류되지 않는다. 이는 임금이 근로의 대가로 급부하는 인건비인 반면, 기업복지는 고용의 대가로 급부하는 인건비이기 때문이다.

07

⑤ 개인소득세는 누진세율을 적용하고 일정 소득 이하인 사람에게 조세를 면제해 주거나 저소득층에게 보다 많은 조세감면 혜택을 부여하므로 누진성이 강하다. 반면, 일반소비세는 일반적으로 모든 상품에 대한 단일세율 부과로 인해 역진성이 강하다.
① 사회보험료는 조세 중 직접세에 해당하는 소득세에 비해 역진적이다.
② 위험분산, 소득유지는 사회보험료의 특징적인 기능에 해당한다.
③ 조세 중 소득세에는 상한선이 없다.
④ 사회보험료와 조세의 관계와 관련하여 사회보험료를 조세의 일부로 간주하는 입장, 조세의 일부가 아닌 임금의 일부로 간주하는 입장이 있다.

08 길버트와 테렐(Gilbert & Terrell)이 주장한 전달체계의 개선전략 중 서비스에 대한 접근성 자체를 중요하게 간주하여 독자적인 서비스를 제공하려는 재구조화 전략은 무엇인가?

① 중앙집중화(Centralization)
② 사례수준 협력(Case-level Cooperation)
③ 시민참여(Citizen Participation)
④ 전문화된 접근구조(Specialized Access Structure)
⑤ 경쟁(Competition)

09 사회복지정책의 발달을 설명하는 이론으로 옳은 것을 모두 고른 것은?

ㄱ. 시민권이론은 정치권, 공민권, 사회권의 순서로 발달한 것으로 본다.
ㄴ. 권력자원이론은 노동조합의 중앙집중화 정도, 좌파정당의 집권을 복지국가 발달의 변수로 본다.
ㄷ. 이익집단이론은 다양한 이익집단들의 정치적 활동을 통해 복지국가가 발달한 것으로 본다.
ㄹ. 국가중심이론은 국가 엘리트들과 고용주들의 의지와 능력에 의해 결정된다고 본다.
ㅁ. 수렴이론은 그 사회의 기술수준과 산업화 정도에 따라 사회복지의 발달이 수렴된다고 본다.
---

① ㄱ, ㄴ, ㄹ
② ㄱ, ㄷ, ㅁ
③ ㄴ, ㄷ, ㄹ
④ ㄴ, ㄷ, ㅁ
⑤ ㄷ, ㄹ, ㅁ

10 빈곤과 소득불평등의 측정에 관한 설명으로 옳은 것은?

① 반물량 방식은 엥겔계수를 활용하여 빈곤선을 추정한다.
② 상대적 빈곤은 생존에 필요한 생활수준이 최소한의 수준에 도달하지 못한 상태를 말한다.
③ 라이덴 방식은 객관적 평가에 기초하여 빈곤선을 측정한다.
④ 빈곤율은 빈곤층의 소득을 빈곤선 수준으로 끌어올리는 데 필요한 총소득을 나타낸다.
⑤ 지니계수가 1일 경우는 완전평등한 분배상태를 의미한다.

11 사회적 배제의 특성에 관한 설명으로 옳지 않은 것은?

① 문제의 초점을 소득의 결핍으로 제한한다.
② 빈곤에 대해 다차원적으로 접근하는 개념이다.
③ 빈곤의 역동성과 동태적 과정을 강조한다.
④ 개인과 집단의 박탈과 불평등을 유발하는 다양한 영역을 포괄한다.
⑤ 사회적 관계망으로부터의 단절 문제를 제기한다.

08

전달체계 구성변화 전략

- 전문화된 접근구조(Specialized Access Structure)
  - 전문가에 의한 전문화된 관료적 서비스는 서비스에 접근하는 것 자체를 하나의 독자적인 서비스로서 제공한다.
  - 전문성을 유지하면서도 서비스에 대한 클라이언트의 접근성을 높이기 위한 방안으로, 사례옹호, 자문, 정보제공, 의뢰서비스 등을 통해 클라이언트에게 도움을 준다.
- 의도적인 중복(Purposive Duplication)
  - 기존 전달체계 내에서 이미 제공되고 있는 서비스의 일부 또는 전부를 새로운 기관으로 하여금 다시 제공하도록 한다.
  - 경쟁 전략을 통해 클라이언트의 선택의 폭을 넓히고 기관과 전문가들로 하여금 클라이언트의 욕구에 좀 더 민감하고 창의적으로 반응하도록 하는 한편, 분리 전략을 통해 기존의 전달체계 내에서 적절한 서비스를 제공받지 못한 소외계층을 위해 비정통적인 서비스를 제공한다.

09

ㄱ. 시민권이론의 주창자인 마샬(Marshall)은 시민권 확대 과정을 정치적·역사적 맥락에서 파악하였으며, 18세기 이래로 '공민권(Civil Right)', '정치권 또는 참정권(Political Right)', '사회권(Social Right)'이 점진적으로 발전해 왔다고 주장하였다.

ㄹ. 국가중심이론은 적극적 행위자로서 국가를 강조하고 사회복지정책의 발전을 국가 관료제의 영향으로 설명한다. 참고로 국가 엘리트들과 그들을 내세운 지배계급의 의지와 능력에 의해 복지정책이 결정된다고 보는 것은 신마르크스주의(Neo-Marxism) 이론에 해당한다.

10

① 반물량 방식은 모든 항목의 생계비를 계산하지 않고 엥겔계수를 활용하여 생계비를 추정한다.

② 상대적 빈곤은 한 사회의 평균적인 생활수준과 비교하여 빈곤을 규정하는 것으로, 그 사회의 불평등 정도와 관계가 깊다.

③ 라이덴 방식은 주관적 빈곤 측정방식이다.

④ 빈곤율(Poverty Rate)은 빈곤한 사람의 규모, 즉 빈곤인구가 전체 인구에서 차지하는 비율을 나타낸다. 반면, 빈곤갭(Poverty Gap)은 빈곤층의 소득을 빈곤선까지 상향시키는 데 필요한 총비용을 말하는 것으로서, 빈곤의 심도를 나타낸다.

⑤ 지니계수(Gini's Coefficient)는 소득분배의 불평등 정도에 따라 '0~1'까지의 값을 가진다. 완전평등 상태에서 지니계수는 '0', 완전불평등 상태에서 지니계수는 '1'이며, 그 값이 클수록 소득분배가 불평등한 상태임을 나타낸다.

11

사회적 배제(Social Exclusion)

- 빈곤·박탈과 관련된 사회문제를 나타내는 새로운 접근법으로, 관례적인 사회적 규범으로부터 완전히 차단된 사람들을 묘사한다.
- 배제의 개념은 사람들을 온전히 사회에 참여할 수 없도록 하는 상황들(예 장애로 인한 낙인, 인종적 불이익 등)과 함께 빈곤문제를 사회통합문제의 일부로 파악하도록 하는 한편, 주로 물질적 자원의 제공에 관심을 기울이던 기존의 빈곤정책과 달리 사회적 관계의 중요성을 고려하면서 사회에 진입시키기 위한 정책들을 강조한다.

12 영국 사회복지정책의 역사에 관한 설명으로 옳은 것을 모두 고른 것은?

> ㄱ. 길버트법은 빈민의 비참한 생활과 착취를 개선하기 위해 원외구제를 허용했다.
> ㄴ. 스핀햄랜드법은 빈민의 임금을 보충하기 위해 가족 수에 따라 보조금을 지급할 수 있게 했다.
> ㄷ. 신빈민법은 열등처우의 원칙을 적용하였고 원내구제를 금지했다.
> ㄹ. 왕립빈민법위원회의 소수파보고서는 구빈법의 폐지보다는 개혁을 주장했다.
> ㅁ. 베버리지 보고서를 근거로 하여 가족수당법, 국민부조법 등이 제정되었다.

① ㄱ, ㄷ
② ㄷ, ㅁ
③ ㄱ, ㄴ, ㅁ
④ ㄴ, ㄷ, ㄹ
⑤ ㄴ, ㄹ, ㅁ

13 미국의 빈곤가족한시지원(TANF)에 관한 설명으로 옳지 않은 것은?

① 수급기간 제한
② 개인 책임 강조
③ 근로연계복지 강화
④ 요보호아동가족부조(AFDC)와 병행
⑤ 주정부의 역할과 기능 강화

14 국가가 주도적으로 사회복지를 제공해야 할 필요성으로 옳지 않은 것은?

① 역선택
② 도덕적 해이
③ 규모의 경제
④ 능력에 따른 분배
⑤ 정보의 비대칭

15 에스핑-안데르센(G. Esping-Andersen)의 복지국가 유형에 관한 설명으로 옳은 것은?

① 복지국가 유형을 탈상품화, 계층화 등을 기준으로 분류하였다.
② 보수주의 복지국가는 탈가족주의와 통합적 사회보험을 강조한다.
③ 자유주의 복지국가는 공공부조의 비중과 탈상품화 수준이 낮은 편이다.
④ 사회민주주의 복지국가는 국가의 책임을 최소화하고 시장을 통해 문제해결을 한다.
⑤ 보수주의 복지국가의 예로는 프랑스, 영국, 미국을 들 수 있다.

12

ㄷ. 신빈민법(신구빈법)은 빈민을 가치 있는 빈민과 가치 없는 빈민으로 분류하고, 노동능력이 있는 빈민에 대한 원외구제를 폐지하여 이들에 대한 구빈을 작업장 내에서의 구빈으로 제한하였다(→ 작업장 활용의 원칙 혹은 원내구제의 원칙). 다만, 노약자, 병자 등에 한해 원외구제를 허용하였다.

ㄹ. 왕립빈민법위원회(구빈법 왕립위원회)의 다수파는 기존의 구빈제도를 개혁하되 이를 유지·존속하는 방향을 제안한 반면, 소수파는 기존의 구빈제도를 전면 폐지하고, 노동 가능한 빈민들을 위해 직업알선 및 직업훈련 프로그램 등 전국적인 서비스를 조직해야 한다고 주장하였다.

14

사회복지재화 및 서비스의 국가 제공의 필요성

- 공공재 성격
- 불완전한 시장정보(⑤)
- 외부효과
- 도덕적 해이(②)
- 위험발생의 비독립성 등
- 소득분배의 불공평
- 시장의 불완전성
- 규모의 경제(③)
- 역의 선택(①)

13

빈곤가족한시지원 또는 임시가족부조(TANF)

- 1960년대 케네디(Kennedy)와 존슨(Johnson) 행정부로 대표되는 제도적 관점의 진보주의는 1970년대에 좀 더 보충적 관점의 보수주의 접근방법으로 대치되기 시작하여, 1980년대 레이건(Reagan) 행정부의 이른바 레이거노믹스(Reaganomics)로 인해 대폭 축소되었다.
- 1961년 요보호아동가족부조(AFDC ; Aid to Families with Dependent Children)는 1988년 가족지원법(The Family Support Act) 제정에 따라 사실상 폐지되었고, 1997년 빈곤가족한시지원(TANF)이 이를 대체하였다.
- 빈곤가족한시지원(TANF)은 개인의 책임을 강조하고 근로연계복지를 강화하는 방향으로 시행되었는데, 일생에 걸쳐 60개월까지만 아동부양비 수급을 가능하도록 제한한 한편, 수급 개시 이후 2년이 지나면 아동부양 부모가 반드시 노동력제공 활동에 참여할 것을 규정하였다.

15

① 에스핑-안데르센(Esping-Andersen)은 탈상품화 정도, 사회계층화(계층화) 유형, 국가와 시장의 상대적 비중 등 세 가지 기준을 토대로 복지국가를 '자유주의 복지국가', '보수주의(조합주의) 복지국가', '사회민주주의(사민주의) 복지국가'의 세 가지 형태로 분류하였다.

② 보수주의 복지국가는 전통적 가족과 교회의 기능 및 역할을 강조함으로써 보수적인 양상을 보인다.

③ 자유주의 복지국가는 저소득층을 대상으로 소득조사에 의한 공공부조 프로그램을 강조한다.

④ 국가의 책임을 최소화하고 시장을 통해 문제해결을 하는 복지국가 유형은 자유주의 복지국가에 해당한다. 반면, 사회민주주의 복지국가에서 시장기능은 공공부문의 기능에 의해 최소화되며, 사회통합이 중요한 목표가 된다.

⑤ 프랑스는 보수주의 복지국가로 분류되나, 영국과 미국은 자유주의 복지국가로 분류된다.

참고

'Esping-Andersen'은 교재에 따라 '에스핑-안데르센', '에스핑-앤더슨' 등으로도 제시되고 있습니다. 우리말 번역에 의한 발음상 차이일 뿐 동일인물에 해당합니다.

16 소득재분배에 관한 설명으로 옳은 것은?

① 수평적 재분배는 공공부조를 들 수 있다.
② 세대 간 재분배는 부과방식 공적연금을 들 수 있다.
③ 수직적 재분배는 아동수당을 들 수 있다.
④ 단기적 재분배는 적립방식 공적연금을 들 수 있다.
⑤ 소득재분배는 조세를 통해서만 발생한다.

17 다음에서 ㄱ, ㄴ을 순서대로 옳게 나열한 것은?

2024년 국민기초생활보장제도 수급자 선정 소득기준은 다음과 같다. 생계급여는 기준 중위소득의 (ㄱ)% 이하, 주거급여는 기준 중위소득의 48% 이하, 의료급여는 기준 중위소득의 (ㄴ)% 이하, 교육급여는 기준 중위소득의 50% 이하이다.

① 30, 30
② 30, 40
③ 32, 30
④ 32, 40
⑤ 35, 40

18 사회보장기본법상 사회서비스에 관한 설명으로 옳지 않은 것은?

① 주체는 민간부문을 제외한 국가와 지방자치단체이다.
② 대상은 도움이 필요한 모든 국민이다.
③ 분야는 복지, 보건, 의료, 교육, 고용, 주거, 문화, 환경 등이다.
④ 상담, 재활, 돌봄, 정보의 제공, 관련시설의 이용, 역량개발, 사회참여 지원 등을 내용으로 한다.
⑤ 인간다운 생활을 보장하고 국민의 삶의 질이 향상되도록 지원하는 제도이다.

19 우리나라 사회보험제도에 관한 설명으로 옳은 것은? (전항정답)

① 기여 방식 공적연금은 국민연금, 특수직역연금, 기초연금으로 구분하여 운영된다.
② 고용보험의 고용안정 및 직업능력개발사업 보험료는 노사가 1/2씩 부담한다.
③ 노인장기요양보험의 시설급여 제공기관에는 노인요양공동생활가정과 노인전문요양병원이 포함된다.
④ 국민건강보험의 직장가입자 보험료는 노사가 1/2씩 부담하지만 사립학교 교직원은 국가가 20% 부담한다.
⑤ 산업재해보상보험의 급여에는 상병수당과 상병보상연금이 있다.

16

② 세대 간 재분배는 부과방식을 통해, 세대 내 재분배는 적립방식을 통해 운영된다.

①·③ 수평적 재분배의 예로 가족수당(아동수당), 건강보험 등을, 수직적 재분배의 예로 공공부조, 누진적 소득세 등을 들 수 있다.

④ 적립방식의 연금제도는 세대 내 재분배의 예로 볼 수 있다. 반면, 현재의 자원을 동원하여 사회적 욕구를 충족시키는 단기적 재분배의 예로 공공부조를 들 수 있다.

⑤ 소득재분배는 민간부문에서 자발적인 동기에 의해 이루어지는 사적 소득이전을 통해서도 발생한다.

17

2024년도 국민기초생활보장제도 수급자 선정 소득기준

• 생계급여 : 기준 중위소득의 32% 이하
• 주거급여 : 기준 중위소득의 48% 이하
• 의료급여 : 기준 중위소득의 40% 이하
• 교육급여 : 기준 중위소득의 50% 이하

참고

2025년도 수급자 선정 소득기준은 2024년도와 동일합니다.

18

사회보장기본법상 사회서비스(사회보장기본법 제3조 제4호)

"사회서비스"란 국가·지방자치단체 및 민간부문의 도움이 필요한 모든 국민에게 복지, 보건의료, 교육, 고용, 주거, 문화, 환경 등의 분야에서 인간다운 생활을 보장하고 상담, 재활, 돌봄, 정보의 제공, 관련 시설의 이용, 역량 개발, 사회참여 지원 등을 통하여 국민의 삶의 질이 향상되도록 지원하는 제도를 말한다.

19

① 기초연금은 공적연금의 사각지대에 놓인 65세 이상 노인의 노후소득을 보장하고 생활안정을 지원하기 위한 것으로 무기여 수당 방식으로 운용된다.

② 실업급여의 보험료는 사업주와 근로자가 보험료의 1/2을 각각 부담하며, 고용안정·직업능력개발 사업의 보험료는 사업주가 전액 부담하는 것을 원칙으로 한다.

③ 노인장기요양보험의 시설급여 제공기관에는 노인요양시설과 노인요양공동생활가정이 포함된다(노인장기요양보험법 시행령 제10조 제2호 참조).

④ 국민건강보험법에 따라 직장가입자가 교직원으로서 사립학교에 근무하는 교원이면 보험료액은 그 직장가입자가 100분의 50을, 그가 소속되어 있는 사립학교의 사용자가 100분의 30을, 국가가 100분의 20을 각각 부담한다. 다만, 직장가입자가 교직원으로서 사립학교에 근무하는 직원이면 보험료액은 그 직장가입자와 사립학교의 사용자가 100분의 50씩 부담한다(국민건강보험법 제76조 제1항 참조).

⑤ 상병수당은 국민건강보험법상 부가급여에 해당한다. 국민건강보험법 제50조는 부가급여로 임신·출산 진료비, 장제비, 상병수당 등을 규정하고 있다.

참고

이 문제는 출제오류에 해당하므로 간단히 살펴본 후 넘어가도록 합니다. 이 문제는 가답안에서 ④를 정답으로 하였으나 ④의 지문 또한 옳지 않은 내용이므로 이후 최종정답에서 전항정답으로 인정하였습니다.

20 우리나라 공공부조제도에 관한 설명으로 옳지 않은 것은?

① 긴급복지지원제도는 현금급여와 민간기관 연계 등의 지원을 제공한다.
② 국민기초생활보장제도 부양의무자 기준은 복지사각지대 해소를 위해 단계적으로 완화되고 있다.
③ 긴급복지지원제도는 단기 지원의 원칙, 선심사 후지원의 원칙, 다른 법률 지원 우선의 원칙이 적용된다.
④ 의료급여 수급권자에는 「입양특례법」에 따라 국내 입양된 18세 미만의 아동이 포함된다.
⑤ 국민기초생활보장제도 급여 신청은 신청주의와 직권주의를 병행하고 있다.

21 다음에서 ㄱ, ㄴ을 합한 값은?

> 긴급복지지원제도의 생계급여 지원은 최대 (ㄱ)회, 의료급여 지원은 최대 (ㄴ)회, 주거급여는 최대 12회, 복지시설 이용은 최대 6회 지원된다.

① 4
② 6
③ 8
④ 10
⑤ 12

22 사회보장의 특성에 관한 설명으로 옳은 것을 모두 고른 것은?

> ㄱ. 공공부조는 사회보험에 비해 권리성이 약하다.
> ㄴ. 사회보험과 비교할 때 공공부조는 비용효과성이 높다.
> ㄷ. 사회수당과 사회보험은 기여 여부를 급여 지급 요건으로 한다.
> ㄹ. 사회보험과 공공부조는 방빈제도이고 사회수당은 구빈제도이다.

① ㄱ
② ㄱ, ㄴ
③ ㄴ, ㄷ
④ ㄷ, ㄹ
⑤ ㄱ, ㄴ, ㄹ

23 우리나라 근로장려세제(EITC)에 관한 설명으로 옳지 않은 것은?

① 소득재분배 효과를 기대할 수 있다.
② 근로능력이 있는 저소득층의 근로유인을 제고한다.
③ 소득과 재산보유상태 등을 반영하여 지급한다.
④ 근로장려금 모형은 점증구간, 평탄구간, 점감구간으로 되어 있다.
⑤ 사업자는 근로장려금을 받을 수 없다.

20

긴급복지지원의 기본원칙

- 선지원 후처리 원칙
- 단기 지원 원칙
- 타 법률 중복지원 금지의 원칙
- 가구단위 지원의 원칙

참고

「입양특례법」이 2023년 7월 18일 전부개정 되어 「국내입양에 관한 특별법」의 제명으로 2025년 7월 19일부터 시행됩니다.

21

긴급복지지원제도의 주요 지원 연장기간 및 횟수 (2025년도 기준)

종 류	기본(A) (시·군· 구청장)	연장(B) (시·군· 구청장)	추가 연장(C) (긴급 지원심의 위원회)	최대 지원기간 (D=A+B+C)
생 계	3개월	–	3개월 범위	6개월
의 료	1회 (선지원)	–	1회	2회
주 거	1개월 (선지원)	2개월 범위	9개월 범위	12개월
사회복지 시설이용	1개월 (선지원)	2개월 범위	3개월 범위	6개월

* 단, 생계·주거·사회복지시설이용의 지원금은 각 지원기준에 따라 매월 단위 지급을 원칙으로 함

22

ㄱ. 공공부조는 사회보험이나 사회수당에 비해 권리성이 약하다.

ㄴ. 공공부조는 급여를 가장 필요로 하는 사람에게 집중함으로써 비용을 절감해야 한다는 비용효과성의 원칙에 충실하다.

ㄷ. 사회수당은 기여 여부와 무관하게 지급된다.

ㄹ. 일반적으로 사회보험과 사회수당은 방빈제도로, 공공부조는 구빈제도로 분류된다.

23

⑤ 우리나라 근로장려세제(EITC)는 도입 초기에 소득 파악이 쉬운 근로자계층부터 적용하였으며, 이후 지속적인 소득 파악 노력을 통해 개인사업자에 대해서도 단계적으로 적용을 확대하였다. 참고로 2015년 지급분부터 일부 업종(전문직종)을 제외한 모든 사업자를 적용대상에 포함시키고 있다.

24 사회보장 급여 중 현물급여가 아닌 것은?

① 산업재해보상보험의 요양급여
② 고용보험의 상병급여
③ 노인장기요양보험의 재가급여
④ 국민기초생활보장의 의료급여
⑤ 국민건강보험의 건강검진

25 보건복지부장관이 관장하는 사회보험제도를 모두 고른 것은?

> ㄱ. 국민연금
> ㄴ. 국민건강보험
> ㄷ. 산업재해보상보험
> ㄹ. 고용보험
> ㅁ. 노인장기요양보험

① ㄱ, ㄴ
② ㄴ, ㄷ
③ ㄱ, ㄴ, ㅁ
④ ㄱ, ㄷ, ㄹ
⑤ ㄷ, ㄹ, ㅁ

26 사회복지조직의 특성에 관한 설명으로 옳지 않은 것은?

① 사회복지사의 전문성과 자율성을 인정한다.
② 클라이언트와 사회복지사의 관계에 따라 서비스의 효과성이 좌우된다.
③ 서비스의 효과성을 객관적으로 입증하기가 용이하다.
④ 다양한 상황에서 윤리적 딜레마와 가치 선택에 직면한다.
⑤ 조직의 목표가 명확하거나 구체적이기 어렵다.

27 한국 사회복지행정의 역사에 관한 설명으로 옳지 않은 것은?

① 6.25 전쟁 이후 외국원조기관을 중심으로 사회복지시설이 설립되었다.
② 1960년대 외국원조기관 철수 후 자생적 사회복지단체들이 성장했다.
③ 1980년대 후반부터 지역사회 이용시설 중심의 사회복지기관이 증가했다.
④ 1980년대 후반부터 사회복지전문요원이 배치되기 시작했다.
⑤ 1990년대 후반에 사회복지시설 설치기준이 허가제에서 신고제로 바뀌었다.

24

② 고용보험의 상병급여는 현금급여에 해당한다. 고용보험법에 따라 수급자격자가 실업의 신고를 한 이후에 질병·부상 또는 출산으로 취업이 불가능하여 실업의 인정을 받지 못한 날에 대하여는 그 수급자격자의 청구에 의하여 구직급여일액에 해당하는 금액을 상병급여로 구직급여를 갈음하여 지급할 수 있다(고용보험법 제63조 제1항 참조).

26

③ 휴먼서비스 조직으로서 사회복지조직이 목표달성을 위해 사용하는 지식과 기술은 불확실하며, 목표달성의 효과성 및 효율성을 측정하는 데 있어서도 어려움이 있다. 따라서 사회복지행정은 서비스 성과를 객관적으로 평가하기 어렵다.

25

ㄷ. 산업재해보상보험 사업은 고용노동부장관이 관장한다(산업재해보상보험법 제2조 제1항).

ㄹ. 고용보험은 고용노동부장관이 관장한다(고용보험법 제3조).

27

② 1960년대는 군사정부가 경제개발정책을 강력히 추진한 시기로, 사회복지에 투자할 자원이 절대적으로 부족했기 때문에 민간복지기관들이 여전히 외국원조기관의 원조에 의존할 수밖에 없었다.

28 메이요(E. Mayo)가 제시한 인간관계이론에 관한 설명으로 옳은 것은?

① 생산성은 근로조건과 환경에 의해서만 좌우된다.
② 심리적 요인은 생산성 향상에 영향을 미친다.
③ 사회적 상호작용은 생산성 향상에 부정적인 영향을 미친다.
④ 공식적인 부서의 형성은 생산성 향상으로 이어진다.
⑤ 근로자는 집단 구성원이 아닌 개인으로서 행동하고 반응한다.

29 조직이론에 관한 설명으로 옳지 않은 것은?

① 학습조직이론 : 개인 및 조직의 학습공유를 통해 역량강화
② 정치경제이론 : 경제적 자원과 권력 간 상호작용 강조
③ 상황이론 : 조직을 폐쇄체계로 보며, 조직 내부의 상황에 초점
④ 총체적 품질관리론 : 지속적이고 총체적인 서비스 질 향상을 통한 고객만족 극대화
⑤ X이론 : 생산성 향상을 위해 조직 구성원에 대한 감독, 보상과 처벌, 지시 등이 필요

30 테일러(F. W. Taylor)의 과학적 관리론에 관한 설명으로 옳은 것을 모두 고른 것은?

> ㄱ. 직무의 과학적 분석 : 업무시간과 동작의 체계적 분석
> ㄴ. 권위의 위계구조 : 권리와 책임을 수반하는 권위의 위계
> ㄷ. 경제적 보상 : 직무성과에 따른 인센티브 제공
> ㄹ. 사적 감정의 배제 : 공식적인 원칙과 절차 중시

① ㄱ, ㄴ
② ㄱ, ㄷ
③ ㄴ, ㄹ
④ ㄱ, ㄴ, ㄷ
⑤ ㄱ, ㄷ, ㄹ

31 조직 구성요소에 관한 설명으로 옳은 것은?

① 집권화 수준을 높이면 의사결정의 권한이 분산된다.
② 업무가 복잡할수록 공식화의 효과는 더 크다.
③ 공식화 수준을 높이면 직무의 사적 영향력이 높아진다.
④ 과업분화가 적을수록 수평적 분화가 더 이루어진다.
⑤ 수직적 분화가 많아질수록 의사소통의 절차가 복잡해진다.

28

② 인간관계이론은 조직의 생산성 향상을 위해 인간의 정서적인 요인과 함께 심리사회적 요인, 비공식적 요인에 역점을 두어 인간을 관리하는 기술 또는 방법을 강조한다.
① 생산성은 근로조건과 환경에 의해서만 좌우되는 것이 아니라 작업반 내 동료와 상사와의 인간관계에 의해서도 좌우된다.
③ 인간의 심리사회적 욕구와 구성원의 사회적 상호작용이 생산성에 중요한 영향을 미친다.
④ 조직에는 공식적인 부서와는 다른 비공식적인 집단이 존재하며, 이러한 비공식적인 집단이 개인의 태도와 생산성에 영향을 미친다.
⑤ 근로자는 개인으로서 일하기보다는 비공식적인 집단 구성원으로서 행동하고 반응한다.

29

③ 기존의 조직에 관한 이론들이 조직을 폐쇄체계로 보고 조직 내부의 상황에 초점을 두어 이론적인 전제와 주요 개념들을 제시하는 데 반해, 상황이론은 조직을 개방체계로 보고 상황에 적합한 조직구조와 형태를 유지하는 것이 보다 바람직하다는 입장을 보이고 있다.

30

ㄴ·ㄹ. 권위의 위계구조, 사적 감정의 배제를 강조한 것은 베버(Weber)의 관료제이론이다.

관료제이론과 과학적 관리론의 주요 강조점 비교

관료제이론	・권위의 위계구조 ・사적 감정의 배제 ・경력지향성	・규칙과 규정 ・분업과 전문화 ・능률성(행정능률) 강조 등
과학적 관리론	・목표설정 ・관리의 원칙수립	・직무의 과학적 분석 ・경제적 보상 등

31

⑤ 수직적 분화가 많아질수록 계층 수가 늘어나므로 조정과 의사소통의 절차가 더 복잡해진다.
① 집권화 수준을 높이면 의사결정의 권한이 집중된다.
② 업무가 안정적이고 단순할수록 공식화의 효과는 더 크다.
③ 공식화 수준을 높이면 직무의 사적 영향력, 즉 재량권이 줄어들게 된다.
④ 조직 내에서 전문화된 지식 및 기술을 요구하는 특징적 과업들이 많을수록 수평적 분화가 많이 일어나며, 그로 인해 조직의 복잡성이 증대된다.

32 다음에서 설명하는 조직구조는?

> • 일상 업무수행기구와는 별도로 구성
> • 특별과업이나 문제해결을 위한 전문가 중심
>   조직
> • 낮은 수준의 수직적 분화와 공식화

① 기계적 관료제 구조
② 사업부제 구조
③ 전문적 관료제 구조
④ 단순 구조
⑤ 위원회 구조

34 섬김 리더십(Servant Leadership)에 관한 설명으로 옳은 것을 모두 고른 것은?

> ㄱ. 인간 존중, 정의, 정직성, 공동체적 윤리성
>   강조
> ㄴ. 가치의 협상과 계약
> ㄷ. 청지기(Stewardship) 책무 활동
> ㄹ. 지능, 사회적 지위, 교육 정도, 외모 강조

① ㄱ, ㄷ
② ㄴ, ㄹ
③ ㄷ, ㄹ
④ ㄱ, ㄴ, ㄷ
⑤ ㄱ, ㄴ, ㄷ, ㄹ

33 조직문화에 관한 설명으로 옳지 않은 것은?

① 조직의 정체성을 결정하는 일련의 가치와
　신념이다.
② 조직과 일체감을 갖게 함으로써 구성원의
　정체감 형성에 기여한다.
③ 조직의 믿음과 가치가 깊게 공유될 때 조직
　문화는 더 강해진다.
④ 경직된 조직문화는 불확실한 환경에 대처
　하도록 돕는다.
⑤ 조직 내에서 자연적으로 생길 수 있다.

35 사회복지행정가 A는 직원의 불만족 요인을 낮추기 위하여 급여를 높이고, 업무환경 개선을 위한 사무실 리모델링을 진행하여 조직의 성과를 높이고자 하였다. 이때 적용한 이론은?

① 브룸(V. H. Vroom)의 기대이론
② 허즈버그(F. Herzberg)의 동기위생이론
③ 스위스(K. E. Swiss)의 TQM이론
④ 맥그리거(D. McGregor)의 XY이론
⑤ 아담스(J. S. Adams)의 형평성이론

32

⑤ (특별)위원회 구조(Adhocracy)는 높은 수준의 전문적 지식과 기술을 갖춘 전문가들로 구성되는 조직구조로, 높은 수준의 수평적 분화, 낮은 수준의 수직적 분화와 공식화를 특징으로 한다.

① 기계적 관료제 구조는 매우 일상적인 과업들로 구성되어 있는 경우 용이하게 관찰할 수 있는 형태로, 높은 수준의 분화, 높은 수준의 공식화와 집권화를 특징으로 한다.

② 사업부제 구조는 조직이 사업에 대해 수평적 분화를 진행시키면서 발생한 구조로, 각 사업부문으로 하여금 독립적인 기능을 수행하게 하는 형태의 구조이다.

③ 전문적 관료제 구조는 조직 구성원의 전문성을 살리면서 관료제의 장점을 지향하는 형태로, 높은 수준의 수평적 분화, 전문가집단의 규율과 규칙에 입각한 표준화(→ 내적 공식화), 높은 수준의 분권화를 특징으로 한다.

④ 단순 구조는 복잡성의 수준이 낮고, 공식화의 수준도 낮지만, 집권화의 수준은 높은 형태의 구조이다.

33

조직문화의 역기능

- 경직된 조직문화는 시장환경의 변화 혹은 불확실한 환경에도 불구하고 그에 신속히 대처할 수 없게 한다.
- 자율적인 조직문화는 하위부서들의 강한 독자성으로 인해 이들 부서 간 협력을 통한 조직 전체의 통합을 달성할 수 없게 한다.

34

ㄱ·ㄹ. 그린리프(Greenleaf)는 리더를 다른 사람에게 봉사하는 하인(Servant)으로, 구성원을 섬김의 대상으로 간주하였으며, 섬기는 자로서 리더가 지녀야 할 특성(혹은 요건)으로 인간 존중, 봉사, 정의, 정직성, 공동체적 윤리성 등을 강조하였다.

ㄴ. 섬김 리더십이 있는 조직은 구성원의 일체화와 공감대 형상을 통해 조직의 목표를 달성한다.

ㄷ. 청지기 혹은 청지기 의식(Stewardship)은 '타인을 섬기려는 자세'를 일컫는 것으로, 이는 섬김 리더십의 바탕을 이루는 가치이다.

35

② 허즈버그(Herzberg)는 동기위생이론을 통해 인간이 이원적 욕구구조 즉, 불만을 일으키는 요인(→ 위생요인)과 만족을 일으키는 요인(→ 동기요인)을 가진다는 욕구충족요인 이원론을 주장하였다. 보기의 사례는 위생요인을 좋게 하여 직원의 불만족을 감소시킴으로써 조직의 성과를 높이려는 시도로 볼 수 있다.

① 브룸(Vroom)은 기대이론을 통해 인간이 행동하는 방향과 강도가 그 행동이 일정한 성과로 이어진다는 기대와 강도, 실제로 이어진 결과에 대해 느끼는 매력에 달려 있다고 주장하였다.

③ 스위스(Swiss)는 단순히 제품이나 서비스의 결함을 발견하여 그것을 제거하는 것이 아닌 총체적으로 소비자가 만족할 수 있도록 제품과 서비스를 향상시키는 혁신적인 조직관리이론으로서 TQM이론을 제시하였다.

④ 맥그리거(McGregor)는 조직의 관리자가 직원을 보는 기본적인 시각의 차이에 따라 전혀 다른 관리방법이 고안될 수 있다는 XY이론을 제시하였다.

⑤ 아담스(Adams)의 형평성(공정성 또는 공평성)이론은 투입, 산출, 준거인물을 요소로 하여 자신의 '산출/투입'보다 준거가 되는 다른 사람의 '산출/투입'이 클 때 비형평성을 자각하게 되고, 형평성 추구행동을 작동시키는 동기가 유발된다고 본다.

36 인적자원관리의 구성요소에 관한 설명으로 옳지 않은 것은?

① 확보 : 직원모집, 심사, 채용
② 개발 : 직원훈련, 지도, 감독
③ 보상 : 임금, 복리후생
④ 정치 : 승진, 근태관리
⑤ 유지 : 인적자원 유지, 이직관리

37 다음에서 설명하는 인적자원개발 방법은?

- 짧은 시간에 많은 사람을 대상으로 교육내용을 체계적으로 전달할 때 사용
- 직원들에게 사회복지시설 평가제도에 대한 이해를 높여서 기관평가에 좋은 결과를 얻도록 하기 위하여 사용

① 멘토링
② 감수성 훈련
③ 역할연기
④ 소시오 드라마
⑤ 강 의

38 직무수행평가 순서로 옳은 것은?

- ㄱ. 실제 직무수행을 직무수행 평가기준과 비교
- ㄴ. 직원과 평가결과 회의 진행
- ㄷ. 평가도구를 사용하여 직원의 실제 직무수행을 측정
- ㄹ. 직무수행 기준 확립
- ㅁ. 직무수행 기대치를 직원에게 전달

① ㄷ – ㄹ – ㅁ – ㄱ – ㄴ
② ㄹ – ㄷ – ㄴ – ㅁ – ㄱ
③ ㄹ – ㅁ – ㄷ – ㄱ – ㄴ
④ ㅁ – ㄱ – ㄷ – ㄴ – ㄹ
⑤ ㅁ – ㄹ – ㄴ – ㄷ – ㄱ

39 사회복지조직의 재정관리에 관한 설명으로 옳지 않은 것은?

① 「사회복지법인 및 사회복지시설 재무·회계 규칙」을 따른다.
② 사회복지법인과 시설은 매년 1회 이상 감사를 실시한다.
③ 시설운영 사회복지법인인 경우, 시설회계와 법인회계는 통합하여 관리한다.
④ 사회복지법인의 회계년도는 정부의 회계년도를 따른다.
⑤ 사회복지법인이 설치·운영하는 시설의 경우 시설운영위원회에 보고하고 법인 이사회의 의결을 통해 예산편성을 확정한다.

36

인적자원관리의 구성요소(주요 관리기능)

• 확보관리 : 직무분석, 채용(직원모집 · 선발 · 배치)
• 평가관리 : 인사고과, 직무평가
• 개발관리 : 교육훈련, 지도감독, 승진, 직무순환(배치전환)
• 보상관리 : 임금, 인센티브, 복리후생
• 유지관리 : 인적자원 유지, 이직관리, 노사관계관리

37

⑤ 강의는 일정한 장소에 직원들을 모아놓고 서비스에 관한 전문지식과 기술 및 태도를 전달하는 방법이다.
① 멘토링(Mentoring)은 조직의 연장자로서 멘토(Mentor)가 멘티(Mentee)에게 역할모델이 되어 도덕적 직무를 부여하고 조직에 대한 지식을 제공하며, 대인관계 개발 및 경력관리에 도움을 주는 방법이다.
② 감수성 훈련은 구성원들이 어떻게 생각하고 느끼고 행동하며, 다른 사람들의 행위에 어떻게 반응하는지를 알 수 있도록 수용적인 분위기를 제공하는 방법이다.
③ 역할연기는 인간관계훈련에 효과적인 프로그램으로, 어떤 사례나 사건을 구체적인 상황에 근거하여 실제 연기로 표현하도록 한 후 그에 대해 평가하고 토론하는 방법이다.
④ 소시오 드라마(Socio Drama)는 '사회극'이라 불리는 것으로, 조직 내 현상문제를 공유하고 모의 상황 속에서 그 문제에 대한 바람직한 해결행동을 경험해 보도록 함으로써 구성원 간 상호교류 역할 문제를 탐구하고 풀어나가도록 하는 방법이다.

38

직무수행평가의 순서

• 제1단계 : 직무수행 기준을 확립한다.
• 제2단계 : 직무수행 기대치를 직원에게 전달한다.
• 제3단계 : 평가도구를 사용하여 직원의 실제 직무수행을 측정한다.
• 제4단계 : 실제 직무수행을 직무수행 평가기준과 비교해 본다.
• 제5단계 : 직원과 평가결과에 대한 회의(토의)를 진행한다.
• 제6단계 : 필요시 직무수행 기대치 및 직무수행 기준을 수정한다.

39

회계의 구분(사회복지법인 및 사회복지시설 재무 · 회계 규칙 제6조)

• 이 규칙에서의 회계는 사회복지법인(이하 "법인"이라 한다)의 업무전반에 관한 법인회계, 시설의 운영에 관한 시설회계 및 법인이 수행하는 수익사업에 관한 수익사업회계로 구분한다.
• 법인의 회계는 법인회계, 해당 법인이 설치 · 운영하는 시설의 시설회계 및 수익사업회계로 구분하여야 하며, 시설의 회계는 해당 시설의 시설회계로 한다.

40 예산집행의 통제 기제에 관한 설명으로 옳지 않은 것은?

① 개별 기관의 제약조건, 요구사항 및 기대사항에 맞게 고안되어야 한다.
② 예외적 상황에 적용되는 규칙을 명시해야 한다.
③ 보고의 규정을 두어야 한다.
④ 강제성을 갖는 규정은 두지 않는다.
⑤ 필요할 경우 규칙은 새로 개정할 수 있다.

41 패러슈라만 등(A. Parasuraman, V. A. Zeithaml & L. L. Berry)의 SERVQUAL 구성차원에 해당하는 질문을 모두 고른 것은?

ㄱ. 약속한 대로 서비스를 제공했는가?
ㄴ. 안전하게 서비스를 제공했는가?
ㄷ. 자신감을 가지고 정확하게 서비스를 제공했는가?
ㄹ. 위생적이고 정돈된 시설에서 서비스를 제공했는가?

① ㄱ, ㄹ
② ㄴ, ㄷ
③ ㄴ, ㄹ
④ ㄱ, ㄴ, ㄷ
⑤ ㄱ, ㄷ, ㄹ

42 공공 사회복지전달체계에 관한 설명으로 옳은 것은?

① 사회복지전담공무원 제도 이후 사회복지전문요원 제도가 실시되었다.
② 보건복지사무소와 사회복지사무소 시범사업은 동시에 진행되었다.
③ 읍·면·동 복지허브화 사업 이후 읍·면·동사무소가 주민자치센터로 변경되었다.
④ 지역사회복지협의체가 지역사회보장협의체로 명칭이 변경되었다.
⑤ 사회서비스원 설치 후 전자바우처 방식의 사회서비스 사업이 시작되었다.

43 사회복지전달체계 구축 원칙에 관한 설명으로 옳지 않은 것은?

① 서비스 비용 부담을 낮춤으로써 접근성을 높일 수 있다.
② 서비스 간 연계성을 강화함으로써 연속성을 높일 수 있다.
③ 양·질적으로 이용자 욕구에 부응함으로써 적절성을 높일 수 있다.
④ 최소 비용으로 최대 효과를 얻음으로써 전문성을 높일 수 있다.
⑤ 이용자의 요구나 불만을 파악함으로써 책임성을 높일 수 있다.

40

④ 재정통제체계는 강제성을 띠는 명시적 규정이 있어야 하며, 이를 통해 공평성과 활동에 공식성이 부여된다(→ 예산통제의 원칙 中 강제의 원칙).
① 개별화의 원칙, ② 예외의 원칙, ③ 보고의 원칙, ⑤ 개정의 원칙

41

ㄱ. 신뢰성, ㄷ. 확신성, ㄹ. 유형성

서비스 품질에 관한 SERVQUAL 모형의 구성차원 (Parasuraman, Zeithaml & Berry)

- 신뢰성(Reliability)
  생산과 서비스에 있어서 지속성 및 예측성과 연관된다.
  예 믿음직하고 정확하게 약속한 서비스를 이행함
- 반응성 또는 응답성(Responsiveness)
  생산과 서비스 제공의 시기적절성과 연관된다.
  예 신속한 서비스를 제공하여 고객들을 도움
- 확신성(Assurance)
  직원에 의해 수행되는 지원 및 능력에 대한 느낌과 연관된다.
  예 신뢰와 확신, 자신감 고취
- 공감성(Empathy)
  직원으로부터 개인적인 보호나 관심을 받는다는 느낌과 연관된다.
  예 고객들에게 개별적인 관심을 갖고 서비스를 제공함
- 유형성(Tangibles)
  서비스 제공 혹은 상품생산을 위해 사용된 장비나 물리적인 시설 등의 외형(외관) 혹은 미적 상태와 연관된다.
  예 물리적인 시설 및 장비 능력, 종업원의 외모(용모), 통신장비의 이해와 활용의 용이성 등

42

④ 2015년 7월 「사회보장급여의 이용·제공 및 수급권자 발굴에 관한 법률」이 시행됨에 따라 기존의 '지역사회복지협의체'가 '지역사회보장협의체'로 개편되었다.
① 1987년 사회복지전문요원 제도가 시행되어 공공영역에 사회복지전문요원이 배치되었으며, 이후 1992년 12월 사회복지사업법 전부개정에 따라 사회복지전담공무원으로 명칭이 변경되었다.
② 1995년 7월부터 1999년 12월까지 4년 6개월간 보건복지사무소 시범사업이 실시되었으며, 2004년 7월부터 2006년 6월까지 2년간 사회복지사무소 시범사업이 실시되었다.
③ 정부는 '읍·면·동 복지허브화' 추진을 위해 2016년 3월 자치단체의 조례 개정을 권고하여 기존의 '읍·면 사무소 및 동 주민센터'를 '읍·면·동 행정복지센터'로 순차적으로 변경하도록 하였다.
⑤ 2007년 4월 전자바우처 방식의 사회서비스가 최초로 도입되었으며, 2019년 3월 사회서비스원이 서울 출범을 시작으로 대구, 경기, 경남 등 4개 시·도에서 시범적으로 운영되었다.

43

④ 최소 비용으로 최대 효과를 얻는 것은 '효율성'을 가리키는 것으로, 이는 사회복지행정의 이념적 측면에 해당한다.

44 다음 설명에 해당하는 의사결정 기법은?

> • 대면하여 의사결정
> • 집단적 상호작용의 최소화
> • 민주적 방식으로 최종 의사결정

① 명목집단기법
② 브레인스토밍
③ 델파이기법
④ SWOT 기법
⑤ 초점집단면접

45 다음 설명에 해당하는 프로그램 관리기법은?

> • 프로그램 진행 일정을 관리하는 목적으로 많이 활용됨
> • 프로그램을 구성하는 활동들 간 상호관계와 연계성을 명확하게 보여줌
> • 임계경로와 여유시간에 대한 정보를 파악할 수 있음

① 프로그램 평가 검토기법(PERT)
② 간트 차트(Gantt Chart)
③ 논리모델(Logic Model)
④ 임팩트모델(Impact Model)
⑤ 플로우 차트(Flow Chart)

46 사회복지서비스 마케팅 과정을 옳게 연결한 것은?

> ㄱ. STP 전략 설계
> ㄴ. 고객관계관리(CRM)
> ㄷ. 마케팅 믹스
> ㄹ. 고객 및 시장 조사

① ㄱ - ㄴ - ㄷ - ㄹ
② ㄱ - ㄹ - ㄴ - ㄷ
③ ㄷ - ㄹ - ㄱ - ㄴ
④ ㄹ - ㄱ - ㄴ - ㄷ
⑤ ㄹ - ㄱ - ㄷ - ㄴ

47 사회복지마케팅 기법에 관한 설명으로 옳지 않은 것은?

① 다이렉트 마케팅은 방송이나 잡지 등 대중매체를 활용하는 방식이다.
② 기업연계 마케팅은 명분마케팅이라고도 한다.
③ 데이터베이스 마케팅은 이용자에 대한 각종 정보를 수집, 분석하여 활용하는 방식이다.
④ 사회 마케팅은 대중에 대한 캠페인 등을 통해 행동변화를 유도하는 방식이다.
⑤ 고객관계관리 마케팅은 개별 고객특성에 맞춘 서비스를 지속적으로 제공하는 방식이다.

44

② 집단성원들 간의 대화나 토론을 통한 자유발언의 기회를 제공하여 일정한 주제에 대해 각자 아이디어를 제시하도록 함으로써, 자유분방한 사고과정에서 우수한 아이디어를 수집하기 위한 방법이다.

③ 전문가 · 관리자들로부터 우편이나 이메일(E-mail)로 의견이나 정보를 수집하여 그 결과를 분석한 후 그것을 다시 응답자들에게 보내어 의견을 묻는 식으로 만족스러운 결과를 얻을 때까지 계속하는 방법이다.

④ 특히 전략적 기획에서 기관의 장단점에 대한 내부분석과 현재와 미래의 기관 활동에 영향을 줄 수 있는 외부환경에 대한 분석을 할 때 유용한 방법이다.

⑤ 소수 이해관계자들의 인위적인 면접집단 또는 토론집단을 구성하여 연구자가 토의 주제나 쟁점을 제공하며, 특정한 토의 주제 또는 쟁점에 대해 여러 명이 동시에 질의 · 응답을 하거나 인터뷰를 하는 등의 방법으로 상호작용을 통해 공동의 관점을 확인하는 방법이다.

45

② '시간별 활동계획 도표'라고도 하며, 세로 바에는 목표, 활동 및 프로그램을 기입하고 가로 바에는 시간을 기입하여 사업의 소요시간을 막대로 도표화한 것이다.

③ 프로그램 개발과정에서 체계이론을 적용하여 '투입(Input)-활동(Activity)-산출(Output)-성과(Outcome)' 간의 관계를 논리적으로 설명하기 위해 이를 도표화한 것이다.

④ 특정 프로그램의 행동들이 원인을 유발시켜서 프로그램이 제공하는 어떤 효과를 만들어 내는지를 표현한 것으로, 어떻게 기대되는 결과를 제공할 것인가에 대한 계획을 도표화한 것이다.

⑤ '총괄진행도'라고도 하며, 각 부문별 역할분담 관계와 각 기능별 업무수행 절차를 명확히 하기 위해 프로그램의 단위 서비스(혹은 세부 프로그램) 제공 과정을 한눈에 볼 수 있도록 도표화한 것이다.

46

사회복지서비스 마케팅 과정

• 제1단계 : 시장기회 분석(환경적 요인의 분석)
• 제2단계 : 고객 및 시장 조사(ㄹ)
• 제3단계 : 마케팅 목표 설정
• 제4단계 : 시장세분화(Segmentation), 표적시장 선정(Targeting), 포지셔닝(Positioning)(ㄱ-ㄷ)
• 제5단계 : 자원개발 프로그램 수집
• 제6단계 : 마케팅 실행도구(실행방법) 설정(ㄴ)
• 제7단계 : 마케팅 관리
• 제8단계 : 마케팅 평가

47

① 다이렉트 마케팅(DM ; Direct Marketing)은 후원을 요청하는 편지를 잠재적 후원자들에게 발송함으로써 후원자를 개발하는 가장 전통적인 방법이다. 참고로 방송이나 잡지 등 대중매체를 활용하는 방식은 대중매체 광고이다.

48 다음 설명에 해당되는 것은?

> • 비(非)표적 인구가 서비스에 접근하여 나타나는 문제
> • 사회적 자원의 낭비 유발

① 서비스 과활용
② 크리밍
③ 레드테이프
④ 기준행동
⑤ 매몰비용

49 사회복지 프로그램 평가의 목적과 그 설명으로 옳은 것은?

① 정책개발 : 사회복지실천 이념 개발
② 책임성 이행 : 재무·회계적, 전문적 책임 이행
③ 이론 형성 : 급여의 공평한 배분을 위한 여론 형성
④ 자료수집 : 종사자의 기준행동 강화
⑤ 정보관리 : 민간기관의 행정협상력 약화

50 사회복지조직 혁신의 방해 요인으로 옳지 않은 것은?

① 무사안일주의
② 비전의 영향력을 과소평가
③ 비전에 대한 불충분한 의사소통
④ 핵심리더의 변화노력에 대한 구성원의 공개 지지
⑤ 변화를 막는 조직구조나 보상체계의 유지

제3영역 **사회복지법제론**

51 헌법 제10조의 일부이다. (   )에 들어갈 내용으로 옳은 것은?

> 모든 국민은 인간으로서의 존엄과 가치를 가지며, (   )을 추구할 권리를 가진다.

① 자유권
② 생존권
③ 인간다운 생활
④ 행 복
⑤ 인 권

48

① 서비스 과활용(Over-utilization)은 비(非)표적 인구가 서비스에 접근하여 나타나는 문제이며, 서비스 저활용(Under-utilization)은 정당한 욕구를 가진 표적 인구가 서비스 접근에 어려움을 겪을 때 나타나는 문제이다.

② 크리밍(Creaming)은 보다 유순하고 성공 가능성이 높은 클라이언트를 선발하기 위해 비협조적이거나 어려울 것으로 예상되는 클라이언트들을 배척하고자 하는 현상이다.

③ 레드테이프(Red Tape)는 지나친 형식주의로 사무처리의 절차를 복잡하게 하고 사무처리를 지연시킴으로써 행정수요의 원활화를 저해하는 현상이다.

④ 기준행동(Criterion Behavior)은 업무자들이 기준으로 제시된 측정 가능한 양적 평가지표들에 대해서만 관심을 가짐으로써 실질적인 서비스의 효과성에 대해 무관심하게 되는 문제이다.

⑤ 매몰비용(Sunk Cost)은 조직과 직원들이 기존 업무 분야에 대해 투자했던 시간과 노력, 헌신을 회수받지 못하는 문제이다.

49

사회복지 프로그램 평가의 목적

• 환류기능(정책개발) : 프로그램의 중단·축소·유지·확대 등의 여부를 결정하는 데 필요한 정보를 제공하며, 프로그램의 내용을 수정하거나 보다 효율적인 운영에 필요한 정보도 제공한다.

• 책임성 이행 : 사회복지조직이 재무·회계적 책임, 전문적 책임(→ 효과성 및 효율성)을 이행하고 있는지를 평가하는 것은 물론, 사회복지조직으로 하여금 더욱더 책무를 다하도록 하는 자극제가 된다.(②)

• 이론 형성 : 프로그램의 기획에서부터 프로그램의 성과에 이르는 인과관계를 검토·확인·검증하는 활동을 수행함으로써 타당성이 있는 것으로 확인된 가설들은 이론으로 발전되고, 그렇지 못한 가설들은 수정하도록 하는 데 기여한다.

50

사회복지조직 혁신의 방해 요인(Kotter)

• 무사안일주의에 빠져있는 경우(①)

• 충분히 영향력 있는 지도 연합을 형성하지 못한 경우

• 비전의 영향력을 과소평가하는 경우(②)

• 비전에 대해 충분히 의사소통하지 못하는 경우(③)

• 새로운 비전을 차단하는 장애물(예 경직된 조직구조나 보상체계 등)을 허용하는 경우(⑤)

• 단기간의 승리를 이루어내지 못하는 경우

• 너무 일찍 승리를 선언하는 경우

• 변화를 조직문화에 확실히 정착시키는 것에 대해 무관심한 경우

51

헌법상 기본권으로서 행복추구권(헌법 제10조)

모든 국민은 인간으로서의 존엄과 가치를 가지며, 행복을 추구할 권리를 가진다. 국가는 개인이 가지는 불가침의 기본적 인권을 확인하고 이를 보장할 의무를 진다.

52 법률의 제정연도가 가장 최근인 것은?

① 아동복지법
② 노인복지법
③ 장애인복지법
④ 한부모가족지원법
⑤ 다문화가족지원법

54 사회복지사업법상 사회복지사업 관련 법률을 모두 고른 것은?

> ㄱ. 아동복지법
> ㄴ. 장애인복지법
> ㄷ. 국민기초생활보장법
> ㄹ. 기초연금법

① ㄱ, ㄴ
② ㄷ, ㄹ
③ ㄱ, ㄴ, ㄷ
④ ㄱ, ㄴ, ㄹ
⑤ ㄱ, ㄴ, ㄷ, ㄹ

53 우리나라 사회복지법의 법원에 관한 설명으로 옳은 것은?

① 관습법은 사회복지법의 법원이 될 수 없다.
② 법률은 정부의 의결을 거쳐 제정·공포된 법을 말한다.
③ 지방자치단체의 조례는 성문법원이다.
④ 명령은 행정기관이 제정한 법규로 국회의 의결을 거쳐야 한다.
⑤ 일반적으로 승인된 국제법규는 사회복지법의 법원에 포함되지 않는다.

55 사회복지사업법상 사회복지법인(이하 '법인'으로 한다)에 관한 설명으로 옳지 않은 것은?

① 정관에는 회의에 관한 사항이 포함되어야 한다.
② 법인은 사회복지사업의 운영에 필요한 재산을 소유하여야 한다.
③ 감사 중에 결원이 생겼을 때 3개월 이내에 보충하여야 한다.
④ 법인은 임원을 임면하는 경우에 지체 없이 시·도지사에게 보고하여야 한다.
⑤ 법인이 목적사업 외의 사업을 하였을 때 설립허가가 취소될 수 있다.

52

⑤ 다문화가족지원법은 2008년 3월 21일 제정되어 2008년 9월 22일부터 시행되었다.

① 아동복지법은 1981년 4월 13일 전부개정되어 같은 날 시행되었다(1961년 12월 30일 제정된 「아동복리법」의 전부개정).

② 노인복지법은 1981년 6월 5일 제정되어 같은 날 시행되었다.

③ 장애인복지법은 1989년 12월 30일 전부개정되어 같은 날 시행되었다(1981년 6월 5일 제정된 「심신장애자복지법」의 전부개정).

④ 한부모가족지원법은 2007년 10월 17일 일부개정으로 제명이 변경되어 2008년 1월 18일부터 시행되었다(1989년 4월 1일 제정된 「모자복지법」의 일부개정).

53

① 불문법으로서 관습법도 사회복지법의 법원(法源)이 될 수 있다.

② 법률은 국회에서 제정하거나 행정부에서 제출하여 국회의 의결을 거쳐 제정된다.

④ 명령은 국회의 의결을 거치지 않고 대통령 이하의 행정기관이 제정한 법규이다.

⑤ 일반적으로 승인된 국제법규 또한 사회복지법의 법원에 포함된다. 헌법에 의하여 체결·공포된 조약과 일반적으로 승인된 국제법규는 국내법과 같은 효력을 가진다(헌법 제6조 제1항).

54

사회복지사업법상 사회복지사업 관련 법률(사회복지사업법 제2조 제1호 참조)

• 국민기초생활보장법(ㄷ)
• 아동복지법(ㄱ)
• 노인복지법
• 장애인복지법(ㄴ)
• 한부모가족지원법
• 영유아보육법
• 성매매방지 및 피해자보호 등에 관한 법률

• 정신건강증진 및 정신질환자 복지서비스 지원에 관한 법률
• 성폭력방지 및 피해자보호 등에 관한 법률
• 국내입양에 관한 특별법
• 국제입양에 관한 법률
• 일제하 일본군위안부 피해자에 대한 생활안정지원 및 기념사업 등에 관한 법률
• 사회복지공동모금회법
• 장애인·노인·임산부 등의 편의증진 보장에 관한 법률
• 가정폭력방지 및 피해자보호 등에 관한 법률
• 농어촌주민의 보건복지증진을 위한 특별법
• 식품 등 기부 활성화에 관한 법률
• 의료급여법
• 기초연금법(ㄹ)
• 긴급복지지원법
• 다문화가족지원법
• 장애인연금법
• 장애인활동 지원에 관한 법률
• 노숙인 등의 복지 및 자립지원에 관한 법률
• 보호관찰 등에 관한 법률
• 장애아동 복지지원법
• 발달장애인 권리보장 및 지원에 관한 법률
• 청소년복지 지원법
• 스토킹방지 및 피해자보호 등에 관한 법률
• 그 밖에 대통령령으로 정하는 법률

55

③ 사회복지법인의 이사 또는 감사 중에 결원이 생겼을 때에는 2개월 이내에 보충하여야 한다(사회복지사업법 제20조).

① 동법 제17조 제1항 참조
② 동법 제23조 제1항
④ 동법 제18조 제6항
⑤ 동법 제26조 제1항 참조

56 사회복지사업법상 사회복지시설(이하 '시설'이라 한다)에 관한 설명으로 옳지 않은 것은?

① 사회복지관은 직업 및 취업 알선이 필요한 지역주민에게 사회복지서비스를 우선 제공하여야 한다.
② 지방자치단체는 시설의 책임보험 가입에 드는 비용의 전부를 보조할 수 없다.
③ 국가는 시설을 운영할 수 있다.
④ 시설 종사자의 근무환경 개선에 관한 사항은 운영위원회에서 심의한다.
⑤ 회계부정이 발견되었을 때 보건복지부장관은 시설의 폐쇄를 명할 수 있다.

57 사회복지사업법의 내용으로 옳은 것은?

① 사회복지서비스는 현금과 현물로 제공하는 것을 원칙으로 한다.
② 국가는 사회복지 자원봉사활동을 지원·육성하기 위하여 자원봉사활동의 홍보 및 교육을 실시하여야 한다.
③ 사회복지에 관한 조사·연구 및 정책 건의를 위하여 한국사회복지사협회를 둔다.
④ 사회복지사 자격증을 다른 사람에게 빌려주거나 빌린 사람은 10년 이하의 징역 또는 1억원 이하의 벌금에 처한다.
⑤ 시·도지사는 사회복지에 관한 전문지식과 기술을 가진 사람에게 사회복지사 자격증을 발급할 수 있다.

58 사회보장기본법상 사회보장에 관한 국민의 권리에 대한 설명으로 옳지 않은 것을 모두 고른 것은?

> ㄱ. 지방자치단체는 최저보장수준과 최저임금을 매년 공표하여야 한다.
> ㄴ. 사회보장수급권은 구두로 통지하여 포기할 수 있다.
> ㄷ. 사회보장수급권이 제한되는 경우에는 제한하는 목적에 필요한 최소한의 범위에 그쳐야 한다.
> ㄹ. 사회보장수급권을 포기하는 것이 다른 사람에게 피해를 주게 되는 경우 사회보장수급권을 포기할 수 없다.

① ㄱ, ㄴ
② ㄴ, ㄹ
③ ㄱ, ㄷ, ㄹ
④ ㄴ, ㄷ, ㄹ
⑤ ㄱ, ㄴ, ㄷ, ㄹ

59 사회보장기본법상 사회보장제도의 운영에 관한 설명으로 옳은 것은?

① 사회보험은 국가와 지방자치단체의 책임으로 시행한다.
② 국가는 사회보장 관계 법령에서 정하는 바에 따라 사회보장에 관한 상담에 응하여야 한다.
③ 일정 소득 수준 이하의 국민에 대한 사회서비스에 드는 비용은 수익자 부담을 원칙으로 한다.
④ 통계청장은 제출된 사회보장통계를 종합하여 사회보장위원회에 제출하여야 한다.
⑤ 지방자치단체의 장은 사회보장제도를 신설할 경우 보건복지부장관과 합의하여야 한다.

56

② 국가나 지방자치단체는 예산의 범위에서 사회복
지시설의 책임보험 또는 책임공제의 가입에 드는
비용의 전부 또는 일부를 보조할 수 있다(사회복
지사업법 제34조의3 제2항).
① 동법 제34조의5 제2항 참조
③ 국가나 지방자치단체는 사회복지시설을 설치 · 운
영할 수 있다(동법 제34조 제1항).
④ 동법 제36조 제1항 참조
⑤ 보건복지부장관, 시 · 도지사 또는 시장 · 군수 ·
구청장은 시설이 회계부정이나 불법행위 또는 그
밖의 부당행위 등이 발견되었을 때에는 그 시설의
개선, 사업의 정지, 시설의 장의 교체를 명하거나
시설의 폐쇄를 명할 수 있다(동법 제40조 제1항
제4호).

57

② 사회복지사업법 제9조 제1항 참조
① 사회복지서비스를 필요로 하는 사람에 대한 사회
복지서비스 제공은 현물(現物)로 제공하는 것을
원칙으로 한다(동법 제5조의2 제1항).
③ 사회복지에 관한 조사 · 연구 및 정책 건의, 사회
복지 관련 기관 · 단체 간의 연계 · 협력 · 조정, 사
회복지 소외계층 발굴 및 민간사회복지자원과의
연계 · 협력, 그 밖에 대통령령으로 정하는 사회복
지사업의 조성 등 사회복지에 관한 업무를 수행하
기 위하여 전국 단위의 한국사회복지협의회(중앙
협의회), 시 · 도 단위의 시 · 도 사회복지협의회
및 시 · 군 · 구 단위의 시 · 군 · 구 사회복지협의
회를 둔다(동법 제33조 제1항).
④ 사회복지사 자격증을 다른 사람에게 빌려주거나
빌린 사람은 1년 이하의 징역 또는 1천만원 이하
의 벌금에 처한다(동법 제54조 제1의2호).
⑤ 보건복지부장관은 사회복지에 관한 전문지식과
기술을 가진 사람에게 사회복지사 자격증을 발급
할 수 있다(동법 제11조 제1항).

58

ㄱ. 국가는 관계 법령에서 정하는 바에 따라 최저보
장수준과 최저임금을 매년 공표하여야 한다(사회
보장기본법 제10조 제2항).
ㄴ. 사회보장수급권은 정당한 권한이 있는 기관에 서
면으로 통지하여 포기할 수 있다(동법 제14조 제
1항).
ㄷ. 사회보장수급권이 제한되거나 정지되는 경우에
는 제한 또는 정지하는 목적에 필요한 최소한의
범위에 그쳐야 한다(동법 제13조 제2항).
ㄹ. 사회보장수급권을 포기하는 것이 다른 사람에게
피해를 주거나 사회보장에 관한 관계 법령에 위
반되는 경우에는 사회보장수급권을 포기할 수 없
다(동법 제14조 제3항).

59

② 국가와 지방자치단체는 사회보장 관계 법령에서
정하는 바에 따라 사회보장에 관한 상담에 응하여
야 한다(사회보장기본법 제35조).
① 사회보험은 국가의 책임으로 시행하고, 공공부조
와 사회서비스는 국가와 지방자치단체의 책임으
로 시행하는 것을 원칙으로 한다. 다만, 국가와 지
방자치단체의 재정 형편 등을 고려하여 이를 협
의 · 조정할 수 있다(동법 제25조 제5항).
③ 공공부조 및 관계 법령에서 정하는 일정 소득 수
준 이하의 국민에 대한 사회서비스에 드는 비용의
전부 또는 일부는 국가와 지방자치단체가 부담한
다(동법 제28조 제3항).
④ 보건복지부장관은 제출된 사회보장통계를 종합하
여 사회보장위원회에 제출하여야 한다(동법 제32
조 제3항).
⑤ 중앙행정기관의 장과 지방자치단체의 장은 사회
보장제도를 신설하거나 변경할 경우 신설 또는 변
경의 타당성, 기존 제도와의 관계, 사회보장 전달
체계에 미치는 영향, 지역복지 활성화에 미치는
영향 및 운영방안 등에 대하여 대통령령으로 정하
는 바에 따라 보건복지부장관과 협의(주의 : '합의'
가 아님)하여야 한다(동법 제26조 제2항).

60 사회보장기본법의 내용으로 옳지 않은 것은?

① 사회보장위원회의 위원 임기는 3년으로 한다.
② 국가와 지방자치단체는 평생사회안전망을 구축하여야 한다.
③ 사회보장 기본계획에는 사회보장 관련 기금 운용방안이 포함되어야 한다.
④ 사회보장제도를 운영하는 자는 불법행위의 책임이 있는 자에 대하여 구상권을 행사할 수 있다.
⑤ 사회보장에 관한 다른 법률을 개정하는 경우에는 이 법에 부합되도록 하여야 한다.

61 사회보장급여의 이용·제공 및 수급권자 발굴에 관한 법률의 내용으로 옳지 않은 것은?

① 보장기관은 지역의 사회보장 수준이 균등하게 실현될 수 있도록 노력하여야 한다.
② 「청소년기본법」에 따른 청소년상담사는 지원대상자의 사회보장급여를 신청할 수 있다.
③ 보장기관의 장은 위기가구를 발굴하기 위하여 노력하여야 한다.
④ 정부는 한국사회보장정보원의 설립·운영에 필요한 비용을 출연할 수 없다.
⑤ 특별자치시 지역사회보장계획은 사회보장급여 담당 인력의 양성 및 전문성 제고 방안을 포함하여야 한다.

62 사회보장급여의 이용·제공 및 수급권자 발굴에 관한 법률상 지원대상자의 발굴에 관한 설명으로 옳은 것은?

① "지원대상자"란 사회보장급여를 제공받을 권리를 가진 사람을 말한다.
② 사회복지시설의 장은 사회보장급여의 제공을 직권으로 신청할 수 있다.
③ 국민건강보험공단 이사장은 보험료를 7개월 이상 체납한 사람의 가구정보를 사회보장정보시스템을 통하여 처리할 수 있다.
④ 시·도지사는 지원대상자에 대한 발굴조사를 1년마다 정기적으로 실시하여야 한다.
⑤ 보장기관의 장은 지원대상자를 발굴하기 위하여 사회보장급여의 제공규모에 대한 정보의 제공과 홍보에 노력하여야 한다.

63 국민기초생활보장법상 급여의 종류와 방법에 관한 설명으로 옳은 것은?

① 생계급여는 물품으로는 지급할 수 없다.
② 생계급여는 수급자에게 주거 안정에 필요한 임차료, 수선유지비, 그 밖의 수급품을 지급하는 것으로 한다.
③ 장제급여는 자활급여를 받는 수급자가 사망한 경우 장제조치를 하는 것으로 한다.
④ 자활급여는 관련 비영리법인에 위탁하여 실시할 수 있다.
⑤ 교육급여는 보건복지부장관의 소관으로 한다.

60

① 사회보장위원회 위원의 임기는 2년으로 한다. 다만, 공무원인 위원의 임기는 그 재임 기간으로 하고, 기관·단체의 대표자 자격으로 대통령이 위촉하는 위원의 임기는 대표의 지위를 유지하는 기간으로 한다(사회보장기본법 제21조 제4항 참조).

② 동법 제22조 제1항

③ 사회보장 기본계획에는 국내외 사회보장환경의 변화와 전망, 사회보장의 기본목표 및 중장기 추진방향, 주요 추진과제 및 추진방법, 필요한 재원의 규모와 조달방안, 사회보장 관련 기금 운용방안, 사회보장 전달체계, 그 밖에 사회보장정책의 추진에 필요한 사항이 포함되어야 한다(동법 제16조 제2항).

④ 동법 제15조 참조

⑤ 동법 제4조

61

④ 정부는 사회보장급여의 이용 및 제공이 원활히 이루어질 수 있도록 한국사회보장정보원의 설립·운영에 필요한 비용을 출연하거나 지원할 수 있다(사회보장급여의 이용·제공 및 수급권자 발굴에 관한 법률 제29조 제4항).

① 동법 제4조 제6항

② 지원대상자와 그 친족, 「민법」에 따른 후견인, 「청소년기본법」에 따른 청소년상담사·청소년지도사, 지원대상자를 사실상 보호하고 있는 자 등은 지원대상자의 주소지 관할 보장기관에 사회보장급여를 신청할 수 있다(동법 제5조 제1항 참조).

③ 보장기관의 장은 누락된 지원대상자가 적절한 사회보장급여를 제공받을 수 있도록 지원이 필요한 위기가구를 발굴하기 위하여 노력하여야 한다(동법 제9조의2 제1항 참조).

⑤ 동법 제36조 제3항 참조

62

⑤ 사회보장급여의 이용·제공 및 수급권자 발굴에 관한 법률 제10조 참조

① "지원대상자"란 사회보장급여를 필요로 하는 사람을 말한다. 참고로 사회보장급여를 제공받을 권리를 가진 사람은 "수급권자"를 지칭한다(동법 제2조 제2호 및 제4호).

② 보장기관의 업무담당자는 지원대상자가 누락되지 아니하도록 하기 위하여 관할 지역에 거주하는 지원대상자에 대한 사회보장급여의 제공을 직권으로 신청할 수 있다. 이 경우 지원대상자의 동의를 받아야 하며, 동의를 받은 경우에는 지원대상자가 신청한 것으로 본다(동법 제5조 제2항).

③ 보건복지부장관은 「국민건강보험법」에 따른 보험료를 3개월 이상 체납한 사람의 가구정보를 사회보장정보시스템을 통하여 처리할 수 있다(동법 제12조 제1항 제3호).

④ 보장기관의 장은 지원대상자에 대한 발굴조사를 분기마다 정기적으로 실시하여야 한다(동법 제12조의2 제1항).

63

④ 자활급여는 관련 공공기관·비영리법인·시설과 그 밖에 대통령령으로 정하는 기관에 위탁하여 실시할 수 있다. 이 경우 그에 드는 비용은 보장기관이 부담한다(국민기초생활보장법 제15조 제2항).

① 생계급여는 금전을 지급하는 것으로 한다. 다만, 금전으로 지급할 수 없거나 금전으로 지급하는 것이 적당하지 아니하다고 인정하는 경우에는 물품을 지급할 수 있다(동법 제9조 제1항).

② 주거급여는 수급자에게 주거 안정에 필요한 임차료, 수선유지비, 그 밖의 수급품을 지급하는 것으로 한다(동법 제11조 제1항).

③ 장제급여는 생계급여, 주거급여, 의료급여 중 하나 이상의 급여를 받는 수급자가 사망한 경우 사체의 검안·운반·화장 또는 매장, 그 밖의 장제조치를 하는 것으로 한다(동법 제14조 제1항).

⑤ 교육급여는 교육부장관의 소관으로 한다(동법 제12조 제2항).

64 국민기초생활보장법상 지역자활센터의 사업이 아닌 것은?

① 자활을 위한 사업자금 융자
② 자활을 위한 정보제공, 상담, 직업교육 및 취업알선
③ 생업을 위한 자금융자 알선
④ 자활기업의 설립·운영 지원
⑤ 자영창업 지원 및 기술·경영 지도

65 의료급여법의 내용으로 옳은 것은?

① 시·도지사는 의료급여증을 발급하여야 한다.
② 급여비용의 재원을 충당하기 위하여 보건복지부에 의료급여기금을 설치한다.
③ 보건복지부에 두는 의료급여심의위원회는 의료급여의 수가에 관한 사항을 심의한다.
④ 시·도지사는 상환받은 대지급금을 의료급여기금에 납입하여야 한다.
⑤ 수급권자가 의료급여를 거부한 경우 시·도지사는 의료급여를 중지해야 한다.

66 기초연금법의 내용으로 옳은 것을 모두 고른 것은?

> ㄱ. 본인과 그 배우자가 모두 기초연금 수급권자인 경우에는 각각의 기초연금액에서 기초연금액의 100분의 20에 해당하는 금액을 감액한다.
> ㄴ. 기초연금 수급권자의 권리는 3년간 행사하지 아니하면 시효의 완성으로 소멸한다.
> ㄷ. 기초연금 수급자가 대통령령으로 정하는 바에 따라 사망한 것으로 추정되는 경우 수급권을 상실한다.

① ㄱ
② ㄱ, ㄴ
③ ㄱ, ㄷ
④ ㄴ, ㄷ
⑤ ㄱ, ㄴ, ㄷ

67 국민건강보험법의 내용으로 옳지 않은 것은?

① 「의료급여법」에 따라 의료급여를 받는 사람은 건강보험의 가입자가 될 수 없다.
② 보건복지부장관은 국민건강보험종합계획에 따라 연도별 시행계획에 따른 추진실적을 매년 평가하여야 한다.
③ 건강보험 가입자는 국내에 거주하지 아니하게 된 날에 그 자격을 잃는다.
④ 건강보험정책에 관한 사항을 심의·의결하기 위하여 보건복지부장관 소속으로 건강보험정책심의위원회를 둔다.
⑤ 건강보험 지역가입자는 직장가입자와 그 피부양자를 제외한 가입자를 말한다.

64

① 자활을 위한 사업자금 융자는 자활기업을 위한 지원사업으로, 보장기관이 자활기업에게 직접 또는 자활복지개발원, 광역자활센터 및 지역자활센터를 통하여 지원할 수 있도록 하고 있다(국민기초생활보장법 제18조 제3항 참조).

지역자활센터의 사업(국민기초생활보장법 제16조 제1항 참조)

• 자활의욕 고취를 위한 교육
• 자활을 위한 정보제공, 상담, 직업교육 및 취업알선(②)
• 생업을 위한 자금융자 알선(③)
• 자영창업 지원 및 기술 · 경영 지도(⑤)
• 자활기업의 설립 · 운영 지원(④)
• 그 밖에 자활을 위한 각종 사업

65

③ 보건복지부에 두는 의료급여심의위원회(중앙의료급여심의위원회)는 의료급여사업의 기본방향 및 대책 수립에 관한 사항, 의료급여의 기준 및 수가에 관한 사항, 그 밖에 보건복지부장관 또는 위원장이 부의하는 사항을 심의한다(의료급여법 제6조 제2항).
① 시장 · 군수 · 구청장은 수급권자가 신청하는 경우 의료급여증을 발급하여야 한다(동법 제8조 제1항).
② 급여비용의 재원에 충당하기 위하여 시 · 도에 의료급여기금을 설치한다(동법 제25조 제1항).
④ 시장 · 군수 · 구청장은 상환받은 대지급금을 의료급여기금에 납입하여야 한다(동법 제21조 제3항 참조).
⑤ 시장 · 군수 · 구청장은 수급권자에 대한 의료급여가 필요 없게 된 경우 또는 수급권자가 의료급여를 거부한 경우 의료급여를 중지하여야 한다(동법 제17조 제1항).

66

ㄱ. 기초연금법 제8조 제1항
ㄴ. 환수금을 환수할 권리와 기초연금 수급권자의 권리는 5년간 행사하지 아니하면 시효의 완성으로 소멸한다(동법 제23조).
ㄷ. 특별자치시장 · 특별자치도지사 · 시장 · 군수 · 구청장은 기초연금 수급자가 행방불명되거나 실종되는 등 대통령령으로 정하는 바에 따라 사망한 것으로 추정되는 경우 그 사유가 발생한 날이 속하는 달의 다음 달부터 그 사유가 소멸한 날이 속하는 달까지는 기초연금의 지급을 정지한다(동법 제16조 제1항 제2호).

67

③ 건강보험 가입자는 국내에 거주하지 아니하게 된 날의 다음 날에 그 자격을 잃는다(국민건강보험법 제10조 제1항 제3호).
① 원칙적으로 「의료급여법」에 따라 의료급여를 받는 사람이나 「독립유공자예우에 관한 법률」 및 「국가유공자 등 예우 및 지원에 관한 법률」에 따라 의료보호를 받는 사람을 제외한 국내에 거주하는 국민은 건강보험의 가입자 또는 피부양자가 된다(동법 제5조 제1항 참조).
② 동법 제3조의2 제4항
④ 동법 제4조 제1항 참조
⑤ 동법 제6조 제3항

68 노인장기요양보험법의 내용으로 옳지 않은 것은?

① "노인 등"이란 65세 이상의 노인 또는 65세 미만의 자로서 치매·뇌혈관성질환 등 대통령령으로 정하는 노인성 질병을 가진 자를 말한다.

② 장기요양급여는 노인 등이 가족과 함께 생활하면서 가정에서 장기요양을 받는 재가급여를 우선적으로 제공하여야 한다.

③ 장기요양보험사업은 보건복지부장관이 관장한다.

④ 장기요양급여를 받고 있는 수급자는 장기요양등급의 내용을 변경하여 장기요양급여를 받고자 하는 경우 국민건강보험공단에 변경신청을 하여야 한다.

⑤ 재가급여에는 방문요양, 방문목욕, 특별현금급여가 포함된다.

69 국민연금법의 내용으로 옳은 것은?

① 가입자의 가입 종류가 변동되면 그 가입자의 가입기간은 각 종류별 가입기간을 합산한 기간으로 한다.

② 국민연금사업은 기획재정부장관이 맡아 주관한다.

③ "수급권자"란 이 법에 따른 급여를 받을 권리를 말한다.

④ 국내에 거주하는 국민으로서 18세 이상 65세 미만인 자는 국민연금 가입 대상이 된다.

⑤ 「국민연금법」을 적용할 때 배우자에는 사실상의 혼인관계에 있는 자는 포함되지 않는다.

70 고용보험법의 내용으로 옳은 것은?

① "실업의 인정"이란 근로의 의사와 능력이 있음에도 불구하고 취업하지 못한 상태에 있는 것을 말한다.

② "일용근로자"란 3개월 미만 동안 고용되는 사람을 말한다.

③ 지방자치단체는 매년 보험사업에 드는 비용의 일부를 일반회계에서 부담하여야 한다.

④ 고용보험기금은 고용노동부장관이 관리·운용한다.

⑤ 실업급여를 받을 권리는 양도 또는 압류하거나 담보로 제공할 수 있다.

71 고용보험법상 실업급여의 종류로 취업촉진수당에 해당하는 것을 모두 고른 것은?

> ㄱ. 이주비
> ㄴ. 광역 구직활동비
> ㄷ. 직업능력개발 수당
> ㄹ. 조기재취업 수당

① ㄱ, ㄴ, ㄷ
② ㄱ, ㄴ, ㄹ
③ ㄱ, ㄷ, ㄹ
④ ㄴ, ㄷ, ㄹ
⑤ ㄱ, ㄴ, ㄷ, ㄹ

68

⑤ 재가급여에는 방문요양, 방문목욕, 방문간호, 주·야간보호, 단기보호, 기타 재가급여 등이 있다(노인장기요양보험법 제23조 제1항 참조).
① 동법 제2조 제1호
② 동법 제3조 제3항
③ 동법 제7조 제1항
④ 장기요양급여를 받고 있는 수급자는 장기요양등급, 장기요양급여의 종류 또는 내용을 변경하여 장기요양급여를 받고자 하는 경우 국민건강보험공단에 변경신청을 하여야 한다(동법 제21조 제1항).

69

① 국민연금법 제20조 제2항
② 「국민연금법」에 따른 국민연금사업은 보건복지부장관이 맡아 주관한다(동법 제2조).
③ "수급권자"란 수급권을 가진 자를 말한다. 참고로 이 법에 따른 급여를 받을 권리는 "수급권"을 지칭한다(동법 제3조 제1항 제14호 및 제15호).
④ 국내에 거주하는 국민으로서 18세 이상 60세 미만인 자는 국민연금 가입 대상이 된다. 다만, 「공무원연금법」, 「군인연금법」, 「사립학교교직원연금법」 및 「별정우체국법」을 적용받는 공무원, 군인, 교직원 및 별정우체국 직원, 그 밖에 대통령령으로 정하는 자는 제외한다(동법 제6조).
⑤ 「국민연금법」을 적용할 때 배우자, 남편 또는 아내에는 사실상의 혼인관계에 있는 자를 포함한다(동법 제3조 제2항).

70

④ 고용보험법 제79조 제1항
① "실업의 인정"이란 직업안정기관의 장이 수급자격자가 실업한 상태에서 적극적으로 직업을 구하기 위하여 노력하고 있다고 인정하는 것을 말한다. 참고로 근로의 의사와 능력이 있음에도 불구하고 취업하지 못한 상태에 있는 것은 "실업"을 지칭한다(동법 제2조 제3호 및 제4호).
② "일용근로자"란 1개월 미만 동안 고용되는 사람을 말한다(동법 제2조 제6호).
③ 국가는 매년 보험사업에 드는 비용의 일부를 일반회계에서 부담하여야 한다(동법 제5조 제1항).
⑤ 실업급여를 받을 권리는 양도 또는 압류하거나 담보로 제공할 수 없다(동법 제38조 제1항).

71

실업급여의 종류(고용보험법 제37조 참조)

실업급여 ┬ 구직급여
         └ 취업촉진 수당 ┬ 조기(早期)재취업 수당
                          ├ 직업능력개발 수당
                          ├ 광역 구직활동비
                          └ 이주비

72 노인복지법의 내용으로 옳은 것은?

① 노인복지주택에 입소할 수 있는 자는 65세 이상의 노인으로 한다.

② 국가는 지역 간의 연계체계를 구축하고 노인학대를 예방하기 위하여 중앙노인보호전문기관을 설치·운영하여야 한다.

③ 노인취업알선기관은 지역사회 등에서 노인에 의한 재화의 생산·판매 등을 직접 담당하는 기관이다.

④ 노인요양공동생활가정은 노인들에게 일상생활에 필요한 편의를 제공함을 목적으로 하는 노인주거복지시설이다.

⑤ 지역노인보호전문기관은 시·군·구에 둔다.

73 아동복지법의 내용으로 옳지 않은 것은?

① 지방자치단체는 아동이 항상 이용할 수 있는 아동전용시설을 설치하도록 노력하여야 한다.

② 시·도지사 또는 시장·군수·구청장은 보호조치 중인 보호대상아동의 양육상황을 분기별로 점검하여야 한다.

③ 아동정책조정위원회 위원장은 국무총리가 된다.

④ 아동위원은 명예직으로 하되, 아동위원에 대하여는 수당을 지급할 수 있다.

⑤ 보건복지부장관은 아동정책의 효율적인 추진을 위하여 5년마다 아동정책기본계획을 수립하여야 한다.

74 한부모가족지원법의 내용으로 옳은 것은?

① 여성가족부장관은 5년마다 한부모가족에 대한 실태조사를 실시하고 그 결과를 공표하여야 한다.

② "청소년 한부모"란 18세 이하의 모 또는 부를 말한다.

③ 교육부장관은 청소년 한부모가 학업을 계속할 수 있도록 여성가족부장관에게 협조를 요청하여야 한다.

④ "모" 또는 "부"에는 아동인 자녀를 양육하는 미혼자(사실혼 관계에 있는 자는 제외한다)도 해당된다.

⑤ 한부모가족에 대한 국민의 이해와 관심을 제고하기 위하여 매년 9월 7일을 한부모가족의 날로 한다.

75 사회복지공동모금회법상 사회복지공동모금회(이하 '모금회'라 한다)에 관한 설명으로 옳지 않은 것은?

① 모금회는 사회복지사업을 지원하기 위하여 연중 기부금품을 모집할 수 있다.

② 지방자치단체는 모금회에 기부금품 모집에 필요한 비용을 보조할 수 있다.

③ 배분분과실행위원회는 20명 이상의 위원으로 구성된다.

④ 모금회는 정관을 작성하여 보건복지부장관의 허가를 받아 등기함으로써 설립된다.

⑤ 모금회는 매년 8월 31일까지 다음 회계연도의 공동모금재원 배분기준을 정하여 공고하여야 한다.

72

② 노인복지법 제39조의5 제1항 참조

① 노인복지주택에 입소할 수 있는 자는 60세 이상의 노인으로 한다(동법 제33조의2 제1항).

③ "노인취업알선기관"은 노인에게 취업 상담 및 정보를 제공하거나 노인일자리를 알선하는 기관을 말한다. 참고로 지역사회 등에서 노인일자리의 개발·지원, 창업·육성, 안전관리 및 노인에 의한 재화의 생산·판매 등을 직접 담당하는 기관은 "노인일자리지원기관"을 지칭한다(노인 일자리 및 사회활동 지원에 관한 법률 제9조 제1항 참조).

④ "노인공동생활가정"은 노인들에게 가정과 같은 주거여건과 급식, 그 밖에 일상생활에 필요한 편의를 제공함을 목적으로 하는 시설을 말한다. 참고로 노인을 입소시켜 급식과 그 밖에 일상생활에 필요한 편의를 제공함을 목적으로 하는 시설은 "양로시설"을 지칭한다(노인복지법 제32조 제1항 참조).

⑤ 학대받는 노인의 발견·보호·치료 등을 신속히 처리하고 노인학대를 예방하기 위하여 지역노인보호전문기관을 특별시·광역시·도·특별자치도에 둔다(동법 제39조의5 제2항 참조).

73

② 시·도지사 또는 시장·군수·구청장은 보호조치 중인 보호대상아동의 양육상황을 보건복지부령으로 정하는 바에 따라 매년 점검하여야 한다(아동복지법 제15조의3 제1항).

① 동법 제53조 제1항

③ 동법 제10조 제3항 참조

④ 동법 제14조 제4항

⑤ 동법 제7조 제1항

74

④ 한부모가족지원법 제4조 제1호 참조

① 여성가족부장관은 한부모가족 지원을 위한 정책 수립에 활용하기 위하여 3년마다 한부모가족에 대한 실태조사를 실시하고 그 결과를 공표하여야 한다(동법 제6조 제1항).

② "청소년 한부모"란 24세 이하의 모 또는 부를 말한다(동법 제4조 제1의2호).

③ 여성가족부장관은 청소년 한부모가 학업을 계속할 수 있도록 교육부장관에게 협조를 요청하여야 한다(동법 제17조의2 제4항).

⑤ 한부모가족에 대한 국민의 이해와 관심을 제고하기 위하여 매년 5월 10일을 한부모가족의 날로 한다(동법 제5조의4 제1항). 참고로 매년 9월 7일은 '사회복지의 날'에 해당한다.

75

④ 사회복지공동모금회(이하 "모금회"라 한다)는 정관을 작성하여 보건복지부장관의 인가를 받아 등기함으로써 설립된다(사회복지공동모금회법 제4조 제3항).

① 모금회는 사회복지사업이나 그 밖의 사회복지활동을 지원하기 위하여 연중 기부금품을 모집·접수할 수 있다(동법 제18조 제1항).

② 국가나 지방자치단체는 모금회에 기부금품 모집에 필요한 비용과 모금회의 관리·운영에 필요한 비용을 보조할 수 있다(동법 제33조 제1항).

③ 분과실행위원회는 위원장 1명을 포함하여 20명 이내의 위원으로 구성한다. 다만, 모금분과실행위원회 및 배분분과실행위원회는 각각 20명 이상의 위원으로 구성한다(동법 제13조 제3항).

⑤ 동법 제20조 제1항 참조

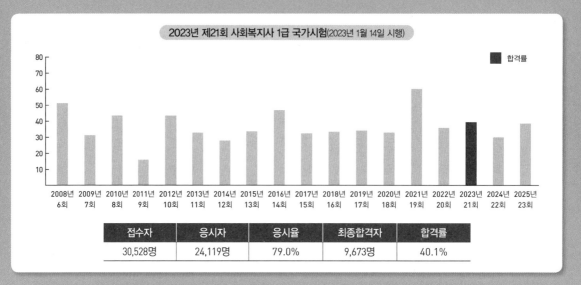

접수자	응시자	응시율	최종합격자	합격률
30,528명	24,119명	79.0%	9,673명	40.1%

2023년 제21회 시험은 어떻게 출제되었나?

2022년 제20회 예비합격률이 '36.62%'를 기록한 반면 2023년 제21회 예비합격률은 그보다 높은 '40.7%'를 기록하였습니다. 사실 지난 제20회 시험의 주된 감점 요인이 신출문제에 있었다면, 이번 제21회 시험에서는 앞선 시험들과 비교해 볼 때 체감상 보다 확대된 출제범위에 있는 것으로 보입니다. 특히 눈여겨보아야할 것은 최근 자격시험의 문항들이 그와 유사한 다른 자격시험의 문항들을(예 청소년상담사 등)을 그대로 가져오거나 이를 약간 변형하여 제시하는 경우들을 종종 볼 수 있다는 점입니다.

1교시 사회복지기초

1영역 인간행동과 사회환경은 이전 시험과 마찬가지로 비교적 평이한 문제들이 주를 이루었습니다. 다만, 특징적인 것은 인간발달이론, 사회체계이론 등 다양한 학자들을 중심으로 한 이론적인 내용을 다루는 문항의 비중이 상대적으로 줄어든 반면, 발달 단계별 특성을 묻는 문항들이 다수 출제되었다는 점입니다.

2영역 사회복지조사론은 수험생들이 가장 어렵게 생각하는 영역인데, 그 이유는 단순히 이론의 구체적인 내용을 제시하기보다는 이를 응용하는 방식으로 출제되기 때문입니다. 이번 시험에서도 척도의 유형, 종단연구의 유형, 사회조사의 목적에 따른 연구 유형 등이 응용문제로 출제되었고, 실험설계의 유형이 사례문제로 제시되었습니다.

2교시 사회복지실천

3영역 사회복지실천론은 일부 문항을 제외하고 사회복지사 시험에서 주로 출제되는 내용들이 문제로 제시되었습니다. 사회복지실천의 역사적 발달과정을 필두로 사회복지사의 자질과 역할, 사정 기술과 면접 기술, 관계의 원칙 및 개입의 원칙, 사회복지실천모델과 통합적 접근 등 출제자가 고른 영역에서 문제를 출제하기 위해 노력한 흔적이 보입니다.

4영역 사회복지실천기술론은 이번 시험에서 가장 어려웠던 영역으로 보입니다. 그 이유는 특정 이론모델을 다루는 문항의 경우에도 그것의 전반적인 내용을 알아야만 풀 수 있는 방식으로 출제되었고, 단순 유추로는 풀이하기 어렵도록 선택지를 구성하였으며, 수험생들의 혼동을 유발하는 문항들도 포함하고 있기 때문

입니다. 이 영역은 최근 몇 년간 사회복지실천모델을 고르게 출제하는 한편 가족 대상 실천을 중요하게 다루는 양상을 보이고 있으므로, 이점 감안하여 심화학습을 하여야 할 필요가 있겠습니다.

5영역 지역사회복지론은 전반적으로 고른 영역에서 비교적 쉽게 출제되었습니다. 지역사회의 기능과 이념, 우리나라와 영국의 지역사회복지 역사, 지역사회복지실천에 관한 이론, 로스만, 테일러와 로버츠, 웨일과 갬블의 지역사회복지실천모델, 지역사회복지실천의 단계 등이 어김없이 출제되었습니다.

3교시 사회복지정책과 제도

6영역 사회복지정책론은 전형적인 출제스타일을 그대로 따른 것으로 보입니다. 문항이 전반적으로 기존의 출제범위를 크게 벗어나지 않았고 선택지도 비교적 간략하게 제시된 만큼, 핵심내용을 충분히 숙지한 수험생들이라면 어렵지 않게 풀 수 있었을 것으로 보입니다. 다만, 사회복지전달체계 재구조화 전략에 관한 문제나 근로장려금의 계산문제가 이번 시험에 처음 등장하였으므로, 관련 내용을 점검해둘 필요가 있겠습니다.

7영역 사회복지행정론은 지난 제20회 시험에서 다소 까다로운 양상을 보인 것과 달리, 이번 시험에서는 전반적으로 무난한 난이도를 보였습니다. 사회복지행정의 기능과 특징, 조직의 구조와 특성, 리더십 이론, 슈퍼비전, 인적자원관리, 예산모형, 비영리조직 마케팅, 프로그램 평가 등 다양한 영역에서 고른 출제비중을 보였습니다.

8영역 사회복지법제론은 이번 시험에서 다소 까다롭게 출제되었습니다. 사회서비스법에서 기존에 빈번히 출제되었던 「노인복지법」, 「장애인복지법」에 관한 문제가 출제되지 않은 반면, 「건강가정기본법」, 「정신건강증진 및 정신질환자 복지서비스 지원에 관한 법률」이 처음 출제되었습니다. 또한 사회보험법에서 「고용보험법」, 「산업재해보상보험법」에 관한 문제를 시행령이나 시행규칙에서 출제함으로써 법규의 세부사항을 학습하지 않은 수험생들을 당혹스럽게 만들었습니다. 결국 출제기준이 구체적으로 명시되지 않은 가운데 학습범위만 늘어난 것은 아닌지 우려를 불러일으켰습니다.

2023년도 제21회 사회복지사 1급 국가자격시험

교시	문제형별	시간	시험과목
1~3교시		200분	① 사회복지기초 ② 사회복지실천 ③ 사회복지정책과 제도

수험번호		성 명	

수험자 유의사항

1. 시험문제지 표지와 시험문제지 내 문제형별의 동일여부 및 시험문제지의 총면수, 문제번호 일련순서, 인쇄상태 등을 확인하시고, 문제지 표지에 수험번호와 성명을 기재하시기 바랍니다.

2. 답은 각 문제마다 요구하는 가장 적합하거나 가까운 답 1개만 선택하고, 답안카드 작성 시 시험문제지 형별누락, 마킹착오로 인한 불이익은 전적으로 수험자에게 책임이 있음을 알려 드립니다.

3. 답안카드는 국가전문자격 공통 표준형으로 문제번호가 1번부터 125번까지 인쇄되어 있습니다. 답안 마킹 시에는 반드시 시험문제지의 문제번호와 동일한 번호에 마킹하여야 합니다.

4. 감독위원의 지시에 불응하거나 시험시간 종료 후 답안카드를 제출하지 않을 경우 불이익이 발생할 수 있음을 알려 드립니다.

5. 답안작성은 시험시행일 현재 시행되는 법령 등을 적용하시기 바랍니다.

6. 시험문제지는 시험 종료 후 가져가시기 바랍니다.

제1과목 ▶ 사회복지기초

제1영역 **인간행동과 사회환경**

01 인간발달에 관한 설명으로 옳지 않은 것은?

① 영아기에서 노년기까지 시간 흐름의 과정
이다.
② 일정한 순서와 방향성이 있어 예측이 가능
하다.
③ 생애 전 과정에 걸쳐 진행되는 환경적, 유
전적 상호작용의 결과이다.
④ 각 발달단계별 인간행동의 특성이 있다.
⑤ 발달에는 개인차가 있다.

02 생태체계이론의 유용성에 관한 설명으로 옳
지 않은 것은?

① 문제에 대한 총체적 이해와 조망을 제공한다.
② 각 체계들로부터 다양하고 객관적인 정보
획득이 용이하다.
③ 각 환경 수준별 개입의 근거를 제시한다.
④ 구체적인 방법과 기술 제시에는 한계가 있다.
⑤ 개인보다 가족, 집단, 공동체 등의 문제에
적용하는 데 유용하다.

03 인간발달이론과 사회복지실천에 관한 설명
으로 옳지 않은 것은?

① 다양한 연령층의 클라이언트와 일할 수 있
는 토대가 된다.
② 발달단계별 욕구를 기반으로 사회복지서비
스를 개발할 수 있다.
③ 발달단계별 발달과제는 문제해결의 목표와
방법 설정에 유용하다.
④ 발달단계별 발달 저해 요소들을 이해하는
데 유용하다.
⑤ 인간발달이론은 문제 사정단계에서만 유용
하다.

04 생태체계이론의 주요 개념에 관한 설명으로
옳은 것은?

① 시너지는 폐쇄체계 내에서 체계 구성요소
들 간 유용한 에너지의 증가를 의미한다.
② 엔트로피는 체계 내 질서, 형태, 분화 등이
정돈된 상태이다.
③ 항상성은 모든 사회체계의 기본 속성으로
체계의 목표와 정체성을 유지하려는 의도
적 노력에 의해 수정된다.
④ 피드백은 체계의 순환적 성격을 반영하는 개
념으로 안정상태를 유지하는 데 필요하다.
⑤ 적합성은 인간의 적응욕구와 환경자원의 부
합정도로서 특정 발달단계에서 성취된다.

제1과목 ▶ 사회복지기초

01

① 인간발달은 모체 내에 수태되는 순간부터 죽음에 이르는 순간까지 긴 인생과정에 걸쳐 일어나는 모든 변화를 포함한다.

02

⑤ 생태체계이론은 인간과 사회환경 사이의 관계를 이해하는 준거틀을 제시한다. 기존의 사회복지가 '환경 속의 인간'에 관심을 가져왔음에도 불구하고 개인, 가족, 집단을 중심으로 한 직접적인 실천에 초점을 맞추었다면, 생태체계이론은 보다 폭넓은 관점에서 인간과 사회환경, 문화와의 상호관계에도 관심을 기울인다.

03

⑤ 인간행동 및 발달이론은 사회복지실천에서 인간 행동의 역동적 인과관계를 이해하고 향후 행동이 어떻게 변화될 것인지를 예측하며, 이를 변화시킬 수 있는 개입방안을 모색하는 데 도움이 된다. 즉, 인간을 보다 정확히 이해하고 전문적 실천행동의 방향을 설정하며, 특정한 개입을 위한 지침이 되는 개념적 틀을 제공한다는 점에서 유용하다.

04

① 시너지(Synergy)는 개방체계적인 속성으로서, 체계 구성요소들 간 상호작용이 증가하면서 체계 내 유용한 에너지가 증가하는 것이다.

② 엔트로피(Entropy)는 폐쇄체계적인 속성으로서, 체계 내부의 에너지만 소모하여 유용한 에너지가 감소하는 상태를 말한다. 체계가 소멸해가거나, 무질서해지고 비조직화 되는 과정을 의미한다.

③ 항상성(Homeostasis)은 개방체계적인 속성으로서, 환경과 지속적으로 소통하면서 역동적인 균형을 이루는 상태를 의미한다. 참고로 체계의 목표와 정체성을 유지하려는 의도적 노력에 의해 수정되는 것은 안정상태(Steady State)이다.

⑤ 적합성(Goodness-of-fit)은 인간의 적응욕구와 환경자원이 부합되는 정도로서, 다른 종(種)의 경우 진화에 의해, 인간의 경우 일생을 통해 성취된다.

05 에릭슨(E. Erikson)의 이론으로 옳지 않은 것은?

① 개인의 성격은 전 생애를 통하여 발달한다.
② 청소년기의 주요 발달과업은 자아정체감 형성이다.
③ 각 단계의 발달은 이전 단계의 발달을 토대로 이루어진다.
④ 성격발달에 있어서 환경과의 상호작용이 중요하다고 본다.
⑤ 학령기(아동기)는 자율성 대 수치와 의심의 심리사회적 위기를 겪는다.

06 프로이트(S. Freud)의 정신분석이론에 관한 설명으로 옳은 것은?

① 인간이 가진 자유의지의 중요성을 강조하였다.
② 거세불안과 남근선망은 주로 생식기(Genital Stage)에 나타난다.
③ 성격구조를 원초아, 자아, 초자아로 구분하였다.
④ 초자아는 현실원리에 지배되며 성격의 실행자이다.
⑤ 성격의 구조나 발달단계를 제시하지 않았다.

07 매슬로우(A. Maslow)의 이론으로 옳지 않은 것은?

① 인간에 대해 희망적이고 낙관적인 관점을 갖는다.
② 자아존중감의 욕구는 욕구위계에서 가장 높은 단계이다.
③ 일반적으로 욕구 위계서열이 높을수록 욕구의 강도가 낮다.
④ 인간은 삶을 유지하려는 동기와 삶을 창조하려는 동기를 가진다.
⑤ 인간은 자아실현을 이루려고 노력하는 존재이다.

08 반두라(A. Bandura)의 사회학습이론의 주요 개념으로 옳지 않은 것은?

① 모델이 관찰자와 유사할 때 관찰자는 모델을 더욱 모방하는 경향이 있다.
② 자신이 통제할 수 있는 보상을 자신에게 줌으로써 자기 행동을 유지시키거나 개선시킬 수 있다.
③ 학습은 사람, 환경 및 행동의 상호작용에 의해 이루어짐을 강조한다.
④ 조작적 조건화에 의해 행동은 습득된다.
⑤ 관찰학습은 주의집중과정 → 보존과정(기억과정) → 운동재생과정 → 동기화과정을 통해 이루어진다.

05

에릭슨(E. Erikson)의 심리사회적 발달단계에서 심리사회적 위기의 결과

- 유아기(0~18개월) : 기본적 신뢰감 대 불신감
- 초기아동기(18개월~3세) : 자율성 대 수치심 · 회의
- 학령전기 또는 유희기(3~6세) : 주도성 대 죄의식
- <u>학령기(6~12세) : 근면성 대 열등감</u>
- 청소년기(13~19세) : 자아정체감 대 정체감 혼란
- 성인 초기(20~24세) : 친밀감 대 고립감
- 성인기(24~65세) : 생산성 대 침체
- 노년기(65세 이후) : 자아통합 대 절망

참고

에릭슨(Erikson)의 심리사회적 발달단계에서 각 단계별 명칭 및 발달 시기, 심리사회적 위기와 그 결과 등에 대해서는 교재에 따라 약간씩 다르게 제시되고 있으므로, 이점 감안하여 학습하시기 바랍니다.

06

① 인간이 가진 무의식의 중요성을 강조하였다.
② 거세불안과 남근선망은 주로 남근기(Phallic Stage)에 나타난다.
④ 자아는 현실원리에 지배되며 성격의 실행자이다.
⑤ 프로이트가 제시한 성격의 구조는 원초아, 자아, 초자아로 구성되어 있으며, 발달단계는 구강기, 항문기, 남근기, 잠복기, 생식기로 나뉘어져 있다.

07

② 자기실현(자아실현)의 욕구는 욕구위계에서 가장 높은 단계이다.

욕구위계의 5단계(Maslow)

- 제1단계 : 생리적 욕구
- 제2단계 : 안전(안정)에 대한 욕구
- 제3단계 : 애정과 소속에 대한 욕구
- 제4단계 : 자기존중(존경)의 욕구
- 제5단계 : 자기실현(자아실현)의 욕구

08

④ 대리적 조건화(Vicarious Conditioning) 혹은 대리학습(Vicarious Learning)에 의해 행동은 습득된다. 다른 사람들이 어떤 새로운 행동을 시도할 때 그 결과가 어떻게 나타나는지를 관찰함으로써 자기 자신 또한 그와 같은 행동을 할 경우 초래될 결과를 예상하게 되는데, 이때 어떤 행동이 보상의 결과를 가져오는 경우 그 행동의 빈도가 증가하는 반면, 처벌의 결과를 가져오는 경우 그 행동의 빈도는 감소하게 된다.

09 영아기(0~2세)에 관한 설명으로 옳지 않은 것은?

① 인지발달은 감각기관과 운동기능을 통해 이루어지며 언어나 추상적 개념은 포함되지 않는다.
② 정서발달은 긍정적 정서를 표현하는 것에서 시작하여 점차 부정적 정서까지 표현하게 된다.
③ 언어발달은 인지 및 사회성 발달과 밀접한 관련이 있다.
④ 영아와 보호자 사이에 애착관계 형성이 중요하다.
⑤ 낯가림이 시작된다.

10 중년기(40~64세)에 관한 설명으로 옳은 것은?

① 여성만이 우울, 무기력감 등 심리적 증상을 경험한다.
② 여성은 에스트로겐의 분비가 감소되고 남성은 테스토스테론의 분비가 증가된다.
③ 인지적 반응속도가 최고조에 달한다.
④ 외부세계에 쏟았던 에너지가 자신의 내부로 향한다.
⑤ 친밀감 형성이 주요 과업이며 사회관계망이 축소된다.

11 유아기(3~6세)에 관한 설명으로 옳은 것은?

① 남아는 오이디푸스 콤플렉스를 경험하고 여아는 엘렉트라 콤플렉스를 경험한다.
② 콜버그(L. Kohlberg)에 의하면 인습적 수준의 도덕성 발달단계를 보인다.
③ 피아제의 구체적 조작기에 해당되며 상징적 사고가 가능하다.
④ 인지발달은 상위개념과 하위개념을 구분하여 완전한 수준의 분류능력을 보인다.
⑤ 영아기에 비해 성장 속도가 빨라지며 지속적으로 성장한다.

12 로저스(C. Rogers)의 인본주의이론에 관한 설명으로 옳은 것을 모두 고른 것은?

> ㄱ. 인간의 주관적 경험을 강조한다.
> ㄴ. 인간은 자아실현경향을 가지고 있다.
> ㄷ. 인간의 욕구발달단계를 제시했다.
> ㄹ. 완전히 기능하는 사람은 자신의 경험에 개방적이다.

① ㄱ, ㄹ
② ㄴ, ㄷ
③ ㄱ, ㄴ, ㄹ
④ ㄴ, ㄷ, ㄹ
⑤ ㄱ, ㄴ, ㄷ, ㄹ

09

② 영아기의 정서발달은 긍정적 정서에서 부정적 정서를 표현하는 것으로 발달하기보다는 분화가 덜된 정서에서 점차 분화된 정서를 표현하는 방식으로 발달하게 된다. 또한 기쁨, 분노, 공포 등 기본적인 정서로서 1차 정서를 표현하는 것에서 당황, 수치, 죄책감, 질투, 자긍심 등 한 가지 이상의 정서적 표현을 통합하는 2차 정서를 표현하는 방식으로 발달하게 된다.

10

④ 융(Jung)에 따르면, 중년기는 외부세계에 쏟았던 에너지를 자신의 내부에 초점을 두며 개성화의 과정을 경험하는 시기이다.
① 남녀 모두 '중년의 위기'로 인해 불안이나 우울, 무기력감 등 심리적 증상을 경험한다.
② 여성은 에스트로겐의 분비가 감소되고 남성은 테스토스테론의 분비가 감소된다.
③ 인지능력의 감소는 크지 않은 반면, 인지적 반응 속도는 늦어지는 경향이 있다. 다만, 일상생활에 지장을 초래할 정도로 늦어지는 것은 아니다.
⑤ 친밀감 형성은 청년기의 주요 과업이며, 사회관계망 축소로 사회적 역할이 감소하게 되는 것은 노년기의 특징에 해당한다.

11

① 오이디푸스 콤플렉스(Oedipus Complex) 또는 엘렉트라 콤플렉스(Electra Complex)를 해결하는 과정에서 동성의 부모를 동일시함에 따라 도덕성 발달이 이루어지는 시기는 대략 4~6세경으로, 이는 프로이트(Freud)의 '남근기'에 해당한다.
② 콜버그(Kohlberg)에 의하면 유아기는 전인습적 수준(4~10세)의 도덕성 발달단계를 보인다. 참고로 사회적인 기대나 규범, 관습으로서의 인습에 순응적인 양상을 보이는 인습적 수준은 10~13세에 해당한다.
③ 피아제(Piaget)의 전조작기(대략 2~7세)에 해당되며, 상징적 사고가 가능하다.
④ 전조작적 사고단계에서는 상위개념과 하위개념을 완전히 구분하지 못하므로 분류능력이 불완전하다.
⑤ 영아기는 인간의 일생에 있어서 신체적 성장이 가장 빠른 속도로 이루어지는 '제1성장 급등기'에 해당한다.

12

ㄷ. 인간의 욕구발달단계를 제시한 대표적인 인본주의이론의 학자로 매슬로우(Maslow)가 있다.

13 융(C. Jung)의 이론으로 옳은 것을 모두 고른 것은?

> ㄱ. 무의식을 개인무의식과 집단무의식으로 구분하였다.
> ㄴ. 그림자(Shadow)는 인간에게 있는 동물적 본성을 포함하는 부정적인 측면이다.
> ㄷ. 페르소나(Persona)는 개인이 외부세계에 보여주는 이미지 혹은 가면이다.
> ㄹ. 남성의 여성적 면은 아니무스(Animus), 여성의 남성적 면은 아니마(Anima)이다.

① ㄱ, ㄴ
② ㄷ, ㄹ
③ ㄱ, ㄴ, ㄷ
④ ㄱ, ㄴ, ㄹ
⑤ ㄱ, ㄴ, ㄷ, ㄹ

14 브론펜브레너(U. Bronfenbrenner)의 사회환경체계에 관한 설명으로 옳은 것은?

① 문화, 정치, 교육정책 등 거시체계는 개인의 삶에 직접적이고 강력한 영향을 미친다.
② 인간을 둘러싼 사회환경을 미시체계, 중간체계, 내부체계, 거시체계로 구분했다.
③ 중간체계는 상호작용하는 둘 이상의 미시체계 간의 관계로 구성된다.
④ 내부체계는 개인이 직접 참여하거나 관여하지는 않으나 개인에게 영향을 미치는 체계로 부모의 직장 등이 포함된다.
⑤ 미시체계는 개인이 새로운 환경으로 이동할 때마다 형성되거나 확대된다.

15 집단에 관한 설명으로 옳은 것은?

① 2차 집단은 인간의 성격형성을 목적으로 한다.
② 개방집단은 구성원의 개별화와 일정 수준 이상의 심도 깊은 목적 달성에 적합하다.
③ 구성원의 상호작용이 중요하므로 최소 단위는 4인 이상이다.
④ 형성집단은 특정 목적 없이 만들 수 있다.
⑤ 집단활동을 통해 집단에 관한 정체성인 '우리의식'이 형성된다.

16 문화에 관한 설명으로 옳은 것은?

① 선천적으로 습득된다.
② 개인행동에 대한 규제와 사회통제의 기능은 없다.
③ 고정적이며 구체적이다.
④ 다른 사회의 구성원과 구별되는 공통적 속성이 있다.
⑤ 다양성은 차별을 의미한다.

13

ㄹ. 남성의 여성적인 면은 '아니마(Anima)', 여성의 남성적인 면은 '아니무스(Animus)'이다.

14

③ 중간체계는 개인이 참여하는 둘 이상의 미시체계 간의 상호작용으로서, 미시체계 간의 연결망을 의미한다.
① 문화, 정치, 교육정책 등 거시체계는 개인의 생활에 직접적으로 개입하지는 않지만 간접적으로 영향력을 행사하며, 하위체계에 지지기반과 가치준거를 제공한다.
② 인간을 둘러싼 사회환경을 미시체계, 중간체계, 외부체계(외체계), 거시체계, 시간체계로 구분했다.
④ 외부체계(외체계)는 개인이 직접 참여하거나 관여하지는 않으나 개인에게 영향을 미치는 체계로 부모의 직장 등이 포함된다.
⑤ 미시체계는 개인에게 가장 근접한 환경으로, 개인의 특성과 성장 시기에 따라 달라진다.

15

⑤ 집단 구성원은 전체로서의 집단에 대한 정체성을 갖는데, 이는 다양한 집단활동을 통해 형성되는 '우리의식(We-feeling)'이라 할 수 있다.
① 2차 집단은 인위적으로 형성된 집단으로 특정 목적 달성을 위해 구성된다.
② 개방집단은 신규 구성원을 계속 받아들이기 때문에 일정 수준 이상의 심도 깊은 목적 달성에 적합하지 않다.
③ 공동의 목적이나 관심사를 가진 최소 2명 이상의 일정한 구성원을 집단이라 한다.
④ 형성집단은 특정 위원회나 팀처럼 일정한 목적을 달성하기 위해 개인들이나 사회기관, 학교, 회사 등과 같은 조직에 의해 구성된 집단이다.

16

④ 문화는 다른 사회구성원들과 구별되는 어떤 공통적인 경향으로서, 자연환경보다 인간의 정신활동을 중요시한다.
① 문화는 선천적으로 소유하는 것이 아닌 후천적인 습득의 과정을 통해 얻어진다.
② 문화는 사회규범이나 관습을 통해 개인의 행동을 적절히 규제함으로써 사회악을 최소화하는 사회통제의 기능을 가진다.
③ 문화는 고정되어 있지 않으며, 새로운 문화 특성이 추가되는 등 시대적 환경에 따라 끊임없이 변화한다.
⑤ 다양성은 차이를 의미한다. 인간사회의 문화 형태는 매우 상이한데, 이는 국가별, 지역별, 개인별로 지니는 다양한 문화로부터 짐작할 수 있다.

17 피아제(J. Piaget)의 인지발달이론에 관한 설명으로 옳은 것은?

① 전 생애의 인지발달을 다루고 있다.
② 문화적 · 사회경제적 · 인종적 차이를 고려하였다.
③ 추상적 사고의 확립은 구체적 조작기의 특징이다.
④ 인지는 동화와 조절의 과정을 통하여 발달한다.
⑤ 전조작적 사고 단계에서 보존개념이 획득된다.

18 행동주의 이론에 관한 설명으로 옳은 것을 모두 고른 것은?

> ㄱ. 인간행동에 대한 환경의 결정력을 강조한다.
> ㄴ. 강화계획은 행동의 반응 가능성을 증가시키고 유지시키기 위한 방법이다.
> ㄷ. 행동조성(Shaping)은 복잡한 행동의 점진적 습득을 설명하는 개념이다.
> ㄹ. 고정간격 강화계획은 정해진 수의 반응이 일어난 후 강화를 주는 것이다.

① ㄱ, ㄴ
② ㄱ, ㄹ
③ ㄴ, ㄹ
④ ㄷ, ㄹ
⑤ ㄱ, ㄴ, ㄷ

19 다문화에 관한 설명으로 옳지 않은 것은?

① 대표적인 사회문제로 인종차별이 있다.
② 다양한 문화를 수용하고 문화의 단일화를 지향한다.
③ 서구화, 근대화, 세계화는 다문화의 중요성을 표면으로 부상시켰다.
④ 동화주의는 이민을 받는 사회의 문화적 우월성을 전제로 한다.
⑤ 용광로 개념은 동화주의와 관련이 있다.

20 노년기(65세 이상)에 관한 설명으로 옳지 않은 것은?

① 주요 과업은 이제까지의 자신의 삶을 수용하는 것이다.
② 생에 대한 회상이 증가하고 사고의 융통성이 증가한다.
③ 친근한 사물에 대한 애착이 많아진다.
④ 치매의 발병 가능성이 다른 연령대에 비해 높아진다.
⑤ 내향성이 증가한다.

17

④ 피아제(Piaget)는 인지발달을 개인과 환경의 상호 작용에서 이루어지는 적응과정으로 간주하였으며, 그러한 적응능력이 동화(Assimilation)와 조절(Accommodation)의 평형화 과정에 의해 발달한다고 보았다.
① 피아제는 성인기 이후의 발달을 다루고 있지 않다.
② 피아제는 문화적·사회경제적·인종적 차이를 충분히 고려하지 않았다.
③ 추상적 사고의 확립은 형식적 조작기의 특징이다.
⑤ 전조작기는 보존개념을 어렴풋이 이해하기 시작하지만 아직 획득하지 못한 단계이다.

18

ㄹ. 일정한 횟수의 바람직한 반응이 나타난 다음에 강화를 부여하는 것은 '고정비율 강화계획'에 해당한다(예 성과급 등). 반면, '고정간격 강화계획'은 요구되는 행동의 발생빈도에 상관없이 일정한 시간 간격에 따라 강화를 부여하는 것이다(예 주급, 월급 등).

19

② 다문화사회복지실천은 문화적 상이성에 대한 수용과 존중을 지향한다. 다문화사회복지실천에서는 다양한 인종이나 민족 집단들의 문화를 지배적인 하나의 문화에 동화시키지 않은 채 서로 인정하고 존중하면서 공존하도록 하는 데 목적을 두므로, 다양한 문화를 지닌 소수자들의 삶을 보장하는 데 초점을 맞춘다.

20

② 노년기에는 옛것을 회상하며 사고의 경직성 경향이 증가한다.

21 신생아기(출생~1개월)의 반사운동에 관한 설명으로 옳지 않은 것은?

① 바빈스키반사(Babinski Reflect)는 입 부근에 부드러운 자극을 주면 자극이 있는 쪽으로 입을 벌리는 반사운동이다.
② 파악반사(Grasping Reflect)는 손에 닿는 것을 움켜쥐고 놓지 않으려는 반사운동이다.
③ 연하반사(Swallowing Reflect)는 입 속에 있는 음식물을 삼키려는 반사운동이다.
④ 모로반사(Moro Reflect)는 갑작스러운 외부 자극에 팔과 다리를 쭉 펴면서 껴안으려고 하는 반사운동이다.
⑤ 원시반사(Primitive Reflect)에는 바빈스키, 모로, 파악, 걷기 반사 등이 있다.

22 청소년기(13~19세)에 관한 설명으로 옳지 않은 것은?

① 친밀감 형성이 주요 발달과업이다.
② 신체적 발달이 활발하여 제2의 성장 급등기로 불린다.
③ 특징적 발달 중 하나로 성적 성숙이 있다.
④ 정서의 변화가 심하며 극단적 정서를 경험하기도 한다.
⑤ 추상적 이론과 관념적 사상에 빠져 때로 부정적 정서를 경험한다.

23 아동기(7~12세)에 관한 설명으로 옳은 것을 모두 고른 것은?

ㄱ. 제1의 반항기이다.
ㄴ. 조합기술의 획득으로 사칙연산이 가능해진다.
ㄷ. 객관적, 논리적 사고가 가능해진다.
ㄹ. 정서적 통제와 분화된 정서표현이 가능해진다.
ㅁ. 타인의 입장을 고려하지 못한다.

① ㄴ, ㄷ
② ㄱ, ㄴ, ㄹ
③ ㄴ, ㄷ, ㄹ
④ ㄷ, ㄹ, ㅁ
⑤ ㄱ, ㄷ, ㄹ, ㅁ

24 생애주기별 특징으로 옳은 것을 모두 고른 것은?

ㄱ. 유아기(3~6세)는 성역할을 인식하기 시작한다.
ㄴ. 아동기(7~12세)는 자기중심성을 보이며 자신의 시각에서 사물을 본다.
ㄷ. 성인기(20~35세)는 신체적 기능이 최고조에 달하며 이 시기를 정점으로 쇠퇴하기 시작한다.
ㄹ. 노년기(65세 이상)는 단기기억보다 장기기억의 감퇴 속도가 느리다.

① ㄱ, ㄴ
② ㄱ, ㄹ
③ ㄴ, ㄷ
④ ㄱ, ㄷ, ㄹ
⑤ ㄴ, ㄷ, ㄹ

21

영아기 반사운동의 주요 유형

• 생존반사

젖찾기반사 (탐색반사)	영아는 입 부근에 부드러운 자극을 주면 자극이 있는 쪽으로 입을 벌린다.
연하반사 (삼키기반사)	영아는 음식물이 목에 닿으면 식도를 통해 삼킨다.
빨기반사	영아는 입에 닿는 것은 무엇이든 빤다.

• 원시반사(비생존반사)

바빈스키반사	영아의 발바닥을 간질이면 발가락을 발등을 향해 부채 모양으로 편 후 다시 오므린다.
모로반사 (경악반사)	영아는 큰 소리가 나면 팔과 다리를 벌리고 마치 무엇인가 껴안으려는 듯 몸 쪽으로 팔과 다리를 움츠린다.
걷기반사 (걸음마반사)	바닥에 영아의 발을 닿게 하여 바른 자세가 갖추어지면 영아는 걷는 것처럼 두 발을 번갈아 떼어놓는다.
쥐기반사 (파악반사)	영아의 손바닥에 무엇을 올려놓으면 손가락을 쥐는 것과 같은 반응을 한다.

참고

'반사(反射)'의 영문 명칭으로 제시된 "Reflect"는 "Reflex"의 오타인 것으로 보입니다.

22

① 친밀감(Intimacy)은 자신의 정체성을 잃을지도 모른다는 두려움 없이 타인과 개방적이고 지지적이며 조화로운 관계를 형성하는 능력을 말한다. 이와 같은 친밀감의 형성은 청년기(20~35세)의 주요 발달과업으로, 청년기에는 타인과의 관계에서 친밀감을 형성하면서 결혼과 부모됨을 고려하게 된다.

23

ㄱ. 유아기의 특징에 해당한다. '제1의 반항기'는 자기주장적이고 반항적인 행동이 절정에 달하는 대략 3~4세경의 걸음마기에 해당하며, '제2의 반항기'는 부모의 권위에 도전하는 청소년기에 해당한다.

ㅁ. 유아기의 특징에 해당한다. 유아기의 자기중심적 사고는 모든 사물을 자기의 입장에서만 보고, 타인의 입장을 고려하지 못한다.

24

ㄴ. 유아기의 특징에 해당한다. 전조작기 유아의 자기중심성(Egocentrism)은 다른 사람의 관점과 역할을 고려하지 않은 채 자신의 입장에서 세계를 지각하는 유아의 사고 특성에 해당한다. 참고로 청소년기의 자기중심성은 현실과 환상을 구분하지 못하는 양상으로 나타난다.

25 이상행동과 사회복지실천에 관한 설명으로 옳지 않은 것은?

① 사회문화적 규범에서 벗어나거나 개인과 타인에게 불편과 고통을 유발하는 행동이다.
② 유일한 진단분류체계로 '정신질환 진단 및 통계편람(DSM)'이 있다.
③ 이상행동의 개념은 사회문화, 역사진행과정의 영향을 받는다.
④ 정신건강사회복지사가 전문실천가로 활동한다.
⑤ 이상행동은 클라이언트들이 겪는 문제의 원인이나 결과가 되기도 한다.

제2영역 **사회복지조사론**

26 사회조사과정에서 준수해야 할 연구윤리로 옳지 않은 것은?

① 참여자의 익명성과 비밀을 보장한다.
② 참여자가 원할 경우 언제든지 참여를 중단할 수 있음을 사전에 고지한다.
③ 일반적으로 연구의 공익적 가치가 연구윤리보다 우선해야 한다.
④ 참여자가 연구에 참여하여 얻을 수 있는 혜택은 사전에 고지한다.
⑤ 참여자의 연구 참여는 자발적이어야 한다.

27 사회과학의 패러다임에 관한 설명으로 옳지 않은 것은?

① 실증주의는 연구결과를 해석할 때 정치적 가치나 이데올로기의 영향을 적극적으로 고려한다.
② 해석주의는 삶에 관한 심층적이고 주관적인 이해를 얻고자 한다.
③ 비판주의는 사회변화를 목적으로 사회의 본질적이고 구조적 측면의 파악에 주목한다.
④ 후기실증주의는 객관적인 지식에 대한 직접적 확증은 불가능하다고 본다.
⑤ 포스트모더니즘은 객관적 실재와 진리의 보편적 기준을 거부한다.

28 종단연구(Longitudinal Study)에 관한 설명으로 옳은 것은?

① 베이비붐세대를 시간변화에 따라 연구하는 것은 추이연구(Trend Study)이다.
② 일정 기간 센서스 자료를 비교하여 전국 인구의 성장을 추적하는 것은 동류집단연구(Cohort Study)이다.
③ 매번 동일한 집단을 관찰하는 연구는 패널연구(Panel Study)이다.
④ 시간에 따른 변화를 가장 정확하게 알려주는 것은 동류집단연구(Cohort Study)이다.
⑤ 일반 모집단의 변화를 시간변화에 따라 연구하는 것은 동류집단연구(Cohort Study)이다.

25

② 이상행동 및 정신장애의 진단분류체계로 널리 사용되고 있는 것으로 미국 정신의학협회(APA ; American Psychiatric Association)에서 발간하는 『정신질환 진단 및 통계편람(DSM ; Diagnostic and Statistical Manual of Mental Disorders)』과 세계보건기구(WHO ; World Health Organization)에서 발간하는 『국제질병분류(ICD ; International Classification of Diseases)』가 있다.

26

③ 연구의 진실성과 사회적 책임은 연구윤리의 기준이 된다. 물론 연구자가 연구를 통해 사회적 이익을 증진시키는 것은 바람직하나 이는 공익의 기준에 부합하는 것이어야 하며, 연구자는 자신의 연구가 사회에 미칠 영향을 자각하고 전문가로서 책임을 다하여야 한다.

27

① 실증주의(초기실증주의)가 연구의 가치중립성을 강조한다면, 후기실증주의는 연구가 결코 정치적 가치나 이데올로기로부터 완전히 자유로울 수 없음을 인정한다. 다만, 후기실증주의는 비합리적인 행동조차도 합리적으로 연구할 수 있다고 가정하는데, 이는 연구결과에 미치는 한 개인의 가치관의 영향을 줄이는 논리적 장치와 관찰기법을 활용함으로써 가능하다는 것이다.

28

③ 패널연구(Panel Study)는 동일한 대상을 반복적으로 관찰하기 때문에 일정 기간에 걸쳐 나타나는 변화에 대한 가장 포괄적인 자료를 제공한다.
① 베이비붐세대를 시간변화에 따라 연구하는 것은 동류집단연구(Cohort Study)에 해당한다.
② 일정 주기별 인구변화에 대한 조사는 추이연구 또는 경향분석(Trend Study)에 해당한다.
④ 종단연구 중 시간에 따른 변화를 가장 정확하게 알려주는 것은 패널연구이다.
⑤ 일반 모집단 내의 변화를 일정 기간에 걸쳐 연구하는 것은 추이연구(경향분석)에 해당한다.

29 영가설에 관한 설명으로 옳은 것을 모두 고른 것은?

> ㄱ. 연구가설에 대한 반증가설이 영가설이다.
> ㄴ. 영가설은 변수 간에 관계가 없음을 뜻한다.
> ㄷ. 대안가설을 검증하여 채택하는 가설이다.
> ㄹ. 변수 간의 관계가 우연이 아님을 증명한다.

① ㄱ, ㄴ
② ㄱ, ㄹ
③ ㄴ, ㄷ
④ ㄱ, ㄷ, ㄹ
⑤ ㄴ, ㄷ, ㄹ

30 사회조사의 목적에 관한 설명으로 옳지 않은 것은?

① 지난 해 발생한 데이트폭력사건의 빈도와 유형을 자세히 보고하는 것은 기술적 연구이다.
② 외상후스트레스로 퇴역한 군인을 위한 서비스개발의 가능성을 파악하기 위한 초기 면접은 설명적 연구이다.
③ 사회복지협의회가 매년 실시하는 사회복지기관 통계조사는 기술적 연구이다.
④ 지방도시에 비해 대도시의 아동학대비율이 높은 이유를 보고하는 것은 설명적 연구이다.
⑤ 지역사회대상 설문조사를 통해 사회복지서비스의 만족도를 조사하는 것은 기술적 연구이다.

31 다음 연구과제의 변수들을 측정할 때 ㄱ~ㄹ의 척도유형을 바르게 짝지은 것은?

> 장애인의 성별(ㄱ)과 임금수준의 관계를 정확하게 파악하기 위해서는 장애유형(ㄴ), 거주지역(ㄷ), 직업종류(ㄹ)와 같은 변수들의 영향력을 적절히 통제해야 한다.

① ㄱ : 명목, ㄴ : 명목, ㄷ : 명목, ㄹ : 명목
② ㄱ : 명목, ㄴ : 서열, ㄷ : 서열, ㄹ : 명목
③ ㄱ : 명목, ㄴ : 서열, ㄷ : 명목, ㄹ : 비율
④ ㄱ : 명목, ㄴ : 등간, ㄷ : 명목, ㄹ : 명목
⑤ ㄱ : 명목, ㄴ : 등간, ㄷ : 서열, ㄹ : 비율

32 조사설계의 내적 타당도와 외적 타당도에 관한 설명으로 옳은 것은?

① 어떤 변수가 다른 변수의 원인임을 정확하게 기술하는 것이 외적 타당도이다.
② 연구결과를 연구조건을 넘어서는 상황이나 모집단으로 일반화하는 정도가 내적 타당도이다.
③ 내적 타당도는 외적 타당도의 필요조건이지만 충분조건은 아니다.
④ 실험대상의 탈락이나 우연한 사건은 외적 타당도 저해요인이다.
⑤ 외적 타당도가 낮은 경우 내적 타당도 역시 낮다.

29

ㄱ·ㄷ. 영가설은 연구가설을 반증하기 위해 사용되는 것으로, 처음부터 버릴 것을 예상하는 가설이다.

ㄴ·ㄹ. 영가설은 변수 간 관계가 우연에서 비롯될 수 있는 확률, 즉 영가설이 참일 수 있는 확률을 의미한다.

31

척도의 주요 적용 범주

명목척도	성별, 결혼유무, 종교, 인종, 직업유형, 장애유형, 혈액형, 거주지역, 계절 등
서열척도	사회계층, 선호도, 석차, 학점(A/B/C/D/F), 교육수준(중졸 이하/고졸/대졸 이상), 수여 받은 학위(학사/석사/박사), 자격등급, 장애등급 등
등간척도	지능지수(IQ), 온도, 시험점수(0~100점), 물가지수, 사회지표, 학년 등
비율척도	연령, 무게, 신장, 수입, 매출액, 출생률, 사망률, 이혼율, 경제성장률, 백신 접종률, 졸업생 수, 교육연수(정규교육을 받은 기간) 등

30

② 체계적인 본조사를 실시하기에 앞서 그 조사가 과연 실행가능한가를 초기면접을 통해 예비적으로 알아보는 것이므로 탐색적 연구로 볼 수 있다.

사회조사의 목적에 따른 분류

탐색적 연구	예비조사(Pilot Study)라고도 하며, 연구문제에 대한 사전지식이 결여된 경우 문제영역을 결정하기 위해 예비적으로 실시한다.
기술적 연구	특정 현상을 사실적으로 묘사하려는 조사로, 현상이나 주제를 정확하게 기술(Description)하는 것을 주목적으로 한다.
설명적 연구	변수 간의 인과관계를 규명하려는 조사, 즉 특정 변수에 영향을 미치는 요인에 대한 조사이다.

32

③ 내적 타당도는 외적 타당도를 위한 필요조건이지만 충분조건은 아니다. 특정한 연구에서 내적 타당도가 매우 높을 때조차도 여러 문제가 외적 타당도를 제한할 수 있다.

① 원인변수로서 독립변수의 조작이 결과변수로서 종속변수의 변화를 초래한 원인이 된 정도를 나타내는 것은 내적 타당도이다.

② 변수들 간의 인과관계에 대한 조사결과를 일반화시킬 수 있는 정도를 나타내는 것은 외적 타당도이다.

④ 실험대상의 탈락(상실요인)이나 우연한 사건(역사요인)은 내적 타당도 저해요인이다.

⑤ 내적 타당도와 외적 타당도는 상충관계(Trade-off)를 가진다. 내적 타당도를 높이기 위해 각종 인위적인 통제들을 실시할 경우 일반적인 환경조건과 더욱 멀어지게 되므로 외적 타당도를 떨어뜨리는 결과를 초래할 수 있다.

33 피면접자를 직접 대면하는 면접조사가 우편 설문에 비해 갖는 장점이 아닌 것은?

① 응답자의 익명성 보장 수준이 높다.
② 보충적 자료수집이 가능하다.
③ 대리응답의 방지가 가능하다.
④ 높은 응답률을 기대할 수 있다.
⑤ 조사내용에 대한 심층적 이해가 가능하다.

34 다음 변수의 측정 수준에 따른 분석 방법이 옳지 않은 것은?

> ㄱ. 출신지역 : 도시, 도농복합, 농어촌, 기타
> ㄴ. 교육수준 : 무학, 초등학교 졸업, 중학교 졸업, 고등학교 졸업, 대졸 이상
> ㄷ. 가출경험 : 유, 무
> ㄹ. 연간기부금액 : ( )만원
> ㅁ. 연령 : 10대, 20대, 30대, 40대, 50대, 60대 이상

① ㄱ : 최빈값
② ㄴ : 중위수
③ ㄷ : 백분율
④ ㄹ : 범위
⑤ ㅁ : 산술평균

35 델파이조사에 관한 설명으로 옳지 않은 것은?

① 전문가 패널을 대상으로 견해를 파악한다.
② 되풀이되는 조사 과정을 통해 합의를 도출한다.
③ 반대 의견에 대한 패널 참가자들의 감정적 충돌을 줄일 수 있다.
④ 패널 참가자의 익명성 보장에 어려움이 있다.
⑤ 조사 자료의 정리에 연구자의 편향이 발생할 수 있다.

36 관찰을 통한 자료수집에 관한 설명으로 옳은 것은?

① 피관찰자에 의해 자료가 생성된다.
② 비언어적 상황의 자료수집이 용이하다.
③ 자료수집 상황에 대한 통제가 용이하다.
④ 내면적 의식의 파악이 용이하다.
⑤ 수집된 자료를 객관화하는 최적의 방법이다.

33

① 응답자의 익명성이 결여되어 피면접자가 솔직한 응답을 회피할 수 있다.

35

델파이조사(전문가 의견조사)의 장단점

장 점	• 직접 전문가들을 방문할 필요가 없으며, 전문가들이 응답하기 편리한 시간에 자유롭게 응답할 수 있다. • 익명으로 응답하므로 참여하는 사람들의 영향력을 배제할 수 있다.
단 점	• 반복하여 응답을 받아내는 데 시간이 많이 소요된다. • 조사를 반복하는 동안 응답자 수가 줄어들 수 있다.

34

ㅁ. 일반적인 연령(만 나이)은 비율변수이나, 연령대(10대/20대/30대/40대/50대/60대 이상) 혹은 연령층(아동/청장년/노인)은 서열변수에 해당한다. 반면, 산술평균은 등간성을 지닌 척도(예 등간척도, 비율척도)를 이용하여 측정한 변수에만 적용될 수 있다.

36

② 관찰은 비언어적 상황의 자료수집이 용이하므로, 말로 표현될 수 없는 행동이나 말을 할 수 없는 대상자에 대한 자료를 수집하는 데 적합하다.
① 서베이(Survey)에서는 응답자(피관찰자)에 의해 자료가 생성되는 반면, 관찰에서는 조사자(관찰자)에 의해 자료가 생성된다.
③ 관찰은 비교적 자연스러운 환경에서 자료를 도출한다는 점이 장점이나, 이는 다른 한편으로 자료수집 상황에 대한 통제가 어렵다는 단점도 유발한다.
④ 서베이가 인간의 내면적 가치나 태도에 관한 자료를 수집하는 데 효과적이라면, 관찰은 인간의 외부적 행동에 관한 자료를 수집하는 데 효과적이다.
⑤ 관찰은 관찰자의 눈과 의식에 의해 자료가 도출되므로, 관찰자의 주관에 의한 편향성이 개입될 우려가 있다.

37 다음의 연구에서 활용한 질적 연구방법에 관한 설명으로 옳은 것은?

> A사회복지사는 가정 밖 청소년들의 범죄피해와 정신건강의 문제를 당사자의 관점에서 이해하고 주체적으로 해결하기 위해 연구를 시작하였다. 연구에 참여한 가정 밖 청소년들은 A사회복지사와 함께 범죄피해와 정신건강과 관련된 사회 구조적인 문제를 해결하기 위한 다양한 방안들을 스스로 만들고 수행하였다.

① 개방코딩-축코딩-선택코딩의 방법을 활용한다.
② 범죄피해와 정신건강을 설명하는 이론 개발에 초점을 둔다.
③ 단일사례에 대한 깊이 있는 분석에 초점을 둔다.
④ 관찰대상의 개인적 설화(Narrative)를 만드는 것에 초점을 둔다.
⑤ 사회변화와 임파워먼트에 초점을 둔다.

38 다음의 연구에서 활용한 연구설계에 관한 설명으로 옳은 것은?

> 청소년의 자원봉사의식 향상 프로그램의 효과성을 검증하기 위하여 청소년 200명을 무작위로 두 개의 집단으로 나눈 후 A측정도구를 활용하여 사전검사를 실시하였다. 하나의 집단에만 프로그램을 실시한 후 두 개의 집단 모두를 대상으로 A측정도구를 활용하여 사후 검사를 실시하였다.

① 테스트 효과의 발생 가능성이 낮다.
② 집단 간 동질성의 확인 가능성이 낮다.
③ 사전검사와 프로그램의 상호작용 효과의 통제가 가능하다.
④ 자연적 성숙에 따른 효과의 통제가 가능하다.
⑤ 실험집단의 개입 효과가 통제집단으로 전이된다.

39 연구의 외적 타당도를 저해하는 상황으로 옳은 것은?

① 연구대상의 건강 상태가 시간 경과에 따라 회복되는 상황
② 자아존중감을 동일한 측정도구로 사전-사후 검사하는 상황
③ 사회적 지지를 다른 측정도구로 사전-사후 검사하는 상황
④ 실험집단과 통제집단 간 연령 분포의 차이가 크게 발생하는 상황
⑤ 자발적 참여자만을 대상으로 연구표본을 구성하게 되는 상황

40 단일사례설계에 관한 설명으로 옳은 것을 모두 고른 것은?

> ㄱ. BA설계는 개입의 긴급성이 있는 상황에 적합하다.
> ㄴ. ABAC설계는 선행 효과의 통제가 가능하다.
> ㄷ. ABAB설계는 AB설계에 비해 외부사건의 영향력에 대한 통제력이 크다.
> ㄹ. 복수기초선디자인은 AB설계에 비해 외부사건의 영향력에 대한 통제력이 크다.

① ㄱ, ㄴ
② ㄴ, ㄹ
③ ㄷ, ㄹ
④ ㄱ, ㄴ, ㄷ
⑤ ㄱ, ㄷ, ㄹ

37

참여행동연구(Participatory Action Research)
사회변화(Social Change)와 임파워먼트(Empo-werment)를 목적으로, 단순히 개인이나 지역사회의 문제를 밝히는 데 그치지 않고 급진적인 변화를 시도하는 질적 연구방법이다. 참여, 권력 및 권한 강화, 평가와 행동을 핵심요소로 하며, 사회적 약자나 소수 집단을 대상으로 집합적인 교육, 분석, 조사, 행동을 전개한다.

38

④ 통제집단 사전사후 검사설계(통제집단 전후 비교설계)에서 실험집단과 통제집단은 개입만을 제외한 모든 면에서 동등한 환경을 가지므로, 외부사건(우연한 사건)이나 자연적 성숙에 따른 효과 등 제반 대립 설명들이 통제집단에도 그대로 적용된다.
① 통제집단 사전사후 검사설계는 실험대상자들에게 사전과 사후에 두 번의 검사를 실시하므로, 테스트(검사) 효과나 도구효과가 발생할 가능성이 있다.
② 통제집단 사전사후 검사설계는 무작위 집단 할당을 통해 통계학적 혹은 확률적으로 두 집단이 동질적일 가능성을 극대화할 수 있다.
③ 통제집단 사전사후 검사설계는 사전검사와 프로그램의 상호작용 효과를 통제하기 어렵다. 사전검사 후 개입을 실시하는 방식은 실험집단의 대상자들로 하여금 이미 개입에 반응할 준비가 된 상태로 임하게 함으로써 실험 개입의 효과가 증폭되어 나타날 가능성이 있다.
⑤ 통제집단 사전사후 검사설계에서는 실험집단의 개입 효과가 통제집단으로 전이되지 않도록 하기 위해 이 두 집단을 엄격한 통제하에 분리시킨다.

39

외적 타당도를 저해하는 요인으로서 표본의 대표성
표본이 모집단의 일반적인 성격에서 크게 벗어난 특이한 일부인 경우 해당 표본에서 조사된 결과를 전체 집단으로 확대 해석하기가 어렵다.
예 한 대학에서 자원봉사의식 고취를 위한 교육과정 프로그램을 개발하였고, 여기에 평소 자원봉사에 대해 관심을 가진 자발적 참여자들만을 참여시켰다고 하자. 그 프로그램의 효과가 자원봉사에 대해 무관심할 것 같은 전체 일반 대학생들에게서도 동일하게 나타날 것이라고 기대하기는 어렵다.

40

ㄴ. ABAC설계가 새로운 기초선으로 인해 C의 효과를 앞선 B의 효과와 섞지 않고 볼 수 있다고 해도, 효과성이 섞이는 문제를 완전히 극복하기는 어렵다. 각각의 개입방법에 대한 독자적인 효과의 인과관계를 명확히 하려면 개별적인 AB설계가 필요하다.

41 단일사례설계의 결과 분석 방법에 관한 설명으로 옳지 않은 것은?

① 시각적 분석은 변화의 수준, 파동, 경향을 고려해야 한다.
② 통계적 분석을 할 때 기초선이 불안정한 경우 평균 비교가 적합하다.
③ 평균 비교에서는 평균과 표준편차를 함께 고려해야 한다.
④ 경향선 분석에서는 기초선의 측정값을 두 영역으로 나누어 경향선을 구한다.
⑤ 임상적 분석은 결과 판단에 주관적 요소의 개입 가능성이 크다.

42 측정의 오류에 관한 설명으로 옳지 않은 것은?

① 연구자의 의도가 포함된 질문은 체계적 오류를 발생시킨다.
② 사회적으로 바람직한 응답은 체계적 오류를 발생시킨다.
③ 측정의 오류는 연구의 타당도를 낮춘다.
④ 타당도가 낮은 척도의 사용은 무작위 오류를 발생시킨다.
⑤ 측정의 다각화는 측정의 오류를 줄여 객관성을 높인다.

43 변수의 조작적 정의에 관한 설명으로 옳은 것을 모두 고른 것은?

> ㄱ. 개념적 정의를 실제로 관찰할 수 있는 수준으로 전환시키는 것이다.
> ㄴ. 조작적 정의를 하면 개념의 의미가 다양하고 풍부해진다.
> ㄷ. 조작적 정의를 통해 개념이 더욱 추상화된다.
> ㄹ. 조작적 정의가 없이도 가설 검증이 가능하다.

① ㄱ
② ㄱ, ㄴ
③ ㄴ, ㄷ
④ ㄱ, ㄴ, ㄷ
⑤ ㄱ, ㄷ, ㄹ

44 표집오차(Sampling Error)에 관한 설명으로 옳지 않은 것은?

① 신뢰수준을 높이면 표집오차는 감소한다.
② 모집단의 모수와 표본의 통계치 간의 차이이다.
③ 표본의 크기가 커지면 표집오차는 커진다.
④ 모집단의 동질성에 영향을 받는다.
⑤ 표본으로 추출될 기회가 동등하면 표집오차는 감소한다.

41

② 통계적 분석을 할 때 기초선이 불안정한 경우 경향선 접근(경향선 분석)이 적합하다.

경향선(Celeration Line) 접근

단일사례설계에서 기초선이 불안정하게 형성되어 있는 경우, 기초선의 변화의 폭과 기울기까지 고려하여 결과를 분석한다. 경향선은 기초선에서 발생하는 변화를 기울기로 나타낸 것으로, 개입이 없는 상태에서 기초선이 연장될 경우 어떤 결과가 나올 것인지를 보여 주는 일종의 예측선이다.

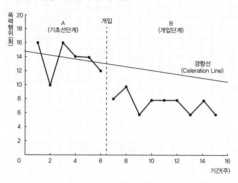

42

④ 체계적 오류가 측정의 타당도와 관련이 있다면, 무작위 오류는 측정의 신뢰도와 관련이 있다. 즉, 신뢰도가 낮은 척도의 사용은 무작위 오류를 발생시킨다.

43

ㄱ. 조작적 정의는 추상적인 개념적 정의를 실증적 · 경험적으로 측정이 가능하도록 구체화하여 정의 내리는 것이다.

ㄴ. 조작적 정의는 어떤 개념을 측정이 가능하도록 경험적으로 관찰이 가능한 수준까지 세밀하게 규정한다.

ㄷ. 조작적 정의를 통해 개념이 더욱 구체화된다.

ㄹ. 가설 검증을 위해서는 관계에 동원된 변수들에 대한 경험적 측정이 가능해야 하므로 조작적 정의가 필요하다.

44

③ 동일한 조건이라면 표본의 크기가 커질수록 표집오차가 감소한다. 다만, 표본의 크기가 커질수록 작아지던 오차는 일정 수준에 도달하게 되면 더 이상 줄어들지 않게 된다.

참고

이 문제는 시행처인 한국산업인력공단의 출제오류로 보아야 하나, 가답안을 정정하지 않음으로써 논란이 된 문제이기도 합니다. 사실 이 문제는 ① · ③을 중복정답으로 인정하여야 합니다.

> "모수를 추정하는 데 신뢰수준을 엄격히 해서 99%로 잡으면 추정된 모수가 틀릴 확률은 줄어드나, 그 대신 신뢰구간은 넓어지고, 반면에 모수에 대한 추정 범위를 좁게 잡게 되면 그만큼 신뢰수준이 낮아져서 틀릴 확률이 높아진다. 한편, 표집오차(Sampling Error)는 신뢰수준(z)과 표준오차에 비례한다는 것도 알 수 있다. 즉 신뢰수준이 높을수록 표집오차는 커지게 되고, 표준오차가 클수록 표집오차는 커진다."
>
> (출처 : 최일섭 外, 『사회복지조사론』, 동인)

45 「마을만들기 사업 참여경험에 관한 연구」의 엄격성을 높이는 방법으로 옳은 것을 모두 고른 것은?

> ㄱ. 삼각측정(Triangulation)
> ㄴ. 예외사례 표본추출
> ㄷ. 장기적 관찰
> ㄹ. 연구윤리 강화

① ㄱ, ㄴ
② ㄷ, ㄹ
③ ㄱ, ㄴ, ㄷ
④ ㄱ, ㄴ, ㄹ
⑤ ㄱ, ㄴ, ㄷ, ㄹ

46 표본추출에 관한 설명으로 옳은 것은?

① 모집단을 가장 잘 대표하는 표본추출방법은 유의표집이다.
② 모집단이 이질적인 경우에는 표본의 크기를 줄여야 한다.
③ 전수조사에서는 모수와 통계치의 구분이 필요하다.
④ 표집오류를 줄이기 위해 층화표집방법(Stratified Sampling)을 사용할 수 있다.
⑤ 체계적 표집방법(Systematic Sampling)은 모집단에서 유의표집을 실시한 후 일정한 표본추출 간격으로 표본을 선정한다.

47 척도에 관한 설명으로 옳은 것은?

① 리커트(Likert) 척도는 개별문항의 중요도를 차등화한다.
② 보가더스(Bogardus)의 사회적 거리척도는 누적척도이다.
③ 평정(Rating) 척도는 문항의 적절성 평가가 용이하다.
④ 거트만(Guttman) 척도는 다차원적 내용을 분석할 때 사용된다.
⑤ 의미차별(Semantic Differential)척도는 느낌이나 감정을 나타내는 한 쌍의 유사한 형용사를 사용한다.

48 타당도에 관한 설명으로 옳은 것을 모두 고른 것은?

> ㄱ. 특정 개념에 포함되어 있는 의미를 포괄하는 정도는 내용타당도(Content Validity)이다.
> ㄴ. 개발된 측정도구의 측정값을 현재 사용되고 있는 측정도구와 비교하는 것은 동시타당도(Concurrent Validity)이다.
> ㄷ. 예측타당도(Predict Validity)의 하위타당도는 기준관련타당도(Criterion-related Validity)와 동시타당도이다.
> ㄹ. 측정하려는 개념이 포함된 이론체계 안에서 다른 변수와 관련된 방식에 기초한 타당도는 구성타당도(Construct Validity)이다.

① ㄱ, ㄴ
② ㄴ, ㄷ
③ ㄷ, ㄹ
④ ㄱ, ㄴ, ㄹ
⑤ ㄱ, ㄴ, ㄷ, ㄹ

45

질적 연구방법의 엄격성(Rigor)을 높이는 주요 전략

- 장기적 관여 혹은 관찰(Prolonged Engagement) 을 위한 노력(ㄷ)
- 동료 보고와 지원(동료집단의 조언 및 지지)
- 연구자의 원주민화(Going Native)를 경계하는 노력
- 해석에 적합하지 않은 부정적인(예외적인) 사례 (Negative Cases) 찾기(ㄴ)
- 삼각측정 또는 교차검증(Triangulation)(ㄱ)
- 감사(Auditing)
- 연구윤리 강화(ㄹ) 등

46

④ 층화표집은 단순무작위 표집보다 대표성이 높은 표본을 추출하는 방법으로 알려져 있다.

① 유의표집(판단표집)은 연구자의 주관적 판단에 따라 의도적인 표집이 이루어지는 방식이므로 표본의 대표성을 보장할 수 없다.

② 모집단이 이질적인 경우에는 표본의 크기를 늘려야 한다.

③ 전수조사에서는 모수와 통계치의 구분이 불필요하다.

⑤ 체계적 표집(계통표집)은 첫 번째 요소를 무작위로 선정하여 최초의 표본으로 삼은 후 일정한 표본추출 간격으로 표본을 선정한다.

47

② 보가더스(Bogardus)의 사회적 거리척도(Social Distance Scale)는 서열척도이자 누적척도의 일종으로, 서로 다른 인종이나 민족, 사회계층 간의 사회심리적 거리감을 측정하기 위해 사용한다.

① 리커트 척도(Likert Scale)의 문항들은 거의 동일한 태도가치를 가진다고 인정된다.

③ 평정 척도(Rating Scale)는 문항의 적절성 여부를 평가할 방법이 없다.

④ 거트만 척도(Guttman Scale)는 두 개 이상의 변수를 동시에 측정하는 다차원적 척도로 사용되기 어렵다.

⑤ 의미차별척도(Semantic Differential Scale)는 척도의 양 극점에 느낌이나 감정을 나타내는 서로 상반되는 형용사나 표현을 배열한다.

48

ㄷ. 기준관련타당도(기준타당도)의 주요 하위유형으로 동시타당도(공인타당도)와 예측타당도(예언타당도)가 있다. 이 두 하위유형 간의 차이는 미래에 발생할 기준을 예측하는 능력(→ 예측타당도) 혹은 동시발생적으로 알려진 기준에 대한 부합도(→ 동시타당도)에 의해 척도가 검증되고 있는지 여부와 관련이 있다.

49 신뢰도를 측정하는 방법으로 옳지 않은 것은?

① 동일한 상황에서 동일한 측정도구로 동일한 대상을 다시 측정하는 방법

② 측정도구를 반으로 나누어 두 개의 독립된 척도로 구성한 후 동일한 대상을 측정하는 방법

③ 상관관계가 높은 문항들을 범주화하여 하위요인을 구성하는 방법

④ 동질성이 있는 두 개의 측정도구를 동일한 대상에게 측정하는 방법

⑤ 전체 척도와 척도의 개별항목이 얼마나 상호연관성이 있는지 분석하는 방법

50 할당표집방법에 관한 설명으로 옳지 않은 것은?

① 모집단의 주요 특성에 대한 정보를 활용한다.

② 모집단을 구성하는 주요 변수별로 표본을 할당한 후 확률표집을 실시한다.

③ 지역주민 조사에서 전체주민의 연령대별 구성 비율에 따라 표본을 선정한다.

④ 표본추출 시 할당틀을 만들어 사용한다.

⑤ 우발적 표집보다 표본의 대표성이 높다.

제2과목 ▶ 사회복지실천

제1영역 **사회복지실천론**

01 사회복지실천의 역사적 발달과정을 발생한 순서대로 옳게 나열한 것은?

> ㄱ. 밀포드(Milford) 회의에서 사회복지실천의 공통요소를 발표하였다.
> ㄴ. 사회복지사업법에 따라 국내에서 사회복지사 명칭을 사용하기 시작하였다.
> ㄷ. 태화여자관이 설립되었다.
> ㄹ. 사회복지전문요원이 국내 행정기관에 배치되었다.

① ㄱ - ㄴ - ㄷ - ㄹ

② ㄱ - ㄷ - ㄴ - ㄹ

③ ㄱ - ㄷ - ㄹ - ㄴ

④ ㄷ - ㄱ - ㄴ - ㄹ

⑤ ㄷ - ㄱ - ㄹ - ㄴ

02 양자 간의 논쟁에 개입하여 중립을 지키면서 상호합의를 이끌어내는 사회복지사의 역할은?

① 중개자

② 조정자

③ 중재자

④ 옹호자

⑤ 교육자

49

③ 검사를 구성하는 문항들의 상관관계를 분석하여 상관이 높은 문항들을 묶어주는 통계적 방법은 요인분석(Factor Analysis)으로서, 이는 구성타당도 혹은 개념타당도(Construct Validity)를 측정하는 방법에 해당한다.
① 신뢰도를 측정하는 방법 중 재검사법(검사-재검사 신뢰도)에 해당한다.
② 신뢰도를 측정하는 방법 중 반분법(반분신뢰도)에 해당한다.
④ 신뢰도를 측정하는 방법 중 대안법(동형검사 신뢰도)에 해당한다.
⑤ 신뢰도를 측정하는 방법 중 내적 일관성 분석법(문항내적합치도)에 해당한다.

50

② 할당표집은 비확률표집방법으로서, 무작위 표집을 전제로 하지 않는다. 전체 모집단에서 직접 표본을 추출하는 것이 아닌, 모집단을 일정한 카테고리(예 연령 집단)로 나눈 다음, 이들 카테고리에서 정해진 요소 수(예 각각 100명씩)를 작위적으로 추출한다.

제2과목 ▶ 사회복지실천

01

ㄷ. 1921년 우리나라 최초의 사회복지관으로서 '태화기독교사회복지관'의 전신인 '태화여자관'이 설립되었다.
ㄱ. 1929년 밀포드 회의(Milford Conference)에서 개별사회사업방법론을 기본으로 하는 사회복지실천의 공통요소가 정리되어 발표되었다.
ㄴ. 1983년 사회복지사업법이 개정됨에 따라 기존 '사회복지사업종사자' 대신 '사회복지사' 명칭을 사용하기 시작하였다.
ㄹ. 1987년 사회복지전문요원제도가 시행되어 공공영역에 사회복지전문요원이 배치되었다.

02

③ 중재자(Mediator)로서 사회복지사는 서로 다른 조직이나 집단 간 이해관계 갈등을 해결하여 서로 간에 만족스러운 결과를 얻을 수 있도록 돕는다. 특히 의사소통의 갈등이나 의견 차이를 조정하되, 어느 한쪽의 편을 들지 않은 채 서로의 입장을 명확히 밝히도록 돕는다.
① 중개자(Broker)로서 사회복지사는 클라이언트로 하여금 지역사회 내에 있는 서비스체계나 자원을 활용할 수 있도록 돕거나 안내해 주는 역할을 한다.
② 조정자(Coordinator)로서 사회복지사는 원조를 수행하는 과정에서 클라이언트의 욕구와 자원과의 관계, 클라이언트와 원조자들 간의 관계에서 필요한 조정 및 타협을 수행하는 역할을 한다.
④ 옹호자(Advocate)로서 사회복지사는 클라이언트 개인이나 집단의 권익을 변호하여 새로운 자원이나 서비스 제공을 촉구하는 정치적 역할을 한다.
⑤ 교육자(Educator)로서 사회복지사는 클라이언트로 하여금 문제를 예방하거나 사회적 기능을 향상하는 데 필요한 지식과 기술을 갖추도록 돕는 역할을 한다.

03 다음에서 설명하는 것은?

> 사회복지사가 자신의 가치, 신념, 행동습관, 편견 등이 사회복지실천에 어떤 영향을 미치는지 정확하게 이해하는 것이다.

① 자기지시
② 자기규제
③ 자기노출
④ 자기인식
⑤ 자기결정

04 사회복지실천 면접의 질문기술에 관한 내용으로 옳은 것은?

① 클라이언트가 방어적인 태도를 취할 수 있기에 '왜'라는 질문은 피한다.
② 클라이언트가 자유롭게 대답할 수 있도록 폐쇄형 질문을 활용한다.
③ 사회복지사가 의도하는 특정방향으로 이끌기 위해 유도질문을 사용한다.
④ 클라이언트에게 이중 또는 삼중 질문을 한다.
⑤ 클라이언트가 개인적으로 궁금해 하는 사적인 질문은 거짓으로 답한다.

05 생태도 작성에 관한 내용으로 옳은 것을 모두 고른 것은?

> ㄱ. 용지의 중앙에 가족 또는 클라이언트체계를 나타내는 원을 그린다.
> ㄴ. 중심원 내부에 클라이언트 또는 동거가족을 그린다.
> ㄷ. 중심원 외부에 클라이언트 또는 가족과 상호작용하는 외부체계를 작은 원으로 그린다.
> ㄹ. 자원의 양은 '선'으로, 관계의 속성은 '원'으로 표시한다

① ㄹ
② ㄱ, ㄷ
③ ㄴ, ㄹ
④ ㄱ, ㄴ, ㄷ
⑤ ㄱ, ㄴ, ㄷ, ㄹ

06 다음에서 설명하고 있는 면접 기술은?

> • 클라이언트가 말하는 것만으로도 치료효과를 얻을 수 있다.
> • 클라이언트의 억압된 또는 부정적인 감정이 문제해결을 방해하거나 감정 자체에 문제가 있는 경우 이를 표출하게 하여 감정을 해소시키려 할 때 활용한다.

① 해 석
② 환 기
③ 직 면
④ 반 영
⑤ 재보증

03

사회복지사의 자기인식(Self-awareness)

- 사회복지사의 자기인식은 자신의 가치, 신념, 태도, 행동습관, 편견 등이 사회복지실천에서의 관계형성 및 의사결정에 어떠한 영향을 미치는지를 깨닫는 것이다.
- 사회복지사는 끊임없는 성찰을 통해 사회복지실천에 있어서 자신의 강점과 약점을 명확히 인식하고 있어야 한다.
- 사회복지사의 자기인식은 클라이언트와의 전문적 관계형성에 필수적이며, 필요 이상으로 클라이언트에게 개입하는 것을 방지한다.

04

면접 시 피해야 할 질문

유도질문	사회복지사는 클라이언트로 하여금 바람직한 결과를 나타내보이도록 하려는 의도에서 간접적으로 특정한 방향으로의 응답을 유도할 수 있다. 이때 클라이언트는 자신의 진정한 의향과 달리 사회복지사가 원하거나 기대하는 방향으로 거짓응답을 할 수 있다. 예 "당신의 행동이 잘못됐다고 생각해보지는 않았나요?"
모호한 질문	클라이언트가 질문의 방향을 명확히 인지하지 못하거나 받아들이지 못하는 형태의 질문이다. 예 "당신은 어렸을 때 어땠나요?"
이중질문 (복합형 질문)	한 번에 두 가지 이상의 내용을 질문하는 것으로서, 클라이언트는 복수의 질문 가운데 어느 하나를 선택하여 답변할 수도, 아니면 어느 쪽에 답변을 해야 하는지 알 수 없어 머뭇거릴 수도 있다. 예 "당신은 선생님께는 어떻게 말했고, 부모님께는 어떻게 말했나요?"
왜(Why) 질문	'왜(Why)' 의문사를 남용함으로써 클라이언트로 하여금 비난을 받고 있다는 느낌을 갖도록 하는 질문이다. 예 "그 민감한 상황에서 왜 그런 말을 하셨지요?"
폭탄형 질문	클라이언트에게 한꺼번에 너무 많은 질문을 쏟아내는 것이다. 예 "당신은 친구에게 절교를 당했을 때 어떤 느낌이 들었나요? 혹시 당신이 친구에게 나쁜 행동을 했다고 생각해보진 않았나요? 그렇게 친구가 절교선언을 했을 때 당신은 어떤 반응을 보였나요?"

05

ㄹ. 자원의 양은 '원'으로, 관계의 속성(혹은 정도)은 '선'으로 표시한다.

06

② 환기(Ventilation)는 클라이언트로 하여금 이해와 안전의 분위기 속에서 자신의 슬픔, 불안, 분노, 증오, 죄의식 등 억압된 감정을 자유롭게 털어놓을 수 있도록 돕는 기술이다. 특히 클라이언트의 억압된 감정이나 부정적 감정이 문제해결을 방해하거나 감정 자체가 문제가 되는 경우 이를 표출하도록 함으로써 감정의 강도를 약화시키거나 해소시킨다.

① 해석(Interpretation)은 클라이언트가 이야기한 내용에 사회복지사가 새로운 의미와 관계성을 부여하여 언급하는 것이다.

③ 직면(Confrontation)은 클라이언트의 감정, 사고, 행동의 모순을 깨닫도록 하는 기술이다.

④ 반영(Reflection)은 클라이언트의 말과 행동에서 표현된 기본적인 생각, 감정, 태도를 사회복지사가 다른 참신한 말로 부연해 주는 기술이다.

⑤ 재보증(Reassurance)은 클라이언트의 능력이나 자질에 대해 사회복지사가 신뢰를 표현함으로써 클라이언트의 불안을 제거하고 위안을 주는 기술이다.

07 다음에서 설명하고 있는 사회복지사의 자질은?

> • 클라이언트의 감정을 잘 관찰하는 것과 경청하는 과정에서 비롯된다.
> • 클라이언트가 언어적으로 표현한 것뿐만 아니라 표현하지 않은 비언어적 내용들도 파악한다.

① 민감성
② 진실성
③ 헌 신
④ 수 용
⑤ 일치성

08 자선조직협회(COS) 활동에 관한 설명으로 옳지 않은 것은?

① 민간 사회복지기관의 활동을 체계적으로 조정하기 위해 등장하였다.
② 적자생존에 기반한 사회진화론을 구빈의 이론적 기반으로 삼았다.
③ 빈민지역에 거주하며 지역사회 문제에 대한 집합적이고 개혁적인 해결을 강조하였다.
④ 과학적이고 적절한 자선활동을 수행하기 위해 클라이언트 등록체계를 실시하였다.
⑤ 자선조직협회 활동은 개별사회사업의 초석이 되었다.

09 개인주의가 사회복지실천에 미친 영향으로 옳은 것을 모두 고른 것은?

> ㄱ. 개별화
> ㄴ. 개인의 권리와 의무 강조
> ㄷ. 최소한의 수혜자격 원칙
> ㄹ. 사회적 책임 중시

① ㄱ, ㄴ, ㄷ
② ㄱ, ㄴ, ㄹ
③ ㄱ, ㄷ, ㄹ
④ ㄴ, ㄷ, ㄹ
⑤ ㄱ, ㄴ, ㄷ, ㄹ

10 거시 수준의 사회복지실천에 관한 내용으로 옳지 않은 것은?

① 다문화 청소년을 위한 조례 제정을 추진한다.
② 부모와 자녀의 관계증진을 위한 소집단프로그램을 진행한다.
③ 피학대 노인 보호를 위한 제도 개선을 제안한다.
④ 장애인복지에 필요한 정부 예산 증액을 촉구한다.
⑤ 고독사 문제 해결을 위해 정책 토론회를 개최한다.

07

사회복지사의 자질 요소로서 민감성

- 사회복지사는 특정한 단서 없이도 클라이언트의 내면세계를 느끼고 감지할 수 있는 능력을 갖추어야 한다. 특히 적극적 경청을 통해 클라이언트가 언어적으로 표현한 것뿐만 아니라 표현하지 않은 비언어적 내용들도 파악할 수 있어야 한다.
- 사회복지사가 새로운 것에 대한 개방성 및 변화에 대한 준비 자세를 갖추고 있는지와 연관된 것으로, 어떠한 선입견이나 고정관념의 틀에서 벗어나 클라이언트의 사고와 감정에 자신을 적절히 투입시킬 수 있는 능력을 필요로 한다.

08

③ 빈민지역에 거주하며 지역사회 문제에 대한 집합적이고 개혁적인 해결을 강조한 것은 인보관 운동이다. 개인에게 빈곤의 책임을 돌리는 보수적 관점을 유지하던 자선조직협회(COS)와 달리, 인보관의 사회복지사들은 빈민이 거주하는 환경 안에서 변화를 일으키기 위해 결집된 행동을 유도하며, 이를 통해 궁극적으로 개인들에게 힘을 부여하고자 하였다.

09

ㄹ. 개인주의는 사회복지에 있어서 각 개인의 권리와 의무를 강조하면서 클라이언트의 개인적 특성, 즉 개별화를 중시한다. 빈곤문제에 있어서 개인의 책임을 강조하면서, 최소한의 수혜자격 원칙을 표방한다.

10

② 미시적 수준의 사회복지실천에 관한 내용이다. 미시적 수준의 사회복지실천은 부부관계, 자녀관계 등 개인 간의 심리상태에 문제가 있는 경우 사회복지사가 클라이언트와 일대일로 접근하여 문제해결을 돕는다.

참고

부모와 자녀의 관계증진을 위한 소집단프로그램의 진행은 보는 관점에 따라 미시적 수준일 수도 혹은 중간적 수준일 수도 있습니다. 그 이유는 집단이 2인 이상으로 구성되는 만큼, 한 가족 내 부모–자녀의 관계증진을 위한 프로그램인 경우 미시적 수준에 해당하지만, 다수의 가족이 자조집단이나 치료집단을 이루어 동시에 참여하는 프로그램인 경우 중간적 수준으로 볼 수도 있기 때문입니다.

11 다음에서 설명하고 있는 사회복지실천모델은?

> • 비장애인이 대부분인 사회에서 장애인 클라이언트의 취약한 권리에 주목하였다.
> • 사회복지사와 클라이언트 집단은 장애인의 권익을 옹호하는 데 협력하였다.
> • 대화, 발견, 발전의 단계를 통해 클라이언트 집단은 주도적으로 불평등한 사회제도를 개선하였다.

① 의료모델
② 임파워먼트모델
③ 사례관리모델
④ 생활모델
⑤ 문제해결모델

12 통합적 접근의 특징에 관한 내용으로 옳지 않은 것은?

① 생태체계 관점에서 인간과 환경 체계를 고려한다.
② 미시 수준에서 거시 수준에 이르는 다차원적 접근을 한다.
③ 개입에 적합한 이론과 방법을 폭넓게 활용한다.
④ 다양하고 복합적인 원인으로 발생하는 문제를 해결하기 위한 접근이다.
⑤ 서비스 영역별로 분화되고 전문화된 접근이다.

13 사회복지 실천현장과 분류의 연결로 옳지 않은 것은?

① 사회복지관 − 1차 현장
② 종합병원 − 2차 현장
③ 발달장애인지원센터 − 이용시설
④ 노인보호전문기관 − 생활시설
⑤ 사회복지공동모금회 − 비영리기관

14 콤튼과 갤러웨이(B. Compton & B. Galaway)의 사회복지실천 구성체계 중 '사회복지사협회'가 해당되는 체계는?

① 변화매개체계
② 클라이언트체계
③ 표적체계
④ 행동체계
⑤ 전문가체계

11

임파워먼트모델(Empowerment Model)

• 클라이언트 개인이 지니는 고통의 원인을 사회경제적 지위, 연령, 성역할과 성정체성, 육체 혹은 정신적 기능 등의 차별성에 근거한 외부적 억압에서 비롯되는 것으로 이해한다. 따라서 임파워먼트모델은 클라이언트로 하여금 그와 같은 차별성으로 인한 장벽들에 직면하도록 돕는 데 초점을 맞춘다.

• 이와 같이 개인의 변화를 통해 잠재력을 발현시키는 한편, 사회적 · 정치적 측면에서의 변화를 이끌어내어 불평등한 사회제도를 개선하도록 하는 이중초점적인 특징을 지닌다.

13

④ 노인보호전문기관 – 이용시설

12

⑤ 통합적 접근은 기존의 전통적인 방법이 지나치게 세분화 · 전문화되어 서비스의 파편화 현상을 초래했고, 그로 인해 다양한 문제와 욕구를 가지고 있는 클라이언트로 하여금 다양한 기관이나 사회복지사들을 찾아다녀야 하는 부담을 안겨주었으며, 그와 같이 공통기반을 전제로 하지 않은 분화와 전문화가 각각 별개의 사고와 언어 및 과정을 보여줌으로써 사회사업 전문직의 정체성 확립에 장애가 되었다는 문제인식에서 비롯되었다.

14

6체계 모델(Compton & Galaway)

• 표적체계 : 목표를 달성하기 위해 변화시키는 것이 필요한 사람(체계)이다.

• 클라이언트체계 : 서비스나 도움을 필요로 하는 사람이다.

• 변화매개체계 : 사회복지사와 사회복지사를 고용하고 있는 기관 및 조직을 의미한다.

• 행동체계 : 변화노력을 달성하기 위해 상호작용하는 사람이다.

• 전문체계(전문가체계) : 전문가단체, 전문가를 육성하는 교육체계, 전문적 실천의 가치와 인가 등을 의미한다(예 사회복지사협회 등).

• 문제인식체계(의뢰-응답체계) : 잠재적 클라이언트를 사회복지사의 관심영역으로 끌어들이기 위해 행동하는 체계로, 서비스를 요청한 체계(→ 의뢰체계)와 그러한 요청으로 서비스기관에 오게 된 체계(→ 응답체계)를 의미한다.

15 사회복지실천의 전문적 관계에 관한 설명으로 옳지 않은 것은?

① 사회복지사와 클라이언트가 합의하여 목적을 설정한다.
② 사회복지사는 소속된 기관의 특성에 영향을 받는다.
③ 사회복지사의 이익과 욕구 충족을 위한 일방적 관계이다.
④ 사회복지사는 전문성에 바탕을 둔 권위를 가진다.
⑤ 계약에 의해 이루어지는 시간제한적인 특징을 갖는다.

16 비스텍(F. Biestek)의 관계의 원칙 중 '의도적 감정표현'에 해당하는 것은?

① 클라이언트의 부정적 감정을 자유롭게 표현할 수 있도록 지지한다.
② 클라이언트의 감정이나 태도를 있는 그대로 받아들이고 존중한다.
③ 목적달성을 위한 방안들의 장·단점을 설명하고 클라이언트가 스스로 선택하도록 한다.
④ 공감을 받고 싶어 하는 클라이언트의 욕구에 따라 클라이언트에게 공감하는 반응을 표현한다.
⑤ 사회복지사 자신의 생각과 느낌, 개인적인 경험을 이야기한다.

17 다음에서 설명하고 있는 사례관리 개입 원칙은?

> • 변화하는 클라이언트 욕구에 반응하여 장기적으로 서비스를 제공해야 한다.
> • 클라이언트에게 필요한 서비스를 중단하지 않고 제공해야 한다.

① 서비스의 체계성
② 서비스의 접근성
③ 서비스의 개별화
④ 서비스의 연계성
⑤ 서비스의 지속성

18 원조관계에서 사회복지사의 태도에 관한 내용으로 옳은 것은?

① 개선의 여지가 있다고 판단된 경우에 한해서 클라이언트와 전문적 관계를 형성하였다.
② 클라이언트의 감정에 이입되어 면담을 지속할 수 없었다.
③ 자신의 생각과 다른 클라이언트의 의견은 관계형성을 위해 즉시 수정하도록 지시하였다.
④ 법정으로부터 정보공개 명령을 받고 관련된 클라이언트 정보를 제공하였다.
⑤ 클라이언트 특성이나 상황이 일반적인 경우와 다르지만 획일화된 서비스를 그대로 제공하였다.

15

사회복지실천에서 전문적 관계의 특성

• 서로 합의된 의식적 목적이 있다.
• 클라이언트의 문제와 욕구가 중심이 된다.(③)
• 시간적인 제한을 둔다.
• 전문가 자신의 정서를 통제하는 관계이다.
• 사회복지사는 특화된 지식 및 기술, 그리고 전문직 윤리강령에서 비롯되는 권위를 가진다.

16

① '의도적 감정표현'은 클라이언트가 자신의 긍정적·부정적인 감정을 자유로이 표명하고자 하는 욕구에 대한 인식이다. 사회복지사는 주의·집중하여 클라이언트의 말에 주의를 기울여야 하고 비난조의 어투를 피하며 격려하는 태도를 보여야 한다.
② '수용'의 원칙에 해당한다. 사회복지사는 클라이언트의 장점과 약점, 긍정적인 감정과 부정적인 감정 등 클라이언트의 다양한 특징들을 있는 그대로 이해하고 다루어야 한다.
③ '자기결정'의 원칙에 해당한다. 문제의 해결자는 클라이언트이므로, 사회복지사는 클라이언트 스스로 해결책을 선택할 수 있도록 한다.
④ '통제된 정서적 관여'의 원칙에 해당한다. 사회복지사는 클라이언트의 감정에 민감성과 이해로 반응하되, 완전한 관여가 아닌 통제된 관여로써 임해야 한다.
⑤ 사회복지사의 자기노출은 진실성을 보여주는 중요한 방법으로서 클라이언트의 자기노출을 유도할 수 있지만, 클라이언트에 대한 부정적 감정까지 노출하게 되는 경우 갈등을 일으킴으로써 오히려 변화를 방해할 수도 있다.

17

⑤ 서비스는 지속성(연속성)의 원칙에 따라 일회적이거나 단편적으로 제공되지 않고 지속적으로 제공되어야 한다.
① 서비스는 체계성의 원칙에 따라 공식적 지원체계와 비공식적 지원체계를 기능적으로 연결하여 체계적인 지지망을 구축하여야 한다.
② 서비스는 접근성의 원칙에 따라 클라이언트가 서비스를 이용하는 데 있어서 장애가 되는 요소들을 살피며, 이를 최소화하여야 한다.
③ 서비스는 개별화의 원칙에 따라 클라이언트 개개인의 신체적·정서적 특성 및 사회적 상황에 맞게 제공되어야 한다.
④ 서비스는 연계성의 원칙에 따라 분산된 서비스 체계들을 서로 연계하여 서비스 전달체계의 효율성을 도모하여야 한다.

18

④ 사회복지사는 법원의 정보공개 명령이 있는 경우 클라이언트에 대한 기본적인 정보를 공개하며, 더 많은 사항을 공개해야 하는 경우 사전에 클라이언트에게 알려줄 필요가 있다.
① 사회복지사는 클라이언트의 능력에 대한 신념을 가져야 한다. 상황은 달라질 수 있고, 클라이언트 스스로 사고와 행동의 변화를 이끌어낼 수 있다는 인식을 개발하여야 한다.
② 사회복지사는 클라이언트의 감정에 빠져드는 것이 아니라 클라이언트에게 관심을 가지고 그가 지각하는 것을 들으며, 경청과 이해로써 소통할 수 있는 능력을 길러야 한다.
③ 사회복지사는 클라이언트를 자기문제 및 상황의 전문가로 인식하고, 클라이언트의 의견과 선호를 존중하여야 한다.
⑤ 사회복지사는 클라이언트 특성이나 상황이 서로 다름을 인식하면서 차별화된 서비스를 제공하도록 노력하여야 한다.

19 자료수집을 위한 자료 출처에 해당하는 것을 모두 고른 것은?

> ㄱ. 문제, 사건, 기분, 생각 등에 관한 클라이언트 진술
> ㄴ. 클라이언트와 직접 상호작용한 사회복지사의 경험
> ㄷ. 심리검사, 지능검사, 적성검사 등의 검사 결과
> ㄹ. 친구, 이웃 등 클라이언트의 중요한 타인으로부터 수집한 정보

① ㄱ, ㄴ, ㄷ
② ㄱ, ㄴ, ㄹ
③ ㄱ, ㄷ, ㄹ
④ ㄴ, ㄷ, ㄹ
⑤ ㄱ, ㄴ, ㄷ, ㄹ

20 레비(C. Levy)가 제시한 사회복지 전문직의 가치 중 결과 우선 가치에 해당하는 것은?

① 자기결정권 존중
② 인간 존엄성에 대한 믿음
③ 비심판적 태도
④ 동등한 사회참여 기회 제공
⑤ 개별성에 대한 인정

21 사회복지실천 개입기술에 관한 설명으로 옳은 것을 모두 고른 것은?

> ㄱ. 재보증은 어떤 문제에 대해 클라이언트가 부여하는 의미를 수정해 줌으로써 클라이언트의 시각을 긍정적인 방향으로 변화시키려는 전략이다.
> ㄴ. 모델링은 실제 다른 사람의 행동을 직접 관찰함으로써만 시행 가능하다.
> ㄷ. 격려기법은 주로 클라이언트 행동이 변화에 장애가 되거나 타인에게 위협이 될 때, 이를 인식하도록 하기 위한 목적으로 사용한다.
> ㄹ. 일반화란 클라이언트 혼자만이 겪는 문제가 아니라는 것을 인식하게 하는 기법이다.

① ㄱ
② ㄹ
③ ㄱ, ㄹ
④ ㄱ, ㄴ, ㄷ
⑤ ㄴ, ㄷ, ㄹ

22 사례관리 등장배경에 관한 설명으로 옳지 않은 것은?

① 탈시설화로 인해 많은 정신 장애인이 지역사회 내에서 생활하게 되었다.
② 지역사회 내 서비스 간 조정이 필요하게 되었다.
③ 복지비용 절감에 관심이 커지면서 저비용 고효율을 지향하게 되었다.
④ 인구 · 사회적 변화에 따라 다양하고, 복합적이며 만성적인 욕구를 가진 클라이언트가 증가하였다.
⑤ 사회복지서비스 공급주체가 지방정부에서 중앙정부로 변화하였다.

19

자료수집의 정보원

- 클라이언트의 이야기(ㄱ)
- 클라이언트의 심리검사 결과(ㄷ)
- 클라이언트에 대한 비언어적 행동관찰
- 클라이언트가 직접 작성한 양식
- 중요한 사람과의 상호작용 및 가정방문
- 클라이언트에 대한 사회복지사의 개인적 경험(주관적 관찰 내용)(ㄴ)
- 부수정보(가족, 이웃, 친구, 친척, 학교, 다른 기관으로부터 얻게 되는 정보) 등(ㄹ)

20

①·③ 수단 우선 가치, ②·⑤ 사람 우선 가치

사회복지 전문직의 가치(Levy)

사람 우선 가치	전문직 수행의 대상인 사람 자체에 대해 전문직이 갖추고 있어야 할 기본적인 가치 예 개인의 가치와 존엄성 존중, 개인의 건설적 변화에 대한 능력과 열망, 상호책임성, 소속의 욕구, <u>인간의 공통된 욕구 및 개별성(독특성) 인정</u> 등
결과 우선 가치	개인이 성장할 기회를 제공하고, 욕구를 충족시킬 수 있는 서비스를 제공하는 것에 역점을 두는 가치 예 개인의 기본적 욕구 충족, 교육이나 주택문제 등의 사회문제 제거, <u>동등한 사회참여 기회 제공</u> 등
수단 우선 가치	서비스를 수행하는 방법 및 수단과 도구에 대한 가치 예 <u>클라이언트의 자기결정권 존중, 비심판적인 태도</u> 등

21

ㄱ. 재보증(Reassurance)은 클라이언트의 능력이나 자질에 대해 사회복지사가 신뢰를 표현함으로써 클라이언트의 불안을 제거하고 위안을 주는 기법이다. 참고로 클라이언트가 부여하는 의미를 수정해서 클라이언트의 시각을 변화시키는 기법은 재명명 또는 재구성(Reframing)에 해당한다.

ㄴ. 모델링(Modeling)은 실제 모델을 사용하기도 하고, 상징화된 모델(예 비디오 등)을 사용하기도 한다.

ㄷ. 격려(Encouragement)는 클라이언트의 행동이나 태도 등을 인정하고 칭찬함으로써 클라이언트의 문제해결 능력과 동기를 최대화시켜 주는 기법이다. 참고로 클라이언트의 행동이 변화에 장애가 되거나 타인에게 위협이 될 때, 이를 인식하도록 하기 위한 목적으로 사용되는 기법은 직면(Confrontation)에 해당한다.

22

⑤ 사회복지서비스 공급주체가 중앙정부에서 지방정부로 변화하였다.

23 사회복지실천의 간접적 개입에 해당하는 것은?

① 의사소통 교육
② 프로그램 개발
③ 부모교육
④ 가족상담
⑤ 사회기술훈련

24 다음에서 설명하고 있는 사례관리 과정은?

- 계획 수정 여부 논의
- 클라이언트 욕구 변화 검토
- 서비스 계획의 목표 달성 정도 파악
- 서비스가 효과적으로 제공되고 있는지 확인

① 점 검
② 계 획
③ 사후관리
④ 아웃리치
⑤ 사 정

25 사례관리자 역할과 그 예의 연결로 옳지 않은 것은?

① 조정자(Coordinator) : 사례회의를 통해 독거노인지원서비스가 중복 제공되지 않도록 하였다.
② 옹호자(Advocate) : 사례회의에서 장애아동의 입장을 대변하였다.
③ 협상가(Negotiator) : 사례회의를 통해 생활 형편이 어려운 가정의 아동에게 재정 후원자를 연결해 주었다.
④ 평가자(Evaluator) : 사례 종결 여부를 결정하기 위해 목표 달성 여부를 확인하였다.
⑤ 기획가(Planner) : 욕구사정을 통해 클라이언트에게 필요한 자원을 설계하고 체계적인 개입 계획을 세웠다.

제2영역 **사회복지실천기술론**

26 사회복지실천현장의 지식 유형에 관한 설명으로 옳지 않은 것은?

① 이론은 현상을 설명하기 위한 가설이나 개념의 집합체이다.
② 관점은 개인과 사회에 관한 주관적 인식의 차이를 보여주는 사고체계이다.
③ 실천지혜는 실천활동의 원칙과 방식을 구조화한 것이다.
④ 패러다임은 역사와 사상의 흐름에 영향을 받는 추상적 개념 틀이다.
⑤ 모델은 실천과정에 직접적으로 필요한 기술적 적용방법을 제시한 것이다.

23

간접적 개입기술

- 서비스 조정
- 프로그램(자원) 계획 및 개발
- 환경조작
- 옹 호

25

③ 중개자(Broker)의 역할에 해당한다. 중개자로서 사례관리자는 클라이언트가 필요로 하는 자원을 소정의 사회기관으로부터 제공받지 못하거나, 지식이나 능력이 부족하여 다른 유용한 자원을 활용하지 못할 경우에 다른 유용한 자원과 클라이언트를 연결시킨다.

24

사례관리의 일반적인 과정

- 접수(제1단계) : 서비스를 필요로 하는 클라이언트의 장애나 욕구를 개략적으로 파악하여 기관의 서비스에 부합하는지의 여부를 판단한다.
- 사정(제2단계) : 클라이언트의 문제와 상황을 검토하며, 현재 기능수준과 욕구를 파악한다.
- 계획(제3단계) : 욕구와 문제를 해결할 수 있는 자원을 연결시키기 위해 일련의 개입 계획을 수립한다.
- 개입 또는 계획의 실행(제4단계) : 서비스 계획 및 확립된 절차에 따라 이루어진 업무를 수행한다.
- 점검 및 재사정(제5단계) : 서비스 제공체계의 서비스 전달 및 실행을 추적하고 이를 점검 및 재사정하는 과정으로, 서비스 계획의 목표 달성 정도와 개입계획의 수정 여부 등을 검토한다.
- 평가 및 종결(제6단계) : 전반적인 사례관리 서비스 효과에 대해 평가한다.

참고

사례관리의 과정은 학자에 따라 혹은 교재에 따라 다양하게 제시되고 있으며, 보통 5~6가지 단계로 구분하고 있습니다. 사회복지사 시험에서도 문제가 다양하게 제시되고 있으므로, 위의 해설의 일반적인 과정을 기억해 두시기 바랍니다.

26

실천지식의 차원

실천지식은 실천에 영향을 미치는 구체성의 정도에 따라 다음과 같이 구분된다.

패러다임 (Paradigm)	추상적인 수준의 개념적 틀로서, 세계관과 현실에 대한 인식의 방향을 결정한다.
관점/시각 (Perspective)	개념적 준거틀로서, 관심영역과 가치, 대상들을 규정하는 사고체계이다.
이 론 (Theory)	특정 현상을 설명하기 위한 가설이나 개념 혹은 의미의 집합체이다. 현실을 구조화·객관화하는 과정에서 추상적 수준의 관점이 한 단계 구체적인 이론이 된다.
모 델 (Model)	일관된 실천활동의 원칙 및 방식을 구조화시킨 것이다. 특히 실천과정에 직접적으로 필요한 기술적 적용방법을 제시한다.
실천지혜 (Practice Wisdom)	'직관/암묵적 지식'이라고도 하며, 실천현장에서 귀납적으로 만들어진 지식의 종류를 의미한다. 이는 의식적으로 표현하거나 구체적으로 명시할 수 없는 지식으로, 개인의 가치체계 및 경험으로부터 얻어진다.

27 위기개입모델에 관한 설명으로 옳지 않은 것은?

① 클라이언트에게 실용적 정보를 제공하고 지지체계를 개발하도록 한다.
② 단기개입 서비스를 제공한다.
③ 구체적이고 관찰 가능한 문제에 초점을 둔다.
④ 위기 발달은 촉발요인이 발생한 후에 취약 단계로 넘어간다.
⑤ 사회복지사는 다른 개입모델에 비해 적극적이고 직접적인 역할을 수행한다.

28 해결중심모델에 관한 설명으로 옳은 것은?

① 클라이언트에게 대처행동을 가르치고 훈련함으로써 부적응을 해소하도록 한다.
② 탈이론적이고 비규범적이며 클라이언트의 견해를 존중한다.
③ 문제의 원인을 클라이언트의 심리 내적 요인에서 찾는다.
④ 클라이언트의 문제를 자원 혹은 기술 부족으로 본다.
⑤ 문제와 관련이 있는 환경과 자원을 사정하고 개입 방안을 강조한다.

29 인지적 오류(왜곡)에 관한 예로 옳지 않은 것은?

① 임의적 추론 : 내가 뚱뚱해서 지나가는 사람들이 나만 쳐다봐.
② 개인화 : 그때 내가 전화만 받았다면 동생이 사고를 당하지 않았을 텐데. 나 때문이야.
③ 이분법적 사고 : 이 일을 완벽하게 하지 못하면 실패한 것이야.
④ 과잉일반화 : 시험보는 날인데 아침에 미역국을 먹었으니 나는 떨어질 거야.
⑤ 선택적 요약 : 지난번 과제에 나쁜 점수를 받았어. 이건 내가 꼴찌라는 것을 의미해.

30 인지행동모델에 관한 설명으로 옳지 않은 것은?

① 개인의 주관적 경험의 독특성을 중시한다.
② 클라이언트의 강점과 자원이 문제해결의 주요 요소이다.
③ 제한된 시간 내에 특정 문제에 초점을 두고 접근한다.
④ 과제 활용과 교육적인 접근으로 자기 치료가 가능하도록 한다.
⑤ 클라이언트의 적극적 참여와 협조적 태도를 중시한다.

27

위기반응의 단계(Golan)

- 제1단계 : 위험한 사건
- 제2단계 : 취약 상태
- 제3단계 : 위기촉진요인(위기촉발요인)
- 제4단계 : 실제 위기 상태
- 제5단계 : 재통합

28

해결중심모델의 주요 원칙

- 병리적인 것 대신 건강한 것에 초점을 둔다.
- 클라이언트의 강점과 자원, 건강한 특성을 발견하여 이를 치료에 활용한다.
- 탈이론적이고 비규범적이며 클라이언트의 견해를 존중한다.(②)
- 변화는 항상 일어나며 불가피하다.
- 현재와 미래를 지향한다.
- 클라이언트의 자율적인 협력을 중요시한다.

29

④ 임의적 추론(Arbitrary Inference)의 예에 해당한다. 임의적 추론은 어떤 결론을 지지하는 증거가 없거나 그 증거가 결론에 위배됨에도 불구하고 그와 같은 결론을 내리는 것이다.

30

② 모든 사람은 강점과 자원, 능력과 잠재력을 가지고 있다고 가정하면서, 클라이언트의 강점과 자원 등을 문제해결의 주요 요소로 간주하는 것은 해결중심모델에 해당한다. 해결중심모델은 클라이언트의 병리적 측면에 관심을 기울이기보다는 건강한 측면에 초점을 둔다. 참고로 인지행동모델은 클라이언트의 주관적인 경험, 문제 및 관련 상황에 대한 인식을 중시한다.

31 사회복지실천의 개입기법에 관한 설명으로 옳지 않은 것은?

① 소거 : 부적 처벌의 원리를 이용하여 바람직하지 않은 행동을 중단시키는 것
② 시연 : 클라이언트가 힘들어하는 행동에 대해 실생활에서 실행 전에 반복적으로 연습하는 것
③ 행동조성 : 특정 행동 수준까지 끌어올리기 위해 작은 단위의 행동으로 나누어 과제를 주는 것
④ 체계적 둔감법 : 두려움이 적은 상황부터 큰 상황까지 단계적으로 노출시켜 문제를 극복하도록 하는 것
⑤ 내적 의사소통의 명료화 : 클라이언트가 자신의 생각을 말로 표현하고, 피드백을 통해 사고의 명료화를 돕는 것

32 사회복지실천모델에 관한 설명으로 옳은 것을 모두 고른 것은?

> ㄱ. 위기개입모델에서는 사건에 대한 클라이언트의 주관적인 인식보다 사건 자체를 중시한다.
> ㄴ. 클라이언트중심모델에서는 현재 직면한 문제와 앞으로의 문제를 극복할 수 있도록 성장 과정을 도와준다.
> ㄷ. 임파워먼트모델에서는 클라이언트가 자신의 삶을 스스로 통제할 수 있도록 원조한다.
> ㄹ. 과제중심모델에서는 클라이언트가 인식한 문제에 초점을 두고, 클라이언트의 욕구를 최대한 반영한다.

① ㄱ
② ㄴ, ㄷ
③ ㄱ, ㄴ, ㄷ
④ ㄴ, ㄷ, ㄹ
⑤ ㄱ, ㄴ, ㄷ, ㄹ

33 해결중심모델에서 사용하는 질문기법과 그에 관한 예로 옳은 것은?

① 관계성질문 : 재혼하신 아버지는 이 문제를 어떻게 생각하실까요?
② 기적질문 : 처음 상담했을 때와 지금의 스트레스 수준을 비교한다면 지금은 몇 점인가요?
③ 대처질문 : 어떻게 하면 그 문제가 발생하지 않을 것 같나요?
④ 예외질문 : 당신은 그 어려운 상황에서 어떻게 견딜 수 있었나요?
⑤ 척도질문 : 처음 상담을 약속했을 때와 지금은 무엇이 어떻게 달라졌는지 말씀해 주세요.

34 다음 사례에서 활용한 심리사회모델의 개입기법은?

> "지금까지의 방법이 효과적이지 않다면 다른 방법을 시도해 보면 어떨까요? 제 생각에는 지금쯤 변화가 필요하니 가족상담에 참여해 보시면 어떨까 합니다."

① 지지하기
② 직접적 영향주기
③ 탐색-기술-환기
④ 인간-환경에 관한 고찰
⑤ 유형-역동성 고찰

31

① 소거(Extinction)는 강화물을 계속 주지 않을 때 반응의 강도가 감소하는 것을 말한다. 예를 들어, 파블로프(Pavlov)의 개에게 아무런 음식을 주지 않은 채 종소리만 반복해서 제시하면, 개는 종소리를 듣고도 더 이상 아무런 반응을 나타내지 않게 된다.

32

ㄱ. 위기개입모델에서는 위기사건 자체보다는 위기에 대한 반응으로서 클라이언트의 주관적인 인식을 중시한다.

위기개입모델(Crisis Intervention Model)

• 위기상황에 처해 있는 개인이나 가족을 초기에 발견하여 그 구체적이고 관찰 가능한 문제에 초점을 두고 초기단계에서 원조활동을 수행하는 단기적 개입모델이다.

• 위기개입은 위기와 더불어 그 위기에 대한 클라이언트의 반응에 초점을 둔다. 즉, 외적 사건들에 대한 정서적 반응은 무엇이며, 어떻게 그 반응들을 합리적으로 통제해야 할 것인지에 초점을 둔다.

33

① 관계성질문은 클라이언트와 중요한 관계에 있는 사람들이 갖고 있는 생각, 의견, 지각 등에 대해 묻는 것으로, 그들의 관점에서 클라이언트 자신의 문제에 대해 어떻게 생각할지 추측해 보도록 하는 것이다.
② 척도질문
③ 예외질문
④ 대처질문
⑤ 상담 전 변화질문

34

② '직접적 영향주기'는 클라이언트의 행동을 촉진하거나 기능을 향상시키기 위한 조언, 충고, 제안 등을 통해 사회복지사의 의견을 클라이언트가 받아들이도록 하는 기법이다.
① '지지하기'는 사회복지사가 클라이언트를 수용하고 원조하려는 의사와 클라이언트의 문제해결능력에 대한 확신을 표현함으로써 클라이언트의 불안을 줄이고 자기존중감을 증진시키는 기법이다.
③ '탐색-기술(묘사)-환기'는 클라이언트로 하여금 자기 상황과 감정을 말로 표현하게 함으로써 감정 전환을 도모하는 기법이다.
④ '인간-상황(개인-환경)에 대한 고찰'은 클라이언트를 둘러싼 최근 사건에 대해 '상황 속 인간'의 관점에서 고찰하는 것으로서, 사건에 대한 클라이언트의 지각방식 및 행동에 대한 신념, 외적 영향력 등을 평가하는 기법이다.
⑤ '유형-역동성 고찰'은 클라이언트로 하여금 성격, 행동, 감정의 주요 경향에 관한 자기이해를 돕는 기법이다.

35 정신역동모델의 개입기법에 관한 설명으로 옳은 것을 모두 고른 것은?

> ㄱ. 직면 : 클라이언트의 이야기와 행동 간 불일치를 보일 때 자기모순을 직시하게 한다.
> ㄴ. 해석 : 치료적 관계에서 나타나는 클라이언트의 특정 생각이나 행동의 의미를 설명한다.
> ㄷ. 전이분석 : 클라이언트가 과거의 중요한 인물에 대해 느꼈던 감정을 치료사에게 재현하는 현상을 분석하여 과거 문제를 해석하고 통찰하도록 한다.
> ㄹ. 명료화 : 저항이나 전이에 대한 이해를 심화·확장하여 통합적으로 이해하도록 한다.

① ㄱ
② ㄴ, ㄹ
③ ㄷ, ㄹ
④ ㄱ, ㄴ, ㄷ
⑤ ㄱ, ㄴ, ㄷ, ㄹ

36 클라이언트와의 면접 중에 주제를 전환하기 위한 목적으로 사용하는 실천기술은?

① 반 영
② 요 약
③ 해 석
④ 직 면
⑤ 초점화

37 가족개입을 위한 전제조건에 관한 설명으로 옳지 않은 것은?

① 한 사람의 문제는 가족성원 모두에게 영향을 미친다.
② 한 가족성원의 개입노력은 가족 전체에 영향을 준다.
③ 가족성원의 행동은 순환적 인과성의 특성을 갖는다.
④ 가족문제의 원인은 단선적 관점으로 파악한다.
⑤ 한 가족성원이 보이는 증상은 가족의 문제를 대신해서 호소하는 것으로 본다.

38 다음 가족사례에 적용된 실천기법은?

> • 클라이언트 : "저희 딸은 제 말은 안 들어요. 저희 남편이 뭐든 대신 다 해 주거든요. 아이가 남편 말만 들어요. 결국 아이문제로 인해 부부싸움으로 번지거든요."
> • 사회복지사 : "아버지가 아이를 대신해서 다 해 주시는군요. 어머니는 그 사이에서 소외된다고 느끼시네요. 자녀가 스스로 할 수 있도록 아버지는 기다려 주고 어머니와 함께 지켜보는 것이 어떨까요?"

① 합 류
② 역설적 지시
③ 경계선 만들기
④ 증상처방
⑤ 가족조각

35

ㄹ. 저항이나 전이에 대한 이해를 심화·확장하여 통합적으로 이해하도록 하는 것은 훈습(Working-through)에 해당한다. 반면, 정신역동모델의 개입기법으로서 명료화(Clarification)는 클라이언트가 직면한 심리적 현상에 대해 예리하게 초점을 맞추거나 혹은 현상의 원인이 되는 주요 과거력을 파헤쳐 나가는 것이다.

36

② 요약(Summarizing)은 면접을 시작하거나 마칠 때 혹은 새로운 주제로 전환하려고 할 때 이전 면접에서 언급된 내용을 간략히 요약하여 기술하는 것이다.

① 반영(Reflection)은 클라이언트의 말과 행동에서 표현된 기본적인 생각, 감정, 태도를 사회복지사가 다른 참신한 말로 부연해 주는 기술이다.

③ 해석(Interpretation)은 클라이언트가 이야기한 내용에 사회복지사가 새로운 의미와 관계성을 부여하여 언급하는 것이다.

④ 직면(Confrontation)은 클라이언트의 감정, 사고, 행동의 모순을 깨닫도록 하는 기술이다.

⑤ 초점화(Focusing)는 클라이언트와의 의사소통에 있어서 중요한 부분을 강조하거나 집중시키고자 할 때 사용하는 표현적 의사소통기술이다.

37

④ 가족문제의 원인은 순환적 관점으로 파악한다.

순환적 인과관계(Circular Causality)

단선적(직선적) 인과관계와 대립되는 개념으로서, 결과로 나타난 한 현상이 선행 원인변수에 의해 한 방향으로 영향을 받아서 나타난 것이라기보다는 상호 영향을 주고받는 순환과정에 의해 나타난 현상이라는 것이다. 특히 가족에 관한 체계론적 관점에서는 가족문제의 원인을 구성원 간 상호작용에서 찾는 순환적 인과관계로 파악한다.

38

경계(선) 만들기(Boundary Making)

• 개인체계뿐만 아니라 하위체계 간의 경계를 명확히 함으로써 가족성원 간 상호지지의 분위기 속에서 독립과 자율을 허용하도록 하는 것이다.

• 밀착된 가족의 경우 하위체계 간 경계를 보다 강화하여 개별성원의 독립성을 고양시키는 반면, 유리된(분리된) 가족의 경우 하위체계 간 교류를 촉진하여 경직된 경계를 완화시킨다.

예 '부모-자녀' 체계에서 부모는 자녀에게 권위를 지켜야 하고 부부 중 어느 한쪽이 자녀와 배우자보다 더 친하지 말아야 함을 강조한다.

39 다음 사례에서 사회복지사가 우선적으로 개입해야 하는 것은?

> A씨는 25세로 알코올 중독진단을 받았으나 문제에 대한 본인의 인식은 부족한 상황이다. 현재 A씨는 부모와 함께 살고 있으나 몇 년 전부터 대화가 단절되어 있다. A씨가 술을 마실 때면 아버지로부터 학대도 발생하고 있는 상황이다.

① 경직된 가족경계를 재구조화한다.
② 단절된 의사소통의 문제를 해결한다.
③ 알코올 중독 문제에 관여한다.
④ 술 문제의 원인으로 보이는 부모를 대상으로 상담한다.
⑤ 부모 간 갈등으로부터 벗어나도록 자아분화를 촉진한다.

40 가족경계(Boundary)에 관한 설명으로 옳은 것은?

① 하위체계의 경계가 경직된 경우에는 지나친 간섭이 증가한다.
② 하위체계의 경계가 희미한 경우에는 감정의 합일현상이 증가한다.
③ 하위체계의 경계가 경직된 경우에는 가족의 보호 기능이 강화된다.
④ 하위체계의 경계가 희미한 경우에는 가족 간 의사소통이 감소한다.
⑤ 하위체계의 경계가 경직된 경우에는 가족 구성원이 독립적으로 행동하기 어렵다.

41 가족사정에 관한 설명으로 옳은 것을 모두 고른 것은?

> ㄱ. 가족체계가 어떻게 기능하는지 발견하는 것이 목적이다.
> ㄴ. 가족 상호작용 유형에 적합한 방법을 찾는 것이다.
> ㄷ. 가족사정과 개입과정은 상호작용적이며 순환적이다.
> ㄹ. 가족이 제시하는 문제, 생태학적 사정, 세대 간 사정, 가족 내부 간 사정으로 이루어진다.

① ㄱ, ㄴ
② ㄷ, ㄹ
③ ㄱ, ㄴ, ㄷ
④ ㄱ, ㄴ, ㄹ
⑤ ㄱ, ㄴ, ㄷ, ㄹ

42 가족실천 모델과 주요 개념, 기법의 연결로 옳지 않은 것은?

① 보웬 모델 – 자아분화 – 탈삼각화
② 구조적 모델 – 하위체계 – 균형깨뜨리기
③ 경험적 모델 – 자기대상 – 외현화
④ 전략적 모델 – 환류고리 – 재구성
⑤ 해결중심모델 – 강점과 자원 – 예외질문

39

③ 사회복지사는 가장 중요하고 반드시 신속하게 행해져야 하는 일에 우선적으로 개입해야 한다. 이를 성취하는 경우 특별한 결과를 얻게 되는 반면, 성취하지 못하는 경우 심각하고 치명적인 결과를 낳게 된다.

개입의 우선순위 가치 매기기(Mancini)

- A : 가장 중요하고 반드시 신속하게 행해져야 하는 일
- B : 처리가 지연될 경우 A의 상태에 이르는 일
- C : 처리가 지연된다고 해도 큰 지장은 없으나 경우에 따라 A나 B의 상태에 이를 수도 있는 일
- D : 달성하면 이득이 있지만 무시한다고 해도 큰 지장은 없는 일

40

① 하위체계의 경계가 희미한(애매한) 경우에는 지나친 간섭이 증가한다.
③ 하위체계의 경계가 명확한(분명한) 경우에는 가족의 보호 기능이 강화된다.
④ 하위체계의 경계가 경직된 경우에는 가족 간 의사소통이 감소한다.
⑤ 하위체계의 경계가 희미한(애매한) 경우에는 가족구성원이 독립적으로 행동하기 어렵다.

41

가족사정(Family Assessment)

- 가족사정은 가족이 현재 겪고 있는 어려움은 무엇인지, 그 어려움을 지속시키고 있는 가족의 상호작용 양상은 어떠한지, 그리고 가족은 자신들의 상호작용 유형 중 어떤 점을 변화시키기를 원하는지를 알아내는 것이다.
- 가족사정의 주요 목적(혹은 기능) 중 하나는 가족체계가 어떻게 기능하는지 발견하는 것이고, 다른 하나는 가족체계의 상호작용 유형에 개입하기 위한 적합한 방법을 찾는 것이다.(ㄱ·ㄴ)
- 가족사정은 가족 내부 구성원 간 행동양상을 파악하기 위한 표출문제의 탐색과 가족구성원의 의미체계 탐색, 가족의 역사적 맥락을 살피는 세대 간 사정, 주변 환경과의 상호작용을 파악하기 위한 생태학적 사정 등 다양한 방식으로 이루어진다.(ㄷ·ㄹ)

42

③ 자기대상(Self-object)은 대상관계이론, 외현화(Externalization)는 이야기치료의 주요 개념에 해당한다.

자기대상과 외현화

자기대상 (Self-object)	• 아동은 자신의 잠재적 능력과 그것에 적절히 반응하는 중요한 타인(예 부모)의 응답이 합치되는 경험을 통해 원초적인 불안정한 자기에서 안정적인 자기를 형성할 수 있게 된다. • 아동이 자기중심적인 욕구를 만족시키기 위해서는 중요한 타인을 필요로 하는데, 아동이 마치 자신의 신체의 일부이자 연장인 것처럼 느끼는 외적 대상을 '자기대상(自己對象)'이라고 한다.
외현화 (Externalization)	• 가족의 문제가 가족구성원 개인이나 가족 자체의 문제가 아닌 가족에게 부정적인 영향을 미치는 별개의 존재로서 이야기하도록 하는 것이다. • 문제의 외현화 작업을 통해 클라이언트 가족으로 하여금 가족과 문제가 동일한 것이 아님을 깨닫도록 하며, 가족과 문제 사이에 일정한 공간을 만듦으로써 그 관계를 재조명하고 수정할 수 있도록 한다.

43 집단 대상 실천의 장점으로 옳지 않은 것은?

① 타인의 문제에 관심을 갖고 공감하면서 이타심이 커진다.
② 유사 경험을 가진 사람들을 만나면서 문제의 보편성을 경험한다.
③ 다양한 성원들로부터 새로운 행동을 학습하면서 정화 효과를 얻는다.
④ 사회복지사나 성원의 행동을 모방하면서 사회기술이 향상된다.
⑤ 성원 간 관계를 통해 원가족과의 갈등을 탐색하는 기회를 갖는다.

44 집단을 준비 또는 계획하는 단계에서 고려할 사항으로 옳은 것을 모두 고른 것은?

> ㄱ. 집단성원의 참여 자격
> ㄴ. 공동지도자 참여 여부
> ㄷ. 집단성원 모집방식과 절차
> ㄹ. 집단의 회기별 주제

① ㄱ
② ㄱ, ㄷ
③ ㄴ, ㄹ
④ ㄱ, ㄷ, ㄹ
⑤ ㄱ, ㄴ, ㄷ, ㄹ

45 집단의 성과를 평가하는 방법으로 옳지 않은 것은?

① 사전사후 검사
② 개별인터뷰
③ 단일사례설계
④ 델파이조사
⑤ 초점집단면접

46 사회기술훈련의 단계를 순서대로 옳게 나열한 것은?

> ㄱ. 역할극
> ㄴ. 적 용
> ㄷ. 시 연
> ㄹ. 평 가

① ㄱ → ㄷ → ㄴ → ㄹ
② ㄱ → ㄷ → ㄹ → ㄴ
③ ㄴ → ㄷ → ㄹ → ㄱ
④ ㄷ → ㄱ → ㄴ → ㄹ
⑤ ㄷ → ㄱ → ㄹ → ㄴ

43

③ 다양한 성원들로부터 새로운 행동을 학습하면서 자신의 행동을 생각함은 물론 다른 성원들의 행동을 관찰하는 과정에서 치료적 효과를 얻는 것은 모방행동(Imitative Behavior)에 해당한다. 반면, 정화(Catharsis)는 집단 내의 비교적 안전한 분위기 속에서 집단성원이 그동안 억압되어온 감정을 자유롭게 발산함으로써 내적 구속감에서 벗어나 해방감을 느끼게 되는 것이다.

45

④ 델파이조사(전문가 의견조사)는 익명의 전문가들을 패널로 활용하는 방법으로, 특히 탐색적 연구로 널리 사용된다. 특정 연구주제에 대해 다양한 전문가들에게서 우편이나 이메일(E-mail)로 기초적인 정보와 의견 등을 수집한 후, 이를 다시 정리하여 질문지로 만든 다음 전문가 패널에게 재발송하여 의견을 수렴한다. 이와 같이 델파이조사는 여러 전문가들로부터 정보를 얻어서 문제형성이나 연구방향을 결정하는 데 적합한 반면, 집단의 성과나 프로그램의 만족도 등을 평가하는 데는 부적합하다.

44

집단 준비 또는 계획단계에서 고려할 사항

- 집단의 목적 및 목표 설정
- 잠재적 성원 확인(참여 자격, 모집방식과 절차 결정)(ㄱ · ㄷ)
- 집단 구성의 동질성과 이질성
- 집단의 크기 및 유형(공동지도자 참여 여부 결정)(ㄴ)
- 집단의 지속기간 및 회합의 빈도(회기별 주제 결정)(ㄹ)
- 그 밖에 물리적 환경, 기관의 승인 등

46

사회기술훈련의 단계

- 제1단계 : 사회기술훈련의 필요성과 함께 표적사회기술에 대해 설명한다.
- 제2단계 : 표적사회기술의 구성요소들을 밝힌다.
- 제3단계 : 표적사회기술을 시연한다.(ㄷ)
- 제4단계 : 역할극을 통해 표적사회기술의 각 요소를 연습한다.(ㄱ)
- 제5단계 : 역할극에 대한 평가를 실시한다.(ㄹ)
- 제6단계 : 역할극에 기술적인 요소를 결합한다.
- 제7단계 : 표적사회기술을 실제상황에 적용한다.(ㄴ)

47 집단발달의 초기단계에 적합한 실천기술에 해당하는 것을 모두 고른 것은?

> ㄱ. 집단성원이 신뢰감을 갖고 참여할 수 있는 분위기를 조성한다.
> ㄴ. 집단성원이 수행한 과제에 대해 솔직하고 구체적인 피드백을 준다.
> ㄷ. 집단역동을 촉진하기 위해 사회복지사가 의도적인 자기노출을 한다.
> ㄹ. 집단성원의 행동과 태도가 불일치하는 경우에 직면을 통해 지적한다.

① ㄱ
② ㄱ, ㄷ
③ ㄴ, ㄹ
④ ㄱ, ㄷ, ㄹ
⑤ ㄱ, ㄴ, ㄷ, ㄹ

48 사회목표모델에 관한 내용에 해당하지 않는 것은?

① 자원 개발의 과제
② 민주적 의사결정 방식
③ 인본주의이론에 근거
④ 사회복지사의 촉진자 역할
⑤ 성원 간 소속감과 결속력 강조

49 다음에 해당되는 기록방법은?

> • 교육과 훈련의 중요한 수단이며, 자문의 근거자료로 유용
> • 면담전개 과정을 시간의 흐름에 따라 기술하는 방식
> • 사회복지사 자신의 행동분석을 통해 사례에 대한 개입능력 향상에 도움

① 과정기록
② 문제중심기록
③ 이야기체기록
④ 정보시스템을 이용한 기록
⑤ 요약기록

50 다음에 해당하는 단일사례설계의 유형은?

> 친구를 사귀는 데 어려움을 갖고 있는 여름이와 겨울이는 사회복지기관을 찾아가 대인관계향상 프로그램에 참여하게 되었다. 먼저 두 사람은 대인관계 수준을 측정하였으며, 여름이는 곧바로 대인관계 훈련을 시작하여 변화정도를 측정하고 있다. 3주간 시간차를 두고 겨울이의 대인관계 훈련을 시작하고 그 변화를 관찰하였다.

① AB
② BAB
③ ABC
④ ABAB
⑤ 다중기초선설계

47

ㄱ. 집단발달의 초기단계에서는 집단성원의 불안감, 저항감을 감소시키면서, 집단성원으로 하여금 사회복지사나 집단에 대해 신뢰감을 가질 수 있도록 분위기를 조성한다.

ㄴ·ㄷ·ㄹ. 자기노출, 직면하기, 피드백은 집단발달의 중간단계(개입단계)에서 집단과정을 촉진하기 위한 사회복지사의 실천 활동에 해당한다.

49

① 과정기록 : 클라이언트가 실제로 말한 내용을 정확하게 상기할 수 있도록 대화 형태를 그대로 기록하는 방법

② 문제중심기록 : 클라이언트의 현재 문제에 초점을 두어, 문제해결을 위한 계획 및 진행 상황을 기록하는 방법

③ 이야기체기록 : 면담 내용이나 서비스 제공 과정에 대해 이야기하듯 서술체로 기록하는 방법

④ 정보시스템을 이용한 기록 : 실천과정에 따라 정해진 양식에 내용을 입력함으로써 정보검색이 용이하고 관련 정보를 한 번에 보다 수월하게 조회할 수 있도록 하는 방법

⑤ 요약기록 : 사회복지기관에서 널리 사용되는 기록 방식으로서, 클라이언트와의 면담 내용을 요약체로 기록하는 방법

48

③ 집단사회복지실천모델로서 인본주의적 접근을 강조하는 것은 상호작용모델이다. 상호작용모델은 집단성원이나 집단의 문제를 해결하기 위한 상호원조체계 개발에 초점을 두는 것으로, 사회복지사는 개인과 집단의 조화를 도모하며, 상호원조체계가 이루어지도록 집단성원과 집단 사이의 '중재자(Mediator)' 역할을 한다.

50

다중기초선설계 또는 복수기초선설계

• 복수의 단순 AB 설계들로 구성된 것으로서, 특정 개입방법을 여러 사례, 여러 클라이언트, 여러 표적행동, 여러 다른 상황에 적용하는 것이다.

• 둘 이상의 기초선과 둘 이상의 개입 단계를 사용하며, 각 기초선의 서로 다른 관찰점에서 개입이 도입된다.

• 복수의 사례들에 대해 개입의 시점을 달리함으로써 우연한 사건 등 내적 타당도 저해요인을 통제할 수 있다.

51 다음은 길버트와 스펙트(N. Gilbert & H. Specht)의 지역사회 기능 중 무엇에 해당되는가?

구성원들이 지역사회의 다양한 사회적 규범을 준수하고 순응하게 하는 것

① 생산 · 분배 · 소비 기능
② 의사소통 기능
③ 사회치료 기능
④ 상부상조 기능
⑤ 사회통제 기능

52 다음의 설명에 해당하는 지역사회복지 이념은?

- 개인의 자유와 권리 증진의 순기능이 있다.
- 의견수렴 과정을 통해 합리적 의사결정을 할 수 있다.
- 지역주민의 공동체의식을 강화한다.

① 정상화
② 주민참여
③ 네트워크
④ 전문화
⑤ 탈시설화

53 한국의 지역사회복지 역사에 관한 설명으로 옳은 것은?

① 1960년대 – 지역자활센터 설치 · 운영
② 1970년대 – 사회복지관 운영 국고보조금 지원
③ 1980년대 – 희망복지지원단 설치 · 운영
④ 1990년대 – 재가복지봉사센터 설치 · 운영
⑤ 2010년대 – 사회복지사무소 시범 설치 · 운영

54 영국의 지역사회복지 역사에 관한 설명으로 옳지 않은 것은?

① 중복구호 방지를 위해 자선조직협회가 설립되었다.
② 1884년에 토인비 홀(Toynbee Hall)이 설립되었다.
③ 정신보건법 제정에 따라 지역사회보호가 법률적으로 규정되었다.
④ 하버트(Harbert) 보고서는 헐 하우스(Hull House) 건립의 기초가 되었다.
⑤ 그리피스(Griffiths) 보고서는 지역사회보호의 일차적 책임주체가 지방정부임을 강조하였다.

51

지역사회의 기능(Gilbert & Specht)

- 생산·분배·소비(경제제도) : 지역사회 주민들이 일상생활에 필요한 물자와 서비스를 생산하고 소비하는 과정과 관련된 기능을 말한다.
- 상부상조(사회복지제도) : 사회제도에 의해 지역주민들이 자신들의 욕구를 스스로 충족할 수 없는 경우에 필요로 하는 사회적 기능을 말한다.
- 사회화(가족제도) : 사회가 향유하고 있는 일반적 지식, 사회적 가치, 행동양식을 그 지역사회 구성원에게 전달하는 과정을 말한다.
- 사회통제(정치제도) : 지역사회가 그 구성원들에게 사회규범에 순응하도록 행동을 규제하는 것을 말한다.
- 사회통합(종교제도) : 사회체계를 구성하는 사회단위 조직들 간의 관계와 관련된 기능을 말한다.

52

지역사회복지 이념

- 정상화 : 지역주민이 지역사회와 관계를 맺고 사회의 온갖 다양한 문제들에서 벗어나 사회적으로 가치 있는 역할을 수행할 수 있도록 한다.
- 탈시설화 : 지역사회복지의 확대 발전에 따라 기존의 대규모 시설 위주에서 그룹홈, 주간 보호시설 등의 소규모로 전개되는 것을 말한다.
- 주민참여 : 지역주민이 자신의 욕구와 문제를 주체적으로 해결할 수 있도록 하는 것으로서, 지역주민과 지자체와의 동등한 파트너십을 형성하는 방법이기도 하다.
- 사회통합 : 지역사회 내의 갈등이나 지역사회 간의 차이 또는 불평등을 뛰어넘어 사회 전반의 통합을 이루는 것이다.
- 네트워크 : 지역사회복지실천의 측면에서 기존의 공급자 중심의 서비스에서 탈피하여 이용자 중심의 서비스로 발전하기 위한 공급체계의 네트워크화 및 관련기관 간의 연계를 말한다.

53

④ 1990년대 재가복지가 정부 차원의 지원을 받아 종합적인 프로그램으로 발전하게 되었다. 특히 1991년 '재가복지봉사센터의 설치·운영계획'이 마련되어, 이듬해 1992년 '재가복지봉사센터 설치·운영지침'이 제정되었다.

① 2006년 12월 28일 국민기초생활보장법 일부개정에 따라 2007년 7월 1일부로 기존의 '자활후견기관'이 '지역자활센터'로 개편되었다.

② 1983년 사회복지사업법 개정으로 사회복지관 운영 국고보조가 이루어졌으며, 1986년 '사회복지관 운영·국고보조사업지침'이 마련되었다.

③ 2012년 4월 희망복지지원단이 각 지방자치단체에 설치되어 5월부터 공식적으로 운영되었다.

⑤ 2004년 7월부터 2006년 6월까지 2년간 사회복지사무소 시범사업이 실시되었다.

54

④ 헐 하우스(Hull House)는 미국의 초창기 인보관으로서, 아담스(Adams)가 1889년 시카고(Chicago)에 건립하였다. 참고로 하버트 보고서(Harbert Report)는 1971년 《지역사회에 기초한 사회적 보호(Community-based Social Care)》의 제명으로 발표되었다.

55 갈등이론에 관한 설명으로 옳은 것은?

① 이익과 보상으로 사회적 관계가 유지된다.
② 특정 집단이 지닌 문화의 의미를 해석한다.
③ 지역사회는 상호의존적인 부분들로 구성되어 있다.
④ 조직구조 개발에 자원동원 과정을 중요하게 여긴다.
⑤ 이해관계의 대립을 불평등한 분배로 설명한다.

56 다음 A지역의 변화를 분석하기 위한 지역사회복지 실천이론은?

> A지역은 외국인 노동자의 유입으로 특정 국적의 외국인 주거 공동체가 형성되기 시작하면서 주민 간 갈등이 발생하였다.

① 생태학이론
② 사회학습이론
③ 엘리트주의이론
④ 교환이론
⑤ 다원주의이론

57 지역사회복지를 권력의존이론의 관점에서 설명한 것을 모두 고른 것은?

> ㄱ. 장애인 편의시설 설치를 위해 다양한 장애인 단체가 의사결정에 참여하도록 한다.
> ㄴ. 노인복지관은 은퇴 노인의 재능을 활용한 봉사활동을 기획한다.
> ㄷ. 사회복지관은 지방정부로부터 보조금 집행에 대한 지도점검을 받았다.

① ㄱ
② ㄷ
③ ㄱ, ㄴ
④ ㄱ, ㄷ
⑤ ㄱ, ㄴ, ㄷ

58 지역사회복지실천의 원칙으로 옳지 않은 것은?

① 지역사회 기관 간 협력관계 구축
② 지역사회 특성을 반영한 계획 수립
③ 지역사회 문제 인식의 획일화
④ 욕구 가변성에 따른 실천과정의 변화 이해
⑤ 지역사회 변화에 초점을 둔 개입

55

⑤ 갈등이론은 지역사회에 존재하는 갈등 현상에 주목하며, 갈등을 사회발전의 요인과 사회통합의 관점에서 다룬다. 특히 지역사회 내의 각 계층들이 이해관계에 의해 형성되며, 지역사회 구성원들 간에 경제적 자원, 권력, 권위 등이 불평등한 배분관계에 놓일 때 갈등이 발생한다고 본다.
① 사회교환이론의 내용에 해당한다.
② 사회구성주의이론의 내용에 해당한다.
③ 사회체계이론의 내용에 해당한다.
④ 자원동원이론의 내용에 해당한다.

56

생태학이론(생태학적 관점)

- 지역사회의 변환 과정을 역동적 진화 과정으로 설명하며, 이를 위해 경쟁, 중심화, 분산, 집결, 분리, 우세, 침입, 계승 등 다양한 개념들을 사용한다.
  예 외국인 노동자 유입에 따른 특정 국적의 외국인 주거 공동체 형성과 그로 인한 원주민과의 갈등 → 집결(Concentration)과 침입(Invasion)에 따른 사회적 층화 현상
- 생태학이론을 토대로 지역사회의 인구적 발달과 변화 등 다양한 지역사회 현상을 분석할 수 있다. 즉, 지역사회 구성원들의 특징, 상호 접촉 빈도 및 접촉의 성격, 교환관계, 의사소통 및 상호의존 정도, 인구밀도와 스트레스의 관계 등을 파악할 수 있으며, 연령ㆍ성별ㆍ종교ㆍ인종ㆍ경제적 위치 등 지역사회의 사회적 층화 현상의 역동적 과정을 분석할 수 있다.

57

ㄷ. 권력의존이론(힘 의존이론)은 재정지원자에 대한 사회복지조직의 지나친 의존에 따른 자율성 제한의 문제를 다룬다.

자원동원이론과 권력의존이론의 차이점

자원동원이론	• 사회운동의 역할과 한계에 주목하면서 사회운동의 활성화를 위해 정치적ㆍ경제적 자원, 인적ㆍ물적 자원 등 자원의 확보와 함께 회원들의 적극적인 참여를 강조한다. • 지역사회 현장에서 사회적 약자의 권리를 옹호하기 위한 활동을 전개하거나, 그들을 대변하고자 사회운동을 조직하고 이를 행동화하는 데 있어서 중요한 이론적 토대가 된다.
권력의존이론(힘 의존이론)	• 지역사회는 자원의 희소성으로 인해 구성원 모두가 자원을 충분히 확보하기 어려우므로 자원이 부족한 집단이 자원을 많이 가진 집단에게 종속ㆍ의존할 수밖에 없다. • 사회복지조직과 수급자, 재정지원자 간 상호관계를 설명해 주는 역할을 한다.

58

③ 지역사회는 있는 그대로 이해되고 수용되어야 하며, 개인과 집단처럼 지역사회도 서로 상이하므로 지역사회의 특성과 문제들을 개별화하여야 한다.

59 다음에서 설명하는 웨일과 갬블(M. Weil & D. Gamble)의 지역사회복지 실천모델은?

> - 공통 관심사나 특정 이슈에 대한 정책, 행위, 인식의 변화에 초점
> - 일반대중 및 정부기관을 변화의 표적체계로 파악
> - 조직가, 촉진자, 옹호자, 정보전달자를 사회복지사의 주요 역할로 인식

① 사회계획
② 기능적 지역사회조직
③ 프로그램 개발과 지역사회연계
④ 연 합
⑤ 정치사회행동

60 로스만(J. Rothman)의 지역사회복지 실천모델에 관한 설명으로 옳은 것을 모두 고른 것은?

> ㄱ. 지역사회개발모델은 지역사회 구성원의 조직화를 주요 실천과정으로 본다.
> ㄴ. 지역사회개발모델의 변화 매개체는 공식적 조직과 객관적 자료이다.
> ㄷ. 사회계획모델에서 사회복지사의 핵심 역할은 협상가, 옹호자이다.
> ㄹ. 사회행동모델에서는 지역사회 내 집단들이 갈등관계로 인해 타협과 조정이 어렵다고 본다.

① ㄱ, ㄷ
② ㄱ, ㄹ
③ ㄴ, ㄷ
④ ㄱ, ㄴ, ㄹ
⑤ ㄱ, ㄷ, ㄹ

61 테일러와 로버츠(S. Taylor & R. Roberts)의 지역사회복지 실천모델에 관한 설명으로 옳지 않은 것은?

① 프로그램 개발과 조정 : 지역주민의 역량강화 및 지도력 개발에 관심
② 계획 : 구체적 조사전략 및 기술 강조
③ 지역사회연계 : 지역사회 문제해결을 위한 관계망 구축 강조
④ 지역사회개발 : 지역주민의 참여와 자조 중시
⑤ 정치적 역량강화 : 상대적으로 권력이 약한 시민의 권한 강화에 관심

62 지역사회복지 실천과정에서 다음 과업이 수행되는 단계는?

> - 재정자원의 집행
> - 추진인력의 확보 및 활용
> - 협력과 조정을 위한 네트워크 구축

① 문제발견 및 분석단계
② 사정 및 욕구 파악단계
③ 계획단계
④ 실행단계
⑤ 점검 및 평가단계

59

② 기능적 지역사회조직모델은 동일한 정체성이나 이해관계를 가진 사람들의 인위적인 조직을 통해 구성원들의 역량을 강화하며, 특정 관심사에 대한 사회적 변화를 유도한다. 특히 행위와 태도의 옹호 및 변화에 초점을 둔 사회정의를 위한 행동 및 서비스 제공을 목표로 한다.

① 사회계획모델은 선출된 기관이나 인간서비스계획 협의회가 지역복지계획을 마련하는 등 행동을 하기 위한 제안을 하는 것을 목표로 한다.

③ 프로그램 개발과 지역사회연계모델은 지역사회서 비스의 효과성 증진을 위해 새로운 프로그램을 개발하는 동시에 기존 프로그램을 확대 혹은 재조정 하는 것을 목표로 한다.

④ 연합모델(연대활동모델)은 연합의 공통된 이해관계에 대응할 수 있도록 자원을 동원하며, 영향력 행사를 위해 다조직적인 권력기반을 형성하는 것을 목표로 한다.

⑤ 정치 · 사회행동모델은 정책 및 정책입안자의 변화에 초점을 둔 사회정의실현 활동의 전개를 목표로 한다.

60

ㄴ. 지역사회개발모델의 변화 매개체는 과업지향의 소집단이다.

ㄷ. 사회계획모델에서 사회복지사의 핵심 역할은 분석가, 전문가이다.

61

① 시민참여에 기초한 자조적 활동, 시민역량 개발, 자체적 리더십 개발 등을 통해 지역사회개발을 추구하는 것은 지역사회개발모델이다. 참고로 프로그램 개발 및 조정모델은 지역사회의 변화를 효과적이고 효율적으로 유도하기 위해 프로그램을 개발 및 조정해 나가는 데 초점을 둔다.

62

지역사회복지 실천과정에서 실행단계의 주요 과업

• 재정자원의 집행
• 추진인력의 확보 및 활용
• 참여자 간 저항과 갈등 관리
• 참여자 적응 촉진
• 협력과 조정을 위한 네트워크 구축 등

63 지역사회 욕구사정 방법에 관한 설명으로 옳은 것은?

① 명목집단기법 : 지역주민으로부터 설문조사를 통해 직접적으로 자료를 획득
② 초점집단기법 : 전문가 패널을 대상으로 반복된 설문을 통해 합의에 이를 때까지 의견을 수렴
③ 델파이기법 : 정부기관이나 사회복지관련 조직에 의해 수집된 기존 자료를 활용
④ 지역사회포럼 : 지역주민이 참여할 수 있는 공개 모임을 개최하여 구성원의 의견을 모색
⑤ 사회지표분석 : 지역사회 문제를 잘 파악하고 있는 사람들을 대상으로 정보를 확보

65 지역사회복지 실천기술 중 연계에 관한 내용으로 옳지 않은 것은?

① 인적·물적 자원의 효율적 관리
② 사회복지사의 자원 네트워크 확장
③ 지역의 사회적 자본 확대
④ 클라이언트 중심의 통합적 서비스 제공
⑤ 지역주민 권익향상을 위한 사회행동

64 다음에 제시된 사회복지사의 핵심 역할은?

> A지역은 저소득가구 밀집지역으로 방임, 결식 등 취약계층 아동 비율이 높은 곳이다. 사회복지사는 지역사회 아동의 안전한 보호와 부모의 양육부담 완화를 위해 아동돌봄시설 확충을 위한 서명운동 및 조례제정 입법 활동을 하였다.

① 옹호자
② 교육자
③ 중재자
④ 자원연결자
⑤ 조정자

66 다음 사례에서 사회복지사가 활용한 기술은?

> A사회복지사는 독거노인이 따뜻한 겨울을 보낼 수 있도록 지역 내 종교단체에 예산과 자원봉사자를 지원해 줄 것을 요청하였다.

① 조직화
② 옹 호
③ 자원개발 및 동원
④ 협 상
⑤ 교 육

63

① 지역사회 서베이(Community Survey)의 내용에 해당한다.
② 델파이기법(Delphi Technique)의 내용에 해당한다.
③ 사회지표분석(Social Indicator Analysis) 또는 2차 자료 분석(Secondary Data Analysis)의 내용에 해당한다.
⑤ 주요정보제공자 조사(Key Informant Method)의 내용에 해당한다.

64

① 옹호자(Advocate)는 근본적으로 사회정의를 지키기 위한 목적으로 개인이나 집단의 입장을 지지하고 대변하는 것은 물론 사회적인 행동을 제안하는 적극적인 활동을 펼치는 역할을 말한다. 특히 기존 조직이 원조가 필요한 클라이언트에게 무관심하거나 부정적 혹은 적대적인 경우에 필요한 역할로서, 필요한 경우 대중운동을 전개하거나 정치적인 과정에 영향을 미친다.
② 교육자(Educator)는 클라이언트로 하여금 문제를 예방하거나 사회적 기능을 향상하는 데 필요한 지식과 기술을 갖추도록 돕는 역할을 말한다.
③ 중재자(Mediator)는 관련된 사람들 사이의 분쟁에 개입하여 타협점을 찾고 서로의 차이를 화해시킴으로써 상호 만족의 상태에 이르도록 하는 역할을 말한다.
④ 자원연결자 혹은 중개자(Broker)는 클라이언트로 하여금 지역사회 내에 있는 서비스체계나 자원을 활용할 수 있도록 돕거나 안내해 주는 역할을 말한다.
⑤ 조정자(Coordinator)는 원조를 수행하는 과정에서 클라이언트의 욕구와 자원과의 관계, 클라이언트와 원조자들 간의 관계에서 필요한 조정 및 타협을 수행하는 역할을 말한다.

65

⑤ 옹호(Advocacy) 기술의 내용에 해당한다. 옹호는 클라이언트의 이익 혹은 권리를 위해 싸우거나 대변하거나 방어하는 활동을 말하는 것으로서, 특히 사회행동모델에서 강조되는 실천가의 역할이기도 하다. 이와 같은 옹호 기술은 지역사회복지실천 과정에서 지역주민, 특히 억압된 집단 입장의 정당성을 주장하고 지도력과 자원을 제공해야 한다는 점에서 매우 중요하다.

66

자원개발 및 동원

- 자원(Resources)은 사회복지실천에서 클라이언트의 변화나 그들의 생활을 향상시키는 데 유용하게 사용할 수 있는 인력, 물질, 조직, 정보 등을 의미한다.
- 자원개발 및 동원 기술은 지역주민의 욕구 충족 및 문제 해결을 위해 자원이 필요한 경우 자원을 발굴하고 동원하는 기술이다.
- 특히 인적 자원을 동원하기 위해 기존 조직(집단)이나 네트워크를 활용하며, 개별적 접촉을 통해 지역사회실천에 동참하도록 유도한다.

67 지방분권에 관한 설명으로 옳은 것은?

① 사회보험제도의 지방분권이 확대되고 있다.
② 주민참여로 권력의 재분배가 이루어진다.
③ 지역주민의 욕구에 대한 민감성이 약화된다.
④ 복지수준의 지역 간 균형이 이루어진다.
⑤ 중앙정부의 사회적 책임성이 강화된다.

68 시·군·구 지역사회보장계획에 관한 설명으로 옳은 것을 모두 고른 것은?

> ㄱ. 시·군·구 지역사회보장협의체의 보고와 의회의 심의를 거쳐야 한다.
> ㄴ. 사회보장급여의 이용·제공 및 수급권자 발굴에 관한 법률에 의거한다.
> ㄷ. 시행연도의 전년도 11월 30일까지 수립하여 제출하여야 한다.
> ㄹ. 4년마다 수립하고 매년 연차별 시행계획을 수립해야 한다.

① ㄱ, ㄴ
② ㄱ, ㄷ
③ ㄴ, ㄹ
④ ㄱ, ㄴ, ㄹ
⑤ ㄴ, ㄷ, ㄹ

69 지역사회보장협의체의 실무협의체 운영에 관한 설명으로 옳은 것은?

① 사회보장업무를 담당하는 공무원은 제외된다.
② 위원장 1명을 포함하여 10명 미만의 위원으로 구성한다.
③ 지역사회보장계획과 관련된 조례를 제정한다.
④ 시·군·구의 사회보장급여 제공에 관한 사항을 심의·자문한다.
⑤ 전문성 원칙에 따라 현장전문가를 중심으로 구성한다.

70 자원봉사활동 추진체계의 역할로 옳지 않은 것은?

① 보건복지부 : 자원봉사활동의 진흥을 위한 국가기본계획 수립
② 지방자치단체 : 자원봉사센터 운영을 위한 예산 지원
③ 중앙자원봉사센터 : 자원봉사센터 정책 개발 및 연구
④ 시·도 자원봉사센터 : 자원봉사 프로그램 개발 및 보급
⑤ 시·군·구 자원봉사센터 : 지역 자원봉사 거점역할 수행

67

② 지방분권으로 주민참여의 기회가 확대되며, 지방 자치단체의 역할과 책임을 강화시킬 수 있다.

① 우리나라의 사회보험제도는 사회보험법을 법적 근거로 하여 사회연대성의 원칙에 따라 중앙집권적 관리 · 감독 하에 시행되고 있다.

③ 지역주민의 실제적 욕구에 기반을 둔 독자적이고 차별화된 복지정책을 추진할 가능성이 높아진다.

④ 지방자치단체장의 의지에 따라 복지서비스의 지역 간 불균형이 나타날 수 있다.

⑤ 사회복지 행정업무와 재정을 지방에 이양함으로써 중앙정부의 사회적 책임성을 약화시킬 수 있다.

68

ㄱ. 시장 · 군수 · 구청장은 해당 시 · 군 · 구의 지역 사회보장계획(연차별 시행계획을 포함)을 지역주민 등 이해관계인의 의견을 들은 후 수립하고, 지역사회보장협의체의 심의와 해당 시 · 군 · 구 의회의 보고를 거쳐 시 · 도지사에게 제출하여야 한다(사회보장급여의 이용 · 제공 및 수급권자 발굴에 관한 법률 제35조 제2항).

ㄷ. 시장 · 군수 · 구청장은 지역사회보장협의체의 심의와 해당 시 · 군 · 구 의회에 대한 보고를 거쳐 확정된 시 · 군 · 구 지역사회보장계획을 시행연도의 전년도 9월 30일까지, 그 연차별 시행계획을 시행연도의 전년도 11월 30일까지 각각 시 · 도지사에게 제출하여야 한다(동법 시행령 제20조 제3항).

69

① · ⑤ 실무협의체의 위원은 사회보장에 관한 실무 지식과 경험이 풍부한 사람으로서 지역의 사회보장 활동을 수행하거나 서비스를 제공하는 기관 · 법인 · 단체 · 시설 또는 공익단체의 실무자, 사회보장에 관한 업무를 담당하는 공무원, 「비영리민간단체지원법」에 따른 비영리민간단체에서 추천한 사람, 그 밖에 학계 등 사회보장 관련 분야 종사자 중 어느 하나에 해당하는 사람을 지역사회보장협의체의 위원장이 성별을 고려하여 임명하거나 위촉한다(사회보장급여의 이용 · 제공 및 수급권자 발굴에 관한 법률 시행규칙 제6조 제2항).

② 실무협의체는 위원장 1명을 포함하여 10명 이상 40명 이하의 위원으로 구성한다(동법 시행규칙 제6조 제1항).

③ 조례는 지방의회의 의결로써 하는 자치입법의 한 형식으로, 해당 지방자치단체가 사무의 처리를 위하여 제정한다.

④ 지역사회보장협의체의 대표협의체에서 시 · 군 · 구의 사회보장급여 제공에 관한 사항을 심의 · 자문한다.

70

① 행정안전부장관은 관계 중앙행정기관의 장과 협의하여 자원봉사활동의 진흥을 위한 국가기본계획을 5년마다 수립하여야 한다(자원봉사활동 기본법 제9조 제1항).

71 사회복지관 사업 내용 중 지역사회조직화 기능에 해당하는 것은?

① 독거노인을 위한 도시락 배달
② 한부모 가정 아동을 위한 문화 프로그램 제공
③ 아동 자립생활 지원을 위한 후원자 개발
④ 학교 밖 청소년을 위한 직업기능 교육
⑤ 장애인 일상생활 지원을 위한 서비스 제공

72 사회적기업에 관한 설명으로 옳은 것을 모두 고른 것은?

> ㄱ. 유급근로자를 고용하여 영업활동을 해야 사회적기업으로 인증받을 수 있다.
> ㄴ. 조직형태는 민법에 따른 조합, 상법에 따른 회사, 특별법에 따른 법인 등이 있다.
> ㄷ. 보건복지부로부터 사회적기업으로 인증을 받아야 활동할 수 있다.
> ㄹ. 서비스 수혜자, 근로자 등 이해관계자가 참여하는 의사결정 구조를 갖추어야 한다.

① ㄱ, ㄴ
② ㄱ, ㄷ
③ ㄴ, ㄷ
④ ㄱ, ㄴ, ㄹ
⑤ ㄱ, ㄷ, ㄹ

73 지역사회복지실천에서 지역주민 참여수준이 높은 것에서 낮은 것 순서로 옳게 나열한 것은?

> ㄱ. 계획단계에 참여
> ㄴ. 조직대상자
> ㄷ. 단순정보수혜자
> ㄹ. 의사결정권 행사

① ㄴ - ㄷ - ㄹ - ㄱ
② ㄷ - ㄱ - ㄴ - ㄹ
③ ㄷ - ㄴ - ㄱ - ㄹ
④ ㄹ - ㄱ - ㄴ - ㄷ
⑤ ㄹ - ㄴ - ㄱ - ㄷ

74 지역사회복지운동에 관한 설명으로 옳은 것은?

① 사회복지전문가 중심의 활동으로 이루어진다.
② 목적지향적인 조직적 활동이다.
③ 운동의 초점은 정치권력의 장악이다.
④ 지역사회의 구조적 문제는 배제된다.
⑤ 지역사회복지운동단체는 서비스제공 활동을 하지 않는다.

71

③ 아동 자립생활 지원을 위한 후원자 개발은 사회복지관의 지역(사회)조직화 기능 중 자원 개발 및 관리 분야에 해당한다.
① 독거노인을 위한 도시락 배달은 사회복지관의 서비스제공 기능 중 지역사회보호 분야에 해당한다.
② 한부모 가정 아동을 위한 문화 프로그램 제공은 사회복지관의 서비스제공 기능 중 교육문화 분야에 해당한다.
④ 학교 밖 청소년을 위한 직업기능 교육은 사회복지관의 서비스제공 기능 중 자활지원 분야에 해당한다.
⑤ 장애인 일상생활 지원을 위한 서비스 제공은 사회복지관의 서비스제공 기능 중 지역사회보호 분야에 해당한다.

72

ㄷ. 사회적기업을 운영하려는 자는 「사회적기업 육성법」에 따른 인증 요건을 갖추어 고용노동부장관의 인증을 받아야 한다(사회적기업 육성법 제7조 제1항).

73

지역사회복지실천에서 지역주민 참여수준(Brager & Specht)

참여수준	참여자 위상
높음	기획과 집행에서 책임과 권한 부여
	의사결정권 보유 · 행사
↕	계획단계에 참여
	자문담당자
낮음	조직대상자
	단순정보수혜자

74

② 지역주민의 주체성 및 역량을 강화하고 지역사회의 변화를 주도하는 조직운동으로서, 지역사회의 역량을 강화하는 데 목적이 있다.
① 지역주민, 지역사회활동가, 사회복지전문가는 물론 사회복지시설 종사자 및 사회복지서비스 이용자도 사회복지운동의 주체가 될 수 있다.
③ 지역주민의 복지권리 확보 및 시민의식 고취를 통한 지역사회 통합을 목표로, 특히 사회적 약자의 생존권 보장에 우선적인 초점을 둔다.
④ · ⑤ 지역사회복지운동단체는 미시적 차원으로 빈곤사각지대, 저소득 · 빈곤계층에 대한 서비스제공 등 직접지원 사업을 실시하는 한편, 거시적 차원으로 지역복지정책의 개선 및 제안, 지역주민과 사회적 약자의 복지권 실현을 위한 사회복지운동을 전개한다.

75 최근 복지전달체계의 동향으로 옳지 않은 것은?

① 사회복지 전담인력의 확충
② 수요자 중심 복지서비스 제공
③ 통합사례관리의 축소
④ 민·관 협력의 활성화
⑤ 보건과 연계한 서비스의 통합성 강화

제3과목 ▶ 사회복지정책과 제도

제1영역 **사회복지정책론**

01 1942년 베버리지 보고서에서 규정한 5대 악에 해당되지 않는 것은?

① 무 지
② 질 병
③ 산업재해
④ 나 태
⑤ 결핍(궁핍)

02 사회복지정책 평가가 갖는 특징으로 옳지 않은 것은?

① 정치적이다.
② 실용적이다.
③ 종합학문적이다.
④ 기술적이다.
⑤ 가치중립적이다.

03 롤스(J. Rawls)의 정의론(공정으로서의 정의)에 관한 설명으로 옳은 것은?

① 제1원칙은 기본적 자유에 대한 동등한 권리이다.
② 기회의 균등보다는 결과의 평등이 더 중요하다.
③ 사회경제적 불평등은 어떠한 경우라도 허용될 수 없다.
④ 최대다수의 최대행복을 추구한다.
⑤ 정당한 소유와 합법적인 이전은 정의로운 결과를 가져온다.

75

③ 통합사례관리의 확대가 옳다. 최근 복지제도의 기본적인 사회안전망 틀은 구축되었으나 정작 국민의 복지체감도는 낮아 복지서비스의 효율적인 전달체계를 구축할 필요성이 제기되어 왔다. 이에 2012년 시·군·구 희망복지지원단 설치를 시작으로 2016년 읍·면·동 복지허브화를 추진하였으며, 2017년부터 주민자치형 공공서비스의 일환으로 찾아가는 보건·복지서비스를 시행하고 있다.

제3과목 ▶ 사회복지정책과 제도

01

베버리지 보고서(Beveridge Report)에서 규정한 영국 사회의 5대 악 및 해결방안

- 불결(Squalor) → 주택정책
- 궁핍 또는 결핍(Want) → 소득보장(연금)
- 무지(Ignorance) → 의무교육
- 나태(Idleness) → 노동정책
- 질병(Disease) → 의료보장

02

⑤ 사회복지정책은 사실상 가치중립적일 수 없으며, 이를 연구하는 사회과학자도 연구 주제의 선택이나 연구 결과의 해석에 있어서 가치를 배제할 수 없다.

①·②·③·④ 정책평가는 기술적·실용적·정치적·가치지향적 성격을 띠며, 개별사례적인 동시에 종합학문적인 특성을 가진다.

03

① 롤스(Rawls)의 정의론에서 제1원칙은 모든 개인의 평등한 기본적 자유 보장의 권리를 담고 있으며(→ 평등한 자유의 원칙), 제2원칙은 사회적·경제적 불평등에 있어서 공평한 기회의 평등(→ 공평한 기회의 원칙)과 최소 수혜자의 최대 편익(→ 차등의 원칙)을 담고 있다.

② 공평한 기회의 원칙, 즉 기회의 균등이 결과의 평등보다 더 중요하다.

③ 사회에서 가장 불리한 처지에 있는 사람의 복지를 증진시키는 데 도움이 되는 경우에 한하여 사회경제적 불평등이 허용될 수 있다고 주장한다.

④ 최대다수의 최대행복을 실현하는 것이 사회의 목표가 되어야 한다고 주장한 것은 벤담(Bentham)의 공리주의이다.

⑤ 모든 개인이 정당한 과정을 통해 얻은 노동의 대가를 보유할 권리를 가진다고 주장하면서 획득의 정의(→ 정당한 소유)와 이전의 정의(→ 합법적인 이전)를 강조한 것은 노직(Nozick)의 자유지상주의이다.

04 다음 중 사회복지정책이 필요한 이유를 모두 고른 것은?

> ㄱ. 국민의 생존권 보장
> ㄴ. 사회통합의 증진
> ㄷ. 개인의 자립성 증진
> ㄹ. 능력에 따른 분배

① ㄱ, ㄴ
② ㄴ, ㄷ
③ ㄴ, ㄹ
④ ㄱ, ㄴ, ㄷ
⑤ ㄱ, ㄷ, ㄹ

05 사회복지정책의 발달이론 중 의회민주주의의 정착과 노동자 계급의 조직화된 힘을 강조하는 이론은?

① 산업화론
② 권력자원이론
③ 확산이론
④ 사회양심이론
⑤ 국가중심이론

06 영국 구빈제도의 역사에 관한 설명으로 옳지 않은 것은?

① 1601년 엘리자베스 빈민법은 빈민을 노동능력 있는 빈민, 노동능력 없는 빈민, 빈곤아동으로 분류하였다.
② 1662년 정주법은 부랑자들의 자유로운 이동을 금지하였다.
③ 1782년 길버트법은 원외구제를 허용하였다.
④ 1795년 스핀햄랜드법은 열등처우의 원칙을 명문화하였다.
⑤ 1834년 신빈민법은 노동능력이 있는 빈민에 대한 원외구제를 폐지하였다.

07 조지(V. George)와 윌딩(P. Wilding)이 제시한 이념 중 소극적 집합주의에 관한 설명으로 옳은 것은?

① 시장에 대한 국가 개입을 최소화하고 개인의 소극적 자유를 극대화하는 것이 바람직하다.
② 개인의 적극적 자유를 보장하기 위해서는 철저한 계획경제와 생산수단의 국유화가 필요하다.
③ 환경과 생태의 관점에서 자본주의의 성장과 복지국가의 확대는 지속 가능하지 않다.
④ 복지국가는 노동의 성(Gender) 분업과 자본주의 가부장제를 고착화시키는 역할을 한다.
⑤ 시장의 약점을 보완하고 불평등과 빈곤에 대응하기 위하여 실용적인 국가 개입이 필요하다.

04

ㄹ. 사회복지정책은 사회연대의식에 기초하여 사회적 평등을 실현하며, 사회적 적절성을 확보하는 것을 원칙으로 한다.

사회복지정책의 일반적인 기능

• 사회통합과 정치적 안정(ㄴ)
• 사회문제 해결과 사회적 욕구 충족
• 개인의 자립 및 성장, 잠재능력 향상을 통한 재생산의 보장(ㄷ)
• 기회의 재분배를 통한 사회구성원의 사회화
• 소득재분배와 최저생활 확보(ㄱ)

06

④ 피구제 빈민의 생활상황이 자활의 최하급 노동자의 생활조건보다 높지 않은 수준에서 보호되어야 한다는 '열등처우의 원칙'을 명문화한 것은 신빈민법(1834년)이다. 참고로 스핀햄랜드법(1795)은 빈민의 노동에 대한 임금을 보충해 주기 위한 제도로서, 오늘날 가족수당 또는 최저생활보장의 기반이 되었다.

05

② 권력자원이론(사회민주주의이론)은 사회복지정책의 발달에 있어서 정치적인 면을 중요하게 여기며, 사회복지정책의 발달을 노동자 계급 혹은 노동조합의 정치적 세력의 확대 결과로 본다.
① 산업화이론(수렴이론)은 산업화가 촉발시킨 사회문제에 대한 대응으로 사회복지제도가 확대된다고 주장한다.
③ 확산이론(전파이론)은 사회복지정책의 발달이 국가 간 교류 및 소통의 과정에서 이루어진다고 본다.
④ 사회양심이론은 사회구성원들의 집단양심을 사회복지의 변수로 보면서, 사회복지를 이타주의가 제도화된 것으로 간주한다.
⑤ 국가중심이론은 적극적 행위자로서 국가를 강조하고 사회복지정책의 발전을 국가 관료제의 영향으로 설명한다.

07

⑤ 소극적 집합주의(Reluctant Collectivism)는 자본주의 혹은 시장경제의 효율적인 운용을 위해, 즉 시장체계의 약점을 보완하기 위해 복지에 대한 정부의 개입을 조건부로 인정한다.
① 반집합주의(Anti-collectivism)의 수정이데올로기 모형으로서 신우파(The New Right)의 내용에 해당한다. 신우파는 복지국가가 개인의 자유를 침해할 수밖에 없다고 주장하면서, 자유를 개인중심의 단순히 강제가 없는 상태를 의미하는 소극적인 개념으로 파악한다.
② 마르크스주의(Marxism)의 내용에 해당한다. 마르크스주의는 산업민주주의와 생산수단의 국유화, 정부의 개입에 의한 철저한 계획경제가 경제적 평등과 함께 적극적 자유를 실현시킨다고 본다.
③ 녹색주의(Greenism)의 내용에 해당한다. 녹색주의는 경제성장과 소비의 지속 확대가 가능하며 바람직하다는 신념에 입각한 복지국가는 잘못되었다고 비판한다.
④ 페미니즘(Feminism)의 내용에 해당한다. 페미니즘은 가부장적 복지국가를 비판하지만 양성평등을 위한 사회복지정책의 역할도 인정한다.

08 에스핑-안데르센(G. Esping-Andersen)의 복지국가 유형에 관한 설명으로 옳지 않은 것은?

① 탈상품화 정도, 계층화 정도 등에 따라 복지국가를 3가지 유형으로 분류하였다.
② 탈상품화는 돌봄이나 서비스 부담을 가족에게 의존하지 않는 정도를 의미한다.
③ 사회민주주의 복지국가는 탈상품화 정도가 높고 보편적 사회서비스를 제공한다.
④ 보수주의 복지국가에서 사회보험은 직업집단 등에 따라 분절적으로 운영된다.
⑤ 자유주의 복지국가는 공공부조의 역할이 크고 탈상품화 정도는 낮다.

10 조세특례제한법상의 '총급여액 등'을 기준으로 근로장려금 산정방식을 다음과 같이 설계하였다고 가정할 때, 총급여액 등에 따른 근로장려금 계산 결과로 옳지 않은 것은?

- 총급여액 등 1,000만원 미만 : 근로장려금 = 총급여액 등 × 100분의 20
- 총급여액 등 1,000만원 이상 1,200만원 미만 : 근로장려금 200만원
- 총급여액 등 1,200만원 이상 3,200만원 미만 : 근로장려금 = 200만원 − (총급여액 등 − 1,200만원) × 100분의 10
- ※ 재산, 가구원 수, 부양아동 수, 소득의 종류 등 다른 조건은 일체 고려하지 않음

① 총급여액 등이 500만원일 때, 근로장려금 100만원
② 총급여액 등이 1,100만원일 때, 근로장려금 200만원
③ 총급여액 등이 1,800만원일 때, 근로장려금 150만원
④ 총급여액 등이 2,200만원일때, 근로장려금 100만원
⑤ 총급여액 등이 2,700만원일 때, 근로장려금 50만원

09 우리나라 의료보장제도(국민건강보험, 의료급여)에서 시행하고 있는 것 중 의료비 절감 효과와 관련이 가장 적은 것은?

① 포괄수가제
② 의료급여 사례관리제도
③ 건강보험급여 심사평가제도
④ 행위별수가제
⑤ 본인일부부담금

11 최근 10년간 국민기초생활보장제도의 변화에 관한 설명으로 옳은 것을 모두 고른 것은?

ㄱ. 수급자격 중 부양의무자 기준은 완화되었다.
ㄴ. 기준 중위소득은 2015년 이후 지속적으로 인상되었다.
ㄷ. 교육급여가 신설되었다.
ㄹ. 근로능력평가 방식이 변화되었다.

① ㄱ, ㄴ
② ㄱ, ㄷ
③ ㄱ, ㄹ
④ ㄴ, ㄹ
⑤ ㄱ, ㄴ, ㄹ

08

복지국가 유형화 기준으로서 탈상품화

(Decommodification)

- 에스핑-안데르센(Esping-Andersen)은 탈상품화 정도, 사회계층화(계층화) 유형, 국가와 시장의 상대적 비중 등 세 가지 기준을 토대로 복지국가를 '자유주의 복지국가', '보수주의(조합주의) 복지국가', '사회민주주의(사민주의) 복지국가'의 세 가지 형태로 구분하였다.
- 복지국가 유형화 기준의 핵심개념으로서 '탈상품화'는 근로자가 자신의 노동력을 상품으로 시장에 내다 팔지 않고도 살아갈 수 있는 정도를 말한다.
- 자유주의 복지국가는 노동력의 탈상품화 정도가 최소화되어 나타나는 반면, 사회민주주의(사민주의) 복지국가는 노동력의 탈상품화 정도가 가장 높게 나타난다.

09

④ 행위별수가제에서는 의료진의 진료행위 하나하나가 의료기관의 수익에 직결되므로 과잉진료를 유도할 수 있다.

① 포괄수가제에서는 행위별수가제에서 보험이 적용되지 않던 처치, 약제, 재료 등을 보험으로 적용함으로써 환자의 본인부담금이 평균 21% 줄어든다는 연구 결과도 있다.

② 의료급여 사례관리제도를 통해 장기이용환자의 의료이용 실태와 의약품 남용 실태를 파악함으로써 과다의료이용이나 중복투약 등 건강상 위해하고 의료급여 재정에도 악영향을 미치는 사례들을 줄일 수 있다.

③ 건강보험급여 심사평가제도를 통해 급여비용을 심사하고 급여의 적정성을 평가할 수 있다.

⑤ 본인일부부담금을 통해 의료서비스 수요자의 도덕적 해이를 감소시킴으로써 의료비를 절감할 수 있다.

10

③ 총급여액 등이 1,800만원일 때, 근로장려금은 140만원이다.

> 총급여액 등이 '1,200만원 이상 3,200만원 미만'의 범위에 해당하므로,
>
> 근로장려금 = 200만원 − (1,800만원 − 1,200만원) × $\dfrac{10}{100}$
>
> = 200만원 − 60만원
>
> = 140만원

11

ㄷ. 1979년 생계보호의 일환으로서 교육비 지원사업이 중학생의 수업료와 입학금을 지원하는 것으로 시작되었다가, 1982년 생활보호법 전부개정으로 교육보호가 생계보호로부터 분리되어 별도의 프로그램으로 독립되었다. 이후 빈곤층을 위한 교육지원정책으로서 현재의 교육급여가 2000년 10월 1일 시행된 국민기초생활보장법에 의해 이루어지고 있다.

12 사회보험과 비교하여 공공부조제도의 장점으로 옳은 것은?

① 대상효율성이 높다.
② 가입률이 높다.
③ 수급자에 대한 낙인을 예방할 수 있다.
④ 행정비용이 발생하지 않는다.
⑤ 수평적 재분배 효과가 크다.

14 우리나라 고용보험과 산업재해보상보험에 관한 설명으로 옳은 것은?

① 소득활동 중 발생할 수 있는 소득상실 위험에 대한 사회안전망이라는 공통점을 가지고 있다.
② 구직급여는 구직활동 여부와 관계없이 지급된다.
③ 고용형태 및 근로시간에 관계없이 모든 근로자는 두 보험의 적용을 받는다.
④ 장해급여는 산업재해를 입은 모든 근로자에게 지급된다.
⑤ 두 보험의 가입자 보험료율은 동일하다.

13 우리나라가 시행하고 있는 취약계층 취업지원 제도에 관한 설명으로 옳은 것은?

① 노인일자리사업의 총괄 운영기관은 대한노인회이다.
② 장애인고용의무제도는 모든 사업체에 적용된다.
③ 맞춤형 취업지원서비스로 취업성공패키지가 운영되고 있다.
④ 모든 국민기초생활보장 수급자는 반드시 자활사업에 참여해야 한다.
⑤ 고령자를 채용하지 않는 기업은 정부에 부담금을 납부해야 한다.

15 다음 중 상대적 빈곤선을 설정(측정)하는 방식으로 옳은 것을 모두 고른 것은?

ㄱ. 중위소득의 일정 비율
ㄴ. 라이덴(Leyden) 방식
ㄷ. 반물량 방식
ㄹ. 라운트리(Rowntree) 방식
ㅁ. 타운센드(Townsend) 방식

① ㄱ, ㄴ
② ㄱ, ㅁ
③ ㄴ, ㅁ
④ ㄷ, ㄹ
⑤ ㄱ, ㄷ, ㄹ

12

① 사회복지정책은 목표로 하는 대상자들에게 자원을 얼마나 집중적으로 할당하였는지(→ 대상효율성), 정책을 운영하는 데 비용을 얼마나 유효·적절하게 투입하였는지(→ 운영효율성) 등을 고려한다. 공공부조는 대상효율성은 높지만 운영효율성은 낮은 반면, 사회보험은 운영효율성은 높지만, 대상효율성은 상대적으로 낮다.

② 사실상 의무가입을 원칙으로 하는 사회보험과 달리, 공공부조는 사회적 취약계층을 대상으로 하므로 가입률이 상대적으로 낮다.

③ 공공부조의 차별적인 자산조사와 자격조사는 수급자에 대한 낙인을 유발한다.

④ 공공부조는 자산조사와 자격조사에 따른 불필요한 행정비용이 발생한다.

⑤ 공공부조는 고소득층에서 저소득층으로 수직적 재분배가 이루어지며, 상대적으로 소득재분배 효과가 크다.

13

③ 취업취약계층에 대한 고용안전망 사각지대를 획기적으로 해소하고, 기존 취업성공패키지의 한계를 보완하기 위해 2021년 1월부터 국민취업지원제도가 도입되었다.

① 노인일자리사업의 주무부처는 보건복지부이며, 보건복지부 산하 한국노인인력개발원에서 전국 노인일자리사업을 총괄·지원한다.

② 원칙적으로 상시 50명 미만의 근로자를 고용하는 사업주에 대해서는 장애인고용의무제도가 적용되지 않는다(장애인고용촉진 및 직업재활법 제28조 제1항 참조).

④ 모든 국민기초생활보장 수급자가 반드시 자활사업에 참여해야 하는 것은 아니다. 다만, 자활사업 참여를 조건으로 생계급여를 지급받는 조건부수급자는 의무참여자에 해당한다.

⑤ 장애인 고용부담금에 관한 내용은 「장애인고용촉진 및 직업재활법」에 규정되어 있으나, 노인 고용부담금에 관한 내용은 별도의 법령으로 규정되어 있지 않다.

참고

이 문제는 사실상 출제오류로 볼 수 있습니다. 그 이유는 2009년 도입된 취업성공패키지 사업을 대체하여 2021년부터 한국형 실업부조로서 '국민취업지원제도'가 시행·운영되고 있기 때문입니다.

14

① 고용보험과 산업재해보상보험은 일차적 사회안전망으로서, 보험의 원리 또는 공급의 원리를 토대로 운영된다는 점에서 공통적이다.

② 구직급여는 구직자의 재취업을 위한 적극적인 노력을 전제조건으로 한다.

③ 고용보험과 산업재해보상보험은 원칙적으로 근로자를 사용하는 모든 사업 또는 사업장에 적용하나 대통령령으로 정하는 일부 사업에 대해서는 적용하지 아니한다.

④ 장해급여는 근로자가 업무상의 사유로 부상을 당하거나 질병에 걸려 치유된 후 신체 등에 장해가 있는 경우에 그 근로자에게 지급한다(산업재해보상보험법 제57조 제1항).

⑤ 두 보험의 가입자 보험료율은 동일하지 않다. 예를 들어, 고용보험의 고용안정·직업능력개발 사업의 보험료율은 사업장 규모에 따라, 산업재해보상보험의 보험료율은 사업종류에 따라 차등을 두고 있다.

15

빈곤선 설정(측정)의 접근 방식

절대적 측정 방식	재화의 장바구니 측면에서 욕구를 확인한 다음 이를 구매하기 위한 비용이 얼마인지를 추정하는 방식으로서, 절대적 빈곤의 개념에 근거한다. 예 전물량 방식(라운트리 방식), 반물량 방식 등
상대적 측정 방식	중위소득의 특정 비율과 같은 상대적 방식으로 기준을 설정하는 방식으로서, 상대적 빈곤의 개념에 근거한다. 예 타운센드(Townsend) 방식, 소득과 지출을 이용한 상대적 추정 방식 등
주관적 측정 방식	최소소득기준에 대한 공동체적 인식에 기초하는 방식으로서, 주관적 빈곤의 개념에 근거한다. 예 라이덴(Leyden) 방식 등

16 우리나라 사회보험의 운영 원리에 관한 설명으로 옳지 않은 것은?

① 수익자 부담 원칙을 전제로 하고 있다.
② 사회보험은 수평적 또는 수직적 재분배 기능이 있다.
③ 가입자의 보험료율은 사회보험 종류별로 다르다.
④ 사회보험 급여는 피보험자와 보험자 간 계약에 의해 규정된 법적 권리이다.
⑤ 모든 사회보험 업무가 통합되어 1개 기관에서 운영된다.

17 우리나라 사회보험방식의 공적연금에 관한 설명으로 옳은 것을 모두 고른 것은?

> ㄱ. 국민연금과 특수직역연금으로 구분하여 운영되고 있다.
> ㄴ. 국민연금이 가장 먼저 시행되었다.
> ㄷ. 2022년 12월말 기준 공적연금 수급개시연령은 동일하다.
> ㄹ. 가입자의 노령(퇴직), 장애(재해), 사망으로 인한 소득중단 시 급여를 지급한다.

① ㄱ, ㄴ
② ㄱ, ㄹ
③ ㄱ, ㄴ, ㄹ
④ ㄱ, ㄷ, ㄹ
⑤ ㄴ, ㄷ, ㄹ

18 길버트(N. Gilbert)와 테렐(P. Terrell)이 주장한 사회복지전달체계 재구조화 전략으로 옳지 않은 것은?

① 수급자 수요 강화
② 기관들의 동일 장소 배치
③ 사례별 협력
④ 관료적 구조로부터의 전문가 이탈
⑤ 시민참여

19 사회복지정책의 주체 및 그 역할에 관한 설명으로 옳지 않은 것은?

① 긍정적 외부효과가 큰 영역은 민간부문이 담당하는 것이 바람직하다.
② 사회복지정책의 주체는 국가, 지방자치단체, 공공복지기관 등 다양하다.
③ 공공재적 성격이 강한 재화나 서비스는 공공부문이 개입하는 것이 바람직하다.
④ 정보의 비대칭성이 강한 영역은 정부가 개입하는 것이 바람직하다.
⑤ 민간복지기관은 정부 및 공공기관에 의하여 권한을 위임받은 경우 사회복지정책의 주체가 될 수 있다.

16

⑤ 사회보험 통합징수에 따라 2011년 1월 1일부로 보험료징수에 관한 업무가 국민건강보험공단에 통합되었으나, 모든 사회보험 업무가 통합된 것은 아니다.

우리나라 사회보험제도의 운영

구 분	국민연금	국민건강 보험 (노인장기 요양보험)	고용보험	산업재해 보상보험
관 장	보건복지부	보건복지부	고용노동부	고용노동부
사업 수행	국민연금 공단	국민건강 보험공단	근로복지 공단	근로복지 공단
보험료 징수	국민건강보험공단 (사회보험 통합징수)			

참고

위의 표는 우리나라 사회보험제도의 운영 현황을 대략적으로 나타낸 것입니다. 참고로 고용보험은 근로복지공단을 비롯한 고용노동부 산하기관, 그 밖의 다양한 직업안정기관에서 사업을 수행합니다.

17

ㄴ. 공적연금 중 가장 먼저 시행된 것은 공무원연금이다. 공무원연금은 1960년 도입되었으며, 국민연금은 1988년 1월부터 시행되어 1999년 4월 전 국민을 대상으로 확대되었다.

ㄷ. 2022년 12월말 기준 공적연금 수급개시연령은 동일하지 않다. 예를 들어, 공무원연금의 경우 수급개시연령이 1996년 이후 임용자부터 65세로 단계적으로 연장되어, 2016년~2021년 퇴직한 경우 60세부터, 2022년~2023년 퇴직한 경우 61세부터 연금이 지급되며, 2033년 이후 퇴직한 경우 65세부터 연금이 지급된다.

18

사회복지전달체계 재구조화 전략(Gilbert & Terrell)

• 정책결정권한 재구조화 전략

조 정	• 행정적 단일화(집권화 또는 집중화)(②) • 기관 간 연합(연합화) • 사례별 협력(③)
시민참여	• 비분배적 참여(유사참여) • 명목적 참여 • 재분배적 참여(⑤)

• 과업할당(업무배치) 재조직화 전략
 – 역할부여
 – 전문가 이탈(전문가 분리)(④)
• 전달체계 구성변화 전략
 – 전문화된 접근구조
 – 의도적인 중복

19

① 외부효과는 어떠한 경제적 활동이 본래의 의도와는 달리 제삼자에게 특정한 혜택을 주거나(→ 긍정적 외부효과), 손해를 주는 경우(→ 부정적 외부효과)를 말한다. 국가는 부정적 외부효과에 대해 적절한 규제를 가하는 대신 긍정적 외부효과를 창출하기 위해 직접적으로 개입하는 것이 바람직하다.

20 사회복지정책 분석에서 산물(Product) 분석의 한계에 관한 설명으로 옳은 것은?

① 정해진 틀에 따라 사회복지정책 내용을 분석함으로써 적용된 사회적 가치를 평가하기 쉽다.
② 사회복지정책의 방향성을 제시하기가 용이하다.
③ 현행 사회복지정책에서 배제되고 차별받는 사람들의 욕구를 파악하기 쉽다.
④ 산물분석 결과는 기존의 사회주류적 입장을 대변할 가능성이 높다.
⑤ 사회복지정책의 구체적인 대안을 담아내기 쉽다.

21 길버트(N. Gilbert)와 테렐(P. Terrell)이 제시한 사회적 효과성에 관한 설명으로 옳은 것은?

① 수급자격을 얻기 위해 개인의 특수한 욕구가 선별적인 세밀한 조사에 노출될 수밖에 없다.
② 사람들이 사회의 평등한 구성원으로 어느 정도나 대우받는가에 따라 판단하는 것이다.
③ 시민권은 수급권을 얻을 수 있는 자격이 안된다.
④ 급여를 신청할 때 까다로운 행정절차가 반드시 필요하다.
⑤ 사회적 효과성은 단기적 비용절감을 목표로 한다.

22 정책결정 모형 중 드로어(Y. Dror)가 제시한 최적모형에 관한 설명으로 옳은 것을 모두 고른 것은?

> ㄱ. 합리모형과 점증모형의 단순혼합이 아닌 정책성과를 최적화하려는 데 초점을 둔다.
> ㄴ. 합리적 요소와 초합리적 요소를 다 고려하는 질적 모형이다.
> ㄷ. 초합리성의 구체적인 달성 방법에 대한 명확한 설명이 제시되었다.
> ㄹ. 정책결정을 체계론적 시각에서 파악한다.
> ㅁ. 정책결정 과정에서 실현가능성이 낮다는 비판이 있다.

① ㄱ, ㄴ
② ㄱ, ㄷ, ㄹ
③ ㄱ, ㄴ, ㄹ, ㅁ
④ ㄱ, ㄷ, ㄹ, ㅁ
⑤ ㄴ, ㄷ, ㄹ, ㅁ

23 사회복지정책 급여의 적절성에 관한 설명으로 옳지 않은 것은?

① 인간다운 생활을 할 수 있는 수준의 급여를 제공하는 것을 말한다.
② 기초연금 지급액 인상은 적절성 수준을 높여줄 수 있다.
③ 급여를 받는 사람의 삶의 질에 대한 관심의 표현이다.
④ 일정한 수준의 물질적, 정신적 복지를 제공해야 한다는 것과 관련된다.
⑤ 적절성에 대한 기준은 시간과 환경에 따라 변하지 않는다.

20

산물(Product) 분석으로서 기존 사회복지정책 내용분석의 한계

• 정해진 틀에 따라 사회복지정책 내용을 분석함으로써 적용된 사회적 가치를 평가하기 어려우며, 사회복지정책의 방향성을 명확히 제시하지 못한다.
• 산물분석 결과는 기존의 사회주류적 입장을 대변할 가능성이 높다.(④)
• 현행 사회복지정책에서 배제되고 차별받는 사람들의 욕구를 제대로 파악할 수 없으며, 이들을 위한 구체적인 대안을 담아내지 못한다.

22

최적모형의 장단점

장 점	• 초합리성의 개념을 도입함으로써 합리모형을 한층 체계적으로 발전시켰다. • 사회적 변동 상황에서의 혁신적 정책결정이 거시적으로 정당화될 수 있는 이론적 근거를 제시해 준다.
단 점	• 정책결정에 있어서 사회적 과정에 대한 고찰이 불충분하다. • 초합리성의 구체적인 달성 방법이 불명확하여 신비주의에 빠질 가능성이 있으며, 정책결정 과정에서 실현가능성이 낮다.

21

② 비용효과성(Cost Effectiveness)이 개인주의적 가치를 강조하면서 사회복지 수급자와 비수급자, 빈민과 빈민이 아닌 자로 사회를 분리하는 결과를 초래한다면, 사회적 효과성(Social Effectiveness)은 집합주의적 가치를 강조하면서 모든 사람을 사회의 평등한 구성원으로 처우하여 사회를 통합하는 결과를 이끌어낸다.

① · ④ 수급자를 선정하는 데 있어서 자산조사 등 엄격한 기준과 까다로운 행정절차를 거치는 것은 비용효과성과 연관된다.

③ 시민권에 근거한 보편적 급여는 모든 사람에게 상징적 시민권을 부여함으로써 사회적 평등을 이룰 수 있다.

⑤ 비용효과성은 단기적 비용절감을 목표로 하는 반면, 사회적 효과성은 사회통합을 목표로 한다.

23

사회복지정책 급여의 적절성(Adequacy)

• 급여 수준이 육체적 · 정신적으로 인간다운 삶을 보장할 수 있는가에 초점을 두는 것이다.
• 적절성에 대한 기준은 시간과 환경에 따라 변한다. 예를 들어, 중세에는 농노들에게 생산활동에 참여할 수 있을 정도의 건강과 생계수준을 보장해 주는 것이 적절성의 기준이었다면, 현대에 이르러서는 인간의 기본 욕구를 충족시킬 수 있는 정도의 경제적 수준으로 구체화되었으며 점차 경제적 측면은 물론 정신적 측면을 강조하는 양상으로 발전하고 있다.

24 사회복지운동에 관한 설명으로 옳은 것을 모두 고른 것은?

> ㄱ. 민간이 사회복지에 대한 특정 견해를 가지고 이를 관철시키려는 실천이다.
> ㄴ. 노동운동·시민운동·여성운동 단체 등 다양한 주체들이 관심과 역량을 투여하는 사회운동의 한 분야이다.
> ㄷ. 사회복지종사자들이 갖고 있는 전문성을 실현하는 중요한 통로의 하나이다.
> ㄹ. 우리나라의 사회복지역사에서 정부는 사회복지운동단체의 의견을 모두 수용하였다.

① ㄱ, ㄷ
② ㄴ, ㄹ
③ ㄱ, ㄴ, ㄷ
④ ㄴ, ㄷ, ㄹ
⑤ ㄱ, ㄴ, ㄷ, ㄹ

25 우리나라에서 시행 중인 소득보장제도에 관한 설명으로 옳지 않은 것은?

① 기초연금은 노인의 생활안정 지원을 목적으로 한다.
② 장애 정도가 심하지 않은 장애인은 장애인연금을 받을 수 없다.
③ 장애수당은 장애로 인해 발생하는 추가비용을 보전하기 위해 도입되었다.
④ 만 10세 아동은 아동수당을 받을 수 있다.
⑤ 저소득 한부모가족에게는 아동양육비가 지급될 수 있다.

26 한국 사회복지행정의 역사에 관한 설명으로 옳지 않은 것은?

① 1950~1960년대 사회복지서비스는 주로 외국 원조단체들에 의해 제공되었다.
② 1970년대 사회복지사업법 제정으로 사회복지시설에 대한 제도적 지원과 감독의 근거가 마련되었다.
③ 1980년대에 사회복지전문요원제도가 도입되었다.
④ 1990년대에 사회복지시설 평가제도가 도입되었다.
⑤ 2000년대에 사회복지관에 대한 정부 보조금 지원이 제도화되었다.

27 사회복지행정의 기능에 관한 설명으로 옳은 것을 모두 고른 것은?

> ㄱ. 기획(Planning) : 조직의 목적과 목표달성 방법을 설정하는 활동
> ㄴ. 조직화(Organizing) : 조직의 활동을 이사회와 행정기관 등에 보고하는 활동
> ㄷ. 평가(Evaluating) : 설정된 목표에 따라 성과를 평가하는 활동
> ㄹ. 인사(Staffing) : 직원 채용, 해고, 교육, 훈련 등의 활동

① ㄱ, ㄴ
② ㄱ, ㄷ
③ ㄱ, ㄷ, ㄹ
④ ㄴ, ㄷ, ㄹ
⑤ ㄱ, ㄴ, ㄷ, ㄹ

24

ㄹ. 우리나라의 사회복지역사에서 정부가 사회복지 운동단체의 의견을 모두 수용하지는 못하였다. 예를 들어, 김대중 정부는 1997년 말에 닥친 경제위기를 극복하고자 이른바 '생산적 복지'를 추진하였으나, 시장경제와 사회적 평등을 조화시키고자 한 본래 취지와 달리 여러 시민단체와 노동단체의 반발을 불러일으킴으로써 포괄적인 지지를 이끌어내는 데 실패하였다.

25

④ 아동수당은 8세 미만의 아동에게 매월 10만원을 지급한다(아동수당법 제4조 제1항). 참고로 2021년 12월 14일 「아동수당법」 개정에 따라 2022년 4월 1일부터 아동수당의 지급대상 연령이 기존 "7세 미만"에서 "8세 미만"으로 상향 조정되었다.
① 기초연금법은 노인에게 기초연금을 지급하여 안정적인 소득기반을 제공함으로써 노인의 생활안정을 지원하고 복지를 증진함을 목적으로 한다(기초연금법 제1조).
② 장애 정도가 심한 장애인은 장애인연금, 장애 정도가 심하지 않은 장애인은 장애수당의 지급대상자가 될 수 있다.
③ 「장애인복지법」에 따라 지급되는 장애수당 등은 장애인의 장애 정도와 경제적 수준을 고려하여 장애인의 자립을 위한 소득보전 및 추가비용 보전을 위해 지급된다.
⑤ 「한부모가족지원법」에 따른 지원대상자가 「국민기초생활보장법」 등 다른 법령에 따라 지원을 받고 있는 경우에는 그 범위에서 「한부모가족지원법」에 따른 급여를 하지 아니한다. 다만, 아동양육비는 지급할 수 있다(한부모가족지원법 제12조 제2항).

26

⑤ 1980년대의 내용에 해당한다. 1983년 사회복지사업법 개정으로 사회복지관 운영 국고보조가 이루어졌으며, 1986년 '사회복지관 운영·국고보조사업지침'이 마련되었다.

27

ㄴ. 사회복지행정가가 직원, 지역사회, 이사회, 행정기관, 후원자 등에게 조직의 활동 및 조직에서 일어나는 상황을 알려주는 과정은 '보고(Reporting)'에 해당한다. 참고로 '조직화(Organizing)'는 조직의 공식구조를 통해 업무를 규정하는 것으로, 과업이 할당·조정되는 과정이다.

28 사회복지행정의 특징에 관한 설명으로 옳은 것은?

① 서비스 성과를 평가하기 어렵다.
② 사회복지행정가는 가치중립적이어야 한다.
③ 서비스 효율성은 고려하지 않는다.
④ 재정관리는 사회복지행정에 포함되지 않는다.
⑤ 직무환경에 관계없이 획일적으로 운영된다.

29 다음에서 설명하는 조직이론은?

> • 인간의 사회적, 심리적, 정서적 욕구 강조
> • 조직 내 비공식 집단의 중요성 인식
> • 조직 내 개인은 감정적이며 비물질적 보상에 민감하게 반응

① 과학적 관리론
② 관료제론
③ 인간관계론
④ 행정관리론
⑤ 자원의존론

30 베버(M. Weber)가 제시한 이상적 관료제형으로 옳지 않은 것은?

① 공식적 위계와 업무처리 구조
② 전문성에 근거한 분업구조
③ 전통적 권위에 의한 조직 통제
④ 직무 범위와 권한의 명확화
⑤ 조직의 기능은 규칙에 의해 제한

31 신공공관리론(New Public Management)에 관한 설명으로 옳지 않은 것은?

① 공공서비스 공급에 있어 정부실패를 해결하기 위해 대두하였다.
② 신자유주의에 이론적 기반을 둔다.
③ 시장의 경쟁원리를 공공행정에 도입하였다.
④ 민간이 공급하던 서비스를 정부가 직접 공급하도록 하였다.
⑤ 정부, 시장, 시민사회의 협치를 추구한다.

28

① 사회복지행정은 인간의 욕구충족과 관련된 정책의 결정, 조직의 관리, 서비스의 제공 등에 관한 모든 활동을 관리하는 것이다. 그러나 인간의 욕구는 주관적이고 가변적이며, 이를 객관적으로 측정하기 어려우므로, 제공된 서비스를 통해 욕구가 충족되었는지를 제대로 평가하기 어렵다.

② 사회복지행정은 서비스 대상으로서 인간을 도덕적 가치를 지닌 존재로 가정한다. 따라서 서비스 기술은 도덕적으로 정당화될 수 있는 것이어야 하며, 그 효과성은 인간적 가치의 측면에서 고려되어야 한다.

③ 사회복지조직은 한정된 재원으로 조직이 추구하는 복지행정을 펼쳐야 하므로 서비스 효율성을 고려한다.

④ 재정관리는 필요한 재원을 합리적이고 계획적으로 동원 · 배분하고, 이를 효율적으로 사용 · 관리하는 과정으로, 사회복지행정에 포함된다.

⑤ 사회복지행정은 전문 사회복지사의 직무수행 역량에 의존하며, 서비스 이용자들의 욕구에 대한 판단과 적절한 서비스의 결정을 위해 전문 사회복지사의 재량권이 요구된다.

29

인간관계이론(Human Relations Theory)

• 조직의 생산성 향상을 위해 인간의 정서적인 요인과 함께 심리사회적 요인, 비공식적 요인에 역점을 두어 인간을 관리하는 기술 또는 방법을 강조한다.

• 인간관계가 작업능률과 생산성을 좌우하며, 조직 내 비공식 집단이 개인의 생산성에 영향을 미친다고 본다.

• 조직구성원의 자율성과 책임성을 강조하며, 조직의 목표와 조직구성원들의 목표 간의 균형유지를 위한 민주적 · 참여적 관리방식을 지향한다.

30

베버(Weber)가 제시한 이상적 관료제형

• 고도의 전문화에 따른 업무의 분업화(②)
• 계층화(Hierarchy)에 따른 공식적 위계와 업무처리 구조(①)
• 조직의 기능을 제한하는 성문화된 규칙(⑤)
• 조직구성원 간 비정의적 관계
• 실적과 기술적 지식에 따른 관리 임명
• 직무 범위와 권한의 명확화(④)
• 정책과 행정 결정의 분리 등

31

④ 신공공관리론(NPM)은 신보수주의 · 신자유주의에 이론적 기반을 둔 것으로, 시장주의와 신관리주의(Neo-Managerialism)를 결합한 것이다. 전통적 공공관리가 형평성을 중심적인 가치로 삼은 반면, 신공공관리는 성과 중심의 효율성을 중심적인 가치로 한다. 특히 정부서비스의 독점적 제공 방식을 지양하고 경쟁원리를 도입함으로써 행정의 효율성을 높이고자 한다.

32 하센펠트(Y. Hasenfeld)가 제시한 휴먼서비스 조직의 특성으로 옳지 않은 것은?

① 인간을 원료(Raw Material)로 한다.
② 클라이언트와의 직접적 관계 속에서 활동한다.
③ 조직의 목표가 불확실하며 모호해지기 쉽다.
④ 조직의 업무과정에서 주로 전문가에 의존한다.
⑤ 목표달성을 위해 명확한 지식과 기술을 사용한다.

33 조직구조에 관한 설명으로 옳은 것은?

① 조직규모가 커질수록 공식화 정도가 낮아진다.
② 공식화 정도가 높을수록 직원의 재량권이 줄어든다.
③ 과업의 종류가 많을수록 수직적 분화가 늘어난다.
④ 분권화 정도가 높을수록 최고관리자에게 조직 통제권한이 집중된다.
⑤ 집권화 정도가 높을수록 직원의 권한과 책임의 범위가 모호해진다.

34 다음 사례에 해당하는 현상은?

> A사회복지기관은 프로그램 운영 성과를 높이기 위해 기부금 모금실적을 직원 직무평가에 반영하기로 했다. 직원들이 직무평가에서 높은 점수를 받기 위해 모금활동에 더 많은 시간과 노력을 기울이게 되면서 오히려 프로그램 운영 성과는 저조하게 되었다.

① 리스트럭쳐링(Restructuring)
② 목적전치(Goal Displacement)
③ 크리밍(Creaming)
④ 소진(Burnout)
⑤ 다운사이징(Downsizing)

35 리더십 이론에 관한 설명으로 옳지 않은 것은?

① 상황이론에 의하면 상황에 따라 적합하게 대응하는 리더십이 효과적이다.
② 행동이론에서 컨트리클럽형(Country Club Management)은 사람에 대한 관심과 일에 대한 관심이 모두 높은 리더이다.
③ 행동이론에서 과업형은 일에만 관심이 있고 사람에 대해서는 전혀 관심이 없는 리더이다.
④ 서번트 리더십(Servant Leadership)은 사회복지조직 관리에 적합한 리더십이 될 수 있다.
⑤ 생산성 측면에서 서번트 리더십은 자발적 행동의 정도를 중시한다.

32

⑤ 사회복지행정은 서비스 대상으로서 인간을 도덕적 가치를 지닌 존재로 가정한다. 사회복지조직은 휴먼서비스(Human Service) 조직으로, 그 원료가 인간이기 때문에 인간의 도덕적·윤리적 가치판단이 강조됨으로써 사용되는 기술 자체가 불확실하며, 목표달성의 효과성 및 효율성을 측정하는 데 있어서도 어려움이 있다.

참고

'Hasenfeld'은 교재에 따라 '하센펠트', '하젠펠트', '하센필드' 등으로도 제시되고 있습니다. 우리말 번역에 의한 발음상 차이일 뿐 동일인물에 해당합니다.

33

② 공식화는 조직 내 직무에 대한 표준화 정도를 의미하는 것으로, 공식화 정도가 높을수록 직원의 재량권이 줄어드는 반면, 그 정도가 낮을수록 직원의 재량권이 늘어난다.
① 조직규모가 커질수록 공식화 정도가 높아지는 경향이 있다. 이는 조직이 인원 수 및 업무량의 증가에 따른 문제를 대체적으로 조직의 공식화를 통해 해결하려고 시도하기 때문이다.
③ 조직 내에서 전문화된 지식 및 기술을 요구하는 특징적 과업들이 많을수록 수평적 분화가 많이 일어나며, 이로써 조직의 복잡성이 증대된다.
④ 분권화 정도가 높을수록 직원의 재량권이 강화된다.
⑤ 분권화 정도가 높을수록 직원의 권한과 책임의 범위가 모호해진다.

34

② 목적전치 또는 목표전치(Goal Displacement)는 조직의 규칙과 규정이 전체 목표달성을 위한 수단으로 간주되지 않은 채 규칙과 규정 그 자체가 목적이 되거나, 본래 목적이 다른 목적으로 변질되거나 대체되는 현상이다.
① 리스트럭처링(Restructuring)은 조직의 경쟁력 확보를 위해 중복사업을 통합하는 것이다.
③ 크리밍(Creaming)은 보다 유순하고 성공 가능성이 높은 클라이언트를 선발하기 위해 비협조적이거나 어려울 것으로 예상되는 클라이언트들을 배척하고자 하는 현상이다.
④ 소진 또는 직무소진(Burnout)은 과도한 스트레스에 노출되어 신체적·정신적 기력이 고갈됨으로써 직무수행능력이 떨어지고 단순 업무에만 치중하게 되는 현상이다.
⑤ 다운사이징(Downsizing)은 조직의 효율성을 향상시키기 위해 의도적으로 조직 내의 인력, 계층, 작업, 직무, 부서 등의 규모를 축소시키는 것이다.

35

② 리더십에 관한 행동이론으로서 블레이크와 머튼(Blake & Mouton)의 관리격자모형 중 컨트리클럽형(Country Club Management)은 사람에 대한 관심은 높은 반면, 일(생산)에 대한 관심은 낮은 리더이다.

36 사회복지조직의 인적자원관리에 관한 설명으로 옳지 않은 것은?

① 동기부여를 위한 보상관리는 해당되지 않는다.
② 직원채용, 직무수행평가, 직원개발을 포함한다.
③ 목표관리법(MBO)으로 직원을 평가할 수 있다.
④ 직무수행 과정에서 경력을 개발해 나갈 수 있도록 한다.
⑤ 직무만족도 개선과 소진관리가 포함된다.

37 직무기술서에 관한 설명으로 옳은 것을 모두 고른 것은?

> ㄱ. 작업조건을 파악해서 작성한다.
> ㄴ. 직무수행을 위한 책임과 행동을 명시한다.
> ㄷ. 종사자의 교육수준, 기술, 능력 등을 포함한다.
> ㄹ. 직무의 성격, 내용, 수행 방법 등을 정리한 문서이다.

① ㄱ, ㄴ
② ㄱ, ㄷ
③ ㄱ, ㄴ, ㄹ
④ ㄴ, ㄷ, ㄹ
⑤ ㄱ, ㄴ, ㄷ, ㄹ

38 사회복지 슈퍼비전에 관한 설명으로 옳지 않은 것은?

① 행정적 기능, 교육적 기능, 지지적 기능이 있다.
② 소진 발생 및 예방에 영향을 미친다.
③ 동료집단 간에는 슈퍼비전이 수행되지 않는다.
④ 슈퍼바이저는 직속상관이나 중간관리자가 주로 담당한다.
⑤ 직무를 수행하면서 훈련을 받을 수 있다는 장점이 있다.

39 예산에 관한 설명으로 옳은 것은?

① 영기준 예산(Zero Based Budgeting)은 전년도 예산 내역을 반영하여 수립한다.
② 계획예산(Planning Programming Budgeting System)은 국가의 단기적 계획수립을 위한 장기적 예산편성 방식이다.
③ 영기준 예산(Zero Based Budgeting)은 비용-편익분석, 비용-효과분석을 거치지 않고 수립한다.
④ 성과주의 예산(Performance Budgeting)은 전년도 사업의 성과를 고려하지 않고 수립한다.
⑤ 품목별 예산(Line Item Budgeting)은 수입과 지출을 항목별로 명시하여 수립한다.

36

① 인적자원관리는 인적자원의 확보와 조직구성원에 대한 훈련·교육의 개발관리, 그 밖에 성과관리 및 보상관리 등을 포함한다.

37

ㄷ. 직무명세서에 포함되는 내용이다.

직무기술서 및 직무명세서에 포함되는 주요 내용

직무기술서	• 직무 명칭 및 내용 • 직무수행에 필요한 각종 장비 및 도구 • 직무수행 과제 및 방법(책임과 행동) • 직무수행의 환경적 조건(작업조건) 등
직무명세서	• 직무수행에 요구되는 지식·기술·능력 수준 • 종사자의 성격·흥미·가치·태도 • 작업경험, 자격요건 등

38

③ 동료집단 슈퍼비전(Peer-group Supervision)은 특정한 슈퍼바이저 없이 모든 구성원들이 동등한 자격으로 참여한다.

39

⑤ 품목별 예산 또는 항목별 예산(LIB)은 가장 기본적인 예산수립의 유형으로, 기관운영을 위해 필요한 예산을 수입과 지출의 항목별로 구체적으로 제시하는 방식이다.
① 영기준 예산(ZBB)은 전년도 예산과 무관하게 매년 프로그램 우선순위에 따라 예산을 편성하는 방식이다.
② 계획예산 또는 기획예산(PPBS)은 장기적인 계획수립과 단기적인 예산편성을 프로그램 작성을 통해 유기적으로 결합시키는 방식이다.
③ 영기준 예산(ZBB)은 모든 사업을 막론하고 그 효율성(능률성), 효과성, 사업의 계속성, 축소 및 확대 여부 등을 새롭게 분석·검토한 후 사업의 우선순위를 결정한다.
④ 성과주의 예산(PB)은 각 기관이 예산사업의 성과목표와 달성 방법을 제시하고, 예산 당국이 매년 성과 결과를 평가하여 다음 회계연도에 반영하는 방식이다.

40 한국 사회복지행정 체계에 관한 설명으로 옳지 않은 것은?

① 읍·면·동 중심의 서비스 제공에 노력하고 있다.
② 사회서비스는 단일한 공급주체에 의해 제공된다.
③ 위험관리는 위험의 사전예방과 사후관리를 모두 포함한다.
④ 지역사회 통합돌봄(커뮤니티케어) 시행으로 지역사회 내 보건복지 서비스 제공이 확대되고 있다.
⑤ 사회서비스의 개념이 기존의 사회복지서비스를 포괄하고 있다.

41 사회복지조직의 서비스 질 관리에 관한 설명으로 옳은 것은?

① 서비스 질 관리를 위하여 위험관리가 필요하다.
② 총체적 품질관리(TQM)는 기업의 소비자 만족을 극대화하기 위한 기법이므로 사회복지기관에 적용하기에는 적합하지 않다.
③ 총체적 품질관리는 지속적인 개선보다는 현상유지에 초점을 둔다.
④ 서브퀄(SERVQUAL)의 요소에 확신성(Assurance)은 포함되지 않는다.
⑤ 서브퀄에서 유형성(Tangibles)은 고객 요청에 대한 즉각적 반응을 말한다.

42 한국의 사회복지전달체계 개편 순서를 올바르게 나열한 것은?

> ㄱ. 주민생활지원서비스 전달체계
> ㄴ. 사회복지통합관리망(행복e음) 개통
> ㄷ. 읍·면·동 복지허브화
> ㄹ. 지역사회 통합돌봄

① ㄱ - ㄴ - ㄷ - ㄹ
② ㄱ - ㄴ - ㄹ - ㄷ
③ ㄱ - ㄷ - ㄴ - ㄹ
④ ㄴ - ㄱ - ㄷ - ㄹ
⑤ ㄴ - ㄷ - ㄱ - ㄹ

43 사회복지조직의 의사결정모형에 관한 설명으로 옳은 것은?

① 점증모형은 여러 대안을 평가하여 합리적 평가 순위를 정하는 모형이다.
② 연합모형은 경제적·시장 중심적 시각에서 이루어지는 모형이다.
③ 만족모형은 주로 해결해야 할 문제가 분명하고 단순한 의사결정에 적용된다.
④ 쓰레기통 모형은 조직의 목표가 모호하고, 조직의 기술이 막연한 경우에 적용되는 모형이다.
⑤ 공공선택모형은 시민들을 공공재의 생산자로 규정하고 정부를 소비자로 규정한다.

40

② 사회서비스는 다양한 공급주체에 의해 제공된다. 참고로 1997년 사회복지사업법 개정으로 사회복지시설의 설치·운영이 허가제에서 신고제로 전환됨에 따라 법인이 아닌 개인도 신고에 의해서 사회복지사업을 할 수 있게 되었다.

41

① 위험관리(Risk Management)는 서비스 관리 측면에서 고객과 이용자에 대한 안전 확보가 서비스의 질과 연결되어 있으며, 조직관리 측면에서 작업환경의 안전과 사고 예방책이 마련되어야 한다는 점을 강조한다.
② 총체적 품질관리(TQM)는 기업조직의 품질관리를 위해 도입된 기법이지만, 최근 정부 및 공공기관을 비롯하여 사회복지기관과 같은 비영리조직에게도 그 활용 가능성이 높은 것으로 평가받고 있다.
③ 총체적 품질관리(TQM)는 조직운영, 제품, 서비스의 지속적인 개선을 통해 고품질과 경쟁력을 확보하기 위한 전 종업원의 체계적인 노력, 즉 조직구성원의 집단적 노력을 강조한다.
④ 서비스 품질에 관한 서브퀄(SERVQUAL) 모형의 구성차원으로 신뢰성(Reliability), 반응성 또는 응답성(Responsiveness), 확신성(Assurance), 공감성(Empathy), 유형성(Tangibles) 등이 포함된다.
⑤ 서브퀄에서 유형성(Tangibles)은 서비스 제공 혹은 상품생산을 위해 사용된 장비나 물리적인 시설 등의 외형(외관) 혹은 미적 상태와 연관된다. 참고로 고객 요청에 즉각적으로 반응하여 신속한 서비스를 제공하는 것은 반응성 또는 응답성(Responsiveness)과 연관된다.

42

ㄱ. 2004년 7월부터 시범운영에 있던 사회복지사무소를 개편하여 2006년 7월부터 주민생활지원국을 시·군·구에 설치함으로써 본격적인 주민생활지원서비스가 실시되었다.
ㄴ. 사회복지통합관리망(행복e음)은 2010년 1월 사회복지 급여·서비스의 지원대상자 자격 및 이력에 관한 정보를 통합적으로 관리하고 지방자치단체의 복지업무처리를 지원하기 위해 구축되었다.
ㄷ. 2014년 7월 읍·면·동 복지허브화 시범사업을 시작으로 2016년부터 읍·면·동에 맞춤형 복지 전담팀이 구성되고, 2017년부터 주민자치형 공공서비스를 통해 서비스 확대가 이루어지고 있다.
ㄹ. 2019년 6월부터 주거, 보건의료, 요양, 돌봄, 일상생활의 지원이 통합적으로 확보되는 지역주도형 정책으로서 지역사회 통합돌봄(커뮤니티케어) 선도사업이 실시되어 2026년 통합돌봄의 보편적 실행을 목표로 추진 중이다.

43

④ 쓰레기통 모형은 의사결정 상황을 고도로 불확실한 상황이라 전제하면서, 그와 같은 상황을 '조직화된 무정부상태(Organized Anarchy)'로 규정한다.
① 점증모형은 완전히 새로운 정책을 모색하는 것이 아니라 기존의 정책에서 수정 또는 변화된 상황을 중심으로 모색하며, 소수의 핵심적인 대안들에 대해서만 제한적으로 평가한다.
② 연합모형은 경제적·시장 중심적 시각을 벗어나 조직의 구조, 목표의 변동이나 기대의 형성과 선택의 관점에서 조직의 형태를 파악하려고 하는 모형이다.
③ 만족모형은 제한된 인적·물적 자원과 사회환경의 불완전한 요소를 포함한 여러 제약조건하에서 만족할만한 의사결정이 이루어진다고 보는 모형이다.
⑤ 공공선택모형은 정부를 공공재의 생산자로 규정하고, 시민들을 공공재의 소비자로 규정한다.

44 사회복지정보화에 관한 설명으로 옳지 않은 것은?

① 조직의 업무효율성을 증대시킬 수 있다.
② 대상자 관리의 정확성, 객관성을 확보할 수 있다.
③ 클라이언트에 대한 사생활침해 가능성이 높아졌다.
④ 학습조직의 필요성이 감소하였다.
⑤ 사회복지행정가가 정보를 체계적으로 다룰 수 있다.

45 비영리조직 마케팅의 특성으로 옳지 않은 것은?

① 이윤추구보다는 사회적 가치 실현에 주안점을 둔다.
② 마케팅에서 교환되는 것은 유형의 재화보다는 무형의 서비스가 대부분이다.
③ 영리조직에 비해 인간의 태도나 행동을 변화시키는 것이 어렵다.
④ 서비스의 생산과 소비의 동시성을 고려한다.
⑤ 조직의 목표 달성과 측정이 용이하다.

46 마케팅 믹스 4P에 관한 설명으로 옳은 것을 모두 고른 것은?

> ㄱ. 유통(Place) : 고객이 서비스를 쉽게 이용할 수 있도록 하는 조직적 활동
> ㄴ. 가격(Price) : 판매자가 이윤 극대화를 위하여 임의로 설정하는 금액
> ㄷ. 제품(Product) : 고객의 욕구를 충족시키기 위하여 제공하는 재화나 서비스
> ㄹ. 촉진(Promotion) : 판매 실적에 따라 직원을 승진시키는 제도

① ㄱ, ㄴ
② ㄱ, ㄷ
③ ㄱ, ㄴ, ㄷ
④ ㄴ, ㄷ, ㄹ
⑤ ㄱ, ㄴ, ㄷ, ㄹ

47 프로그램 평가에 관한 설명으로 옳은 것을 모두 고른 것은?

> ㄱ. 비용—효과 분석은 프로그램의 비용과 결과의 금전적 가치를 고려하지 않는다.
> ㄴ. 비용—편익 분석은 프로그램의 비용과 결과를 금전적 가치로 환산하여 평가한다.
> ㄷ. 노력성 평가는 프로그램 수행에 투입된 인적·물적 자원 등을 기준으로 평가한다.
> ㄹ. 효과성 평가는 프로그램의 목표달성 정도를 평가한다.

① ㄱ, ㄴ
② ㄱ, ㄷ
③ ㄴ, ㄹ
④ ㄴ, ㄷ, ㄹ
⑤ ㄱ, ㄴ, ㄷ, ㄹ

44

학습조직의 발달배경

- 급속한 환경변화와 불확실성의 증가 : 산업사회에서 지식정보사회로 변화하면서 급속한 환경변화에 따른 불확실성에 대비해야 한다는 인식이 확산되었다.
- 경영혁신의 초점변화 : 벤치마킹, 고객만족경영, 성과중시경영 등 기존의 경영기법만으로 조직 전체의 장기적인 변화를 가져올 수 없다는 인식이 확산되었다.
- 효율적인 조직형태의 등장 : 창의성을 발휘하려는 조직구성원의 욕구와 함께 그러한 창의성을 필요로 하는 조직의 욕구가 높아졌다.

46

ㄴ. 가격(Price)은 재화나 서비스를 구입하기 위해 지불하는 대가를 말한다. 판매자(혹은 생산자)는 소비자가 제품에 얼마만큼의 가치를 부여하는지를 사전에 파악하여 가격을 책정하게 된다.

ㄹ. 촉진(Promotion)은 고객의 마음에 관심을 자극하여 구매의도를 높이는 조직적 활동을 말한다. 이러한 촉진은 이벤트, 광고, 홍보, 개별판매, 전시회 등 다양한 방법으로 이루어진다.

45

⑤ 영리조직은 이윤을 추구하기 위해 마케팅을 하는 반면, 비영리조직은 조직이 추구하는 목표를 효과적으로 달성하기 위해 마케팅을 한다. 영리조직은 목표가 하나(→ 이윤추구)이기 때문에 마케팅이 단순하지만, 비영리조직은 목표가 하나 이상일 경우가 많으므로 마케팅이 복잡할 수 있다. 비영리조직 마케팅은 서비스의 다양성과 복잡성에서 영리조직 마케팅과 차이가 있으므로, 조직의 목표 달성과 측정이 상대적으로 어렵다.

47

비용-편익 분석 및 비용-효과 분석

비용-편익 분석	• 목표달성에 가장 효과적인 대안을 찾기 위해 각 대안이 초래할 비용과 편익을 비교·분석하는 기법이다. • 어떤 프로그램과 관련된 편익, 비용들을 모두 화폐적 가치로 환산한 후 이 결과를 토대로 프로그램의 효율성을 평가한다.
비용-효과 분석	• 목표달성에 가장 효과적인 대안을 찾기 위해 각 대안이 초래할 비용과 산출 효과를 비교·분석하는 기법이다. • 프로그램에 투입되는 비용들은 화폐적 가치로 환산하나, 프로그램으로부터 얻게 되는 편익 또는 산출은 화폐적 가치로 환산하지 않고 산출물 그대로 분석에 활용한다.

48 사회복지조직의 혁신에 관한 설명으로 옳은 것은?

① 변혁적 리더십은 부하직원의 변화를 필요로 하지 않는다.
② 혁신은 목표를 더 효과적으로 달성하기 위한 인위적이고 계획적인 활동이다.
③ 사회환경 변화와 조직혁신은 무관하다.
④ 조직 내부환경을 고려하지 않고 변화를 추진할 때 혁신이 성공한다.
⑤ 변혁적 리더십은 조직보다는 개인의 사적 이익을 강조한다.

49 비영리 사회복지조직에 관한 설명으로 옳지 않은 것은?

① 수익성과 서비스 질을 고려하지 않고 조직을 운영한다.
② 정부조직에 비해 관료화 정도가 낮다.
③ 국가와 시장이 공급하기 어려운 서비스를 제공할 수 있다.
④ 특정 이익집단을 위한 서비스를 제공할 수 있다.
⑤ 개입대상 선정과 개입방법을 특화할 수 있다.

50 사회복지행정환경의 변화에 관한 설명으로 옳지 않은 것은?

① 책임성 요구가 높아지고 있다.
② 서비스 이용자의 소비자 주권이 강해지고 있다.
③ 빅데이터 활용이 증가하고 있다.
④ 사회서비스 공급에 민간의 참여가 증가하고 있다.
⑤ 기업의 경영관리기법 도입이 줄어들고 있다.

제3영역 **사회복지법제론**

51 법률의 제정연도가 빠른 순서대로 옳게 나열된 것은?

ㄱ. 국민기초생활보장법
ㄴ. 산업재해보상보험법
ㄷ. 사회복지사업법
ㄹ. 고용보험법
ㅁ. 노인복지법

① ㄱ - ㄴ - ㄷ - ㄹ - ㅁ
② ㄴ - ㄱ - ㅁ - ㄷ - ㄹ
③ ㄴ - ㄷ - ㅁ - ㄹ - ㄱ
④ ㄷ - ㄱ - ㄹ - ㅁ - ㄴ
⑤ ㄷ - ㅁ - ㄴ - ㄹ - ㄱ

48

② 사회복지조직의 혁신은 사회복지행정체제를 서비스 욕구와 수요의 변화에 적절히 대응하도록 개선함으로써 목표를 더 효과적으로 달성하기 위한 인위적이고 계획적인 활동이다.
① 변혁적 리더십은 부하직원의 변화를 필요로 한다. 변혁적 리더는 추종자들에게 권한부여(Empowerment)를 통해 개혁적·변화지향적인 모습과 함께 비전을 제시함으로써 그들에게 높은 수준의 동기를 부여한다.
③ 사회환경 변화는 혁신이 필요하다는 단서를 조직에게 줌으로써 조직혁신에 영향을 준다.
④ 조직의 성공적인 혁신을 위해서는 조직을 둘러싼 내·외부 환경을 이해하고 환경의 변화에 적응해 나가는 것이 필요하다.
⑤ 변혁적 리더십은 조직의 이익과 목적을 위해 개인의 사적 이익을 초월할 것을 강조한다.

49

① 비영리 사회복지조직은 필요에 따라 수익사업을 실시하기도 한다. 다만, 영리추구를 목적으로 하지 않으므로 수익성보다는 서비스의 질을 중시한다.

50

최근 사회복지행정환경의 변화

- 사회복지 공급주체의 다양화
- 시설복지에서 지역복지로의 전환
- 소비자 주권에 대한 인식 강화(②)
- 욕구(Need) 충족에서 수요(Demand) 충족을 위한 복지제공으로의 관점 전환
- 원조 중심에서 자립(자활) 중심으로의 전환
- 조직의 개방화와 투명화, 책임성에 대한 요구 증가(①)
- 민영화와 경쟁성 강화 노력의 증가(④)
- 기업의 경영관리기법 도입(⑤)
- 그 밖에 성과에 대한 강조, 마케팅 활성화, 품질관리의 강화, 빅데이터 활용의 증가(③) 등

51

ㄴ. 산업재해보상보험법 : 1963년 11월 5일 제정, 1964년 1월 1일 시행
ㄷ. 사회복지사업법 : 1970년 1월 1일 제정, 1970년 4월 2일 시행
ㅁ. 노인복지법 : 1981년 6월 5일 제정, 같은 날 시행
ㄹ. 고용보험법 : 1993년 12월 27일 제정, 1995년 7월 1일 시행
ㄱ. 국민기초생활보장법 : 1999년 9월 7일 제정, 2000년 10월 1일 시행

52 헌법 제34조 규정의 일부이다. ㄱ~ㄷ에 들어갈 내용으로 옳은 것은?

> • 국가는 (ㄱ) · (ㄴ)의 증진에 노력할 의무를 진다.
> • 신체장애자 및 질병 · 노령 기타의 사유로 생활능력이 없는 국민은 (ㄷ)이 정하는 바에 의하여 국가의 보호를 받는다.

① ㄱ : 사회보장, ㄴ : 사회복지, ㄷ : 법률
② ㄱ : 사회보장, ㄴ : 공공부조, ㄷ : 법률
③ ㄱ : 사회복지, ㄴ : 공공부조, ㄷ : 헌법
④ ㄱ : 사회복지, ㄴ : 사회복지서비스,
　　ㄷ : 헌법
⑤ ㄱ : 공공부조, ㄴ : 사회복지서비스,
　　ㄷ : 법률

53 사회복지법의 역사적 변천에 관한 설명으로 옳은 것을 모두 고른 것은?

> ㄱ. 2014년 기초노령연금법이 제정되면서 기초연금법은 폐지되었다.
> ㄴ. 1999년 제정된 국민의료보험법은 국민건강보험법을 대체한 것이다.
> ㄷ. 1973년 제정된 국민복지연금법은 1986년 국민연금법으로 전부개정 되었다.

① ㄱ
② ㄴ
③ ㄷ
④ ㄱ, ㄴ
⑤ ㄴ, ㄷ

54 사회보장기본법상 국가와 지방자치단체의 사회보장 운영원칙에 관한 설명으로 옳지 않은 것은?

① 사회보험은 지방자치단체의 책임으로 시행하는 것을 원칙으로 한다.
② 공공부조와 사회서비스는 국가와 지방자치단체의 책임으로 시행하는 것을 원칙으로 한다.
③ 사회보장제도의 급여 수준과 비용 부담 등에서 형평성을 유지하여야 한다.
④ 사회보장제도를 필요로 하는 모든 국민에게 적용하여야 한다.
⑤ 국민의 다양한 복지 욕구를 효율적으로 충족시키기 위하여 연계성과 전문성을 높여야 한다.

55 사회보장기본법상 사회보장수급권에 관한 설명으로 옳지 않은 것은?

① 사회보장급여를 받으려는 사람은 국가나 지방자치단체에 신청하는 것을 원칙으로 하고 있다.
② 사회보장수급권은 다른 사람에게 양도하거나 담보로 제공할 수 없다.
③ 사회보장수급권은 원칙적으로 제한되거나 정지될 수 없다.
④ 사회보장수급권은 구두로 통지하여 포기할 수 있다.
⑤ 사회보장수급권의 포기는 취소할 수 있다.

52

생존권 및 협의의 복지권에 관한 규정(헌법 제34조)

- 제1항 : 모든 국민은 인간다운 생활을 할 권리를 가진다.
- 제2항 : 국가는 <u>사회보장</u> · <u>사회복지</u>의 증진에 노력할 의무를 진다.
- 제3항 : 국가는 여자의 복지와 권익의 향상을 위하여 노력하여야 한다.
- 제4항 : 국가는 노인과 청소년의 복지향상을 위한 정책을 실시할 의무를 진다.
- 제5항 : 신체장애자 및 질병 · 노령 기타의 사유로 생활능력이 없는 국민은 <u>법률</u>이 정하는 바에 의하여 국가의 보호를 받는다.
- 제6항 : 국가는 재해를 예방하고 그 위험으로부터 국민을 보호하기 위하여 노력하여야 한다.

53

ㄷ. 1973년 12월 24일 「국민복지연금법」이 제정되었으나 시행되지 못하고, 1986년 12월 31일 「국민연금법」으로 전부개정되어 1988년 1월 1일부터 시행되었다.

ㄱ. 2014년 5월 20일 「기초연금법」이 제정되면서 「기초노령연금법」은 폐지되었다.

ㄴ. 1999년 2월 8일 제정된 「국민건강보험법」은 「국민의료보험법」을 대체한 것이다.

54

① · ② 사회보험은 국가의 책임으로 시행하고, 공공부조와 사회서비스는 국가와 지방자치단체의 책임으로 시행하는 것을 원칙으로 한다. 다만, 국가와 지방자치단체의 재정 형편 등을 고려하여 이를 협의 · 조정할 수 있다(사회보장기본법 제25조 제5항).

③ 동법 제25조 제2항

④ 동법 제25조 제1항

⑤ 동법 제25조 제4항

55

④ 사회보장수급권은 정당한 권한이 있는 기관에 서면으로 통지하여 포기할 수 있다(사회보장기본법 제14조 제1항).

① 사회보장급여를 받으려는 사람은 관계 법령에서 정하는 바에 따라 국가나 지방자치단체에 신청하여야 한다. 다만, 관계 법령에서 따로 정하는 경우에는 국가나 지방자치단체가 신청을 대신할 수 있다(동법 제11조 제1항).

② 사회보장수급권은 관계 법령에서 정하는 바에 따라 다른 사람에게 양도하거나 담보로 제공할 수 없으며, 이를 압류할 수 없다(동법 제12조).

③ 사회보장수급권은 제한되거나 정지될 수 없다. 다만, 관계 법령에서 따로 정하고 있는 경우에는 그러하지 아니하다(동법 제13조 제1항).

⑤ 동법 제14조 제2항

56 사회보장기본법상 사회보장위원회에 관한 설명으로 옳은 것은?

① 대통령 소속의 위원회이다.
② 위원장 1명, 부위원장 2명과 행정안전부장관, 고용노동부장관을 포함한 40명 이내의 위원으로 구성한다.
③ 위원의 임기는 3년으로 하되, 공무원인 위원의 임기는 그 재임 기간으로 한다.
④ 고용노동부에 사무국을 둔다.
⑤ 관계 중앙행정기관의 장은 위원회의 심의·조정 사항을 반영하여 사회보장제도를 운영 또는 개선하여야 한다.

57 자치법규에 관한 설명으로 옳지 않은 것은?

① 지방의회는 규칙 제정권을 갖고 지방자치단체의 장은 조례 제정권을 갖는다.
② 시·군 및 자치구의 조례는 시·도의 조례를 위반해서는 아니 된다.
③ 사회복지시설의 설치·운영 및 관리는 주민의 복지증진과 관련된 지방자치단체의 사무이다.
④ 지방자치단체는 법령의 범위 안에서 자치에 관한 규정을 제정할 수 있다.
⑤ 주민은 지방자치단체의 조례를 제정할 것을 청구할 수 있다.

58 사회보장급여의 이용·제공 및 수급권자 발굴에 관한 법률의 내용으로 옳은 것은?

① 시장·군수·구청장은 중앙생활보장위원회를 둔다.
② 보건복지부장관은 사회보장급여 부정수급 실태조사를 3년마다 실시하고 그 결과를 공개하여야 한다.
③ "수급권자"란 사회보장급여를 제공하는 국가기관과 지방자치단체를 말한다.
④ 보장기관의 업무담당자는 지원대상자가 심신미약 등 대통령령으로 정하는 경우에 해당하면 지원대상자의 동의하에서만 직권으로 사회보장급여의 제공을 신청할 수 있다.
⑤ 보장기관의 장은 지원대상자 발굴체계의 운영 실태를 3년마다 점검하고 개선방안을 마련하여야 한다.

59 사회복지사업법상 사회복지서비스 제공의 원칙에 관한 설명으로 옳지 않은 것은?

① 사회복지서비스는 현물로 제공하는 것이 원칙이다.
② 지방자치단체는 사회복지서비스의 품질향상을 위하여 필요한 시책을 마련하여야 한다.
③ 지방자치단체는 사회복지시설의 서비스 환경 등을 평가할 수 있다.
④ 시장·군수·구청장은 보호대상자에게 사회복지서비스 이용권을 지급할 수 있다.
⑤ 보건복지부장관은 사회복지서비스 품질 평가를 위한 전문기관을 직접 설치·운영해야 하며, 관계 기관 등에 위탁하여서는 아니 된다.

56

⑤ 사회보장기본법 제20조 제4항
① 사회보장에 관한 주요 시책을 심의 · 조정하기 위하여 국무총리 소속으로 사회보장위원회를 둔다(동법 제20조 제1항).
② 사회보장위원회는 위원장 1명, 부위원장 3명과 행정안전부장관, 고용노동부장관, 여성가족부장관, 국토교통부장관을 포함한 30명 이내의 위원으로 구성한다(동법 제21조 제1항).
③ 위원의 임기는 2년으로 한다. 다만, 공무원인 위원의 임기는 그 재임 기간으로 하고, 기관 · 단체의 대표자 자격으로 대통령이 위촉하는 위원의 임기는 대표의 지위를 유지하는 기간으로 한다(동법 제21조 제4항).
④ 사회보장위원회의 사무를 효율적으로 처리하기 위하여 보건복지부에 사무국을 둔다(동법 제21조 제8항).

57

① 자치법규는 지방자치단체가 제정하는 법령으로서, 지방의회의 의결을 거친 조례(條例)와 지방자치단체의 장이 제정한 규칙(規則)이 있다.
② 지방자치법 제30조
③ 동법 제13조 참조
④ 헌법 제117조 제1항
⑤ 지방자치법 제19조 제1항

58

② 사회보장급여의 이용 · 제공 및 수급권자 발굴에 관한 법률 제19조의2 제1항
① 중앙생활보장위원회는 「국민기초생활보장법」에 따라 기초생활보장 주요 정책을 심의 · 의결하는 정부 위원회로, 보건복지부장관이 위원장이며 관계 부처 고위공무원, 전문가 및 공익위원 등으로 구성된다.
③ "수급권자"란 「사회보장기본법」에 따른 사회보장급여를 제공받을 권리를 가진 사람을 말한다(동법 제2조 제2호).
④ 보장기관의 업무담당자는 지원대상자가 심신미약 또는 심신상실 등 대통령령으로 정하는 경우에 해당하면 지원대상자의 동의 없이 직권으로 사회보장급여의 제공을 신청할 수 있다(동법 제5조 제3항).
⑤ 보건복지부장관은 지원대상자 발굴체계의 운영 실태를 매년 정기적으로 점검하고 개선방안을 마련하여야 한다(동법 제12조의2 제2항).

59

⑤ 보건복지부장관은 사회복지서비스 품질 평가를 위하여 평가기관을 설치 · 운영하거나, 평가의 전부 또는 일부를 관계 기관 또는 단체에 위탁할 수 있다(사회복지사업법 제5조의2 제5항).
① 동법 제5조의2 제1항
② 동법 제5조의2 제3항
③ 동법 제5조의2 제4항
④ 동법 제5조의2 제2항

60 사회복지사업법상 사회복지사에 관한 설명으로 옳지 않은 것은?

① 사회복지사의 등급은 1급·2급으로 한다.
② 보건복지부장관은 정신건강사회복지사·의료사회복지사·학교사회복지사의 자격을 부여할 수 있다.
③ 보건복지부장관은 사회복지사가 거짓이나 그 밖의 부정한 방법으로 자격을 취득한 경우 그 자격을 1년의 범위에서 정지할 수 있다.
④ 사회복지법인에 종사하는 사회복지사는 정기적으로 보수교육을 받아야 한다.
⑤ 자신의 사회복지사 자격증은 타인에게 빌려주어서는 아니 된다.

61 사회복지사업법상 사회복지시설에 관한 설명으로 옳은 것은?

① 사회복지시설 운영위원회는 심의·의결기구이다.
② 사회복지시설은 손해배상책임의 면책사업자이다.
③ 사회복지시설의 장은 비상근으로 근무할 수 있다.
④ 사회복지시설은 둘 이상의 사회복지사업을 통합하여 수행할 수 있다.
⑤ 지방자치단체는 사회복지시설을 설치·운영하여서는 아니 된다.

62 국민기초생활보장법상 급여의 종류와 방법에 관한 설명으로 옳은 것은?

① 부양의무자가 「병역법」에 따라 징집되거나 소집된 경우 부양능력이 있는 것으로 본다.
② 보장기관은 차상위자의 가구별 생활여건을 고려하여 예산의 범위에서 급여의 전부 또는 일부를 실시할 수 있다.
③ 생계급여 선정기준은 기준 중위소득의 100분의 50 이상으로 한다.
④ 생계급여는 상반기·하반기로 나누어 지급하여야 한다.
⑤ 주거급여는 주택 매입비, 수선유지비 등이 포함된다.

63 국민기초생활보장법상 급여의 기본원칙을 모두 고른 것은?

```
ㄱ. 근로능력 활용
ㄴ. 보충급여
ㄷ. 타법 우선
ㄹ. 수익자부담
```

① ㄱ, ㄴ
② ㄷ, ㄹ
③ ㄱ, ㄴ, ㄷ
④ ㄴ, ㄷ, ㄹ
⑤ ㄱ, ㄴ, ㄷ, ㄹ

60

③ 보건복지부장관은 사회복지사가 거짓이나 그 밖의 부정한 방법으로 자격을 취득한 경우 그 자격을 취소하여야 한다(사회복지사업법 제11조의3 제1항 참조).
① · ② 동법 제11조 제1항 및 제2항 참조
④ 동법 제13조 제2항
⑤ 동법 제11조 제6항

61

④ 사회복지사업법 제34조의2 제1항 참조
① 사회복지시설 운영위원회는 심의기구이나 의결기구는 아니다(동법 제36조 제1항 참조).
② 사회복지시설의 운영자는 화재로 인한 손해배상책임, 화재 외의 안전사고로 인하여 생명 · 신체에 피해를 입은 보호대상자에 대한 손해배상책임을 이행하기 위하여 손해보험회사의 책임보험에 가입하거나 한국사회복지공제회의 책임공제에 가입하여야 한다(동법 제34조의3 제1항).
③ 사회복지시설의 장은 상근하여야 한다(동법 제35조 제1항).
⑤ 국가나 지방자치단체는 사회복지시설을 설치 · 운영할 수 있다(동법 제34조 제1항).

62

② 국민기초생활보장법 제7조 제3항
① 부양의무자가 「병역법」에 따라 징집되거나 소집되어 부양불능상태인 경우 부양의무자가 있어도 부양을 받을 수 없는 것으로 본다(동법 제8조의2 제2항 참조).
③ 생계급여 선정기준은 기준 중위소득의 100분의 30 이상으로 한다(동법 제8조 제2항 참조).
④ 생계급여는 매월 정기적으로 지급하여야 한다. 다만, 특별한 사정이 있는 경우에는 그 지급방법을 다르게 정하여 지급할 수 있다(동법 제9조 제2항).
⑤ 주택 매입비는 주거급여에 포함되지 않는다. 주거급여는 수급자에게 주거 안정에 필요한 임차료, 수선유지비, 그 밖의 수급품을 지급하는 것으로 한다(동법 제11조 제1항).

63

국민기초생활보장제도의 급여에 관한 기본원칙
• 최저생활보장의 원칙
• 보충급여의 원칙(ㄴ)
• 자립지원의 원칙(ㄱ)
• 개별성의 원칙
• 가족부양 우선의 원칙
• 타급여 우선의 원칙(ㄷ)
• 보편성의 원칙

64 긴급복지지원법상 "위기상황"에 해당하는 사유를 모두 고른 것은?

> ㄱ. 주소득자가 사망, 가출, 행방불명 등으로 소득을 상실하여 생계유지가 어렵게 된 경우
> ㄴ. 본인이 중한 질병 또는 부상을 당하여 생계유지가 어렵게 된 경우
> ㄷ. 본인이 가구구성원으로부터 방임 등을 당하여 생계유지가 어렵게 된 경우
> ㄹ. 본인이 가구구성원으로부터 성폭력을 당하여 생계유지가 어렵게 된 경우

① ㄱ, ㄴ, ㄷ
② ㄱ, ㄴ, ㄹ
③ ㄱ, ㄷ, ㄹ
④ ㄴ, ㄷ, ㄹ
⑤ ㄱ, ㄴ, ㄷ, ㄹ

65 건강가정기본법에 관한 설명으로 옳지 않은 것은?

① "가족"이라 함은 혼인·혈연·입양으로 이루어진 사회의 기본단위를 말한다.
② 모든 국민은 혼인과 출산의 사회적 중요성을 인식하여야 한다.
③ "1인가구"라 함은 성인 1명 또는 그와 생계를 같이하는 미성년자녀로 구성된 생활단위를 말한다.
④ 국가는 양성이 평등한 육아휴직제 등의 정책을 적극적으로 확대 시행하여야 한다.
⑤ 국가는 생애주기에 따르는 가족구성원의 종합적인 건강증진대책을 마련하여야 한다.

66 사회복지사업법령상 보건복지부장관이 시설에서 제공하는 서비스의 최저기준을 마련하지 않아도 되는 시설은?

① 사회복지관
② 자원봉사센터
③ 아동양육시설
④ 장애인 지역사회재활시설
⑤ 부자가족복지시설

67 국민기초생활보장법상 보장기관에 관한 설명으로 옳은 것은?

① 교육급여 및 의료급여는 시·도 교육감이 실시한다.
② 생계급여는 수급자의 거주지를 관할하는 시·도지사와 시장·군수·구청장이 실시한다.
③ 보장기관은 위기개입상담원을 배치하여야 한다.
④ 생활보장위원회는 자문기구이다.
⑤ 소관 중앙행정기관의 장은 5년마다 기초생활보장 시행계획을 수립하여야 한다.

64

위기상황의 정의(긴급복지지원법 제2조)

이 법에서 "위기상황"이란 본인 또는 본인과 생계 및 주거를 같이 하고 있는 가구구성원이 다음 각 호의 어느 하나에 해당하는 사유로 인하여 생계유지 등이 어렵게 된 것을 말한다.

1. 주소득자가 사망, 가출, 행방불명, 구금시설에 수용되는 등의 사유로 소득을 상실한 경우(ㄱ)
2. 중한 질병 또는 부상을 당한 경우(ㄴ)
3. 가구구성원으로부터 방임 또는 유기되거나 학대 등을 당한 경우(ㄷ)
4. 가정폭력을 당하여 가구구성원과 함께 원만한 가정생활을 하기 곤란하거나 가구구성원으로부터 성폭력을 당한 경우(ㄹ)
5. 화재 또는 자연재해 등으로 인하여 거주하는 주택 또는 건물에서 생활하기 곤란하게 된 경우
6. 주소득자 또는 부소득자의 휴업, 폐업 또는 사업장의 화재 등으로 인하여 실질적인 영업이 곤란하게 된 경우
7. 주소득자 또는 부소득자의 실직으로 소득을 상실한 경우
8. 보건복지부령으로 정하는 기준에 따라 지방자치단체의 조례로 정한 사유가 발생한 경우
9. 그 밖에 보건복지부장관이 정하여 고시하는 사유가 발생한 경우

65

③ "1인가구"라 함은 1명이 단독으로 생계를 유지하고 있는 생활단위를 말한다(건강가정기본법 제3조 제2의2호).

① 동법 제3조 제1호
② 동법 제8조 제1항
④ 동법 제22조 제1항
⑤ 동법 제24조

66

① · ③ · ④ · ⑤ 「사회복지사업법」에 따른 사회복지관, 「아동복지법」에 따른 아동양육시설, 「장애인복지법」에 따른 장애인 지역사회재활시설, 「한부모가족지원법」에 따른 부자가족복지시설은 사회복지사업법령상 서비스 최저기준 대상시설의 범위에 포함된다(사회복지사업법 시행규칙 제27조 제2항 참조).

② 「자원봉사활동기본법」에 따른 자원봉사센터는 사회복지사업법령상 서비스 최저기준 대상시설의 범위에 포함되지 않는다.

참고

「한부모가족지원법」에 따른 한부모가족복지시설이 2023년 4월 11일 법 개정에 따라 2023년 10월 12일부로 개편되었습니다. 자세한 사항은 71번 문제 해설을 참조하시기 바랍니다.

67

① · ② 국민기초생활보장법에 따른 급여는 수급권자 또는 수급자의 거주지를 관할하는 시 · 도지사와 시장 · 군수 · 구청장(교육급여인 경우 시 · 도 교육감)이 실시한다(국민기초생활보장법 제19조 제1항).
③ 보장기관은 사회복지 전담공무원을 배치하여야 한다(동법 제19조 제4항).
④ 생활보장위원회는 심의 · 의결기구이다(동법 제20조 제1항 참조).
⑤ 소관 중앙행정기관의 장은 3년마다 기초생활보장 기본계획을 수립하여야 한다(동법 제20조의2 제1항).

68 고용보험법령상 중대한 귀책사유로 해고된 피보험자로서 구직급여 수급자격의 제한사유에 해당되는 것을 모두 고른 것은?

> ㄱ. 「형법」을 위반하여 금고 이상의 형을 선고받은 경우
> ㄴ. 정당한 사유 없이 근로계약을 위반하여 장기간 무단 결근한 경우
> ㄷ. 사업기밀을 경쟁관계에 있는 사업자에게 제공한 경우

① ㄱ
② ㄷ
③ ㄱ, ㄴ
④ ㄴ, ㄷ
⑤ ㄱ, ㄴ, ㄷ

69 산업재해보상보험법령상 유족급여에 관한 설명으로 옳지 않은 것은?

① 근로자가 업무상의 사유로 사망한 경우 유족에게 지급한다.
② 유족보상연금 수급권자가 2명 이상 있을 때 그중 1명을 대표자로 선임할 수 있다.
③ 근로자와 「주민등록법」상 세대를 같이 하고 동거하던 유족으로서 근로자의 소득으로 생계의 상당 부분을 유지하고 있던 사람은 유족에 해당한다.
④ 근로자의 소득으로 생계의 전부를 유지하고 있던 유족으로서 학업으로 주민등록을 달리하였거나 동거하지 않았던 사람은 유족에 해당되지 않는다.
⑤ 유족보상연금 수급 권리는 배우자 · 자녀 · 부모 · 손자녀 · 조부모 및 형제자매의 순서로 한다.

70 정신건강증진 및 정신질환자 복지서비스 지원에 관한 법률상 정신질환자의 보호의무자가 될 수 있는 사람은?

① 후견인
② 파산선고를 받고 복권되지 아니한 사람
③ 해당 정신질환자를 상대로 소송 중인 사람
④ 행방불명자
⑤ 미성년자

71 다음이 설명하는 한부모가족지원법상의 한부모가족복지시설은? (해설참조)

> 배우자(사실혼 관계에 있는 사람을 포함한다)가 있으나 배우자의 물리적 · 정신적 학대로 아동의 건전한 양육이나 모의 건강에 지장을 초래할 우려가 있을 경우 일시적 또는 일정 기간 동안 모와 아동 또는 모에게 주거와 생계를 지원하는 시설

① 일시지원복지시설
② 부자가족복지시설
③ 모자가족복지시설
④ 한부모가족복지상담소
⑤ 미혼모자가족복지시설

68

중대한 귀책사유로 해고된 피보험자로서 구직급여 수급자격의 주요 제한사유(고용보험법 제58조, 시행규칙 제101조 및 별표1의2 참조)

- 「형법」 또는 직무와 관련된 법률을 위반하여 금고 이상의 형을 선고받은 경우
- 정당한 사유 없이 근로계약 또는 취업규칙 등을 위반하여 장기간 무단 결근한 경우
- 사업의 기밀이나 그 밖의 정보를 경쟁관계에 있는 다른 사업자 등에게 제공하는 등 사업에 막대한 지장을 초래하거나 재산상 손해를 끼친 경우

70

보호의무자(정신건강증진 및 정신질환자 복지서비스 지원에 관한 법률 제39조 제1항)

「민법」에 따른 후견인 또는 부양의무자는 정신질환자의 보호의무자가 된다. 다만, 다음 각 호의 어느 하나에 해당하는 사람은 보호의무자가 될 수 없다.

1. 피성년후견인 및 피한정후견인
2. 파산선고를 받고 복권되지 아니한 사람(②)
3. 해당 정신질환자를 상대로 한 소송이 계속 중인 사람 또는 소송한 사실이 있었던 사람과 그 배우자(③)
4. 미성년자(⑤)
5. 행방불명자(④)
6. 그 밖에 보건복지부령으로 정하는 부득이한 사유로 보호의무자로서의 의무를 이행할 수 없는 사람

69

④ 근로자가 사망할 당시에 그 근로자의 소득으로 생계의 전부 또는 상당 부분을 유지하고 있던 유족으로서 학업·취업·요양, 그 밖에 주거상의 형편 등으로 주민등록을 달리하였거나 동거하지 않았던 사람도 근로자와 생계를 같이 하고 있던 유족의 범위에 포함된다(산업재해보상보험법 시행령 제61조 참조).

71

이 문제는 개정 전 내용에 해당하므로 간단히 살펴본 후 넘어가도록 합니다. 2023년 4월 11일 법 개정에 따라 2023년 10월 12일부로 한부모가족복지시설이 기존 〈모자가족복지시설, 부자가족복지시설, 미혼모자가족복지시설, 일시지원복지시설, 한부모가족복지상담소〉에서 기능 중심의 유형 구분에 따라 〈출산지원시설, 양육지원시설, 생활지원시설, 일시지원시설, 한부모가족복지상담소〉로 개편되었습니다.
참고로 이 문제의 정답은 출제 당시 ①번이었습니다.

72 의족 파손에 따른 요양급여 청구사건 대법원 판례(2012두20991)의 내용으로 옳지 않은 것은?

> (개요) 의족을 착용하고 아파트 경비원으로 근무하던 갑이 제설작업 중 넘어져 의족이 파손되는 등의 재해를 입고 요양급여를 신청하였으나, 근로복지공단이 '의족 파손'은 요양급여 기준에 해당하지 않는다는 이유로 요양불승인처분을 한 사안에 대하여 요양불승인처분 취소

① 업무상 재해로 인한 부상의 대상인 신체를 반드시 생래적 신체에 한정할 필요는 없다.
② 의족 파손을 업무상 재해로 보지 않을 경우 장애인 근로자에 대한 보상과 재활에 상당한 공백을 초래한다.
③ 신체 탈부착 여부를 기준으로 요양급여 대상을 가르는 것이 합리적이라 할 수 없다.
④ 의족 파손을 업무상 재해에서 제외한다면, 사업자들로 하여금 의족 착용 장애인들의 고용을 소극적으로 만들 우려가 있다.
⑤ 업무상의 사유로 근로자가 장착한 의족이 파손된 경우는 「산업재해보상보험법」상 요양급여의 대상인 근로자의 부상에 포함되지 않는다.

73 다음의 역할을 하는 노인장기요양보험법상 기구는?

> • 장기요양요원의 권리 침해에 관한 상담 및 지원
> • 장기요양요원의 역량강화를 위한 교육지원
> • 장기요양요원에 대한 건강검진 등 건강관리를 위한 사업

① 장기요양위원회
② 등급판정위원회
③ 장기요양심사위원회
④ 장기요양요원지원센터
⑤ 공표심의위원회

74 다음과 같은 역할을 하는 사회복지시설은?

> • 아동의 안전한 보호
> • 안전하고 균형 있는 급식 및 간식의 제공
> • 등 · 하교 전후, 야간 또는 긴급상황 발생 시 돌봄서비스 제공
> • 체험활동 등 교육 · 문화 · 예술 · 체육 프로그램의 연계 · 제공
> • 돌봄 상담, 관련 정보의 제공 및 서비스의 연계

① 장애인 지역사회재활시설
② 다함께돌봄센터
③ 아동보호전문기관
④ 지역장애아동지원센터
⑤ 노인공동생활가정

75 아동복지법상 보호가 필요한 아동을 발견하고 양육환경을 개선할 수 있도록 지원하기 위하여 이용할 수 있는 자료와 정보에 해당하는 것을 모두 고른 것은?

> ㄱ. 「국민건강보험법」 제41조 제1항 각 호에 따른 요양급여 실시 기록
> ㄴ. 「국민건강보험법」 제52조에 따른 영유아건강검진 실시 기록
> ㄷ. 「초 · 중등교육법」 제25조에 따른 학교생활기록 정보
> ㄹ. 「전기사업법」 제14조에 따른 단전 가구정보

① ㄱ, ㄴ, ㄷ
② ㄱ, ㄴ, ㄹ
③ ㄱ, ㄷ, ㄹ
④ ㄴ, ㄷ, ㄹ
⑤ ㄱ, ㄴ, ㄷ, ㄹ

72

⑤ 의족은 단순히 신체를 보조하는 기구가 아니라 신체의 일부인 다리를 기능적·물리적·실질적으로 대체하는 장치로서, 업무상의 사유로 근로자가 장착한 의족이 파손된 경우는 산업재해보상보험법상 요양급여의 대상인 근로자의 부상에 포함된다(대법원 2012두20991).

73

④ 장기요양요원지원센터 : 장기요양요원의 권리 보호(노인장기요양보험법 제47조의2)
① 장기요양위원회 : 장기요양보험료율, 가족요양비·특례요양비 및 요양병원간병비의 지급기준, 재가 및 시설 급여비용 등의 심의(동법 제45조)
② 장기요양등급판정위원회 : 장기요양인정 및 장기요양등급 판정 등의 심의(동법 제52조)
③ 장기요양심사위원회 : 장기요양인정·장기요양등급·장기요양급여·부당이득·장기요양급여비용 또는 장기요양보험료 등에 관한 국민건강보험공단의 처분에 대한 심사청구 사항의 심사(동법 제55조 제3항)
⑤ 공표심의위원회 : 장기요양기관의 법령에 따른 위반사실 등에 대한 공표 여부 등의 심의(동법 제37조의3 제3항)

74

② 다함께돌봄센터 : 초등학교의 정규교육 이외의 시간 동안 돌봄서비스(→ 방과 후 돌봄서비스) 실시(아동복지법 제44조의2)
① 장애인 지역사회재활시설 : 장애인 대상 전문적인 상담·치료·훈련, 장애인의 일상생활, 여가활동 및 사회참여활동 등의 지원(장애인복지법 제58조 제1항 제2호)
③ 아동보호전문기관 : 학대피해아동, 피해아동의 가족 및 아동학대행위자를 위한 상담·치료 및 교육, 아동학대예방 교육 및 홍보, 피해아동 가정의 사후관리 등(아동복지법 제46조)
④ 지역장애아동지원센터 : 장애의 조기발견을 위한 홍보 및 보호자 교육, 장애아동의 복지지원 사업에 관한 정보 및 자료 제공, 장애아동과 그 가족에 대한 복지지원 제공기관의 연계 등(장애아동복지지원법 제9조)
⑤ 노인공동생활가정 : 노인들에게 가정과 같은 주거여건과 급식, 그 밖에 일상생활에 필요한 편의 제공(노인복지법 제32조 제1항 제2호)

75

아동보호 사각지대 발굴 및 실태조사를 위한 주요 자료 및 정보(아동복지법 제15조의4 제1항 참조)
• 「국민건강보험법」에 따른 요양급여 실시 기록(ㄱ)
• 「국민건강보험법」에 따른 영유아건강검진 실시 기록(ㄴ)
• 「의료급여법」에 따른 건강검진 실시 기록 중 6세 미만에 대한 기록
• 「초·중등교육법」에 따른 학교생활기록 정보(ㄷ)
• 「감염병의 예방 및 관리에 관한 법률」에 따른 필수예방접종 실시 기록
• 그 밖에 단전, 단수, 단가스 가구정보 등 「사회보장급여의 이용·제공 및 수급권자 발굴에 관한 법률」에 따른 지원대상자 발굴을 위한 정보(ㄹ)

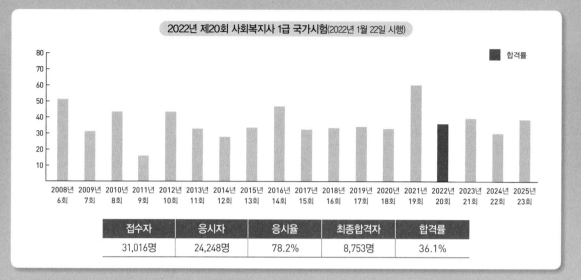

2022년 제20회 사회복지사 1급 국가시험(2022년 1월 22일 시행)

합격률

접수자	응시자	응시율	최종합격자	합격률
31,016명	24,248명	78.2%	8,753명	36.1%

2022년 제20회 시험은 어떻게 출제되었나?

2021년 제19회 예비합격률이 '60.92%'를 기록한 반면 2022년 제20회 예비합격률이 '36.62%'를 기록했다는 것은, 제20회 시험이 제19회 시험에 비해 상대적으로 어려웠음을 보여줍니다. 사실 제19회 시험의 경우 일부 문항들에서 수험생들의 혼란을 유발하는 의도적인 함정문제들이 감점의 주요 원인이었다면, 제20회 시험에서는 신출문제와 함께 보다 세부적인 내용을 묻는 문제가 감점의 주요 원인이었다고 볼 수 있습니다.

1교시 사회복지기초

1영역 인간행동과 사회환경은 비교적 평이한 문제들이 주를 이루었습니다. 인간발달에 관한 기본적인 내용에서부터 프로이트, 융, 아들러 등 다양한 학자들의 이론들과 함께, 발달단계별 특성에 관한 문제들이 어김없이 출제되었습니다. 미시체계와 거시체계, 고전적 조건형성과 조작적 조건형성이 나란히 출제되었으며, 일부 문제들이 사례 형태로 제시된 것이 눈에 띄었습니다.

2영역 사회복지조사론은 본래 수험생들이 가장 어렵게 생각하는 영역이지만 과학철학, 근거이론의 분석방법에 관한 문제 등 일부 어려운 문항들을 제외하고 비교적 무난한 난이도를 보였습니다. 또한 신뢰도와 타당도에 관한 문제가 4문항 출제된 것을 제외하고 전반적으로 고른 영역에서 출제되었습니다. 특히 측정수준의 문제에서 백신 접종률이나 산불발생 건수를 예로 든 것이 흥미로웠습니다.

2교시 사회복지실천

3영역 사회복지실천론은 일부 문항을 제외하고 사회복지사 시험에서 주로 출제되는 내용들이 문제로 제시되었습니다. 이론학습을 충실히 하였다면 문제 풀이에 큰 어려움이 없었을 것으로 보입니다. 다만, 사회복지실천론에서 비중 있게 다루어지지 않은 인권 특성에 관한 문제가 지난 시험에 이어서 다시 등장하였으므로 문제의 해설을 토대로 간략히 정리해 둘 필요가 있겠습니다.

4영역 사회복지실천기술론은 단순암기 위주의 학습을 한 수험생들에게는 매우 어렵게 느껴졌을 것으로 보입니다. 비협조적인 태도를 보이는 클라이언트의 초기 접근 문제, 자녀교육에서 구조적 갈등을 다룬 사례 문제, 코로나19 감염병으로 인한 위기개입의 문제 등 출제자의 다양한 시도를 엿볼 수 있었습니다.

5영역 지역사회복지론도 일부 문항을 제외하고 사회복지사 시험에서 주로 출제되는 내용들이 문제로 제시되었습니다. 사회복지사업법, 사회보장급여법 등을 기반으로 한 문제들도 출제되었으나, 자활사업이나 지역자활에 관한 문제가 예전만큼 중요하게 다루어지지 않는 점이 의아했습니다.

3교시 사회복지정책과 제도

6영역 사회복지정책론은 쉬운 문항들과 어려운 문항들이 적절히 혼합된 양상을 보였습니다. 예를 들어, 사회보험과 민영보험의 차이점, 산업재해보상보험의 보험급여 종류 등은 수험생들이 익히 접하는 내용이지만, 국민연금의 연금크레딧제도의 시행순서나 노인장기요양보험의 기금화 법제화를 위한 최근의 경향까지 학습하지는 않았을 것입니다. 또한 우리나라 건강보험제도를 할당, 급여, 전달체계, 재정에 따라 영역 구분을 하는 문제도 매우 까다로웠습니다.

7영역 사회복지행정론은 이번 시험에서 가장 어려운 영역이었다고 볼 수 있습니다. 현대조직운영의 기법이나 학습조직의 구축요인은 이를 별도로 학습하지 않은 이상 맞히기 어려웠을 것이고, 사회복지행정의 실행 순서를 현대적 과정으로 제시한 문제도 혼란을 유발하기에 충분했을 것입니다. 또한 우리나라의 사회복지정보시스템에 관한 문제는 평소 이를 접해본 사람이 아니고서는 그 구체적인 특징 및 각 시스템의 차이점을 파악하기 어려웠을 것입니다.

8영역 사회복지법제론은 사실 암기영역이라 할 수 있는 만큼, 학습시간에 비례하여 점수의 높낮이가 결정된다고 해도 과언이 아닙니다. 사회보장기본법(3문항), 사회보장급여법(2문항), 사회복지사업법(3문항)을 제외하고 출제자가 비교적 다양한 법령에서 문제를 출제하려고 노력한 흔적이 보입니다. 다만, 국민기초생활보장법상 보장기관과 보장시설에 대한 예시와 사회보장기본법상 사회보장위원회의 구성에 포함되는 중앙행정기관의 장에 관한 문제가 수험생들의 혼란을 유발했을 것으로 보입니다.

2022년도 제20회 사회복지사 1급 국가자격시험

교 시	문제형별	시 간	시험과목
1~3교시		200분	① 사회복지기초 ② 사회복지실천 ③ 사회복지정책과 제도

수험번호		성 명	

수험자 유의사항

1. 시험문제지 표지와 시험문제지 내 문제형별의 동일여부 및 시험문제지의 총면수, 문제번호 일련순서, 인쇄상태 등을 확인하시고, 문제지 표지에 수험번호와 성명을 기재하시기 바랍니다.

2. 답은 각 문제마다 요구하는 가장 적합하거나 가까운 답 1개만 선택하고, 답안카드 작성 시 시험문제지 형별누락, 마킹착오로 인한 불이익은 전적으로 수험자에게 책임이 있음을 알려 드립니다.

3. 답안카드는 국가전문자격 공통 표준형으로 문제번호가 1번부터 125번까지 인쇄되어 있습니다. 답안 마킹 시에는 반드시 시험문제지의 문제번호와 동일한 번호에 마킹하여야 합니다.

4. 감독위원의 지시에 불응하거나 시험시간 종료 후 답안카드를 제출하지 않을 경우 불이익이 발생할 수 있음을 알려 드립니다.

5. 답안작성은 시험시행일 현재 시행되는 법령 등을 적용하시기 바랍니다.

6. 시험문제지는 시험 종료 후 가져가시기 바랍니다.

제1과목 ▶ 사회복지기초

제1영역 **인간행동과 사회환경**

01 인간발달의 원리에 관한 설명으로 옳지 않은 것은?

① 발달에는 최적의 시기가 존재하지 않는다.
② 발달의 각 영역은 상호 밀접한 연관이 있다.
③ 일정한 순서와 방향이 있어서 예측 가능하다.
④ 대근육이 있는 중심부위에서 소근육의 말초부위 순으로 발달한다.
⑤ 연속적 과정이지만 발달의 속도는 일정하지 않다.

02 인간발달 및 그 유사개념에 관한 설명으로 옳지 않은 것은?

① 성장(Growth)은 시간의 경과에 따라 나타나는 양적 변화이다.
② 성숙(Maturation)은 환경과의 상호작용에 의한 사회적 발달이다.
③ 학습(Learning)은 경험이나 훈련의 결과로 나타나는 행동변화이다.
④ 인간발달은 유전과 환경의 상호작용 결과이다.
⑤ 인간발달은 상승적 변화와 하강적 변화를 모두 포함한다.

03 동갑 친구들 A~C의 대화에서 알 수 있는 인간발달의 원리는?

> A : 나는 50세가 되니 확실히 노화가 느껴져. 얼마 전부터 노안이 와서 작은 글씨를 읽기 힘들어.
> B : 나는 노안은 아직 안 왔는데 흰머리가 너무 많아지네. A는 흰머리가 거의 없구나.
> C : 나는 노안도 왔고 흰머리도 많아. 게다가 기억력도 예전 같지 않아.

① 발달에는 개인차가 있다.
② 발달의 초기단계가 일생에서 가장 중요하다.
③ 발달은 학습에 따른 결과이다.
④ 발달은 분화와 통합의 과정이다.
⑤ 발달은 이전의 발달과업 성취에 기초하여 이루어진다.

04 프로이트(S. Freud)의 정신분석이론에 관한 설명으로 옳은 것을 모두 고른 것은?

> ㄱ. 자아(Ego)는 일차적 사고 과정과 현실 원칙을 따른다.
> ㄴ. 잠복기에 원초아(Id)는 약해지고 초자아(Superego)는 강해진다.
> ㄷ. 신경증적 불안은 자아의 욕구를 초자아가 통제하지 못하고 압도될 때 나타난다.
> ㄹ. 방어기제는 외부세계의 요구로부터 스스로를 보호하고자 하는 무의식적 시도이다.

① ㄷ
② ㄱ, ㄷ
③ ㄴ, ㄹ
④ ㄱ, ㄴ, ㄹ
⑤ ㄱ, ㄴ, ㄷ, ㄹ

제1과목 ▶ 사회복지기초

01

① 신체발달 및 심리발달에는 발달이 용이하게 이루어지는 가장 적절한 시기, 즉 결정적 시기(Critical Period)가 있다.

02

발달의 유사개념

성 장 (Growth)	• 신체 크기의 증대, 근력의 증가, 인지의 확장 등과 같은 양적 확대를 의미한다. • 특히 신체적 부분에 국한된 변화를 설명할 때 주로 사용된다.
성 숙 (Maturation)	• 부모로부터 받은 유전인자가 지니고 있는 정보에 따라 일어나는 변화를 의미한다. • 경험이나 훈련에 관계없이 일어나는 것으로, <u>내적·유전적 메커니즘에 의해 출현되는 신체적·심리적 변화</u>를 말한다.
학 습 (Learning)	• 훈련과정을 통해 행동이 변화하는 과정을 의미한다. • 특수한 경험이나 훈련 또는 연습과 같은 외부 자극이나 조건, 즉 환경에 의해 개인이 내적으로 변하는 것을 의미한다.

03

① 발달은 일관된 주기에 따라 지속되고 누적되므로 미리 예측이 가능하다. 다만, 발달에는 개인차가 존재하므로 발달의 속도나 진행 정도가 동일하지 않다.

04

ㄱ. 원초아(Id)는 일차적 사고 과정과 쾌락 원칙을 따르는 반면, 자아(Ego)는 이차적 사고 과정과 현실 원칙을 따른다. 참고로 이차적 사고 과정에 의해 현실검증이 이루어지는데, 이러한 현실검증을 통해 본능적 욕동(Drive)을 더욱 잘 조절할 수 있고 환상과 현실을 구분할 수 있게 된다.

ㄷ. 신경증적 불안(Neurotic Anxiety)은 원초아(Id)의 충동이 의식될지도 모른다는 위협을 느낄 때 생기는 두려움으로, 현실을 고려하여 작동하는 자아(Ego)와 본능에 의해 작동되는 원초아(Id) 간의 갈등에서 비롯된다.

05 융(C. Jung)의 분석심리이론에 관한 설명으로 옳은 것은?

① 페르소나(Persona)는 외부의 요구나 기대에 부응하는 과정에서 생긴 자아의 가면이라고 한다.
② 인간을 성(性)적 에너지인 리비도(Libido)에 의해 지배되는 수동적 존재로 보았다.
③ 원형(Archetype)이란 개인의 의식 속에 존재하는 유일한 정신기관이다.
④ 아니무스(Animus)는 남성이 억압시킨 여성성이다.
⑤ 자아의 기능에서 감각(Sensing)과 직관(Intuiting)은 이성을 필요로 하는 합리적 기능이다.

06 아들러(A. Adler)의 개인심리이론에 관한 설명으로 옳지 않은 것은?

① 지배형 생활양식은 사회적 관심은 낮으나 활동수준이 높은 유형이다.
② 개인이 궁극적으로 추구하는 목적은 가상적 목표이다.
③ 인간은 목적론적 존재이다.
④ 아동에 대한 방임은 병적 열등감을 초래할 수 있다.
⑤ 사회적 관심은 선천적으로 타고나는 것이어서 의식적인 개발과 교육이 필요하지 않다.

07 고전적 조건형성의 학습원리에 관한 설명으로 옳은 것을 모두 고른 것은?

ㄱ. 시간의 원리 : 무조건 자극보다 조건 자극이 늦게 제공되어야 조건형성이 이루어진다.
ㄴ. 강도의 원리 : 무조건 자극에 대한 반응이 조건 자극에 대한 반응보다 약해야 한다.
ㄷ. 일관성의 원리 : 무조건 자극과 조건 자극은 조건이 형성될 때까지 지속적으로 제시되어야 한다.
ㄹ. 계속성의 원리 : 자극과 반응 과정의 반복 횟수가 많을수록 조건형성이 잘 이루어진다.

① ㄱ, ㄴ
② ㄴ, ㄹ
③ ㄷ, ㄹ
④ ㄱ, ㄴ, ㄷ
⑤ ㄱ, ㄷ, ㄹ

08 스키너(B. Skinner)의 조작적 조건형성을 위한 강화계획 중 '가변(변동)간격강화'에 해당하는 사례는?

① 정시 출근한 아르바이트생에게 매주 추가 수당을 지급하여 정시 출근을 유도한다.
② 어린이집에서 어린이가 규칙을 지킬 때마다 바로 칭찬해서 규칙을 지키는 행동이 늘어나도록 한다.
③ 수강생이 평균 10회 출석할 경우 상품을 1개 지급하되, 출석 5회 이상 15회 이내에서 무작위로 지급하여 성실한 출석을 유도한다.
④ 영업사원이 판매 목표를 10%씩 초과 달성할 때마다 초과 달성분의 3%를 성과급으로 지급하여 의욕을 고취한다.
⑤ 1년에 6회 자체 소방안전 점검을 하되, 불시에 실시하여 소방안전 관리를 철저히 하도록 장려한다.

05

① 페르소나(Persona)는 자아의 가면으로서, 개인이 외부 세계에 내보이는 이미지, 즉 타인의 요구나 기대에 맞추어 행동하며 살아가는 것이다.
② 융은 리비도(Libido)를 인생 전반에 걸쳐 작동하는 생활에너지 또는 정신 작용에 사용되는 창의적인 에너지로 간주하였다.
③ 원형(Archetype)이란 인간의 정신에 존재하는 보편적이고 근원적인 핵으로서, 모든 인류의 공통적 · 원초적인 아이디어이다.
④ 아니무스(Animus)는 여성의 무의식에 존재하는 남성적인 측면을 말한다.
⑤ 감각(Sensing)과 직관(Intuiting)은 이성을 필요로 하지 않는 비이성적 기능이다.

06

⑤ 아들러(Adler)는 사회적 관심을 선천적으로 타고나는 것으로 보았으나, 그와 같은 선천적인 경향성도 저절로 나타나는 것은 아니라고 강조하였다. 우월성의 추구도 사회화되어 의식적인 개발, 교육 및 훈련에 의해 실현되는 것으로 본 것이다.

07

고전적 조건형성의 기본원리(학습원리)

시간의 원리 (근접의 원리)	• 조건형성의 과정에서 조건 자극은 무조건 자극보다 시간적으로 동시에 또는 약간 앞서서 주어져야 한다. • 조건형성의 방법으로는 동시조건형성, 지연조건형성, 흔적조건형성, 역행조건형성 등이 있다.
강도의 원리	• 자극의 강도는 처음에 제시되는 조건 자극보다 나중에 제시되는 무조건 자극이 더 커야 한다. • 무조건 자극의 강도가 강할수록 조건형성이 용이하게 이루어진다.
일관성의 원리	• 질이 다른 여러 가지 자극을 주는 것보다 일관된 자극을 주는 것이 바람직하다. • 동일한 조건 자극을 일관성 있게 강화할수록 조건형성이 용이하게 이루어진다.
계속성의 원리	• 반복 연습은 학습에 필수적이다. • 자극과 반응 간의 관계를 반복하여 횟수를 거듭할수록 조건형성이 용이하게 이루어진다.

08

⑤ 일정한 시간 간격을 두지 않은 채 평균적으로 확인할 수 있는 시간 간격이 지난 후에 강화를 부여하는 '가변(변동)간격강화'에 해당한다.
① 요구되는 행동의 발생빈도에 상관없이 일정한 시간 간격에 따라 강화를 부여하는 '고정간격강화'에 해당한다.
② 반응의 횟수나 시간에 상관없이 기대하는 반응이 나타날 때마다 강화를 부여하는 '계속적 강화'에 해당한다.
③ 반응행동에 변동적인 비율을 적용하여 불규칙한 횟수의 바람직한 행동이 나타난 후 강화를 부여하는 '가변(변동)비율강화'에 해당한다.
④ 일정한 횟수의 바람직한 반응이 나타난 다음에 강화를 부여하는 '고정비율강화'에 해당한다.

09 로저스(C. Rogers)의 이론에 관한 설명으로 옳은 것을 모두 고른 것은?

> ㄱ. 인간의 주관적 경험을 강조하였다.
> ㄴ. 공감과 지시적인 상담을 강조하였다.
> ㄷ. 인간을 통합적 존재로 규정하였다.
> ㄹ. 인간의 욕구발달단계를 제시하였다.

① ㄱ
② ㄱ, ㄷ
③ ㄴ, ㄹ
④ ㄴ, ㄷ, ㄹ
⑤ ㄱ, ㄴ, ㄷ, ㄹ

10 매슬로우(A. Maslow)의 이론에 관한 설명으로 옳은 것은?

① 대부분의 사람들이 자아실현의 욕구를 달성한다.
② 자존감의 욕구는 소속과 사랑의 욕구보다 상위단계의 욕구이다.
③ 인간본성에 대해 비관적인 태도를 갖고 있다.
④ 인간의 성격은 환경에 의해 수동적으로 결정된다.
⑤ 무조건적인 긍정적 관심을 강조하였다.

11 피아제(J. Piaget)의 인지발달이론에서 '전조작기'의 발달 특성으로 옳지 않은 것은?

① 상징놀이를 한다.
② 비가역적 사고를 한다.
③ 물활론적 사고를 한다.
④ 직관에 의존해 판단한다.
⑤ 다중 유목화의 논리를 이해한다.

12 콜버그(L. Kohlberg)의 도덕성 발달 이론에 관한 설명으로 옳지 않은 것은?

① 법과 질서 지향 단계는 인습적 수준에 해당한다.
② 피아제(J. Piaget)의 도덕성 발달 이론에 기초를 제공하였다.
③ 전인습적 수준에서는 행동의 원인보다 결과에 따라 옳고 그름을 판단한다.
④ 보편적 윤리 지향 단계에서는 정의, 평등 등 인권적 가치와 양심적 행위를 지향한다.
⑤ 도덕적 딜레마가 포함된 이야기를 아동, 청소년 등에게 들려주고, 이야기 속 주인공의 행동에 대한 도덕적 판단과 그 근거를 질문한 후 그 응답에 따라 도덕성 발달 단계를 파악하였다.

09

ㄴ. 자기결정권과 비심판적 태도, 비지시적 상담의 중요성을 강조하였다.
ㄹ. 매슬로우(A. Maslow)는 인간의 다양한 욕구체계를 제시하였다.

10

① 매슬로우(Maslow)의 욕구위계 5단계 중 자아실현의 욕구는 최상위의 욕구로서, 이를 성취하는 사람은 극소수에 불과하다.
③·④ 매슬로우의 인본주의이론은 인간본성에 대해 낙관적인 태도를 갖고 있다. 인간은 근본적으로 선하고 잠재력을 실현해 나갈 수 있는 존재라는 것이다.
⑤ 무조건적인 긍정적 관심을 강조한 학자는 로저스(Rogers)이다.

욕구위계의 5단계 피라미드(Maslow)

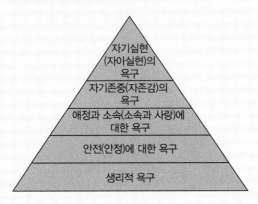

11

⑤ '구체적 조작기'의 발달 특성에 해당한다. 구체적 조작기에는 대상을 일정한 특징에 따라 다양한 범주들로 구분하는 유목화 또는 분류화(Classification), 대상의 특정 속성을 기준으로 순서를 부여하는 서열화(Seriation)가 가능하다. 참고로 '다중 유목화(Multiple Classification)'는 대상을 두 개 이상의 속성에 따라 분류하는 것이다.

12

② 콜버그(Kohlberg)는 피아제(Piaget)의 이론에 대한 관심에서 출발하여 도덕적 사고에 초점을 두고 도덕성 발달에 관한 이론을 제시하였다. 피아제가 아동의 도덕성 발달을 타율적 도덕성 단계와 자율적 도덕성 단계로 설명하였는데, 콜버그는 그의 이론을 확장하여 도덕적 갈등 상황에서 개인이 어떻게 판단하고 그 판단을 어떻게 추론하는가를 분석함으로써 도덕성 발달단계를 전인습적 수준(4~10세), 인습적 수준(10~13세), 후인습적 수준(13세 이상)으로 나누고 각 수준에 2단계씩 총 6단계로 구체화하였다.

13 사회체계이론의 주요 개념에 관한 설명으로 옳지 않은 것은?

① 넥엔트로피(Negentropy)는 폐쇄체계가 지속되면 나타나는 현상이다.
② 항상성(Homeostasis)은 비교적 안정적이며 지속적인 균형상태를 유지하기 위한 체계의 경향을 말한다.
③ 시너지(Synergy)는 체계 내부 간 혹은 외부와의 상호작용이 증가함으로써 체계 내에서 유용한 에너지양이 증가하는 현상이다.
④ 경계(Boundary)란 체계와 환경 혹은 체계와 체계 간을 구분하는 일종의 테두리를 의미한다.
⑤ 균형(Equilibrium)은 외부체계로부터의 투입이 없어 체계의 구조변화가 거의 없이 고정된 평형상태를 의미한다.

14 생태체계이론에 관한 설명으로 옳지 않은 것은?

① 인간은 목적 지향적이다.
② 적합성은 개인이 환경과 효과적으로 상호작용을 할 수 있는 능력이다.
③ 생활상의 문제는 전체 생활공간 내에서 이해해야 한다.
④ 스트레스는 개인과 환경 간 상호교류에서의 불균형이 야기하는 현상이다.
⑤ 환경 속의 인간을 강조한다.

15 브론펜브레너(U. Bronfenbrenner)의 미시체계(Micro System)에 관한 설명으로 옳은 것은?

① 개인의 생활에 직접적으로 개입하지 않는다.
② 조직수준에서 영향을 미칠 수 있는 체계이다.
③ 개인의 성장 시기에 따라 달라지며 상호호혜성에 기반을 두는 체계이다.
④ 개인의 발달에 영향을 미치는 부모의 직업, 자녀의 학교 등을 중시한다.
⑤ 개인이 사회관습과 유행을 통해 자신의 가치관을 표현한다.

16 브론펜브레너(U. Bronfenbrenner)의 거시체계(Macro System) 수준에서 학교폭력 피해 청소년에게 개입한 사례는?

① 피해 청소년과 개별 상담을 실시한다.
② 피해 청소년의 성장사와 가족력 등을 파악한다.
③ 피해 청소년 부모의 근무 환경, 소득 등을 살펴본다.
④ 피해 청소년이 다시 피해를 입지 않도록 학교폭력에 대한 처벌을 강화하는 특별법을 제정한다.
⑤ 피해 청소년의 부모, 교사, 사회복지사가 함께 피해 청소년 보호를 위한 구체적 방법을 정기적으로 의논한다.

13

① 넥엔트로피(Negentropy)는 개방체계적인 속성을 가지며, 체계 외부로부터 에너지가 유입됨으로써 체계 내부의 불필요한 에너지가 감소하는 상태를 말한다. 참고로 폐쇄체계가 지속되면 엔트로피(Entropy) 속성이 나타난다.

14

생태체계이론의 주요 개념으로서 적합성과 유능성

적합성 (Goodness-of-fit)	• 인간의 욕구와 환경자원이 부합되는 정도를 말한다. • 적합성은 인간과 환경 사이의 상호교류를 통해 성취되며, 특히 개인과 환경 사이의 상호작용이 성공적·적응적일 때 적합성이 이루어진다.
유능성 (Competence)	• 개인이 환경과 효과적으로 상호작용을 할 수 있는 능력을 말한다. • 개인이 확고한 결정을 내리고 자신의 판단을 신뢰하며, 자기확신을 갖고 환경에 바람직한 영향을 미칠 수 있는 능력을 포함한다.

15

③ 미시체계는 상호호혜성에 기반을 둔다. 예를 들어, 부모-자녀의 의사소통 패턴에서 부모는 자녀의 합리적인 요청을 들어주고, 자녀는 부모의 합리적인 요청을 존중하는 방식으로 서로에게 화답한다.

① 미시체계는 유기체가 직접 접하고 속해 있는 인접 환경들의 관계 복합체로서, 개인을 둘러싼 직접적인 환경 내의 활동, 역할, 대인관계 유형이다.

② 미시체계는 가족, 학교, 친구 등이 영향을 미칠 수 있는 체계이다.

④ 외체계(외부체계)에 대한 설명이다. 예를 들어, 부모의 직업환경은 자녀양육에도 강력한 영향력을 갖는다.

⑤ 거시체계에 대한 설명이다. 거시체계는 사회습관과 유행으로 스스로의 가치관을 만들어 낸다.

16

④ 피해 청소년이 속한 사회구조의 사회적 규범이나 제도에 관한 것이므로, 거시체계 수준의 개입으로 볼 수 있다.

① 피해 청소년과의 직접적인 상호작용이 이루어지는 것이므로, 미시체계 수준의 개입으로 볼 수 있다.

② 피해 청소년의 성장사와 가족력 등 시간의 경과와 함께 연속적인 사건들이 누적되는 영향에 관심을 갖는 것이므로, 시간체계 수준의 개입으로 볼 수 있다.

③ 피해 청소년이 직접 참여하지 않아도 그에게 영향을 미치는 사회적 환경에 해당하므로, 외체계(외부체계) 수준의 개입으로 볼 수 있다.

⑤ 피해 청소년을 둘러싼 미시체계들 간의 상호작용이 이루어지는 것이므로, 중간체계 수준의 개입으로 볼 수 있다.

참고

브론펜브레너(Bronfenbrenner)의 생태학적 체계모델에 의한 5가지 체계 수준은 보는 관점에 따라 달리 해석될 수 있으므로, 이점 감안하여 학습하시기 바랍니다.

17 문화에 관한 설명으로 옳지 않은 것은?

① 사회체계로서 중간체계에 해당된다.
② 사회구성원들 간에 공유된다.
③ 문화변용은 둘 이상의 문화가 지속적으로 접촉하여 한쪽이나 양쪽에 변화가 일어나는 현상이다.
④ 세대 간에 전승되며 축적된다.
⑤ 사회화에 대한 지침을 제공한다.

18 태내기(수정–출산)에 유전적 요인으로 인해 발생할 수 있는 장애에 관한 설명으로 옳은 것은?

① 다운증후군은 지능 저하를 동반하지 않는다.
② 헌팅톤병은 열성 유전인자 질병으로서 단백질의 대사장애를 일으킨다.
③ 클라인펠터증후군은 X염색체를 더 많이 가진 남성에게 나타난다.
④ 터너증후군은 Y염색체 하나가 더 있는 남성에게 나타난다.
⑤ 혈우병은 여성에게만 발병한다.

19 유아기(3~6세)에 관한 설명으로 옳지 않은 것은?

① 영아기(0~2세)보다 성장속도가 느려진다.
② 성역할의 내면화가 이루어진다.
③ 오로지 자신의 관점에 비추어 타인의 감정이나 사고를 예측하는 경향이 있다.
④ 피아제(J. Piaget)의 형식적 조작기에 해당한다.
⑤ 전환적 추론이 가능하다.

20 에릭슨(E. Erickson)의 심리사회이론에서 아동기(7~12세) 발달과업을 성취하지 못할 경우 경험하는 심리사회적 위기는?

① 불신감
② 절망감
③ 침체감
④ 고립감
⑤ 열등감

17

① 문화는 사회체계로서 거시체계에 해당한다. 거시체계는 개인이 속한 사회의 이념(신념)이나 제도, 즉 정치, 경제, 문화 등의 광범위한 사회적 맥락을 의미한다.

18

① 다운증후군은 지능 저하와 발달 지연을 동반한다.
② 헌팅톤병은 우성 유전인자 질환으로 인지능력과 기억능력이 점진적으로 감퇴되는 신경계 퇴행성 질환이다.
④ 터너증후군은 X염색체를 하나만 가진 여성에게 나타난다.
⑤ 혈우병은 거의 대부분 남성에게서 발병한다.

19

④ 피아제(J. Piaget)의 전조작기에 해당한다.

참고

전환적 추론(Transductive Reasoning)은 한 특정 사건으로부터 다른 특정 사건을 추론하는 것으로, 귀납적 추론이나 연역적 추론을 하지 못하는 유아기에서 나타나는 추론능력이다. 예를 들어, "동생을 미워한다"와 "동생이 아프다"는 두 가지 사실에 대해 유아는 자기가 동생을 미워해서 동생이 아프다는 식으로 인과관계를 연결시킨다. 이 두 가지 현상 간에 아무런 관계가 없음에도 불구하고 유아는 시간적으로 근접한 두 가지 현상에서 인과관계를 생각하는 것이다.

20

에릭슨(E. Erikson)의 심리사회적 발달단계에서 심리사회적 위기의 결과

- 유아기(0~18개월) : 기본적 신뢰감 대 불신감
- 초기아동기(18개월~3세) : 자율성 대 수치심 · 회의
- 학령전기 또는 유희기(3~6세) : 주도성 대 죄의식
- 학령기(6~12세) : 근면성 대 열등감
- 청소년기(13~19세) : 자아정체감 대 정체감 혼란
- 성인 초기(20~24세) : 친밀감 대 고립감
- 성인기(24~65세) : 생산성 대 침체
- 노년기(65세 이후) : 자아통합 대 절망

참고

문제상의 'E. Erickson'은 'E. Erikson'의 오타인 것으로 보입니다.

21 엘킨드(D. Elkind)가 제시한 청소년기(13~19세) 자기중심성(Egocentrism)에 관한 내용으로 옳지 않은 것은?

① 다른 사람이 경험하는 위기가 자신에게는 일어나지 않으리라 믿는다.
② 상상적 관중을 의식하여 작은 실수에 대해서도 번민한다.
③ 자신의 감정이나 경험이 매우 특별하다고 생각한다.
④ 자신과 타인에 대해 객관적으로 이해하고 판단한다.
⑤ 자신이 타인으로부터 집중적인 관심의 대상이 된다고 믿는다.

22 청년기(20~35세)에 관한 설명으로 옳지 않은 것은?

① 자기 부양 능력을 갖추어야 하는 시기이다.
② 자아정체감 형성이 주요 발달 과제인 시기이다.
③ 부모로부터 심리적, 경제적으로 독립하여 자율성을 성취하는 시기이다.
④ 개인적 욕구와 사회적 욕구 사이에 균형을 찾아 직업을 선택하는 시기이다.
⑤ 타인과의 관계에서 친밀감을 형성하면서 결혼과 부모됨을 고려하는 시기이다.

23 중년기(40~64세)에 관한 설명으로 옳은 것은?

① 펙(R. Peck)은 신체중시로부터 신체초월을 중년기의 중요한 발달과제로 보았다.
② 결정성(Crystallized) 지능은 감소하고 유동성(Fluid) 지능은 증가한다.
③ 융(C. Jung)에 따르면, 외부세계에 쏟았던 에너지를 자신의 내부에 초점을 두며 개성화의 과정을 경험한다.
④ 여성은 에스트로겐의 분비가 감소되고 남성은 테스토스테론의 분비가 증가된다.
⑤ 갱년기는 여성만이 경험하는 것으로 신체적 변화와 동시에 우울, 무기력감 등 심리적 증상을 동반한다.

24 다음 학자와 그의 주요 기법이 옳게 연결된 것은?

① 반두라(A. Bandura) – 행동조성
② 로저스(C. Rogers) – 타임아웃
③ 스키너(B. Skinner) – 모델링
④ 피아제(J. Piaget) – 가족조각
⑤ 프로이트(S. Freud) – 자유연상

21

청소년기의 자기중심성(자아중심성) 발달

- 청소년기에는 현실과 환상을 구분하지 못하는 양상을 보이는데, 이는 상상적 관중(청중)과 개인적 우화로 나타난다.
- 상상적 관중(Imaginary Audience)은 자신이 마치 무대 위의 주인공처럼 다른 사람들로부터 주의와 관심의 대상이 되고 있다고 믿는 현상이다.
- 개인적 우화(Personal Fable)는 자신이 마치 독특한 존재이기라도 한 것처럼 자신의 사고와 감정이 다른 사람과 근본적으로 다르다고 믿는 현상이다.
- 이러한 청소년기의 자기중심성은 대략 11~12세경 시작되어 15~16세경 정점을 이루다가, 다양한 대인관계 경험을 통해 자신과 타인에 대한 객관적인 이해가 이루어지면서 서서히 사라지게 된다.

22

② 자아정체감 형성이 주요 발달 과제인 시기는 청소년기이다.

23

① 펙(R. Peck)은 에릭슨(E. Erikson)의 7단계(중년기)와 8단계(노년기)를 통합하여 자아분화, 신체초월, 자아초월 등을 노년기의 중요한 발달과제로 보았다.
② 유동성(Fluid) 지능은 퇴보하기 시작하는 반면, 결정성(Crystallized) 지능은 계속 발달하는 경향이 있다.
④ 여성은 에스트로겐의 분비가 감소되고 남성은 테스토스테론의 분비가 감소된다.
⑤ 갱년기는 남성과 여성 모두에게 나타나며, 특히 남성의 갱년기는 여성의 갱년기에 비해 늦게 시작되어 서서히 진행된다.

24

① 스키너(B. Skinner) - 행동조성
② 스키너(B. Skinner) - 타임아웃
③ 반두라(A. Bandura) - 모델링
④ 사티어(V. Satir) - 가족조각

25 생애주기에 따른 주요 발달과업의 연결이 옳은 것을 모두 고른 것은?

> ㄱ. 영아기(0~2세) – 신뢰감, 애착형성
> ㄴ. 청소년기(13~19세) – 생산성, 서열화
> ㄷ. 노년기(65세 이상) – 자아통합, 죽음수용

① ㄱ
② ㄴ
③ ㄱ, ㄴ
④ ㄱ, ㄷ
⑤ ㄴ, ㄷ

제2영역 **사회복지조사론**

26 다음 중 질적 연구와 가장 거리가 먼 것은?

① 문화기술지(Ethnography) 연구
② 심층사례연구
③ 사회지표조사
④ 근거이론연구
⑤ 내러티브(Narrative) 연구

27 과학철학에 관한 설명으로 옳은 것은?

① 논리적 실증주의에 가장 큰 영향을 미친 사람은 영국의 철학자 흄(D. Hume)이다.
② 상대론적인 입장에서는 경험에 의한 지식의 객관성을 추구한다.
③ 쿤(T. Kuhn)에 의하면 과학은 기존의 이론과 상충되는 현상을 관찰하는 데서 출발하여 기존의 이론에 엄격한 검증을 행한다.
④ 반증주의는 누적적인 진보를 부정하면서 역사적 사실들과 더 잘 부합하는 새로운 패러다임을 제시하였다.
⑤ 논리적 경험주의는 과학의 이론들이 확률적으로 검증되는 관찰에 의해서만 정당화될 수 있다고 주장한다.

28 실증주의의 특징과 가장 거리가 먼 것은?

① 이론의 재검증
② 객관적 조사
③ 사회현상의 주관적 의미에 대한 해석
④ 보편적이고 적용가능한 통계적 분석도구
⑤ 연구결과의 일반화

25

ㄴ. '생산성'은 중년기(장년기), '서열화'는 아동기(후기아동기)의 발달과업에 해당한다. 참고로 청소년기의 주요 발달과업으로는 자아정체감 형성, 형식적 조작사고 발달 등이 있다.

26

③ 사회지표조사 또는 사회지표분석(Social Indicator Analysis)은 일정 인구가 생활하는 지역의 지역적·생태적·사회적·경제적 및 인구적 특성에 근거하여 지역사회의 욕구를 추정할 수 있다는 전제하에 사회지표를 분석하는 방법으로 양적 연구에 가깝다.

① 문화기술지 또는 민속지학(Ethnography)은 문화적 또는 사회적 집단의 행동이나 관습, 생활양식 등을 탐구하여 이를 기술하고 해석하는 데 주력하는 질적 연구방법이다.

② 사례연구(Case Study)는 소수의 사례에 대해 깊이 있게 조사하는 것으로, 다양한 정보원들로부터 세부적이고 심층적인 자료수집을 통해 특정 사례를 심층적이고 총체적으로 탐색하는 질적 연구방법이다.

④ 근거이론연구(Grounded Theory Study)는 사람이나 현상에 대한 이론을 귀납적으로 구성하는 데 중점을 두는 것으로, 연구하고자 하는 현상의 맥락과 밀접하게 연관된 이론을 개발하는 데 주력하는 질적 연구방법이다.

⑤ 내러티브 연구(Narrative Study)는 인간 경험을 진술하는 일련의 사건들에 대한 이야기나 내러티브 또는 기술들을 연구하는 질적 연구방법이다.

27

⑤ 논리적 경험주의는 관찰이 과학의 출발점임을 인정하면서도, 유일한 관찰에 의해서는 완전한 진리를 규명할 수 없다는 견해에 따라 '진리의 입증(Verification)' 대신 '진리의 확인(Confirmation)'의 개념으로 전환하였다.

① 논리적 실증주의에 가장 큰 영향을 미친 학자로 19C 실증주의를 대표하는 콩트(Comte)를 들 수 있다. 콩트는 사회과학도 자연과학과 같이 실험과 관찰을 통해 검증된 것만을 지식으로 받아들일 수 있다고 주장하였다.

② 상대론적 입장은 지식 추구에 있어서 주관성의 개입을 필연적인 것으로 보고, 사회구성원들의 과학적 신념과의 관계에서 지식을 파악해야 한다고 주장한다.

③ 쿤(Kuhn)은 연구자 개인의 주관적 결정이 관찰법칙에 타당성을 부여할 수 없으며, 이론을 선택하는 객관적인 준거도 없다고 주장하면서, 고정된 이론체계가 아니라 끊임없이 변화하는 체계로서 패러다임(Paradigm)을 제안하였다.

④ 반증주의는 기존의 이론을 부정하는 관찰을 통해 과학의 발전이 이루어진다는 가정하에 문제해결을 위해 제시된 이론에 대한 엄격한 경험적 검증을 강조한다.

28

③ 해석주의의 특징에 해당한다. 해석주의적 패러다임은 현상의 원인을 과학적·객관적으로 측정하는 것이 아닌 개인의 다양한 경험과 사회적 행위의 주관적 의미에 대한 해석과 이해를 통해 설명하고자 한다.

29 평가연구에 관한 설명으로 옳지 않은 것은?

① 보고서의 형식은 의뢰기관의 요청에 따를 수 있다.
② 목표달성에 대한 해석이 다양한 이해관계에 영향을 받을 수 있다.
③ 질적 연구방법을 적용할 수 있다.
④ 프로그램의 실행과정도 평가할 수 있다.
⑤ 과학적 객관성을 저해하더라도 의뢰기관의 요구를 수용하여 평가결과를 조정할 수 있다.

30 사회복지조사에 관한 설명으로 옳은 것을 모두 고른 것은?

> ㄱ. 사회복지관련 이론 개발에 사용된다.
> ㄴ. 여론조사나 인구센서스 조사는 전형적인 탐색 목적의 조사연구이다.
> ㄷ. 연구의 전 과정에서 결정주의적 성향을 지양해야 한다.
> ㄹ. 조사범위에 따라 횡단연구와 종단연구로 나뉘어진다.

① ㄱ, ㄷ
② ㄴ, ㄹ
③ ㄱ, ㄴ, ㄷ
④ ㄴ, ㄷ, ㄹ
⑤ ㄱ, ㄴ, ㄷ, ㄹ

31 다음에서 설명하는 조사 유형에 해당하는 것은?

> • 둘 이상의 시점에서 조사가 이루어진다.
> • 동일대상 반복측정을 원칙으로 하지 않는다.

① 추세연구, 횡단연구
② 패널연구, 추세연구
③ 횡단연구, 동년배(Cohort) 연구
④ 추세연구, 동년배 연구
⑤ 패널연구, 동년배 연구

32 17개 시·도의 69개 사회복지기관에서 근무하는 사회복지사 396명을 대상으로 근무기관의 규모별 직무만족도를 설문조사할 때 독립변수와 종속변수의 관찰단위를 순서대로 옳게 짝지은 것은?

① 개인 – 개인
② 기관 – 개인
③ 지역사회 – 개인
④ 지역사회 – 기관
⑤ 개인 – 지역사회

29

평가연구를 위한 주요 단계적 전략

- 의뢰기관과 그 기관의 프로그램에 대한 기득적 이해관계에 대해 충분히 이해한다.
- 평가를 기획하고 진행하는 전 과정에 걸쳐 이해관계자들을 의미있는 방향으로 참여시킨다.
- 이해관계자들과 원활한 의견교환이 이루어지도록 관계를 유지한다.
- 과학적 객관성을 저해하지 않는 한도 내에서 의뢰기관의 필요와 바람을 수용하여 평가 및 평가결과 보고서를 조정한다.(⑤)

30

ㄴ. 여론조사나 인구센서스 조사는 전형적인 기술(Description) 목적의 조사연구이다. 기술적 조사는 특정 현상을 사실적으로 묘사하려는 조사로, 현상이나 주제를 정확하게 기술하는 것을 주목적으로 한다. 참고로 탐색적 조사로 문헌조사, 경험자조사, 특례조사(특례분석) 등이 있다.

ㄹ. 시간적 차원(조사 시점 및 기간)에 따라 횡단연구와 종단연구로 나뉘어진다. 참고로 조사대상의 범위 혹은 표본추출의 여부에 따라 전수조사와 표본조사로 분류된다.

31

④ 둘 이상의 시점에서 반복적인 측정이 이루어지는 것은 종단조사이다. 종단조사에는 경향분석 또는 추세연구(Trend Study), 코호트 조사 또는 동년배 연구(Cohort Study), 패널조사 또는 패널연구(Panel Study) 등이 있으며, 그중 패널조사(패널연구)는 동일대상 반복측정을 원칙으로 한다.

종단조사의 주요 유형

경향분석 (추세연구)	• 일정한 기간 동안 전체 모집단 내의 변화를 연구하는 것으로, 일정 주기별 인구변화에 대한 조사에 해당한다. • 어떤 광범위한 연구대상의 특정 속성을 여러 시기를 두고 관찰·비교하는 방법이다.
코호트 조사 (동년배 연구)	• 동기생·동시경험집단 연구 혹은 동류집단연구에 해당한다. • 일정한 기간 동안 어떤 한정된 부분 모집단의 변화를 연구하는 것으로, 특정 경험을 같이 하는 사람들이 가지는 특성들에 대해 두 번 이상의 다른 시기에 걸쳐서 비교·연구하는 방법이다.
패널조사 (패널연구)	• 동일집단 반복연구에 해당한다. • '패널(Panel)'이라 불리는 특정응답자 집단을 정해 놓고 그들로부터 상당히 긴 시간 동안 지속적으로 연구자가 필요로 하는 정보를 획득하는 방법이다.

32

관찰단위(Observation Unit)

- 자료를 직접 수집하는 요소 또는 요소의 총합체를 의미하는 것으로, '자료수집단위'라고도 한다.
- 예를 들어, 근무기관의 규모(→ 독립변수)에 따른 종사자로서 사회복지사의 직무만족도(→ 종속변수)를 조사하는 경우, 조사자는 서로 다른 지역의 사회복지기관에 근무하는 사회복지사 개인들을 대상으로 그들이 근무하는 사회복지기관의 규모와 함께 직무수행에 있어서 만족도에 대해 설문조사를 실시할 수 있다.

33 다음 사례에서 부모의 재산은 어떤 변수인가?

> 한 연구에서 부모의 학력이 자녀의 대학 진학률에 영향을 미치는 것으로 나타났다. 그러나 부모의 재산이 비슷한 조사 대상에 한정하여 다시 분석해 본 결과, 부모의 학력과 자녀의 대학 진학률 사이에는 통계적으로 유의미한 관계가 없는 것으로 나타났다.

① 독립변수
② 종속변수
③ 조절변수
④ 억제변수
⑤ 통제변수

34 양적 조사방법에 관한 설명으로 옳은 것은?

① 자료수집을 완료한 후 가설을 설정해야 한다.
② 자료수집방법은 조사설계에 포함할 수 없다.
③ 연구가설은 독립변수와 종속변수는 관계가 없다고 설정한다.
④ 개념적 정의는 측정 가능성을 전제로 하지 않는다.
⑤ 사회과학에서 이론은 직접검증을 원칙으로 한다.

35 측정수준이 서로 다른 변수로 묶인 것은?

① 연령, 백신 접종률
② 학년, 이수과목의 수
③ 섭씨(℃), 화씨(℉)
④ 강우량, 산불발생 건 수
⑤ 거주지역, 혈액형

36 척도 유형에 관한 설명으로 옳지 않은 것은?

① 리커트 척도(Likert Scale)는 문항 간 내적 일관성이 중요하다.
② 거트만 척도(Guttman Scale)는 누적척도이다.
③ 서스톤 척도(Thurstone Scale)의 장점은 개발의 용이성이다.
④ 보가더스척도(Borgadus Scale)는 사회집단 간의 심리적 거리감을 측정하는 데 적절하다.
⑤ 의미분화척도(Semantic Differential Scale)의 문항은 한 쌍의 대조되는 형용사를 사용한다.

33

통제변수(Control Variable)

- 독립변수와 종속변수 간의 관계를 명확히 파악하기 위해 그 관계에 영향을 미칠 수 있는 제3의 변수를 통제하는 변수로, 실험연구에서 독립변수와 종속변수 간의 허위적 관계를 밝히는 데 활용된다.
- 예를 들어, 한 연구에서 부모의 학력과 자녀의 대학 진학률 간에 정(+)의 상관관계가 있는 것으로 나타났다고 하자. 그런데 제3의 변수인 부모의 재산을 통제해서 부모의 학력과 자녀의 대학 진학률 간의 관계를 파악했더니 이들 간에 통계적으로 유의미한 관계가 없는 것으로 나타났다. 그렇다면 이는 제3의 변수가 독립변수와 종속변수 간의 인과관계에 영향을 미친 것으로 볼 수 있다.
- 이와 같이 독립변수로 작용하여 종속변수에 영향을 미칠 수는 있지만 조사설계의 독립변수에 포함되지 않는 변수들이 있는데, 이들 제3의 변수를 통제할 경우 이를 '통제변수'라 한다.

34

④ 측정 가능성을 전제로 하는 것은 조작적 정의이다. 개념화 과정을 거친 개념은 실제로 측정 가능하도록 조작화해야 한다.
① 조사연구는 〈연구문제 설정 → 가설 설정 → 조사설계 → 자료수집 → 자료분석 → 보고서 작성〉의 절차로 진행된다.
② 조사설계에서 자료수집방법, 연구모집단 및 표본 수, 표본추출방법, 분석 시 사용할 통계기법 등을 결정한다.
③ 연구가설은 보통 "A는 B보다 ~이다" 또는 "A는 B와 관계(차이)가 있다"는 식으로 표현된다.
⑤ 사회과학은 측정대상이 갖는 특성으로 인해 측정에 한계가 있으므로 직접검증을 원칙으로 하지 않는다. 다만, 연구자는 대상을 수치로 나타냄으로써 연구의 객관성을 도모하려고 한다.

35

② 학년은 등간변수, 이수과목의 수는 비율변수에 해당한다.
① 비율변수, ③ 등간변수, ④ 비율변수, ⑤ 명목변수

36

③ 서스톤 척도(Thurstone Scale)의 개발과정은 리커트 척도(Likert Scale)에 비해 비교적 많은 시간과 노력이 소요된다. 그 이유는 평가하기 위한 문항의 수가 많아야 하고, 평가자도 많아야 하기 때문이다. 이와 같이 문항 수가 많으면 문항의 선정이 정확해지는 반면, 그에 대한 응답을 분석하는 데 많은 시간과 노력이 소요된다. 또한 서스톤 척도는 다수 평가자들의 경험이나 지식이 일정하지 않고 평가에 편견이 개입될 수 있으며, 문항에 대한 지식이 부족할 수 있는 문제점도 가지고 있다.

37 측정에 관한 설명으로 옳지 않은 것은?

① 측정은 연구대상에 대해 일정한 규칙에 따라 숫자나 기호를 부여하는 과정이다.
② 지표는 개념 속에 내재된 속성들이 표출되어 나타난 결과를 말한다.
③ 측정의 체계적 오류는 타당도와 관련이 없다.
④ 리커트 척도는 각 항목의 단순합산을 통해 서열성을 산출한다.
⑤ 조작적 정의는 실질적으로 측정하게 되는 연구대상의 세부적 속성이다.

38 척도의 타당도를 평가하는 기준이 아닌 것은?

① 하나의 개념을 측정하는 개별 항목들 간의 일관성
② 이론적으로 관련성이 없는 두 개념을 측정한 두 척도 간의 상관관계
③ 어떤 척도와 기준이 되는 척도 간의 상관관계
④ 개념 안에 포함된 포괄적인 의미를 척도가 포함하는 정도
⑤ 개별 항목들이 연구자가 의도한 개념을 구성하는 요인으로 모이는 정도

39 신뢰도를 높이는 방법에 관한 설명으로 옳은 것은?

① 측정 항목 수를 가능한 줄여야 한다.
② 유사한 질문을 2회 이상 하지 않는다.
③ 측정자에게 측정도구에 대한 교육을 사후에 실시한다.
④ 측정자들이 측정방식을 대상자에 맞게 유연하게 바꾸어야 한다.
⑤ 조사대상자가 알지 못하는 내용에 대해서는 측정하지 않는 것이 좋다.

40 신뢰도에 관한 설명으로 옳은 것을 모두 고른 것은?

> ㄱ. 재검사법, 반분법은 신뢰도를 평가하는 방법이다.
> ㄴ. 신뢰도는 타당도의 필요충분조건이다.
> ㄷ. 측정할 때마다 실제보다 5g 더 높게 측정되는 저울은 신뢰도가 있다.

① ㄱ
② ㄴ
③ ㄱ, ㄴ
④ ㄱ, ㄷ
⑤ ㄱ, ㄴ, ㄷ

37

체계적 오류와 비체계적 오류

체계적 오류 (Systematic Error)	변수에 일정하게 또는 체계적으로 영향을 주어 측정결과가 항상 일정한 방향으로 편향되는 오류를 말하는 것으로, 특히 측정의 타당도와 관련이 있다.
비체계적 오류 (Random Error)	측정자, 측정대상자, 측정과정, 측정수단 등에 일관성이 없이 영향을 미침으로써 발생되는 오류를 말하는 것으로, 특히 측정의 신뢰도와 관련이 있다.

38

① 척도의 신뢰도를 평가하는 기준에 해당한다. 참고로 하나의 개념을 여러 측정항목으로 측정할 경우 나타나는 개별 항목들 간의 일관성 또는 동질성의 정도를 평가하는 것으로 크론바흐 알파계수 (Cronbach's α Coefficient)가 있다.
② 변별타당도(판별타당도)의 평가기준에 해당한다. 척도가 이론적으로 관련성이 없는 척도와 서로 연관되지 않는 것으로 나타날 때 변별타당도가 있다고 한다.
③ 기준타당도의 평가기준에 해당한다. 새로운 척도를 사용하여 측정한 결과가 기존의 척도를 사용하여 측정한 결과와 상관관계가 높을 때 기준타당도가 있다고 한다.
④ 내용타당도의 평가기준에 해당한다. 척도가 측정하고자 하였던 개념의 포괄적인 의미를 포함하고 있을 때 내용타당도가 있다고 한다.
⑤ 요인타당도(요인분석)의 평가기준에 해당한다. 척도의 개별 항목들이 통계적으로 서로 연관된 그룹, 즉 하위요인으로 모일 때 요인타당도가 있다고 한다.

39

신뢰도를 높이는 주요 방법

• 측정도구를 명확하게 구성하여 모호성을 제거해야 한다.
• 측정 항목 수를 충분히 늘리고 항목의 선택범위 (값)를 넓혀야 한다.
• 조사대상자가 알지 못하는 내용에 대해서는 측정하지 않거나 이해할 수 있는 형태로 바꾸어야 한다.(⑤)
• 면접자들이 조사대상자를 대할 때 일관성을 유지해야 한다.

40

ㄴ. 타당도는 신뢰도의 충분조건인 반면, 신뢰도는 타당도의 필요조건에 해당한다. 즉, 신뢰도가 높다고 하여 반드시 타당도가 높은 것은 아니며, 타당도가 낮다고 하여 반드시 신뢰도가 낮은 것은 아니다.

41 다른 조건이 같다면, 확률표집에서 표집오차 (Sampling Error)에 관한 설명으로 옳지 않은 것은?

① 표준오차(Standard Error)가 커지면 표집 오차도 커진다.
② 신뢰수준(Confidence Level)을 높이면 표집오차가 감소한다.
③ 표본의 수가 증가하면 표집오차가 감소한다.
④ 이질적인 모집단보다 동질적인 모집단에서 추출한 표본의 표집오차가 작다.
⑤ 층화를 통해 단순무작위추출의 표집오차를 줄일 수 있다.

42 다음 사례의 표집에 관한 설명으로 옳은 것은?

> 400명의 명단에서 80명의 표본을 선정하는 경우, 그 명단에서 최초의 다섯 사람 중에서 무작위로 한 사람을 뽑는다. 그 후 표집간격만큼을 더한 번호에 해당하는 사람을 표본으로 선택한다.

① 단순무작위 표집이다.
② 표집틀이 있어야 한다.
③ 모집단의 배열에 일정한 주기성을 가지고 있어야 한다.
④ 비확률표집법을 사용하였다.
⑤ 모집단에 대한 대표성이 부족하다.

43 표집에 관한 설명으로 옳은 것은?

① 할당표집(Quota Sampling)은 무작위 표집을 전제로 한다.
② 유의표집(Purposive Sampling)은 확률표집이다.
③ 눈덩이표집(Snowball Sampling)은 모집단의 규모를 알아야만 사용할 수 있다.
④ 단순무작위표집(Simple Random Sampling)은 모집단으로부터 표본으로 추출될 확률을 알 수 있다.
⑤ 임의표집(Convenience Sampling)은 모집단의 대표성이 높은 표본을 추출한다.

44 통계적 가설검증에 관한 설명으로 옳지 않은 것은?

① 영가설을 기각하면 연구가설이 잠정적으로 채택된다.
② 영가설은 연구가설과 대조되는 가설이다.
③ 통계치에 대한 확률(p)이 유의수준(α)보다 낮으면 영가설이 기각된다.
④ 연구가설은 표본의 통계치에 대한 가정이다.
⑤ 연구가설은 경험적으로 검증이 가능하여야 한다.

41

② 표집오차 또는 표본오차(Sampling Error)는 표본의 선정 과정에서 발생하는 오차로서, 표본의 통계치(Statistic)와 모집단의 모수(Parameter) 간의 차이를 의미한다. 또한 신뢰수준(Confidence Levels)은 표본의 결과를 통해 추정하려는 모수가 어느 정도 신뢰성을 갖는지, 즉 모수가 특정 구간 내에 있을 확률을 의미한다. 이러한 표집오차(표본오차)는 신뢰수준과 표준오차에 비례한다. 즉, 신뢰수준이 높을수록 표집오차도 커지고, 표준오차가 클수록 표집오차도 커지게 된다. 이는 신뢰수준이 허용오차수준으로서 유의수준(→ 모수가 신뢰구간 밖에 존재할 확률)과 반비례 관계에 있으므로, 측정의 정밀도를 높이기 위해 신뢰수준을 높이는 것이 곧 오차의 허용범위를 낮추는 것이기 때문이다.

참고

유의수준이 .05라는 의미는 표본에서 얻어진 결과가 우연히 일어날 확률이 100번 중 5번 이하라는 것이며, 이 결과는 우연이 아닌 모집단 자체의 특성이 그렇다는 의미입니다. 유의수준 .05는 신뢰수준 95%, 유의수준 .01은 신뢰수준 99%와 같은 의미이며, 따라서 신뢰수준을 높이는 것(즉, 유의수준을 낮추는 것)이 표집오차(표본오차)를 증가시키게 되는 것입니다.

42

①·② 사례의 표집은 체계적 표집(계통적 표집)에 해당한다. 체계적 표집은 표집틀인 모집단 목록에서 구성요소에 대해 일정한 순서에 따라 매 K번째 요소를 추출하는 방법이다.
③ 체계적 표집은 모집단 목록 자체가 일정한 주기성(Periodicity)을 가지고 배열되어 있는 경우 편향된 표본이 추출될 수 있는 단점을 지니고 있다.
④ 체계적 표집은 확률표집방법에 해당한다.
⑤ 확률표집방법은 모집단의 각 표집단위가 모두 추출의 기회를 가지고 있으며, 각 표집단위가 추출될 확률을 정확히 알고 있는 가운데 표집을 하므로 모집단에 대한 대표성을 갖는다.

43

④ 단순무작위표집은 확률표집방법에 해당한다. 확률표집에서는 연구자가 모집단의 규모와 구성원의 특성에 대해 대체로 알고 있으므로, 연구자는 자신이 선정한 표본이 대표성을 갖는지를 확인할 수 있다.
① 할당표집은 비확률표집방법으로서, 무작위 표집을 전제로 하지 않는다.
② 유의표집(판단표집)은 비확률표집방법에 해당한다.
③ 눈덩이표집(누적표집)은 비확률표집방법으로서, 연구자가 특수한 모집단의 구성원 전부를 파악하고 있지 못한 경우, 표본의 소재에 관한 정보가 부족한 경우 사용할 수 있다.
⑤ 임의표집(편의표집)은 비확률표집방법으로서, 모집단에 대한 정보가 없고 구성요소 간의 차이가 별로 없다고 판단될 때 표본선정의 편리성에 기초하여 임의로 추출하는 방법이다.

44

④ 통계적 가설검증은 표본에서 얻은 통계치를 근거로 모집단의 모수를 추정하는 것이다. 즉, 표본의 통계치에 나타난 차이나 관계가 모집단에서의 차이나 관계를 나타내는 것인지를 통계적으로 확인하는 절차이다. 가설은 일반적으로 영가설(귀무가설)과 연구가설로 구분하는데, 영가설(귀무가설)은 두 개 이상의 모집단 또는 변수 간에 차이가 없다고 가정하는 반면, 연구가설은 두 개 이상의 모집단 또는 변수 간에 차이가 있다고 가정한다.

45 다음에서 설문조사 결과를 해석할 때 유의해야 할 사항을 모두 고른 것은?

> ㄱ. 표집방법이 확률표집인가 비확률표집인가?
> ㄴ. 표본의 크기는 모집단을 대표하기에 적절한가?
> ㄷ. 설문조사는 언제 이루어졌는가?
> ㄹ. 측정도구가 신뢰할 만한 것인가?

① ㄱ, ㄴ
② ㄷ, ㄹ
③ ㄱ, ㄴ, ㄷ
④ ㄱ, ㄴ, ㄹ
⑤ ㄱ, ㄴ, ㄷ, ㄹ

46 자료수집방법에 관한 설명으로 옳은 것은?

① 질문의 유형과 형태를 결정할 때 조사대상자의 응답능력을 고려할 필요가 있다.
② 설문문항 작성 시 이중질문(Double-barreled Question)을 넣어야 한다.
③ 비참여관찰법은 연구자가 관찰대상과 상호작용을 유지하는 것이 중요하다.
④ 설문지에서 질문 순서는 무작위 배치를 원칙으로 한다.
⑤ 우편조사는 프로빙(Probing) 기술이 중요하다.

47 다음 조사에서 연구대상을 배정한 방법은?

> 사회복지사협회에서 회보 발송 여부에 따라 회비 납부율에 차이가 있는지 알아보고자 한다. 이를 위해 전체 회원을 연령과 성별로 구성된 할당행렬의 각 칸에 배치하고, 절반에게는 회보를 보내고 나머지 절반은 회보를 보내지 않았다.

① 무작위표집(Random Sampling)
② 할당표집(Quota Sampling)
③ 매칭(Matching)
④ 소시오매트릭스(Sociomatrix)
⑤ 다중특질-다중방법(MultiTrait-Multi-Method)

48 순수실험설계에서 인과성 검증에 관한 설명으로 옳지 않은 것은?

① 사회복지 프로그램의 실행 여부가 독립변수로 설정될 수 있다.
② 사전조사에서 실험집단과 통제집단의 종속변수 측정치는 통계적으로 유의미한 차이가 없어야 한다.
③ 사전조사와 사후조사에서 통제집단의 종속변수 측정치는 통계적으로 유의미한 차이가 있어야 한다.
④ 실험집단과 통제집단의 동질성 확보가 필요하다.
⑤ 실험집단과 통제집단의 차이는 독립변수의 개입 유무이다.

45

설문조사 결과 해석 시 유의사항

- 표집방법이 확률표집인가 비확률표집인가?(ㄱ)
- 표본이 대표적이라면 오차의 폭과 신뢰수준은 적절한가?
- 표본은 편향 없이 추출되었는가?
- 표본의 크기는 모집단을 대표하기에 적절한가?(ㄴ)
- 조사대상자의 응답률은 55% 이상인가?
- 설문조사는 언제 이루어졌는가?(ㄷ)
- 설문은 직설적이고 명확한가 아니면 모호하고 유도적인가?
- 측정도구가 신뢰할 만한 것인가?(ㄹ)

46

① 질문의 유형과 형태를 결정할 때 조사자의 의도에만 충실해서는 안 되며, 조사대상자의 응답능력과 수준을 고려해야 한다.
② 설문문항 작성 시 이중질문을 삼가며, 복잡한 내용을 하나의 문항으로 묶어 질문하지 않는다.
③ 연구자와 관찰대상 간의 상호작용을 유지하는 것이 중요한 것은 참여관찰법이다.
④ 설문지가 전체적으로 하나의 통일성을 이루도록 질문의 문항들을 조직하는 것이 필요하다.
⑤ 프로빙(Probing), 즉 심층규명은 응답자의 대답이 불충분하거나 정확하지 못한 경우 추가적인 질문을 통해 충분하고 정확한 대답을 얻을 수 있도록 캐묻는 질문을 말한다. 이와 같은 프로빙 기술은 심층면접과 같은 질적 연구방법에 주로 사용된다.

47

실험집단과 통제집단의 동질성을 확보하기 위한 주요 방법

무작위할당 (Random Assignment)	• 연구대상을 실험집단과 통제집단으로 무작위로 배치함으로써 두 집단이 동질적이 되도록 한다. • 통제할 변수들을 명확히 모르거나 그 수가 너무 많을 때 무작위의 방법을 선택할 수밖에 없다.
배합 또는 매칭 (Matching)	• 연구주제에 영향을 미칠 수 있는 주요 변수들(예 연령, 성별 등)을 미리 알아내어 이를 실험집단과 통제집단에 동일하게 분포되도록 한다. • 배합(매칭)을 사용하려면 어떤 변수들이 외부적인 설명의 가능성이 있는지를 사전에 모두 파악해야 한다.

48

③ 사전조사와 사후조사에서 통제집단의 종속변수 측정치는 통계적으로 유의미한 차이가 없어야 한다.

외생변수의 통제

독립변수와 종속변수 간 인과관계가 성립되기 위해서는 원인으로 작용하는 독립변수가 종속변수의 결과를 일으키나 종속변수의 결과는 독립변수 이외에는 일어나지 않아야 한다. 즉, 순수한 인과관계를 밝히기 위해서는 종속변수에 영향을 미칠 수 있는 제3의 변수로서 외생변수의 영향을 제거한 상태에서 검증이 이루어져야 한다.

49 다음과 같은 절차로 진행된 유사(준)실험설계의 특징으로 옳지 않은 것은?

> • 우울예방 프로그램에 참여할 하나의 집단을 모집함
> • 우울검사를 일정한 간격으로 여러 차례 실시함
> • 우울예방 프로그램을 진행함
> • 우울검사를 동일한 측정도구를 이용해 일정한 간격으로 여러 차례 실시함

① 통제집단을 두기 어려울 때 사용할 수 있다.
② 검사효과가 발생할 수 없다.
③ 정태적 집단비교설계(Static-group Comparison Design)보다 내적 타당도가 높다.
④ 개입효과는 사전검사와 사후검사 측정치의 평균을 비교해서 측정할 수 있다.
⑤ 사전검사와 개입의 상호작용효과가 발생할 수 있다.

50 근거이론의 분석방법에서 축코딩(Axial Coding)에 관한 설명으로 옳은 것은?

① 추상화시킨 구절에 번호를 부여한다.
② 개념으로 도출된 내용을 가지고 하위범주를 만든다.
③ 발견된 범주의 속성과 차원을 고려하여 유형화를 시도한다.
④ 이론개발을 위해 핵심범주를 중심으로 다른 범주와의 통합과 정교화를 만드는 과정을 진행한다.
⑤ 발견된 범주를 가지고 중심현상을 중심으로 인과적 조건을 만든다.

제2과목 ▶ 사회복지실천

제1영역 **사회복지실천론**

01 인보관 운동에 관한 내용으로 옳지 않은 것은?

① 빈민을 통제하는 사회통제적 기능을 담당함
② 인보관에서 일하는 사람은 지역사회에서 함께 살면서 활동함
③ 지역사회 문제에 관한 연구와 조사를 실시함
④ 빈민지역의 주택 개선, 공중보건 향상 등에 관심을 둠
⑤ 사회문제에 대한 집합적이고 개혁적인 해결을 강조함

02 기능주의 학파(Functional School)에 관한 내용으로 옳지 않은 것은?

① 개인의 의지 강조
② 인간의 성장 가능성 중시
③ '지금-이곳'에 초점
④ 인간과 환경의 관계 분석
⑤ 과거 경험 중심적 접근

49

② 보기의 사례는 유사(준)실험설계로서 단순시계열 설계(Simple Time-series Design)에 해당한다. 단순시계열설계는 별도의 통제집단을 두지 않은 채 동일집단 내에서 수차례에 걸쳐 실시된 사전검사 점수와 사후검사 점수를 비교하여 실험조치의 효과를 추정하는 방식이므로, 검사효과가 발생할 수 있다. 검사효과(Testing Effect)는 사전검사가 사후검사에 영향을 주는 것으로, 동일한 측정의 반복과 관련된 효과이다.

50

근거이론의 분석방법으로서 축코딩(Axial Coding)

• 수집된 자료에서 나타난 범주들 간의 관계를 파악하기 위해 범주들을 특정한 구조적 틀에 맞추어 연결하는 과정이다.

• 중심현상을 설명하는 전략들, 전략을 형성하는 맥락과 중재조건, 그리고 전략을 수행한 결과를 설정하여 찾아내는 과정이다.

• 연구자는 현상에 내재되어 있는 환경으로서 조건(Condition), 이러한 조건에서 발생한 사건에 대한 개인의 반응으로서 작용/상호작용(Action/Interaction), 그리고 그 결과(Consequence)를 확인함으로써 어떤 조건에서 현상이 왜 일어났는지, 어떠한 결과가 있었는지를 설명할 수 있다.

• 인과적 조건(Casual Condition) : 어떤 현상이 발생하거나 현상에 영향을 미치는 사건이나 일

• 맥락적 조건(Contextual Condition) : 어떤 현상에 영향을 미치는 상황이나 문제가 발생하도록 하는 구조적 조건들

• 중재적 조건(Intervening Condition) : 중심현상을 매개하거나 변화시키는 조건들

• 작용/상호작용(Action/Interaction) : 어떠한 현상, 문제, 상황을 일상적으로 혹은 전략적으로 다루고, 조절하고, 반응하는 것

• 결과(Consequence) : 작용/상호작용의 산물로서 결과적으로 무엇이 일어났는가에 관한 것

제2과목 ▶ 사회복지실천

01

① 자선조직협회에 대한 설명에 해당한다. 자선조직협회는 우애방문원들의 개별방문을 통해 빈곤가정을 방문하여 상담 및 교육, 교화를 하는 역할을 수행하였으며, 빈민구제에 도덕적 잣대를 적용함으로써 빈민을 통제하고자 하였다. 참고로 인보관운동은 지식인과 대학생들이 직접 빈민가로 들어가 빈민들과 함께 생활하면서 지역사회의 교육 및 문화활동을 주도하였다.

02

⑤ 진단주의 학파(Diagnostic School)는 과거 경험을 중심으로 현재의 자아기능을 설명하고자 한 반면, 기능주의 학파(Functional School)는 과거의 사건에 얽매이기보다는 현재의 경험과 개인의 동기에 대한 이해를 중시하였다.

03 자선조직협회 우애방문자의 활동에 해당하는 사회복지실천의 이념을 모두 고른 것은?

> ㄱ. 인도주의
> ㄴ. 이타주의
> ㄷ. 사회개혁
> ㄹ. 사회진화론

① ㄱ
② ㄴ, ㄷ
③ ㄷ, ㄹ
④ ㄱ, ㄴ, ㄹ
⑤ ㄱ, ㄴ, ㄷ, ㄹ

04 로웬버그와 돌고프(F. Loewenberg & R. Dolgoff)의 윤리적 원칙 심사표에서 '도움을 요청해 온 클라이언트의 의사를 존중해 주는 것'에 해당하는 윤리적 원칙은?

① 자율성과 자유의 원칙
② 평등과 불평등의 원칙
③ 최소 손실의 원칙
④ 사생활과 비밀보장의 원칙
⑤ 진실성과 정보 개방의 원칙

05 접수단계의 주요 과업에 해당하지 않는 것은?

① 관계형성을 통한 클라이언트의 참여 유도
② 클라이언트의 드러난 문제 확인
③ 서비스의 효율성과 효과성 측정
④ 서비스에 대한 클라이언트의 동의 확인
⑤ 클라이언트의 문제가 기관의 자원과 정책에 부합되는지 판단

06 윤리강령의 기능으로 옳은 것을 모두 고른 것은?

> ㄱ. 외부통제로부터 전문직 보호
> ㄴ. 윤리적 갈등이 생겼을 때 지침과 원칙 제공
> ㄷ. 사회복지사의 자기규제를 통한 클라이언트 보호
> ㄹ. 전문가로서 사회복지사의 기본업무 및 자세 알림

① ㄱ, ㄷ
② ㄱ, ㄹ
③ ㄱ, ㄴ, ㄹ
④ ㄴ, ㄷ, ㄹ
⑤ ㄱ, ㄴ, ㄷ, ㄹ

03

ㄷ. 사회개혁은 인보관 운동의 사회복지실천 이념에 해당한다. 인보관 운동은 이른바 3R, 즉 정주(Residence), 조사(Research), 사회개혁(Reform)을 강조하였다. 이는 빈민을 이해하기 위해서는 직접 빈민가로 들어가 함께 생활해야 하며, 연구와 조사를 통해 사회제도를 개혁해야 한다는 것을 말한다. 참고로 자선조직협회(COS)는 사회개혁보다는 사회통제에 초점을 맞추었다.

04

로웬버그와 돌고프(Loewenberg & Dolgoff)의 윤리적 원칙

- 생명보호의 원칙 : 인간의 생명보호가 다른 모든 원칙에 우선한다.
- 평등과 불평등의 원칙 : 인간은 개개인의 능력과 권력에 따라 동등하게 또는 차별적으로 취급받을 권리가 있다.
- 자율(성)과 자유의 원칙 : 인간의 자율과 자유는 사회복지의 자기결정의 원칙에서 그 중요성이 나타난다.(①)
- 최소 해악·손실의 원칙 : 문제해결을 위한 대안선택에 있어서 클라이언트에게 최소한의 유해한 것을 선택하도록 한다.
- 삶의 질 향상의 원칙 : 삶의 질을 긍정적인 방향으로 발전시킬 수 있도록 선택이 이루어져야 한다.
- 사생활보호와 비밀보장의 원칙 : 클라이언트의 비밀이나 사생활은 보호되어야 한다.
- 진실성과 정보 개방의 원칙 : 사회복지사는 클라이언트에게 진실된 태도를 유지해야 하며, 관련 정보는 공개해야 한다.

05

③ 평가 및 종결(종결 및 평가)단계의 주요 과업에 해당한다. 사회복지실천에서 평가는 목표를 충분히 잘 달성했는가(→ 효과성), 적절한 방법과 비용으로 목표를 달성했는가(→ 효율성)의 개념을 동시에 내포하고 있다.

참고

사회복지실천의 과정에 대한 내용은 학자마다 혹은 교재마다 약간씩 차이가 있습니다. 참고로 위의 해설은 〈접수 및 관계형성 – 자료수집 및 사정 – 계획 및 계약 – 개입 – 평가 및 종결(종결 및 평가)〉의 5단계를 토대로 하였습니다.

06

전문직의 속성으로서 윤리강령

윤리강령은 전문가들이 지켜야 할 전문적 행동기준과 원칙을 기술해 놓은 것으로, 전문가들이 공통으로 합의한 내용을 담고 있다. 이러한 윤리강령은 다음과 같은 기능을 갖는다.

- 실천현장에서 윤리적 갈등이 생겼을 때 지침과 원칙을 제공한다.(ㄴ)
- 자기규제를 통해 클라이언트를 보호한다.(ㄷ)
- 사회복지 전문직으로서 전문성을 확보하고 외부통제로부터 전문직을 보호한다.(ㄱ)
- 일반대중에게 전문가로서의 사회복지 기본업무 및 자세를 알리는 일차적 수단으로 기능한다.(ㄹ)
- 선언적 선서를 통해 사회복지 전문가들의 윤리적 민감성을 고양시키고 윤리적으로 무장시킨다.

07 사회복지실천현장의 기능과 목적에 따른 분류에서 1차 현장에 해당하지 않는 것은?

① 양로시설
② 교정시설
③ 사회복지관
④ 지역아동센터
⑤ 장애인 거주시설

09 사회복지실천에서 통합적 접근방법에 관한 내용으로 옳지 않은 것은?

① 전통적인 방법론의 한계로 인해 등장
② 클라이언트의 참여와 자기결정권 강조
③ 인간의 행동은 환경과 연결되어 있음을 전제
④ 이론이 아닌 상상력에 근거를 둔 해결방법 지향
⑤ 궁극적으로 클라이언트의 삶의 질 향상을 돕고자 함

08 강점관점에 관한 설명으로 옳지 않은 것은?

① 개입의 초점은 가능성에 있다.
② 클라이언트를 재능과 자원을 가진 사람으로 규정한다.
③ 개입의 핵심은 개인, 가족, 지역사회의 참여이다.
④ 사회복지사는 클라이언트의 진술에 대해 회의적이기 때문에 재해석하여 진단에 활용한다.
⑤ 돕는 목적은 클라이언트의 삶에 함께 하며 가치를 확고히 하도록 지원하는 것이다.

10 비스텍(F. Biestek)이 제시한 사회복지실천의 관계 원칙에 해당하지 않는 것은?

① 클라이언트의 비밀을 보장해야 한다.
② 클라이언트의 욕구를 범주화해야 한다.
③ 클라이언트를 비난하거나 심판하지 않아야 한다.
④ 클라이언트의 감정을 자유롭게 표현하도록 해야 한다.
⑤ 클라이언트를 있는 그대로 인정하고 받아들여야 한다.

07

② 교정시설은 2차 현장에 해당한다. 2차 현장은 사회복지전문기관이 아니지만 사회복지사가 간접적으로 개입하여 사회복지서비스에 영향을 미치는 실천현장이다.

08

병리관점과 강점관점의 비교

병리 관점	• 개인은 진단에 따른 증상이 있다. • 개입의 초점은 문제에 있다. • 클라이언트의 진술에 대해 회의적이다. • 클라이언트의 진술은 전문가에 따라 재해석된다.(④) • 개입의 핵심은 전문가가 세운 치료계획이다. • 사회복지사는 클라이언트 삶의 전문가이다. • 개인의 발전은 병리로 인해 제한된다. • 변화 자원은 전문가의 지식과 기술이다. • 돕는 목적은 클라이언트의 사고, 감정, 행동, 관계에서 부정적인 결과와 증상의 영향을 감소시키는 것이다.
강점 관점	• 개인은 강점, 재능, 자원이 있다.(②) • 개입의 초점은 가능성에 있다.(①) • 클라이언트의 진술을 인정한다. • 클라이언트의 진술은 그 사람에 대해 알아가는 중요한 방법 중 하나이다. • 개입의 핵심은 개인, 가족, 지역사회의 참여이다.(③) • 개인, 가족, 지역사회가 클라이언트 삶의 전문가이다. • 개인의 발전은 항상 개방되어 있다. • 변화 자원은 개인, 가족, 지역사회의 강점, 능력, 적응 기술이다. • 돕는 목적은 클라이언트의 삶에 함께 하며 가치를 확고히 하도록 지원하는 것이다.(⑤)

09

사회복지실천에서 통합적 접근방법

'환경 속의 인간(Person in Environment)'을 기본적인 관점으로 하여 인간과 환경을 단선적인 관계가 아닌 순환적인 관계로 이해하는 일반체계이론의 관점, 개인·집단·조직·지역사회 등 보다 구체적이고 역동적인 체계들 간의 관계를 가정하는 사회체계이론의 관점, 유기체와 환경 간의 상호교류 및 역학적 관계를 중시하는 생태체계이론의 관점 등을 포괄한다.

10

사회복지실천의 관계형성 원칙(Biestek)

• 개별화 : 클라이언트를 개별적인 욕구를 지닌 존재로 이해해야 한다.(②)
• 의도적인 감정표현 : 클라이언트의 감정을 자유롭게 표현하도록 해야 한다.(④)
• 통제된 정서적 관여 : 클라이언트 감정에 대해 민감성, 공감적 이해로 적절히 반응해야 한다.
• 수용 : 클라이언트를 있는 그대로 인정하고 받아들여야 한다.(⑤)
• 비심판적 태도 : 클라이언트를 비난하거나 심판하지 않아야 한다.(③)
• 자기결정 : 클라이언트의 자기결정권을 존중해야 한다.
• 비밀보장 : 클라이언트의 비밀을 보장해야 한다.(①)

11 자료수집단계에 관한 설명으로 옳은 것은?

① 클라이언트 개인에게만 초점을 두어 정보를 모은다.
② 다양한 정보원으로부터 자료를 수집하므로 검사 도구를 사용하면 안 된다.
③ 초기면접은 비구조화된 양식만을 사용하여 기본적인 정보를 수집해야 한다.
④ 객관적인 자료뿐만 아니라 클라이언트의 주관적인 인식이 담긴 자료도 포함하여 수집한다.
⑤ 클라이언트로부터 얻은 정보가 가장 중요하므로 클라이언트가 직접 작성한 자료에만 의존한다.

12 사회복지실천에서 전문적 관계의 특성으로 옳은 것은?

① 사회복지사는 자신의 반응을 통제하면 안 된다.
② 클라이언트는 전문성에서 비롯된 권위를 가진다.
③ 사회복지사와 클라이언트 사이에 합의된 목적이 있다.
④ 문제가 해결되어야만 종결되는 관계이기 때문에 시간의 제한이 없다.
⑤ 사회복지사와 클라이언트는 반드시 상호 간의 이익에 헌신하는 관계이다.

13 일반체계이론에서 체계의 작용 과정을 순서대로 옳게 나열한 것은?

```
ㄱ. 투 입
ㄴ. 산 출
ㄷ. 환 류
ㄹ. 전 환
```

① ㄱ - ㄴ - ㄷ - ㄹ
② ㄱ - ㄴ - ㄹ - ㄷ
③ ㄱ - ㄹ - ㄴ - ㄷ
④ ㄹ - ㄱ - ㄴ - ㄷ
⑤ ㄹ - ㄷ - ㄱ - ㄴ

14 사회복지실천에서 관계에 관한 설명으로 옳은 것은?

① 비자발적인 클라이언트는 원천적으로 배제한다.
② 사회복지사는 전문성에 바탕을 둔 권위라도 가져서는 안 된다.
③ 클라이언트는 사회복지사와의 문화적 차이를 수용해야만 한다.
④ 사회복지사와 클라이언트 모두에게 요구되는 의무와 책임감이 있다.
⑤ 선한 목적을 위해 클라이언트에게 진실을 감추는 것은 필수적으로 허용된다.

11

① 클라이언트 개인과 그를 둘러싼 환경에 관한 자료를 확보한다.
② 가계도나 생태도 등의 사정도구를 사용한다.
③ 초기면접은 구조화된 양식을 활용하여 기본적인 정보를 수집한다.
⑤ 클라이언트로부터 얻은 정보 외에도 클라이언트에 대한 비언어적 행동관찰, 사회복지사의 주관적 관찰 내용, 그밖에 다양한 부수적 정보를 수집한다.

13

체계의 작용 과정(체계의 행동적 특성)

투 입 (Inputs)	체계가 환경으로부터 에너지, 정보 등을 받아들이는 방법을 말한다.
전 환 (Throughputs)	유입된 에너지나 정보를 처리하는 과정으로서, 투입체가 활용되는 단계를 말한다.
산 출 (Outputs)	처리과정이 진행됨에 따라 체계는 적극적으로 환경에 반응하게 되는데, 이와 같은 전환과정을 거쳐 배출된 결과물을 의미한다.
환 류 (Feedback)	체계의 반응은 환경에 직접적으로 영향을 미치면서 다른 체계에 대해 투입으로 작용하는 동시에 환류를 통해 다시 투입으로 작용하게 된다.

12

사회복지실천에서 전문적 관계의 특성

• 서로 합의된 의식적 목적이 있다.(③)
• 클라이언트의 문제와 욕구가 중심이 된다.(⑤)
• 시간적인 제한을 둔다.(④)
• 전문가 자신의 정서를 통제하는 관계이다.(①)
• 사회복지사는 특화된 지식 및 기술, 그리고 전문직 윤리강령에서 비롯되는 권위를 가진다.(②)

14

① 사회복지사는 비자발적인 클라이언트의 동기화를 위해 힘써야 한다.
② 사회복지사는 전문성을 가지되, 자신의 이익을 위해 가치와 권위를 훼손해서는 안 된다.
③ 사회복지사는 클라이언트와의 문화적 차이를 인정하고 존중해야 한다.
⑤ 클라이언트와의 관계에서 사회복지사는 자기 인식을 바탕으로 진실되게 행동해야 한다. 하지만 매 순간 모든 감정을 솔직하게 표현하라는 것은 아니다.

15 사회복지실천 면접에 관한 설명으로 옳지 않은 것은?

① 개입에 필요한 자료를 수집하기 위한 도구가 될 수 있다.
② 사회복지사와 클라이언트 사이의 특정한 역할 관계가 있다.
③ 특정 상황이나 맥락에 관련하여 이루어진다.
④ 목적은 클라이언트의 삶의 질 향상을 위한 것이어야 한다.
⑤ 목적이 옳으면 기간이나 내용이 제한되지 않는 활동이다.

16 펄만(H. Perlman)이 사회복지실천을 구성하는 요소로 제시한 4P에 관한 내용으로 옳은 것을 모두 고른 것은?

> ㄱ. 문제(Problem) – 해결하고자 하는 문제나 욕구
> ㄴ. 프로그램(Program) – 문제해결을 위해 시행되는 프로그램
> ㄷ. 장소(Place) – 문제해결을 위한 서비스가 제공되는 물리적 공간
> ㄹ. 전문가(Professional) – 문제해결을 위해 개입하는 전문가

① ㄱ, ㄴ
② ㄱ, ㄷ
③ ㄴ, ㄹ
④ ㄴ, ㄷ, ㄹ
⑤ ㄱ, ㄴ, ㄷ, ㄹ

17 사회복지실천 면접에서 경청에 관한 설명으로 옳지 않은 것은?

① 클라이언트의 진술을 즉각적으로 교정해주는 것이 핵심이다.
② 클라이언트에 관한 중요한 정보를 얻는 방법 중 하나이다.
③ 클라이언트의 표정이나 몸짓도 관찰하여 의미를 파악한다.
④ 클라이언트의 사고와 감정을 이해하려는 적극적 활동이기도 하다.
⑤ 클라이언트와 사회복지사 사이의 신뢰 관계 형성에 도움이 된다.

18 세대 간 반복된 가족 특성을 파악하기 위한 사정도구는?

① 가계도
② 생태도
③ 소시오그램
④ 생활력도표
⑤ 사회적 관계망 그리드

15

⑤ 사회복지실천 면접은 사회복지사와 클라이언트가 특정 상황에서 특별한 목적을 가지고 계약에 의해 행하여지는 의사소통이라고 할 수 있다. 이와 같이 사회복지실천 면접은 목적지향적인 활동으로서, 개입 목적에 따라 의사소통 내용이 제한된다.

16

펄만(Perlman)이 강조한 사회복지실천의 4가지 구성요소(4P)

- 사람(Person) : 원조를 요청하는 클라이언트를 의미한다.
- 문제(Problem) : 클라이언트가 제시하는 문제나 욕구를 의미한다.
- 장소(Place) : 클라이언트가 도움을 받는 사회복지기관을 의미한다.
- 과정(Process) : 사회복지사가 클라이언트를 돕는 과정을 의미한다.

17

① 클라이언트가 무엇을 표현하고 있는지, 감정과 사고는 어떤지를 이해하고 파악해 가면서 듣는 것이 중요하다. 공감적 태도 속에서 경청은 그 자체로 클라이언트로 하여금 감정정화(Catharsis)를 하고 마음의 안정을 찾도록 하는 효과가 있다.

18

① 가계도(Genogram)는 클라이언트의 3세대 이상에 걸친 가족관계를 도표화하여 가족의 구조, 가족 및 구성원의 관계, 동거가족현황, 세대 간의 반복유형, 과거의 결혼관계 등에 대한 상세한 정보를 제공한다. 특히 세대 간 전수되는 가족의 특징이나 반복되는 사건 등을 파악할 수 있도록 해 준다.

② 생태도(Ecomap)는 환경 속의 클라이언트에 초점을 두고 클라이언트의 상황에서 의미 있는 체계들과의 역동적 관계를 그림으로 표현함으로써 특정 문제에 대한 개입계획을 세우는 데 유효한 정보를 제공한다.

③ 소시오그램(Sociogram)은 집단성원들 간의 상호작용을 도식화하여 구성원의 지위, 구성원 간의 관계, 하위집단은 물론 집단성원 간 결탁, 수용, 거부 등을 파악하는 데 유용한 집단사정도구이다.

④ 생활력도표(Life History Grid)는 각각의 가족구성원의 삶에 있어서 중요한 사건이나 시기별로 중요한 문제의 전개 상황을 시계열적으로 도표화함으로써 현재 역기능적인 문제 등을 특정 시기의 어려움이나 경험 등과 연관시켜 이해할 수 있도록 해 준다.

⑤ 사회적 관계망 그리드(Social Network Grid)는 클라이언트의 환경 내에 영향을 미치는 중요한 사람이나 체계로부터 물질적 · 정서적 지지, 원조 방향, 충고와 비판, 접촉 빈도 및 시간 등에 관한 정보를 제공한다.

19 '양로시설에서 생활하는 노인의 의사결정을 사회복지사가 대신할 수 없다'는 의미의 인권 특성은?

① 천부성
② 불가양성 · 불가분성
③ 보편성
④ 사회성 · 문화성
⑤ 환경성 · 평화성

20 클라이언트와의 면접 중 질문에 관한 설명으로 옳은 것은?

① 폐쇄형 질문은 클라이언트의 상세한 설명과 느낌을 듣기 위해 사용한다.
② 유도형 질문은 비심판적 태도로 상대방을 존중하기 위해 사용한다.
③ '왜'로 시작하는 질문은 클라이언트의 가장 개방적 태도를 이끌어 낼 수 있다.
④ 개방형 질문은 '예', '아니요' 또는 단답형으로 한정하여 대답한다.
⑤ 중첩형 질문(Stacking Question)은 클라이언트를 혼란스럽게 만들 수 있다.

21 종결단계에서 사회복지사의 과업으로 옳지 않은 것은?

① 사후관리 계획 수립
② 목표 달성을 위한 서비스 제공
③ 클라이언트 변화결과에 대한 최종 확인
④ 다른 기관 또는 외부 자원 연결
⑤ 종결에 대한 클라이언트 반응 처리

22 사례관리의 목적에 해당하는 것을 모두 고른 것은?

ㄱ. 서비스의 통합성 확보
ㄴ. 서비스 접근성 강화
ㄷ. 보호의 연속성 보장
ㄹ. 사회적 책임성 제고

① ㄱ, ㄴ
② ㄴ, ㄹ
③ ㄱ, ㄷ, ㄹ
④ ㄴ, ㄷ, ㄹ
⑤ ㄱ, ㄴ, ㄷ, ㄹ

19

보통의 권리와 구분되는 인권의 특별한 성격

- 천부성 : 태어나면서부터 가지는 당연한 권리
- 보편성 : 인종, 종교, 성별, 사회적 신분 등에 관계 없이 누구나 가지는 권리
- 항구성 : 일정기간만 주어지는 것이 아니라 영구히 보장되는 권리
- 불가양성·불가분성 : 함부로 침해할 수 없고, 함 부로 양도하거나 포기할 수 없는 권리

21

② 목표 달성을 위한 서비스를 제공하는 것은 개입단 계에서 사회복지사의 과업에 해당한다. 참고로 종 결단계(평가 및 종결 단계)에서 사회복지사는 제 공된 서비스의 목표 달성 정도를 평가하고 클라이 언트가 습득한 기술이나 이득이 유지될 수 있도록 도우며, 종결에 대한 클라이언트의 정서적 반응을 처리하고 사후관리 계획을 수립하는 과업들을 수 행하게 된다.

20

⑤ 중첩형 질문은 한 질문 문장 속에 여러 가지 내용 의 질문들이 섞여 있는 것이다. 이러한 중첩형 질 문은 클라이언트를 혼란스럽게 만들 수 있으므로, 한 가지씩 분리해서 하나하나 질문하는 것이 바람 직하다.

① 개방형 질문은 클라이언트에게 가능한 한 많은 대 답을 선택할 기회를 제공하고 시야를 넓히도록 유 도한다.

② 유도형 질문은 클라이언트로 하여금 바람직한 결 과를 나타내보이도록 하려는 의도에서 간접적으 로 특정한 방향으로의 응답을 유도하기 위해 사용 한다.

③ '왜'로 시작하는 질문은 클라이언트로 하여금 비난 을 받고 있다는 느낌을 받게 한다.

④ 폐쇄형 질문은 '예', '아니요' 또는 단답형 답변으로 제한한다.

22

사례관리의 목적

- 클라이언트의 삶의 질 향상과 역량강화
- 보호의 연속성 보장(ㄷ)
- 서비스의 통합성 확보(ㄱ)
- 서비스 접근성 강화(ㄴ)
- 사회적 책임성 제고(ㄹ)
- 성과관리와 평가

23 사례관리자의 역할에 관한 내용으로 옳지 않은 것은?

① 중개자 : 지역사회 자원이나 서비스 체계를 연계
② 옹호자 : 클라이언트의 권리를 대변하는 활동 수행
③ 정보제공자 : 개인이나 집단의 갈등 파악과 조정
④ 위기개입자 : 위기 사정, 계획 수립, 위기 해결
⑤ 교육자 : 교육, 역할 연습 등을 통한 클라이언트 역량 강화

24 사회복지사의 직접적인 개입 활동으로 옳은 것은?

① 아동학대 예방 캠페인 진행
② 다른 기관과 협력체계 구축
③ 지역사회 전달체계 재정립
④ 가출청소년 보호 네트워크 형성
⑤ 역기능적 가족규칙 재구성

25 사회복지서비스 계획수립단계에 관한 설명으로 옳지 않은 것은?

① 계획의 목표는 기관의 기능과 일치해야 한다.
② 목표설정은 미시적 수준과 거시적 수준에서 클라이언트의 변화를 고려한다.
③ 계약서는 클라이언트만 작성하여 과업과 의무를 공식화한다.
④ 목표는 클라이언트가 원하는 결과를 포함하여 클라이언트의 적극적인 참여를 유도한다.
⑤ 계획단계의 목표는 클라이언트와 사회복지사가 함께 합의하여 결정한다.

제2영역 **사회복지실천기술론**

26 사회복지실천에 관한 설명으로 옳지 않은 것은?

① 과학성과 예술성을 통합적으로 활용한다.
② 사회복지의 관점과 이론을 토대로 한다.
③ 심리학, 사회학 등 타 학문과 배타적 관계에 있다.
④ 클라이언트의 특성을 반영한다.
⑤ 사회복지 가치와 윤리를 반영한다.

23

③ 개인이나 집단의 갈등 파악과 조정 및 논쟁이나 갈등을 해결하는 것은 중재자(Mediator)의 역할에 해당한다. 참고로 정보제공자(Informant)는 클라이언트가 필요로 하는 정보를 제공하는 역할을 말하는 것으로, 특히 정보제공자나 교육자(Educator)의 역할은 클라이언트로 하여금 문제를 예방하거나 사회적 기능을 향상하는 데 필요한 지식과 기술을 갖추도록 돕는다.

24

사례관리자로서 사회복지사의 개입 활동

직접적 개입	• 클라이언트를 교육시키는 것, 클라이언트의 결정 및 행동을 격려 · 지지하는 것, 위기 동안 적절히 개입하는 것, 클라이언트를 동기화시키는 것 등이 있다. • 사회복지사는 주로 안내자, 교육자, 정보제공자로서의 역할을 수행한다. 예 예비부모를 대상으로 가족교육 실시, 역기능적 가족을 대상으로 가족규칙 재구성 등
간접적 개입	• 클라이언트에게 필요한 자원체계를 연계 또는 서비스를 중개하는 것, 클라이언트를 대신하여 다양한 체계에 대한 클라이언트 욕구를 옹호하는 것 등이 있다. • 사회복지사는 주로 중개자, 연결자, 옹호자로서의 역할을 수행한다. 예 장애인 인식개선을 위한 지역사회 홍보활동, 가정폭력 피해여성을 위한 모금활동 등

25

③ 계약은 목표설정 및 목표달성을 위한 사회복지사와 클라이언트의 과업, 역할, 개입내용 등을 명시적이자 묵시적으로 합의하는 과정이다. 계약서는 사회복지사와 클라이언트 간 상호 합의에 따라 작성하게 되는데, 이는 계약을 이행하기 위해 서로 노력할 것임을 약속하는 것으로 볼 수 있다.

26

③ 사회복지실천의 기초지식으로 사회과학의 전반적인 지식이 활용되지만 그중에서도 심리학, 사회학, 정치학, 경제학, 문화인류학 등의 지식이 폭넓게 활용되고 있다.

27 지지집단의 주요 목적으로 옳은 것은?

① 구성원의 자기인식 증진
② 클라이언트의 병리적 행동 치료
③ 구성원에게 기술과 정보 제공
④ 사회적응 지원
⑤ 동병상련의 경험으로 해결책 모색

28 집단 초기단계에서 사회복지사의 역할을 모두 고른 것은?

> ㄱ. 집단과 구성원의 목표를 설정한다.
> ㄴ. 지도자인 사회복지사를 소개하며 신뢰감을 형성한다.
> ㄷ. 구성원 간 유사성을 토대로 응집력을 형성한다.
> ㄹ. 구성원이 집단에 의존하는 정도를 감소시킨다.

① ㄱ, ㄴ
② ㄴ, ㄷ
③ ㄷ, ㄹ
④ ㄱ, ㄴ, ㄷ
⑤ ㄱ, ㄴ, ㄷ, ㄹ

29 집단활동 중 발생하는 저항에 관한 설명으로 옳지 않은 것은?

① 구성원이 피하고 싶은 주제가 논의될 때 일어날 수 있다.
② 사회복지사가 제안한 과업의 실행방법을 모를 때 발생할 수 있다.
③ 목표 달성을 위해서는 저항 이유를 무시해야 한다.
④ 효과적으로 해결하면 집단활동이 촉진될 수 있다.
⑤ 다른 구성원의 의견을 통해 해결방안을 찾을 수 있다.

30 집단 사정을 위한 소시오그램에 관한 설명으로 옳은 것은?

① 구성원 간 호감도 질문은 하위집단을 형성하므로 피한다.
② 구성원 모두가 관심을 갖는 주제를 발견하는 데 목적이 있다.
③ 소시오메트리 질문을 활용하여 정보를 파악한다.
④ 구성원 간 상호작용을 문장으로 표현한다.
⑤ 특정 구성원에 대한 상반된 입장 중 하나를 선택하는 것이다.

27

⑤ 지지집단은 유사한 문제를 경험하는 사람들이 상호원조하면서 대처기술을 형성하도록 돕는 것을 목적으로 한다.
① 집단성원들의 자기인식을 증진시키며, 각 성원들의 잠재력을 최대화하는 것을 목적으로 하는 것은 성장집단에 해당한다.
② 집단성원의 병리적 행동과 외상 후 상실된 기능을 회복하는 데 초점을 두는 것은 치료집단(혹은 치유집단)에 해당한다.
③ 지도자가 집단성원들의 문제와 욕구를 해결하기 위해 각 구성원에게 필요한 기술과 정보를 제공하는 것을 목적으로 하는 것은 교육집단에 해당한다.
④ 집단성원들이 사회적 기술을 습득하고, 사회적으로 수용되는 행동유형을 학습함으로써 지역사회의 생활에서 효과적으로 기능할 수 있도록 돕는 것을 목적으로 하는 것은 사회화집단에 해당한다.

28

ㄹ. 집단 종결단계에서 사회복지사의 역할에 해당한다. 사회복지사는 집단성원들로 하여금 집단에 대한 의존성을 감소시키기 위해 모임주기를 조절하며, 종결에 따른 집단성원들의 감정적 반응을 다룬다.

29

③ 집단활동 중 발생하는 저항은 참여를 거절하거나, 직접적으로 적대감을 표출하거나, 집단활동의 목적에 이의를 제기하거나 혹은 목적 달성에 회의를 가지는 방식으로 나타난다. 이는 집단 초기에 흔히 나타나는 현상으로, 사회복지사는 이를 집단성원들과 함께 해결해 나가야 하는 과제로 받아들여야 한다.

30

③ 소시오메트리(Sociometry)는 집단성원 간 관심 정도를 측정하기 위해 각 성원에 대한 호감도를 1점(가장 싫어함)에서 5점(가장 좋아함)으로 평가한다. 이러한 소시오메트리 질문을 통해 하위집단을 측정할 수 있다.
① 집단성원의 행동관찰만으로 파악하기 어려운 집단 내의 소외자, 하위집단 형성 유무, 성원 간의 호감관계 또는 갈등관계 등을 파악할 수 있다.
② 집단 내에 있어서 집단성원들 간의 견인과 반발의 형태를 분석하고 그 강도와 빈도를 측정함으로써 집단 내 개별성원의 관계위치를 비롯한 집단 그 자체의 구조 또는 상태를 발견하여 평가하는 데 목적이 있다.
④ 집단성원들 간의 상호작용을 도식화한다.
⑤ 의의차별척도에 관한 설명이다.

31 집단 응집력에 관한 설명으로 옳은 것을 모두 고른 것은?

> ㄱ. 구성원 간 신뢰감이 높을수록 응집력이 높다.
> ㄴ. 응집력이 높은 집단에서는 자기노출을 억제한다.
> ㄷ. 구성원이 소속감을 가지면 응집력이 강화된다.
> ㄹ. 응집력이 높은 집단이 낮은 집단보다 생산적인 작업에 더 유리하다.

① ㄱ
② ㄱ, ㄷ
③ ㄴ, ㄹ
④ ㄱ, ㄷ, ㄹ
⑤ ㄱ, ㄴ, ㄷ, ㄹ

32 집단목표에 관한 설명으로 옳은 것은?

① 목표는 구체적으로 수립한다.
② 한 번 정한 목표는 혼란 방지를 위해 수정하지 않는다.
③ 집단 크기나 기간을 정할 때 목표는 고려하지 않는다.
④ 집단목표는 구성원의 목표와 관련 없다.
⑤ 목표는 집단과정에서 자연스럽게 형성되므로 의도적인 노력은 필요 없다.

33 심리사회모델의 개입기법에 관한 설명으로 옳지 않은 것은?

① 직접적 개입과 간접적 개입으로 구분된다.
② 직접적 영향은 주변인에게 영향력을 행사하여 환경을 변화시키는 기법이다.
③ 탐색-기술(묘사)-환기는 자기 상황과 감정을 말로 표현하게 함으로써 감정전환을 도모하는 기법이다.
④ 지지는 이해, 격려, 확신감을 표현하는 기법이다.
⑤ 유형의 역동 성찰은 성격, 행동, 감정의 주요 경향에 관한 자기이해를 돕는다.

34 인지행동모델의 개입방법에 해당되는 것을 모두 고른 것은?

> ㄱ. 내적 의사소통의 명료화
> ㄴ. 모델링
> ㄷ. 기록과제
> ㄹ. 자기지시

① ㄱ, ㄴ
② ㄷ, ㄹ
③ ㄱ, ㄴ, ㄷ
④ ㄴ, ㄷ, ㄹ
⑤ ㄱ, ㄴ, ㄷ, ㄹ

31

ㄴ. 집단 응집력이 강할수록 자기노출에 대한 저항감이 감소하며, 의사소통도 자발적으로 되어 부드러운 분위기가 지속된다.

32

② 집단목표는 집단성원들 간의 토론을 통해 타협, 수정될 수 있다.

③ 집단목표에 따라 집단의 크기를 융통성 있게 정한다.

④ 사회복지사는 집단성원들을 위해 집단목표와 개별목표를 설정할 수 있다. 구체적인 개별목표와 목표 달성을 위한 단계들이 설정될 때 집단성원들이 집단에 대해 갖는 매력이 증가할 수 있다.

⑤ 집단 초기에 집단성원들은 집단으로부터 얻고자 하는 것 또는 집단경험을 통해 변화시키고자 하는 것에 대해 모호한 생각을 가질 수 있다. 따라서 사회복지사는 집단성원들의 개별목표와 함께 이를 달성하기 위한 단계들이 구체화 될 수 있도록 노력해야 한다.

33

② 직접적 영향(Direct Influence)은 클라이언트의 행동을 촉진하거나 기능을 향상시키기 위한 조언, 충고, 제안 등을 통해 사회복지사의 의견을 클라이언트가 받아들이도록 하는 기법이다.

34

인지행동모델의 개입방법

• 설 명
• 기록과제(ㄷ)
• 경험적 학습
• 역설적 의도
• 내적 의사소통의 명료화(ㄱ)
• 역동적 · 실존적 숙고 치료활동
• 인지재구조화
• 모델링(ㄴ)
• 시 연
• 자기지시기법(ㄹ)
• 체계적 둔감화
• 점진적 이완훈련

35 과제중심모델에서 과제에 관한 설명으로 옳지 않은 것은?

① 사회복지사보다 클라이언트가 제시하는 문제나 욕구를 고려하여 선정한다.
② 조작적 과제는 일반적 과제에 비해 구체적이다.
③ 과거보다 현재에 초점을 둔다.
④ 과제 수는 가급적 3개를 넘지 않게 한다.
⑤ 과제달성 정도는 최종평가 시 결정되므로 과제수행 도중에는 점검하지 않는다.

36 다음 전제에 해당되는 사회복지실천모델은?

- 삶에서 변화는 불가피하며 작은 변화가 더 큰 변화로 이어진다.
- 모든 문제에는 예외가 존재한다.
- 클라이언트는 자기 삶의 주체이며, 자신에게 중요한 사람과 일에 대해 가장 잘 아는 전문가이다.

① 클라이언트중심모델
② 해결중심모델
③ 문제해결모델
④ 정신역동모델
⑤ 동기상담모델

37 다음 사례에 대한 위기개입으로 옳은 것은?

20대인 A씨는 최근 코로나19에 감염되어 실직한 이후 경제적 어려움과 신체적 후유증으로 인해 일상을 유지하기 힘들 정도로 우울감을 경험하며 때때로 자살까지 생각하곤 한다.

① A씨의 문제를 발달적 위기로 사정한다.
② 코로나19 감염 이전 기능수준으로 회복하는 것을 목표로 잡는다.
③ 적절한 감정표현행동을 습득하도록 장기교육 프로그램을 실시한다.
④ A씨 스스로 도움을 요청할 때까지 개입을 유보한다.
⑤ 보다 긍정적인 인생관을 갖도록 삶의 태도를 근본적으로 재조직한다.

38 인지행동모델에서 비합리적인 사고에 대해 '실용성에 관한 논박기법'을 사용한 질문은?

① 그 생각이 옳다는 것을 어떻게 아세요?
② 지금 느끼는 감정을 명확하게 설명할 수 있으세요?
③ 그 일이 실제로 일어날 가능성이 얼마나 될까요?
④ 그 생각이 문제해결에 얼마나 도움이 될까요?
⑤ 그 생각의 논리적 근거는 무엇입니까?

35

⑤ 지속적인 모니터링을 통해 클라이언트의 문제가 경감되는 과정을 재검토하며, 진행이 만족스럽지 못한 경우나 새로운 문제가 발견되는 경우 계약의 일부를 수정 또는 변경한다.

36

② 해결중심모델은 문제의 원인을 규명하기보다는 클라이언트가 가지고 있는 자원을 활용하여 해결방안을 마련하는 단기적 개입모델이다. 인간의 삶에 있어서 안정은 일시적인 반면 변화는 지속적이고 불가피하므로, 변화 자체를 치료를 위한 해결책으로 활용한다.
① 클라이언트중심모델은 클라이언트에게 해석을 내리는 권위주의적 관계구조에 반대하며, 클라이언트와 사회복지사 간의 인간적인 관계를 중시하는 비지시적인 개입모델이다.
③ 문제해결모델은 문제를 위험으로 보지 않고 도전으로 인식하도록 도우며, 문제해결의 주된 초점을 클라이언트의 대처능력 강화에 두는 개입모델이다.
④ 정신역동모델은 클라이언트의 불안과 무의식적 갈등을 의식화한 뒤, 이것이 현재의 행동에 어떠한 영향을 주고 있는지를 통찰하도록 돕고, 결국 새로운 반응형태를 모색하고 습득하도록 돕는 것을 목표로 하는 비교적 장기적인 개입모델이다.
⑤ 동기상담모델은 클라이언트가 가지고 있는 변화에 대한 양가감정을 탐색하고 이를 해결함으로써 변화에 대한 내적 동기를 증진시키는 클라이언트중심적이면서 지시적인 방법의 단기적 개입모델이다.

37

② 위기개입은 위기 이전의 기능수준으로 회복하도록 돕는 것을 주된 개입 원칙으로 한다.
① A씨의 문제를 상황적 위기로 사정한다. 발달적 위기가 일생을 살아가는 동안 성장하고 발달하는 과정에서 변화나 전환으로 인한 부적응에 기인하는 반면, 상황적 위기는 개인이 예측하거나 통제할 수 없는 사건의 발생에서 비롯된다.
③ 위기개입은 즉시 이루어져야 하며, 가급적 위기상태 직후부터 6주 이내에 해결되어야 한다.
④ 위기개입에서 사회복지사는 적극적이고 직접적인 역할을 수행한다.
⑤ 위기개입은 위기상황과 관련된 현재의 구체적인 문제에 초점을 둔다.

38

비합리적 사고(비합리적 신념)에 대한 논박기법

논리성	어떤 조건이 좋고 바람직하다고 해서 그것이 반드시 존재해야 하는 것은 아님을 깨닫도록 한다. 예 "그 생각이 옳다는 것을 어떻게 아세요?" "그 생각의 논리적 근거는 무엇입니까?"
실용성	내담자가 가지고 있는 신념이 혼란만 초래할 뿐 아무런 이득이 없음을 깨닫도록 한다. 예 "그 생각이 문제해결에 얼마나 도움이 될까요?"
현실성	내담자가 가지고 있는 신념이 현실적으로 이루어질 수 없음을 깨닫도록 한다. 예 "그 일이 실제로 일어날 가능성이 얼마나 될까요?"

39 다음 사례에 대한 초기 접근으로 옳은 것은?

> 같은 반 친구를 때린 중학생 B는 학교폭력대책 심의위원회의 결정에 따라 사회복지사가 진행하는 학교폭력가해자 프로그램에 의뢰되었다. 그러나 B는 억울함을 호소하며 비협조적인 태도를 보이고 있다.

① 클라이언트보다 의뢰자의 견해에 초점을 맞춰 개입한다.
② 비협조적 태도는 저항에서 비롯된 것으로 그 원인까지 탐색할 필요는 없다.
③ 원치 않는 의뢰과정에서 생긴 억눌린 감정을 표현할 수 있는 기회를 제공한다.
④ 비협조적 태도를 바꾸려고 시간을 소모하지 말고 곧바로 개입한다.
⑤ 비밀보장 원칙이나 학교에 보고해야 할 사항에 대해 설명하지 않는다.

40 사회기술훈련에서 사용되는 행동주의모델기법을 모두 고른 것은?

> ㄱ. 정적 강화
> ㄴ. 역할 연습
> ㄷ. 직 면
> ㄹ. 과제를 통한 연습

① ㄱ, ㄴ
② ㄱ, ㄷ
③ ㄱ, ㄴ, ㄹ
④ ㄴ, ㄷ, ㄹ
⑤ ㄱ, ㄴ, ㄷ, ㄹ

41 사회복지실천모델에 관한 설명으로 옳지 않은 것은?

① 행동수정모델은 선행요인, 행동, 강화요소에 의해 인간행동을 예측하고 통제할 수 있다고 본다.
② 심리사회모델은 상황 속 인간을 고려하되 환경보다 개인의 내적변화를 중시한다.
③ 인지행동모델은 왜곡된 사고에 의한 정서적 문제의 개입에 효과적이다.
④ 과제중심모델은 여러 모델들을 절충적으로 활용하며 개입의 책임성을 강조한다.
⑤ 위기개입모델은 위기에 의한 병리적 반응과 영구적 손상의 치료에 초점을 둔다.

42 가족에 관한 체계론적 관점의 기술로 옳지 않은 것은?

① 가족은 하위체계이면서 상위체계이다.
② 가족 규칙은 가족 항상성에 영향을 준다.
③ 가족 내 하위체계의 경계유형은 투과성 정도에 따라 나눌 수 있다.
④ 가족문제의 원인을 구성원 간 상호작용에서 찾는 것을 순환적 인과관계라고 한다.
⑤ 가족이 처한 상황을 구성원의 인식과 언어체계로 표현하면서 가족 스스로 문제해결의 단서를 찾도록 한다.

39

③ 비자발적인 클라이언트는 원치 않는 의뢰과정에서 자신의 의견이나 감정, 사고를 제대로 표현할 기회를 부여받지 못한 경우가 많으므로, 그의 억눌린 감정과 억울함이 먼저 환기되어야 한다.

①·② 비자발적인 클라이언트와의 초기 상담에서는 클라이언트의 관점에서 문제를 이해하도록 노력해야 한다. 클라이언트가 진술하는 문제의 원인, 촉발사건, 자신이 의뢰된 이유 등을 클라이언트의 관점에서 말하도록 하고, 사회복지사는 이를 인정해 줄 수 있어야 한다.

④ 비자발적인 클라이언트가 자신의 문제를 얼마만큼 빨리 이야기하는가는 사회복지사와의 관계형성(Rapport)에 달려있다. 따라서 사회복지사는 성급하게 개입을 시도하기보다 클라이언트의 변화속도에 맞춰 인내하면서 기다릴 필요가 있다.

⑤ 사회복지사는 비밀보장의 원칙이나 학교 혹은 권력기관에 보고해야 할 사항에 대해 명료하게 설명할 필요가 있다.

40

ㄷ. 직면(Confrontation)은 클라이언트의 행동변화(행동수정)나 사회기술 향상을 위해 사용되는 기법이 아닌 클라이언트의 인지능력 향상 및 상황에 대한 인식을 돕기 위해 사용되는 기법에 해당한다.

41

⑤ 위기개입모델은 위기상황과 관련된 현재의 구체적인 문제에 초점을 둔다.

42

⑤ 가족에 관한 사회구성주의 관점의 기술에 해당한다. 사회구성주의는 의미를 구성하는 과정에서의 상호작용에 초점을 맞추면서, 사람들이 어떠한 현상이나 사건을 객관적·보편적으로 지각하기보다는 언어체계를 통한 제한적 경험에 의해 주관적으로 구성한다고 본다. 따라서 가족에 관한 사회구성주의 관점에서는 가족의 문제상황에 대해 가족구조의 상호작용이나 의사소통 유형 등을 파악하기보다는 가족구성원이 가족의 문제에 대해 어떻게 인식하고 있는지를 우선적으로 고려한다.

43 자녀양육의 어려움을 호소하는 가족의 사정 도구에 관한 설명으로 옳지 않은 것은?

① 가계도를 활용하여 구성원 간 관계를 파악한다.
② 생태도를 통해 회복탄력성과 문제해결능력을 확인한다.
③ 양육태도척도를 활용하여 문제가 되는 부분을 탐색한다.
④ 자녀 입장의 가족조각으로 자녀가 인식하는 가족관계를 탐색한다.
⑤ 생활력표를 활용하여 현재 어려움에 영향을 주는 발달단계 상의 경험을 이해한다.

44 사티어(V. Satir)의 의사소통유형에 관한 설명으로 옳은 것은?

① 회유형은 자신을 무시하고 타인을 떠받든다.
② 일치형은 자신을 보호하기 위해 타인을 비난한다.
③ 산만형은 자신과 타인을 무시하고 상황을 중요시한다.
④ 초이성형은 자신과 상황을 중시하고 상대를 과소평가한다.
⑤ 비난형은 자기 생각을 관철시키려고 어려운 말로 장황하게 설명한다.

45 보웬(M. Bowen)이 제시한 개념 중 다음 설명에 해당하는 것은?

> • 여러 세대에 거쳐 전수될 수 있다.
> • 정신 내적 개념이면서 대인관계적 개념이다.
> • 정신 내적 개념은 자신의 지적 측면과 정서적 측면의 구분을 의미한다.
> • 대인관계적 개념은 타인과 친밀하면서도 독립성을 유지하는 능력을 말한다.

① 가족투사
② 삼각관계
③ 자아분화
④ 핵가족 정서
⑤ 다세대 전수

46 다음 사례에 대해 미누친(S. Minuchin)의 구조적 모델을 적용한 개입방법이 아닌 것은?

> 자녀교육 문제로 시어머니와 대립하는 며느리가 가족상담을 요청했다. 며느리는 남편이 모든 것을 어머니한테 맞추라고 한다며 섭섭함을 토로했다.

① 가족을 이해하고 수용하면서 합류한다.
② 가족문제를 더 정확히 이해하기 위해 실연을 요청한다.
③ 가족지도를 통해 가족구조와 가족역동을 이해하도록 돕는다.
④ 남편이 시어머니의 영향권에서 벗어나도록 탈삼각화를 진행한다.
⑤ 부부가 함께 부모역할을 수행하도록 하위체계의 경계를 명확하게 한다.

43

② 생태도(Ecomap)는 가족에 영향을 미치는 주요 환경체계를 확인하기 위한 사정도구이다. 참고로 가족기능에 대한 개념적 모델로서 맥매스터 모델(McMaster Model)은 가족사정척도(FAD ; Family Assessment Device)를 통해 '문제해결', '의사소통', '가족역할', '정서적 반응성', '정서적 관여', '행동통제' 등 6가지 측면과 함께 가족의 '전반적 기능'을 포함하여 총 7개의 하위범주로 구성된 가족기능의 사정도구를 제안하고 있다.

44

② 일치형은 자신과 타인, 상황을 모두 존중한다.
③ 산만형은 자신과 타인, 상황을 모두 무시한다.
④ 초이성형은 자신과 타인을 무시하고 상황을 존중한다.
⑤ 비난형은 회유형과 반대로 자신만을 생각하며, 타인을 무시하고 비난하는 양상을 보인다.

45

③ 자아분화는 개인이 가족의 정서적인 혼란으로부터 자유롭고 독립적인 사고나 행동을 할 수 있는 정도를 의미한다. 만약 자아분화 수준이 낮다면 미분화에서 오는 불안이나 갈등을 삼각관계를 통해 회피하게 된다.
① 가족투사는 부부가 불안이 증가될 때 자신의 미분화된 정서문제를 자녀에게 투사하는 것을 의미한다.
② 삼각관계는 스트레스의 해소를 위해 두 사람 간의 상호작용체계에 다른 가족성원을 끌어들임으로써 갈등을 우회시키는 것을 의미한다.
④ 핵가족 정서는 해소되지 못한 불안들이 개인에게서 가족에게로 투사되는 것을 의미한다.
⑤ 다세대 전수는 가족의 분화 수준과 기능이 세대 간 전수되는 과정을 일컫는 것으로, 가족체계 내 문제가 세대 간 전이를 통해 나타나는 것을 의미한다.

46

④ 탈삼각화(Detriangulation)는 보웬(Bowen)의 다세대적 가족치료모델(세대 간 가족치료모델)을 적용한 개입방법이다. 이는 가족 내 삼각관계를 교정하여 미분화된 가족자아 집합체로부터 벗어나도록 돕는 것이다.

47 해결중심모델의 질문기법 예시로 옳지 않은 것은?

① 관계성질문 : 두 분이 싸우지 않을 때는 어떠세요?
② 예외질문 : 매일 싸운다고 하셨는데, 안 싸운 날은 없었나요?
③ 대처질문 : 자녀에게 잔소리하는 횟수를 어떻게 줄일 수 있었나요?
④ 첫 상담 이전의 변화에 대한 질문 : 상담 신청 후 지금까지 어떤 변화가 있었나요?
⑤ 기적질문 : 밤새 기적이 일어나서 문제가 다 해결됐는데, 자느라고 기적이 일어난 걸 몰라요. 아침에 뭘 보면 기적이 일어났다는 걸 알 수 있을까요?

48 가족개입의 전략적 모델에 관한 설명으로 옳은 것은?

① 역기능적인 구조의 재구조화를 개입목표로 한다.
② 증상처방이나 고된 체험 기법을 비지시적으로 활용한다.
③ 가족문제가 왜 일어났는지 파악하여 원인 제거에 필요한 전략을 사용한다.
④ 가족 내 편중된 권력으로 인해 고착된 불평등한 위계구조를 재배치한다.
⑤ 문제를 보는 시각을 변화시키고 새로운 의미를 발견하는 재명명기법을 사용한다.

49 다음 설명에 해당하는 기록방법은?

- 날짜와 클라이언트의 기본사항을 기입하고 개입 내용과 변화를 간단히 기록함
- 시간 흐름에 따라 변화된 상황, 개입 활동, 주요 정보 등의 요점을 기록함

① 과정기록
② 요약기록
③ 이야기체기록
④ 문제중심기록
⑤ 최소기본기록

50 다음 사례에 해당되는 단일사례설계의 유형은?

독거노인의 우울감 해소를 위해 5주간의 전화상담(주1회)에 이어 5주간의 집단활동(주1회)을 진행했다. 참가자 5명을 대상으로 프로그램 시작 3주 전부터 매주 1회 우울증검사를 실시했고, 프로그램 시작 전, 5주 후, 10주 후에 삶의 만족도를 조사했다.

① AB설계
② ABC설계
③ ABAB설계
④ ABAC설계
⑤ 다중(복수)기초선설계

47

① 예외질문의 예시에 해당한다. 예외질문은 문제해결을 위해 우연적이며 성공적으로 실행한 방법을 찾아내어 이를 의도적으로 계속해 보도록 격려한다. 참고로 관계성질문은 클라이언트와 중요한 관계에 있는 사람들이 갖고 있는 생각, 의견, 지각 등에 대해 묻는 것으로, 그들의 관점에서 클라이언트 자신의 문제에 대해 어떻게 생각할지 추측해 보도록 하는 것이다.

48

⑤ 재명명(Relabeling)은 가족성원의 문제를 다른 시각에서 보거나 다른 방법으로 이해하도록 돕는 방법이다. 이는 모든 행동에는 부정적인 면과 긍정적인 면이 동시에 존재한다는 관점에서, 부정적인 행동에 긍정적인 암시를 부여하는 것이다.
① 역기능적인 가족이 가족구조의 재구조화(Restructuring)를 통해 적절한 대처능력을 가지며, 순기능적인 가족으로서 적절한 기능을 수행할 수 있도록 돕는 것은 구조적 가족치료모델에 해당한다.
② 문제행동을 계속하도록 지시하여 역설적 치료 상황을 조장하는 증상처방(Prescribing the Symptom), 증상이 나타날 때마다 클라이언트가 괴로워하는 일을 수행하도록 지시하는 고된 체험기법(Ordeal Technique)을 지시적으로 활용한다.
③ 전략적 가족치료모델은 인간행동의 원인에는 관심이 없으며, 단지 문제행동의 변화를 위한 해결방법에 초점을 둔다.
④ 가족 내 하위체계들 간의 역기능적 균형을 깨뜨림으로써 가족체계 내의 지위나 권력구조를 변화시키는 균형 깨뜨리기(Unbalancing)는 구조적 가족치료모델의 개입방법에 해당한다.

49

① 과정기록 : 클라이언트가 실제로 말한 내용을 정확하게 상기할 수 있도록 대화 형태를 그대로 기록하는 방법
③ 이야기체기록 : 면담 내용이나 서비스 제공 과정에 대해 이야기하듯 서술체로 기록하는 방법
④ 문제중심기록 : 클라이언트의 현재 문제에 초점을 두어, 문제해결을 위한 계획 및 진행 상황을 기록하는 방법
⑤ 최소기본기록 : 단순하고 경제적인 기록양식으로 기본적인 신상정보와 클라이언트의 주요 문제와 개입상태에 대한 정보 등만 기록하는 방법

50

② ABC설계는 하나의 기초선에 대해 각기 다른 개입방법(예 전화상담, 집단활동 등)을 연속적으로 도입하는 방법이다.
① AB설계는 개입 이전과 개입 이후의 측정자료를 단순히 비교해서 개입이 표적행동에 변화를 유발했는지를 파악하는 방법이다.
③ ABAB설계는 AB설계에 제2기초선과 제2개입을 추가한 것으로서, AB설계 혹은 ABA설계보다 외생변수의 영향을 효과적으로 통제할 수 있는 방법이다.
④ ABAC설계는 AB 이후에 AC를 시도한다는 점에서 ABC(혹은 ABCD)의 단점을 보완하는 한편, 새로운 기초선으로 인해 C의 효과를 앞선 B의 효과와 섞지 않고 볼 수 있는 장점을 가진 방법이다.
⑤ 다중(복수)기초선설계는 복수의 단순 AB설계들로 구성된 것으로서, 특정 개입방법을 여러 사례, 여러 클라이언트, 여러 표적행동, 여러 다른 상황에 적용하는 것이다.

51 다음은 워렌(R. Warren)이 제시한 지역사회 비교척도 중 어느 것에 해당하는가?

> 지역사회 내 상이한 단위조직들 간의 구조적 · 기능적 관련 정도

① 지역적 자치성
② 서비스 영역의 일치성
③ 수평적 유형
④ 심리적 동일성
⑤ 시민통제

52 길버트와 스펙트(N. Gilbert & H. Specht)가 제시한 지역사회의 기능으로 옳은 것은?

> - (ㄱ) 기능 : 지역주민들이 필요한 재화와 서비스를 어느 정도 제공받을 수 있느냐를 결정하는 것
> - (ㄴ) 기능 : 구성원들이 사회의 규범에 순응하게 하는 것

① ㄱ : 생산 · 분배 · 소비, ㄴ : 사회통제
② ㄱ : 사회통합, ㄴ : 상부상조
③ ㄱ : 사회통제, ㄴ : 사회통합
④ ㄱ : 생산 · 분배 · 소비, ㄴ : 상부상조
⑤ ㄱ : 상부상조, ㄴ : 생산 · 분배 · 소비

53 우리나라 지역사회복지 역사를 과거부터 순서대로 옳게 나열한 것은?

> ㄱ. 영구임대주택단지 내에 사회복지관 건립이 의무화되었다.
> ㄴ. 지역사회복지협의체가 지역사회보장협의체로 명칭이 변경되었다.
> ㄷ. 국민기초생활보장법 제정으로 공공의 책임성이 강화되었다.

① ㄱ → ㄴ → ㄷ
② ㄱ → ㄷ → ㄴ
③ ㄴ → ㄱ → ㄷ
④ ㄴ → ㄷ → ㄱ
⑤ ㄷ → ㄱ → ㄴ

54 영국의 지역사회복지 역사에 관한 설명으로 옳지 않은 것은?

① 시설보호로부터 지역사회보호로 전환이 이루어졌다.
② 자선조직협회는 사회진화론의 영향을 받았다.
③ 지역사회보호가 강조되면서 민간서비스, 비공식 서비스의 역할은 점차 감소하였다.
④ 1959년 정신보건법(Mental Health Act) 제정으로 지역사회보호가 법률적으로 규정되었다.
⑤ 그리피스 보고서(Griffiths Report)에서 지역사회보호의 권한과 재정을 지방정부로 이양할 것을 권고하였다.

51

지역사회기능의 비교척도(Warren)

- 지역적 자치성 : 타 지역에의 의존 정도는 어떠한가?
- 서비스 영역의 일치성 : 서비스 영역이 동일 지역 내에 어느 정도 이루어지고 있는가?
- 지역에 대한 주민들의 심리적 동일시 : 지역주민들이 자신이 소속된 지역에 대해 어느 정도 소속감을 가지고 있는가?
- 수평적 유형 : 지역사회 내에 있는 상이한 단위조직들이 구조적·기능적으로 얼마나 강한 관련을 가지고 있는가?

52

지역사회의 기능(Gilbert & Specht)

- 생산·분배·소비(경제제도) : 지역사회 주민들이 일상생활에 필요한 물자와 서비스를 생산하고 소비하는 과정과 관련된 기능을 말한다.
- 상부상조(사회복지제도) : 사회제도에 의해 지역주민들이 자신들의 욕구를 스스로 충족할 수 없는 경우에 필요로 하는 사회적 기능을 말한다.
- 사회화(가족제도) : 사회가 향유하고 있는 일반적 지식, 사회적 가치, 행동양식을 그 지역사회 구성원에게 전달하는 과정을 말한다.
- 사회통제(정치제도) : 지역사회가 그 구성원들에게 사회규범에 순응하도록 행동을 규제하는 것을 말한다.
- 사회통합(종교제도) : 사회체계를 구성하는 사회단위 조직들 간의 관계와 관련된 기능을 말한다.

53

- ㄱ. 1988년 「주택건설촉진법」에 따라 저소득 무주택자를 위한 영구임대아파트가 건설되면서 아파트 단지 내에 사회복지관을 의무적으로 건립하도록 하였다.
- ㄷ. 1999년 9월 「국민기초생활보장법」이 제정됨에 따라 빈곤문제에 대한 사회안전망의 기초를 튼튼히 하고 빈곤의 장기화를 방지하려는 시도가 펼쳐졌다.
- ㄴ. 2015년 7월 「사회보장급여의 이용·제공 및 수급권자 발굴에 관한 법률」이 시행됨에 따라 기존의 '지역사회복지협의체'가 '지역사회보장협의체'로 개편되었다.

54

영국의 지역사회보호

- 지역사회보호(Community Care)는 가정 또는 그와 유사한 지역사회 내의 환경에서 서비스를 제공하는 사회적 돌봄의 형태이다.
- 영국에서는 '재가복지'의 개념보다 '지역사회보호'의 개념이 더욱 널리 사용되고 있는데, 이는 구빈법 시대의 산물로서 수용시설에 대한 부정적인 평가에서 비롯된다.
- 1959년 정신보건법(Mental Health Act) 제정으로 지역사회보호가 법률적으로 명확히 규정되었으나, 지역사회보호로 실질적인 전환의 계기가 마련된 것은 1968년 시봄 보고서(Seebohm Report) 발표 이후이다.
- 1971년 하버트 보고서(Harbert Report)가 《지역사회에 기초한 사회적 보호(Community-based Social Care)》의 제명으로 발표되었는데, 이 보고서는 공공서비스와 민간서비스 외의 가족체계나 지역사회 하위단위에 의한 비공식적 서비스의 중요성을 강조하였다.

55 이론과 주요 개념의 연결이 옳지 않은 것은?

① 사회체계이론 – 체계와 경계
② 생태학적 관점 – 분리(Segregation), 경쟁, 침입, 계승
③ 사회자본이론 – 네트워크, 일반화된 호혜성 규범
④ 갈등이론 – 갈등전술, 내부결속
⑤ 사회교환이론 – 자기효능감, 집단효능감

56 지역사회복지실천의 원칙으로 옳지 않은 것은?

① 지역사회 특성과 문제의 일반화
② 지역주민 간의 상생협력화
③ 지역사회 특징을 반영한 실천
④ 지역사회 구성원 관점의 목표 형성
⑤ 지역사회 문제의 구조적 요인을 고려한 개입

57 이론과 관련 내용의 연결이 옳은 것은?

① 지역사회 상실이론 – 전통사회가 가지고 있는 지역사회의 사회적 기능을 보존할 수 있다.
② 사회구성(주의)이론 – 가치나 규범, 신념, 태도 등은 다양한 문화적 집단에 따라 다르게 구성된다.
③ 자원동원이론 – 자원이 집단행동의 성패에 영향을 미치지 않는다.
④ 다원주의이론 – 집단 간 발생하는 갈등을 활용한다.
⑤ 권력의존이론 – 사회의 주류 이데올로기가 어떻게 만들어지고 있는지에 관심을 갖는다.

58 테일러와 로버츠(S. Taylor & R. Roberts) 모델에 해당되는 것을 모두 고른 것은?

> ㄱ. 프로그램 개발 및 조정
> ㄴ. 지역사회개발
> ㄷ. 정치적 권력(역량)강화
> ㄹ. 연합
> ㅁ. 지역사회연계

① ㄱ, ㄴ
② ㄴ, ㄷ
③ ㄱ, ㄹ, ㅁ
④ ㄱ, ㄴ, ㄷ, ㅁ
⑤ ㄱ, ㄷ, ㄹ, ㅁ

55

⑤ 자기효능감(Self-efficacy), 집단효능감(Collective Efficacy)을 주요 개념으로 하는 대표적인 이론으로 반두라(Bandura)의 사회인지이론(Social Cognitive Theory)을 들 수 있다. 반두라는 자신의 저서 『Self-efficacy in changing societies』에서 개인적 자기효능이 집단적 자기효능과 경쟁관계에 있는 것이 아니며, 높은 개인적 효능감이 자기 주도성은 물론 집단 주도성에도 중요한 기여를 한다고 주장한 바 있다. 참고로 사회교환이론의 주요 개념으로 호혜성(→ 쌍방의 상호교환), 시혜성(→ 일방적 제공) 등을 들 수 있다.

56

① 지역사회는 있는 그대로 이해되고 수용되어야 하며, 개인과 집단처럼 지역사회도 서로 상이하므로 지역사회의 특성과 문제들을 개별화하여야 한다.

57

② 사회구성주의이론은 모든 현상에 대한 객관적 진실이 존재한다는 점에 의구심을 던진다. 즉, 개인이 속한 사회나 문화에 따라 현실의 상황을 재구성할 수 있다는 관점이다.
① 지역사회 상실이론은 산업화에 따른 일차집단의 해체, 공동체의 쇠퇴, 비인간적 사회관계로의 변화 등을 강조한다. 특히 과거의 지역사회공동체를 이상적인 것으로, 더 이상 복구될 수 없는 잃어버린 세계로 간주한다.
③ 자원동원이론은 사회운동의 발전과 전개 과정이 축적된 사회적 불만의 팽배보다는 사회의 구조적 불평등이나 약자의 권리옹호를 위한 자원동원의 가능성 여부와 그 정도에 의해 결정된다고 주장한다.
④ 갈등을 사회발전의 요인과 사회통합의 관점에서 다루는 대표적인 이론으로 갈등이론이 있다. 반면, 다원주의이론(이익집단이론)은 지역사회복지정책들이 다양한 관련 이익단체들 간의 갈등과 타협으로 만들어진다고 보는 이론이다.
⑤ 사회 주류 이데올로기의 생성, 유지, 내재화에 초점을 두는 대표적인 이론으로 사회구성주의이론이 있다. 반면, 권력의존이론(힘 의존이론)은 재정지원자에 대한 사회복지조직의 지나친 의존에 따른 자율성 제한의 문제를 다루는 이론이다.

58

테일러와 로버츠(Taylor & Roberts)의 지역사회복지 실천모델

- 지역사회개발모델(Community Development Model)
- 프로그램 개발 및 조정모델(Program Development and Coordination Model)
- 계획모델(Planning Model)
- 지역사회연계모델(Community Liaison Model)
- 정치적 권력강화모델 또는 정치적 행동 및 역량강화모델(Political Action & Empowerment Model)

59 로스만(J. Rothman)의 지역사회조직모델 중 지역사회개발에 관한 설명으로 옳지 않은 것은?

① 지역사회 변화를 위한 전술로 합의방법을 사용한다.
② 변화의 매개체는 과업지향의 소집단이다.
③ 지역사회의 아노미 상황에 사용할 수 있다.
④ 정부조직을 경쟁자로 인식한다.
⑤ 변화를 위한 전략으로 문제해결에 다수의 사람을 참여시킨다.

60 다음의 설명에 해당되는 웨일과 갬블(M. Weil & D. Gamble)의 실천모델은?

- 기회를 제한하는 불평등에 도전
- 사회적 · 정치적 · 경제적 정의를 위한 행동
- 표적체계에 선출직 공무원도 해당

① 근린 · 지역사회조직화모델
② 지역사회 사회 · 경제개발모델
③ 프로그램 개발과 지역사회연계모델
④ 정치 · 사회행동모델
⑤ 사회계획모델

61 다음의 설명에 해당하는 지역사회복지실천 단계는?

- 이슈의 개념화
- 이슈와 관련된 다양한 가치관 고려
- 이슈와 관련된 이론과 자료 분석

① 문제확인단계
② 자원동원단계
③ 실행단계
④ 모니터링 단계
⑤ 평가단계

62 지역사회복지실천의 '실행단계'에 해당하지 않는 것은?

① 재정자원 집행
② 참여자 간의 갈등 관리
③ 클라이언트의 적응 촉진
④ 실천계획의 목표 설정
⑤ 협력과 조정을 위한 네트워크 구축

59

④ 로스만(Rothman)의 지역사회조직모델 중 지역사회개발모델에서는 권력구조에 있는 구성원을 협력자로 인식한다. 즉, 지역사회 내의 권력을 가진 사람이 지역사회를 향상시키는 데 공동의 노력을 한다고 본다.

60

④ 정치·사회행동모델은 정책 및 정책입안자의 변화에 초점을 둔 사회정의실현 활동의 전개를 목표로 한다. 지역사회에서 기회를 제한하는 불평등에 도전하고 지역사회의 욕구를 무시하는 의사결정자에 대항하며, 조직의 효과성에 대한 신념을 강화하고 불공정한 조건을 변화시키는 기술을 개발하여 지역주민에게 권한을 부여하는 것을 주요 내용으로 한다.

① 근린·지역사회조직화모델은 구성원의 조직 능력을 개발하고 범지역적인 계획 및 외부개발에 영향과 변화를 일으킬 수 있는 능력을 개발하는 것을 목표로 한다.

② 지역사회 사회·경제개발모델은 지역주민의 관점에 입각하여 개발계획을 주도하며, 사회·경제적 투자에 대한 지역주민의 활용 역량을 제고하는 것을 목표로 한다.

③ 프로그램 개발과 지역사회연계모델은 지역사회서비스의 효과성 증진을 위해 새로운 프로그램을 개발하는 동시에 기존 프로그램을 확대 혹은 재조정하는 것을 목표로 한다.

⑤ 사회계획모델은 선출된 기관이나 인간서비스계획협의회가 지역복지계획을 마련하는 등 행동을 하기 위한 제안을 하는 것을 목표로 한다.

61

지역사회복지실천 과정에서 문제확인 및 문제규명

• 지역사회 문제해결을 위해 지역사회의 충족되지 않은 욕구나 해결을 필요로 하는 문제를 찾아내는 일이다.

• 문제(이슈)를 어떻게 개념화하느냐에 따라 정책수립을 위한 구상이 달라지며, 그 구체적인 해결방안과 실천전략 또한 달라진다.

• 문제를 규명하는 데 있어서 사회복지사는 해결하고자 하는 문제와 관련된 다양한 가치관에 대해 고려해야 한다.

• 계획가로서 사회복지사는 사회문제와 관련된 객관적인 자료를 수집하고 분석해야 하며, 사회행동과 제도분석에 관한 사회과학의 이론을 활용하여야 한다.

62

지역사회복지 실천과정에서 실행단계의 주요 과업

• 재정자원의 집행
• 추진인력의 확보 및 활용
• 참여자 간 저항과 갈등 관리
• 참여자 적응 촉진
• 협력과 조정을 위한 네트워크 구축 등

참고

지역사회복지실천 단계는 학자마다 혹은 교재마다 매우 다양하게 제시되고 있습니다. '실천계획의 목표 설정'은 일반적인 5단계 과정에서 '계획', 케트너(Kettner) 등의 9단계 과정에서 '목적 및 목표 설정'에 해당합니다.

5단계	문제발견 및 분석 → 사정 및 욕구 파악 → 계획 → 실행 → 점검 및 평가
9단계	변화기회 확인 → 변화기회 분석 → 목적 및 목표 설정 → 변화노력 설계 및 구조화 → 자원계획 → 변화노력 실행 → 변화노력 점검 → 변화노력 평가 → 재사정 및 변화노력 안정화

63 다음에 제시된 지역사회복지 실천 기술은?

> - 소외되고, 억압된 집단의 입장을 주장한다.
> - 보이콧, 피케팅 등의 방법으로 표적을 난처하게 한다.
> - 지역주민이 정당한 처우나 서비스를 받지 못하는 경우에 활용된다.

① 프로그램 개발 기술
② 기획 기술
③ 자원동원 기술
④ 옹호 기술
⑤ 지역사회 사정 기술

64 조직화 기술에 관한 설명으로 옳은 것을 모두 고른 것은?

> ㄱ. 지역주민이 주체가 되어 사회복지조직의 목표를 성취하도록 운영한다.
> ㄴ. 지역주민이 자신들의 문제를 함께 풀어나가는 과정을 포함한다.
> ㄷ. 지역사회 역량강화를 위해 지역사회복지 거버넌스 구조와 기능을 축소시킨다.

① ㄴ
② ㄱ, ㄴ
③ ㄱ, ㄷ
④ ㄴ, ㄷ
⑤ ㄱ, ㄴ, ㄷ

65 다음에서 설명하는 지역사회 욕구사정 방법은?

> - 전문가 패널의 의견을 수렴하는 방법
> - 합의에 이르기까지 여러 번 설문 실시
> - 반복되는 설문을 통하여 패널의 의견 수정 가능

① 명목집단기법
② 2차 자료 분석
③ 델파이기법
④ 지역사회포럼
⑤ 초점집단기법

66 지방자치제도에 관한 설명으로 옳은 것은?

① 지방정부에 비해 중앙정부의 책임을 강조하고 있다.
② 지역 간 복지수준의 격차가 발생하지 않는다.
③ 복지예산의 지방이양으로 지방정부의 책임이 강화된다.
④ 지방자치단체장은 중앙정부가 임명한다.
⑤ 지방정부의 복지예산 확대로 민간의 참여가 약화된다.

63

④ 옹호(Advocacy)는 클라이언트의 이익 혹은 권리를 위해 싸우거나 대변하는 등의 적극적인 활동을 말한다. 사회정의 준수 및 유지를 궁극적인 목적으로 하며, 지역주민이 정당한 처우나 서비스를 받지 못하는 경우에 활용하는 기술이다.

① 프로그램 개발(Program Development)은 목표를 실천하기 위한 사업들을 구체화하는 기술이다.

② 프로그램 기획(Program Planning)은 프로그램의 목표 설정에서부터 실행, 평가에 이르기까지 제반 과정들을 합리적으로 결정함으로써 미래의 행동계획을 구체화하는 기술이다.

③ 자원개발·동원(Resources Development and Mobilization)은 지역주민의 욕구 충족 및 문제해결을 위해 자원이 필요한 경우 자원을 발굴하고 동원하는 기술이다.

⑤ 지역사회 사정(Community Assessment)은 지역사회의 욕구와 자원을 파악하는 기술이다.

64

ㄷ. 지역사회 역량강화를 위해 지역사회복지 거버넌스 구조와 기능을 확대한다. 이른바 '로컬 거버넌스(Local Governance)'는 지역사회의 분권화, 시민사회의 성장, 지역주민 욕구들의 다양화에 반응하기 위한 새로운 대안으로서, 민·관의 이분법적 참여구조를 넘어 지방정부와 비영리단체는 물론 지방의 기업과 같은 영리단체의 참여를 포함하는 삼자 이상의 협의체계를 가능하게 한다.

65

① 명목집단기법은 대화나 토론 없이 어떠한 비판이나 이의제기가 허용되지 않는 가운데 각자 아이디어를 서면으로 제시하도록 하여 우선순위를 결정한 후 최종 합의를 도출하기 위한 방법이다.

② 2차 자료 분석은 지역주민을 대상으로 직접 자료를 수집하는 것이 아닌 지역사회 내 사회복지기관의 서비스수혜자에 관련된 각종 기록을 검토하여 욕구를 파악하는 비관여적 방법이다.

④ 지역사회포럼은 지역사회에 실제 거주하거나 지역사회를 위해 활동하는 사람들을 대상으로 공개적인 모임을 주선하여 지역문제에 대한 설명을 듣는 것은 물론, 직접 지역사회 내의 문제에 대해 의견을 피력할 수 있도록 하는 방법이다.

⑤ 초점집단기법은 소수 이해관계자들의 인위적인 면접집단 또는 토론집단을 구성하여 연구자가 토의 주제나 쟁점을 제공하며, 특정한 토의 주제 또는 쟁점에 대해 여러 명이 동시에 질의·응답을 하거나 인터뷰를 하는 등의 방법으로 상호작용을 통해 공동의 관점을 확인하는 방법이다.

66

③ 지방자치제도는 지방정부의 지역복지에 대한 자율성 및 책임의식을 증대시킬 수 있다.

① 지방정부의 책임성을 강조하는 방향으로 나아가고 있다.

② 지역 간 복지수준의 격차가 발생할 수 있다.

④ 지방자치단체의 장은 주민이 보통·평등·직접·비밀선거로 선출한다(지방자치법 제107조).

⑤ 지방정부의 복지예산 확대로 민간의 참여기회가 확대될 수 있다.

67 시 · 군 · 구 지역사회보장계획에 포함되어야 하는 사항을 모두 고른 것은?

> ㄱ. 지역사회보장 전달체계의 조직과 운영
> ㄴ. 사회보장급여의 사각지대 발굴 및 지원 방안
> ㄷ. 지역사회보장에 관련한 통계 수집 및 관리 방안
> ㄹ. 지역사회보장에 필요한 재원의 규모와 조달 방안

① ㄱ, ㄴ
② ㄱ, ㄷ
③ ㄴ, ㄷ
④ ㄱ, ㄴ, ㄹ
⑤ ㄱ, ㄴ, ㄷ, ㄹ

68 시 · 군 · 구 지역사회보장협의체의 심의 · 자문 사항이 아닌 것은?

① 시 · 군 · 구의 지역사회보장계획 수립 · 시행 및 평가에 관한 사항
② 시 · 군 · 구의 사회보장급여 제공에 관한 사항
③ 시 · 군 · 구의 사회보장 추진에 관한 사항
④ 읍 · 면 · 동 단위 지역사회보장협의체의 구성 및 운영에 관한 사항
⑤ 읍 · 면 · 동의 지역사회보장조사 및 지역사회보장지표에 관한 사항

69 사회복지공동모금회법상 사회복지공동모금회에 관한 설명으로 옳지 않은 것은?

① 회장, 부회장 및 이사의 임기는 3년으로 하며, 한 차례만 연임할 수 있다.
② 사회복지공동모금사업을 수행한다.
③ 모금회의 업무를 처리하기 위하여 사무총장 1명과 필요한 직원 및 기구를 둔다.
④ 특별시 · 광역시 · 특별자치시 · 도 · 특별자치도 단위 사회복지공동모금지회를 둔다.
⑤ 사회복지사업이나 그 밖의 사회복지활동 등을 지원하기 위한 재원을 조성하기 위하여 기획재정부장관의 승인을 받아 복권을 발행할 수 있다.

70 사회복지관 사업내용 중 서비스제공 기능에 해당하지 않는 것은?

① 지역사회보호
② 사례관리
③ 교육문화
④ 자활지원
⑤ 가족기능 강화

67

시 · 군 · 구 지역사회보장계획에 포함되어야 하는 사항(사회보장급여의 이용 · 제공 및 수급권자 발굴에 관한 법률 제36조 제1항 참조)

- 지역사회보장 수요의 측정, 목표 및 추진전략
- 지역사회보장의 목표를 점검할 수 있는 지표(지역사회보장지표)의 설정 및 목표
- 지역사회보장의 분야별 추진전략, 중점 추진사업 및 연계협력 방안
- 지역사회보장 전달체계의 조직과 운영(ㄱ)
- 사회보장급여의 사각지대 발굴 및 지원 방안(ㄴ)
- 지역사회보장에 필요한 재원의 규모와 조달 방안(ㄹ)
- 지역사회보장에 관련한 통계 수집 및 관리 방안(ㄷ)
- 지역 내 부정수급 발생 현황 및 방지대책
- 그 밖에 대통령령으로 정하는 사항

68

시 · 군 · 구 지역사회보장협의체의 심의 · 자문 사항(사회보장급여의 이용 · 제공 및 수급권자 발굴에 관한 법률 제41조 제2항 참조)

- 시 · 군 · 구의 지역사회보장계획 수립 · 시행 및 평가에 관한 사항(①)
- 시 · 군 · 구의 지역사회보장조사 및 지역사회보장지표에 관한 사항
- 시 · 군 · 구의 사회보장급여 제공에 관한 사항(②)
- 시 · 군 · 구의 사회보장 추진에 관한 사항(③)
- 읍 · 면 · 동 단위 지역사회보장협의체의 구성 및 운영에 관한 사항(④)
- 그 밖에 위원장이 필요하다고 인정하는 사항

69

⑤ 사회복지공동모금회는 사회복지사업이나 그 밖의 사회복지활동 등을 지원하기 위한 재원을 조성하기 위하여 복권을 발행할 수 있다. 복권을 발행하려면 그 종류 · 조건 · 금액 및 방법 등에 관하여 미리 보건복지부장관의 승인을 받아야 한다(사회복지공동모금회법 제18조의2 제1항 및 제2항).

① 사회복지공동모금회에는 회장 1명, 부회장 3명, 이사(회장 · 부회장 및 사무총장을 포함) 15명 이상 20명 이하, 감사 2명의 임원을 둔다. 임원의 임기는 3년으로 하며, 한 차례만 연임할 수 있다(동법 제7조 제1항 및 제2항).

② 사회복지공동모금회는 사회복지공동모금사업, 공동모금재원의 배분, 공동모금재원의 운용 및 관리, 사회복지공동모금에 관한 조사 · 연구 · 홍보 및 교육 · 훈련, 사회복지공동모금지회의 운영, 사회복지공동모금과 관련된 국제교류 및 협력증진사업, 다른 기부금품 모집자와의 협력사업, 그 밖에 모금회의 목적 달성에 필요한 사업을 수행한다(동법 제5조).

③ 동법 제12조

④ 사회복지공동모금회에 지역단위의 사회복지공동모금사업을 관장하기 위하여 특별시 · 광역시 · 특별자치시 · 도 · 특별자치도 단위 사회복지공동모금지회를 둔다(동법 제14조 제1항).

70

사회복지관의 사업(사회복지사업법 시행규칙 제23조의2 제1항 및 별표3 참조)

- 서비스제공 기능 : 가족기능 강화, 지역사회보호, 교육문화, 자활지원 등 기타
- 사례관리 기능 : 사례발굴, 사례개입, 서비스연계
- 지역조직화 기능 : 복지네트워크 구축, 주민조직화, 자원 개발 및 관리

71 한국사회복지협의회의 주요 사업이 아닌 것은?

① 사회복지에 관한 교육훈련
② 사회복지에 관한 계몽 및 홍보
③ 자원봉사활동의 진흥
④ 사회복지사업에 관한 기부문화의 조성
⑤ 읍·면·동이 위탁하는 사회복지에 관한 업무

72 사회적경제에 관한 설명으로 옳은 것을 모두 고른 것은?

┌─────────────────────────────────┐
│ ㄱ. 사회적기업은 경제적 이익을 추구한다.   │
│ ㄴ. 사회적경제는 자본주의 시장경제의 대안모   │
│   델이다.   │
│ ㄷ. 사회적협동조합의 목적은 취약계층에게 사   │
│   회서비스 또는 일자리를 제공하는 것이다.   │
└─────────────────────────────────┘

① ㄱ
② ㄴ
③ ㄱ, ㄴ
④ ㄴ, ㄷ
⑤ ㄱ, ㄴ, ㄷ

73 지역사회복지운동에 관한 설명으로 옳지 않은 것은?

① 지역사회복지운동의 계층적 기반은 노동운동이나 여성운동과 같이 뚜렷하다.
② 지역사회복지운동의 주된 관심사는 주민 삶의 질과 관련된 생활영역에 있다.
③ 지역사회의 다양한 자원 활용 및 조직 간 유기적 협력이 이루어진다.
④ 지역사회복지운동에는 다양한 이념이 사용될 수 있다.
⑤ 지역사회복지운동의 주체는 사회복지전문가, 지역활동가, 지역사회복지이용자 등 다양하다.

74 주민참여와 관련이 없는 것은?

① 지방자치제도의 발달
② 마을만들기 사업(운동)
③ 지역사회복지 정책결정과정
④ 공무원 중심의 복지정책 결정권한 강화
⑤ 아른스테인(S. Arnstein)의 주장

71

한국사회복지협의회의 업무(사회복지사업법 제33조 제1항 및 시행령 제12조)

- 사회복지에 관한 조사·연구 및 정책 건의
- 사회복지 관련 기관·단체 간의 연계·협력·조정
- 사회복지 소외계층 발굴 및 민간사회복지자원과의 연계·협력
- 사회복지에 관한 교육훈련(①)
- 사회복지에 관한 자료수집 및 간행물 발간
- 사회복지에 관한 계몽 및 홍보(②)
- 자원봉사활동의 진흥(③)
- 사회복지사업에 관한 기부문화의 조성(④)
- 사회복지사업에 종사하는 사람의 교육훈련과 복지 증진
- 사회복지에 관한 학술 도입과 국제사회복지단체와의 교류
- 그 밖에 보건복지부장관이 위탁하는 사회복지에 관한 업무(⑤)

72

ㄱ. '사회적기업'은 영리조직과 비영리조직의 중간 형태로, 사회적 목적을 우선적으로 추구하면서 영업활동을 통해 영리를 추구한다.

ㄴ. '사회적경제'는 자본주의 시장경제가 발전하면서 나타난 불평등과 빈부격차, 환경파괴 등 다양한 사회문제에 대한 대안으로 등장한 개념으로서, 이윤의 극대화가 최고의 가치인 시장경제와 달리 사람의 가치를 우위에 두는 경제활동을 말한다.

ㄷ. '사회적협동조합'은 「협동조합기본법」에 따른 협동조합 중 지역주민들의 권익·복리 증진과 관련된 사업을 수행하거나 취약계층에게 사회서비스 또는 일자리를 제공하는 등 영리를 목적으로 하지 아니하는 협동조합을 말한다.

73

① 지역사회복지운동은 노동운동이나 민중운동, 여성운동과 같이 뚜렷한 계층적 기반을 두고 있는 것이 아니라 포괄적으로 지역사회 주민 전체에 두고 있다. 다만, 지역사회에서 사회적 약자의 복지 욕구에 초점을 둠으로써 사회적 약자에 우선순위를 부여하는 경향이 있다.

74

주민참여의 개념

- 지역주민들이 공식적인 정부의 의사결정 과정에 관여하여 주민들의 욕구를 정책이나 계획에 반영하도록 하는 적극적인 노력이다.
- 지역주민들이 그 지역사회의 일반적인 사항과 관련된 결정에 대해 권력을 행사하는 과정이다.
- 명목상 참여에서부터 완전통제에 이르기까지 다양한 형태가 있으나, 최대한의 참여가 바람직하다는 것이 일반적인 견해이다.

75 최근 지역사회복지 동향으로 옳지 않은 것은?

① '찾아가는 동주민센터' 사업 실시
② 읍·면·동 맞춤형 복지 전담팀 설치
③ 지역사회 통합돌봄 사업의 축소
④ 행정복지센터로의 행정조직 재구조화
⑤ 지역사회복지계획이 지역사회보장계획으로 변경

제3과목 ▶ 사회복지정책과 제도

제1영역 **사회복지정책론**

01 조지와 윌딩(V. George & P. Wilding, 1976; 1994)의 사회복지모형에서 복지국가의 확대를 가장 지지하는 이념은?

① 신우파
② 반집합주의
③ 마르크스주의
④ 페이비언 사회주의
⑤ 녹색주의

02 사회복지정책의 가치에 관한 설명으로 옳지 않은 것은?

① 소극적 자유는 자신이 원하는 것을 할 수 있는 자유를 강조한다.
② 평등을 추구하는 사회복지정책은 선택의 자유를 제한한다는 비판이 있다.
③ 형평성이 신빈민법의 열등처우원칙에 적용되었다.
④ 적절성은 일정한 수준의 신체적·정신적 복리를 제공하는 것을 의미한다.
⑤ 기회의 평등의 예로 사회적으로 취약한 아동을 위한 적극적 교육 지원을 들 수 있다.

03 국민연금의 연금크레딧제도 중 가장 최근에 시행된 것은?

① 실업크레딧
② 고용크레딧
③ 양육크레딧
④ 군복무크레딧
⑤ 출산크레딧

75

③ 2019년 6월부터 주거, 보건의료, 요양, 돌봄, 일상생활의 지원이 통합적으로 확보되는 지역주도형 정책으로서 지역사회 통합돌봄(커뮤니티케어) 선도사업이 실시되어 2026년 통합돌봄의 보편적 실행을 목표로 추진 중이다.

제3과목 ▶ 사회복지정책과 제도

01

④ 페이비언 사회주의(Fabian Socialism)는 복지국가를 사회주의의 한 과정으로 인식하면서, 시장경제의 문제점을 제거하기 위해 정부가 적극적으로 개입해야 한다고 주장한다. 또한 사회통합과 평등 추구를 위한 사회복지정책 확대를 지지하면서, 민주주의에 기반을 둔 대중의 참여를 강조한다.

① · ② 신우파(The New Right)는 반집합주의(Anti-collectivism)의 수정이데올로기 모형으로서, 국가 개입이 경제적 비효율을 초래하므로 민영화를 통해 정부의 역할을 축소해야 한다고 주장한다. 복지국가는 개인의 자유를 침해할 수밖에 없다고 주장하면서, 자유를 개인중심의 단순히 강제가 없는 상태를 의미하는 소극적인 개념으로 파악한다.

③ 마르크스주의(Marxism)는 복지국가를 자본과 노동계급 간 갈등의 결과로 본다. 즉, 복지국가를 자본주의의 산물이자 자본주의 체제를 강화하는 수단으로 간주하므로, 그러한 개념 자체를 부정한다.

⑤ 녹색주의(Greenism)는 복지국가가 경제성장을 통해 환경문제를 유발한다고 주장하면서, 그에 대해 반대의 입장을 보인다.

02

① 적극적 자유는 자신이 원하는 것을 할 수 있는 자유로서 능력(Capacity)의 측면을 강조하는 반면, 소극적 자유는 타인의 간섭이나 구속(의지)으로부터의 자유로서 기회(Opportunity)의 측면을 강조한다.

03

국민연금 연금크레딧제도의 시행

- 출산크레딧 : 2008년 1월 1일 이후 출산 · 입양한 자녀부터 인정
- 군복무크레딧 : 2008년 1월 1일 이후 군에 입대한 자부터 인정
- 실업크레딧 : 2016년 8월 1일 이후 구직급여 수급자 중 일정 요건을 갖춘 신청자부터 인정

참고

2025년 4월 2일 법 개정에 따라 2026년 1월 1일부터 출산크레딧과 군복무크레딧의 지원범위가 확대됩니다.

- 출산크레딧

– 자녀 2명 : 12개월 – 자녀 3명 이상 : 초과 1명마다 18개월(단, 50개월 상한) ⇒	– 자녀 2명 이하 : 1명마다 12개월 – 자녀 3명 이상 : 초과 1명마다 18개월(상한 폐지)

- 군복무크레딧

병역의무 수행한 사람에게 가입기간 6개월 추가 산입(단, 병역의무 수행기간 6개월 미만은 제외) ⇒	병역의무 수행한 사람에게 복무기간에 따라 가입기간 최대 12개월 추가 산입

04 진료비 지불방식 중 행위별수가제와 포괄수가제에 관한 설명으로 옳은 것을 모두 고른 것은?

> ㄱ. 행위별수가제는 의료기관의 과잉진료를 유도할 수 있다.
> ㄴ. 행위별수가제에서는 의료진의 진료행위에 대한 자율성이 확보된다.
> ㄷ. 포괄수가제는 주로 발생빈도가 높은 질병군에 적용한다.
> ㄹ. 포괄수가제를 적용함으로써 환자의 본인부담금이 감소할 수 있다.

① ㄱ
② ㄱ, ㄷ
③ ㄱ, ㄴ, ㄷ
④ ㄴ, ㄷ, ㄹ
⑤ ㄱ, ㄴ, ㄷ, ㄹ

05 우리나라의 노인장기요양보험에 관한 설명으로 옳지 않은 것은?

① 가족의 부담을 덜어줌으로써 국민의 삶의 질을 향상하는 것을 목적으로 한다.
② 노인장기요양보험기금과 국민건강보험기금은 통합하여 관리한다.
③ 노인장기요양보험료는 국민건강보험료와 통합하여 징수한다.
④ 65세 이상의 노인은 소득수준과 상관없이 적용대상자이다.
⑤ 재가급여를 시설급여에 우선하여 제공하여야 한다.

06 우리나라의 고용보험에 관한 설명으로 옳은 것을 모두 고른 것은?

> ㄱ. 직업능력개발 훈련을 실시하는 사업주를 지원할 수 있다.
> ㄴ. 예술인은 고용보험 가입대상이 아니다.
> ㄷ. 실업 신고를 한 이후에 질병·부상 또는 출산으로 취업이 불가능하여 구직활동을 할 수 없는 경우 상병급여를 지급할 수 있다.
> ㄹ. 고용안정 및 직업능력개발사업의 보험료는 사업주와 근로자가 공동으로 부담한다.

① ㄱ, ㄴ
② ㄱ, ㄷ
③ ㄷ, ㄹ
④ ㄴ, ㄷ, ㄹ
⑤ ㄱ, ㄴ, ㄷ, ㄹ

07 사회보험과 민영보험의 차이점에 관한 설명으로 옳지 않은 것은?

① 사회보험은 현금급여를 원칙으로 하고, 민영보험은 현물급여를 원칙으로 한다.
② 사회보험은 대부분 국가 또는 공법인이 운영하지만 민영보험은 사기업이 운영한다.
③ 사회보험은 강제로 가입되지만 민영보험은 임의로 가입한다.
④ 사회보험은 국가가 주로 독점하지만 민영보험은 사기업들이 경쟁한다.
⑤ 사회보험은 사회적 적절성을 강조하지만 민영보험은 개별 형평성을 강조한다.

04

ㄱ. 행위별수가제에서는 의료진의 진료행위 하나하나가 의료기관의 수익에 직결되므로 과잉진료를 유도할 수 있다.

ㄴ. 행위별수가제에서는 의료진의 진료행위에 대한 자율성이 확보되는 장점이 있으나, 불필요하게 제공된 진료행위만큼 환자의 경제적 부담이 늘어나고 건강보험 재정도 낭비되는 단점이 있다.

ㄷ. 포괄수가제가 적용되는 질병군에 대한 처치는 주로 발생빈도가 높고 비교적 합병증이 적은 간단한 외과적 수술에 속한다.

ㄹ. 포괄수가제에서는 행위별수가제에서 보험이 적용되지 않던 처치, 약제, 재료 등을 보험으로 적용함으로써 환자의 본인부담금이 평균 21% 줄어든다는 연구 결과도 있다.

05

② 현재 우리나라의 사회보험 중 노인장기요양보험과 국민건강보험은 기금 형태로 관리·운용되고 있지 않다. 기금으로 운용하는 경우 예산의 편성, 집행 및 결산 시 기획재정부 및 국회의 통제를 받게 되는데, 노인장기요양보험은 국민건강보험공단 예산으로 사업을 집행함에 따라 보건복지부장관의 승인만을 필요로 한다. 그에 따라 노인장기요양보험 재정을 기금화하여 국회의 심사를 받도록 함으로써 재정운용의 투명성을 강화하고 장기요양보험사업에 대한 국가의 책임을 제고하려는 취지로 관련 법률에 대한 개정 시도가 이루어지고 있다.

06

ㄱ. 고용노동부장관은 경기의 변동, 산업구조의 변화 등에 따른 사업 규모의 축소, 사업의 폐업 또는 전환으로 고용조정이 불가피하게 된 사업주가 근로자에 대한 휴업, 휴직, 직업전환에 필요한 직업능력개발 훈련, 인력의 재배치 등을 실시하거나 그 밖에 근로자의 고용안정을 위한 조치를 하면 대통령령으로 정하는 바에 따라 그 사업주에게 필요한 지원을 할 수 있다(고용보험법 제21조 제1항).

ㄴ. 근로자가 아니면서 「예술인복지법」에 따른 예술인 등 대통령령으로 정하는 사람 중 문화예술용역 관련 계약을 체결하고 다른 사람을 사용하지 아니하고 자신이 직접 노무를 제공하는 예술인과 이들을 상대방으로 하여 문화예술용역 관련 계약을 체결한 사업에 대해서는 예술인인 피보험자에 대한 고용보험 특례의 장을 적용한다(동법 제77조의2 제1항).

ㄷ. 수급자격자가 법령에 따라 실업의 신고를 한 이후에 질병·부상 또는 출산으로 취업이 불가능하여 실업의 인정을 받지 못한 날에 대하여는 실업의 인정에 관한 규정에도 불구하고 그 수급자격자의 청구에 의하여 구직급여일액에 해당하는 상병급여를 구직급여를 갈음하여 지급할 수 있다(동법 제63조 제1항).

ㄹ. 실업급여의 보험료는 사업주와 근로자가 보험료의 1/2을 각각 부담하며, 고용안정·직업능력개발사업의 보험료는 사업주가 전액 부담하는 것을 원칙으로 한다.

07

① 사회보험은 현금급여와 현물급여를 병행하지만, 민영보험(민간보험)은 일반적으로 현금급여를 제공하는 경향이 있다.

08 우리나라의 의료급여에 관한 설명으로 옳지 않은 것은?

① 의료급여 수급권자는 1종과 2종으로 구분한다.

② 의료급여기금에는 지방자치단체의 출연금도 포함된다.

③ 의료급여 수급권자의 1촌 직계혈족 및 그 배우자는 원칙적으로 부양의무가 있다.

④ 국민기초생활보장제도 수급자 중 보장시설에서 급여를 받는 자는 2종 수급자로 구분된다.

⑤ 「약사법」에 따라 개설등록된 약국은 의료급여를 실시하는 의료기관이다.

09 우리나라 산업재해보상보험의 급여가 아닌 것은?

① 요양급여
② 상병수당
③ 유족급여
④ 장례비
⑤ 직업재활급여

10 우리나라의 국민기초생활보장제도에 관한 설명으로 옳은 것은?

① 의료급여 선정기준은 기준 중위소득의 100분의 50 이상으로 한다.

② 교육급여 선정기준은 기준 중위소득의 100분의 40 이상으로 한다.

③ "수급권자"란 「국민기초생활보장법」에 따른 급여를 받는 사람을 말한다.

④ 국민기초생활보장제도에서의 "보장기관"은 사회복지서비스를 제공하는 사회복지기관을 말한다.

⑤ 사회복지전담공무원은 수급권자의 동의를 받아 수급권자에 대한 급여를 직권으로 신청할 수 있다.

11 에스핑-앤더슨(G. Esping-Andersen)의 세 가지 복지체제에 관한 설명으로 옳지 않은 것은?

① 보수주의 복지체제 국가는 가족의 중요성을 강조한다.

② 자유주의 복지체제 국가에서 탈상품화 정도가 가장 높다.

③ 사회민주주의 복지체제 국가는 보편주의를 강조한다.

④ 보수주의 복지체제 국가의 예로 독일, 프랑스, 이탈리아가 있다.

⑤ 자유주의 복지체제 국가의 사회보장급여는 잔여적 특성이 강하다.

08

④ 의료급여법에 따른 수급권자 중 「국민기초생활보장법」에 따른 보장시설에서 급여를 받고 있는 사람은 1종 수급권자에 해당한다(의료급여법 시행령 제3조 제2항 참조).

① 동법 시행령 제3조 제1항

② 의료급여기금은 국고보조금, 지방자치단체의 출연금, 법령에 따라 상환받은 대지급금, 징수한 부당이득금 및 징수한 과징금, 기금의 결산상 잉여금 및 그 밖의 수입금의 재원으로 조성한다(동법 제25조 제2항 참조).

③ '부양의무자'란 수급권자를 부양할 책임이 있는 사람으로서 수급권자의 1촌 직계혈족 및 그 배우자를 말한다(동법 제2조 제3호).

⑤ 「의료법」에 따라 개설된 의료기관, 「지역보건법」에 따라 설치된 보건소·보건의료원 및 보건지소, 「농어촌 등 보건의료를 위한 특별조치법」에 따라 설치된 보건진료소, 「약사법」에 따라 개설등록된 약국 및 같은 법에 따라 설립된 한국희귀·필수의약품센터는 의료급여를 실시하는 의료급여기관이다(동법 제9조 제1항 참조).

09

② 상병수당은 국민건강보험법상 부가급여에 해당한다. 국민건강보험법 제50조는 부가급여로 임신·출산 진료비, 장제비, 상병수당 등을 규정하고 있다.

산업재해보상보험법상 보험급여의 종류(산업재해보상보험법 제36조 제1항 참조)

· 요양급여	· 휴업급여
· 장해급여	· 간병급여
· 유족급여	· 상병보상연금
· 장례비	· 직업재활급여

10

⑤ 사회복지전담공무원은 「국민기초생활보장법」에 따른 급여를 필요로 하는 사람이 누락되지 아니하도록 하기 위하여 관할지역에 거주하는 수급권자에 대한 급여를 직권으로 신청할 수 있다. 이 경우 수급권자의 동의를 구하여야 하며 수급권자의 동의는 수급권자의 신청으로 볼 수 있다(국민기초생활보장법 제21조 제2항).

① 의료급여 선정기준은 기준 중위소득의 100분의 40 이상으로 한다(동법 제12조의3 제2항 참조).

② 교육급여 선정기준은 기준 중위소득의 100분의 50 이상으로 한다(동법 제12조 제3항 참조).

③ '수급권자'란 「국민기초생활보장법」에 따른 급여를 받을 수 있는 자격을 가진 사람을 말한다. 참고로 「국민기초생활보장법」에 따른 급여를 받는 사람은 '수급자'에 해당한다(동법 제2조 제1호 및 제2호).

④ 국민기초생활보장제도에서의 '보장기관'은 「국민기초생활보장법」에 따른 급여를 실시하는 국가 또는 지방자치단체를 말한다(동법 제2조 제4호).

11

복지국가 유형화 기준으로서 탈상품화

(Decommodification)

• 에스핑-앤더슨(Esping-Andersen)은 탈상품화 정도, 사회계층화(계층화) 유형, 국가와 시장의 상대적 비중 등 세 가지 기준을 토대로 복지국가를 '자유주의 복지국가', '보수주의(조합주의) 복지국가', '사회민주주의(사민주의) 복지국가'의 세 가지 형태로 구분하였다.

• 복지국가 유형화 기준의 핵심개념으로서 '탈상품화'는 근로자가 자신의 노동력을 상품으로 시장에 내다 팔지 않고도 살아갈 수 있는 정도를 말한다.

• 자유주의 복지국가는 노동력의 탈상품화 정도가 최소화되어 나타나는 반면, 사회민주주의(사민주의) 복지국가는 노동력의 탈상품화 정도가 가장 높게 나타난다.

12 사회복지재화나 서비스를 국가가 제공해야
하는 이유가 아닌 것은?

① 사회복지의 공공재적 성격
② 전염병에 대한 치료의 긍정적 외부효과 발생
③ 질병의 위험에 대한 보험방식의 역선택 문제 해결
④ 경제성장의 낙수효과 발생
⑤ 의료서비스에 대한 정보의 비대칭 문제 해결

13 우리나라 사회복지제도의 급여자격 조건에
관한 설명으로 옳은 것은?

① 국민연금은 소득수준 하위 70%를 기준으로 급여자격이 부여되므로 자산조사 방식이 적용된다.
② 노인장기요양보험제도는 요양등급을 판정하여 급여를 제공하므로 진단적 구분이 적용된다.
③ 아동수당은 전체 아동이 적용대상이 아니므로 선별주의 제도이다.
④ 국민기초생활보장제도는 부양의무자 조건을 완화하였으므로 보편주의 제도이다.
⑤ 장애인연금은 모든 장애인에게 지급하는 보편주의 제도이다.

14 사회복지 역사에 관한 설명으로 옳은 것을
모두 고른 것은?

ㄱ. 길버트법은 작업장 노동의 비인도적인 문제에 대응하여 원외구제를 실시하였다.
ㄴ. 신빈민법은 특권적 지주계급을 위한 법으로 구빈업무를 전국적으로 통일하였다.
ㄷ. 미국의 사회보장법(1935)은 연방정부의 책임을 축소하고 지방정부의 책임을 확대하였다.
ㄹ. 비스마르크는 독일제국의 사회통합을 위해 사회보험을 도입하였다.

① ㄱ, ㄴ
② ㄱ, ㄷ
③ ㄱ, ㄹ
④ ㄴ, ㄷ
⑤ ㄷ, ㄹ

15 우리나라의 건강보험제도를 할당, 급여, 전
달체계, 재정의 영역으로 구분한 것이다. 내
용 연결이 옳은 것을 모두 고른 것은?

ㄱ. 할당 – 기여조건
ㄴ. 급여 – 현금급여, 현물급여
ㄷ. 전달체계 – 민간전달체계, 공공전달체계
ㄹ. 재정 – 보험료, 국고보조금, 이용료

① ㄱ, ㄴ
② ㄱ, ㄷ
③ ㄱ, ㄴ, ㄷ
④ ㄴ, ㄷ, ㄹ
⑤ ㄱ, ㄴ, ㄷ, ㄹ

12

④ 낙수효과(Trickle-down Effect)는 물이 위에서 아래로 떨어지듯이 대기업이 성장하면 대기업과 연결된 중소기업이 성장하고 새로운 일자리도 많이 창출되어 전반적인 경제발전이 이루어진다는 것으로, 복지보다는 경제성장과 효율성을 우선시해야 한다는 관점이다.

사회복지재화 및 서비스의 국가 제공의 필요성

- 공공재 성격(①)
- 소득분배의 불공평
- 불완전한 시장정보(⑤)
- 시장의 불완전성
- 외부효과(②)
- 규모의 경제
- 도덕적 해이
- 역의 선택(③)
- 위험발생의 비독립성 등

13

② 진단적 구분(Diagnostic Differentiation)은 개별 사례에 대해 전문가가 어떤 재화 또는 서비스를 특별히 필요로 하는지를 판단하는 것이다. 장기요양등급판정위원회는 신청인이 신청자격요건을 충족하고 6개월 이상 동안 혼자서 일상생활을 수행하기 어렵다고 인정하는 경우 등급판정기준에 따라 노인장기요양보험의 수급자로 판정한다(노인장기요양보험법 제15조 제2항 참조).

① 국민연금은 보상에 의한 할당이 이루어진다.

③ 아동수당은 경제적 수준과 상관없이 8세 미만의 아동이 있는 가구를 대상으로 하는 보편주의에 근거한 제도이다.

④ 국민기초생활보장제도는 자산조사(자산조사 욕구)에 의한 할당이 이루어지므로 선별주의 제도이다.

⑤ 장애인연금은 18세 이상의 중증장애인을 대상으로 진단과 자산조사에 의한 할당이 이루어지므로 선별주의 제도이다.

참고

우리나라의 사회복지제도들은 정부정책에 따라 변경될 수 있으므로, 이점 감안하여 학습하시기 바랍니다. 예를 들어, 아동수당의 경우 2021년 12월 14일 「아동수당법」 개정에 따라 지급대상 연령이 "7세 미만"에서 "8세 미만"으로 상향 조정되었습니다.

14

ㄴ. 엘리자베스 빈민법(1601년)이 국가와 특권적 지주계급의 지배연합이 구축해온 봉건적 정치·경제질서 유지를 위한 수단이었다면, 신빈민법(1834년)은 국가와 자본가 계급의 지배연합이 구축한 자본주의적 정치·경제질서 유지를 위한 수단이었다.

ㄷ. 미국의 사회보장법(1935)은 대공황으로 인한 사회문제의 확산을 계기로 제정된 것으로, 사회복지에 대한 연방정부의 책임 확대를 가져왔다. 특히 연방정부의 적극적인 개입(→ 케인즈식 국가개입주의)을 통한 경제회복을 주된 목적으로 하였다.

15

ㄱ. 국민건강보험은 개인의 경제적 기여에 대한 보상에 근거한다.

ㄴ. 국민건강보험의 보험급여는 현물급여로서 요양급여와 건강검진, 현금급여로서 요양비, 장애인보조기기 급여비, 본인부담액 상한제 등으로 구분된다.

ㄷ. 국민건강보험의 급여전달은 정부와 민간부문의 혼합체계로 이루어진다. 즉, 급여·서비스는 주로 민간부문이 제공하되 그 재정적 지원은 정부가 담당하는 형태로, 이 경우 급여의 내용 및 형태, 수급자 대상 등에 대해 정부가 규제하게 된다.

ㄹ. 국민건강보험의 재원은 가입자와 사용자로부터 징수한 보험료, 국고보조금 및 국민건강증진기금, 기타 수입(연체금, 부당이득금, 기타징수금 등)으로 조달된다.

16 우리나라의 사회보장기본법에 근거한 사회보장제도가 아닌 것은?

① 고용보험
② 국민연금
③ 최저임금제
④ 국민기초생활보장
⑤ 보육서비스

17 기업복지의 장점에 해당하지 않는 것은?

① 조세방식보다 재분배효과가 크다.
② 노사관계의 안정화 기능을 수행한다.
③ 근로의욕을 고취하여 생산성이 향상하는 효과가 있다.
④ 기업에 대한 사회적 이미지를 제고하는 기능이 있다.
⑤ 기업의 입장에서 임금을 높여주는 것보다 조세부담의 측면에 유리하다.

18 사회복지 전달체계에서 민간 영리기관이 사회서비스를 전달하는 사례는?

① 지역자활센터가 사회적기업을 창업하는 사례
② 지방자치단체가 장애인복지관을 설치하고 민간위탁하는 사례
③ 광역지방자치단체가 사회서비스원을 설치하는 사례
④ 사회복지법인이 지역아동센터를 운영하는 사례
⑤ 개인 사업자가 노인요양시설을 운영하는 사례

19 정책결정 이론모형에 관한 설명으로 옳은 것을 모두 고른 것은?

> ㄱ. 합리모형은 인간의 이성과 합리성을 믿고 주어진 상황에서 목표 달성을 극대화하는 최선의 정책대안을 찾아낼 수 있다고 본다.
> ㄴ. 점증모형은 조직화된 무정부상태 속에서 점진적으로 질서를 찾아가는 과정을 정책결정 과정으로 설명한다.
> ㄷ. 쓰레기통 모형은 문제의 흐름, 정책대안의 흐름, 정치의 흐름이 우연히 결합하여 정책의 창이 열릴 때 정책이 결정된다고 본다.
> ㄹ. 혼합모형은 합리모형과 최적모형을 혼합하여 최선의 정책결정에 도달하는 정책결정모형이다.

① ㄱ, ㄷ
② ㄱ, ㄹ
③ ㄴ, ㄹ
④ ㄱ, ㄴ, ㄷ
⑤ ㄱ, ㄴ, ㄷ, ㄹ

16

③ 우리나라의 최저임금제는 헌법에 근거한 제도로, 「최저임금법」이라는 별도의 법률에 의해 규정되고 있다. 헌법 제32조 제1항은 "국가는 사회적·경제적 방법으로 근로자의 고용의 증진과 적정임금의 보장에 노력하여야 하며, 법률이 정하는 바에 의하여 최저임금제를 시행하여야 한다"고 명시하고 있다.

①·②·④·⑤ 사회보장기본법상 '사회보장'은 사회보험(예 국민연금, 고용보험 등), 공공부조(예 국민기초생활보장 등), 사회서비스(예 보육서비스 등)를 포함한다(사회보장기본법 제3조 제1호 참조).

17

① 기업이 직원들에게 제공하는 기업복지는 소득역진적 성격이 강하다. 기업복지의 경우 복지상품의 생산 및 소비가 기업의 내부에서만 이루어지므로, 국가 차원에서 국민 상호 간 복지수준의 편차가 심화될 우려가 있다.

18

⑤ 개인 사업자가 영리를 목적으로 노인요양시설을 운영하는 경우는 민영화와 상업화에 의한 사회서비스 전달사례에 해당한다. 민영화는 공공기관이 직영하던 사회서비스를 민간기관에게 이양하는 것, 일정한 계약을 통해 민간기관이나 비영리단체에게 운영을 위탁하는 것을 포함한다. 상업화는 시장경제의 원리가 적용되는 것으로, 최근 특히 노인복지영역을 중심으로 민간기관들이 영리를 추구하면서 사회서비스를 제공하는 경우가 늘어나고 있다.

19

ㄴ. 점증모형은 과거의 정책을 약간 수정한 정책결정이 이루어지고, 여론의 반응에 따라 정책수정을 반복한다는 것이다. 참고로 조직화된 무정부상태(혼란상태) 속에서 정책이 우연히 결정된다고 보는 정책결정 이론모형으로 '쓰레기통 모형'이 있다.

ㄹ. 혼합모형은 합리모형과 점증모형의 혼합으로서, 종합적 합리성(Comprehensive Rationality)을 토대로 기본적·거시적 결정은 합리적으로 이루어지는 반면, 세부적·미시적 결정은 점증적으로 이루어진다는 것이다.

20 빈곤의 개념에 관한 설명으로 옳지 않은 것은?

① 상대적 빈곤은 한 사회의 평균적인 생활수준을 기준으로 정한다.
② 절대적 빈곤은 최소한의 생필품을 구입하는 데 필요한 비용으로 정한다.
③ 반물량 방식은 모든 항목의 생계비를 계산하지 않고 엥겔계수를 활용하여 생계비를 추정한다.
④ 중위소득의 50%를 빈곤선으로 책정할 경우, 사회구성원 99명을 소득액 순으로 나열하여 이 중 50번째 사람의 소득 50%를 빈곤선으로 한다.
⑤ 상대적 박탈은 인간의 기본적 욕구의 기준을 생물학적 요인에만 초점을 둔다.

21 소득불평등과 빈곤 측정에 관한 설명으로 옳은 것을 모두 고른 것은?

> ㄱ. 로렌츠 곡선의 가로축은 소득을 기준으로 하위에서 상위 순으로 모든 인구의 누적분포를 표시한다.
> ㄴ. 지니계수는 불평등도가 증가할수록 수치가 커져 가장 불평등한 상태는 1이다.
> ㄷ. 빈곤율은 모든 빈곤층의 소득을 빈곤선 수준으로 끌어올리는 데에 필요한 총소득으로 빈곤의 심도를 나타낸다.
> ㄹ. 5분위 배율에서는 수치가 작을수록 평등한 상태를 나타낸다.

① ㄱ, ㄴ
② ㄱ, ㄷ
③ ㄴ, ㄷ
④ ㄱ, ㄴ, ㄹ
⑤ ㄱ, ㄷ, ㄹ

22 사회복지 급여 형태에 관한 설명으로 옳은 것은?

① 현금급여는 사회적 통제를 강조한다.
② 현물급여는 자기결정권을 강조한다.
③ 바우처는 공급자에게 보조금을 직접 지원한다.
④ 기회를 제공하는 프로그램의 예로 장애인 의무고용제를 들 수 있다.
⑤ 소비자 선택권은 현금급여, 바우처, 현물급여 순서로 높아진다.

23 사회복지정책의 발달이론에 관한 설명으로 옳지 않은 것은?

① 산업화론 – 농경사회에서 산업사회로 변화하면서 사회문제가 발생하였고, 그 대책으로 사회복지정책이 발달하였다.
② 권력자원론 – 복지국가 발전의 중요 변수들은 노동조합의 중앙집중화 정도, 노동자 정당의 영향력 등이다.
③ 수렴이론 – 사회적 양심과 이타주의의 확대에 따라 모든 국가는 복지국가로 수렴한다.
④ 시민권론 – 마샬(T. H. Marshall)에 따르면 시민권은 공민권, 참정권, 사회권 순서로 발전하였고, 사회복지정책은 사회권이 발달한 결과이다.
⑤ 국가중심적 이론 – 적극적 행위자로서 국가를 강조하고 사회복지정책의 발전을 국가 관료제의 영향으로 설명한다.

20

① · ⑤ 절대적 빈곤은 인간의 기본적 생존욕구를 충족하는 데 있어서 필요한 절대적인 자원의 부족한 상태 혹은 조건을 말한다. 반면, 상대적 빈곤은 한 사회의 평균적인 생활수준과 비교하여 빈곤을 규정하는 방식으로, 넓은 의미에서 사회 · 문화 · 경제생활의 향상과 발전 및 풍요한 생활에서도 나타나는 불평등 상태 혹은 조건을 의미하기도 한다. 특히 상대적 박탈(Relative Deprivation)은 상대적 빈곤의 관점에서 소득과 자원 배분의 불평등에 초점을 둔다.

② 절대적 빈곤은 보통 최소한의 생필품을 구입하는 데 필요한 비용, 가계지출에서 식료품비가 차지하는 비율 등으로 정한다.

③ 반물량 방식은 영양학자에 의해 계측된 최저식품비에 엥겔계수의 역수를 곱한 금액을 빈곤선으로 보는 방식이다.

④ 중위소득은 총가구 중 소득액 순으로 순위를 매긴 다음, 정확히 가운데를 차지한 가구의 소득을 가리킨다. 이러한 중위소득을 활용하여 상대적 빈곤선을 설정할 수 있다.

21

ㄷ. 빈곤율(Poverty Rate)은 빈곤한 사람의 규모, 즉 빈곤인구가 전체 인구에서 차지하는 비율을 나타낸다. 반면, 빈곤갭(Poverty Gap)은 빈곤층의 소득을 빈곤선까지 상향시키는 데 필요한 총비용을 말하는 것으로서, 빈곤의 심도를 나타낸다.

22

④ 기회(Opportunity)는 사회 불이익 집단에 유리한 기회를 제공하여 시장경쟁에 적응할 수 있도록 유도하는 무형의 급여 형태로서, 장애인 의무고용제도, 농어촌 특별전형제도, 여성고용할당제도, 빈곤층 자녀의 대학입학정원 할당제도 등을 예로 들 수 있다.

① 현금급여는 수급자의 효용을 극대화하고 자기결정권을 고양할 수 있도록 하기 위한 급여 형태이다.

② 현금급여가 개인 선택의 자유를 강조한다면, 현물급여는 소비행위에 대한 사회적 통제를 강조한다.

③ 바우처(Voucher)는 정부가 특정 사회복지재화나 서비스를 구입할 수 있는 이용권을 소비자에게 직접 제공하여 소비자들로 하여금 민간부문에서 필요한 재화나 서비스를 받을 수 있도록 하는 형태이다.

⑤ 소비자 선택권은 '현물급여 < 바우처 < 현금급여' 순서로 높아진다.

23

③ 수렴이론(산업화이론)은 산업화가 촉발시킨 사회문제에 대한 대응으로 사회복지제도가 확대된다고 주장한다. 즉, 복지국가는 산업화로 발생된 사회적 욕구에 대한 대응이라는 것이다. 반면, 사회구성원들의 집단양심을 사회복지의 변수로 보면서, 사회복지를 이타주의가 제도화된 것으로 간주한 것은 사회양심이론이다.

24 소득재분배에 관한 설명으로 옳은 것은?

① 소득재분배는 1차적으로 시장을 통해서 발생한다.
② 세대 내 재분배에서는 한 세대에서 다음 세대로 소득이 이전된다.
③ 수직적 재분배의 예로 공공부조제도를 들 수 있다.
④ 수평적 재분배는 누진적 재분배의 효과가 가장 크다.
⑤ 세대 간 재분배는 적립방식을 통해 운영된다.

25 사회투자전략에 관한 설명으로 옳은 것은?

① 인적자원에 대한 투자는 결과의 평등을 목적으로 한다.
② 사회적 약자 집단에 대한 현금이전을 중시한다.
③ 현재 아동 세대에 대한 선제적 투자를 중시한다.
④ 사회정책과 경제정책을 분리한 전략이다.
⑤ 소득재분배와 소비 지원을 강조한다.

26 사회복지행정가가 가져야 할 능력이 아닌 것은?

① 배타적 사고
② 대안모색
③ 조직이론 이해
④ 우선순위 결정
⑤ 권한위임과 권한실행

27 사회복지행정의 실행 과정을 순서대로 나열한 것은?

> ㄱ. 과업 평가
> ㄴ. 과업 촉진
> ㄷ. 과업 조직화
> ㄹ. 과업 기획
> ㅁ. 환 류

① ㄱ - ㄷ - ㄹ - ㅁ - ㄴ
② ㄷ - ㄱ - ㄹ - ㄴ - ㅁ
③ ㄷ - ㄹ - ㅁ - ㄴ - ㄱ
④ ㄹ - ㄴ - ㄷ - ㄱ - ㅁ
⑤ ㄹ - ㄷ - ㄴ - ㄱ - ㅁ

24

③ 수직적 재분배는 소득수준을 기준으로 한 소득계층 간 재분배 형태로서, 대체적으로 소득이 높은 계층으로부터 소득이 낮은 계층으로 재분배가 이루어진다. 예 공공부조, 누진적 소득세 등

① 소득재분배는 일차적으로 시장에서 결정되는 분배의 결과를 조세정책 또는 사회복지정책 등을 통해 수정하는 것을 의미하므로, '이차적 소득분배(Secondary Income Distribution)'라고도 한다.

② 세대 내 재분배는 동일한 세대 내에서 소득이 재분배되는 형태이다. 참고로 한 세대에서 다음 세대로 소득이 이전되는 것은 세대 간 재분배에 해당한다.

④ 수평적 재분배는 소득수준과 관계없이 특정한 사회적 기준을 토대로 해당 조건을 갖춘 사람들에게 재분배가 이루어진다. 참고로 누진적 재분배 효과는 소득이 높은 계층으로부터 소득이 낮은 계층으로 자원이 이전되는 수직적 재분배에서 주로 나타난다.

⑤ 세대 간 재분배는 부과방식을 통해, 세대 내 재분배는 적립방식을 통해 운영된다.

25

①·③ 사회투자전략은 인적자본의 근본적 육성을 통한 사회참여의 촉진을 목표로 한다. 특히 아동세대에게 교육기회를 제공하여 미래의 근로능력을 향상시키는 방식으로 기회의 평등을 통한 인적자원의 투자를 강조한다.

② 인적자본의 근본적 육성을 통한 사회참여 촉진을 중시한다.

④ 사회정책과 경제정책을 통합적으로 실시하여 사회적 목표를 추구한다.

⑤ 1950~1960년대 복지국가의 전성기에 사회정책은 재분배와 평등을 목표로 하는 공공정책으로 이해되어 왔다. 1990년대 후반 사회투자국가와 사회투자전략의 새로운 복지패러다임은 성장과 복지의 선순환이 일어나는 지점이 경제의 수요 측면이 아니라 공급 측면임을 강조하면서, 정치적으로 시장력을 제어하기보다는 시장력을 활용하는 방향으로 정책의 변화를 추구하였다.

26

사회복지행정가가 가져야 할 주요 행동 및 지식 요소

행동 요소	• 수용과 관심 • 창의성과 민주성 • 신뢰와 인정 • 기획과 조직화 • 우선순위 결정(④) • 권한위임과 권한실행(⑤) • 의사결정과 대안모색(②) • 의사소통과 의사전달 • 동기부여와 촉진 • 지역사회 및 타 전문직과의 관계 유지 등
지식 요소	• 기관의 목표, 정책, 서비스, 자원에 대한 지식 • 기관과 관련된 지역사회의 자원에 대한 지식 • 사회복지관련 전문단체 및 협회들에 대한 지식 • 기관에서 활용하는 사회복지방법론에 대한 지식 • 조직이론에 대한 지식(③) • 인간행동의 역동성에 대한 지식 • 관리의 원칙·과정·기술에 대한 지식 • 평가과정과 기법에 대한 지식 등

27

사회복지행정의 전통적 과정과 현대적 과정

전통적 행정과정	기획(Planning) → 조직화(Organizing) → 실시(Actuating) → 통제(Controlling)
현대적 행정과정	목표설정(Goal Setting) → 정책결정(Policy Making) → 기획(Planning) → 조직화(Organizing) → 동기부여·촉진(Motivating) → 평가(Evaluation) → 환류(Feedback)

28 다음의 (   )에 들어갈 내용으로 옳은 것은?

> 테일러(F. W. Taylor)가 개발한 과학적 관리론은 (ㄱ)에게만 조직의 목표를 설정할 수 있는 (ㄴ)을 부여하기 때문에 (ㄷ)의 의사결정(ㄹ)을(를) 지향하는 사회복지조직에 적용하는 데는 한계가 있을 수 있다.

① ㄱ : 직원,   ㄴ : 책임,
  ㄷ : 직원,   ㄹ : 과업
② ㄱ : 관리자,   ㄴ : 책임,
  ㄷ : 직원,   ㄹ : 참여
③ ㄱ : 관리자,   ㄴ : 과업,
  ㄷ : 관리자,   ㄹ : 참여
④ ㄱ : 직원,   ㄴ : 과업,
  ㄷ : 직원,   ㄹ : 과업
⑤ ㄱ : 직원,   ㄴ : 과업,
  ㄷ : 관리자,   ㄹ : 참여

29 사회복지조직관리자가 상황이론(Contingency Theory)을 활용할 경우 고려해야 할 것을 모두 고른 것은?

> ㄱ. 계층적 승진 제도를 통해서 직원의 성취 욕구를 고려한다.
> ㄴ. 시간과 동작 분석을 활용하여 표준시간과 표준동작을 정한다.
> ㄷ. 사회복지조직을 둘러싸고 있는 사회, 정치, 경제, 문화 변수 등을 고려한다.

① ㄱ
② ㄴ
③ ㄷ
④ ㄱ, ㄷ
⑤ ㄴ, ㄷ

30 조직구조 유형 중 태스크포스(TF)에 관한 설명으로 옳은 것을 모두 고른 것은?

> ㄱ. 팀 형식으로 운영하는 조직이다.
> ㄴ. 특정 목표달성을 위한 업무에 전문가들을 배치한다.
> ㄷ. 환경의 변화에 대응하기 위해서 만든 조직의 성격이 강하다.

① ㄱ
② ㄴ
③ ㄱ, ㄷ
④ ㄴ, ㄷ
⑤ ㄱ, ㄴ, ㄷ

31 현대조직운영 기법에 관한 설명으로 옳지 않은 것은?

① 리스트럭처링(Restructuring) : 중복사업을 통합하여 조직 경쟁력 확보
② 리엔지니어링(Re-engineering) : 업무시간을 간소화시켜 서비스 시간 단축
③ 벤치마킹(Benchmarking) : 특수분야에서 우수한 대상을 찾아 뛰어난 부분 모방
④ 아웃소싱(Outsourcing) : 계약을 통해 외부전문가에게 조직기능 일부 의뢰
⑤ 균형성과표(Balanced Score Card) : 공정한 직원채용을 위해서 만든 면접평가표

28

ㄱ·ㄴ. 과학적 관리론에서 권한과 책임성은 행정 간부에게만 주어지며, 특히 관리자에게만 조직의 목표를 설정할 수 있는 권한과 책임이 부여된다.

ㄷ·ㄹ. 과학적 관리론은 인간의 정서적인 측면과 사회적 관계를 소홀히 하며, 비공식 집단, 커뮤니케이션 등의 중요성을 간과하므로, 직원의 의사결정 참여를 지향하는 사회복지조직에 적용하는 데는 한계가 있을 수 있다.

29

ㄷ. 상황이론(상황적합이론)은 효과적인 조직관리 방법이 조직이 처한 환경과 조건에 따라 달라진다고 본다. 환경-조직-과업-인간관계를 유기적으로 파악할 수 있는 장점이 있으나, 조직과 관련된 부분적인 상황 요인만을 중시하는 경우 전체적인 사회, 정치, 경제, 문화적 변수를 간과할 수 있음을 고려해야 한다.

ㄱ. 관료제이론을 활용할 경우의 고려사항에 해당한다. 관료제 조직은 전문화된 분업과 엄격한 규칙에 의한 위계적 관리를 강조하면서, 계층적 승진제도를 통해 직원의 성취(혹은 상승) 욕구를 자극하여 동기를 유발한다.

ㄴ. 과학적 관리론을 활용할 경우의 고려사항에 해당한다. 과학적 관리론은 개인들의 과업을 수행하는 데 필요한 시간 및 동작에 초점을 두고, 조직에서 개인의 기여를 극대화하기 위해 개인의 동작에 대한 소요시간을 표준화하여 적정한 일의 분업을 확립한 다음 과업의 성과와 임금을 관련시킨다.

30

프로젝트 조직 혹은 태스크포스(TF ; Task Force)

• 특정 업무 해결을 위해 각 부서로부터 인력을 뽑아 프로젝트 팀을 만들고 업무가 해결되면 다시 해당 부서에 복귀시키는 조직이다.

• 부서 간 경계 없이 다양한 전문성을 가진 구성원을 팀으로 조직하여 임시적으로 운영한다.

• 환경의 변화에 매우 유연하게 적응할 수 있으며, 조직운영의 효율성을 증대시킬 수 있다.

31

균형성과표(BSC ; Balanced Score Card)

• 정보화시대의 경영환경은 기존의 유형자산을 투자하고 관리하기보다는 무형자산을 운용하고 활용할 수 있는 역량을 요구하고 있다. 또한 경영자들은 조직 내 비전과 전략을 알리고 조직의 모든 힘을 한 곳으로 집중하도록 동기를 부여하는 성과지표의 필요성을 인식하게 되었다.

• 캐플런과 노턴(Kaplan & Norton)은 단순한 성과측정에서 한걸음 더 나아가 고객 관점, 내부 프로세스 관점, 학습·혁신·성장 관점, 재무 관점 등 4가지 관점에서 조직의 성과를 종합적으로 관리하기 위한 성과평가 기법을 고안하였다.

• 조직의 비전과 전략으로부터 도출된 성과지표의 조합으로서, 조직에게 전략적 방향을 알려주고 변화에 대한 동기를 부여하며, 계획수립, 예산편성, 조직구조 조정 및 결과통제 등의 의사결정에 있어서 기초를 제공한다.

32 학습조직 구축요인에 관한 설명으로 옳은 것은?

① 자기숙련(Personal Mastery) : 명상 활동
② 공유비전(Shared Vision) : 개인적 비전 유지
③ 사고모형(Mental Models) : 계층적 수직 구조 이해
④ 팀 학습(Team Learning) : 최고관리자의 감독과 통제를 통한 학습
⑤ 시스템 사고(Systems Thinking) : 전체와 부분 간 역동적 관계 이해

33 다음에서 설명하는 사회복지정보시스템 명칭은?

- 사회복지사업 정보와 지원대상자의 자격정보, 수급이력정보 등을 통합 관리하는 시스템
- 대상자의 소득, 재산, 인적자료, 수급이력정보 등을 연계하여 정확한 사회복지대상자 선정 및 효율적 복지업무 처리 지원

① 복지로
② 사회보장정보시스템(범정부)
③ 사회복지시설정보시스템
④ 사회서비스전자바우처시스템
⑤ 보건복지정보시스템

34 스키드모어(R. A. Skidmore)의 기획과정을 순서대로 나열한 것은?

ㄱ. 대안 모색
ㄴ. 가용자원 검토
ㄷ. 대안 결과 예측
ㄹ. 최종대안 선택
ㅁ. 구체적 목표설정
ㅂ. 프로그램 실행계획 수립

① ㄱ - ㄴ - ㄷ - ㅁ - ㅂ - ㄹ
② ㄱ - ㄷ - ㄹ - ㄴ - ㅁ - ㅂ
③ ㄱ - ㄷ - ㅁ - ㄴ - ㅂ - ㄹ
④ ㅁ - ㄴ - ㄱ - ㄷ - ㄹ - ㅂ
⑤ ㅁ - ㅂ - ㄴ - ㄱ - ㄷ - ㄹ

35 예산통제의 원칙으로 옳지 않은 것은?

① 강제의 원칙
② 개별화의 원칙
③ 접근성의 원칙
④ 효율성의 원칙
⑤ 예외의 원칙

32

학습조직 구축요인

- 자기숙련(Personal Mastery) : 조직구성원이 단순한 지식의 습득이나 능력의 신장을 넘어서 진실로 원하는 성과를 창조적으로 획득할 수 있는 능력을 확장시키는 것이다.
- 사고모형(Mental Models) : 조직구성원이 상호 간의 대화, 성찰, 질문을 통한 지속적인 학습과정에서 최선의 해결책을 찾고, 현재의 상황과 미래에 대한 사고의 틀을 형성하도록 하는 것이다.
- 공유비전(Shared Vision) : 조직구성원 모두에 의해 공유된 조직 비전이 다시 조직학습의 목표와 에너지 원천으로 작용하는 것이다.
- 팀 학습(Team Learning) : 학습조직을 구성하는 팀의 구성원들이 조직 안팎의 문제를 해결하기 위해 서로의 생각과 아이디어를 교환하고 학습하여 문제해결능력을 신장시키는 것이다.
- 시스템 사고(Systems Thinking) : 조직에 다양한 요소가 상호관련을 맺고 역동적으로 작용하고 있다는 인식을 토대로, 이러한 요소들 간의 타협과 협력으로 전체 조직의 목표 달성에 기여한다고 생각하는 것이다.

33

우리나라 주요 사회복지정보시스템

사회보장 정보시스템 (행복e음)	각종 사회복지 급여 및 서비스 지원 대상자의 자격과 이력에 관한 정보를 통합 관리하고, 지자체의 복지업무 처리를 지원하기 위해 기존 시·군·구별 새올행정시스템(업무통합시스템)의 31개 업무지원시스템 중 복지분야를 분리하여 개인별·가구별 DB로 중앙에 통합 구축한 정보시스템이다.
사회보장 정보시스템 (범정부)	정부 각 부처 및 정보보유기관에서 제공하고 있는 사회복지사업 정보와 지원대상자의 자격정보, 수급이력정보 등을 통합 관리하는 시스템이다.
사회복지 시설 정보시스템	사회복지법인 및 시설의 회계·인사·급여·후원금 관리 등 업무를 전자적으로 처리하고, 행복e음과 연계하여 각종 온라인 보고를 처리할 수 있는 사회복지시설 통합업무관리시스템이다.
복지로	정부 각 부처의 복지서비스 정보를 모아 한눈에 볼 수 있도록 제공하고 맞춤검색에서 온라인 신청까지 실생활 중심의 복지정보와 서비스를 제공하는 복지포털이다.

34

기획의 과정(Skidmore)

목표설정 – 자원 고려 – 대안 모색 – 결과 예측 – 계획 결정 – 구체적 프로그램 수립 – 개방성 유지

35

예산통제의 원칙

- 개별화의 원칙 : 재정통제체계는 개별기관 그 자체의 제약조건, 요구 및 기대사항에 맞게 고안되어야 한다.
- 강제의 원칙 : 재정통제체계는 강제성을 띠는 명시적 규정이 있어야 하며, 이를 통해 공평성과 활동에 공식성이 부여된다.
- 예외의 원칙 : 예외적인 상황에 적용할 수 있는 예외적 규칙이 있어야 한다.
- 보고의 원칙 : 재정통제체계는 보고의 규정을 두어야 하며, 이를 통해 재정 관련 행위를 공식적으로 감시·통제할 수 있다.
- 개정의 원칙 : 일정한 기간이 지난 후에는 규칙을 새로 개정하여야 한다.
- 효율성의 원칙 : 예산통제에는 시간과 비용이 많이 드는 경우가 있는데, 비용과 노력을 최소화하는 정도에서 이루어질 수 있어야 한다.
- 의미의 원칙 : 효과적인 통제를 위해 모든 관계자가 잘 이해할 수 있는 규칙, 기준, 의사소통, 계약 등이 전달되어야 한다.
- 환류의 원칙 : 재정통제체계에 관한 규칙, 기준, 의사소통 및 계약 등을 적용할 때 관련자들로부터 장단점 및 부작용을 수렴해 개정의 기초가 되어야 한다.
- 생산성의 원칙 : 재정통제로 인해 서비스 전달의 생산성에 장애가 발생하지 않도록 유의하여야 한다.

36 사회복지법인 및 시설 재무·회계 규칙상 사회복지관에서 예산서류를 제출할 때 첨부하는 서류가 아닌 것은?

① 예산총칙
② 세입·세출명세서
③ 사업수입명세서
④ 임직원 보수 일람표
⑤ 예산을 의결한 이사회 회의록 또는 예산을 보고받은 시설운영위원회 회의록 사본

37 사회복지조직의 책임성에 관한 설명으로 옳지 않은 것은?

① 업무수행 결과에 대한 책임뿐만 아니라 업무과정에 대한 정당성을 의미한다.
② 책임성 이행 측면에서 효율성을 배제하고 효과성을 극대화해야 한다.
③ 지역사회와의 관계뿐만 아니라 조직 내 상호작용에서도 정당성을 확보해야 한다.
④ 정부 및 재정자원제공자, 사회복지조직, 사회복지전문직, 클라이언트 등에게 책임성을 입증해야 한다.
⑤ 클라이언트 집단의 욕구를 충족시키고 당면한 사회문제를 해결하고 있다는 증거를 보여줘야 한다.

38 다음에서 설명하는 마케팅 방법은?

> A초등학교의 학부모들이 사회복지사에게 본인들의 자녀와 연령대가 비슷한 아이들을 돕고 싶다고 이야기하였다. 이에 사회복지사들은 월 1회 아동문화체험 프로그램을 기획하여 이들을 후원자로 참여할 수 있도록 요청하였다.

① 사회 마케팅
② 공익연계 마케팅
③ 다이렉트 마케팅
④ 데이터베이스 마케팅
⑤ 고객관계관리 마케팅

39 다음에서 설명하는 프로그램 평가의 기준은?

> • 서비스를 받은 클라이언트 수
> • 목표달성을 위해 투입된 시간 및 자원의 양
> • 프로그램 담당자의 제반활동

① 노 력
② 영 향
③ 효과성
④ 효율성
⑤ 서비스의 질

36

예산에 첨부하여야 할 서류(사회복지법인 및 사회복지시설 재무 · 회계 규칙 제11조 제1항 참조)

예산에는 다음 각 호의 서류가 첨부되어야 한다. 다만, 단식부기로 회계를 처리하는 경우에는 제1호 · 제2호 · 제5호 및 제6호의 서류만을 첨부할 수 있고, 국가 · 지방자치단체 · 법인 외의 자가 설치 · 운영하는 시설로서 거주자 정원 또는 일일평균 이용자가 20명 이하인 소규모 시설은 제2호, 제5호(노인장기요양기관의 경우만 해당) 및 제6호의 서류만을 첨부할 수 있으며, 「영유아보육법」에 따른 어린이집은 보건복지부장관이 정하는 바에 따른다.

1. 예산총칙(①)
2. 세입 · 세출명세서(②)
3. 추정재무상태표
4. 추정수지계산서
5. 임직원 보수 일람표(④)
6. 예산을 의결한 이사회 회의록 또는 예산을 보고받은 시설운영위원회 회의록 사본(⑤)

37

② 사회복지조직의 책임성은 책임의 대상(책임의 객체), 책임의 내용, 그리고 책임성을 구현하기 위한 행정가의 역할에 관한 문제이다. 특히 책임의 내용에는 서비스 효과성, 효율성, 조직 내부의 유지관리 등이 포함된다.

38

⑤ 고객관계관리 마케팅은 고객과 관련된 자료를 분석하여 고객 특성에 기초한 맞춤서비스를 지속적으로 제공함으로써 가치 있는 고객을 파악 · 획득 · 유지하는 방법이다.
① 사회 마케팅(소셜 마케팅)은 사회문제로부터 도출된 사회적 목표를 달성하기 위해 사회적 아이디어를 개발하고 이를 일반인들에게 수용시키기 위한 방법이다.
② 공익연계 마케팅(기업연계 마케팅)은 기업의 기부 또는 봉사활동을 사회복지와 연계함으로써 기업 이윤의 사회에의 환원을 통한 긍정적 기업이미지의 확보와 함께 사회복지조직의 프로그램 운영효율성을 동시에 달성하고자 하는 방법이다.
③ 다이렉트 마케팅은 후원을 요청하는 편지를 잠재적 후원자들에게 발송함으로써 후원자를 개발하는 가장 전통적인 방법이다.
④ 데이터베이스 마케팅은 고객정보, 경쟁사정보, 산업정보 등 시장에 관한 각종 정보를 직접 수집 · 분석하고 이를 데이터베이스화하여 마케팅전략을 수립하는 방법이다.

39

① 노력성(Effort) : 프로그램을 위해 동원된 자원 정도
② 영향성(Impact) : 사회문제 해결에 미친 영향 정도
③ 효과성(Effectiveness) : 서비스 목표 달성 정도
④ 효율성(Efficiency) : 투입 대비 산출
⑤ 서비스의 질(Quality of Service) : 이용자의 욕구 충족 수준과 전문가의 서비스 제공 여부 등

40 최근 사회복지조직의 환경변화로 옳은 것을 모두 고른 것은?

> ㄱ. 사회복지 공급주체의 다양화
> ㄴ. 행정관리능력 향상으로 거주시설 대규모화
> ㄷ. 성과에 대한 강조와 마케팅 활성화
> ㄹ. 기업의 경영관리기법 도입

① ㄱ, ㄴ
② ㄱ, ㄷ
③ ㄴ, ㄹ
④ ㄱ, ㄷ, ㄹ
⑤ ㄴ, ㄷ, ㄹ

41 사회복지관에서 제공해야 하는 서비스의 최저기준에 포함되지 않는 것은?

① 시설의 환경
② 시설의 규모
③ 시설의 안전관리
④ 시설의 인력관리
⑤ 시설 이용자의 인권

42 동기부여 이론에 관한 설명으로 옳은 것은?

① 알더퍼(C. Alderfer)의 ERG이론은 고순위 욕구가 충족되지 못하면 저순위 욕구를 더욱 원하게 된다는 좌절퇴행(Frustration Regression) 개념을 제시한다.
② 맥그리거(D. McGregor)의 X · Y이론은 조직에 대한 기대와 현실 간 차이가 동기수준을 결정한다는 점을 강조한다.
③ 허즈버그(F. Herzberg)의 동기-위생요인 이론은 불만 초래 요인을 동기요인으로 규정한다.
④ 맥클리랜드(D. McClelland)의 성취동기이론은 조직 공정성을 성취동기 고취를 위한 핵심요소로 간주한다.
⑤ 매슬로우(A. Maslow)의 욕구단계이론은 욕구가 존재, 관계, 성장욕구의 세 단계로 구성된다고 주장한다.

43 변혁적 리더십에 관한 설명으로 옳은 것을 모두 고른 것은?

> ㄱ. 구성원들에게 봉사하는 것을 핵심적 가치로 한다.
> ㄴ. 구성원들에 대한 상벌체계를 강조한다.
> ㄷ. 구성원들 스스로 혁신할 수 있도록 비전을 제시해주는 것을 강조한다.

① ㄱ
② ㄴ
③ ㄷ
④ ㄱ, ㄴ
⑤ ㄴ, ㄷ

40

최근 사회복지조직의 환경변화
- 사회복지 공급주체의 다양화(ㄱ)
- 시설복지에서 지역복지로의 전환
- 소비자 주권에 대한 인식 강화
- 욕구(Need) 충족에서 수요(Demand) 충족을 위한 복지제공으로의 관점 전환
- 원조 중심에서 자립(자활) 중심으로의 전환
- 조직의 개방화와 투명화, 책임성에 대한 요구 증가
- 민영화와 경쟁성 강화 노력의 증가
- 기업의 경영관리기법 도입(ㄹ)
- 그 밖에 성과에 대한 강조, 마케팅 활성화, 품질관리의 강화, 빅데이터 활용의 증가 등(ㄷ)

41

사회복지시설에서 제공하는 서비스 최저기준에 포함되어야 하는 사항(사회복지사업법 시행규칙 제27조 제1항 참조)
- 시설 이용자의 인권(⑤)
- 시설의 환경(①)
- 시설의 운영
- 시설의 안전관리(③)
- 시설의 인력관리(④)
- 지역사회 연계
- 서비스의 과정 및 결과
- 그 밖에 서비스 최저기준 유지에 필요한 사항

42

① 알더퍼(Alderfer)의 ERG이론은 매슬로우(Maslow)의 '만족-진행'의 욕구 전개를 비판하고 '좌절-퇴행'의 욕구 전개를 강조한다. 특히 저차원(저순위) 욕구와 고차원(고순위) 욕구를 구별하면서, 고차원 욕구가 좌절되었을 때 오히려 저차원 욕구의 중요성이 커진다고 주장한다.
② 조직에 대한 기대와 현실 간 차이가 동기수준을 결정한다는 점을 강조한 것은 기대이론으로서 특히 앳킨슨(Atkinson) 모형과 연관된다. 앳킨슨 모형은 기대와 현실 간 차이가 크면 그 차이를 줄이는 행동이 동기화된다고 주장한다.
③ 허즈버그(Herzberg)의 동기-위생(요인)이론은 불만 초래 요인을 위생요인으로 규정한다.
④ 조직 공정성을 성취동기 고취를 위한 핵심요소로 간주한 것은 아담스(Adams)의 형평성(공정성 또는 공평성)이론이다.
⑤ 욕구가 존재, 관계, 성장욕구의 세 단계로 구성된다고 주장한 것은 알더퍼의 ERG이론이다.

43

ㄷ. 변혁적 리더십이론에서 변혁적 리더는 추종자들에게 권한부여(Empowerment)를 통해 개혁적·변화지향적인 모습과 함께 비전을 제시함으로써 그들에게 높은 수준의 동기를 부여한다.
ㄱ. 서번트 리더십이론에 해당한다. 그린리프(Greenleaf)는 리더를 다른 사람에게 봉사하는 하인(Servant)으로, 구성원을 섬김의 대상으로 간주함으로써 구성원 성장에의 헌신과 함께 이를 통한 공동체 목표의 달성을 강조하였다.
ㄴ. 변혁적 리더십이론에서 변혁적 리더는 구성원 스스로 업무에 대한 확신감을 가질 수 있도록 동기를 부여하고 업무결과에 대한 욕구를 자극함으로써, 구성원 스스로 추가적인 노력을 통해 기대 이상의 성과를 가져오도록 유도한다.

44 인적자원관리에 관한 설명으로 옳은 것을 모두 고른 것은?

> ㄱ. 직무분석은 직무명세 이후 가능하다.
> ㄴ. 직무명세는 특정 직무수행을 위해 필요한 지식과 기능. 능력 등을 작성하는 것이다.
> ㄷ. 직무평가에서는 조직목표 달성에 대한 구성원의 기여도를 고려한다.

① ㄴ
② ㄱ, ㄴ
③ ㄱ, ㄷ
④ ㄴ, ㄷ
⑤ ㄱ, ㄴ, ㄷ

45 리더십 이론에 관한 설명으로 옳은 것은?

① 블레이크와 머튼(R. Blake & J. Mouton)의 관리격자 모형은 자질이론 중 하나이다.
② 블레이크와 머튼의 관리격자 모형에서 가장 바람직한 행동유형은 극단에 치우치지 않은 중도형이다.
③ 허시와 블랜차드(P. Hersey & K. H. Blanchard)의 상황적 리더십 모형에서는 구성원의 성숙도를 중요하게 고려한다.
④ 퀸(R. Quinn)의 경쟁가치 리더십 모형은 행동이론의 대표적 모형이다.
⑤ 퀸의 경쟁가치 리더십 모형에서는 조직환경의 변화에 따라 리더십이 달라져서는 안 된다는 것을 강조한다.

46 참여적 리더십에 관한 설명으로 옳지 않은 것은?

① 의사결정의 시간과 에너지가 절약될 수 있다.
② 하급자가 의사결정에 참여하는 것을 강조한다.
③ 동기부여 수준이 높은 업무자로 구성된 조직에서 효과적이다.
④ 책임성 소재가 모호해질 수 있다.
⑤ 사회복지의 가치와 부합한다.

47 사회복지서비스 전달체계에 관한 설명으로 옳지 않은 것은?

① 구조 · 기능 차원에서 행정체계와 집행체계로 구분할 수 있다.
② 운영주체에 따라서 공공체계와 민간체계로 구분할 수 있다.
③ 전달체계의 접근성을 높이기 위해서는 서비스 이용의 장애요인을 줄여야 한다.
④ 사회복지서비스 급여의 유형과 전달체계 특성은 관련이 없다.
⑤ 서비스 제공기관을 의도적으로 중복해서 만드는 것이 전달체계를 개선해 줄 수도 있다.

44

ㄱ. 직무분석(Job Analysis)은 직무에 대한 업무내용과 책임을 종합적으로 분류하는 것으로, 이러한 직무분석이 이루어진 후에 직무기술서와 직무명세서를 작성하게 된다.

45

③ 허시와 블랜차드(Hersey & Blanchard)는 상황적 리더십 모형을 통해 리더의 행동을 '과업지향적 행동'과 '관계지향적 행동'으로 구분하고, 상황변수로서 조직성원이나 부하의 심리적 성숙도(Maturity)를 강조한 3차원적 유형의 상황적 리더십을 제시하였다.

① 블레이크와 머튼(Blake & Mouton)의 관리격자 모형은 행동이론(행위이론) 중 하나이다.

② 블레이크와 머튼의 관리격자 모형에서 가장 바람직한 행동유형은 생산과 인간에 대한 높은 관심을 보이는 이상형 또는 팀형(9.9)이다.

④ 퀸(Quinn)의 경쟁가치 리더십 모형은 통합적 관점을 유지하려는 리더십 모형이다. 특성이론, 행동이론, 상황이론은 리더의 역할을 과업중심과 관계중심의 두 가지 형태로 구분하여 규정하는 경향이 있으나, 퀸은 통합적 관점에서 리더의 다양한 역할을 규정하고 있다.

⑤ 퀸은 리더십 유형을 비전제시형 리더십, 목표달성형 리더십, 분석형 리더십, 동기부여형 리더십으로 구분하였는데, 그중 비전제시형 리더십은 기관운영과 관련된 외부환경 변화를 주시하며, 기관운영의 새로운 방향을 모색하고 혁신적 변화를 주도하는 비전제시가로서의 역할을 강조한다.

46

참여적 리더십

• 민주적 리더십에 해당하는 것으로서, 의사결정 과정에 있어서 부하직원들을 참여시킨다.

• 의사소통 경로의 개방을 통해 정보교환이 활발히 이루어지도록 함으로써 직원들의 일에 대한 적극적 동기부여가 가능하며, 사명감이 증진될 수 있다.

• 기술수준이 높고 동기부여 된 직원들이 있을 때 효과적이며, 집단의 지식, 경험, 기술을 활용하는 데 유리하다.

• 책임이 분산되어 조직이 무기력하게 될 수 있고, 긴급한 결정이 어려운 단점이 있다.(①)

47

④ 길버트, 스펙트, 테렐(Gilbert, Specht & Terrell)은 사회복지서비스 전달체계의 구성요소로 할당(Allocation), 급여(Benefits), 재정(Finance), 전달(Delivery)을 제시하였다. 그중 '급여'는 급여제공(Provision), 즉 "무엇을 줄 것인가?"에 대한 것으로, 현금, 현물, 이용권(증서), 기회, 권력 등 급여의 유형과 관련된다.

48 사회복지서비스 전달체계 도입 순서가 올바르게 제시된 것은?

> ㄱ. 희망복지지원단 설치
> ㄴ. 지역사회복지협의체 설치
> ㄷ. 읍·면·동 복지허브화 사업 실행

① ㄱ - ㄴ - ㄷ
② ㄱ - ㄷ - ㄴ
③ ㄴ - ㄱ - ㄷ
④ ㄴ - ㄷ - ㄱ
⑤ ㄷ - ㄴ - ㄱ

49 패러슈라만 등(A. Parasuraman, V. A. Zeithaml & L. L. Berry)의 SERVQUAL 구성차원에 관한 설명으로 옳은 것은?

① 신뢰성 : 이용자의 요구에 선제적으로 응대할 수 있는 능력
② 유형성 : 시설, 장비 및 서비스 제공자 용모 등의 적합성
③ 확신성 : 이용자에 대한 관심이나 상황이해 능력
④ 공감성 : 전문적 지식과 기술, 정중한 태도로 이용자를 대하는 능력
⑤ 대응성 : 저렴한 비용으로 서비스를 제공할 수 있는 능력

50 총체적 품질관리(TQM)에 관한 설명으로 옳지 않은 것은?

① 지속적인 품질개선을 강조하는 일련의 과정이다.
② 자료와 사실에 기반한 의사결정을 중시한다.
③ 좋은 품질이 무엇인지는 고객이 결정한다.
④ 집단의 노력보다는 개인의 노력이 품질향상에 더 기여한다고 본다.
⑤ 조직구성원에 대한 훈련을 강조한다.

제3영역 사회복지법제론

51 헌법 규정의 사회적 기본권에 관한 설명으로 옳지 않은 것은?

① 국가는 근로자의 고용의 증진과 적정임금의 보장에 노력하여야 한다.
② 국가는 여자의 복지와 권익의 향상을 위하여 노력하여야 한다.
③ 국가는 모든 공무원인 근로자의 단결권·단체교섭권 및 단체행동권을 보장하여야 한다.
④ 국가는 평생교육을 진흥하여야 한다.
⑤ 국가는 모성의 보호를 위하여 노력하여야 한다.

48

ㄴ. 2005년 7월 시·군·구를 중심으로 지역사회복지협의체가 설치되었으며, 2015년 7월 「사회보장급여의 이용·제공 및 수급권자 발굴에 관한 법률」이 시행됨에 따라 기존의 '지역사회복지협의체'가 '지역사회보장협의체'로 개편되었다.

ㄱ. 2012년 4월 희망복지지원단이 각 지방자치단체에 설치되어 5월부터 공식적으로 운영되었다.

ㄷ. 2014년 7월 읍·면·동 복지허브화 시범사업을 시작으로 2016년부터 읍·면·동에 맞춤형 복지전담팀이 구성되고, 2017년부터 주민자치형 공공서비스를 통해 서비스 확대가 이루어지고 있다.

49

서비스 품질에 관한 SERVQUAL 모형의 구성차원
(Parasuraman, Zeithaml & Berry)

신뢰성 (Reliability)	생산과 서비스에 있어서 지속성 및 예측성과 연관된다. 예 믿음직하고 정확하게 약속한 서비스를 이행함
반응성 또는 응답성 (Responsiveness)	생산과 서비스 제공의 시기적절성과 연관된다. 예 신속한 서비스를 제공하여 고객들을 도움
확신성 (Assurance)	직원에 의해 수행되는 지원 및 능력에 대한 느낌과 연관된다. 예 신뢰와 확신, 자신감 고취
공감성 (Empathy)	직원으로부터 개인적인 보호나 관심을 받는다는 느낌과 연관된다. 예 고객들에게 개별적인 관심을 갖고 서비스를 제공함
유형성 (Tangibles)	서비스 제공 혹은 상품생산을 위해 사용된 장비나 물리적인 시설 등의 외형(외관) 혹은 미적 상태와 연관된다. 예 물리적인 시설 및 장비 능력, 종업원의 외모(용모), 통신장비의 이해와 활용의 용이성 등

50

④ 총체적 품질관리(TQM ; Total Quality Management)는 품질에 중점을 둔 관리기법으로서, 조직운영, 제품, 서비스의 지속적인 개선을 통해 고품질과 경쟁력을 확보하기 위한 전 종업원의 체계적인 노력, 즉 조직구성원의 집단적 노력을 강조한다.

51

③ 공무원인 근로자는 법률이 정하는 자에 한하여 단결권·단체교섭권 및 단체행동권을 가진다(헌법 제33조 제2항).

① 모든 국민은 근로의 권리를 가진다. 국가는 사회적·경제적 방법으로 근로자의 고용의 증진과 적정임금의 보장에 노력하여야 하며, 법률이 정하는 바에 의하여 최저임금제를 시행하여야 한다(헌법 제32조 제1항).

② 헌법 제34조 제3항

④ 헌법 제31조 제5항

⑤ 헌법 제36조 제2항

52 우리나라 사회복지법의 법원에 해당하는 것을 모두 고른 것은?

> ㄱ. 대통령령
> ㄴ. 조 례
> ㄷ. 일반적으로 승인된 국제법규
> ㄹ. 규 칙

① ㄱ
② ㄱ, ㄴ
③ ㄱ, ㄴ, ㄹ
④ ㄴ, ㄷ, ㄹ
⑤ ㄱ, ㄴ, ㄷ, ㄹ

53 법률의 제정연도가 가장 빠른 것은?

① 사회보장기본법
② 국민건강보험법
③ 고용보험법
④ 영유아보육법
⑤ 노인복지법

54 사회보장기본법상 사회보장제도의 운영원칙에 관한 사항이다. (   )에 들어갈 내용으로 옳은 것은?

> 사회보험은 (ㄱ)의 책임으로 시행하고, 공공부조와 사회서비스는 (ㄴ)의 책임으로 시행하는 것을 원칙으로 한다.

① ㄱ : 국가, ㄴ : 국가
② ㄱ : 지방자치단체, ㄴ : 지방자치단체
③ ㄱ : 국가와 지방자치단체, ㄴ : 국가
④ ㄱ : 국가, ㄴ : 국가와 지방자치단체
⑤ ㄱ : 국가와 지방자치단체,
　　ㄴ : 국가와 지방자치단체

55 사회보장기본법상 국가와 지방자치단체에 관한 설명으로 옳지 않은 것은?

① 국가와 지방자치단체는 모든 국민의 인간다운 생활을 유지·증진하는 책임을 가진다.
② 국가와 지방자치단체는 사회보장에 관한 책임과 역할을 합리적으로 분담하여야 한다.
③ 국가와 지방자치단체는 사회보장제도의 안정적인 운영을 위하여 중장기 사회보장 재정추계를 매년 실시하고 이를 공표하여야 한다.
④ 국가와 지방자치단체는 지속가능한 사회보장제도를 확립하고 매년 이에 필요한 재원을 조달하여야 한다.
⑤ 국가와 지방자치단체는 가정이 건전하게 유지되고 그 기능이 향상되도록 노력하여야 한다.

52

법원(法源)

성문법원	• 헌 법　　　　• 법 률 • 명령(대통령령, 총리령, 부령) • 자치법규(조례, 규칙) • 국제조약 및 국제법규
불문법원	• 관습법　　　• 판례법 • 조 리

53

⑤ 노인복지법 : 1981년 6월 5일 제정, 같은 날 시행
① 사회보장기본법 : 1995년 12월 30일 제정, 1996년 7월 1일 시행
② 국민건강보험법 : 1999년 2월 8일 제정, 2000년 1월 1일 시행
③ 고용보험법 : 1993년 12월 27일 제정, 1995년 7월 1일 시행
④ 영유아보육법 : 1991년 1월 14일 제정, 같은 날 시행

54

사회보장제도의 운영원칙(사회보장기본법 제25조 제5항)

사회보험은 국가의 책임으로 시행하고, 공공부조와 사회서비스는 국가와 지방자치단체의 책임으로 시행하는 것을 원칙으로 한다. 다만, 국가와 지방자치단체의 재정 형편 등을 고려하여 이를 협의·조정할 수 있다.

55

③ 보건복지부장관은 사회보장제도의 안정적인 운영을 위하여 중장기 사회보장 재정추계를 적어도 3년마다 실시하고 이를 공표하여야 한다(사회보장기본법 제30조의3 제1항).

참고

위의 해설은 2024년 12월 20일 법 개정 사항을 반영한 것입니다. 개정법률은 중장기 사회보장 재정추계의 정확성 향상을 위하여 재정추계를 실시할 때 보건복지부장관이 관계 기관에 대해 자료의 제출 요청을 할 수 있는 근거를 마련하는 한편, 주요 사회보장제도 재정추계 시기 및 진행상황을 고려하여 탄력적으로 추계 시기를 운영할 수 있도록 종전 "격년"에서 "적어도 3년" 이내로 조정하였습니다.

56 사회보장기본법상 사회보장위원회 위원으로 포함되어야 하는 중앙행정기관의 장을 모두 고른 것은?

> ㄱ. 행정안전부장관
> ㄴ. 고용노동부장관
> ㄷ. 기획재정부장관
> ㄹ. 국토교통부장관

① ㄱ, ㄴ, ㄷ
② ㄱ, ㄴ, ㄹ
③ ㄱ, ㄷ, ㄹ
④ ㄴ, ㄷ, ㄹ
⑤ ㄱ, ㄴ, ㄷ, ㄹ

57 사회보장급여의 이용·제공 및 수급권자 발굴에 관한 법률의 내용으로 옳지 않은 것은?

① 보장기관의 장은 「긴급복지지원법」 제7조의2에 따른 발굴조사를 실시한 경우를 제외하고 지원대상자에 대한 발굴조사를 1년마다 정기적으로 실시하여야 한다.
② 보장기관은 지역의 사회보장 수준이 균등하게 실현될 수 있도록 노력하여야 한다.
③ 누구든지 사회적 위험으로 인하여 사회보장급여를 필요로 하는 지원대상자를 발견하였을 때에는 보장기관에 알려야 한다.
④ 이의신청은 그 처분을 받은 날로부터 90일 이내에 처분을 결정한 보장기관의 장에게 할 수 있다.
⑤ 사회서비스 제공기관의 운영자는 위기가구의 발굴 지원업무 수행을 위해 사회서비스정보시스템을 이용할 수 있다.

58 사회보장급여의 이용·제공 및 수급권자 발굴에 관한 법률상 수급자격 확인을 위해 지원대상자와 그 부양의무자에 대하여 조사할 수 있는 사항을 모두 고른 것은?

> ㄱ. 인적사항 및 가족관계 확인에 관한 사항
> ㄴ. 소득·재산·근로능력 및 취업상태에 관한 사항
> ㄷ. 사회보장급여 수급이력에 관한 사항
> ㄹ. 수급권자를 선정하기 위하여 보장기관의 장이 필요하다고 인정하는 사항

① ㄱ, ㄴ
② ㄷ, ㄹ
③ ㄱ, ㄴ, ㄷ
④ ㄴ, ㄷ, ㄹ
⑤ ㄱ, ㄴ, ㄷ, ㄹ

59 사회복지사업법의 내용으로 옳지 않은 것은?

① 보건복지부장관은 사회복지사가 거짓으로 자격을 취득한 경우 그 자격을 취소하여야 한다.
② 사회복지법인을 설립하려는 자는 대통령령으로 정하는 바에 따라 시·도지사의 허가를 받아야 한다.
③ 사회복지법인이 설립 후 기본재산을 출연하지 아니한 때 시·도지사는 시정명령을 내릴 수 있다.
④ 누구든지 정당한 이유 없이 사회복지시설의 설치를 방해하여서는 아니 된다.
⑤ 사회복지를 필요로 하는 사람은 누구든지 자신의 의사에 따라 서비스를 신청하고 제공받을 수 있다.

56

사회보장위원회의 구성 등(사회보장기본법 제21조 제1항 내지 제3항)

① 사회보장위원회는 위원장 1명, 부위원장 3명과 <u>행정안전부장관</u>, <u>고용노동부장관</u>, 여성가족부장관, <u>국토교통부장관</u>을 포함한 30명 이내의 위원으로 구성한다.

② 위원장은 국무총리가 되고 부위원장은 <u>기획재정부장관</u>, 교육부장관 및 보건복지부장관이 된다.

③ 사회보장위원회의 위원은 다음 각 호의 어느 하나에 해당하는 사람으로 한다.

　1. 대통령령으로 정하는 관계 중앙행정기관의 장

　2. 다음 각 목의 사람 중에서 대통령이 위촉하는 사람

　　가. 근로자를 대표하는 사람

　　나. 사용자를 대표하는 사람

　　다. 사회보장에 관한 학식과 경험이 풍부한 사람

　　라. 변호사 자격이 있는 사람

57

① 보장기관의 장은 지원대상자에 대한 발굴조사를 분기마다 정기적으로 실시하여야 한다. 다만, 「긴급복지지원법」 제7조의2(위기상황의 발굴)에 따라 발굴조사를 실시한 경우에는 그러하지 아니하다(사회보장급여의 이용·제공 및 수급권자 발굴에 관한 법률 제12조의2 제1항).

② 동법 제4조 제6항

③ 누구든지 출산, 양육, 실업, 노령, 장애, 질병, 빈곤 및 사망 등의 사회적 위험으로 인하여 사회보장급여를 필요로 하는 지원대상자를 발견하였을 때에는 보장기관에 알려야 한다(동법 제13조 제1항).

④ 이 법에 따른 처분에 이의가 있는 수급권자 등은 그 처분을 받은 날로부터 90일 이내에 처분을 결정한 보장기관의 장에게 이의신청을 할 수 있다. 다만, 정당한 사유로 인하여 그 기간 내에 이의신청을 할 수 없음을 증명한 때에는 그 사유가 소멸한 때부터 60일 이내에 이의신청을 할 수 있다(동법 제17조 제1항).

⑤ 동법 제24조의2 제2항 참조

58

수급자격의 조사(사회보장급여의 이용·제공 및 수급권자 발굴에 관한 법률 제7조 제1항)

보장기관의 장은 사회보장급여의 신청을 받으면 지원대상자와 그 부양의무자에 대하여 사회보장급여의 수급자격 확인을 위하여 다음 각 호의 어느 하나에 해당하는 자료 또는 정보를 제공받아 조사하고 처리할 수 있다. 다만, 부양의무자에 대한 조사가 필요하지 아니하거나 그 밖에 대통령령으로 정하는 사유에 해당하는 경우는 제외한다.

1. 인적사항 및 가족관계 확인에 관한 사항

2. 소득·재산·근로능력 및 취업상태에 관한 사항

3. 사회보장급여 수급이력에 관한 사항

4. 그 밖에 수급권자를 선정하기 위하여 보장기관의 장이 필요하다고 인정하는 사항

59

③ 사회복지법인이 법인 설립 후 기본재산을 출연하지 아니한 때 시·도지사는 설립허가를 취소하여야 한다(사회복지사업법 제26조 제1항 제7호).

① 보건복지부장관은 사회복지사가 거짓이나 그 밖의 부정한 방법으로 자격을 취득한 경우, 사회복지사의 결격사유의 어느 하나에 해당하게 된 경우, 자격증을 대여·양도 또는 위조·변조한 경우 그 자격을 취소하여야 한다(동법 제11조의3 제1항 참조).

② 동법 제16조 제1항

④ 동법 제6조 제1항

⑤ 동법 제1조의2 제1항

60 사회복지사업법상 사회복지시설(이하 '시설'이라고 한다)에 관한 설명으로 옳은 것은?

① 지방자치단체가 시설을 설치·운영하려는 경우에는 보건복지부에 신고하여야 한다.
② 사회복지법인의 대표는 시설에 대하여 정기 및 수시 안전점검을 실시하여야 한다.
③ 시설을 설치·운영하는 자는 시설에 근무할 종사자를 채용할 수 있다.
④ 시설의 장은 시설의 운영에 관한 사항을 의결하기 위하여 시설에 운영위원회를 두어야 한다.
⑤ 지방자치단체는 시설의 책임보험 가입에 드는 비용의 전부를 보조하여야 한다.

61 사회복지사업법상 사회복지법인(이하 '법인'으로 한다)에 관한 설명으로 옳지 않은 것은?

① 법인이 설치한 사회복지시설의 장과 직원은 그 법인의 이사를 겸할 수 없다.
② 파산선고를 받고 복권되지 아니한 사람은 임원이 될 수 없다.
③ 법인은 대표이사를 포함한 이사 7명 이상과 감사 2명 이상을 두어야 한다.
④ 이사회는 안건, 표결수 등을 기재한 회의록을 작성하여야 한다.
⑤ 해산한 법인의 남은 재산은 정관으로 정하는 바에 따라 국가 또는 지방자치단체에 귀속된다.

62 국민기초생활보장법상 보장기관과 보장시설에 대한 예시이다. '보장기관-보장시설'을 순서대로 옳게 짝지은 것은?

> ㄱ. 「장애인복지법」 제58조 제1항 제1호의 장애인 거주시설
> ㄴ. 「사회복지사업법」 제2조 제4호의 사회복지시설 중 결핵 및 한센병요양시설
> ㄷ. 대전광역시장
> ㄹ. 전라남도지사
> ㅁ. 인천광역시 교육감

① ㄱ - ㄴ
② ㄴ - ㅁ
③ ㄷ - ㄱ
④ ㄹ - ㄷ
⑤ ㅁ - ㄹ

63 의료급여법상 의료급여의 내용에 해당하지 않는 것은?

① 진찰·검사
② 예방·재활
③ 입 원
④ 간 호
⑤ 화장 또는 매장 등 장제 조치

60

③ 사회복지법인과 사회복지시설을 설치·운영하는 자는 시설에 근무할 종사자를 채용할 수 있다(사회복지사업법 제35조의2 제1항).
① 국가나 지방자치단체는 사회복지시설을 설치·운영할 수 있다. 국가 또는 지방자치단체 외의 자가 시설을 설치·운영하려는 경우에는 보건복지부령으로 정하는 바에 따라 시장·군수·구청장에게 신고하여야 한다(동법 제34조 제1항 및 제2항).
② 시설의 장은 시설에 대하여 정기 및 수시 안전점검을 실시하여야 한다(동법 제34조의4 제1항).
④ 시설의 장은 시설의 운영에 관한 사항을 심의하기 위하여 시설에 운영위원회를 두어야 한다(동법 제36조 제1항).
⑤ 국가나 지방자치단체는 예산의 범위에서 시설의 책임보험 또는 책임공제의 가입에 드는 비용의 전부 또는 일부를 보조할 수 있다(동법 제34조의3 제2항).

61

① 이사는 법인이 설치한 사회복지시설의 장을 제외한 그 시설의 직원을 겸할 수 없다(사회복지사업법 제21조 제1항).
② 동법 제19조 제1항 제1의3호
③ 동법 제18조 제1항
④ 이사회는 개의·회의 중지 및 산회 일시, 안건, 의사, 출석한 임원의 성명, 표결수, 그 밖에 대표이사가 작성할 필요가 있다고 인정하는 사항을 기재한 회의록을 작성하여야 한다(동법 제25조 제1항).
⑤ 동법 제27조 제1항

62

국민기초생활보장법상 보장기관과 보장시설

• 보장기관 : 「국민기초생활보장법」에 따라 급여를 실시하는 국가 또는 지방자치단체
  – 보건복지부장관, 국토교통부장관, 교육부장관
  – 특별시장·광역시장·도지사, 특별자치시장·특별자치도지사·시장·군수·구청장(ㄷ·ㄹ)
  – 특별시·광역시·특별자치시·도·특별자치도의 교육감(ㅁ)
• 보장시설 : 「국민기초생활보장법」에 따라 급여를 실시하는 「사회복지사업법」에 따른 사회복지시설로서 다음의 시설 중 보건복지부령으로 정하는 시설
  – 장애인 거주시설(ㄱ)
  – 노인주거복지시설 및 노인의료복지시설
  – 아동복지시설 및 통합 시설
  – 정신요양시설 및 정신재활시설
  – 노숙인재활시설 및 노숙인요양시설
  – 가정폭력피해자 보호시설
  – 성매매피해자 등을 위한 지원시설
  – 성폭력피해자보호시설
  – 한부모가족복지시설
  – 결핵 및 한센병요양시설(ㄴ) 등

63

의료급여의 내용(의료급여법 제7조 제1항)

이 법에 따른 수급권자의 질병·부상·출산 등에 대한 의료급여의 내용은 다음 각 호와 같다.
1. 진찰·검사(①)
2. 약제·치료재료의 지급
3. 처치·수술과 그 밖의 치료
4. 예방·재활(②)
5. 입원(③)
6. 간호(④)
7. 이송과 그 밖의 의료목적 달성을 위한 조치

64 기초연금법상 기초연금의 지급정지 사유에 해당하는 것을 모두 고른 것은?

> ㄱ. 기초연금 수급자가 금고 이상의 형을 선고받고 교정시설 또는 치료감호시설에 수용되어 있는 경우
> ㄴ. 기초연금 수급자가 행방불명되거나 실종되는 등 대통령령으로 정하는 바에 따라 사망한 것으로 추정되는 경우
> ㄷ. 기초연금 수급권자가 국적을 상실한 때
> ㄹ. 기초연금 수급자의 국외 체류기간이 60일 이상 지속되는 경우

① ㄱ, ㄴ
② ㄷ, ㄹ
③ ㄱ, ㄴ, ㄷ
④ ㄱ, ㄴ, ㄹ
⑤ ㄱ, ㄴ, ㄷ, ㄹ

65 긴급복지지원법상 직무수행 과정에서 긴급지원대상자가 있음을 알게 된 경우 이를 신고하고, 긴급지원대상자가 신속하게 지원을 받을 수 있도록 노력하여야 하는 자에 해당하지 않는 것은?

① 「의료법」에 따른 의료기관의 종사자
② 「고등교육법」에 따른 직원
③ 「지방공무원법」에 따른 공무원
④ 「무형문화재 보전 및 진흥에 관한 법률」에 따라 지정된 국가무형문화재의 보유자
⑤ 「사회복지사업법」에 따른 사회복지시설의 종사자

66 국민건강보험법상 건강보험심사평가원의 업무에 해당하는 것은?

① 요양급여의 적정성 평가
② 가입자의 자격 관리
③ 보험급여의 관리
④ 보험급여 비용의 지급
⑤ 보험료의 부과 · 징수

67 국민연금법상 급여의 종류에 해당하는 것을 모두 고른 것은?

> ㄱ. 노령연금
> ㄴ. 장애인연금
> ㄷ. 장해급여
> ㄹ. 장애연금
> ㅁ. 반환일시금

① ㄱ, ㄴ, ㄹ
② ㄱ, ㄴ, ㅁ
③ ㄱ, ㄷ, ㅁ
④ ㄱ, ㄹ, ㅁ
⑤ ㄴ, ㄷ, ㄹ

64

ㄷ. 기초연금법상 기초연금의 지급정지 사유가 아닌 기초연금 수급권의 상실 사유에 해당한다. 기초연금 수급권자는 사망한 때, 국적을 상실하거나 국외로 이주한 때, 법령에 따른 기초연금 수급권자에 해당하지 아니하게 된 때에 기초연금 수급권을 상실한다(기초연금법 제17조).

65

긴급복지지원법상 지원요청 및 신고 노력 의무자(긴급복지지원법 제7조 제3항)

- 「의료법」에 따른 의료기관의 종사자(①)
- 「유아교육법」, 「초·중등교육법」 및 「고등교육법」에 따른 교원, 직원, 산학겸임교사, 강사(②)
- 「사회복지사업법」에 따른 사회복지시설의 종사자(⑤)
- 「국가공무원법」 및 「지방공무원법」에 따른 공무원(③)
- 「장애인활동 지원에 관한 법률」에 따른 활동지원기관의 장 및 그 종사자, 활동지원인력
- 「학원의 설립·운영 및 과외교습에 관한 법률」에 따른 학원의 운영자·강사·직원 및 교습소의 교습자·직원
- 「건강가정기본법」에 따른 건강가정지원센터의 장과 그 종사자
- 「청소년기본법」에 따른 청소년시설 및 청소년단체의 장과 그 종사자
- 「청소년보호법」에 따른 청소년 보호·재활센터의 장과 그 종사자
- 「평생교육법」에 따른 평생교육기관의 장과 그 종사자
- 그 밖에 긴급지원대상자를 발견할 수 있는 자로서 보건복지부령으로 정하는 자

참고

「무형문화재 보전 및 진흥에 관한 법률」은 법 개정에 따라 2024년 5월 17일부로 「무형유산의 보전 및 진흥에 관한 법률」로 제명이 변경되었습니다.

66

②·③·④·⑤ 국민건강보험공단의 업무에 해당한다(국민건강보험법 제14조 제1항 참조).

건강보험심사평가원의 업무(국민건강보험법 제63조 제1항 참조)

- 요양급여비용의 심사
- 요양급여의 적정성 평가(①)
- 심사기준 및 평가기준의 개발
- 위의 업무와 관련된 조사연구 및 국제협력
- 다른 법률에 따라 지급되는 급여비용의 심사 또는 의료의 적정성 평가에 관하여 위탁받은 업무
- 그 밖에 이 법 또는 다른 법령에 따라 위탁받은 업무
- 건강보험과 관련하여 보건복지부장관이 필요하다고 인정한 업무
- 그 밖에 보험급여 비용의 심사와 보험급여의 적정성 평가와 관련하여 대통령령으로 정하는 업무

67

ㄴ. 장애인연금은 「장애인연금법」에 따른 급여에 해당한다.
ㄷ. 장해급여는 「산업재해보상보험법」에 따른 급여에 해당한다.

68 산업재해보상보험법의 내용으로 옳지 않은 것은?

① "업무상의 재해"란 업무상의 사유에 따른 근로자의 부상·질병·장해 또는 사망을 말한다.

② 보험급여에는 간병급여, 상병보상연금, 실업급여 등이 있다.

③ 근로복지공단은 법인으로 한다.

④ "출퇴근"이란 취업과 관련하여 주거와 취업장소 사이의 이동 또는 한 취업장소에서 다른 취업장소로의 이동을 말한다.

⑤ 요양급여는 근로자가 업무상의 사유로 부상을 당하거나 질병에 걸린 경우에 그 근로자에게 지급한다.

69 고용보험법의 내용으로 옳은 것은?

① 고용보험기금은 기획재정부장관이 관리·운용한다.

② 국가는 매년 보험사업에 드는 비용의 일부를 일반회계에서 부담하여야 한다.

③ 취업촉진 수당의 종류로는 구직급여, 직업능력개발 수당 등이 있다.

④ "실업"이란 근로의 의사와 능력이 없어 취업하지 못한 상태에 있는 것을 말한다.

⑤ "일용근로자"란 6개월 미만 동안 고용되는 사람을 말한다.

70 노인장기요양보험법의 내용으로 옳은 것은?

① 장기요양보험사업은 보건복지부장관이 관장한다.

② "장기요양급여"란 장기요양등급판정 결과에 따라 1개월 이상 동안 혼자서 일상생활을 수행하기 어렵다고 인정되는 자에게 신체활동·가사활동의 지원 또는 간병 등의 서비스를 말한다.

③ 장기요양기관은 수급자에게 재가급여 또는 시설급여를 제공한 경우 시·도지사에게 장기요양급여비용을 청구하여야 한다.

④ "노인 등"이란 60세 이상의 노인 또는 60세 미만의 자로서 치매·뇌혈관성질환 등 대통령령으로 정하는 노인성 질병을 가진 자를 말한다.

⑤ 재가급여에는 방문요양, 방문목욕, 특별현금급여가 있다.

71 한부모가족지원법의 내용으로 옳지 않은 것은?

① "청소년 한부모"란 24세 이하의 모 또는 부를 말한다.

② 한부모가족의 모 또는 부와 아동은 한부모가족 관련 정책결정과정에 참여할 권리가 있다.

③ 여성가족부장관은 자녀양육비 산정을 위한 자녀양육비 가이드라인을 마련하여 법원이 이혼 판결 시 적극 활용할 수 있도록 노력하여야 한다.

④ 국가와 지방자치단체는 청소년 한부모의 건강증진을 위하여 건강진단을 실시할 수 있다.

⑤ 국가나 지방자치단체는 아동양육비를 대여할 수 있다.

68

② 실업급여는 「고용보험법」에 따른 보험급여에 해당한다.

산업재해보상보험법상 보험급여의 종류(산업재해보상보험법 제36조 제1항 참조)

- 요양급여
- 휴업급여
- 장해급여
- 간병급여
- 유족급여
- 상병보상연금
- 장례비
- 직업재활급여

69

② 고용보험법 제5조 제1항
① 고용보험기금은 고용노동부장관이 관리·운용한다(동법 제79조 제1항).
③ 취업촉진 수당의 종류로는 조기재취업 수당, 직업능력개발 수당, 광역 구직활동비, 이주비 등이 있다(동법 제37조 제2항 참조).
④ "실업"이란 근로의 의사와 능력이 있음에도 불구하고 취업하지 못한 상태에 있는 것을 말한다(동법 제2조 제3호).
⑤ "일용근로자"란 1개월 미만 동안 고용되는 사람을 말한다(동법 제2조 제6호).

70

① 노인장기요양보험법 제7조 제1항
② "장기요양급여"란 장기요양등급판정 결과에 따라 6개월 이상 동안 혼자서 일상생활을 수행하기 어렵다고 인정되는 자에게 신체활동·가사활동의 지원 또는 간병 등의 서비스나 이에 갈음하여 지급하는 현금 등을 말한다(동법 제2조 제2호).
③ 장기요양기관은 수급자에게 재가급여 또는 시설급여를 제공한 경우 국민건강보험공단에 장기요양급여비용을 청구하여야 한다(동법 제38조 제1항).
④ "노인 등"이란 65세 이상의 노인 또는 65세 미만의 자로서 치매·뇌혈관성질환 등 대통령령으로 정하는 노인성 질병을 가진 자를 말한다(동법 제2조 제1호).
⑤ 재가급여에는 방문요양, 방문목욕, 방문간호, 주·야간보호, 단기보호, 기타 재가급여 등이 있다(동법 제23조 제1항 참조).

71

⑤ 국가나 지방자치단체는 한부모가족의 생활안정과 자립을 촉진하기 위하여 사업에 필요한 자금, 아동교육비(주의 : 아동양육비가 아님), 의료비, 주택자금, 그 밖에 대통령령으로 정하는 한부모가족의 복지를 위하여 필요한 자금을 대여할 수 있다(한부모가족지원법 제13조 제1항).
① 동법 제4조 제1의2호
② 동법 제3조 제2항
③ 동법 제17조의3
④ 동법 제17조의5 제1항

72 노인복지법의 내용으로 옳지 않은 것은?

① 노인복지주택 입소자격자는 60세 이상의
　노인이다.
② 보건복지부장관은 요양보호사가 거짓으로
　자격증을 취득한 경우 그 자격을 취소하여
　야 한다.
③ 누구든지 노인학대를 알게 된 때에는 노인
　보호전문기관 또는 수사기관에 신고할 수
　있다.
④ 노인일자리전담기관에는 노인인력개발기
　관, 노인취업알선기관, 노인일자리지원기
　관이 있다.
⑤ 지방자치단체는 65세 이상의 자에 대하여
　건강진단과 보건교육을 실시할 수 있다.

73 장애인복지법의 내용으로 옳은 것은?

① 「난민법」 제2조 제2호에 따른 난민인정자
　는 장애인 등록을 할 수 있다.
② 보건복지부장관은 3년마다 장애인정책종
　합계획을 수립·시행하여야 한다.
③ 보건복지부장관은 5년마다 장애실태조사를
　실시하여야 한다.
④ 보건복지부장관은 피해장애인의 임시 보호
　및 사회복귀 지원을 위하여 장애인 쉼터를
　설치·운영할 수 있다.
⑤ 장애인복지시설의 장은 장애인 거주시설에
　서 제공하여야 하는 서비스의 최저기준을
　마련하여야 한다.

74 아동복지법의 내용으로 옳은 것은?

① 시장·군수·구청장은 보호조치 중인 보호
　대상아동의 양육상황을 3년마다 점검하여
　야 한다.
② 시·군·구에 두는 아동위원은 명예직으로
　수당을 지급할 수 없다.
③ 보건복지부장관 소속으로 아동정책조정위
　원회를 둔다.
④ 아동권리보장원의 장은 아동학대가 종료된
　이후에도 아동학대의 재발 여부를 확인하
　여야 한다.
⑤ 아동복지시설의 장은 보호하고 있는 12세
　이상의 아동을 대상으로 자립지원계획을
　수립하여야 한다.

75 사회복지공동모금회법의 내용으로 옳은 것은?

① 배분분과실행위원회는 위원장 1명을 포함
　하여 20명 이내의 위원으로 구성한다.
② 국가나 지방자치단체는 모금회의 관리·운
　영에 필요한 비용을 보조할 수 있다.
③ 기부금품의 기부자는 배분지역, 배분대상
　자 또는 사용 용도를 지정할 수 없다.
④ 사회복지공동모금회는 언론기관을 모금창
　구로 지정할 수 있으나 지정된 언론기관의
　명의로 모금계좌를 개설할 수 없다.
⑤ 모금회의 정관으로 규정하지 아니한 사항
　은 「민법」 중 사단법인에 관한 규정을 준용
　한다.

72

② 시·도지사는 요양보호사가 거짓이나 그 밖의 부정한 방법으로 자격증을 취득한 경우 그 자격을 취소하여야 한다(노인복지법 제39조의14 제1항 참조).

참고

2023년 10월 31일 「노인 일자리 및 사회활동 지원에 관한 법률」이 제정됨에 따라 2024년 11월 1일부로 「노인복지법」에 따른 노인일자리전담기관 등 관련 기관·단체에 관한 규정이 「노인 일자리 및 사회활동 지원에 관한 법률」로 이관되었습니다.

73

① 재외동포 및 외국인 중 「재외동포의 출입국과 법적 지위에 관한 법률」에 따라 국내거소신고를 한 사람, 「주민등록법」에 따라 재외국민으로 주민등록을 한 사람, 「출입국관리법」에 따라 외국인등록을 한 사람으로서 대한민국에 영주할 수 있는 체류자격을 가진 사람, 「재한외국인 처우 기본법」에 따른 결혼이민자, 「난민법」에 따른 난민인정자는 장애인 등록을 할 수 있다(장애인복지법 제32조의2 제1항).

② 보건복지부장관은 장애인의 권익과 복지증진을 위하여 관계 중앙행정기관의 장과 협의하여 5년마다 장애인정책종합계획을 수립·시행하여야 한다(동법 제10조의2 제1항).

③ 보건복지부장관은 장애인 복지정책의 수립에 필요한 기초 자료로 활용하기 위하여 3년마다 장애실태조사를 실시하여야 한다(동법 제31조 제1항).

④ 특별시장·광역시장·특별자치시장·도지사·특별자치도지사는 피해장애인의 임시 보호 및 사회복귀 지원을 위하여 장애인 쉼터를 설치·운영할 수 있다(동법 제59조의13 제1항).

⑤ 보건복지부장관은 장애인 거주시설에서 제공하여야 하는 서비스의 최저기준을 마련하여야 하며, 장애인복지실시기관은 그 기준이 충족될 수 있도록 필요한 조치를 취하여야 한다(동법 제60조의3 제1항).

74

④ 아동복지법 제28조 제1항

① 시·도지사 또는 시장·군수·구청장은 보호조치 중인 보호대상아동의 양육상황을 보건복지부령으로 정하는 바에 따라 매년 점검하여야 한다(동법 제15조의3 제1항).

② 시·군·구에 아동위원을 둔다. 아동위원은 명예직으로 하되, 아동위원에 대하여는 수당을 지급할 수 있다(동법 제14조 제1항 및 제4항).

③ 아동의 권리증진과 건강한 출생 및 성장을 위하여 종합적인 아동정책을 수립하고 관계 부처의 의견을 조정하며 그 정책의 이행을 감독하고 평가하기 위하여 국무총리 소속으로 아동정책조정위원회를 둔다(동법 제10조 제1항).

⑤ 아동권리보장원의 장, 가정위탁지원센터의 장 및 아동복지시설의 장은 보호하고 있는 15세 이상의 아동을 대상으로 매년 개별 아동에 대한 자립지원계획을 수립하고, 그 계획을 수행하는 종사자를 대상으로 자립지원에 관한 교육을 실시하여야 한다(동법 제39조 제1항).

75

② 사회복지공동모금회법 제33조 제1항

① 분과실행위원회는 위원장 1명을 포함하여 20명 이내의 위원으로 구성한다. 다만, 모금분과실행위원회 및 배분분과실행위원회는 각각 20명 이상의 위원으로 구성한다(동법 제13조 제3항).

③ 기부금품의 기부자는 배분지역, 배분대상자 또는 사용 용도를 지정할 수 있다(동법 제27조 제1항).

④ 사회복지공동모금회는 기부금품의 접수를 효율적이고 공정하게 하기 위하여 언론기관을 모금창구로 지정하고, 지정된 언론기관의 명의로 모금계좌를 개설할 수 있다(동법 제19조).

⑤ 이 법 또는 모금회의 정관으로 규정하지 아니한 사항은 「민법」 중 재단법인에 관한 규정을 준용한다(동법 제34조).

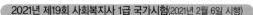

2021년 제19회 사회복지사 1급 국가시험(2021년 2월 6일 시행)

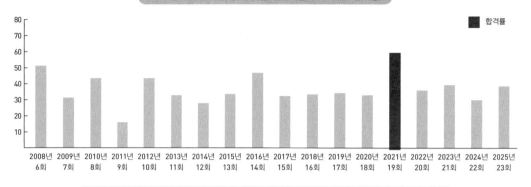

접수자	응시자	응시율	최종합격자	합격률
35,598명	28,391명	79.8%	17,158명	60.4%

2021년 제19회 시험은 어떻게 출제되었나?

전반적인 난이도 측면에서 이전 시험에 비해 쉬웠던 것으로 보입니다. 사례형 문항의 보기 내용도 비교적 짧았고, 선택지의 내용도 심화된 양상을 보이지는 않았습니다. 다만, 일부 문항들의 선택지들이 수험생들의 혼란을 유발하고 있는데, 간간이 출제자가 의도적으로 만들어놓은 함정도 눈에 띕니다. 사실 이와 같은 문제들은 평소 충분한 학습으로 해결할 수 있는데, 막상 시험장에서는 알고 있는 문제도 틀릴 수 있는 만큼 섣불리 답안을 선택하기보다는 선택지를 끝까지 살펴본 후 최종적으로 가장 적합한 답안을 선택하여야 합니다.

1교시 사회복지기초

1영역 인간행동과 사회환경은 이번 시험에서 가장 논란이 불거졌던 영역이었습니다. 이전과 마찬가지로 빈번히 다루어지는 학자 및 이론을 중심으로 문제가 출제되었으나, 총 25문항 중 3문항이 출제오류로 판정될 만큼 논란이 있었습니다.

2영역 사회복지조사론은 본래 수험생들이 가장 어렵게 생각하는 영역이나, 이번 시험에서는 무난한 난이도를 보였습니다. 과거 시험에서 통계에 관한 전문적인 수준의 문제가 출제된 것과 달리 이번 시험에서는 평소 출제되는 범위 내에서 문제가 다루어졌는데, 특히 보기의 빈칸에 들어갈 내용을 선택지에서 찾는 문항들이 제법 눈에 띕니다. 다만, 실험설계에 관한 문항들이 약간 까다롭게 출제된 만큼 관련 내용들을 충분히 학습할 필요가 있습니다.

2교시 사회복지실천

3영역 사회복지실천론도 전반적으로 무난한 난이도를 보였습니다. 대부분 이전 시험들의 출제범위 내에서 고른 분포를 보이고 있으므로, 이론학습을 충실히 하였다면 문제 풀이에 큰 어려움이 없었을 것으로 보입니다. 다만, 인권의 특성이나 다문화사회복지실천에서 사회복지사의 역량 등 평소 사회복지사 시험에서 잘 다루어지지 않은 문항들이 눈에 띕니다.

4영역 사회복지실천기술론도 전반적으로 무난한 난이도를 보였습니다. 최근 들어 가족 대상 사회복지실천과 집단 대상 사회복지실천에서 꾸준히 일정한 수의 문항들이 출제되고 있는데, 특히 가족 대상 실천에서 사용한 기법에 관한 문제가 까다롭게 출제되는 경향이 있으므로, 관련 내용을 충분히 학습할 필요가 있습니다.

5영역 지역사회복지론은 문항 자체가 전반적으로 어려운 것은 아니지만, 일부 선택지들이 수험생들의 답안 선택을 어렵게 만들었습니다. 예를 들어, 사회복지공동모금회, 사회복지협의회에 관한 문제는 해당 단체의 특징을 명확히 알고 있어야 하며, 우리나라 지방자치제의 실시 시기는 실제 그에 관해 관심을 가지고 있지 않은 한 쉽게 맞히기 어려웠을 것입니다.

3교시 사회복지정책과 제도

6영역 사회복지정책론에서 아동학대의 예방 및 방지에 관한 문제는 8영역 사회복지법제론에서 출제되는 것이 더 적합해 보입니다. 사회복지정책론은 사회보험이나 공공부조 등의 내용도 포함하고 있으므로 8영역의 출제범위와 겹친다고 볼 수 있는데, 법조문 외에 관련 제도의 특징에 관한 내용도 포함하고 있으므로 오히려 맞히기 어렵다고 볼 수 있습니다.

7영역 사회복지행정론은 다른 영역과 비교해 볼 때 난이도 수준이 상대적으로 높았다고 볼 수 있습니다. 과거 중요하게 다루어져 왔으나 최근 몇 년 동안 출제빈도가 상대적으로 낮았던 직무기술서, 관리격자모형, 비영리조직 등에 관한 문제가 다시 등장하고, 지역사회 통합돌봄(커뮤니티케어), 지역복지 거버넌스 구축 등 최근의 경향들이 문제로 출제되었기 때문입니다.

8영역 사회복지법제론은 사실 암기영역이라, 학습시간에 비례하여 점수의 높낮이가 결정된다고 해도 과언이 아닙니다. 출제자가 비교적 다양한 법령에서 문제를 출제하였고, 사회복지사업법상 기본이념, 사회복지법상 연령 규정, 법률의 권리구제절차 등 분명히 학습을 하였지만 유사한 선택지들로 인해 수험생들을 혼동에 빠뜨리는 문항들도 눈에 띕니다.

2021년도 제19회 사회복지사 1급 국가자격시험

교 시	문제형별	시 간	시험과목
1~3교시		200분	① 사회복지기초 ② 사회복지실천 ③ 사회복지정책과 제도

수험번호		성 명	

수험자 유의사항

1. 시험문제지 표지와 시험문제지 내 문제형별의 동일여부 및 시험문제지의 총면수, 문제번호 일련순서, 인쇄상태 등을 확인하시고, 문제지 표지에 수험번호와 성명을 기재하시기 바랍니다.

2. 답은 각 문제마다 요구하는 가장 적합하거나 가까운 답 1개만 선택하고, 답안카드 작성 시 시험문제지 형별누락, 마킹착오로 인한 불이익은 전적으로 수험자에게 책임이 있음을 알려 드립니다.

3. 답안카드는 국가전문자격 공통 표준형으로 문제번호가 1번부터 125번까지 인쇄되어 있습니다. 답안 마킹 시에는 반드시 시험문제지의 문제번호와 동일한 번호에 마킹하여야 합니다.

4. 감독위원의 지시에 불응하거나 시험시간 종료 후 답안카드를 제출하지 않을 경우 불이익이 발생할 수 있음을 알려 드립니다.

5. 답안작성은 시험시행일 현재 시행되는 법령 등을 적용하시기 바랍니다.

6. 시험문제지는 시험 종료 후 가져가시기 바랍니다.

제1과목 ▶ 사회복지기초

제1영역 **인간행동과 사회환경**

01 인간발달 이론이 사회복지실천에 미친 영향으로 옳은 것은?

① 아들러(A. Adler)의 이론은 인간을 하나의 통합된 유기체로 인식하는 데 공헌하였다.

② 피아제(J. Piaget)의 이론은 발달단계의 순서가 개인과 문화에 따라 다르게 나타날 수 있음을 인식하는 데 공헌하였다.

③ 프로이트(S. Freud)의 이론은 모방학습의 중요성을 인식하는 데 공헌하였다.

④ 스키너(B. Skinner)의 이론은 인간행동이 내적 동기에 의해 강화됨을 이해하는 데 공헌하였다.

⑤ 로저스(C. Rogers)의 이론은 클라이언트의 생애발달 단계를 파악하고 평가하는 데 공헌하였다.

02 인간발달의 원리에 관한 설명으로 옳은 것은?

① 무작위적으로 발달이 진행되기 때문에 예측이 불가능하다.

② 발달에는 결정적 시기가 있다.

③ 안정적 속성보다 변화적 속성이 강하게 나타난다.

④ 신체의 하부에서 상부로, 말초부위에서 중심부위로 진행된다.

⑤ 순서와 방향성이 정해져 있으므로 발달속도에는 개인차가 존재하지 않는다.

03 생태학 이론에 관한 설명으로 옳지 않은 것을 모두 고른 것은?

> ㄱ. 인간과 환경을 서로 영향을 주고받는 단일 체계로 간주한다.
> ㄴ. 인간본성에 대한 정신적 · 환경적 결정론을 이론적 바탕으로 한다.
> ㄷ. 성격을 개인과 환경 사이의 상호교류의 산물로 이해한다.
> ㄹ. 타인과 관계를 맺는 인간의 능력은 환경과의 상호작용을 통하여 후천적으로 습득된다고 전제한다.

① ㄷ

② ㄱ, ㄷ

③ ㄴ, ㄹ

④ ㄱ, ㄴ, ㄹ

⑤ ㄱ, ㄴ, ㄷ, ㄹ

04 프로이트(S. Freud)의 심리성적 발달단계에 관한 설명으로 옳은 것은?

① 남근기 : 동성 부모에 대한 동일시의 기제가 나타나는 시기이다.

② 항문기 : 양육자와의 상호작용과정에서 최초로 갈등을 경험하는 시기이다.

③ 구강기 : 자율성과 수치심을 주로 경험하는 시기이다.

④ 생식기 : 오이디푸스 · 엘렉트라 콤플렉스가 강해지는 시기이다.

⑤ 잠복기 : 리비도(Libido)가 항문부위로 집중되는 시기이다.

제1과목 ▶ 사회복지기초

01

① 아들러의 개인심리이론은 개인심리학인 동시에 사회심리학으로 볼 수 있다. 여기서 '개인'은 인간을 정신과 신체 혹은 각종 정신 기능 등으로 분리하지 않고 하나의 통합된 유기체로 인식한다는 의미이며, '사회'는 인간을 사회적 관심에 의해 동기화되는 존재로 본다는 것이다.

② 피아제의 인지발달이론은 개인의 사회적 · 정서적 발달이 일련의 고정된 과정을 거친다는 다소 결정론적인 양상을 보인다.

③ 모델링을 통한 관찰학습과 모방학습을 강조한 것은 반두라의 사회학습이론이다.

④ 스키너의 행동주의이론은 인간행동이 내적 동기보다 외적 자극에 의해 동기화된다고 본다.

⑤ 클라이언트의 생애발달 단계를 파악하고 평가하는 데 공헌한 대표적인 이론으로 에릭슨의 심리사회이론이 있다.

02

② 심리발달 및 신체발달에는 발달이 가장 용이하게 이루어지는 결정적 시기가 있다.

① · ⑤ 발달은 일관된 주기에 따라 지속되고 누적되므로 미리 예측이 가능하다. 다만, 발달에는 개인차가 존재하므로 발달의 속도나 진행 정도가 동일하지 않다.

③ 발달은 신체 · 심리 · 사회적 변인을 포괄하며, 일생에 걸쳐 일어나는 안정성과 변화의 역동이다.

④ 상부(상체)에서 하부(하체)로, 중심부위에서 말초부위로, 전체활동에서 특수활동의 방향으로 발달이 진행된다.

03

ㄴ. 생태학적 이론은 인간본성에 대한 유전적 · 정신적 · 환경적 결정론을 모두 배척한다. 인간은 환경의 요구에 적응하고 때로는 환경을 자신의 요구에 맞게 수정 또는 변화시킴으로써 발달해 가고 만족스러운 삶을 영위하는 존재라는 것이다.

ㄹ. 생태학적 이론은 환경과 상호작용하고 타인과 관계를 맺는 능력을 타고난 것으로 가정한다. 또한 유전적 및 다른 생물학적 요인이 환경과 상호작용하는 과정에서 다양한 방식으로 표현된다고 본다.

04

① · ④ 오이디푸스 콤플렉스(Oedipus Complex) 또는 엘렉트라 콤플렉스(Electra Complex)를 해결하는 과정에서 동성의 부모를 동일시함에 따라 도덕성 발달이 이루어지는 시기는 대략 4~6세경으로, 이는 프로이트의 '남근기'에 해당한다.

② 구강기에 대한 설명이다.

③ · ⑤ 항문기에 대한 설명이다.

05 에릭슨(E. Erikson)의 이론에 관한 설명으로 옳은 것은?

① 발달에 영향을 미치는 유전적·생물학적 요인을 배제하였다.
② 발달에 영향을 미치는 사회적·문화적 요인을 인정하지 않았다.
③ 성인기 이후의 발달을 고려하지 않았다.
④ 자아(Ego)의 자율적, 창조적 기능을 고려하지 않았다.
⑤ 과학적 근거나 경험적 증거가 미흡하다.

06 융(C. Jung)의 이론에 관한 설명으로 옳은 것을 모두 고른 것은?

> ㄱ. 자기(Self)는 중년기 이후에 나타나는 원형(Archetype)이다.
> ㄴ. 과거의 사건 및 미래에 대한 열망이 성격발달에 동시에 영향을 미친다.
> ㄷ. 리비도(Libido)는 전반적인 삶의 에너지를 말한다.
> ㄹ. 성격발달은 개성화를 통한 자기실현의 과정이다.

① ㄴ
② ㄱ, ㄴ
③ ㄷ, ㄹ
④ ㄱ, ㄷ, ㄹ
⑤ ㄱ, ㄴ, ㄷ, ㄹ

07 아들러(A. Adler)의 이론에 관한 설명으로 옳지 않은 것은?

① 개인이 지닌 창조성과 주관성을 강조한다.
② 위기와 전념을 기준으로 생활양식을 4가지 유형으로 구분하였다.
③ 열등감은 모든 인간이 지닌 보편적인 감정이다.
④ 사회적 관심은 선천적으로 타고 나는 것이다.
⑤ 개인이 추구하는 목표는 현실에서 검증하기 어려운 가상적 목표이다.

08 반두라(A. Bandura)의 이론에 관한 설명으로 옳지 않은 것은?

① 학습은 사람, 환경 및 행동의 상호작용에 의해 이루어짐을 강조한다.
② 특정행동을 성공적으로 수행할 수 있다는 신념을 강조한다.
③ 개인이 지닌 인지적 요인의 영향력을 강조한다.
④ 관찰학습의 첫 번째 단계는 동기유발과정이며, 학습한 내용의 행동적 전환을 강조한다.
⑤ 인간은 스스로 자신의 행동을 강화할 수 있음을 강조한다.

05

⑤ 에릭슨의 이론은 정신분석이론을 확대시켜 자아의 성장 가능성을 제시하고 인간발달에 관한 새로운 통찰력을 부여했다는 점에서 기여한 바가 크지만, 이론의 개념들이 불명확하고 이론에 관한 실증적인 연구가 부족하다는 한계를 지니고 있다.

①·② 인간의 행동은 생물학적 성숙에 의해서만 결정되는 것이 아니라 개인의 심리적 요인과 사회·문화적 영향의 상호작용에 의해 결정된다고 보았다.

③ 성인기 이후의 발달을 고려하였다.

④ 자아의 본질은 생리적 요인 외에 문화, 역사적 영향을 중요하게 받는다고 믿었으며, 인간을 합리적인 존재 그리고 더 나아가 창조적 존재로 보았다.

06

ㄱ. 성격의 궁극적인 목표는 자기실현(Self-actualization)으로, 자기실현을 위해서는 자기가 충분히 발달하고 드러나야 하는데, 이는 중년기에 이르기까지 표면화되지 않는다.

ㄴ. 융은 인간이 실재했던 과거로부터 영향을 받으면서 현재를 살아가지만 미래의 목표와 가능성을 달성하기 위해 노력하고 자신의 행동을 조절하는 존재로 보았다.

ㄷ. 프로이트는 리비도를 성적 에너지에 국한한 반면, 융은 일반적인 생활에너지 및 정신에너지라고 표현하였다.

ㄹ. 개성화(Individuation)는 모든 콤플렉스와 원형을 끌어들여 성격을 조화하고 안정성을 유지하는 것이다.

07

② 아들러는 사회적 관심과 활동수준의 두 가지 차원을 기준으로 생활양식을 '지배형', '획득형', '회피형', '사회적으로 유용한 형'으로 유형화하였다.

08

관찰학습의 과정(Bandura)

주의집중 과정	모델에 주의를 집중시키는 과정으로서 모델은 매력적 특성을 가지고 있어서 주의를 끌게 되며, 관찰자의 흥미와 같은 심리적 특성에 대해서도 영향을 받는다.
보존과정 (기억과정, 파지과정)	모방한 행동을 상징적 형태로 기억 속에 담는 것을 말한다. 이때 행동의 특징을 회상할 수 있는 능력이 관찰학습에서 중요하다.
운동재생 과정	모델을 모방하기 위해 심상 및 언어로 기호화된 표상을 외형적인 행동으로 전환하는 단계이다. 이때 전제조건은 신체적인 능력이다.
동기화 과정 (자기강화 과정)	관찰을 통해 학습한 행동은 강화를 받아야 동기화가 이루어져 행동의 수행가능성을 높인다. 행동을 학습한 후 그 행동을 수행할 여부를 결정하는 데 중요한 역할을 하는 것이 바로 강화이다.

09 스키너(B. Skinner)의 이론에 관한 설명으로 옳은 것은?

① 행동조성(Shaping)은 복잡한 행동의 점진적 습득을 설명하는 개념이다.
② 조작적 행동보다 반응적 행동을 강조한다.
③ 변동간격계획은 평균적으로 일정한 수의 반응이 일어난 후에 강화물을 제공하는 것을 말한다.
④ 인간행동은 인간이 지닌 자유의지의 결과이다.
⑤ 부적 강화는 특정 행동의 빈도를 감소시키는 효과를 지닌다.

10 로저스(C. Rogers)의 이론에 관한 설명으로 옳지 않은 것은?

① 개입 과정에서 상담가의 진실성 및 일치성을 강조하였다.
② 자아실현을 하는 사람을 완전히 기능하는 인간(Fully Functioning Person)이라는 용어로 정리하였다.
③ 인간이 지닌 보편적·객관적 경험을 강조하였다.
④ 무조건적 긍정적 관심과 수용을 강조하였다.
⑤ 인간 본성이 지닌 낙관적이고 긍정적인 측면을 강조하였다.

11 매슬로우(A. Maslow)의 욕구이론에 관한 설명으로 옳지 않은 것은?

① 생리적 욕구는 가장 하위단계에 있는 욕구이다.
② 극소수의 사람들만이 자아실현을 달성할 수 있다.
③ 자아실현의 욕구는 가장 상위단계에 있는 욕구이다.
④ 상위단계의 욕구는 하위단계의 욕구가 완전히 충족된 이후에 나타난다.
⑤ 인간의 욕구는 강도와 중요도에 따라 위계적으로 구성되어 있다.

12 피아제(J. Piaget)가 제시한 인지발달의 촉진 요인이 아닌 것은?

① 성 숙
② 애착 형성
③ 평형화
④ 물리적 경험
⑤ 사회적 상호작용

09

① 행동조성(Shaping)은 복잡한 행동이나 기술을 학습시키는 데 매우 유용한 방법으로, 기대하는 반응이나 행동을 학습할 수 있도록 그에 부응하는 행동에 대해 강화함으로써 행동을 점진적으로 만들어 가는 것이다.

② 파블로프(Pavlov)의 고전적 조건화가 인간이 환경 자극에 수동적으로 반응하여 형성되는 행동인 '반응적 행동(Respondent Behavior)'을 설명하는 접근방법이라면, 스키너(Skinner)의 조작적 조건화는 인간이 환경 자극에 능동적으로 반응하여 나타내는 행동인 '조작적 행동(Operant Behavior)'을 설명하는 접근방법이다.

③ 평균적으로 정해진 어떤 수의 반응이 일어난 후 강화를 하는 것은 변동(가변)비율계획에 해당한다.

④ 스키너는 자율적 인간이란 존재할 수 없다고 가정하면서, 인간의 자기결정과 자유의 가능성을 배제하였다.

⑤ 정적 강화와 부적 강화는 모두 특정 행동의 빈도를 증가시키는 효과를 지닌다.

10

현상학적 장(Phenomenal Field)

• 로저스는 동일한 현상이라도 개인에 따라 다르게 지각하고 경험하기 때문에 이 세상에는 개인적 현실, 즉 '현상학적 장'만이 존재한다고 본다.

• 경험적 세계 또는 주관적 경험으로도 불리는 개념으로, 특정 순간에 개인이 지각하고 경험하는 모든 것을 의미한다.

• 개인의 직접적이면서 주관적인 경험과 가치를 중시하는 이론적 토대가 된다.

11

④ 상위욕구는 하위욕구가 일정 부분 충족되었을 때 나타날 수 있다. 즉, 인간은 하위단계의 욕구가 어느 정도 충족된 후에 상위단계의 욕구를 충족시키기 위한 노력을 경주하게 된다는 것이다.

12

인지발달의 촉진요인(Piaget)

• 유전(내적 성숙)

• 신체적 경험(물리적 경험)

• 사회적 전달(사회적 상호작용)

• 평형 혹은 평형화

13 체계이론의 개념에 관한 설명으로 옳은 것을 모두 고른 것은?

> ㄱ. 균형(Equilibrium) : 환경과 상호작용하기 위하여 체계의 구조를 변화시키는 과정 또는 상태
> ㄴ. 넥엔트로피(Negentropy) : 체계내부의 유용하지 않은 에너지가 감소되는 상태
> ㄷ. 공유영역(Interface) : 두 개 이상의 체계가 공존하는 부분으로 체계 간의 교류가 일어나는 장소
> ㄹ. 홀론(Holon) : 외부와의 상호작용으로 체계 내의 에너지가 증가하는 현상 또는 상태

① ㄱ
② ㄱ, ㄹ
③ ㄴ, ㄷ
④ ㄴ, ㄷ, ㄹ
⑤ ㄱ, ㄴ, ㄷ, ㄹ

14 브론펜브레너(U. Bronfenbrenner)의 생태체계이론에 관한 설명이다. (   )의 내용으로 옳은 것은?

> • (ㄱ)는 개인이 참여하는 둘 이상의 미시체계 간의 상호작용으로서, 미시체계 간의 연결망을 의미한다.
> • (ㄴ)는 개인이 직접 참여하고 있지는 않지만, 그 개인의 발달에 영향을 주는 사회적 환경을 의미한다.

① ㄱ : 외체계, ㄴ : 중간체계
② ㄱ : 미시체계, ㄴ : 외체계
③ ㄱ : 중간체계, ㄴ : 외체계
④ ㄱ : 미시체계, ㄴ : 중간체계
⑤ ㄱ : 중간체계, ㄴ : 미시체계

15 다음이 설명하는 퀴블러 로스(E. Kübler-Ross)의 죽음과 상실에 대한 심리적 단계는?

> 요양병원에 입원하고 있는 A씨는 간암 말기 진단을 받았다. 그는 자신이 죽는다는 것을 인정하고, 가족들이 받게 될 충격을 최소화하기 위해 만남과 헤어짐, 죽음, 추억 등의 이야기를 나누며 시간을 보내고 있다.

① 부정(Denial)
② 분노(Rage and Anger)
③ 타협(Bargaining)
④ 우울(Depression)
⑤ 수용(Acceptance)

16 태내기(수정–출산)에 관한 설명으로 옳지 않은 것은? (전항정답)

① 성염색체 이상증세로는 클라인펠터 증후군(Klinefelter's Syndrome), 터너증후군(Turner's Syndrome)이 있다.
② 임산부의 심각하고 지속적인 불안은 높은 비율의 유산이나 난산, 조산, 저체중아 출산과 연관이 있다.
③ 태아의 성장, 발육을 위하여 칼슘, 단백질, 철분, 비타민 등을 충분히 섭취하여야 한다.
④ 다운증후군은 47개의 염색체를 가짐으로 나타나는 증후군이다.
⑤ 기형발생물질이란 태내발달에 영향을 미쳐 심각한 손상을 일으키는 환경적 매개물을 말한다.

13

ㄱ. 안정상태(Steady State)의 내용에 해당한다. 참고로 균형(Equilibrium)은 외부환경으로부터 새로운 에너지의 투입 없이 현상을 유지하려는 속성을 말한다. 주로 외부환경과 수평적 상호작용으로 내부균형만 이루는 폐쇄체계에서 나타난다.

ㄹ. 시너지(Synergy)의 내용에 해당한다. 참고로 홀론(Holon)은 전체와 부분을 별개로 나눌 수 없다는 사실을 전제로, 작은 체계들 속에서 그들을 둘러싼 큰 체계의 특성이 발견되기도 하고 작은 체계들이 큰 체계에 동화되기도 하는 체계의 이중적 성격을 나타낸다.

14

브론펜브레너(Bronfenbrenner)의 생태학적 체계모델에 의한 5가지 체계

미시체계 (Micro System)	개인에게 가장 근접한 환경이다. 가족, 학교, 이웃 등의 물리적 환경과 사회적 환경, 그리고 그 환경 내에서 갖게 되는 지위, 역할, 활동, 대인관계 등을 의미한다.
중간체계 (Meso System)	서로 상호작용하는 두 가지 이상 미시체계들 간의 관계망을 말한다. 특히 개인이 다양한 역할을 동시에 수행한다는 의미가 내포된다.
외체계 또는 외부체계 (Exo System)	개인이 직접 참여하거나 관여하지는 않지만 개인에게 영향을 미치는 환경체계이다.
거시체계 (Macro System)	개인이 속한 사회의 이념(신념)이나 제도, 즉 정치, 경제, 문화 등의 광범위한 사회적 맥락을 의미한다.
시간체계 (Chrono System)	전 생애에 걸쳐 일어나는 변화를 비롯하여 사회역사적인 환경을 포함한다. 개인이 어느 시대에 출생하여 성장했는지에 따라 개인의 발달 및 삶의 양상이 크게 좌우될 수 있는 것이다.

15

퀴블러-로스(Kübler-Ross)의 죽음의 직면(적응)단계

부 정 (제1단계)	• "그럴 리가 없어"라며, 자신이 곧 죽는다는 사실을 부인한다. • 이와 같은 반응은 갑작스런 심리적 충격에 대한 완충작용을 한다.
분 노 (제2단계)	• "왜 하필이면 나야"라며, 다른 사람들은 멀쩡한데 자신만 죽게 된다는 사실에 대해 분노한다. • 이와 같은 분노의 감정은 치료진이나 가족에게 투사된다.
타 협 (제3단계)	• "우리 딸 결혼식 날까지 살 수 있도록 해 주세요"라며, 죽음을 피할 수 없음을 깨달은 채 인생과업을 마칠 때까지 생이 지속되기를 희망한다. • 절대적인 존재나 초자연적인 힘에 의지하기도 하며, 치료진이나 가족에게 협력적인 태도를 보이기도 한다.
우 울 (제4단계)	• 병의 진행에 의한 절망감과 함께 세상의 모든 것들과의 결별에서 오는 상실감을 토로한다. • 이미 죽음을 실감하기 시작하면서 극심한 우울상태에 빠진다.
수 용 (제5단계)	• 죽음에 대해 담담하게 생각하고 이를 수용하게 된다. • 세상으로부터 초연해지면서 마치 마음의 평화를 회복한 듯한 모습을 보인다.

16

다운증후군(Down's Syndrome)

'몽고증'이라고도 하며, 대부분(약 95%)은 21번째 염색체가 3개(정상은 2개) 있어서 전체가 47개(정상은 46개)로 되어 있는 기형이다. 나이가 많은 초산부(35세 이상)의 태아에게서 잘 발생하며, 600~700명 중 1명 꼴로 있다.

참고

이 문제는 출제오류에 해당하므로 간단히 살펴본 후 넘어가도록 합니다. 이 문제는 가답안에서 ④번을 정답으로 하였으나 ④번 지문이 옳은 내용이므로 이후 최종정답에서 전항정답으로 인정하였습니다.

17 영아기(0~2세)에 관한 설명으로 옳지 않은 것은?

① 양육자와의 애착형성은 사회 · 정서적 발달에 중요하다.
② 피아제(J. Piaget)의 감각운동기에 해당한다.
③ 프로이트(S. Freud)의 구강기에 해당한다.
④ 에릭슨(E. Erikson)의 자율성 대 수치심 단계에 해당한다.
⑤ 제1성장 급등기라고 할 정도로 일생 중 신체적으로 급격한 성장이 일어난다.

18 유아기(3~6세)에 관한 설명으로 옳지 않은 것은?

① 프로이트(S. Freud)의 오이디푸스 · 엘렉트라 콤플렉스가 나타나는 시기이다.
② 콜버그(L. Kohlberg)의 도덕발달단계에서는 보상 또는 처벌회피를 위해 행동을 하는 시기이다.
③ 에릭슨(E. Erikson)의 주도성 대 죄의식 단계에 해당한다.
④ 성적 정체성(Gender Identity)이 발달하는 시기이다.
⑤ 영아기(0~2세)에 비해 성장속도가 빨라지는 특성을 보인다.

19 아동기(7~12세)에 관한 설명으로 옳은 것을 모두 고른 것은? (전항정답)

> ㄱ. 보존개념을 획득한다.
> ㄴ. 분류화 · 유목화가 가능하다.
> ㄷ. 가설연역적 추리가 가능하다.
> ㄹ. 자아정체감을 획득한다.

① ㄱ
② ㄴ, ㄹ
③ ㄱ, ㄴ, ㄷ
④ ㄱ, ㄷ, ㄹ
⑤ ㄴ, ㄷ, ㄹ

20 청소년기(13~19세)의 성적 성숙에 관한 설명으로 옳은 것은? (중복정답)

① 성적 성숙에는 개인차가 있지만 발달의 순서는 일정하다.
② 여성은 난소에서 에스트로겐이 분비되어 초경, 가슴 발육, 음모, 겨드랑이 체모 등의 순으로 성적 성숙이 진행된다.
③ 남성은 고환에서 분비되는 안드로겐의 영향으로 음모, 고환과 음경 확대, 겨드랑이 체모, 수염 등의 순으로 성적 성숙이 진행된다.
④ 일차성징은 성적 성숙의 생리적 징후로서 여성의 가슴 발달과 남성의 넓은 어깨를 비롯하여 변성, 근육 발달 등의 변화가 나타나는 것을 말한다.
⑤ 이차성징은 여성의 난소, 나팔관, 자궁, 질, 남성의 고환, 음경, 음낭 등 생식을 위해 필요한 기관의 발달을 말한다.

17

④ 영아기(0~2세)는 에릭슨(Erikson)의 기본적 신뢰감 대 불신감 단계에 해당한다.

18

⑤ 영아기(0~2세)는 인간의 일생에 있어서 신체적 성장이 가장 빠른 속도로 이루어지는 '제1성장 급등기'에 해당한다.

19

ㄱ · ㄴ. 보존개념을 획득하고 분류화 · 유목화가 가능한 시기는 구체적 조작기(대략 7~12세)에 해당하는 아동기이다.
ㄷ · ㄹ. 가설연역적 추리가 가능하고 자아정체감을 획득하는 시기는 형식적 조작기(대략 12세 이상)에 해당하는 청소년기 이후이다.

참고

이 문제는 출제오류에 해당하므로 간단히 살펴본 후 넘어가도록 합니다. 이 문제는 가답안에서 ③번을 정답으로 하였으나 보기상에서 아동기의 특징에 해당하는 것은 'ㄱ', 'ㄴ'이고, 나머지 'ㄷ', 'ㄹ'은 청소년기 이후의 특징에 해당하므로 선택지 오류로 인해 최종정답에서 전항정답으로 인정하였습니다.

20

① 성적 성숙은 남자의 경우 10세에서 18세 사이에, 여자의 경우 9세에서 16세 사이에 이루어지나, 평균적으로 남자는 15세 전후, 여자는 13세 전후에 나타난다.
② 여성의 성적 성숙은 초경 외에 외형적으로 유방과 음모의 성장 등으로 나타나는데, 먼저 대략 10세경에 가슴 발육이 시작되며, 13~14세경에 음모의 발달과 함께 초경을 경험하게 된다.
③ 남성의 성적 성숙은 남성 생식선인 고환의 성장으로 시작되는데, 대략 11세경에 고환의 확대가 시작되고 12세경에 고환의 확대와 함께 음모도 나타나며, 겨드랑이 체모와 수염은 14세경에 나타난다.
④ · ⑤ 일차성징은 출생 시의 생식기에 의한 신체 형태상의 성차특징을 가리키는 반면, 이차성징은 청소년기에 들어서서 성호르몬의 분비에 의해 나타나는 신체상의 형태적 · 기능적 성차특징을 의미한다.

참고

이 문제는 가답안에서 ①번을 정답으로 하였으나 이후 최종정답에서 ①번과 ⑤번을 중복정답으로 인정하였습니다. 사춘기에 나타나는 이차성징을 남녀별로 구분하면, 남자의 경우 고환, 음경, 음낭이 커지고 음모와 액모가 발생하며, 턱수염이 나고 변성이 되고 정자의 생산 증가와 함께 몽정이 있게 됩니다. 반면, 여자의 경우 유방이 발달하고 자궁과 질이 커지며, 음모와 액모가 발생하고 골반이 확대되며, 초경이 시작됩니다. 참고로 성적 성숙과 관련된 구체적인 연령은 개인차에 따라 차이를 보일 수 있는 만큼 교재에 따라 다양하게 제시될 수 있습니다. 위의 해설은 '정옥분, 『청년발달의 이해』, 학지사 刊', '허혜경 外, 『청년발달심리학』, 학지사 刊' 등을 참고하였습니다.

21 하비거스트(R. Havighurst)의 청년기 (20~35세) 발달과업으로 옳지 않은 것은?

① 배우자 선택
② 직장생활 시작
③ 경제적 수입 감소에 따른 적응
④ 사회적 집단 형성
⑤ 직업의 준비와 선택

22 중년기(40~64세)에 관한 설명으로 옳지 않은 것은?

① 혼(J. Horn)은 유동적 지능은 증가하는 반면, 결정적 지능은 감소한다고 하였다.
② 레빈슨(D. Levinson)은 성인 초기의 생애구조에 대한 평가, 중년기에 대한 가능성 탐구, 새로운 생애 구조 설계를 위한 선택 등을 과업으로 제시하였다.
③ 굴드(R. Gould)는 46세 이후에 그릇된 가정을 모두 극복하고 진정한 자아를 찾는 시기라고 하였다.
④ 에릭슨(E. Erikson)은 생산성 대 침체성의 시기라고 하였다.
⑤ 융(C. Jung)은 중년기에 관한 구체적인 개념을 발전시킨 학자이다.

23 노년기(65세 이상)에 관한 설명으로 옳지 않은 것은?

① 분리이론은 노년기를 노인 개인과 사회가 동시에 상호분리를 시작하는 시기로 보는 이론이다.
② 활동이론은 노년기를 잘 보내기 위해서는 은퇴와 같은 종결되는 역할들을 대치할 수 있는 활동을 발견하는 것이 중요하다는 이론이다.
③ 에릭슨(E. Erikson)은 노년기의 발달과제로 자아통합이 중요하다고 주장하였다.
④ 퀴블러 로스(E. Kübler-Ross)는 죽음과 상실에 대한 심리적 5단계를 제시하였다.
⑤ 펙(R. Peck)의 발달과업이론은 생애주기를 중년기와 노년기로 구분하여 설명하였다.

24 브론펜브레너(U. Bronfenbrenner)의 거시체계(Macro System)에 관한 설명으로 옳은 것은?

① 가족체계를 구성하는 요소는 개인이다.
② 역사적 · 사회적 · 문화적 요인에 의해서 형성되고 수정되는 특성이 있다.
③ 개인이 가장 밀접하게 상호작용하는 사회적 · 물리적 환경을 말한다.
④ 개인, 가족, 이웃, 소집단, 문화를 의미한다.
⑤ 인간의 삶과 행동에 일방적인 영향을 미친다.

21

③ 노년기의 주요 발달과업에 해당한다.

노년기의 주요 발달과업(Havighurst)

- 신체적 능력과 건강의 약화에 대한 적응
- 정년퇴직과 경제적 수입 감소에 대한 적응(③)
- 배우자의 죽음에 대한 적응
- 자기 동년배집단과의 유대관계 강화
- 사회적 역할에 대한 융통성 있는 적응
- 생활에 적합한 물리적 생활환경 조성 등

22

① 혼(Horn)은 유동적(유동성) 지능은 감소하는 반면, 결정적(결정성) 지능은 증가한다고 하였다. 유동적 지능은 유전적·신경생리적 영향에 의해 발달이 이루어지는 반면, 결정적 지능은 경험적·환경적·문화적 영향의 누적에 의해 발달이 이루어진다. 따라서 결정적 지능은 나이가 들수록 발달하는 경향이 있다.

23

펙(Peck)의 발달과업이론

- 펙(Peck)은 에릭슨(Erikson)의 중년기(성인기)와 노년기에 해당하는 7단계와 8단계를 통합하여 7단계 이론을 주장하였다.
- 중년기 이후의 발달과업은 '자아분화 대 직업역할 몰두', '신체초월 대 신체몰두', '자아초월 대 자아몰두'로 구분할 수 있다.
- 중년기 이후의 인간은 직업 상실, 신체적 기능의 상실, 죽음 등 세 가지의 커다란 현실에 직면하는데, 그러한 상황에서 성숙한 자아분화가 잘 이루어져 있는 경우 건강한 자아정체감 형성과 더불어 성숙한 노화 과정을 경험하게 된다.
- 따라서 중년기 이후 노년기까지 개인은 직업 기반 이외에 다른 역할에서의 자아 지지 기반을 획득함으로써 직업상실의 위기에 대처하며, 생물학적 노화현상을 극복하고 죽음의 필연성을 수용하여 자아초월의 과업을 이루어 나가는 것이 중요하다.

24

② 거시체계는 사회구조적인 맥락을 포함하고 있으므로 비록 간접적이긴 해도 강력한 영향력을 행사한다. 이러한 거시체계는 전쟁, 조약, 선거, 입법 등 역사적·사회적·문화적 요인에 의해 형성되고 수정되는 특성이 있다.
① 가족 구성원 간의 관계가 일어나는 가족체계와 이를 구성하는 개인은 미시체계에 해당한다.
③ 개인이 가장 밀접하게 상호작용하는 사회적·물리적 환경은 미시체계에 해당한다.
④ 개인, 가족, 이웃, 그리고 직접적인 환경 내에서 대면적인 대인관계가 이루어지는 동아리나 또래 친구의 소집단은 미시체계에 해당한다.
⑤ 인간의 삶과 행동은 그들과 그들의 환경 속에 있는 다양한 체계들과의 상호작용에 의해 영향을 받는다.

25 인생주기별 특징에 관한 설명으로 옳지 않은 것은?

① 영아기(0~2세)에는 주 양육자와의 안정된 정서적 신뢰관계가 다른 사람이나 사물과의 관계를 형성하는 데 영향을 미치고 이후의 사회적 발달의 밑바탕이 된다.

② 유아기(3~6세)는 사물을 정신적으로 표상할 수 있는 능력이 발달하여 가장놀이를 즐기며, 이는 사회정서 발달에 영향을 미친다.

③ 아동기(7~12세)는 또래 친구들과 함께 많은 시간을 보내면서 정서 및 사회적 발달에 영향을 받아 도당기라고도 한다.

④ 청소년기(13~19세)는 또래집단의 지지를 더 선호함으로써 부모로부터 독립하려는 경향을 보인다.

⑤ 노년기(65세 이상)는 생물학적으로 노화를 경험하는 시기이면서 경제적으로 안정된 시기이므로 심리적 위기를 경험하지 않는다.

26 사회과학의 특성에 관한 설명으로 옳지 않은 것은?

① 자연과학에 비해 인과관계에 대한 명확한 결론을 내리기 어렵다.

② 끊임없이 변화하는 사회현상을 규명한다.

③ 관찰대상물과 관찰자가 분명히 구분된다.

④ 인간의 행위를 연구대상으로 한다.

⑤ 사회문화적 특성의 영향을 받는다.

27 사회과학과 사회복지학에 관한 설명으로 옳은 것을 모두 고른 것은?

ㄱ. 사회복지학은 사회문제에 대처하기 위한 학문이다.
ㄴ. 사회과학은 사회복지의 실천적 지식의 제공 및 이론적 발전에 기여할 수 있다.
ㄷ. 사회복지학은 응용과학이 아닌 순수과학에 속한다.
ㄹ. 사회복지학은 사회과학에 의해 발전된 개념들을 활용할 수 있다.

① ㄴ, ㄷ
② ㄷ, ㄹ
③ ㄱ, ㄴ, ㄷ
④ ㄱ, ㄴ, ㄹ
⑤ ㄱ, ㄷ, ㄹ

28 양적 조사와 질적 조사의 비교로 옳지 않은 것은?

① 질적 조사에 비하여 양적 조사의 표본크기가 상대적으로 크다.

② 질적 조사에 비하여 양적 조사에서는 귀납법을 주로 사용한다.

③ 양적 조사에 비하여 질적 조사는 사회 현상의 주관적 의미에 관심을 갖는다.

④ 양적 조사는 가설검증을 지향하고 질적 조사는 탐색, 발견을 지향한다.

⑤ 양적 조사에 비하여 질적 조사는 조사결과의 일반화가 어렵다.

25

⑤ 노년기는 정년퇴직과 경제적 수입 감소에 적응하는 시기이며, 생물학적·심리적·사회적 측면에서 나타나는 점진적이고 퇴행적인 발달단계로서 노화(Aging)가 이루어진다.

27

순수과학과 응용과학

순수과학	• 자연현상이나 사회현상 그 자체를 이론적·체계적으로 연구하는 것을 주된 목적으로 한다. • 순수자연과학으로 물리학, 화학, 생물학 등이 있고, 순수사회과학으로 사회학, 경제학, 정치학 등이 있다.
응용과학	• 순수과학의 이론이나 지식을 활용하여 인간사회에 유용하게 이용할 수 있는 지식이나 기술 등을 연구하는 것을 주된 목적으로 한다. • 응용자연과학으로 공학, 의학, 약학 등이 있고, 응용사회과학으로 <u>사회복지학</u>, 경영학, 행정학, 교육학 등이 있다.

26

③ 자연과학에서는 관찰대상물과 관찰자가 분명히 구별될 수 있지만, 사회과학에서는 이들 양자가 혼연일체 되어 있는 경우가 많으므로 분명히 구별되지 않는 경향이 있는데, 이를 일컬어 '피란델로 효과(Pirandello Effect)'라고 한다. 사회과학에서는 관찰의 대상이 관찰자 자신이 되기도 하므로, 사회현상을 분석하는 과정에서 객관성이 결여될 수 있다.

28

② 질적 조사(질적 연구방법)는 과정에 관심을 가지며, 선(先)조사 후(後)이론의 귀납적 방법을 주로 활용한다. 반면, 양적 조사(양적 연구방법)는 결과에 관심을 가지며, 선(先)이론 후(後)조사의 연역적 방법을 주로 활용한다.

29 사회복지조사를 위한 수행단계로 옳은 것은?

① 문제설정 → 가설설정 → 조사설계 → 자료
수집 → 자료분석 → 보고서 작성
② 문제설정 → 가설설정 → 자료수집 → 자료
분석 → 조사설계 → 보고서 작성
③ 가설설정 → 문제설정 → 자료수집 → 조사
설계 → 자료분석 → 보고서 작성
④ 가설설정 → 문제설정 → 자료수집 → 자료
분석 → 조사설계 → 보고서 작성
⑤ 가설설정 → 문제설정 → 조사설계 → 자료
수집 → 자료분석 → 보고서 작성

30 다음 (   )에 알맞은 내용으로 옳은 것은?

- 독립변수 앞에서 독립변수에 영향을 주는 변
수를 (ㄱ)라고 한다.
- 독립변수의 결과인 동시에 종속변수의 원인
이 되는 변수를 (ㄴ)라고 한다.
- 다른 변수에 의존하지만 다른 변수에 영향을
미칠 수 없는 변수를 (ㄷ)라고 한다.
- 독립변수와 종속변수 모두에 영향을 미치는
제3의 변수를 (ㄹ)라고 한다.

① ㄱ : 외생변수,   ㄴ : 더미변수,
　 ㄷ : 종속변수,   ㄹ : 조절변수
② ㄱ : 외생변수,   ㄴ : 매개변수,
　 ㄷ : 종속변수,   ㄹ : 더미변수
③ ㄱ : 선행변수,   ㄴ : 조절변수,
　 ㄷ : 종속변수,   ㄹ : 외생변수
④ ㄱ : 선행변수,   ㄴ : 매개변수,
　 ㄷ : 외생변수,   ㄹ : 조절변수
⑤ ㄱ : 선행변수,   ㄴ : 매개변수,
　 ㄷ : 종속변수,   ㄹ : 외생변수

31 다음 (   )에 알맞은 조사유형을 모두 나열
한 것은?

일정한 시간간격을 두고 연구대상을 표본추출
하여 반복적으로 조사하는 방법에는 (   ),
(   ), 동년배 조사 등이 있다.

① 패널조사, 경향조사
② 패널조사, 문헌조사
③ 전수조사, 경향조사
④ 전수조사, 표본조사
⑤ 문헌조사, 전문가조사

32 다음 (   )에 알맞은 내용으로 옳은 것은?

- 내적 타당도를 높이기 위해서는 (ㄱ) 이외의
다른 변수가 (ㄴ)에 개입할 조건을 통제하여
야 한다.
- 외적 타당도를 높이기 위해서는 (ㄷ)으로 연
구대상을 선정하거나 표본크기를 (ㄹ) 하여
야 한다.

① ㄱ : 원인변수,   ㄴ : 결과변수,
　 ㄷ : 확률표집방법,   ㄹ : 크게
② ㄱ : 원인변수,   ㄴ : 결과변수,
　 ㄷ : 무작위할당,   ㄹ : 작게
③ ㄱ : 원인변수,   ㄴ : 결과변수,
　 ㄷ : 확률표집방법,   ㄹ : 작게
④ ㄱ : 결과변수,   ㄴ : 원인변수,
　 ㄷ : 확률표집방법,   ㄹ : 크게
⑤ ㄱ : 결과변수,   ㄴ : 원인변수,
　 ㄷ : 무작위할당,   ㄹ : 작게

29

조사연구의 일반적인 과정

연구문제 설정 (조사문제 형성)	조사의 주제, 이론적 배경, 중요성 등을 파악하고 이를 체계적으로 정립하는 과정으로, 조사에서 핵심적인 부분이다. 가설설정과 조사설계의 전 단계로, 비용, 시간, 윤리성 등이 종합적으로 고려되어야 한다.
가설설정 (가설형성)	선정된 조사문제를 조사가 가능하고 실증적으로 검증이 가능하도록 구체화하는 과정으로, 이때 가설은 연구문제와 그 이론에 따라 구성되는 것이 바람직하다.
조사설계	조사연구를 효과적·효율적·객관적으로 수행하기 위한 논리적·계획적인 전략으로서, 자료수집방법, 연구모집단 및 표본 수, 표본추출방법, 분석 시 사용할 통계기법 등을 결정하며, 조사도구(설문지) 작성 후 그 신뢰도 및 타당도를 검증한다.
자료수집	자료는 관찰, 면접, 설문 등 여러 가지 방법을 통해 수집되는데, 과학적 조사자료는 조사자가 직접 수집하는 1차 자료와 함께 다른 주체에 의해 이미 수집·공개된 2차 자료로 구분된다.
자료분석	수집된 자료의 편집과 코딩과정이 끝나면 통계기법을 이용하여 자료를 분석한다.
보고서 작성	연구결과를 객관적으로 증명하고 경험적으로 일반화하기 위해 일정한 형식으로 기술하여 타인에게 전달하기 위한 보고서를 작성한다.

30

ㄱ. 선행변수는 인과관계에서 독립변수에 앞서면서 독립변수에 유효한 영향력을 행사하는 변수를 말한다. 선행변수를 통제해도 독립변수와 종속변수 간의 관계는 유지된다.

ㄴ. 매개변수는 독립변수와 종속변수 간에 직접적인 관련이 없으나 두 변수의 중간에서 매개자 역할을 하여 두 변수 간에 간접적인 관계를 맺도록 하는 변수이다.

ㄷ. 종속변수는 독립변수의 원인을 받아 일정하게 전제된 결과를 나타내는 기능을 하는 변수로서 '결과변수'라고도 부른다.

ㄹ. 외생변수는 두 개의 변수 간에 상관관계가 있는 것처럼 보이지만 실제로는 가식적인 관계에 불과한 경우 그와 같은 가식적인 관계를 만드는 제3의 변수를 말한다. 외생변수를 제거하는 경우 독립변수와 종속변수의 관계는 사라져버린다.

31

종단조사의 주요 유형

경향조사 (추세연구)	• 일정한 기간 동안 전체 모집단 내의 변화를 연구하는 것으로, 일정 주기별 인구변화에 대한 조사에 해당한다. • 어떤 광범위한 연구대상의 특정 속성을 여러 시기를 두고 관찰·비교하는 방법이다.
코호트 조사 (동년배 조사)	• 동기생·동시경험집단 연구 혹은 동류집단연구에 해당한다. • 일정한 기간 동안 어떤 한정된 부분 모집단의 변화를 연구하는 것으로, 특정 경험을 같이 하는 사람들이 가지는 특성들에 대해 두 번 이상의 다른 시기에 걸쳐서 비교·연구하는 방법이다.
패널조사 (패널연구)	• 동일집단 반복연구에 해당한다. • '패널(Panel)'이라 불리는 특정응답자 집단을 정해 놓고 그들로부터 상당히 긴 시간 동안 지속적으로 연구자가 필요로 하는 정보를 획득하는 방법이다.

32

내적 타당도와 외적 타당도

내적 타당도 (Internal Validity)	• 원인변수로서 독립변수의 조작이 결과변수로서 종속변수의 변화를 초래한 원인이 된 정도를 의미한다. • 독립변수 이외에 다른 외생변수에 의해서도 종속변수에 변화가 나타날 수 있는데, 이러한 외생변수를 통제하지 못할 경우 내적 타당도는 저해된다.
외적 타당도 (External Validity)	• 변수들 간의 인과관계에 대한 조사결과를 일반화시킬 수 있는 정도를 의미한다. • 외적 타당도를 높이기 위해서는 표본추출이 중요한데, 광범위한 대상으로부터 표본이 추출될 경우 조사결과를 일반화시킬 수 있는 가능성이 높아진다.

33 측정에 관한 설명으로 옳지 않은 것은?

① 일정한 규칙에 따라 측정대상에 값을 부여하는 과정이다.
② 이론적 모델과 사건이나 현상을 연결하는 방법이다.
③ 사건이나 현상을 세분화하고 통계적 분석에 활용할 수 있는 정보를 제공한다.
④ 측정도구의 신뢰도를 높이기 위해서는 설문문항 수가 적을수록 좋다.
⑤ 측정의 수준에 따라 명목, 서열, 등간, 비율의 4가지 유형으로 분류한다.

34 척도에 관한 설명으로 옳은 것을 모두 고른 것은?

> ㄱ. 명목척도는 응답범주의 서열이 없는 척도이다.
> ㄴ. 비율척도의 대표적인 유형은 리커트 척도이다.
> ㄷ. 비율척도는 절대 0점이 존재하는 척도이다.
> ㄹ. 서열척도는 변수의 속성에 따라 일정한 범주로 분류한다.

① ㄱ, ㄴ
② ㄴ, ㄹ
③ ㄷ, ㄹ
④ ㄱ, ㄴ, ㄷ
⑤ ㄱ, ㄷ, ㄹ

35 다음 사례에서 측정하고자 하는 타당도로 옳은 것은?

> 연구자는 새로 개발한 우울척도 A의 타당도를 확인하기 위하여 자아존중감 척도 B와의 상관계수를 산출하였다. 그 결과, A와 B의 상관관계가 매우 낮은 것을 확인하였다.

① 동시타당도(Concurrent Validity)
② 판별타당도(Discriminant Validity)
③ 내용타당도(Content Validity)
④ 수렴타당도(Convergent Validity)
⑤ 예측타당도(Predictive Validity)

36 신뢰도를 측정하는 방법으로 옳은 것을 모두 고른 것은?

> ㄱ. 재검사법
> ㄴ. 대안법
> ㄷ. 반분법
> ㄹ. 내적 일관성 분석법

① ㄴ
② ㄱ, ㄷ
③ ㄴ, ㄹ
④ ㄱ, ㄷ, ㄹ
⑤ ㄱ, ㄴ, ㄷ, ㄹ

33

④ 측정도구의 신뢰도를 높이기 위해서는 설문문항 수가 많을수록 좋다. 다만, 설문문항 수가 무조건 많다고 해서 신뢰도가 정비례하여 커지는 것은 아니다.

34

ㄴ. 리커트 척도(Likert Scale)는 서열척도의 대표적인 유형에 해당한다. 측정이 비교적 단순하여 양적 조사에서 보편적으로 사용되는 것으로, 척도의 신뢰도와 타당도를 높이기 위해 일련의 수 개 문항들을 하나의 척도로 사용한다.

35

② 판별타당도(변별타당도)는 검사 결과가 이론적으로 해당 속성과 관련 없는 변수들과 어느 정도 낮은 상관관계를 가지고 있는지를 측정한다.

① 동시타당도(공인타당도)는 새로운 검사를 제작했을 때 새로 제작한 검사의 타당도를 위해 기존에 타당도를 보장받고 있는 검사와의 유사성 혹은 연관성에 의해 타당도를 검증하는 방법이다.

③ 내용타당도는 측정항목이 연구자가 의도한 내용대로 실제로 측정되고 있는가 하는 문제와 연관된다.

④ 수렴타당도(집중타당도)는 검사 결과가 이론적으로 해당 속성과 관련 있는 변수들과 어느 정도 높은 상관관계를 가지고 있는지를 측정한다.

⑤ 예측타당도(예언타당도)는 어떠한 행위가 일어날 것이라고 예측한 것과 실제 대상자 또는 집단이 나타낸 행위 간의 관계를 측정하는 것이다.

36

신뢰도 측정의 주요 방법

• 재검사법(검사-재검사 신뢰도) : 동일한 대상에 동일한 측정도구를 서로 상이한 시간에 두 번 측정한 다음 그 결과를 비교하는 방법이다.

• 대안법(동형검사 신뢰도) : 동등한 것으로 추정되는 2개의 측정도구를 사용하여 동일한 표본에 적용한 결과를 서로 비교하여 신뢰도를 측정하는 방법이다.

• 반분법(반분신뢰도) : 전체 문항 수를 반으로 나눈 다음 상관계수를 이용하여 두 부분이 모두 같은 개념을 측정하는지 일치성 또는 동질성 정도를 비교하는 방법이다.

• 내적 일관성 분석법(문항내적합치도) : 단일의 신뢰도 계수를 계산할 수 없는 반분법의 문제점을 고려하여, 가능한 한 모든 반분신뢰도를 구한 다음 그 평균값을 신뢰도로 추정하는 방법이다.

37 다음이 설명하는 척도로 옳은 것은?

사회복지사에 대해 느끼는 감정에 대해 해당 점수에 체크하시오.

　　　　1점　2점　3점　4점　5점　6점　7점
1. 친절한 |---·|---·|---·|---·|---·|---·| 불친절한
2. 행복한 |---·|---·|---·|---·|---·|---·| 불행한

① 리커트 척도(Likert Scale)
② 거트만 척도(Guttman Scale)
③ 보가더스 척도(Borgadus Scale)
④ 어의적 분화척도(Semantic Differential Scale)
⑤ 써스톤 척도(Thurstone Scale)

38 표본크기에 관한 설명으로 옳지 않은 것은?

① 표본의 크기가 클수록 시간과 비용이 많이 든다.
② 신뢰수준을 높이려면 표본의 크기도 커져야 한다.
③ 표본의 크기가 증가하면 표본오차(Sampling Error)도 커진다.
④ 모집단이 이질적인 경우에는 표본의 크기를 늘려야 한다.
⑤ 같은 표본추출방법을 사용한다면 표본의 크기가 클수록 대표성은 커진다.

39 질적 조사에서 일반적으로 사용되는 표본추출방법으로 옳지 않은 것은?

① 이론적(Theoretical) 표본추출
② 집락(Cluster) 표본추출
③ 눈덩이(Snowball) 표본추출
④ 극단적 사례(Extreme Case) 표본추출
⑤ 최대변이(Maximum Variation) 표본추출

40 내용분석(Content Analysis)에 관한 설명으로 옳지 않은 것을 모두 고른 것은?

ㄱ. 기존 자료에 의존하기 때문에 연구의 범위가 무제한적이다.
ㄴ. 선정편향(Selection Bias)이 발생할 수 있다.
ㄷ. 연구대상자의 반응성을 배제할 수 있다.
ㄹ. 기존 자료를 활용하는 질적 조사이기 때문에 가설검증은 필요하지 않다.

① ㄴ
② ㄱ, ㄴ
③ ㄱ, ㄹ
④ ㄷ, ㄹ
⑤ ㄱ, ㄴ, ㄹ

37

어의적 분화척도(의의차별척도, 의미분화척도)

- 어떤 대상이 개인에게 주는 주관적인 의미를 측정하는 방법이다. 즉, 하나의 개념을 주고 응답자가 여러 가지 의미의 차원에서 이 개념을 평가하도록 한다.
- 척도의 양극점에 서로 상반되는 형용사나 표현을 제시하여 정도의 차이에 의한 일련의 형용사 쌍을 만들며, 응답자의 주관적인 판단이나 느낌을 반영하도록 한다.
- 보통 5~7점 척도가 사용된다.

38

표본오차 또는 표집오차(Sampling Error)

- 표본을 추출하는 과정에서 발생하는 오차로서, 모수(모수치)와 표본의 통계치 간의 차이, 즉 표본의 대표성으로부터의 이탈 정도를 의미한다.
- 동일한 조건이라면 표본의 크기가 커질수록 표본오차(표집오차)가 감소한다. 다만, 표본의 크기가 커질수록 작아지던 오차는 일정 수준에 도달하게 되면 더 이상 줄어들지 않게 된다.

39

② 집락표집 또는 군집표집(Cluster Sampling)은 주로 양적 연구에 사용되는 확률표집방법이다. 모집단 목록에서 구성요소에 대해 여러 가지 이질적인 구성요소를 포함하는 여러 개의 집락(군집)으로 구분한 후 집락을 표집단위로 하여 무작위로 몇 개의 집락을 표본으로 추출한 다음 표본으로 추출된 집락에 대해 그 구성요소를 전수조사하는 방법이다.

① 이론적 표집(Theoretical Sampling)은 연구자의 개인적 자질에서 비롯되는 이론적 민감성(Theoretical Sensitivity)과 관련하여 연구자의 연구문제나 이론적 입장, 분석틀 및 분석방법 등을 염두에 두고 대상 집단의 범주를 선택하는 질적 연구에서의 표집방법이다.

③ 눈덩이표집 또는 누적표집(Snowball Sampling)은 처음에 소수의 인원을 표본으로 추출하여 그들을 조사한 다음, 그 소수인원을 조사원으로 활용하여 그 조사원의 주위 사람들을 조사하는 방법이다.

④ 극단적(예외적) 사례표집(Extreme Case Sampling)은 판단표집(유의표집)에 포함되는 것으로서, 특이하고 예외적인 사례를 표본으로 추출하는 방법이다.

⑤ 최대변이표집 또는 변이극대화표집(Maximum Variation Sampling)은 판단표집(유의표집)에 포함되는 것으로서, 모집단으로부터 매우 다양한 특성을 가진 이질적인 표본을 추출하는 방법이다.

40

ㄱ. 내용분석은 기록된 자료에만 의존해야 하며, 자료의 입수가 제한되어 있는 경우도 적지 않다.

ㄹ. 내용분석은 양적인 분석방법과 질적인 분석방법 모두를 사용하며, 일정한 연구가설을 경험적으로 검증하는 것을 목적으로 한다.

ㄴ. 내용분석에서 연구자는 자신의 능력이나 주의부족 등으로 자신이 쉽게 접근할 수 있는 일정 크기의 표본만을 대상으로 연구를 하고자 하는 유혹에 빠질 수 있다.

ㄷ. 내용분석은 비관여적 접근을 통해 연구대상자 혹은 정보제공자의 반응성을 유발하지 않는다.

41 외부사건(History)을 통제할 수 있는 실험설계를 모두 고른 것은?

> ㄱ. 솔로몬 4집단설계(Solomon Four-Group Design)
> ㄴ. 단일집단 사전사후 검사설계(One-Group Pretest-Posttest Design)
> ㄷ. 단일집단 사후 검사설계(One-Group Posttest-Only Design)
> ㄹ. 통제집단 사후 검사설계(Posttest-Only Control Group Design)

① ㄹ
② ㄱ, ㄹ
③ ㄴ, ㄷ
④ ㄱ, ㄴ, ㄹ
⑤ ㄴ, ㄷ, ㄹ

42 단일사례설계방법에 관한 설명으로 옳은 것은?

① ABCD설계는 여러 개의 개입효과를 개별적으로 증명하기 위한 설계이다.
② AB설계는 외부요인을 충분히 통제할 수 있기 때문에 여러 유형의 문제에 적용가능하다.
③ 복수기초선설계는 기초선 단계 이후 여러 개의 다른 개입방법을 순차적으로 적용한다.
④ ABAB설계는 외부요인을 통제할 수 있어 개입의 효과를 확인할 수 있다.
⑤ 평균 비교는 기초선이 불안정할 때 기초선의 변화의 폭과 기울기까지 고려하여 결과를 분석하는 방법이다.

43 외적 타당도를 저해하는 요인으로 옳은 것은?

① 실험대상의 탈락
② 외부사건(History)
③ 통계적 회귀
④ 개입의 확산 또는 모방
⑤ 연구 참여자의 반응성

44 다음에서 설명하는 근거이론의 분석방법은?

> 수집된 자료에서 나타난 범주들 간의 관계를 파악하기 위해 범주들을 특정한 구조적 틀에 맞추어 연결하는 과정이다. 중심현상을 설명하는 전략들, 전략을 형성하는 맥락과 중재조건, 그리고 전략을 수행한 결과를 설정하여 찾아내는 과정이다.

① 조건 매트릭스
② 개방코딩
③ 축코딩
④ 괄호치기
⑤ 선택코딩

41

ㄱ·ㄹ. 실험설계 중 인과적 관계를 확인할 수 있는 이상적인 설계방법으로, 통제집단과 무작위할당을 통해 외부사건을 통제하는 순수실험설계의 유형에 해당한다.

ㄴ. 단일집단 사전사후 검사설계(단일집단 전후 비교설계)는 조사대상에 대해 사전검사를 한 다음 개입을 하며, 이후 사후검사를 하여 인과관계를 추정하는 방법이다. 전실험설계의 한 유형으로서, 통제집단을 확보하기 어려울 때 사용할 수 있다.

ㄷ. 단일집단 사후 검사설계(단일집단 후 비교설계)는 조사대상에 대해 개입을 한 후 관찰 조사를 실시하는 방법이다. 전실험설계의 한 유형으로서, 개입의 효과성 유무를 연구자의 주관적 판단에 의존하는 방식이다.

42

④ ABAB설계는 AB설계에 제2기초선과 제2개입을 추가한 것으로서, AB설계 혹은 ABA설계보다 외생변수의 영향을 효과적으로 통제할 수 있는 설계유형이다.

① ABCD설계는 하나의 기초선에 대해 여러 가지 각기 다른 개입방법을 연속적으로 도입하는 것으로서, 각기 다른 개입방법을 바꿔가며 적용해서 비교하기 위한 설계유형이다.

② AB설계는 설계가 간단하고 쉽게 적용할 수 있으나, 외생변수에 대한 통제가 없으므로 개입이 표적행동에 미치는 효과에 대한 신뢰도가 낮다.

③ 복수기초선설계는 복수의 단순 AB설계들로 구성된 것으로서, 특정 개입방법을 여러 사례, 여러 클라이언트, 여러 표적행동, 여러 다른 상황에 적용하는 것이다.

⑤ 평균 비교는 단일사례설계의 자료 분석 방법 중 시각적 분석을 보충하기 위한 통계학적 분석의 한 유형으로서, A와 B의 관찰값의 평균을 서로 비교하여 그 차이가 통계학적으로 의미가 있는지를 분석하는 방법이다. 참고로 기초선이 불안정할 때 기초선의 변화의 폭과 기울기까지 고려하여 결과를 분석하는 방법은 '경향선 접근'에 해당한다.

43

⑤ 연구 참여자의 반응성(조사반응성)은 연구 참여자가 연구자의 관찰 사실을 의식하여 연구자가 원하는 방향으로 반응을 보이는 경우로, 플라시보 효과나 호손 효과 등이 포함된다.

① 실험대상의 탈락(상실요인)은 조사기간 중 조사대상 집단의 일부가 여러 가지 이유로 탈락 또는 상실되어 남아있는 대상이 처음의 조사대상 집단과 다른 특성을 갖게 되는 경우로, 내적 타당도를 저해하는 내재적 요인에 해당한다.

② 외부사건(우연한 사건)은 조사기간 중에 연구자의 의도와는 상관없이 일어난 통제 불가능한 사건으로서 결과변수에 영향을 미칠 수 있는 사건을 말하는 것으로, 내적 타당도를 저해하는 내재적 요인에 해당한다.

③ 통계적 회귀는 극단적인 측정값을 갖는 사례들을 재측정 할 때 평균값으로 회귀하여 처음과 같은 극단적 측정값을 나타낼 확률이 줄어드는 경우로, 내적 타당도를 저해하는 외재적 요인에 해당한다.

④ 개입의 확산 또는 모방은 분리된 집단들을 비교하는 조사연구에서 적절한 통제가 안 되어 실험집단에 실시되었던 프로그램이나 특정 자극들에 의해 실험집단의 사람들이 효과를 얻게 되고, 그 효과들이 통제집단에게 영향을 미치는 경우로, 내적 타당도를 저해하는 외재적 요인에 해당한다.

44

문서화된 자료를 분석하는 코딩기법

개방코딩 (Open Coding)	• 연구자가 인터뷰, 관찰, 각종 문서 등의 자료를 토대로 밝히고자 하는 어떠한 현상에 대해 최초로 범주화를 시키는 과정이다. • 특정 현상에 대해 개념을 명확히 하고, 그 속성과 수준을 자료 내에서 형성해 나간다.
축코딩 (Axial Coding)	• 개방코딩을 하는 과정에서 해체되고 분해된 원자료를 재조합하는 과정이다. • 개방코딩에서 생겨난 범주들을 패러다임이라는 구조적 틀에 맞게 연결시킨다.
선택코딩 (Selective Coding)	• 핵심범주를 선택하며, 선택한 핵심범주를 다른 범주들과 연관지어 이들 간의 관련성을 확인하고 범주들을 연결시키는 과정이다. • 이론을 통합시키고 정교화하는 과정으로, 이론적 포화(Theoretical Saturation)와 변화범위(Range of Variability)에 대한 작업을 진행한다.

45 다음 사례에서 설명하는 표본추출방법은?

사회복지사들의 감정노동 정도를 조사하기 위하여 설문조사를 실시하였다. 표본은 전국 사회복지관에 근무하는 사회복지사를 대상으로 연령(30세 미만, 30세 이상 50세 미만, 50세 이상)을 고려하여 연령 집단별 각각 100명씩 총 300명을 임의 추출하였다.

① 비례층화 표본추출
② 할당 표본추출
③ 체계적 표본추출
④ 눈덩이 표본추출
⑤ 집락 표본추출

46 질적 조사의 엄격성(Rigor)을 높이는 방법으로 옳은 것을 모두 고른 것은?

ㄱ. 장기간 관찰
ㄴ. 표준화된 척도의 사용
ㄷ. 부정적 사례(Negative Cases)분석
ㄹ. 다각화(Triangulation)

① ㄱ, ㄴ
② ㄱ, ㄷ
③ ㄴ, ㄹ
④ ㄱ, ㄷ, ㄹ
⑤ ㄱ, ㄴ, ㄷ, ㄹ

47 초점집단(Focus Group) 조사에 관한 설명으로 옳지 않은 것은?

① 집단을 활용한 자료수집방법이다.
② 익명의 전문가들을 패널로 활용한다.
③ 욕구조사에서 활용된다.
④ 직접적인 자료수집 방법이다.
⑤ 연구자의 개입에 의해 편향이 발생할 수 있다.

48 설문지 작성 방법에 관한 설명으로 옳은 것은?

① 개방형 질문은 미리 유형화된 응답범주들을 제시해 놓은 질문 유형이다.
② 행렬식(Matrix) 질문은 한 주제의 응답에 따라 부가질문을 연결해서 사용하는 질문이다.
③ 많은 정보가 필요할 경우 이중질문을 사용한다.
④ 신뢰도 측정을 위해 짝(Pair)으로 된 문항들은 이어서 배치한다.
⑤ 다항선택식(Multiple Choice) 질문은 응답범주들 중에서 하나 또는 그 이상을 선택하도록 하는 질문이다.

45

② 할당 표본추출(할당표집)은 전체 모집단에서 직접 표본을 추출하는 것이 아닌, 모집단을 일정한 카테고리(예 연령 집단)로 나눈 다음, 이들 카테고리에서 정해진 요소 수(예 각각 100명씩)를 작위적으로 추출하는 방법이다.

① 비례층화 표본추출(비례층화표집)은 모집단을 보다 동질적인 몇 개의 층(Strata)으로 나눈 후, 이러한 각 층으로부터 단순무작위 표집을 하는 층화표집의 한 유형으로, 모집단에서 각 계층이 차지하는 크기에 비례하여 표본크기를 정하는 방법이다.

③ 체계적 표본추출(체계적 표집)은 모집단 목록에서 구성요소에 대해 일정한 순서에 따라 매 K번째 요소를 추출하는 방법이다.

④ 눈덩이 표본추출(눈덩이표집)은 처음에 소수의 인원을 표본으로 추출하여 그들을 조사한 다음, 그 소수인원을 조사원으로 활용하여 그 조사원의 주위 사람들을 조사하는 방법이다.

⑤ 집락 표본추출(집락표집)은 모집단 목록에서 구성요소에 대해 여러 가지 이질적인 구성요소를 포함하는 여러 개의 집락 또는 군집으로 구분한 후 집락을 표집단위로 하여 무작위로 몇 개의 집락을 표본으로 추출한 다음 표본으로 추출된 집락에 대해 그 구성요소를 전수조사하는 방법이다.

46

ㄴ. 표준화된 척도는 주로 양적 조사에서 측정오류를 줄이고 측정의 신뢰도와 타당도를 높이기 위해 사용한다.

질적 조사의 엄격성(Rigor)을 높이는 주요 전략

- 장기적 관여 혹은 관찰(Prolonged Engagement)을 위한 노력(ㄱ)
- 동료 보고와 지원(동료집단의 조언 및 지지)
- 연구자의 원주민화(Going Native)를 경계하는 노력
- 해석에 적합하지 않은 부정적인(예외적인) 사례(Negative Cases) 찾기(ㄷ)
- 삼각측정 또는 교차검증(Triangulation)(ㄹ)
- 감사(Auditing)
- 연구윤리 강화 등

47

② 익명의 전문가들을 패널로 활용하는 것은 델파이기법(Delphi Technique)이다. 델파이기법은 직접 전문가들을 방문할 필요가 없고 전문가들이 응답하기 편리한 시간에 자유롭게 응답할 수 있으며, 익명으로 응답하므로 참여자들의 영향력을 배제할 수 있다.

48

⑤ 다항선택식 질문은 여러 개의 응답범주를 나열해 놓고 그중에서 하나 또는 그 이상을 선택하도록 하는 방법이다. 특히 나열된 응답범주의 특성에 따라 태도연속선상에 있는 것과 태도연속선상에 있지 않은 것으로 구분된다.

① 응답자가 응답할 수 있는 내용이 미리 몇 개로 한정되어 있어 그중 하나를 선택하도록 하는 질문 유형은 폐쇄형 질문이다.

② 행렬식 질문은 동일한 응답 항목(예 매우 그렇다 / 그렇다 / 보통이다 / 아니다 / 매우 아니다)이 필요한 질문들을 행렬(Matrix)로 묶어서 나타내는 것으로, 설문 양식의 효율성을 위해 고려되는 방식이다.

③ 이중질문을 삼가며, 복잡한 내용을 하나의 문항으로 묶어 질문하지 않는다.

④ 신뢰도 측정을 위해 짝(Pair)으로 된 문항들은 가급적 서로 떨어진 상태로 배치한다.

49 실험설계의 유형에 관한 설명으로 옳지 않은 것은?

① 다중시계열설계(Multiple Time-Series Design)는 통제집단을 설정하지 않는다.
② 단일집단 사전사후 검사설계(One-Group Pretest-Posttest Design)는 검사효과를 통제하기 어렵다.
③ 통제집단 사후 검사설계(Posttest-Only Control Group Design)는 사전검사의 영향을 배제할 수 있다.
④ 시계열설계(Time-Series Design)는 검사효과와 외부사건을 통제하기 어렵다.
⑤ 정태적 집단 비교설계(Static Group Design)는 두 집단의 본래의 차이를 확인하기 어렵다.

50 서베이(Survey) 조사에 관한 설명으로 옳은 것을 모두 고른 것은?

> ㄱ. 전화조사는 무작위 표본추출이 가능하다.
> ㄴ. 우편조사는 심층규명이 쉽다.
> ㄷ. 배포조사는 응답 환경을 통제하기 쉽다.
> ㄹ. 면접조사는 우편조사에 비해 비용이 많이 든다.

① ㄱ, ㄴ
② ㄱ, ㄹ
③ ㄴ, ㄷ
④ ㄱ, ㄷ, ㄹ
⑤ ㄴ, ㄷ, ㄹ

제2과목 ▶ 사회복지실천

제1영역 **사회복지실천론**

01 한국 사회복지실천의 역사적 발달과정을 발생한 순서대로 나열한 것은?

> ㄱ. 대학교에서 사회복지 전문 인력의 양성교육을 시작하였다.
> ㄴ. 사회복지사업법에 따라 사회복지사 명칭을 사용하기 시작하였다.
> ㄷ. 사회복지전문요원(이후 전담공무원)을 행정기관에 배치하기 시작하였다.
> ㄹ. 정신건강증진 및 정신질환자 복지서비스 지원에 관한 법률에 따라 정신건강사회복지사 명칭을 사용하기 시작하였다.

① ㄱ - ㄴ - ㄷ - ㄹ
② ㄴ - ㄱ - ㄹ - ㄷ
③ ㄴ - ㄹ - ㄱ - ㄷ
④ ㄷ - ㄴ - ㄹ - ㄱ
⑤ ㄹ - ㄷ - ㄴ - ㄱ

02 그린우드(E. Greenwood)가 제시한 전문직의 속성 중 다음 설명에 해당하는 것은?

> • 자기규제를 통해 클라이언트를 보호한다.
> • 전문가가 지켜야 할 전문적 행동기준과 원칙을 기술해 놓은 것이다.

① 윤리강령
② 전문직 문화
③ 사회적인 인가
④ 전문적인 권위
⑤ 체계적인 이론

49

① 다중시계열설계(복수시계열설계)는 유사실험설계의 한 유형으로서, 외부사건(우연한 사건) 등 내적 타당도의 문제점을 개선하기 위해 단순시계열설계에 하나 또는 그 이상의 통제집단을 추가한 것이다.

② 단일집단 사전사후 검사설계(단일집단 전후 비교설계)는 조사대상에 대해 사전검사를 한 다음 개입을 하며, 이후 사후검사를 하여 인과관계를 추정하는 방법으로, 반복적인 검사 실시로 인해 검사효과를 통제하지 못한다.

③ 통제집단 사후 검사설계(통제집단 후 비교설계)는 통제집단 사전사후 검사설계의 단점을 보완하기 위해 사전조사 없이 실험집단과 통제집단을 비교하는 방법으로, 사전검사로 인한 검사효과가 발생하지 않는다.

④ (단순)시계열설계는 별도의 통제집단을 두지 않은 채 동일집단 내에서 수차례에 걸쳐 실시된 사전검사 점수와 사후검사 점수를 비교하여 실험조치의 효과를 추정하는 방법으로, 검사효과, 외부사건 등으로 인해 내적 타당도에 문제가 있다.

⑤ 정태적 집단 비교설계는 실험집단과 통제집단을 임의적으로 선정하는 방법이므로, 두 집단이 애초에 동질적이었는지 혹은 이미 어떤 차이가 있었는지를 확인할 방법이 없다.

50

ㄴ. 우편조사는 대인면접에 비해 심층규명(Probing)이 어렵다.

ㄷ. 배포조사는 응답자가 응답내용을 기입할 때 조사자가 그곳에 있지 않으므로 응답 환경을 통제하기 어렵다.

제2과목 ▶ 사회복지실천

01

ㄱ. 1947년 우리나라 최초로 이화여자대학교에 기독교 사회사업학과가 개설되었고, 1953년 중앙신학교(지금의 강남대학교)에 사회사업학과가 설치되었다.

ㄴ. 1983년 사회복지사업법이 개정됨에 따라 기존 '사회복지사업종사자' 대신 '사회복지사' 명칭을 사용하기 시작하였다.

ㄷ. 1987년 당시 생활보호대상자를 비롯하여, 노인, 장애인 등 저소득 취약계층에게 전문적인 복지서비스를 제공하기 위하여 저소득 취약계층 밀집지역의 읍·면·동사무소에 사회복지전문요원을 배치하기 시작하였다.

ㄹ. 2017년 5월 30일부로 「정신보건법」이 「정신건강증진 및 정신질환자 복지서비스 지원에 관한 법률」로 전부개정되어 정신건강전문요원으로서 '정신건강사회복지사'의 자격을 명시하였다.

02

전문직의 속성으로서 윤리강령

윤리강령은 전문가들이 지켜야 할 전문적 행동기준과 원칙을 기술해 놓은 것으로, 전문가들이 공통으로 합의한 내용을 담고 있다. 이러한 윤리강령은 다음과 같은 기능을 갖는다.

- 실천현장에서 윤리적 갈등이 생겼을 때 지침과 원칙을 제공한다.
- 자기규제를 통해 클라이언트를 보호한다.
- 사회복지 전문직으로서 전문성을 확보하고 외부통제로부터 전문직을 보호한다.
- 일반대중에게 전문가로서의 사회복지 기본업무 및 자세를 알리는 일차적 수단으로 기능한다.
- 선언적 선서를 통해 사회복지 전문가들의 윤리적 민감성을 고양시키고 윤리적으로 무장시킨다.

03 사회복지실천의 이념적 배경을 모두 고른 것은?

> ㄱ. 인도주의
> ㄴ. 민주주의
> ㄷ. 개인주의
> ㄹ. 문화 다양성

① ㄱ, ㄴ
② ㄴ, ㄷ
③ ㄷ, ㄹ
④ ㄱ, ㄴ, ㄹ
⑤ ㄱ, ㄴ, ㄷ, ㄹ

04 임파워먼트모델의 실천단계를 대화단계, 발견단계, 발전단계로 나눌 때, 대화단계에서 실천해야 할 과정을 모두 고른 것은?

> ㄱ. 방향 설정
> ㄴ. 자원 활성화
> ㄷ. 강점의 확인
> ㄹ. 기회의 확대
> ㅁ. 파트너십 형성
> ㅂ. 현재 상황의 명확화

① ㄱ, ㄴ, ㄷ
② ㄱ, ㄷ, ㄹ
③ ㄱ, ㅁ, ㅂ
④ ㄴ, ㄷ, ㄹ
⑤ ㄴ, ㄷ, ㄹ, ㅁ, ㅂ

05 이용시설에 해당하지 않는 것은?

① 재가복지센터
② 아동상담소
③ 주간보호센터
④ 아동양육시설
⑤ 지역사회복지관

06 소속기관의 예산 절감 요구로 클라이언트에게 필요한 서비스를 제공하지 못할 때, 사회복지사가 겪게 되는 가치갈등은?

① 가치상충
② 의무상충
③ 결과의 모호성
④ 힘 또는 권력의 불균형
⑤ 클라이언트 체계의 다중성

03

ㄱ. 인도주의는 개인의 존엄성과 자유라는 가치를 도덕 판단의 최고 기준으로 삼으면서, 개인의 존엄성과 자유가 실현되는 사회를 추구한다.

ㄴ. 민주주의는 모든 인간이 평등하다는 전제하에 클라이언트의 동등하게 대우받을 권리와 수혜 여부 결정에 있어서의 자기결정권을 강조한다.

ㄷ. 개인주의는 사회복지에 있어서 각 개인의 권리와 의무를 강조하면서 클라이언트의 개인적 특성, 즉 개별화를 중시한다.

ㄹ. 다양성(다양화)은 시대의 변화에 따라 다양한 계층을 수용하고 다양한 문제들을 개별적 차원으로 접근할 필요성을 제기한다.

04

임파워먼트 관점의 문제해결 과정별 과업

- 대화(Dialogue) : 클라이언트와의 파트너십(협력관계) 형성하기, 현재 상황을 명확히 하기(도전들을 자세히 설명하기), 방향 설정하기(일차적 목표 설정하기) 등

- 발견(Discovery) : 강점 확인하기, 자원체계 조사하기(잠재적 자원을 사정하기), 자원역량 분석하기(수집된 정보를 조직화하기), 해결책 고안하기(구체적인 행동계획을 수립하기) 등

- 발전 또는 발달(Development) : 자원을 활성화하기, 동맹관계를 창출하기, 기회를 확장하기, 성공을 인식(인정)하기, 결과(달성한 것)를 통합하기 등

05

④ 생활시설에 해당한다.

생활시설과 이용시설

생활시설	사회복지서비스에 주거서비스가 포함된 시설 예 노인요양시설, 노인의료복지시설, 장애인생활시설(장애인거주시설), 아동양육시설, 자립지원시설, 그룹홈, 청소년쉼터, 아동보호치료시설, 정신요양시설, 성폭력피해자보호시설 등
이용시설	사회복지서비스에 주거서비스가 포함되지 않으며, 자신의 집에 거주하는 클라이언트를 대상으로 서비스를 제공하는 시설 예 종합사회복지관, 노인복지관, 장애인복지관(장애인지역사회재활시설), 장애인직업재활시설, 영유아보육시설(어린이집), 아동상담소, 지역아동센터, 아동보호전문기관, 노인보호전문기관, 재가복지봉사센터, 노인주간보호센터, 장애인주간보호센터, 지역자활센터(자활지원센터), 가정위탁지원센터, 다문화가족지원센터, 쪽방상담소 등

06

의무의 상충(Competing Loyalties)

- 사회복지사는 기관에 대한 의무와 클라이언트에 대한 의무 사이에서 갈등을 경험함으로써 윤리적 딜레마에 빠질 수 있다.

- 기관의 목표가 클라이언트 이익에 위배될 때 의무 상충으로 윤리적 딜레마가 발생할 수 있다.

예 사회복지사는 클라이언트의 이익이 최선이라는 가치에도 불구하고 자신이 속한 기관에 자원이 부족하여 클라이언트에게 최선의 서비스를 제공하지 못할 수 있다.

07 한국 사회복지사 윤리강령 중 다음 내용이 제시되어 있는 윤리기준은? (해설참조)

> • 사회복지사는 적법하고도 적절한 논의 없이 동료 혹은 다른 기관의 클라이언트와 전문적인 관계를 맺어서는 안 된다.
> • 사회복지사는 긴급한 사정으로 인해 동료의 클라이언트를 맡게 된 경우, 자신의 의뢰인처럼 관심을 갖고 서비스를 제공한다.

① 사회복지사의 기본적인 윤리기준
② 사회복지사의 클라이언트에 대한 윤리기준
③ 사회복지사의 동료에 대한 윤리기준
④ 사회복지사의 사회에 대한 윤리기준
⑤ 사회복지사의 기관에 대한 윤리기준

08 사회복지사가 현장에서 활용할 수 있는 강점관점 실천의 원리에 해당하지 않는 것은?

① 모든 환경은 자원으로 가득 차 있다.
② 모든 개인·집단·가족·지역사회는 강점을 가지고 있다.
③ 클라이언트와 협동 작업이 이루어질 때 최선의 도움을 줄 수 있다.
④ 클라이언트의 성장과 변화는 제한적이다.
⑤ 클라이언트의 고난은 상처가 될 수 있지만, 동시에 도전과 기회가 될 수 있다.

09 다문화사회복지실천에서 사회복지사에게 요구되는 문화적 역량으로 옳지 않은 것은?

① 문화적 상이성에 대한 수용과 존중
② 주류문화에 대한 동화주의적 실천 지향
③ 자신의 문화적 정체성과 편견에 대한 성찰적 분석
④ 다문화 배경의 클라이언트에 관한 지식의 필요성 인식
⑤ 다문화 배경의 클라이언트에게 개입하고 의사소통할 수 있는 능력

10 콤튼과 갤러웨이(B. Compton & B. Galaway)의 6체계모델을 다음 사례에 적용할 때 구성체계의 연결이 옳은 것은?

> 사회복지사 A는 중학생 B가 동급생들로부터 상습적으로 집단폭력을 당하는 것을 알게 되었다. A는 이 문제를 해결하기 위하여 B가 다니는 학교의 학교사회복지사 C와 경찰서의 학교폭력담당자 D에게도 사건내용을 알려, C와 D는 가해학생에게 개입하고 있다. A는 학교사회복지사협회(E)의 학교폭력관련 워크숍에 참가하면서, C와 D를 만나 정기적으로 사례회의를 하고 있다.

① A(사회복지사) – 변화매개체계
② B(학생) – 행동체계
③ C(학교사회복지사) – 클라이언트체계
④ D(경찰) – 전문가체계
⑤ E(학교사회복지사협회) – 표적체계

07

이 문제는 개정 전 내용에 해당하므로 간단히 살펴본 후 넘어가도록 합니다. 《사회복지사 윤리강령》이 2023년 4월 11일부로 개정되었습니다. 이번 제5차 개정은 2001년 제3차 개정 이후 약 20여년 만에 이루어진 전면개정으로, '전문-목적-가치와 원칙-윤리기준-선서'로 구성되어 있습니다. 문제의 보기와 관련하여 제5차 개정에서는 사회복지사가 클라이언트와의 전문적 관계를 위해 직업적 경계를 유지할 것을 강조하고 있습니다.

> **클라이언트에 대한 윤리기준 중 직업적 경계 유지**
> • 사회복지사는 클라이언트와의 전문적 관계를 자신의 개인적 이익을 위해 이용해서는 안 된다.
> • 사회복지사는 업무 외의 목적으로 정보통신기술을 사용해 클라이언트와 의사소통을 해서는 안 된다.
> • 사회복지사는 어떠한 상황에서도 클라이언트와 사적 금전 거래, 성적 관계 등 부적절한 행동을 해서는 안 된다.
> • <u>동료의 클라이언트를 의뢰받을 때는 기관 및 슈퍼바이저와 논의하는 과정을 거쳐야 하며, 클라이언트에게 설명하고 동의를 얻은 후 서비스를 제공한다.</u>
> • 사회복지사는 정보처리기술을 이용하는 것이 클라이언트의 권리를 침해할 위험성이 있다는 사실을 인식하고 직업적 범위 안에서 활용한다.

참고로 이 문제의 정답은 출제 당시 ②번이었습니다.

08

강점관점 실천의 원리(Saleebey)
• 모든 개인, 집단, 가족, 지역사회는 강점을 가지고 있다.(②)
• 외상과 학대, 질병과 투쟁은 상처가 될 수 있지만, 동시에 도전과 기회가 될 수 있다.(⑤)
• 성장과 변화의 상한선을 설정하지 말고 개인, 집단, 지역사회의 열망을 신중히 받아들인다.
• 클라이언트와 협동 작업이 이루어질 때 최선의 도움을 줄 수 있다.(③)
• 모든 환경은 자원으로 가득 차 있다.(①)

09

② 다문화사회복지실천에서는 다양한 인종이나 민족 집단들의 문화를 지배적인 하나의 문화에 동화시키지 않은 채 서로 인정하고 존중하면서 공존하도록 하는 데 목적을 두므로, 다양한 문화를 지닌 소수자들의 삶을 보장하는 데 초점을 맞춘다.

10

② B(학생) - 클라이언트체계
③ C(학교사회복지사) - 행동체계
④ D(경찰) - 행동체계
⑤ E(학교사회복지사협회) - 전문가체계

11 인권의 특성으로 옳은 것을 모두 고른 것은?

> ㄱ. 모든 인간에게 해당되는 보편적인 권리이다.
> ㄴ. 개인, 집단, 국가가 상호 간에 책임을 동반하는 권리이다.
> ㄷ. 사회적 약자를 위하여 지켜지고 확보되어야 하는 권리이다.
> ㄹ. 법이 보장하고 있지 않다 해도 인간의 존엄성 보장에 필요한 권리이다.

① ㄱ, ㄴ
② ㄱ, ㄷ
③ ㄴ, ㄷ
④ ㄴ, ㄷ, ㄹ
⑤ ㄱ, ㄴ, ㄷ, ㄹ

12 통합적 접근에 관한 사회복지실천의 특징이 아닌 것은?

① 생태체계관점을 토대로 한다.
② 클라이언트의 자기결정을 최소화한다.
③ 문제에 대해 광범위하고 포괄적으로 접근한다.
④ 체계와 체계를 둘러싼 환경 간의 관계를 중시한다.
⑤ 사회복지실천과정을 점진적 문제해결과정으로 본다.

13 사례관리의 원칙에 해당되지 않는 것은?

① 다양한 욕구를 포괄
② 개별화된 서비스 제공
③ 클라이언트의 자율성 극대화
④ 충분하고 연속성 있는 서비스 제공
⑤ 임상적인 치료에 집중된 서비스 제공

14 사회복지사의 옹호 활동으로 옳지 않은 것은?

① 자신의 권리를 주장할 수 없는 영유아를 대변한다.
② 무국적 아동의 교육 평등권을 위한 법안을 제안한다.
③ 사회복지사가 클라이언트 집단의 대표로 나서서 협상을 주도한다.
④ 이주 노동자에게 최저 임금을 받을 권리를 교육한다.
⑤ 철거민들의 자체 회의를 위해 종합사회복지관의 공간을 제공한다.

11

인권의 특성

- 인권은 인간이 갖는 기본적인 권리이다.
- 인권은 인간이 갖는 보편적인 권리이다.(ㄱ)
- 인권은 사회적 약자를 위한 권리이다.(ㄷ)
- 인권은 책임을 동반한 권리이다.(ㄴ)
- 인권은 개인과 집단을 포괄한 권리이다.
- 인권은 정당성의 기준으로서 국가권력을 제한한다.(ㄹ)
- 인권은 사회 변화를 요구한다.

12

② 클라이언트의 참여와 자기결정, 클라이언트와의 협동노력을 강조한다.

13

⑤ 사례관리는 서비스의 통합으로 서비스가 잘 조정되어 중복되지 않고 적절히 높은 질을 갖도록 해야 한다(→ 통합성의 원칙).

① 사례관리는 클라이언트의 다양한 욕구를 충족시킬 수 있도록 포괄적인 서비스를 제공해야 한다(→ 포괄성의 원칙).

② 사례관리는 클라이언트 개개인의 신체적·정서적 특성 및 사회적 상황에 맞는 서비스를 제공해야 한다(→ 개별화의 원칙).

③ 사례관리는 서비스 과정에 있어서 클라이언트의 자율성을 극대화하며, 자기결정권을 보장해야 한다(→ 자율성의 원칙).

④ 사례관리는 서비스를 일회적이거나 단편적으로 제공하는 것이 아닌 연속성 있게 제공해야 한다(→ 연속성 또는 지속성의 원칙).

14

사회복지사의 옹호 활동

- 클라이언트가 스스로 자신을 대변하고 옹호할 수 있는 능력이 부족할 때 그들을 대변하여 그들의 요구사항을 만들어 내고, 가능한 한 자원이 적절히 공급될 수 있도록 노력한다.
- '옹호자(Advocate)'는 본래 법률 분야에서 변호사의 역할을 빌려온 것으로서, 사회복지사는 클라이언트 집단을 대표하는 대표자가 아닌 대변인으로서의 역할을 수행해야 한다는 의미이다.

15 면접에서 피해야 할 질문 기술이 아닌 것은?

① 개방형 질문
② 모호한 질문
③ 유도 질문
④ '왜?'라는 질문
⑤ 복합 질문

16 접수단계에서 사회복지사가 수행해야 할 과제를 모두 고른 것은?

> ㄱ. 개입 목표의 우선순위 합의
> ㄴ. 클라이언트의 강점과 자원 조사
> ㄷ. 욕구에 적합한 기관으로 의뢰
> ㄹ. 기관에서 제공하는 서비스 적격 여부 확인

① ㄱ, ㄷ
② ㄴ, ㄹ
③ ㄷ, ㄹ
④ ㄱ, ㄴ, ㄷ
⑤ ㄱ, ㄴ, ㄷ, ㄹ

17 초기단계에서 사용하는 면접 기술에 관한 설명으로 옳은 것을 모두 고른 것은?

> ㄱ. 공감적 태도와 적극적 반응으로 경청한다.
> ㄴ. 표정, 눈 맞춤 등 비언어적 표현을 관찰한다.
> ㄷ. 가벼운 대화로 시작하여 분위기를 조성한다.
> ㄹ. 침묵을 허용하지 않고 그 이유에 대해 질문한다.

① ㄱ, ㄴ
② ㄴ, ㄹ
③ ㄱ, ㄴ, ㄷ
④ ㄴ, ㄷ, ㄹ
⑤ ㄱ, ㄴ, ㄷ, ㄹ

18 사정도구와 파악할 수 있는 정보의 연결이 옳지 않은 것은?

① 생태도 – 개인과 가족에 영향을 미치는 주요 환경체계 확인
② 생활력도표 – 개인의 과거 주요한 생애 사건
③ DSM-Ⅴ 분류체계 – 클라이언트의 정신장애 증상에 대한 진단
④ 소시오그램 – 집단성원 간 상호작용 및 하위 집단 형성 여부
⑤ PIE 분류체계 – 주변인과의 접촉 빈도 및 사회적 지지의 강도와 유형

15

면접 시 피해야 할 질문

- 유도질문 : 사회복지사는 클라이언트로 하여금 바람직한 결과를 나타내보이도록 하려는 의도에서 간접적으로 특정한 방향으로의 응답을 유도할 수 있다. 이때 클라이언트는 자신의 진정한 의향과 달리 사회복지사가 원하거나 기대하는 방향으로 거짓응답을 할 수 있다.
- 모호한 질문 : 클라이언트가 질문의 방향을 명확히 인지하지 못하거나 받아들이지 못하는 형태의 질문이다.
- 이중질문(복합형 질문) : 한 번에 두 가지 이상의 내용을 질문하는 것으로서, 클라이언트는 복수의 질문 가운데 어느 하나를 선택하여 답변할 수도, 아니면 어느 쪽에 답변을 해야 하는지 알 수 없어 머뭇거릴 수도 있다.
- 왜(Why) 질문 : '왜(Why)' 의문사를 남용함으로써 클라이언트로 하여금 비난을 받고 있다는 느낌을 갖도록 하는 질문이다.
- 폭탄형 질문 : 클라이언트에게 한꺼번에 너무 많은 질문을 쏟아내는 것이다.

16

- ㄱ. 목표의 우선순위를 결정하는 것은 사회복지실천의 과정 중 계획단계(계획 및 계약 단계)의 내용에 해당한다. 특히 클라이언트가 복합적인 문제를 가진 경우, 가장 시급하게 해결하여야 할 문제를 최우선 순위에 놓는다.
- ㄴ. 클라이언트의 강점과 자원을 조사하는 것은 사정단계(자료수집 및 사정 단계)의 내용에 해당한다. 특히 사정단계에서는 클라이언트의 문제사정, 개인사정, 가족사정, 사회적 환경사정, 강점사정 등이 이루어진다.

참고

사회복지실천의 과정에 대한 내용은 학자마다 혹은 교재마다 약간씩 차이가 있습니다. 참고로 위의 해설은 〈접수 및 관계형성 – 자료수집 및 사정 – 계획 및 계약 – 개입 – 평가 및 종결(종결 및 평가)〉의 5단계를 토대로 하였습니다.

17

- ㄹ. 대개의 경우 클라이언트가 자기 자신을 음미해 보거나 머릿속으로 생각을 간추리는 과정에서 침묵이 발생하므로, 이때의 침묵은 유익한 필요조건이 된다. 따라서 사회복지사는 '조용한 관찰자'로서 클라이언트의 침묵을 섣불리 깨뜨리려 하지 말고, 인내심을 가지고 어느 정도 기다려 보는 것이 바람직하다.

18

- ⑤ 클라이언트 개인이나 가족의 사회적 지지체계를 사정하기 위한 대표적인 사정도구로 사회적 관계망표(Social Network Grid)를 예로 들 수 있다. 사회적 관계망표(사회적 관계망 격자)는 클라이언트의 환경 내에 영향을 미치는 중요한 사람이나 체계로부터 물질적 · 정서적 지지, 원조 방향, 충고와 비판, 접촉 빈도 및 시간 등에 관한 정보를 제공한다.

PIE(Person in Environment) 분류체계

- 문제의 '원인–결과'의 관계를 규명하기보다는 '환경 속의 인간'의 관점에서 인간과 환경 간의 상호작용에 따른 문제들을 분류하는 체계이다.
- '사회기능상 문제', '환경상 문제', '정신건강상 문제', '신체건강상 문제' 등 네 가지 요인으로 구성되며, 각 요인은 클라이언트의 문제 상황의 특성을 나타낸다.

참고

지문 ③번에서 'DSM－Ⅴ'는 'DSM－5'의 오기에 해당합니다. 기존 'DSM－Ⅳ'까지는 개정판의 순서를 나타내는 숫자를 로마자로 표기하였으나, 새로운 임상적 발견에 따른 개정을 보다 쉽게 하기 위한 의도로 'DSM－5'부터 로마자 'Ⅴ'가 아닌 아라비아숫자 '5'를 사용하고 있습니다. 참고로 'DSM(Diagnostic and Statistical Manual of Mental Disorders)'은 미국정신의학협회가 제작한 '정신장애의 진단 및 통계편람'을 의미합니다.

19 자료 수집에 관한 설명으로 옳지 않은 것은?

① 클라이언트의 참여가 필요하다.
② 실천의 전 과정을 통해 이루어진다.
③ 상반된 정보를 제공하는 자료는 폐기한다.
④ 문제와 욕구, 강점과 자원을 모두 포함한다.
⑤ 가정방문으로 자연스러운 상호작용을 관찰
　할 수 있다.

20 사례관리의 등장배경으로 옳지 않은 것은?

① 가족의 보호 부담 증가
② 장기보호에서 단기개입 중심으로 전환
③ 통합적 서비스 지원의 필요성 증가
④ 복합적인 욕구를 가진 클라이언트 증가
⑤ 시설보호에서 지역사회보호로 전환

21 다음에서 설명하는 전문적 관계의 기본 원칙은?

> • 클라이언트는 문제에 대한 공감적 반응을 얻
> 　고자 하는 욕구가 있다.
> • 사회복지사는 클라이언트 감정에 대해 민감
> 　성, 공감적 이해로 의도적이고 적절한 반응을
> 　한다.

① 수 용
② 개별화
③ 비심판적 태도
④ 의도적인 감정표현
⑤ 통제된 정서적 관여

22 클라이언트의 혼합된 정서적 반응을 정리하
고 사후관리를 계획하는 단계는?

① 접 수
② 사 정
③ 계 획
④ 개 입
⑤ 종 결

19

부수적인 정보로서 상반된 정보

• 클라이언트의 가족, 이웃, 친구, 친척, 다른 기관, 고용주, 학교 등으로부터 부수적으로 얻는 정보가 클라이언트로부터 얻지 못한 소중한 정보를 제공하기도 한다.

• 부수적인 정보는 상반된 양상을 보일 수 있는데, 이는 관점의 차이에서 비롯된 것일 수 있다.

• 따라서 사회복지사는 정보제공자의 신뢰도에 주의를 기울이면서, 어떤 인간관계에서 그와 같은 관점의 차이가 나타나는지를 파악해야 한다.

20

사례관리의 등장배경(필요성)

• 클라이언트의 욕구가 더욱 다양화·복잡화되고 있다.(④)

• 클라이언트에 대한 지속적인 지원을 위한 통합적인 서비스가 요구되고 있다.(③)

• 클라이언트 및 그 가족의 과도한 책임부담이 사회적인 문제로 제기되고 있다.(①)

• 탈시설화 및 재가복지서비스를 강조하는 추세이다.(⑤)

• 복잡하고 분산된 서비스 체계로 인해 서비스 공급의 중복과 누수를 방지할 필요가 있다.

• 사회복지서비스의 공급주체가 다원화되고 있다.

• 산업화에 따라 가족의 기능이 약화되었다.

• 사회적 지지체계(지역사회보호)의 중요성에 대한 목소리가 커지고 있다.

• 노령화 등의 인구사회학적인 변화가 뚜렷해지고 있다.

21

통제된 정서적 관여

• 문제에 대한 공감을 얻고 싶은 욕구를 말한다.

• 클라이언트의 면접은 주로 정서적인 면과 연관되므로, 사회복지사 또한 클라이언트의 감정에 호응하고 정서적으로 관여한다.

• 사회복지사는 클라이언트의 감정에 민감성과 이해로 반응하되, 완전한 관여가 아닌 통제된 관여로써 임해야 한다.

• 사회복지사의 전문적인 판단에 따라 방향이 설정되어야 한다.

22

평가 및 종결단계에서 사회복지사의 역할

• 진전수준 검토 및 결과의 안정화 : 클라이언트의 진전수준을 검토하며, 클라이언트가 이룬 성과를 확인한다. 또한 클라이언트가 습득한 기술이나 이득 등이 유지될 수 있도록 돕는다.

• 정서적 반응 처리 : 클라이언트와의 접촉빈도를 점차 줄여가며, 종결과 관련되어 겪을 수 있는 정서적인 문제들을 다룬다. 클라이언트의 비언어적 메시지에 민감하게 반응하고 종결에 의한 상실감에 공감하며, 특히 개입이 실패하거나 결과가 좋지 않을 경우 클라이언트의 감정에 초점을 두어 부정적인 정서적 반응을 해결하기 위해 노력한다.

• 사후관리 계획 : 종결 이후의 사후세션에 대해 계획을 세운다. 사회복지사가 떠나는 경우 클라이언트가 이를 준비하고 받아들일 수 있도록 미리 말하는 것이 좋으며, 그와 관련된 감정을 다루고 과제들도 해결해야 한다.

23 원조 관계에서 책임감을 갖고 절차상의 조건을 따르는 관계형성의 기본요소는?

① 구체성
② 헌신과 의무
③ 감정이입
④ 자아노출
⑤ 수용과 기대

24 다음 설명에서 사례관리자가 수행한 역할은?

클라이언트는 경제적 지원과 건강 지원을 요구하지만, 현재 종합사회복지관, 노인복지관, 경로당, 무료 급식소에서 중복적으로 급식 지원을 제공받고 있으며, 정서 지원도 중복되고 있다. 사례관리자는 사례회의를 통해서 평일 중식은 경로당에서, 주말 중식은 무료 급식소를 이용하고, 종합사회복지관은 경제적 지원을, 노인복지관은 건강지원을 제공하는 데 합의하였다.

① 중개자
② 훈련가
③ 중재자
④ 조정자
⑤ 옹호자

25 전문적 관계의 특성으로 옳은 것은?

① 전문가 윤리강령에 따른다.
② 기관의 입장에서 출발한다.
③ 시간에 제한을 두지 않는다.
④ 전문가 권위와 권한이 없다.
⑤ 클라이언트 동의가 필요 없다.

제2영역　사회복지실천기술론

26 다음에서 설명하는 집단의 치료적 효과는?

집단 내 상호작용 과정에서 그동안 해결되지 않은 원가족과의 갈등에 대해 탐색하고 행동패턴을 수정할 기회를 갖게 된다.

① 정 화
② 일반화
③ 희망증진
④ 이타성 향상
⑤ 재경험의 기회 제공

23

헌신과 의무

- 헌신과 의무는 원조과정에서의 책임감을 의미하는 것으로, 일관성을 포함하는 개념이다.
- 사회복지사가 클라이언트를 위한 일에 자신을 내어줌으로써 클라이언트는 사회복지사와 관계형성을 통해 자신을 보다 정직하고 개방적으로 표출하게 된다.
- 사회복지사의 헌신적 태도는 일시적·순간적인 필요에 의해서가 아닌 일관되고 항구적인 의무에서 비롯된다.

24

사례관리자의 조정자로서의 역할(Ballew & Mink)

- 원조계획을 세우고 원조자와 클라이언트의 효과적인 만남이 이루어지도록 돕는다.
- 여러 원조체계 간 갈등을 감소시켜 자원망의 효율성을 증진하고 의사소통을 촉진한다.
- 클라이언트와 원조체계 간 관계가 지속될 수 있도록 이들의 요구를 적절히 조정한다.

25

사회복지실천에서 전문적 관계의 특성

- 서로 합의된 의식적 목적이 있다.
- 클라이언트의 문제와 욕구가 중심이 된다.
- 시간적인 제한을 둔다.
- 전문가 자신의 정서를 통제하는 관계이다.
- 사회복지사는 특화된 지식 및 기술, 그리고 전문직 윤리강령에서 비롯되는 권위를 가진다.

26

집단의 치료적 효과(Malekoff)

- 상호지지 : 집단성원들 간에 서로 지지해 줌으로써 도움을 주고받는 것이 가능하다.
- 일반화 : 자신들의 문제를 집단 내에서 서로 공통된 관심사로 일반화시킬 수 있다.
- 희망증진 : 집단을 통해 문제의 해결점을 찾아갈 수 있고, 자신들에게 문제를 해결할 수 있는 능력이 있음을 깨닫도록 한다.
- 이타성 향상 : 자기중심적인 상황에서 벗어나 타인을 위해 도움을 줄 수 있는 이타성을 기를 수 있다.
- 새로운 지식과 기술 습득 : 서로 간에 새로운 정보를 교환하고 새로운 기술을 실험해 볼 수 있는 기회를 제공한다.
- 집단의 통제감 및 소속감 : 집단성원 모두에게 동등한 기회를 제공하고 집단의 성장을 위해 공헌하게 함으로써 훌륭한 집단으로 성장할 수 있는 기회를 제공한다.
- 정화의 기능 : 자신의 문제에 대한 감정, 생각, 희망, 꿈 등을 공유함으로써 자신의 문제를 보다 객관적으로 해결할 수 있는 기회를 제공한다.
- 재경험의 기회 제공 : 집단 내 상호작용 과정에서 그동안 해결되지 않은 역기능을 재경험하도록 함으로써 이를 수정하고 성장할 수 있는 기회를 제공한다.
- 현실감각의 테스트 효과 : 서로 간의 잘못된 생각이나 가치를 서로에게 던져봄으로써 잘못된 생각을 수정할 수 있는 기회를 제공한다.

27 사회복지실천기술의 전문적 기반에 관한 설명으로 옳지 않은 것은?

① 이론과 실천의 준거틀을 적절하게 이용하는 것은 예술적 기반에 해당된다.
② 연구자료를 수집하고 분석하는 것은 과학적 기반에 해당된다.
③ 사회복지 전문가로서 가지는 가치관은 예술적 기반에 해당된다.
④ 감정이입적 의사소통, 진실성, 융통성은 예술적 기반에 해당된다.
⑤ 사회복지사에게는 과학성과 예술성의 상호 보완적이고 통합적인 실천역량이 요구된다.

28 집단유형별 특성에 관한 설명으로 옳지 않은 것은?

① 지지집단은 유사한 문제와 욕구를 가진 사람들로 구성하여 유대가 빨리 형성된다.
② 성장집단은 집단 참여자의 자기인식을 증가시켜 개인의 잠재력을 최대화하는 데 초점을 둔다.
③ 치료집단은 성원의 병리적 행동과 외상 후 상실된 기능을 회복하는 데 초점을 둔다.
④ 교육집단은 지도자가 집단 성원의 문제와 욕구를 해결하기 위해 필요한 기술과 정보를 제공한다.
⑤ 자조집단에서는 전문가가 의도적으로 집단을 구성하여 정서적 지지와 문제 해결을 지원한다.

29 집단역동에 관한 설명으로 옳지 않은 것은?

① 하위집단은 집단에 부정적인 영향을 미치기 때문에 사회복지사가 개입하여 만들어지지 않도록 한다.
② 집단성원 간 직접적 의사소통을 격려하여 집단역동을 발달시킨다.
③ 집단응집력이 강할 경우, 집단성원들 사이에 상호 의존하려는 경향이 강해진다.
④ 개별성원의 목적과 집단 전체의 목적의 일치 여부에 따라 집단역동은 달라진다.
⑤ 긴장과 갈등을 적절하고 건설적인 방법으로 해결할 때 집단은 더욱 성장할 수 있다.

30 역량강화모델(Empowerment Model)에 관한 설명으로 옳은 것을 모두 고른 것은?

ㄱ. 클라이언트를 자신 문제의 전문가로 인정한다.
ㄴ. 사회복지사와 클라이언트 간의 상호 협력적 파트너십을 강조한다.
ㄷ. 클라이언트를 개입의 객체가 아닌 주체로 보기 때문에 자기결정권이 잘 보호될 수 있다.
ㄹ. 클라이언트가 가진 문제의 원인에 초점을 두고 개입한다.

① ㄱ, ㄷ
② ㄴ, ㄹ
③ ㄱ, ㄴ, ㄷ
④ ㄱ, ㄷ, ㄹ
⑤ ㄴ, ㄷ, ㄹ

27

① 이론과 실천의 준거틀을 적절하게 이용하는 것은 과학적 기반에 해당한다. 과학적 기반은 주관적 판단의 오류를 최소화시키기 위해 전문직에서 기본적으로 요구된다.

28

⑤ 자조집단은 서로 유사한 문제나 공동의 관심사를 가진 사람들이 자발적으로 구성하여 각자의 경험을 공유하며, 개인적으로 바람직한 변화를 위해 노력하는 상호원조집단이다. 집단사회복지사의 주도적인 역할 없이 비전문가들에 의해 구성·유지된다는 점에서 치료집단이나 지지집단과 구분된다.

29

집단역동에서 하위집단

• 하위집단은 정서적 유대감을 갖게 된 집단구성원 간에 형성된다.
• 적게는 두 명에서 많게는 다수의 성원들로 구성된다.
• <u>하위집단의 발생은 필연적이기 때문에 전체집단에 부정적 영향을 주는지 파악하는 것이 필요하다.</u>
• 하위집단 가운데 다소 우위에 있는 하위집단이 집단에 대한 통제력을 행사하려고 시도하기 때문에 다른 하위집단과 갈등을 유발할 수 있다.
• 하위집단은 소시오그램(Sociogram)이나 소시오메트리(Sociometry)를 통해 측정 가능하다.

30

ㄹ. 병리관점이 개입의 초점을 '문제'에 둠으로써 클라이언트의 역기능과 증상의 영향을 감소시키는 데 주력하는 반면, 강점관점은 개입의 초점을 '가능성'에 둠으로써 클라이언트의 이용 가능한 자원을 이끌어낸다. 특히 강점관점은 역량강화(Empowerment)의 구체적인 모델에 철학적 기반을 제공하며, 클라이언트를 보는 전체적인 시각을 형성해 준다.

31 다음 예시에서 사회복지사가 활용한 실천기술은?

> • 클라이언트 : "저는 정말 나쁜 엄마예요. 저는 피곤하기도 하지만 성질이 나빠서 항상 아이들한테 소리를 지르고......"
> • 사회복지사 : "선생님이 자녀에게 어떻게 하는지를 저에게 이야기할 수 있다는 사실은 자녀들과 더 좋은 관계를 가지고 싶다는 뜻이지요."

① 명료화하기
② 초점화하기
③ 재명명하기
④ 재보증하기
⑤ 해석하기

32 과제중심모델에 관한 설명으로 옳지 않은 것은?

① 개입 초기에 빠른 사정을 한다.
② 구조화된 접근을 한다.
③ 다양한 이론과 모델을 절충적으로 활용한다.
④ 조사에 근거한 경험적 자료를 중심으로 진행한다.
⑤ 사회복지사는 적극적으로 개입하지 않고 클라이언트가 주체적인 역할을 하도록 한다.

33 단기개입을 특징으로 하는 사회복지실천모델을 모두 고른 것은?

> ㄱ. 과제중심모델
> ㄴ. 위기개입모델
> ㄷ. 해결중심모델
> ㄹ. 정신역동모델

① ㄱ, ㄷ
② ㄴ, ㄹ
③ ㄱ, ㄴ, ㄷ
④ ㄴ, ㄷ, ㄹ
⑤ ㄱ, ㄴ, ㄷ, ㄹ

34 해결중심모델에 관한 설명으로 옳지 않은 것은?

① 사회복지사는 클라이언트를 변화시키는 전문가가 아니라 변화에 도움을 주는 자문가 역할을 한다.
② 문제의 원인과 발전과정에 관심을 두기보다 문제해결 방안을 모색하는 것이 더 효과적이라고 본다.
③ 모든 사람은 강점과 자원, 능력을 가지고 있다고 가정한다.
④ 클라이언트의 견해를 존중한다.
⑤ 클라이언트의 과거에 관해 깊이 탐색하여 현재와 미래에 적응하도록 돕는 데 관심을 둔다.

31

재구성(Reframing) 또는 재명명(Relabeling)

• 가족성원의 문제를 다른 시각에서 보거나 다른 방법으로 이해하도록 돕는 방법이다. 이는 모든 행동에는 부정적인 면과 긍정적인 면이 동시에 존재한다는 관점에서, 부정적인 행동에 긍정적인 암시를 부여하는 것이다.

• 가족구성원에게 가족 내의 문제를 현실에 맞게 새로운 관점에서 보도록 함으로써 문제를 올바로 인식하게 하고 서로 관계하는 방법을 변화시키도록 돕는다.

32

⑤ 과제중심모델은 단기간의 치료로써 효과성 및 효율성을 거두어야 하므로 문제해결을 위한 계약관계가 이루어지며, 개입의 책무성이 강조된다.

33

ㄹ. 정신역동모델은 클라이언트의 불안과 무의식적 갈등을 의식화한 뒤, 이것이 현재의 행동에 어떠한 영향을 주고 있는지를 통찰하도록 돕고, 결국 새로운 반응형태를 모색하고 습득하도록 돕는 것을 목표로 하는 비교적 장기적인 개입모델이다.

ㄱ. 과제중심모델은 클라이언트의 문제를 자원 혹은 기술의 부족으로 이해하고 클라이언트가 동의한 과제를 중심으로 구체적인 문제해결에 주력하는 단기적 개입모델이다.

ㄴ. 위기개입모델은 위기상황에 처해 있는 개인이나 가족을 초기에 발견하여 그 구체적이고 관찰 가능한 문제에 초점을 두고 초기단계에서 원조활동을 수행하는 단기적 개입모델이다.

ㄷ. 해결중심모델은 문제의 원인을 규명하기보다는 클라이언트가 가지고 있는 자원을 활용하여 해결방안을 마련하는 단기적 개입모델이다.

34

⑤ 해결중심모델은 현재와 미래를 지향한다. 즉, 과거에 관해 깊이 탐색하지 않으며, 현재와 미래에 적응하도록 돕는 데 관심을 둔다. 따라서 클라이언트로 하여금 과거와 문제로부터 멀리 하고 미래와 해결방안을 구축하는 데 관심을 집중하도록 하며, 과거에 대한 이해는 현재의 문제를 이해하는 데 도움이 될 경우에 한하여 제한적으로 시도한다.

35 위기개입모델의 개입 원칙에 관한 설명으로 옳은 것은?

① 장기적인 개입방법을 사용한다.
② 개입목표는 가능한 한 포괄적으로 설정한다.
③ 사회복지사는 비지시적인 역할을 수행한다.
④ 위기 이전의 기능수준으로 회복하도록 돕는다.
⑤ 문제의 원인에 대한 이해를 위해 클라이언트의 과거 탐색에 초점을 둔다.

36 정신역동모델의 개념과 개입기법에 관한 설명으로 옳은 것을 모두 고른 것은?

> ㄱ. 전이는 정신역동 치료에 방해가 되므로 이를 이용해서는 안 된다.
> ㄴ. 무의식적 갈등이나 불안을 표현하도록 하여 자신의 문제에 대해 이해하고 통찰할 수 있도록 한다.
> ㄷ. 클라이언트와 라포가 형성되기 전에 해석을 제공하는 것이 관계형성에 도움이 된다.
> ㄹ. 훈습을 통해 클라이언트의 불안은 최소화되고 적합한 방법으로 자신의 문제를 이해할 수 있는 능력을 기르게 된다.

① ㄱ, ㄷ
② ㄴ, ㄹ
③ ㄱ, ㄴ, ㄷ
④ ㄴ, ㄷ, ㄹ
⑤ ㄱ, ㄴ, ㄷ, ㄹ

37 해결중심모델에서 사용하는 질문기법과 이에 관한 예로 옳은 것은?

① 예외질문 : 그 어려운 상황 속에서도 견딜 수 있었던 것은 무엇이라 생각합니까?
② 관계성질문 : 남편이 여기 있다면 당신이 어떻게 하는 것이 문제 해결에 도움이 된다고 할까요?
③ 기적질문 : 잠이 안 와서 힘들다고 하셨는데, 잠을 잘 잤다고 느낄 때는 언제인가요?
④ 대처질문 : 지난 1주일간 어떤 변화가 있었나요?
⑤ 척도질문 : 문제가 발생하지 않았던 때는 언제인가요?

38 인지행동모델에 관한 설명으로 옳지 않은 것은?

① 구조화된 접근을 한다.
② 클라이언트의 무의식적 행동에 관심을 둔다.
③ 교육적 접근을 강조한다.
④ 클라이언트의 주관적인 경험, 문제 및 관련 상황에 대한 인식을 중시한다.
⑤ 클라이언트와 사회복지사의 협조적인 노력을 중시하고, 클라이언트의 능동적인 참여를 권장한다.

35

① 위기개입은 단기적 접근으로, 구체적이고 관찰이 가능한 문제들이 위기개입의 표적 대상이 된다.

② 위기개입의 목표와 실천과정은 간결하고 구체적이어야 한다.

③ 위기개입에서 사회복지사는 적극적이고 직접적인 역할을 수행한다.

⑤ 위기개입은 위기상황과 관련된 현재의 구체적인 문제에 초점을 두며, 클라이언트의 과거에 대한 탐색에 몰두하지 않는다.

36

ㄱ. 전이(Transference)는 클라이언트가 과거에 타인과의 관계에서 경험하였던 소망이나 두려움 등의 감정을 사회복지사에게 보이는 반응으로서, 반복적이고 부적절하며, 무의식적으로 일어나고 퇴행하는 특징을 갖는다. 전이의 장면에서 사회복지사는 사랑 또는 증오의 대치대상이 되는데, 사회복지사는 이를 분석함으로써 클라이언트의 통찰력을 증진시킨다.

ㄷ. 클라이언트의 저항감이나 전이에 대한 섣부른 해석이나 직면은 특히 비자발적이고 문제해결의 의지가 약한 클라이언트의 반감을 불러일으킬 수 있다. 따라서 서로 충분한 관계형성이 이루어진 후에 사용하여야 한다.

37

② 관계성질문은 클라이언트와 중요한 관계에 있는 사람들이 갖고 있는 생각, 의견, 지각 등에 대해 묻는 것으로, 그들의 관점에서 클라이언트 자신의 문제에 대해 어떻게 생각할지 추측해 보도록 한다.

① 대처질문의 예에 해당한다. 대처질문은 어려운 상황에서의 적절한 대처 경험을 상기시키도록 함으로써 내담자로 하여금 스스로의 강점을 발견하고, 자신이 대처 방안의 기술을 가지고 있음을 깨닫도록 한다.

③ · ⑤ 예외질문의 예에 해당한다. 예외질문은 문제해결을 위해 우연적이며 성공적으로 실행한 방법을 찾아내어 이를 의도적으로 계속해 보도록 격려한다.

④ 상담 전 변화질문의 예에 해당한다. 상담 전 변화질문은 상담 전 변화가 있는 경우 클라이언트가 이미 보여준 해결능력을 인정하며, 이를 강화하고 확대할 수 있도록 격려한다.

38

② 인지행동모델은 인간의 행동이 무의식적인 힘이 아닌 의지에 의해 결정되며, 부정확한 지각과 생각이 부적응행동을 초래한다고 가정한다.

39 아무리해도 말이 안 통한다고 하는 부부에게 "여기서 직접 한 번 서로 말씀해 보도록 하겠습니까?"라고 하는 것은 어떤 기법을 활용한 것인가?

① 실 연
② 추적하기
③ 빙산치료
④ 치료 삼각관계
⑤ 경계선 만들기

40 어느 시점에서의 인간관계, 타인에 대한 느낌과 감정을 동작과 공간을 사용하여 표현하는 비언어적 기법은?

① 연 합
② 은 유
③ 외현화
④ 가족조각
⑤ 원가족 도표

41 집단 초기단계에 나타나는 특성으로 옳은 것을 모두 고른 것은?

> ㄱ. 집단성원의 불안감과 저항이 높다.
> ㄴ. 집단에 대한 오리엔테이션이 필요하다.
> ㄷ. 사회복지사보다는 다른 집단성원과 대화하려고 시도한다.
> ㄹ. 문제해결과정에서 나타나는 갈등과 차이점을 적극적으로 표현한다.

① ㄹ
② ㄱ, ㄴ
③ ㄴ, ㄹ
④ ㄷ, ㄹ
⑤ ㄱ, ㄷ, ㄹ

42 집단응집력을 향상하는 요인이 아닌 것은?

① 이질적 집단으로 구성
② 집단에 대한 자부심 고취
③ 집단성원 간의 다른 인식과 관점의 인정
④ 집단성원 간 공개적이고 활발한 상호작용
⑤ 집단의 참여를 통해 얻게 되는 보상, 자원 제공

39

① 실연은 치료면담 과정에서 가족성원들로 하여금 역기능적인 교류를 실제로 재연시키는 것으로, 가족 갈등을 치료상황으로 가져와 성원들이 갈등을 어떻게 처리하는지 직접 관찰하도록 함으로써 상호작용에서 나타나는 문제를 수정하고 이를 재구조화하기 위한 기법이다.
② 추적하기는 가족의 대화 내용을 따라가면서 가족성원들의 상호작용 내용과 그것이 발생하는 맥락, 즉 배후 구조를 파악하기 위한 기법이다.
③ 빙산치료는 개인의 내적 과정을 이끌어 내는 은유적인 방법으로서, 가족성원으로 하여금 서로에 대해 가지고 있는 지각과 열망을 깨닫도록 하여 상대방에 대한 이해를 넓히고 상대방의 욕구를 충족시키려는 시도를 할 수 있도록 돕는 기법이다.
④ 치료적 삼각관계는 두 사람 사이의 긴장을 감소시키기 위해 치료자를 삼각화 과정에 끌어들이려고 할 때 치료자가 정서적으로 말려들지 않는 상태에서 치료적 관계를 형성함으로써 가족체계가 다시 평정을 찾고 문제를 해결할 방법을 찾도록 돕는 기법이다.
⑤ 경계선 만들기는 밀착되어 있는 가족구성원들 사이에 적절한 경계를 만들어 줌으로써 각자가 독립된 존재로서 기능하도록 하는 기법이다.

40

가족조각(Family Sculpting)

• 가족의 상호작용 양상을 공간 속에 배치하는 방법으로서, 특정 시기의 정서적인 가족관계를 사람이나 다른 대상물의 배열을 통해 나타낸다.
• 가족조각의 목적은 가족관계 및 가족의 역동성을 진단함으로써 치료적인 개입을 하는 데 있다.
• 자신을 제외한 다른 가족성원들을 이용하여 가족조각을 마친 후 가족을 조각한 사람도 맨 마지막에 자신이 만든 조각의 어느 한 부분에 들어가 동작을 취해야 한다.
• 가족조각을 하면서 혹은 형성된 가족조각을 통해 가족 간의 친밀도나 가족 내 숨겨져 표현되지 못했던 감정, 가족규칙 및 가족신화 등이 노출될 수 있다.

41

ㄷ. 집단 초기단계에는 대화 방향이 집단상담자로서 사회복지사에게 집중되는 경향이 있다. 진정한 공동체 의식을 가질 만큼 서로를 잘 알지 못하므로 다른 집단성원과의 대화는 피상적인 수준에 머무르기 쉽다.
ㄹ. 집단 초기단계에는 현실적인 문제에 대한 갈등과 차이점이 명백히 표현될 가능성이 적다. 이는 집단성원들이 집단에 수용되고 다른 성원들이 자신을 좋아하기를 바라기 때문이다.

42

집단응집력 향상을 위한 방안

• 집단성원들 간의 활발한 상호작용을 위해 집단토의와 프로그램 활동을 적극적으로 활용하도록 한다.(④)
• 집단성원 개개인이 스스로 가치 있고 능력 있는 존재이며, 서로 다른 인식과 관점을 가진 존재임을 깨닫도록 돕는다.(③)
• 집단성원들의 욕구가 집단 내에서 충족된 방법들을 파악하도록 돕는다.
• 집단성원들이 목표에 초점을 두고 목표를 달성할 수 있도록 돕는다.
• 집단성원들 간 비경쟁적 관계 및 상호협력적인 관계를 형성하도록 돕는다.
• 집단성원들이 집단 과정에 완전히 참여할 수 있는 규모의 집단을 형성하도록 한다.
• 집단성원들이 기대하는 바를 명확히 하고 집단성원의 기대와 집단의 목적을 일치시킨다.
• 집단에 참여함으로써 얻을 수 있는 자원이나 보상 등의 자극제를 제시한다.(⑤)
• 집단성원들이 현재 참여하고 있는 집단에 대해 자부심을 느끼도록 돕는다.(②)
• 집단성원으로서의 책임성을 강조한다.

43 기록의 목적과 용도에 관한 설명으로 옳은 것을 모두 고른 것은?

> ㄱ. 사회복지사의 전문적 활동을 입증하는 자료로 활용한다.
> ㄴ. 기관 내에서만 활용하고 다른 전문직과는 공유하지 않는다.
> ㄷ. 기관의 프로그램 수행 자료로 보고하며 기금을 조성하는 근거로 활용한다.
> ㄹ. 클라이언트와 정보를 공유하고 의사소통하는 도구로 활용한다.

① ㄷ
② ㄱ, ㄹ
③ ㄱ, ㄷ, ㄹ
④ ㄴ, ㄷ, ㄹ
⑤ ㄱ, ㄴ, ㄷ, ㄹ

44 가계도를 통한 분석 내용으로 옳은 것을 모두 고른 것은?

> ㄱ. 가족 내 삼각관계
> ㄴ. 지배적인 주제와 가족구조의 변화
> ㄷ. 가족이 위치한 지역사회의 안정성과 쾌적성
> ㄹ. 가족 내 반복적으로 나타나고 있는 사건의 연결성

① ㄴ
② ㄱ, ㄴ
③ ㄱ, ㄹ
④ ㄱ, ㄴ, ㄹ
⑤ ㄱ, ㄴ, ㄷ, ㄹ

45 가족대상 사회복지실천의 과정에 관한 설명으로 옳은 것을 모두 고른 것은?

> ㄱ. 가족과 함께 문제의 우선순위를 설정한다.
> ㄴ. 사회복지사는 한 단계 낮은 자세를 취하여 가족의 정보를 얻는다.
> ㄷ. 가족과의 관계형성을 위해 가족이 있는 곳으로 합류할 필요가 있다.
> ㄹ. 문제가 가족 모두에게 영향을 미치고 있고 가족구성원이 그 문제의 발생과 유지에 영향을 주고 있을 경우 가족단위의 개입을 고려한다.

① ㄹ
② ㄱ, ㄷ
③ ㄴ, ㄹ
④ ㄱ, ㄴ, ㄷ
⑤ ㄱ, ㄴ, ㄷ, ㄹ

46 가족의 문제가 개선될 때 체계의 항상성 균형이 위험하다고 판단되어 사용하는 전략으로, 변화의 속도가 빠르다고 지적하며 조금 천천히 변화하라고 하는 기법은?

① 시 련
② 제 지
③ 재정의
④ 재구조화
⑤ 가족 옹호

43

ㄴ. 기록은 학제 간 혹은 전문가 간 의사소통을 원활하게 한다.

44

ㄷ. 가족의 지역 내 거주양식과 거주지의 적절성, 이웃과 지역사회의 안정성(안전성)과 쾌적성, 예방적 보건과 의료자원의 접근성, 지역사회 조직들과의 연결성, 집단활동에 대한 참여나 지역주민들과의 가치공유 등 공간 속 가족과 관련된 가족사정에서는 보통 생태도를 이용한 생태학적 사정이 이루어진다.

45

ㄱ. 사회복지사는 가족성원들로부터 청취한 여러 가지 문제 상황들에 대한 우선순위를 정하기 위해 가족과 함께 협상하고 그 결과를 토대로 개입의 우선순위 목록을 작성해야 한다.

ㄴ. 사회복지사는 가족보다 한 단계 낮은 자세를 취할 때 가족으로부터 풍부하고 자세한 정보를 얻을 수 있다.

ㄷ. 합류(Joining)는 가족의 사정과 개입에 모두 필요한 과정으로, 사회복지사 자신을 가족 상호작용의 일부분으로 자연스럽게 포함시키는 활동이다.

ㄹ. 문제가 가족 모두에게 영향을 미치고 있고 가족구성원이 그 문제의 발생과 유지에 영향을 주고 있다고 판단되는 경우 가족단위의 개입이 고려될 수 있다. 그렇지 않은 경우에는 개별적인 개입이나 집단개입이 고려될 수 있다.

46

② 제지(Restraining)는 변화의 속도가 지나치게 빠를 때 천천히 변화하도록 권하거나, 개선이 생길 때 재발 가능성에 대해 염려하고 이를 경고하는 역설적 기법이다.

① 시련(Ordeal)은 변화를 원하는 사람에게 증상보다 더 고된 체험을 하도록 과제를 주어 증상을 포기하도록 하는 기법이다.

③ 재정의(Reframing)는 가족성원의 문제를 다른 시각에서 보거나 다른 방법으로 이해하도록 돕는 기법이다.

④ 가족 재구조화(Restructuring)는 가족의 상호작용을 바꾸는 것으로, 가족 하위체계 간의 경계를 조정하고 위계질서를 강화하며, 규칙을 현실적인 것으로 바꾸는 것 등을 포함한다.

⑤ 가족 옹호(Family Advocacy)는 가족을 위한 기존의 서비스 혹은 서비스 전달을 향상시키거나 새로운 혹은 변화된 형태의 서비스를 개발하도록 하는 것으로, 가족의 사회환경을 향상시키고 사회정의를 증진시키기 위한 과정으로 볼 수 있다.

47 집단구성에 관한 설명으로 옳지 않은 것은?

① 집단이 커질수록 구성원의 참여의식이 증가하고 통제와 개입이 쉽다.
② 집단상담을 위해 가능하면 원형으로 서로 잘 볼 수 있는 공간을 만들 수 있는 장소가 바람직하다.
③ 집단성원의 유사함은 집단소속감을 증가시킨다.
④ 개방집단은 새로운 정보와 자원의 유입을 허용한다.
⑤ 비구조화된 집단에서는 집단성원의 자발성이 더욱 요구된다.

48 가족대상 사회복지실천에 관한 설명으로 옳은 것은?

① 누가 가족문제를 일으키는 원인제공자인지 확인하기 위해 순환적 인과관계를 적용한다.
② 동귀결성을 적용하여 어떤 결과에 어떤 하나의 원인이 작용하였는지를 밝힌다.
③ 가족은 사회환경의 하위체계이나 그 내부는 하위체계가 없는 체계다.
④ 가족체계는 성장과 발전을 추구하면서도 지나친 변화는 제어하며 일정한 안정성을 유지하고자 한다.
⑤ 일차적 사이버네틱스에서 가족은 스스로 창조하고 독립된 실제이며 사회복지사를 가족과 완전히 분리된 사람으로 보지 않는다.

49 집단과정을 촉진하기 위한 직면하기에 관한 설명으로 옳은 것을 모두 고른 것은?

ㄱ. 시작단계에서 가장 많이 쓰는 기법이다.
ㄴ. 집단성원이 아직 인식하지 못했던 부분을 볼 수 있도록 한다.
ㄷ. 말과 행동의 불일치를 밝히고 이를 해결할 수 있도록 원조한다.
ㄹ. 행동을 구체적으로 지적하고 집단에 미치는 영향을 설명한다.

① ㄱ, ㄴ
② ㄴ, ㄹ
③ ㄱ, ㄷ, ㄹ
④ ㄴ, ㄷ, ㄹ
⑤ ㄱ, ㄴ, ㄷ, ㄹ

50 사티어(V. Satir)의 의사소통 유형에 관한 설명으로 옳은 것을 모두 고른 것은?

ㄱ. 일치형 의사소통 유형이 치료의 목표다.
ㄴ. 의사소통 유형은 자존감과 연관하여 설명한다.
ㄷ. 가족생활주기는 역기능적 의사소통 유형에 영향을 미친다.
ㄹ. 역기능적 의사소통 유형에서 공통적으로 발견되는 것은 언어적 메시지와 비언어적 메시지의 불일치다.

① ㄱ, ㄴ
② ㄷ, ㄹ
③ ㄱ, ㄴ, ㄷ
④ ㄱ, ㄴ, ㄹ
⑤ ㄱ, ㄷ, ㄹ

47

① 소규모의 집단이 구성원 간 결속력과 상호정체감을 가지기에 유리하며, 통제와 개입이 상대적으로 쉽다. 집단이 커질수록 개인적인 문제를 다룰 시간이 줄어들며, 서로 이야기하려는 경쟁이 치열해지므로 자기주장이 강하지 못한 성원들이 자기 생각을 표현하기가 어려워진다.

48

④ 체계는 진화적 특성을 가지고 있다. 즉, 자연적으로 어느 정도의 성장과 발전을 추구하면서 동시에 동일한 정도의 안정성을 유지하고자 하므로 갑작스럽거나 지나친 변화는 거부한다. 반면, 중요한 변화가 일어났을 때는 보다 빨리 기능의 안정적인 수준으로 이동하여 새로운 안정상태를 확립하려고 한다.

① 순환적 인과관계는 단선적(직선적) 인과관계와 대립되는 개념으로서, 결과로 나타난 한 현상이 선행 원인변수에 의해 한 방향으로 영향을 받아서 나타난 것이라기보다는 상호 영향을 주고받는 순환과정에 의해 나타난 현상이라는 것이다.

② 동귀결성 혹은 동등종결(Equifinality)은 체계를 구성하는 요소들의 상호작용 성격에 따라 서로 다른 조건이라도 유사한 결과를 초래하는 경우를 말한다. 즉, 처음의 조건이나 과정, 방법들이 어떠하든 그 결과는 동일하다는 개념으로, 투입과 전환과정에 상관없이 산출이 같다는 의미이다.

③ 가족에는 부부 하위체계, 부모 하위체계, 부모-자녀 하위체계, 형제 하위체계 등 다양한 하위체계가 존재할 수 있다.

⑤ 사회복지사를 가족과 완전히 분리된 사람으로 보지 않는 것은 이차적 사이버네틱스이다. 이차적 사이버네틱스는 전문가가 자신의 가치나 전문지식, 이론적 관점 등을 통해 가족 내부 행동과정을 파악하려 하므로 동일한 가족 양상이라 하더라도 어떤 전문가가 개입하느냐에 따라 다양하게 파악될 수 있다는 것이다.

49

ㄱ. 직면(Confrontation)은 해석과 마찬가지로 어느 정도 신뢰관계가 형성된 다음에 사용해야 하며, 직면에 앞서 반드시 공감적인 분위기가 조성되어야 한다.

50

ㄷ. 역기능적 의사소통의 공통점은 언어적 메시지와 비언어적 메시지의 불일치, 즉 이중 메시지가 나타난다는 것인데, 이는 특히 자존감에서 비롯된다. 이중 메시지는 자존감이 낮고 남의 감정을 상하게 하는 것을 두려워하는 사람에게서 자주 나타난다.

ㄱ. 일치형 의사소통은 의사소통 내용과 내면의 감정이 일치함으로써 매우 진솔한 의사소통이 가능하며, 알아차린 감정이 언어로 정확하고 적절하게 표현된다.

ㄴ. 사티어는 효과적인 의사소통과 자존감이 상호 비례 관계에 있으며, 가족의 의사소통 양식은 가족 구성원의 자아존중감을 반영한다고 보았다.

ㄹ. 언어적 메시지와 비언어적 메시지가 서로 일치하지 않는다는 것은 개인의 진실한 내적 감정상태가 정확한 언어로 표현되지 못한 상태로 상대방에게 전달된다는 의미이다.

51 기능적 공동체에 관한 설명으로 옳은 것을 모두 고른 것은?

> ㄱ. 멤버십(Membership) 공동체 개념을 말한다.
> ㄴ. 외국인근로자 공동체의 사례가 포함된다.
> ㄷ. 가상공동체인 온라인 커뮤니티도 포함된다.
> ㄹ. 사회문화적 동질성이 기반이 된다.

① ㄱ
② ㄴ, ㄹ
③ ㄷ, ㄹ
④ ㄱ, ㄴ, ㄹ
⑤ ㄱ, ㄴ, ㄷ, ㄹ

52 지역사회복지 관련 이론과 내용의 연결로 옳은 것은?

① 다원주의이론 : 인간과 환경과의 상호작용에 초점을 둔다.
② 구조기능론 : 지역사회 내 갈등이 변화의 원동력이다.
③ 사회구성주의이론 : 지역사회 문제를 객관적 사실로 인정하지 않고, 특정 집단에 의해 규정된다고 본다.
④ 권력관계이론 : 지역사회는 구성 부분들의 조화와 협력으로 발전된다.
⑤ 사회자본이론 : 지역사회 내 소수의 엘리트 집단의 권력이 정책을 좌우한다.

53 한국의 지역사회복지 역사에 관한 설명으로 옳지 않은 것은?

① 새마을운동은 정부 주도적 지역사회개발이었다.
② 사회복지관 운영은 지역사회 기반의 복지 서비스를 촉진시켰다.
③ 복지사각지대 발굴의 효과를 제고하고자 읍·면·동 복지허브화를 추진하였다.
④ 시·군·구 지역사회보장협의체는 지역사회복지협의체로 대체되었다.
⑤ 국민기초생활보장제도의 시행은 지역사회 중심의 자활사업을 촉진시켰다.

54 사회적 자본에 관한 설명으로 옳지 않은 것은?

① 지역사회 문제해결 능력과는 무관하다.
② 네트워크는 사회적 자본의 전제가 된다.
③ 지역사회의 집합적 자산으로서 의미를 가진다.
④ 한 번 형성된 후에도 소멸될 수 있다.
⑤ 신뢰는 공동체의 문제를 해결할 수 있는 자원이다.

51

기능적인 의미의 지역사회로서 기능적 공동체 (Functional Community)

- 공동의 관심과 이해관계에 의해 형성된 공동체로, 사회문화적 동질성을 기반으로 한 멤버십 공동체 개념을 말한다.
- 직업, 취미, 활동영역 등 기능적 기준에 기초한 넓은 의미의 지역사회로, 이념, 사회계층, 직업유형 등을 중심으로 이루어진다.
- 가상공간(Cyberspace)은 시공을 초월하여 새로운 공동체 형성을 가능하게 하는데, 가상공동체 (Virtual Community)로서 온라인 커뮤니티도 기능적 공동체에 포함된다.

52

③ 사회구성주의이론(사회구성론적 관점)은 모든 현상에 대한 객관적 진실이 존재한다는 점에 의구심을 던진다. 즉, 개인이 속한 사회나 문화에 따라 현실의 상황을 재구성할 수 있다는 관점이다.
① 인간과 환경과의 상호작용에 초점을 두는 대표적인 이론으로 생태이론 혹은 생태체계이론이 있다. 반면, 다원주의이론(이익집단이론)은 지역사회복지정책들이 다양한 관련 이익단체들 간의 갈등과 타협으로 만들어진다고 보는 이론이다.
② 지역사회 내 갈등을 변화의 원동력으로 보는 대표적인 이론으로 갈등이론이 있다. 반면, 구조기능론 (기능주의이론)은 사회가 각 기능을 담당하는 여러 구조들로 나뉘어져 있으며, 각 구조들이 합의된 가치와 규범에 따라 움직인다고 보는 이론이다.
④ 지역사회가 구성 부분들의 조화와 협력으로 발전된다고 보는 대표적인 이론으로 구조기능론(기능주의이론)이 있다. 반면, 권력관계이론은 사회의 권력현상에 초점을 맞추는 이론을 총칭하는 것으로, 갈등이론, 자원동원이론, 사회교환이론 등을 포괄한다.
⑤ 지역사회 내 소수의 엘리트 집단의 권력이 정책을 좌우한다고 보는 대표적인 이론으로 엘리트이론이 있다. 반면, 사회자본이론은 지역사회의 신뢰, 네트워크, 호혜성을 강조하는 이론이다.

53

④ 2015년 7월 「사회보장급여의 이용ㆍ제공 및 수급권자 발굴에 관한 법률」이 시행됨에 따라 기존의 '지역사회복지협의체'가 '지역사회보장협의체'로 개편되었다.

54

사회자본(Social Capital)

- 지역사회 구성원의 사회적 관계에 바탕을 둔 자원으로서, 조직화된 행동을 유도하여 사회발전의 효율성을 증대시키는 대인 간 신뢰, 규범 및 네트워크를 의미한다.
- 지역사회 네트워크의 실제는 개별 사례운동을 중심으로 살펴볼 수도 있는데, 지역사회의 문제해결을 위해 네트워크를 활용한 푸드뱅크운동 등을 예로 들 수 있다. 푸드뱅크운동은 결식문제의 해결을 위해 음식의 공급자원, 연결조정자, 클라이언트(배분처)의 세 주체 간 상호연계체제를 통해 이루어진다.

55 다음에서 설명하는 웨일과 갬블(M. Weil & D. Gamble)의 지역사회복지 실천모형에 해당하는 것은?

> • 대면접촉이 이루어지는 가까운 지역사회에 초점을 둔다.
> • 조직화를 위한 구성원의 능력개발, 지역주민의 삶의 질 증진을 목표로 한다.
> • 사회복지사의 역할은 조직가, 촉진자, 교육자, 코치 등이다.

① 근린지역사회조직모형
② 프로그램 개발모형
③ 정치사회적 행동모형
④ 연합모형
⑤ 사회운동모형

56 던햄(A. Dunham)의 지역사회유형 구분과 예시의 연결로 옳지 않은 것은?

① 인구 크기 – 대도시, 중·소도시 등
② 산업구조 및 경제적 기반 – 농촌, 어촌, 산업단지 등
③ 연대성 수준 – 기계적 연대 지역, 유기적 연대 지역 등
④ 행정구역 – 특별시, 광역시·도, 시·군·구 등
⑤ 인구 구성의 사회적 특수성 – 쪽방촌, 외국인 밀집지역 등

57 영국의 지역사회복지 역사에 관한 설명으로 옳은 것은?

① 헐 하우스(Hull House)는 빈민들의 도덕성 향상을 위해 노력하였다.
② 우애방문단은 기존 사회질서를 비판하고 개혁을 주장하였다.
③ 인보관 이념은 우애방문단 활동의 기반이 되었다.
④ 1960년대 존슨 행정부는 '빈곤과의 전쟁'을 선포하고 다양한 지역사회 개혁을 단행하였다.
⑤ 1980년대 그리피스(E. Griffiths) 보고서는 복지 주체의 다원화에 영향을 미쳤다.

58 공식 사회복지조직과 주민조직을 네 가지 차원에서 비교·제시하였다. 다음에서 옳은 것을 모두 고른 것은?

	차 원	공식 사회복지조직	주민조직
ㄱ	목 표	조직의 미션달성	지역사회 문제해결
ㄴ	지역사회 개입모델	사회행동모델 이 주로 쓰임	사회계획모델 이 주로 쓰임
ㄷ	정부통제로 부터의 자율성	상대적으로 높음	상대적으로 낮음
ㄹ	주요 참여자	사회복지사 등의 전문직	일반주민

① ㄱ, ㄴ
② ㄱ, ㄷ
③ ㄱ, ㄹ
④ ㄴ, ㄹ
⑤ ㄴ, ㄷ, ㄹ

55

① 근린지역사회조직모형은 구성원의 조직 능력을 개발하고 범지역적인 계획 및 외부개발에 영향과 변화를 일으킬 수 있는 능력을 개발하는 것을 목표로 한다.
② 프로그램 개발과 지역사회연계모형은 지역사회서비스의 효과성 증진을 위해 새로운 프로그램을 개발하는 동시에 기존 프로그램을 확대 혹은 재조정하는 것을 목표로 한다.
③ 정치사회적 행동모형은 정책 및 정책입안자의 변화에 초점을 둔 사회정의실현 활동의 전개를 목표로 한다.
④ 연합모형은 연합의 공통된 이해관계에 대응할 수 있도록 자원을 동원하며, 영향력 행사를 위해 다조직적인 권력기반을 형성하는 것을 목표로 한다.
⑤ 사회운동모형은 특정 집단이나 이슈에 대해 새로운 패러다임을 제공할 수 있는 사회정의실현의 행동화를 목표로 한다.

56

지역사회의 유형화 기준(Dunham)

인구의 크기	가장 기본적인 유형으로서, 인구 크기에 따라 지역사회를 구분한다. 예 대도시, 중소도시, 읍지역 등
인구 구성의 특성(사회적 특수성)	지역사회 구성원 대다수의 경제적·인종적 특성에 따라 지역사회를 구분한다. 예 저소득층 밀집주거지역(쪽방촌), 외국인 집단 주거지역, 새터민 주거지역 등
정부의 행정구역	행정상 필요에 따라 지역사회를 구분하는 것으로서, 일반적으로 인구 크기를 중심으로 구분하지만, 반드시 인구 크기에 비례하는 것은 아니다. 예 특별시·광역시·도, 시·군·구, 읍·면·동 등
산업구조 및 경제적 기반	지역주민들의 경제적 특성은 물론 사회문화적 특성을 파악하기 위한 인류학적 조사연구에서 흔히 사용되는 구분이다. 예 농촌, 어촌, 산촌, 광산촌, 광공업지역, 산업단지 등

57

⑤ 1988년 그리피스 보고서(Griffiths Report)는 지역사회보호를 위한 권한과 재정을 지방정부에 이양하고, 민간부문의 경쟁을 통해 서비스 제공을 다양화할 것을 주장하였다.
① 빈곤이 빈민들의 도덕성 결여에서 비롯된다는 개인주의적 빈곤죄악관을 가지고 우애방문단을 통해 기독교인의 도덕적 의무와 가치관으로써 빈민을 교화하고자 한 것은 자선조직협회(COS)이다. 반면, 헐 하우스(Hull House)는 미국의 초창기 인보관에 해당한다.
② 기존 사회질서를 비판하고 개혁을 주장한 것은 주로 지식인과 대학생들의 참여로 이루어진 인보관 운동이다. 반면, 우애방문단의 활동이 이루어진 것은 자선조직협회(COS)이다.
③ 우애방문단 활동의 기반이 된 것은 인도주의와 박애사상이다.
④ 미국의 지역사회복지 역사의 내용이다. 1964년 미국의 존슨(Johnson) 행정부는 '빈곤과의 전쟁(War on Poverty)'을 선포하였으며, 이를 계기로 지역사회개혁프로그램(CAP ; Community Action Program)을 실시하였다.

58

ㄴ. 공식 사회복지조직에서는 사회계획모델이 주로 쓰이는 반면, 주민조직에서는 지역사회개발모델이 주로 쓰인다.
ㄷ. 공식 사회복지조직은 정부통제로부터의 자율성이 상대적으로 낮은 반면, 주민조직은 자율성이 상대적으로 높다.

59 지역사회복지실천에서 옹호(Advocacy) 활동에 해당하지 않는 것은?

① 지역사회 내 복지자원을 조정하고 연계한다.
② 시의원 등에게 정치적 압력을 행사한다.
③ 피케팅으로 해당 기관을 난처하게 한다.
④ 행정기관에 증언청취를 요청한다.
⑤ 지역주민으로부터 탄원서에 서명을 받는다.

60 다음 자료를 활용한 지역사회 사정(Assessment) 유형에 해당하는 것은?

> • 사회복지시설 및 기관의 자원봉사자 수
> • 관할 지방자치단체의 사회복지분야 예산 규모
> • 기업의 사회공헌 프로그램 유형과 이용자 수

① 하위체계 사정
② 포괄적 사정
③ 자원 사정
④ 문제중심 사정
⑤ 협력적 사정

61 다음 사례에 해당하는 지역사회복지실천모형은?

> 행복사회복지관은 지역 내 노인, 장애인, 아동을 위해 주민 스스로 돌봄과 자원봉사활동을 활성화하도록 자조모임 지원 등 사회적 관계망을 확충하였다.

① M. Weil & D. Gamble의 연합 모형
② J. Rothman의 합리적계획 모형
③ K. Popple의 커뮤니티케어 모형
④ J. Rothman의 연대조직 모형
⑤ M. Weil & D. Gamble의 기능적 지역조직 모형

62 다음에서 설명하고 있는 지역사회복지실천 기술은?

> 지역주민의 강점을 인정하고 스스로 삶을 결정할 수 있도록 역량을 강화하며, 지역구성원의 능력에 대한 신념을 중요시 한다.

① 임파워먼트
② 자원개발과 동원
③ 조직화
④ 네트워크
⑤ 지역사회연계

59

① 지역사회복지실천에서 연계(Network) 활동에 해당한다.

옹호의 구체적 전술(Kirst-Ashman & Hull, Jr.)

- 설득(Persuasion)
- 공청회 또는 증언청취(Fair Hearing)
- 표적을 난처하게 하기(Embarrassment of the Target)
- 정치적 압력(Political Pressure)
- 미디어 활용(Using Media)
- 청원 또는 탄원서(Petitioning)

60

③ 자원 사정(Resource Assessment)은 지역사회에서 이용할 수 있는 권력, 전문기술, 재정, 서비스 등 자원영역을 검토하는 것이다. 이러한 자원 사정은 클라이언트의 욕구보다는 이용 가능한 자원의 본질과 운영, 그리고 질에 초점을 둔다.

① 하위체계 사정(Subsystem Assessment)은 전체 지역사회를 사정하는 것이 아닌 지역의 특정 부분이나 일면을 조사하는 것으로, 특히 지역사회의 하위체계에 초점을 둔다.

② 포괄적 사정(Comprehensive Assessment)은 특정한 문제나 표적집단 관련 욕구보다는 지역사회 전반을 대상으로 한 1차 자료의 생성을 주된 목적으로 한다.

④ 문제중심 사정(Problem-oriented Assessment)은 전체 지역사회와 관련되지만 지역사회의 중요한 특정 문제(예 아동보호, 정신건강 등)에 초점을 둔다.

⑤ 협력적 사정(Collaborative Assessment)은 지역사회 참여자들이 완전한 파트너로서 조사계획, 참여관찰, 분석 및 실행 국면 등에 관계되면서 지역사회에 의해 수행된다.

61

포플(Popple)의 지역사회복지실천모형

지역사회보호 (Community Care)	노인, 장애인, 아동 등 지역주민의 복지를 위한 사회적 관계망 및 자발적 서비스 증진을 목표로, 복지욕구를 충족시키기 위한 자조개념을 개발하는 데 주력한다.
지역사회조직 (Community Organization)	타 복지기관 간 상호협력 증진을 목표로, 사회복지기관의 상호 협력 및 조정을 통해 서비스 중복을 방지하고 자원의 부재현상을 극복하여 복지전달의 효율성 및 효과성을 높이는 데 일조한다.
지역사회개발 (Community Development)	지역사회 구성원의 삶의 질 향상을 위한 기술과 신뢰를 습득할 수 있도록 집단을 원조하는 데 주력한다.
사회/지역계획 (Social/Community Planning)	사회적 상황과 사회정책 및 사회복지기관의 서비스 분석, 주요 목표 및 우선순위의 설정, 서비스 프로그램의 기획과 자원의 동원, 서비스와 프로그램의 집행 및 평가 등에 주력한다.
지역사회교육 (Community Education)	비판적 사고와 담론을 통해 지역사회의 억압적 조건이나 상황을 변화시키는 행동양식을 고양하는 데 주력한다.
지역사회행동 (Community Action)	전통적으로 계급에 기초한 모델로 갈등과 직접적인 행동을 활용하며, 권력이 없는 집단이 자신들의 효과성을 증대할 수 있도록 대응하는 데 주력한다.
여권주의적 지역사회사업 (Feminist Community Work)	지역사회복지실천에 페미니즘을 적용한 것으로, 여성불평등의 사회적 요인에 대한 집합적 대응을 통해 여성의 복지를 향상시키는 데 주력한다.
인종차별철폐 지역사회사업 (Black and Anti-racist Community Work)	지역사회에서 인종차별에 대한 저항이나 그들의 권리 보호를 위한 상호원조와 조직화에 초점을 두고, 교육, 주택, 건강, 고용 등의 영역에서 차별을 시정하도록 하는 데 주력한다.

62

임파워먼트 기술

- 임파워먼트(Empowerment)는 지역주민의 강점을 인정하고 스스로 문제 해결을 위한 주도적인 역할을 함으로써 현재 처한 문제 해결뿐만 아니라 근본적인 역량을 강화하도록 원조하는 기술이다.
- 과정으로서 임파워먼트는 지역주민들이 자신의 삶에 대해 자주적 통제력을 획득하며, 삶의 질을 높이는 데 필요한 자원에 접근하려는 시도를 의미한다.
- 결과로서 임파워먼트는 주민들의 노력과 지역사회 실천가들의 개입의 효과로 나타난 지역사회에 대한 주민들의 더 많은 통제력과 자원 접근성을 의미한다.

63 네트워크 기술의 특성으로 옳지 않은 것은?

① 자원의 효율적 관리
② 사회정의 준수 및 유지
③ 서비스의 중복과 누락 방지
④ 참여를 통한 시민 연대의식 강화
⑤ 지역주민에게 필요한 자원이나 서비스 연결

64 지역사회복지 실천 과정에서 사회복지사가 활용한 기술은?

사회복지사 A는 가족캠핑을 희망하는 한부모가족 10세대를 대상으로 프로그램을 계획하고 있다. A는 개인적으로 참여하고 있는 수영 클럽을 통해 프로그램 운영에 필요한 예산과 자원봉사자를 확보하고자 운영진에게 모임 개최를 요청하였고, 성공적인 결과를 얻었다.

① 옹 호
② 조직화
③ 임파워먼트
④ 지역사회교육
⑤ 자원개발 및 동원

65 지방분권에 관한 설명으로 옳지 않은 것은?

① 주민참여 기회가 확대된다.
② 중앙정부의 책임성이 강화된다.
③ 지역 특성에 맞는 정책을 수립할 수 있다.
④ 지역 간 복지수준의 격차가 발생할 수 있다.
⑤ 지방자치단체의 역할과 책임을 강화시킬 수 있다.

66 지방자치제에 관한 설명으로 옳지 않은 것은?

① 민주주의 사상에 기초를 두고 있다.
② 지방자치단체의 장은 선거로 선출한다.
③ 지역문제에 대한 자기통치 원리를 담고 있다.
④ 우리나라에서는 1990년에 처음으로 실시되었다.
⑤ 지방자치단체의 행정사무가 주민참여에 의해 이루어져야 한다.

63

② 사회정의 준수 및 유지를 궁극적인 목적으로 하며, 클라이언트가 정당한 처우나 서비스를 받지 못하는 경우에 활용하는 기술은 옹호(Advocacy)이다.

64

자원개발 및 동원

- 자원(Resources)은 사회복지실천에서 클라이언트의 변화나 그들의 생활을 향상시키는 데 유용하게 사용할 수 있는 인력, 물질, 조직, 정보 등을 의미한다.
- 자원개발 및 동원 기술은 지역주민의 욕구 충족 및 문제 해결을 위해 자원이 필요한 경우 자원을 발굴하고 동원하는 기술이다.
- 특히 인적 자원을 동원하기 위해 기존 조직(집단)이나 네트워크를 활용하며, 개별적 접촉을 통해 지역사회실천에 동참하도록 유도한다.

65

지방분권이 지역사회복지에 미치는 부정적 영향

- 지방자치단체장의 의지에 따라 복지서비스의 지역 간 불균형이 나타날 수 있다.
- 사회복지 행정업무와 재정을 지방에 이양함으로써 중앙정부의 사회적 책임성을 약화시킬 수 있다.
- 지방정부가 사회개발정책에 우선을 두는 경우 지방정부의 복지예산이 감소될 수 있다.
- 지방정부 간의 재정력 격차로 복지수준의 차이가 나타날 수 있다.
- 지방정부 간의 경쟁이 심화되어 지역 이기주의가 나타날 수 있다.
- 복지행정의 전국적 통일성을 저해할 수 있다.

66

④ 우리나라의 지방자치는 1949년 「지방자치법」이 제정되고 1952년 지방의회가 구성되면서 시작되었으나, 정치적 격동기를 거치면서 약 30년 간 중단되었다. 지방자치 구현을 위한 노력은 1988년 법의 전면개정으로 구체화되었고, 이를 근거로 1991년 지방의회의원 선거, 1995년 지방자치단체장 선거가 치러지면서 완전한 민선 지방자치시대가 개막되었다.

67 지역사회보장계획에 관한 설명으로 옳은 것은?

① 시·군·구 지역사회보장계획은 변경할 수 없다.

② 사회보장에 관한 기본계획과 연계되도록 하여야 한다.

③ 3년마다 수립하고, 매년 연차별 시행계획을 수립하여야 한다.

④ 시·군·구 지역사회보장계획은 사회보장위원회의 심의를 거쳐야 한다.

⑤ 지역사회보장계획의 평가, 지원 등을 위한 지역사회보장지원센터를 설치·운영할 수 있다.

68 지역사회보장협의체에 관한 설명으로 옳은 것은?

① 사회복지사업법에 법적 근거를 두고 있다.

② 10명 이상 25명 이하의 위원으로 구성하고, 임기는 2년이다.

③ 관할 지역의 사회복지사업에 관한 중요사항을 심의·건의한다.

④ 민·관 네트워크를 통한 지역복지 거버넌스 구조와 기능을 축소시킨다.

⑤ 실무협의체, 실무분과, 읍·면·동 협의체 간 수평적 네트워크 관계를 형성한다.

69 다음 사회복지관에 관한 설명으로 옳지 않은 것은?

> 행복시(市)에서 직영하고 있는 A사회복지관은 노인, 장애인 등 취약계층의 욕구 충족과 사회적 지지체계 구축을 위한 자원봉사 프로그램을 개발하였고, 이를 심의하기 위해 운영위원회를 개최하였다.

① 운영위원회는 프로그램 개발, 평가에 관한 사항을 심의한다.

② 자원봉사자 개발·관리는 지역조직화 기능에 해당한다.

③ 취약계층 주민에게 우선적인 서비스를 제공하여야 한다.

④ 운영위원회는 5명 이상 15명 이하의 위원으로 구성한다.

⑤ 사회복지법인, 기타 비영리법인에 한하여 설치·운영할 수 있다.

70 사회복지협의회에 관한 설명으로 옳지 않은 것은?

① 사회복지사업법에 근거를 둔 법정단체이다.

② 민·관 협력을 위해 시·군·구에 설치된 공공기관이다.

③ 한국사회복지협의회는 기타 공공기관으로 지정되었다.

④ 사회복지기관 간 연계·협력·조정 등의 업무를 수행한다.

⑤ 광역 및 지역 단위 사회복지협의회는 독립적인 사회복지법인이다.

67

② · ③ 시 · 도지사 및 시장 · 군수 · 구청장은 지역사회보장계획을 4년마다 수립하고, 매년 지역사회보장계획에 따라 연차별 시행계획을 수립하여야 한다. 이 경우 사회보장기본법에 따른 사회보장에 관한 기본계획과 연계되도록 하여야 한다(사회보장급여의 이용 · 제공 및 수급권자 발굴에 관한 법률 제35조 제1항).

① 시 · 도지사 또는 시장 · 군수 · 구청장은 사회보장의 환경 변화, 사회보장기본법에 따른 사회보장에 관한 기본계획의 변경 등이 있는 경우에는 지역사회보장계획을 변경할 수 있다(동법 제38조).

④ 시 · 군 · 구 지역사회보장계획은 지역사회보장협의체의 심의를, 시 · 도 지역사회보장계획은 시 · 도 사회보장위원회의 심의를 거쳐야 한다(동법 제35조 제2항 및 제5항 참조).

⑤ 보건복지부장관은 시 · 도 및 시 · 군 · 구의 사회보장 추진 현황 분석, 지역사회보장계획의 평가, 지역 간 사회보장의 균형발전 지원 등의 업무를 효과적으로 수행하기 위하여 지역사회보장균형발전지원센터를 설치 · 운영할 수 있다(동법 제46조 제1항).

68

① 「사회보장급여의 이용 · 제공 및 수급권자 발굴에 관한 법률(약칭 '사회보장급여법')」에 법적 근거를 두고 있다.

② 지역사회보장협의체는 위원장을 포함하여 10명 이상 40명 이하의 위원으로 구성하고, 위원의 임기는 2년으로 하되, 위원장은 한 차례만 연임할 수 있다(사회보장급여의 이용 · 제공 및 수급권자 발굴에 관한 법률 시행규칙 제5조 제1항 및 제3항 참조).

③ 2015년 7월 지역사회보장협의체로 개편되기 이전 지역사회복지협의체의 주요 목적에 해당한다.

④ 지역사회복지협의체에서 공공과 민간의 네트워크 강화를 통해 지역복지 거버넌스의 구조와 기능이 확대되었으며, 지역사회복지협의체가 지역사회보장협의체로 개편되면서 사회복지에서 사회보장으로 범주 자체가 확대되었다.

69

사회복지관 설치 · 운영 주체

- 사회복지관은 지방자치단체, 사회복지법인 및 기타 비영리법인이 설치 · 운영할 수 있다.
- 지방자치단체는 사회복지관을 설치한 후 사업의 전문성을 향상시키기 위해 운영능력이 있는 사회복지법인 등에 위탁하여 운영할 수 있다.
- 지방자치단체는 공공단체의 시설물을 위탁받아 사회복지관을 설치 · 운영하거나 사회복지법인 등에 위탁하여 운영할 수 있다.

70

② 사회복지협의회는 주민과 사회복지기관 및 관련 조직체에 의해 구성되고 지역사회복지의 과제를 해결하기 위해 다양한 노력을 기울이는 민간의 대표성을 지닌 조직으로서, 1983년 사회복지사업법 개정과 함께 법정단체로 규정되었다. 참고로 지역의 사회보장을 증진하고 사회보장과 관련된 서비스를 제공하는 관계 기관 · 법인 · 단체 · 시설과 연계 · 협력을 위해 시 · 군 · 구 단위로 설치하는 민관협력 기구는 지역사회보장협의체이다.

71 사회복지공동모금회에 관한 설명으로 옳지 않은 것은?

① 기획, 홍보, 모금, 배분 업무를 수행한다.
② 사회복지사업법에 의한 사회복지법인이다.
③ 지정기부금 모금단체이다.
④ 사회복지 프로그램의 전문성 제고에 기여할 수 있다.
⑤ 지역사회의 자원을 동원하는 민간운동적인 특성이 있다.

72 사회적경제 주체에 해당하는 것을 모두 고른 것은?

```
ㄱ. 사회적기업
ㄴ. 마을기업
ㄷ. 사회적협동조합
ㄹ. 자활기업
```

① ㄱ, ㄴ
② ㄱ, ㄷ
③ ㄴ, ㄷ
④ ㄱ, ㄷ, ㄹ
⑤ ㄱ, ㄴ, ㄷ, ㄹ

73 지역사회복지운동에 관한 설명으로 옳은 것은?

① 계획되지 않은 조직적 활동이다.
② 사회복지 전문가 중심의 활동이다.
③ 개인의 성장과 변화에 우선적인 초점을 둔다.
④ 노동자, 장애인 등 일부 주민을 대상으로 한다.
⑤ 복지권리·시민의식을 배양하는 사회권 확립운동이다.

74 다음 사례에서 설명하는 아른스테인(S. Arnstein)의 주민참여 수준은?

```
A시(市)는 도시재생사업과 관련하여 주민들과
갈등을 겪고 있다. B씨는 A시의 추천으로 도시
재생사업 추진위원회에 주민대표로 참여하였
다. 하지만 회의는 B씨의 기대와는 달리 A시가
의도한 방향대로 최종 결정되었다.
```

① 조 작
② 회 유
③ 주민통제
④ 권한위임
⑤ 정보제공

71

③ 사회복지공동모금회는 기존의 법정기부금 모금단체에 해당하는 것으로서, 현재는 공익법인 중 전문모금기관으로 분류된다. 참고로 법인세법령 개정에 따라 종전 법정기부금단체와 지정기부금단체가 '공익법인'으로 명칭이 통일되었다.

72

ㄱ. 사회적기업은 취약계층에게 사회서비스 또는 일자리를 제공하거나 지역사회에 공헌함으로써 지역주민의 삶의 질을 높이는 등의 사회적 목적을 추구하면서 재화 및 서비스의 생산·판매 등 영업활동을 하는 기업이다.
ㄴ. 마을기업은 지역주민이 각종 지역자원을 활용한 수익사업을 통해 공동의 지역문제를 해결하고, 소득 및 일자리를 창출하여 지역공동체 이익을 효과적으로 실현하기 위해 설립·운영하는 마을단위의 기업이다.
ㄷ. 사회적협동조합은 「협동조합기본법」에 따른 협동조합 중 지역주민들의 권익·복리 증진과 관련된 사업을 수행하거나 취약계층에게 사회서비스 또는 일자리를 제공하는 등 영리를 목적으로 하지 아니하는 협동조합을 말한다.
ㄹ. 자활기업은 2인 이상의 수급자 또는 차상위자가 상호 협력하여, 조합 또는 사업자의 형태로 탈빈곤을 위한 자활사업을 운영하는 업체를 말한다.

73

① 지역주민의 주체성 및 역량을 강화하고 지역사회의 변화를 주도하는 조직운동이다.
② 지역주민, 지역사회활동가, 사회복지전문가는 물론 사회복지시설 종사자 및 사회복지서비스 이용자도 사회복지운동의 주체가 될 수 있다.
③ 지역주민의 복지권리 확보 및 시민의식 고취를 통한 지역사회 통합을 목표로, 특히 사회적 약자의 생존권 보장에 우선적인 초점을 둔다.
④ 지역주민의 생활근거지로서 지역사회를 기반으로, 지역주민의 삶의 질과 관련된 생활영역을 포함한다.

74

주민참여 수준 8단계(Arnstein)
• 조작 또는 여론조작(제1단계) : 행정과 주민이 서로 간의 관계를 확인한다는 점에서 의의를 찾을 수 있다. 다만, 공무원이 일방적으로 교육 및 설득을 하고, 주민은 단순히 참석하는 데 그친다.
• 처방 또는 대책치료(제2단계) : 주민의 욕구불만을 일정한 사업에 분출시켜 치료하는 단계이다. 다만, 이는 행정의 일방적인 지도에 그친다.
• 정보제공(제3단계) : 행정이 주민에게 일방적으로 정보를 제공한다. 다만, 이 과정에서 환류는 잘 일어나지 않는다.
• 주민상담 또는 협의(제4단계) : 공청회나 집회 등의 방법으로 주민으로 하여금 행정에 참여를 유도한다. 다만, 이는 형식적인 수준에 그친다.
• 회유 또는 주민회유(제5단계) : 각종 위원회 등을 통해 주민의 참여범위가 확대된다. 다만, 최종적인 판단이 행정기관에 있다는 점에서 제한적이다.
• 협동관계 또는 파트너십(제6단계) : 행정기관이 최종적인 의사결정권을 가지고 있으나 주민들이 경우에 따라 자신들의 주장을 협상으로 유도할 수 있다.
• 권한위임(제7단계) : 주민들이 특정 계획에 대해 우월한 결정권을 행사하며, 집행단계에 있어서도 강력한 권한을 행사한다.
• 주민통제(제8단계) : 주민들이 스스로 입안하며, 결정에서부터 집행 그리고 평가단계에 이르기까지 통제한다.

75 최근 지역사회복지의 변화과정을 순서대로 옳게 나열한 것은?

> ㄱ. 사회서비스원 시범사업
> ㄴ. 희망복지지원단 운영
> ㄷ. 사회복지통합관리망(행복e음) 구축
> ㄹ. 찾아가는 보건복지서비스

① ㄱ - ㄴ - ㄷ - ㄹ
② ㄴ - ㄷ - ㄱ - ㄹ
③ ㄴ - ㄷ - ㄹ - ㄱ
④ ㄷ - ㄴ - ㄹ - ㄱ
⑤ ㄷ - ㄹ - ㄴ - ㄱ

제3과목 ▶ 사회복지정책과 제도

제1영역 **사회복지정책론**

01 사회복지정책의 원칙과 기능에 관한 설명으로 옳지 않은 것은?

① 능력에 비례한 배분을 원칙으로 한다.
② 소득을 재분배하는 기능을 한다.
③ 경제의 자동안정화 기능을 한다.
④ 국민의 최저생활을 보장하는 기능을 한다.
⑤ 사회통합과 정치적 안정화 기능을 한다.

02 다음 설명에 해당하는 것은?

> 비경합적이고 비배제적인 성격을 지니고 있기 때문에 구성원이 각각 생산에 기여했는지 여부에 관계없이 모든 구성원이 활용할 수 있는 재화를 말한다.

① 비대칭적 정보
② 공공재
③ 외부효과
④ 도덕적 해이
⑤ 역선택

03 사회복지정책 발달이론에 관한 설명으로 옳지 않은 것은?

① 사회양심론은 인도주의에 기초하고 있다.
② 음모이론은 사회복지정책을 사회안정과 질서유지를 위한 통제수단으로 보는 이론이다.
③ 확산이론은 한 지역의 사회복지정책이 다른 지역으로 전파되어 나간다는 이론이다.
④ 시민권론은 참정권, 공민권, 사회권 순으로 발전했다고 설명한다.
⑤ 산업화이론은 사회복지정책발달은 그 사회의 산업화 정도에 따라 결정된다고 보는 이론이다.

75

ㄷ. 사회복지통합관리망(행복e음)은 2010년 1월 사회복지 급여·서비스의 지원대상자 자격 및 이력에 관한 정보를 통합적으로 관리하고 지방자치단체의 복지업무처리를 지원하기 위해 구축되었다.

ㄴ. 희망복지지원단은 2012년 4월 각 지방자치단체에 설치되어 5월부터 공식적으로 운영되었다.

ㄹ. 찾아가는 보건복지서비스는 2014년 7월 읍·면·동 복지허브화 시범사업을 시작으로 2016년부터 읍·면·동에 맞춤형 복지 전담팀이 구성되고, 2017년부터 주민자치형 공공서비스를 통해 서비스 확대가 이루어지고 있다.

ㄱ. 사회서비스원은 2019년 3월 서울 출범을 시작으로 대구, 경기, 경남 등 4개 시·도에서 시범적으로 운영되어 2022년 전국 17개 시·도로 확대되었다.

제3과목 ▶ 사회복지정책과 제도

01

① 사회복지정책은 사회연대의식에 기초하여 사회적 평등을 실현하며, 사회적 적절성을 확보하는 것을 원칙으로 한다.

② 사회복지정책은 시장에서 일차적으로 배분된 소득을 다양한 방향으로 재분배하는 기능을 수행한다.

③ 사회복지정책은 경기 상승 시 경기가 과열되지 않도록 막는 한편, 경기 하락 시 과도한 하락을 방지해 주는 경제의 자동안정장치 기능을 수행한다.

④ 사회복지정책은 빈곤층과 자력으로 삶을 영위할 수 없는 사람에게 최저생활을 보장하는 기능을 수행한다.

⑤ 사회복지정책은 사회적 약자의 어려움을 해결하고 사회질서의 유지와 사회안정을 도모하는 기능을 수행한다.

02

공공재(Public Goods)의 특성

- 공공재는 민간재와 달리 비경합성, 비배제성, 비분할성, 무임승차 가능성을 지니는 재화로 정의된다(예 국방, 실업보험 등).
- 시장 메커니즘에 의해 효율적으로 공급될 수 있는 민간재와 달리, 공공재는 합리적인 개인이라면 가질 수 있는 무임승차의 유혹으로 시장 메커니즘에 의해 효율적으로 공급되지 못한다.
- 공공재의 생산과 소비에는 그것으로 이득을 보는 사람과 손해를 보는 사람이 있게 마련이므로, 그로 인한 갈등을 해소하기 위해 관련 당사자들 간의 협상, 조정, 통합 등 여러 방안들을 통해 공공재 공급의 효율성을 모색하여야 한다.

03

④ 시민권론의 주창자인 마샬(Marshall)은 시민권 확대 과정을 정치적·역사적 맥락에서 파악하였으며, 18세기 이래로 '공민권(Civil Right)', '정치권 또는 참정권(Political Right)', '사회권(Social Right)'이 점진적으로 발전해 왔다고 주장하였다.

04 신빈민법(New Poor Law)에 관한 설명으로 옳지 않은 것은?

① 1832년 왕립위원회(Royal Commission)의 조사를 토대로 1834년에 제정되었다.
② 국가의 도움을 받는 사람의 처우는 스스로 벌어서 생활하는 최하위 노동자의 생활수준보다 높지 않아야 한다는 원칙을 내용으로 하고 있다.
③ 원외구제를 인정하였다.
④ 구빈행정체계를 통일시키고자 하였다.
⑤ 빈민을 가치 있는 빈민과 가치 없는 빈민으로 분류하였다.

05 에스핑-앤더슨(Esping-Andersen)의 복지국가 유형에 관한 설명으로 옳은 것을 모두 고른 것은?

> ㄱ. 복지국가 유형을 탈상품화, 계층화 등을 기준으로 분류하였다.
> ㄴ. 자유주의 복지국가는 자산조사에 의한 공공부조의 비중이 큰 국가이다.
> ㄷ. 보수주의 복지국가는 사회보험에 의존하지 않는다.
> ㄹ. 사회민주주의 복지국가는 보편적 원칙과 사회권을 통한 탈상품화 효과가 크다.

① ㄱ, ㄴ
② ㄱ, ㄹ
③ ㄱ, ㄴ, ㄹ
④ ㄴ, ㄷ, ㄹ
⑤ ㄱ, ㄴ, ㄷ, ㄹ

06 새로운 사회적 위험(New Social Risk)에 관한 설명이 아닌 것은?

① 여성들의 유급노동시장으로의 참여 증가로 일과 가정의 양립 문제가 확산되고 있다.
② 노인인구 증가로 인한 복지비용 증가와 노인 돌봄이 중요한 문제로 대두되고 있다.
③ 노동시장의 불안정으로 근로빈곤층이 증가하고 있다.
④ 국가 간의 노동인구 이동이 줄어들고 있다.
⑤ 새로운 사회적 위험으로 인한 수요증가에 필요한 복지재정의 부족현상이 심화되고 있다.

07 사회복지정책의 가치에 관한 설명으로 옳은 것은?

① 비례적 평등은 개인의 능력, 업적, 공헌에 따라 사회적 자원을 분배하는 것을 의미한다.
② 적극적 자유는 타인의 간섭 혹은 의지로부터의 자유를 의미한다.
③ 결과의 평등을 달성하기 위해 부자들의 소득을 재분배하더라도 소극적 자유를 침해하지 않는다.
④ 결과가 평등하다면 과정의 불평등은 상관없다는 것이 기회의 평등이다.
⑤ 기회의 평등은 적극적인 평등의 개념이다.

04

③ 빈민을 가치 있는 빈민과 가치 없는 빈민으로 분류하고, 노동능력이 있는 빈민에 대한 원외구제를 폐지하여 이들에 대한 구빈을 작업장 내에서의 구빈으로 제한하였다(→ 작업장 활용의 원칙 혹은 원내구제의 원칙). 다만, 노약자, 병자 등에 한해 원외구제를 허용하였다.

06

④ 국가 간의 노동인구 이동이 증가함에 따라 검증되지 않거나 노동의 질이 낮은 해외노동력의 무분별한 유입과 함께 불법체류, 인권침해의 증가 등 사회적 문제가 확산되고 있다.

05

ㄷ. 보수주의(조합주의) 복지국가는 사회보험 프로그램을 강조한다. 사회복지의 제공이 사회적 지위의 차이를 유지하는 것을 목표로 하므로 사실상 국가복지의 재분배 효과는 거의 없으며, 그에 따라 산업별·직업별·계층별로 다른 종류의 복지급여를 제공한다.

ㄱ. 에스핑-앤더슨(Esping-Andersen)은 탈상품화 정도, 사회계층화(계층화) 유형, 국가와 시장의 상대적 비중 등 세 가지 기준을 토대로 복지국가를 '자유주의 복지국가', '보수주의(조합주의) 복지국가', '사회민주주의(사민주의) 복지국가'의 세 가지 형태로 구분하였다.

ㄴ. 자유주의 복지국가는 저소득층을 대상으로 소득조사(자산조사)에 의한 공공부조 프로그램을 강조한다. 복지혜택을 받기 위한 자격기준이 매우 엄격하며, 복지혜택을 받는 개인에게 낙인(Stigma)을 부여하는 사회적 분위기가 지배적이다.

ㄹ. 사회민주주의(사민주의) 복지국가는 보편주의적 원칙과 사회권을 통한 탈상품화 효과가 가장 크고 복지의 재분배적 기능이 가장 강하다. 사회복지 프로그램들이 높은 수준으로 제도화되어 있으며, 최소한의 생활수준 보장을 넘어 가능한 한 최대한의 수준에서의 평등을 추구한다.

07

① 비례적 평등은 개인의 욕구, 능력, 기여(업적 혹은 공헌)에 따라 사회적 자원을 상이하게 배분하는 것으로서, '형평 또는 공평(Equity)'이라고도 한다.

② 적극적 자유는 자신이 원하는 것을 할 수 있는 자유로서 능력(Capacity)의 측면을 강조하는 반면, 소극적 자유는 타인의 간섭이나 구속(의지)으로부터의 자유로서 기회(Opportunity)의 측면을 강조한다.

③ 결과의 평등(수량적 평등)은 모든 사람을 똑같이 취급하여 사람들의 욕구나 능력의 차이에는 상관없이 사회적 자원을 똑같이 분배하는 것이다. 평등의 개념 가운데 가장 적극적인 의미로서, 특히 저소득층에게 보다 많은 자원이 할당되며, 부자들의 소극적 자유가 침해될 가능성이 높다.

④·⑤ 기회의 평등은 결과가 평등한가 아닌가의 측면은 무시한 채 결과를 얻을 수 있는 과정상의 기회만을 똑같이 주는 것으로서, 평등의 개념 가운데 가장 소극적이라고 볼 수 있다.

08 빈곤의 기준을 정하는 방법에 관한 설명으로 옳은 것은?

① 전(全)물량 방식은 식료품비를 계산하고 엥겔수의 역을 곱해서 빈곤선을 기준으로 측정하는 방식이다.

② 기초생활보장제도의 수급자 선정기준은 상대적 빈곤 개념을 반영하고 있다.

③ 라이덴 방식은 상대적 빈곤 측정방식이다.

④ 반물량 방식은 소득분배 분포 상에서 하위 10%나 20%를 빈곤한 사람들로 간주한다.

⑤ 중위소득 또는 평균소득을 근거로 빈곤선을 측정하는 것은 절대적 빈곤 측정방식이다.

09 길버트(N. Gilbert)와 스펙트(H. Specht) 등의 사회복지정책 분석에 관한 설명으로 옳지 않은 것은?

① 과정분석은 정책형성에 영향을 미치는 사회정치적·기술적·방법적 변수를 중심으로 분석하는 접근방법이다.

② 산물분석은 정책선택에 관련된 여러 가지 쟁점을 분석하는 접근방법이다.

③ 성과분석은 실행된 정책이 낳은 결과를 기술하고 분석하는 접근방법이다.

④ 산물분석은 할당, 급여, 전달체계, 재정 차원으로 구분하여 분석한다.

⑤ 과정분석은 연구자의 주관을 배제해야 한다.

10 사회보험제도의 급여와 급여형태에 관한 설명으로 옳지 않은 것은?

① 고용보험법상 구직급여는 현물급여이다.

② 산업재해보상보험법상 요양급여는 현물급여이다.

③ 노인장기요양보험법상 재가급여는 현물급여이다.

④ 국민연금법상 노령연금은 현금급여이다.

⑤ 국민건강보험법상 장애인 보조기기에 대한 보험급여는 현금급여이다.

11 선별주의에 근거한 제도에 해당하는 것을 모두 고른 것은?

```
ㄱ. 장애인연금
ㄴ. 아동수당
ㄷ. 기초연금
ㄹ. 의료급여
```

① ㄱ, ㄴ, ㄷ
② ㄱ, ㄴ, ㄹ
③ ㄱ, ㄷ, ㄹ
④ ㄴ, ㄷ, ㄹ
⑤ ㄱ, ㄴ, ㄷ, ㄹ

08

② 우리나라의 국민기초생활보장제도는 상대적 빈곤 문제에 보다 효과적으로 대응하기 위해 복지사업의 주요 기준으로 기존의 '최저생계비' 대신 '중위소득(기준 중위소득)'을 적용하고 있다. 즉, 최저생계비 기준의 절대적 빈곤 개념에서 중위소득 기준의 상대적 빈곤 개념으로 전환한 것이다.
① 영양학자에 의해 계측된 최저식품비에 엥겔계수의 역수를 곱한 금액을 빈곤선으로 보는 방식은 반(半)물량 방식이다.
③ 라이덴 방식은 주관적 빈곤 측정방식이다.
④ 평균소득이나 중위소득 혹은 지출의 몇 % 이하에 해당하느냐에 따라 빈곤선을 결정하는 것은 소득과 지출을 이용한 상대적 추정 방식이다.
⑤ 중위소득 또는 평균소득을 근거로 빈곤선을 측정하는 것은 상대적 빈곤 측정방식이다.

09

과정분석(Studies of Process)

* 정책형성에 영향을 미치는 사회정치적 · 기술적 · 방법적 변수를 중심으로 분석하는 접근방법으로, 복지정책의 계획과 관련된 각종 정보와 함께 다양한 정치집단, 정부조직, 그리고 이익집단 간의 관계 및 상호작용이 정책형성에 어떻게 영향을 미치는가를 분석하는 데 초점을 둔다.
* 연구목적에 따라 사회복지정책의 형성과정 전체를 분석할 수도 있고, 특정 사회복지정책을 선택하여 깊이 있게 분석할 수도 있으며, 시간적 차원으로 장기간에 걸친 정책발달을 다룰 수도 혹은 단기간의 정책발달을 다룰 수도 있다.
* 사회복지 정책형성에 영향을 미치는 사회적 · 정치적 · 경제적인 배경요인을 파악할 수 있는 장점이 있으나, <u>연구자의 주관에 근거하는 만큼 그의 관점, 가치, 편견 등이 개입될 소지가 있다.</u>

10

① 고용보험법상 구직급여는 현금급여이다. 구직급여는 수급자격자가 지정한 금융기관의 계좌에 입금하는 방법으로 지급한다(고용보험법 시행령 제75조 제2항).

11

ㄴ. 아동수당은 8세 미만의 아동에게 매월 10만원을 지급한다(아동수당법 제4조 제1항). 즉, 아동수당은 경제적 수준과 상관없이 8세 미만의 아동이 있는 가구를 대상으로 하는 보편주의에 근거한 제도이다.
ㄱ. 장애인연금은 18세 이상의 등록한 중증장애인 중 소득인정액(→ 자산조사)이 선정기준액 이하인 사람을 대상으로 한다.
ㄷ. 기초연금은 65세 이상의 노인들 중 소득인정액(→ 자산조사)이 선정기준액 이하인 노인을 대상으로 한다.
ㄹ. 의료급여는 부양의무자가 없거나, 부양의무자가 있어도 부양능력이 없거나 부양을 받을 수 없는 사람으로서 그 소득인정액(→ 자산조사)이 의료급여 선정기준 이하인 사람을 대상으로 한다.

12 사회복지전달체계에 관한 설명으로 옳은 것을 모두 고른 것은?

> ㄱ. 공급자와 수요자가 가격기구를 매개로 상호
>   작용하는 것을 원칙으로 한다.
> ㄴ. 공급자와 수요자를 이어주는 매개체 역할을
>   한다.
> ㄷ. 클라이언트에게 사회복지서비스를 제공하
>   기 위한 조직 및 인력이다.
> ㄹ. 공급자들을 공간적으로 분산배치하면 전달
>   체계에 대한 접근성을 높일 수 있다.

① ㄱ, ㄴ
② ㄴ, ㄷ
③ ㄷ, ㄹ
④ ㄱ, ㄷ, ㄹ
⑤ ㄴ, ㄷ, ㄹ

13 사회복지정책의 수급조건에 해당하지 않는 것은?

① 연 령
② 자산조사
③ 기여 여부
④ 진단평가
⑤ 최종 학력

14 사회복지정책의 재정에 관한 설명으로 옳은 것은?

① 한국의 사회복지정책 재원은 주로 민간 기부금에 의존한다.
② 사회복지재정이 수행하는 기능 가운데 하나는 소득재분배이다.
③ 조세가 역진적일수록 소득재분배의 기능이 크다.
④ 한국의 조세부담률은 OECD 회원국가의 평균보다 높다.
⑤ 사회복지재원으로서 이용료는 연동제보다 정액제일 때 소득재분배 효과가 크다.

15 사회복지전달체계에서 제공되는 재화나 서비스의 속성 등에 관한 설명으로 옳은 것은?

① 사회복지재화나 서비스는 단일한 전달체계에서 독점적으로 제공하는 것이 바람직하다.
② 공공재적인 성격이 강한 재화나 서비스는 민간에서 제공하는 것이 바람직하다.
③ 사회복지의 재화나 서비스는 정보의 불완전성으로 인해 소비자들의 합리적 선택에 차이가 난다.
④ 공공부문의 전달체계는 경쟁체제가 이루어지기 때문에 효율적이다.
⑤ 사회복지재화나 서비스는 수급자들에 의한 오용과 남용의 문제가 발생하지 않는다.

12

불완전한 시장에서의 사회복지전달체계

- 가격기구(Price Mechanism)는 자원의 효율적 배분이 이루어지도록 해 주는 시장메커니즘을 일컫는 것으로, 가격이 경제 안에서 여러 가지 기능을 수행하는 하나의 기구와 같다는 의미에서 비롯된 용어이다.
- 완전경쟁시장이라는 가정 하에서 재화의 가격이 그 재화를 생산할 때의 한계사회적 비용(Marginal Social Costs)과 그 재화가 소비자에게 주는 한계가치(Marginal Value)를 동시에 반영한다면, 공공부문 사업의 비용과 편익을 평가할 때도 시장가격을 사용하면 된다.
- 그러나 현실적으로 시장은 독과점이 존재하며, 공공재, 외부효과, 불완전한 정보 등의 이유로 불완전하다. 따라서 정부가 공공부문 사업의 비용과 편익을 계산할 때는 시장실패의 다양한 원인을 고려하여 시장가격을 조정해야 한다.

13

사회복지정책의 수급조건으로서 할당의 세부원칙
(Gilbert & Terrell)

구 분	특 징
귀속적 욕구	욕구의 규범적 준거를 토대로 특정 집단에 소속된 사람들의 공통적 욕구에 대해 집단적 할당이 이루어진다. 예 65세 이상의 노인에 대한 경로우대제도, 고등학교까지의 무상교육 등
보 상	형평의 규범적 준거를 토대로 수급자 선정기준에 따른 집단적 할당이 이루어진다. 예 국민연금, 국민건강보험 등의 사회보험, 국토개발 등으로 인한 이주자 보상 등
진 단 (진단적 차등)	욕구의 기술적 진단을 토대로 개인적인 할당이 이루어진다. 예 장애인에 대한 장애 정도 사정, 치매나 중풍의 노인들에 대한 의료서비스 등
자산조사 (소득과 재산)	욕구의 경제적 기준을 토대로 개인적인 할당이 이루어진다. 예 국민기초생활보장제도 등

14

① 일반적으로 소득보장정책에 사용되는 재원은 주로 조세에 의존하는 반면, 개별적·사회적 서비스 정책들은 상대적으로 민간부문의 재원에 의존하는 경향이 있다.

③ 조세가 누진적일수록 소득재분배의 기능이 크다.

④ 한국의 조세부담률은 OECD 회원국의 평균보다 상대적으로 낮다. OECD의 《조세수입통계(Revenue Statistics)》에 따르면, OECD 회원국의 평균 조세부담률이 25.2%(2022년 기준)인 데 반해, 한국의 조세부담률은 19.0%(2023년 신계열 기준)인 것으로 나타났다.

⑤ 사회복지재원으로서 이용료는 정액제(Copayment)보다 연동제(Sliding Scale)일 때 소득재분배 효과가 크다. 참고로 정액제는 서비스 이용자에게 서비스 비용에 관계없이 일정액을 부담시키는 방식인 반면, 연동제는 서비스 이용자의 경제적 능력에 따라 이용료를 차등화시키는 방식이다.

15

① 어떤 재화나 서비스는 그 속성상 복수의 전달체계에서 제공되는 것이 바람직할 수 있다. 특히 사회복지재화나 서비스는 동시에 둘 이상의 전달체계를 통해 제공될 때 중복적이기보다는 보완적인 성격을 띠게 된다.

② 교육, 국방 등 재화의 속성으로 인해 공익이나 사회적 필요성에 따라 공급해야 하는 공공재의 경우 국가가 일정하게 책임을 지고 공급할 필요가 있다.

④ 사회복지재화나 서비스가 일반 재화들과 다른 성격을 지닌다고 해도 일부의 경우는 경쟁체제에서 오히려 소비자에게 유리할 수 있다. 그와 같은 경우 공공부문보다는 민간부문의 전달체계가 더 효율적일 수 있다.

⑤ 사회복지재화나 서비스는 수급자들에 의한 오용과 남용의 문제가 발생할 수 있으며, 그 대표적인 예로 도덕적 해이(Moral Hazard) 등을 들 수 있다.

16 자활지원사업에 관한 설명으로 옳지 않은 것은?

① 자활급여는 근로능력이 있는 국민기초생활보장 수급자의 자활을 위한 각종 지원을 제공하는 급여이다.
② 자활기업은 조합 또는 「부가가치세법」상의 사업자로 한다.
③ 자활기관협의체의 구성 및 운영 등에 필요한 사항은 보건복지부령으로 정한다.
④ 자산형성지원으로 형성된 자산은 수급자의 소득환산액 산정 시 이를 포함한다.
⑤ 지역자활센터는 참여자의 자활의욕 고취를 위한 교육을 행한다.

17 아동학대의 예방 및 방지에 관한 설명으로 옳은 것을 모두 고른 것은? (전항정답)

> ㄱ. 아동학대를 예방하고 수시로 신고를 받을 수 있도록 아동보호전문기관은 긴급전화(1391)를 설치하여야 한다.
> ㄴ. 아동학대의 예방과 방지에 관한 관심을 높이기 위하여 아동학대예방의 날을 지정하였다.
> ㄷ. 지역아동보호전문기관은 아동학대 신고접수, 현장조사 및 응급보호 등의 역할을 한다.
> ㄹ. 아동보호전문기관의 장은 피해아동의 가족에게 상담, 교육 및 의료적·심리적 치료 등의 필요한 지원을 제공하여야 한다.

① ㄱ, ㄹ
② ㄴ, ㄷ
③ ㄱ, ㄴ, ㄷ
④ ㄴ, ㄷ, ㄹ
⑤ ㄱ, ㄴ, ㄷ, ㄹ

18 긴급복지지원제도에 관한 설명으로 옳지 않은 것은?

① 주소득자가 사망, 가출, 행방불명, 구금시설에 수용되는 등의 사유로 소득을 상실한 경우 긴급지원대상자가 될 수 있다.
② 긴급지원은 위기상황에 처한 사람에게 일시적으로 신속하게 지원하는 것을 기본원칙으로 한다.
③ 긴급지원의 종류에는 금전 또는 현물 등의 직접지원과 민간기관·단체와의 연계 등의 지원이 있다.
④ 사회복지사업법에 따른 사회복지시설의 종사자는 긴급지원을 요청할 수 있다.
⑤ 국민기초생활보장법에 따른 지원을 받고 있는 경우에 긴급복지지원법을 우선 적용한다.

19 사회복지운동에 관한 설명으로 옳지 않은 것은?

① 민간이 사회복지정책의 방향·내용에 대해 특정한 견해를 가지고 이를 관철시키기 위한 실천이다.
② 여러 사회복지정책 실천 중의 하나라고 할 수 있다.
③ 사회복지시설 종사자는 사회복지운동의 주체가 될 수 없다.
④ 사회복지운동을 통해 특정 사회복지정책이 선거정치의 의제가 되도록 촉구할 수 있다.
⑤ 1990년대 국민최저선확보운동, 사회복지입법청원운동 등이 사회복지운동의 예이다.

16

④ 자산형성지원으로 형성된 자산은 대통령령으로 정하는 바에 따라 수급자의 재산의 소득환산액 산정 시 이를 포함하지 아니한다(국민기초생활보장법 제18조의8 제3항).

참고

2000년부터 아동학대신고전화(국번없이 1391)를 운영하다가 2006년에 보건복지상담센터(129)로 통합한 후, 다시 같은 해에 '1577-1391'로 재분리를 해 운영하던 중, 아동학대 신고접수의 정확성·신속성 제고를 위해 2014년 9월 29일 아동학대신고전화를 범죄신고전화(112)로 통합하였습니다.

17

이 문제는 개정 전 내용에 해당하는 것으로, 출제 당시 개정법령을 반영하지 못한 채 출제되어 전항정답으로 처리되었습니다. 따라서 다음의 해설을 간단히 살펴본 후 넘어가도록 합니다.

ㄱ. 시·도지사 또는 시장·군수·구청장은 아동학대전담공무원이 근무하는 기관에 긴급전화를 설치해야 한다(아동복지법 시행령 제24조 제1항). 참고로 「아동학대범죄의 처벌 등에 관한 특례법」 개정에 따라 2020년 10월부터 아동보호전문기관의 아동학대 신고접수 및 조사 업무를 지방자치단체 소속의 아동학대전담공무원이 담당하도록 하고 있다.

ㄴ. 아동의 건강한 성장을 도모하고, 범국민적으로 아동학대의 예방과 방지에 관한 관심을 높이기 위하여 매년 11월 19일을 아동학대예방의 날로 지정하고, 아동학대예방의 날부터 1주일을 아동학대예방주간으로 한다(동법 제23조 제1항).

ㄷ. 2019년 1월 15일 법 개정에 따라 '지역아동보호전문기관'이 '아동보호전문기관'으로 개편되었다. 이는 중앙아동보호전문기관, 지역아동센터중앙지원단, 중앙가정위탁지원센터, 디딤씨앗지원사업단 등에서 수행되던 아동관련 중앙지원업무를 통합하여 아동보호서비스를 통합적·체계적으로 지원하기 위해 '아동권리보장원'을 설립한 데 따른 구조적 개편의 일환이다.

ㄹ. 아동보호전문기관은 피해아동, 피해아동의 가족 및 아동학대행위자를 위한 상담·치료 및 교육, 아동학대예방 교육 및 홍보, 피해아동 가정의 사후관리, 그 밖에 대통령령으로 정하는 아동학대예방사업과 관련된 업무를 수행한다(동법 제46조 제2항).

18

⑤ 「재해구호법」, 「국민기초생활보장법」, 「의료급여법」, 「사회복지사업법」, 「가정폭력방지 및 피해자보호 등에 관한 법률」, 「성폭력방지 및 피해자보호 등에 관한 법률」 등 다른 법률에 따라 이 법에 따른 지원 내용과 동일한 내용의 구호·보호 또는 지원을 받고 있는 경우에는 이 법에 따른 지원을 하지 아니한다(긴급복지지원법 제3조 제2항).

19

③ 지역주민, 지역사회활동가, 사회복지전문가는 물론 사회복지시설 종사자 및 사회복지서비스 이용자도 사회복지운동의 주체가 될 수 있다.

20 사회보험제도에 관한 설명으로 옳지 않은 것은?

① 사회보험제도는 위험의 분산이라는 보험기술을 사용한다.
② 사회보험 급여를 받을 권리 여부는 자산조사 결과에 근거하여 결정된다.
③ 한국의 사회보험제도는 의무가입 원칙을 적용한다.
④ 사회보험은 위험이전과 위험의 광범위한 공동분담에 기초하고 있다.
⑤ 사회보험은 피보험자의 욕구에 기초하지 않고 사전에 결정된 급여를 제공한다.

21 연금제도의 적립방식과 부과방식에 관한 설명으로 옳은 것을 모두 고른 것은?

> ㄱ. 적립방식은 부과방식에 비해 세대 내 소득재분배 효과가 크다.
> ㄴ. 부과방식은 적립방식에 비해 자본축적 효과가 크다.
> ㄷ. 부과방식은 적립방식에 비해 기금확보가 더 용이하다.

① ㄱ
② ㄴ
③ ㄷ
④ ㄱ, ㄴ
⑤ ㄱ, ㄷ

22 고용보험제도에 관한 설명으로 옳은 것은?

① 고용보험료는 고용보험위원회에서 부과·징수한다.
② 고용보험의 가입대상은 모든 국민과 국내에 거주하는 외국인이다.
③ 고용보험 구직급여는 30일 동안의 구직기간에는 지급되지 않는다.
④ 보험가입자는 사업주와 근로자 모두 포함한다.
⑤ 고용보험의 재원은 사용자가 단독으로 부담한다.

23 소득재분배에 관한 설명으로 옳은 것을 모두 고른 것은?

> ㄱ. 조세를 재원으로 하는 공공부조제도에서 일반적으로 나타난다.
> ㄴ. 사회적 취약계층을 대상으로 하는 사회복지서비스는 수직적 재분배 효과가 있다.
> ㄷ. 위험 미발생집단에서 위험 발생집단으로 소득이 이전되는 것은 수평적 소득재분배에 해당한다.
> ㄹ. 재원조달 측면에서 부조방식이 보험방식보다 재분배 효과가 크다.

① ㄱ, ㄴ
② ㄱ, ㄴ, ㄷ
③ ㄱ, ㄷ, ㄹ
④ ㄴ, ㄷ, ㄹ
⑤ ㄱ, ㄴ, ㄷ, ㄹ

20

② 자산조사 결과에 근거하여 수급권 여부가 결정되는 것은 공공부조이다. 즉, 공공부조는 그 수급자가 빈민임을 증명해야 급여를 받을 수 있으므로 자산조사가 불가피하지만, 사회보험은 자산조사를 필요로 하지 않는다. 이는 공공부조가 수급자의 현재 드러난 욕구(Demonstrated Need)에 기초한 반면, 사회보험은 피보험자의 현재의 욕구가 아닌 사전에 규정된 욕구로서 앞으로 예상되는 욕구(Presumed Need)에 기초해 있기 때문이다.

22

④ 「고용보험법」을 적용받는 사업의 사업주와 근로자는 당연히 「고용보험법」에 따른 고용보험의 보험가입자가 된다(고용보험 및 산업재해보상보험의 보험료징수 등에 관한 법률 제5조 제1항).

① 고용보험료는 근로복지공단이 매월 부과하고, 국민건강보험공단이 이를 징수한다(동법 제16조의2 제1항).

② 「고용보험법」을 적용받는 사업의 사업주와 근로자는 당연히 고용보험의 보험가입자가 되며, 고용보험에 가입되거나 가입된 것으로 보는 근로자, 예술인 또는 노무제공자와 자영업자도 「고용보험법」이 일부 적용된다. 또한 「외국인근로자의 고용 등에 관한 법률」의 적용을 받는 외국인근로자도 고용보험이 적용된다. 다만, 고용보험이 근로자 등의 생활안정 및 구직 활동의 촉진을 목적으로 하는 만큼 모든 국민과 국내 거주 외국인을 대상으로 하는 것은 아니다.

③ 실업의 신고일부터 계산하기 시작하여 원칙적으로 7일간은 대기기간으로 보아 구직급여를 지급하지 아니한다(고용보험법 제49조 제1항 참조).

⑤ 고용보험사업에 드는 비용에 충당하기 위하여 징수하는 보험료와 그 밖의 징수금은 보험가입자인 사업주와 근로자의 부담으로 구성된다.

21

ㄱ. 적립방식의 연금제도는 세대 내 재분배에 유리한 반면, 부과방식의 연금제도는 세대 간 재분배에 효과적이다.

ㄴ. 자본축적 효과가 큰 것은 적립방식이다. 적립방식은 가입자들 각자가 보험료를 납부하여 축적한 적립기금으로 자신들의 노후를 보장하는 방식이기 때문이다.

ㄷ. 부과방식은 적립방식에 비해 기금확보가 더 불리하다. 부과방식은 노령화 등 인구 구성의 변동에 취약하며, 상대적으로 재정운영의 불안정성이 존재하기 때문이다.

23

ㄱ·ㄴ·ㄹ. 공공부조는 사회적 취약계층에 대한 최종적인 소득보장제도로서 조세를 재원으로 한다. 고소득층에서 저소득층으로 수직적 재분배가 이루어지므로 상대적으로 소득재분배 효과가 크다.

ㄷ. 수평적 소득재분배는 소득수준과 관계없이 특정한 사회적 기준을 토대로 해당 조건을 갖춘 사람들에게 재분배가 이루어지는 것으로, 특히 위험 미발생집단에서 위험 발생집단으로 소득이 이전되는 경우이다.

24 국민건강보험제도에 관한 설명으로 옳은 것은?

① 본인의 의사에 따라 임의가입할 수 있다.
② 조합방식 의료보험제도가 통합방식으로 전환되어 국민건강보험제도로 변경되었다.
③ 건강보험료는 수직적 소득재분배 기능을 하지 않는다.
④ 국민건강보험의 보험자는 보건복지부이다.
⑤ 직장가입자의 보험료는 평균보수월액에 보험료율을 곱하여 얻은 금액이다.

25 사회복지정책 평가유형에 관한 설명으로 옳은 것은?

① 과정평가는 정책집행 후에 평가하는 활동을 말한다.
② 결과평가는 정책집행 중간의 평가로 전략설계의 수정보완을 하지 못한다.
③ 총괄평가는 정책이 집행되고 난 후 정책이 사회에 미친 영향을 평가하는 것이다.
④ 효율성 평가는 정책집행의 결과에 따라 정책의 목적이 달성되었는지를 평가하는 것이다.
⑤ 효과성 평가는 정책의 효과를 투입된 자원과 대비하는 평가이다.

26 사회복지행정에서 효과성(Effectiveness)에 관한 설명으로 옳은 것은?

① 조직의 목표 달성 정도
② 투입에 대한 산출의 비율
③ 사회복지기관의 지역적 집중도
④ 서비스 이용의 편의성 정도
⑤ 서비스 자원의 활용가능성 정도

27 사회복지관 운영에 관한 설명으로 옳은 것은?

① 기초 지방자치단체마다 설치해야 한다.
② 사회복지전담공무원을 의무적으로 고용해야 한다.
③ 지역사회를 기반으로 운영되는 사회복지기관이다.
④ 중산층 주민은 이용할 수 없다.
⑤ 프로젝트 팀 구조를 활용할 수 없다.

24

② 1977년 건강보험을 시작할 때는 조합방식을 채택하여 직장과 지역의 많은 의료보험조합으로 분리되어 있었다. 그러나 1999년 국민건강보험법 제정에 따라 조합방식에서 통합방식으로 전환되었으며, 2003년 7월 직장재정과 지역재정의 재정통합이 이루어졌다.

① 국내에 거주하는 국민을 적용 대상으로 하며, 법률에 의해 강제가입 된다.

③ 건강보험료는 소득비례제(Earning-related)를 채택하여 소득이 많을수록 더 많은 보험료를 부담하므로 어느 정도 수직적 소득재분배 기능을 가진다고 볼 수 있다. 다만, 누진적 소득세에 비해 그 효과가 적고, 보험료 한도액의 설정으로 고소득층으로부터의 재분배에 한계가 있다.

④ 국민건강보험의 보험자는 국민건강보험공단으로 한다(국민건강보험법 제13조).

⑤ 직장가입자가 지급받는 보수를 기준으로 하여 산정한 보수월액에 보험료율을 곱하여 얻은 금액을 직장가입자의 보수월액보험료로 한다(동법 제69조 제4항 및 제70조 제1항 참조).

25

②·③ 총괄평가는 정책이 집행되고 난 후 정책이 사회에 미친 영향을 추정하는 활동으로 '정책영향평가' 또는 '결과평가'라고도 부른다.

① 과정평가는 정책집행이 이루어지는 과정을 평가하는 활동을 말한다.

④ 정책집행의 결과에 따라 정책의 목적이 달성되었는지를 평가하는 것은 효과성 평가이다.

⑤ 정책 목표 달성을 위한 비용 대비 편익을 비교하는 것으로, 정책에 투입된 자원이 얼마나 경제적으로 활용되었는가를 평가하는 것은 효율성 평가이다.

참고

평가유형은 평가의 차원에서 과정평가와 결과평가(성과평가)로, 평가의 시점에서 형성평가와 총괄평가로 구분하기도 합니다. 다만, 과정평가는 형성평가와, 결과평가는 총괄평가와 공통된 특성을 지니므로, 이들을 동일한 맥락에서 설명하기도 합니다.

26

사회복지행정에서 효율성과 효과성

효율성 또는 능률성 (Efficiency)	• 투입(Input)에 대한 산출(Output)의 비율을 말한다. • 사회복지행정 과정의 경제성이나 비용의 절감 등 본래 목표와는 단절된 양적 개념이다.
효과성 (Effectiveness)	• 조직의 목표가 어느 정도 달성되었는가를 말한다. • 목표와 수단을 연결한 상태에서 현실적인 산출이 본래 목표는 물론 사회적 기대수준을 어느 정도 충족시켰는가 하는 목표의 달성도를 의미하는 사회학적 개념이다.

27

③ 사회복지관은 지역사회를 기반으로 일정한 시설과 전문 인력을 갖추고 지역주민의 참여와 협력을 통하여 지역사회복지문제를 예방하고 해결하기 위하여 종합적인 복지서비스를 제공하는 시설을 말한다.

① 사회복지관은 지방자치단체, 사회복지법인 및 기타 비영리법인이 설치·운영할 수 있으나, 기초지방자치단체마다 의무적으로 설치해야 하는 것은 아니다.

② 사회복지사업법령은 사회복지관에서 사무분야와 사업분야별로 이를 수행할 수 있는 직원의 수를 사회복지관의 규모 및 수행하는 사업을 고려하여 정하도록 하고 있으나, 사회복지전담공무원을 의무적으로 고용해야 한다는 규정을 두고 있지는 않다.

④ 사회복지관은 원칙적으로 모든 지역주민을 대상으로 사회복지서비스를 실시한다.

⑤ 사회복지관은 특정 업무 해결을 위해 각 부서로부터 인력을 뽑아 프로젝트 팀을 만들고 업무가 해결되면 다시 해당 부서에 복귀시키는 프로젝트 조직(Task Force Team)을 활용할 수 있다.

28 한국의 사회복지 행정체계에 관한 설명으로 옳지 않은 것은?

① 공공 행정체계와 민간 행정체계로 구성된다.
② 중앙정부의 사회복지 담당 부처는 보건복지부이다.
③ 지방자치단체의 사회복지 행정체계는 일반 행정체계에 포함되어 있다.
④ 민간 사회복지기관은 국가나 지방자치단체의 보조금을 받지 않는다.
⑤ 사회복지 행정체계에는 영리 사업자도 참여하고 있다.

29 과학적 관리론(Scientific Management)에 관한 설명으로 옳은 것을 모두 고른 것은?

> ㄱ. 조직 구성원의 업무를 과학적으로 분석하여 활용한다.
> ㄴ. 집권화를 통한 위계구조 설정이 조직성과의 결정적 요인이다.
> ㄷ. 호손(Hawthorne) 공장에서의 실험결과를 적극 반영하였다.
> ㄹ. 경제적 보상을 통해 생산성을 극대화할 수 있다.

① ㄱ, ㄴ
② ㄱ, ㄷ
③ ㄱ, ㄹ
④ ㄴ, ㄷ
⑤ ㄷ, ㄹ

30 다음에서 설명하고 있는 조직이론은?

> • 효과적인 조직관리 방법은 조직이 처한 환경과 조건에 따라 달라진다.
> • 경직된 규칙과 구조를 가진 조직이 효과적일 경우도 있다.
> • 어느 경우에나 적용되는 최선의 조직관리 이론은 없다.

① 상황이론
② 관료제이론
③ 논리적합이론
④ 인지이론
⑤ 인간관계이론

31 비영리조직의 특성을 설명한 것으로 옳지 않은 것은?

① 사적 이익보다는 공동체의 이익을 우선적으로 추구한다.
② 필요에 따라 수익사업을 실시하기도 한다.
③ 회원 조직도 비영리조직에 포함된다.
④ 기부금이나 후원금이 조직의 중요한 재원이다.
⑤ 한국에는 비영리조직에 대한 세제혜택이 없다.

28

④ 국가나 지방자치단체는 사회복지사업을 하는 사회복지법인, 사회복지사업을 수행하는 비영리법인, 사회복지시설 보호대상자를 수용하거나 보육·상담 및 자립지원을 하기 위하여 사회복지시설을 설치·운영하는 개인에게 운영비 등 필요한 비용의 전부 또는 일부를 보조할 수 있다(사회복지사업법 제42조 제1항 및 시행령 제20조 참조).

29

ㄱ. 과학적 관리론은 조직 구성원의 업무를 과학적으로 분석하여 그에 관한 지식을 적극적으로 활용한다면 조직의 능률성을 극대화할 수 있다고 주장한다.

ㄹ. 과학적 관리론은 주어진 과업을 성실히 수행한 사람에게 경제적 보상을 부여하고 과업을 달성하지 못한 사람에게 낮은 임금을 주어 전체적으로 조직의 생산성을 극대화하려는 경제적 보상체계를 강조한다.

ㄴ. 집권화(Centralization)는 조직 내 의사결정이 조직의 상층부에 속하는 소수의 사람에게 집중되어 있는 정도를 말하는 것으로, 그와 같은 집권화를 통한 위계구조 설정을 조직성과의 주요 요인으로 간주한 이론은 관료제이론이다.

ㄷ. 미국의 웨스턴일렉트릭사(Western Electric Co.)의 호손(Hawthorne) 공장에서 수행한 일련의 실험에 기초하여, 인간의 심리사회적 욕구와 구성원의 사회적 상호작용이 생산성에 중요한 영향을 미친다는 점을 강조한 이론은 인간관계이론이다.

30

상황이론(Contingency Theory)

• '상황적합이론'으로도 불리는 것으로, 효과적인 조직관리 방법은 조직이 처한 환경과 조건에 따라 달라진다고 주장한다.

• 조직의 구조와 환경의 적합성이 조직의 능률성을 확보하는 데 있어서 매우 중요하다.

• 모든 문제를 해결하기 위한 한 가지 최선의 방법은 존재하지 않으며, 외부환경이나 조직의 규모 또는 기술체계 등에 영향을 받아 여러 개의 적합하고 합리적인 조직구조나 관리방식이 존재하게 된다.

• 상황(조건)이 다르면 유효한 조직과 방법 또한 달라지는데, 경우에 따라 경직된 규칙과 구조를 가진 조직이 효과적일 수도 있다.

• 어떤 상황에서 어떤 조직구조가 적합한지에 대한 일정한 원칙을 제시하지 못하며, 환경결정론적 시각에서 조직 내부 변화의 능동성을 간과하고 있다.

31

⑤ 비영리조직은 비영리 목적으로 설립된 사단과 재단을 통칭하는 말로, 보통 법에서 정한 비영리조직은 법인격이 부여된 단체를 포함한다. 우리나라의 비영리조직은 「법인세법」, 「조세특례제한법」 및 「지방세특례제한법」 등이 정하는 바에 따라 세제혜택을 받을 수 있다.

32 다음에 해당하는 사회복지조직 구조의 변화는?

A지방자치단체는 아동학대 문제에 적극 대처하기 위해 'A지역 아동보호네트워크'를 발족했다. 이 네트워크에는 지역 내 공공기관, 아동보호전문기관, 초등학교, 지역아동센터, 병원, 시민단체, 편의점 등이 참여하여 학대가 의심되는 아동을 발견했을 때 신속하게 신고, 접수 및 대응할 수 있도록 했다.

① 지역복지 거버넌스 구축
② 사업성과 평가체계 구축
③ 서비스 경쟁체계 도입
④ 복지시설 확충
⑤ 서비스 품질인증제 도입

33 사회복지조직의 환경에 관한 설명으로 옳지 않은 것은?

① 다른 기관과의 경쟁은 고려하지 않는다.
② 과학기술의 발전은 사회복지기관의 서비스에도 영향을 미친다.
③ 사회인구적 특성은 사회문제와 밀접한 관계가 있다.
④ 경제적 상황은 서비스 수요에 영향을 미친다.
⑤ 법적 규제가 많을수록 서비스에 대한 클라이언트의 접근이 제한된다.

34 관리격자(Managerial Grid) 이론에 따르면 다음에 해당하는 리더십 유형은?

A사회복지관의 관장은 직원 개인의 문제와 상황에 관심을 갖고 적극적으로 지원한다. 관장은 조직 내 인간관계도 중요하게 여겨서 공식 · 비공식적 방식으로 직원들의 공동체 의식을 키우기 위해 노력한다. 사회복지관 사업관리는 서비스 제공 팀장에게 일임하고 있으며, 자신은 화기애애한 조직 분위기를 조성하는 역할에 전념한다.

① 무력형(Impoverished Management)
② 과업형(Task Management)
③ 팀형(Team Management)
④ 중도형(Middle of the Road Management)
⑤ 컨트리클럽형(Country Club Management)

35 다음에 해당하는 리더십 유형은?

• 조직의 목표에 대한 구성원의 참여동기가 증대될 수 있다.
• 조직의 리더와 구성원 간 의사소통이 활발해질 수 있다.
• 집단의 지식, 경험, 기술의 활용이 용이하다.

① 지시적 리더십
② 참여적 리더십
③ 방임적 리더십
④ 과업형 리더십
⑤ 위계적 리더십

32

거버넌스 구조

거버넌스(Governance)는 공공서비스의 효율성을 높이고자 하는 새로운 조직 구조상의 변화로, 정부만이 공공서비스를 공급하는 방식이 아닌 비정부조직이나 민간영역이 함께 공공서비스를 공급하는 구조이다. 전통적 방식과 거버넌스는 다음과 같은 차이점을 가진다.

구 분	전통적 방식	거버넌스
주 체	정부	정부, 비정부조직, 민간의 파트너십
조직구조	계층제	네트워크
권력구조	정부 권력독점	각 주체 간 권력공유
공급방식	정부 일방주의	정부, 비정부조직, 민간의 분점 주의

33

① 다른 기관과의 경쟁을 고려한다.

사회복지조직의 환경

일반환경	경제적 조건, 사회·인구·통계학적 조건, 문화적 조건, 정치적 조건, 법적 조건, 기술적 조건 등
과업환경	재정자원의 제공자, 합법성과 권위의 제공자, 클라이언트 제공자, 보충적 서비스 제공자, 조직이 산출한 것을 소비·인수하는 자, 경쟁조직 등

34

관리격자모형(Blake & Mouton)

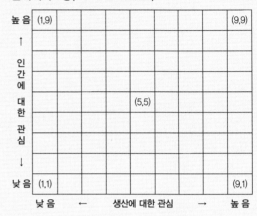

- (1,1) : 방임형 또는 무기력형(무력형)
- (1,9) : 인간중심형 또는 컨트리클럽형
- (9,1) : 생산지향형 또는 과업형
- (5,5) : 중도형
- (9,9) : 이상형 또는 팀형

35

참여적 리더십

- 민주적 리더십에 해당하는 것으로서, 의사결정 과정에 있어서 부하직원들을 참여시킨다.
- 의사소통 경로의 개방을 통해 정보교환이 활발히 이루어지도록 함으로써 직원들의 일에 대한 적극적 동기부여가 가능하며, 사명감이 증진될 수 있다.
- 기술수준이 높고 동기부여 된 직원들이 있을 때 효과적이며, 집단의 지식, 경험, 기술을 활용하는 데 유리하다.
- 책임이 분산되어 조직이 무기력하게 될 수 있고, 긴급한 결정이 어려운 단점이 있다.

36 인적자원관리의 영역에 해당하지 않는 것은?

① 채 용
② 배 치
③ 평 가
④ 승 진
⑤ 재 무

38 직무기술서에 포함되어야 할 내용으로 옳지 않은 것은?

① 급여 수준
② 직무 명칭
③ 직무 내용
④ 직무수행 방법
⑤ 핵심 과업

37 직무를 통한 연수(OJT)에 관한 설명으로 옳은 것을 모두 고른 것은?

> ㄱ. 직원이 지출한 자기개발 비용을 조직에서 지원한다.
> ㄴ. 일반적으로 조직의 상사나 선배를 통해 이루어진다.
> ㄷ. 일상적인 업무를 통해 이루어지는 경우가 많다.
> ㄹ. 조직 외부의 전문교육 기관에서 제공된다.

① ㄱ, ㄴ
② ㄱ, ㄷ
③ ㄱ, ㄹ
④ ㄴ, ㄷ
⑤ ㄷ, ㄹ

39 예산에 관한 설명으로 옳지 않은 것은?

① 영기준 예산(Zero Based Budgeting)은 예산의 효율성을 중요시 한다.
② 영기준 예산(Zero Based Budgeting)은 전년도 예산을 고려하지 않는다.
③ 성과주의 예산(Performance Budgeting)은 업무에 중점을 두는 관리지향의 예산제도이다.
④ 기획예산제도(Planning Programming Budgeting System)는 미래의 비용을 고려하지 않는다.
⑤ 품목별 예산(Line Item Budgeting)은 전년도 예산을 근거로 한다.

36

⑤ 재무는 재정관리(재무관리)의 영역에 해당한다. 재정관리는 조직이 목표 달성을 위해 필요한 재원을 합리적이고 계획적으로 동원·배분하고, 이를 효율적으로 사용·관리하는 과정이다.
① 채용은 조직의 직원으로서 적절한 인물을 신규로 충원하는 것이다.
② 배치는 신입직원을 각각의 부서에 배치하는 과정이다.
③ 평가는 직원의 업무수행능력이나 업적 등을 파악하여 전문직을 발전시키는 방법이다.
④ 승진은 직무에 대한 직원의 수행결과에 기초하여 지위와 보수를 발전시키는 방법이다.

37

OJT와 Off-JT

OJT (On-the-Job Training)	• 직무를 통한 연수로, 직무를 수행하는 과정에서 조직의 상사나 선배들에게 직접적으로 직무교육을 받는 방식이다. • 교육의 중심은 인사나 교육부서가 아닌 현업부서가 되며, 일상적인 업무를 통해 이루어지는 경우가 많다.
Off-JT (Off-the-Job Training)	• 직무와 분리된 연수로, 조직 외부의 연수원이나 전문교육 기관에서 체계적인 교육을 받는 방식이다. • 일정 기간 일상적인 업무에서 벗어나 행하는 연수로, 보통 직원이 지출한 자기개발 비용을 조직에서 지원한다.

38

직무기술서에 포함되는 주요 내용

• 직무 명칭 및 내용
• 직무수행에 필요한 각종 장비 및 도구
• 직무수행 과제 및 방법(책임과 행동)
• 직무수행의 환경적 조건(작업조건) 등

참고

직무기술서에 포함되는 내용은 교재에 따라 약간씩 다르게 제시되고 있으므로, 이점 감안하여 학습하시기 바랍니다.

39

기획예산제도 또는 계획예산제도(PPBS)

• 장기적인 계획수립과 단기적인 예산편성을 프로그램 작성을 통해 유기적으로 결합시키는 방식이다.
• 우선 목표를 설정 및 개발(Planning)하고 정해진 목표를 달성할 수 있도록 실시계획을 입안(Programming)한 다음, 그 구체적인 실시계획들에 대해 체계적으로 예산을 배정(Budgeting)한다.
• 기획예산제도(PPBS)는 중장기 계획이 필요하고 실시계획이 구체적으로 기술되어야 하며, 비용-효과 분석 및 비용-편익 분석과 같은 수량적 분석기법이 필요하다.

40 사회복지조직의 재원에 관한 설명으로 옳은 것은?

① 국가와 지방자치단체의 보조금은 포함되지 않는다.
② 후원금은 증가하거나 감소하는 유동적인 재원이다.
③ 서비스 이용료로 재정을 충당할 수 없다.
④ 별도의 재원 확보를 위한 모금 전략은 불필요하다.
⑤ 사회복지법인 등 비영리법인의 전입금은 공적재원이다.

41 사회복지기관의 서비스 질에 관한 설명으로 옳지 않은 것은?

① 서브퀄(SERVQUAL)에는 신뢰성과 확신성이 포함된다.
② 서비스 질은 사회복지평가의 기준이 될 수 없다.
③ 위험관리(Risk Management)는 이용자에 대한 서비스 관리 측면과 조직관리 측면을 모두 포함한다.
④ 총체적 품질관리(TQM)에서 서비스의 질은 고객의 결정에 의한다.
⑤ 서비스 이용자와 제공자 관점에서 질적 평가가 중요시되고 있다.

42 우리나라 사회복지전달체계의 변화 과정을 순서대로 나열한 것은?

> ㄱ. 사회복지사무소 시범사업
> ㄴ. 지역사회 통합돌봄
> ㄷ. 읍 · 면 · 동 복지허브화
> ㄹ. 사회복지통합관리망(행복e음) 개통
> ㅁ. 보건복지사무소 시범사업

① ㄱ - ㅁ - ㄷ - ㄹ - ㄴ
② ㄴ - ㄱ - ㄹ - ㅁ - ㄷ
③ ㄷ - ㄴ - ㅁ - ㄹ - ㄱ
④ ㄹ - ㅁ - ㄱ - ㄷ - ㄴ
⑤ ㅁ - ㄱ - ㄹ - ㄷ - ㄴ

43 사회복지전달체계 구축 시 고려해야 할 사항으로 옳지 않은 것은?

① 통합성 : 서비스의 중복과 누락을 방지하고 다양한 서비스를 통합적으로 제공해야 한다.
② 포괄성 : 클라이언트의 다양한 욕구 중 한 가지 욕구를 해결하기 위하여 전문가 집단이 개입하는 방식이다.
③ 적절성 : 사회복지서비스의 양과 질이 서비스 수요자의 욕구충족과 서비스 목표달성에 적합해야 한다.
④ 접근성 : 서비스 이용자에게 공간, 시간, 정보, 재정 등의 제약이 없는 서비스 제공을 의미한다.
⑤ 전문성 : 충분한 사회복지전문가의 확보가 필요하다.

40

② 「사회복지법인 및 사회복지시설 재무·회계 규칙」에 따른 후원금은 국내외 민간단체 및 개인으로부터 후원명목으로 받은 기부금·결연후원금·위문금·찬조금을 말하는 것으로 후원목적의 지정 여부에 따라 지정후원금과 비지정후원금으로 구분된다. 이와 같은 후원금은 사회복지조직에게 유동적인 재원이므로, 이를 만들기 위한 다양한 전략과 함께 조직 차원에서의 상당한 노력을 필요로 한다.

① 사회복지조직의 재원으로 국고보조금, 시·도 보조금, 시·군·구 보조금, 기타 보조금 등 국가와 지방자치단체의 보조금이 포함된다.

③ 사회복지조직은 서비스 이용료로 재정을 충당할 수 있다. 다만, 이러한 재원은 클라이언트의 특성이나 공급에 대한 통제의 부족 등으로 유동적이고 불확실하며, 이용료 총액에 대한 예측가능성이 조직의 안정성에 영향을 미치게 된다.

④ 사회복지조직은 체계적이고 지속적으로 재원을 확보하기 위해 모금 전략을 세워야 하며, 이를 위해 이벤트, 대중매체, 광고, ARS 등 다양한 기법을 사용할 수 있다.

⑤ 사회복지법인 등 비영리법인의 법인전입금은 민간재원에 해당한다.

41

② 사회복지기관의 서비스 질은 품질관리 차원에서 사회복지평가의 기준이 될 수 있다. 참고로 사회복지시설평가의 평가영역 중 시설운영전반에 대한 평가항목으로 시설운영의 전반적 수준과 함께 서비스의 질적 수준이 포함되어 있다.

① 서비스 품질에 관한 서브퀄(SERVQUAL) 모형의 구성차원으로 신뢰성(Reliability), 반응성 또는 응답성(Responsiveness), 확신성(Assurance), 공감성(Empathy), 유형성(Tangibles) 등이 포함된다.

③ 위험관리(Risk Management)는 서비스 관리 측면에서 고객과 이용자에 대한 안전 확보가 서비스의 질과 연결되어 있으며, 조직관리 측면에서 작업환경의 안전과 사고 예방책이 마련되어야 한다는 점을 강조한다.

④ 총체적 품질관리(TQM ; Total Quality Management)는 품질(Quality)을 조직의 중심적인 목표로 인식하며, 고객(Customers)을 품질에 대해 정의를 내리는 사람, 즉 품질의 최종 결정자로 간주한다.

⑤ 서비스의 질은 서비스 우수성의 관점, 서비스 그 자체를 기준으로 한 관점, 이용자의 관점, 서비스 과정의 관점, 제품의 가치를 기준으로 한 관점 등 여러 가지 관점에서 살펴볼 수 있는데, 고객 개개인의 욕구충족 여부에 중점을 두는 이용자 관점과 제공자(공급자)의 기술적·방법적 측면에 중점을 두는 제공자 관점을 기준으로 한 질적 평가가 더욱 중요시되고 있다.

42

사회복지전달체계의 변화 과정

ㅁ. 1995년 7월부터 1999년 12월까지 4년 6개월간 보건복지사무소 시범사업이 실시되었다.

ㄱ. 2004년 7월부터 2006년 6월까지 2년간 사회복지사무소 시범사업이 실시되었다.

ㄹ. 2010년 1월 사회복지통합관리망(행복e음)이 개통되었다.

ㄷ. 2014년 7월 읍·면·동 복지허브화 시범사업을 시작으로 2016년부터 읍·면·동에 맞춤형 복지전담팀이 구성되었다.

ㄴ. 2019년 6월부터 지역사회 통합돌봄(커뮤니티케어) 선도사업이 실시되어 2026년 통합돌봄의 보편적 실행을 목표로 추진중이다.

43

② 포괄성 : 사람들의 욕구와 문제는 다양하고 복잡하기 때문에 이러한 문제들을 동시에 또는 순차적으로 해결하기 위하여 포괄적인 서비스를 필요로 한다.

44 기획의 모델과 기법에 관한 설명으로 옳지 않은 것은?

① 논리모델은 투입-활동-산출-성과로 도식화하는 방법이다.
② 전략적 기획은 과정을 강조하므로 우선순위를 설정하고 단계적인 계획을 수립한다.
③ 방침관리기획(PDCA)은 체계이론을 적용한 모델이다.
④ 간트 도표(Gantt Chart)는 사업별로 진행 시간을 파악하여 각각 단계별로 분류한 시간을 단선적 활동으로 나타낸다.
⑤ 프로그램 평가 검토기법(PERT)은 일정한 기간에 추진해야 하는 행사에 필요한 복잡한 과업의 순서가 보이도록 하고 임계통로를 거친다.

45 마케팅 믹스(Marketing Mix)의 4P에 해당하지 않는 것은?

① 제품(Product)
② 가격(Price)
③ 판매촉진(Promotion)
④ 입지(Place)
⑤ 성과(Performance)

46 비영리조직 마케팅에 관한 설명으로 옳은 것은?

① 영리추구의 목적으로만 마케팅을 추진한다.
② 비영리조직 간의 경쟁에 대한 대응은 필요 없다.
③ 공익사업과 수익사업의 적절한 운영을 위하여 필요하다.
④ 사회복지조직이 제공하는 비물질적인 서비스는 마케팅 대상이 아니다.
⑤ 비영리조직의 재정자립은 마케팅의 목표가 될 수 없다.

47 사회복지의 책임성 평가에 관한 설명으로 옳지 않은 것은?

① 효과성 평가를 위하여 비용편익 분석을 실시한다.
② 형성평가는 과정을 파악하는 동태적 분석으로 프로그램 진행 중에 실시할 수 있다.
③ 사회복지 프로그램 평가를 통하여 프로그램 수정과 정책 개발 등에 활용한다.
④ 사회복지전달체계는 사회복지의 책임성을 이행할 수 있도록 구축되어야 한다.
⑤ 우리나라의 사회복지시설 평가는 사회복지사업법에 근거하여 실시한다.

44

③ 프로그램 개발과정에서 체계이론을 적용하여 '투입(Input)-활동(Activity)-산출(Output)-성과(Outcome)' 간의 관계를 논리적으로 설명하는 도식을 활용하는 것은 논리모델(Logic Model)이다. 반면, 방침관리기획(PDCA Cycle)은 '계획(Plan)-실행(Do)-확인(Check)-조정(Act)'의 일련의 절차를 프로그램 기획과정으로 보는 모델이다.

45

마케팅 믹스(Marketing Mix)

- 상품 또는 제품(Product) : 상품(프로그램)의 차별화 전략
- 유통 또는 입지(Place) : 장소개발, 접근편리성 등의 전략
- 촉진 또는 판매촉진(Promotion) : 이벤트, 광고, 자원봉사자 활용 등의 전략
- 가격(Price) : 가격 및 후원금 개발 전략

46

③ 비영리조직은 고유목적사업으로서 공익사업과 목적사업에 부수적인 수익사업의 적절한 운영을 위해 마케팅 전략과 기법을 필요로 한다.
① 비영리조직은 영리추구 없이 목표시장과 사회이익을 위해 봉사하기 위한 목적으로 마케팅을 추진한다.
② 비영리조직에도 경쟁관계가 있으므로, 경쟁상태에 있는 타 조직들의 현황과 주요 프로그램 및 활동을 파악함으로써 경쟁에 적절히 대응해야 한다.
④ 비영리조직으로서 사회복지조직은 사회의 전반적인 이슈나 이념 등을 마케팅하며, 이는 무형의 형태(예 지지, 노력, 시간 등)로 이루어질 수 있다.
⑤ 비영리조직 간 경쟁이 심화되고 있는 상황에서 기업의 마케팅 전략이 비영리조직의 생존과 성장을 위한 재정자립의 방안 중 하나로 떠오르고 있다.

47

① 목표 달성에 가장 효과적인 대안을 찾기 위해 각 대안이 초래할 비용과 편익을 비교·분석하는 비용-편익 분석(Cost-Benefit Analysis)은 효율성 평가에 해당한다.

48 우리나라의 사회복지시설 평가제도에 관한 설명으로 옳은 것은?

> ㄱ. 3년마다 평가 실시
> ㄴ. 5년마다 평가 실시
> ㄷ. 평가 결과의 비공개원칙
> ㄹ. 평가 결과를 시설 지원에 반영

① ㄱ, ㄷ
② ㄱ, ㄹ
③ ㄴ, ㄷ
④ ㄴ, ㄹ
⑤ ㄷ, ㄹ

49 사회복지평가의 기준이 되는 효율성에 관한 설명으로 옳지 않은 것은?

① 사회복지조직의 책임성 평가 방식이다.
② 투입한 자원과 산출된 결과의 비율을 측정한다.
③ 자금이나 시간의 투입과 서비스 제공 실적의 비율을 파악한다.
④ 비용 절감은 서비스 이용자의 욕구충족을 위한 목표와 관련성이 없다.
⑤ 최소한의 비용으로 최대한의 효과를 거둘 수 있도록 한다.

50 사회복지행정 환경의 동향에 관한 설명으로 옳지 않은 것은?

① 사회서비스 확대로 사회적 일자리가 창출되고 있다.
② 지방자치단체에서 주민참여를 활성화하고 있다.
③ 주민센터를 행정복지센터로 개편하는 추세이다.
④ 지역사회 통합돌봄 추진에 따라 생활시설 거주자의 퇴소를 금지하고 있다.
⑤ 지역사회 통합돌봄 도입으로 전문직종 간 서비스를 연계하여 제공한다.

제3영역 **사회복지법제론**

51 법률과 그 제정연대의 연결이 옳은 것은?

① 산업재해보상보험법, 장애인복지법 – 1970년대
② 사회복지사업법, 국민기초생활보장법 – 1980년대
③ 고용보험법, 사회복지공동모금회법 – 1990년대
④ 국민연금법, 노인복지법 – 2000년대
⑤ 아동복지법, 국민건강보험법 – 2010년대

48

ㄱ · ㄴ. 보건복지부장관 및 시 · 도지사는 3년마다 사회복지시설에 대한 평가를 실시하여야 한다(사회복지사업법 시행규칙 제27조의2 제1항).

ㄷ · ㄹ. 보건복지부장관과 시 · 도지사는 보건복지부령으로 정하는 바에 따라 시설을 정기적으로 평가하고, 그 결과를 공표하거나 시설의 감독 · 지원 등에 반영할 수 있으며 시설 거주자를 다른 시설로 보내는 등의 조치를 할 수 있다(동법 제43조의2 제1항).

49

사회복지평가의 기준으로서 효율성(Efficiency)

- 최소한의 자원을 투입하여 최대한의 효과를 내는 것을 의미한다.
- 투입한 자원(예 자금, 시간, 인력, 물리적 공간 등)과 산출된 결과(예 클라이언트의 변화 정도, 서비스 제공 실적 등)의 비율관계를 통해 측정한다.
- 효율성은 서비스의 질을 희생시켜 성과를 높이는 것이 아니라 서비스의 질을 일정한 수준 이상으로 유지하는 것을 전제로 한다.
- <u>비용 절감은 서비스 이용자의 욕구충족을 위한 목표와 연결된다.</u> 만약 서비스의 질을 희생시키거나 이를 포기하여 비용을 절감하였다면, 이는 효율적인 것이 아니라 단지 투입요소를 희생시켜 비용이 적게 든 것뿐이다.

50

지역사회 통합돌봄(커뮤니티케어)

- 돌봄이 필요한 주민(노인, 장애인, 아동 등)들이 살던 곳(자기 집, 그룹홈 등)에서 개개인의 욕구에 맞는 서비스를 누리고, 지역사회와 함께 어울려 살아갈 수 있도록 주거, 보건의료, 요양, 돌봄, 일상생활의 지원이 통합적으로 확보되는 지역주도형 정책이다.
- 노화 · 사고 · 질환 · 장애 등 돌봄이 필요한 상태로 평소 살던 곳에서 지내기를 희망하는 사람들을 대상으로 다음과 같은 서비스를 제공한다.

주 거	케어안심주택, 자립체험주택, 주택개조, 거주시설 전환 등
보건의료	방문 건강관리, 방문의료, 방문약료, 만성질환 관리 등
복지 · 돌봄	재가 장기요양, 재가 돌봄서비스, 스마트 홈 등

51

③ 고용보험법 : 1993년 12월 27일 제정 / 사회복지공동모금회법 : 1999년 3월 31일 전부개정(1997년 3월 27일 제정된 「사회복지공동모금법」의 전부개정)

① 산업재해보상보험법 : 1963년 11월 5일 제정 / 장애인복지법 : 1989년 12월 30일 전부개정(1981년 6월 5일 제정된 「심신장애자복지법」의 전부개정)

② 사회복지사업법 : 1970년 1월 1일 제정 / 국민기초생활보장법 : 1999년 9월 7일 제정

④ 국민연금법 : 1986년 12월 31일 전부개정(1973년 12월 24일 제정된 「국민복지연금법」의 전부개정) / 노인복지법 : 1981년 6월 5일 제정

⑤ 아동복지법 : 1981년 4월 13일 전부개정(1961년 12월 30일 제정된 「아동복리법」의 전부개정) / 국민건강보험법 : 1999년 2월 8일 제정

52 사회복지법의 성문법원에 해당하는 것끼리 묶은 것은?

① 관습법, 판례법
② 헌법, 판례법
③ 헌법, 명령
④ 관습법, 법률
⑤ 법률, 조리

53 자치법규에 관한 설명으로 옳지 않은 것은?

① 조례는 지방의회에서 제정하는 자치법규이다.
② 지방자치단체는 법령의 범위와 무관하게 조례를 제정할 수 있다.
③ 규칙은 지방자치단체의 장이 법령이나 조례가 위임한 범위에서 그 권한에 속하는 사무에 관하여 제정할 수 있는 자치법규이다.
④ 시·군 및 자치구의 조례나 규칙은 시·도의 조례나 규칙을 위반하여서는 아니 된다.
⑤ 조례안이 지방의회에서 의결되면 의장은 의결된 날부터 5일 이내에 그 지방자치단체의 장에게 이를 이송하여야 한다.

54 우리나라 법체계에 관한 설명으로 옳지 않은 것은?

① 법규범 위계에서 최상위 법규범은 헌법이다.
② 법률은 법규범의 위계에서 헌법 다음 단계의 규범이다.
③ 법률은 국회에서 제정하거나 행정부에서 제출하여 국회의 의결을 거쳐 제정된다.
④ 시행령은 국무총리나 행정각부의 장이 발(發)하는 명령이다.
⑤ 명령에는 시행령과 시행규칙이 있다.

55 사회보장기본법상 사회보장수급권에 관한 내용으로 옳은 것을 모두 고른 것은?

> ㄱ. 모든 국민은 사회보장 관계 법령에서 정하는 바에 따라 사회보장급여를 받을 권리인 사회보장수급권을 가진다.
> ㄴ. 사회보장수급권은 정당한 권한이 있는 기관에게 구두로 통지하여 포기할 수 있다.
> ㄷ. 사회보장수급권은 수급자 임의로 다른 사람에게 양도할 수 있다.
> ㄹ. 사회보장수급권의 포기는 취소할 수 없다.

① ㄱ
② ㄱ, ㄹ
③ ㄷ, ㄹ
④ ㄱ, ㄴ, ㄹ
⑤ ㄱ, ㄷ, ㄹ

52

법원(法源)

성문법원	• 헌 법 • 법 률 • 명령(대통령령, 총리령, 부령) • 자치법규(조례, 규칙) • 국제조약 및 국제법규
불문법원	• 관습법 • 판례법 • 조 리

53

② 지방자치단체는 주민의 복리에 관한 사무를 처리하고 재산을 관리하며, 법령의 범위 안에서 자치에 관한 규정을 제정할 수 있다(헌법 제117조 제1항).

①·③ 자치법규는 지방자치단체가 제정하는 법령으로서, 지방의회의 의결을 거친 조례(條例)와 지방자치단체의 장이 제정한 규칙(規則)이 있다.

④ 시·군 및 자치구의 조례나 규칙은 시·도의 조례나 규칙을 위반해서는 아니 된다(지방자치법 제30조).

⑤ 조례안이 지방의회에서 의결되면 지방의회의 의장은 의결된 날부터 5일 이내에 그 지방자치단체의 장에게 이송하여야 한다(동법 제32조 제1항).

54

④ 국무총리 또는 행정각부의 장은 소관사무에 관하여 법률이나 대통령령의 위임 또는 직권으로 총리령 또는 부령을 발할 수 있다(헌법 제95조). 참고로 대통령은 법률에서 구체적으로 범위를 정하여 위임받은 사항에 관하여 위임명령을 발하고, 법률을 집행하기 위하여 필요한 사항에 관하여 집행명령을 발할 수 있는데, 이를 일반적으로 '시행령'이라 한다.

55

ㄱ. 사회보장기본법 제9조

ㄴ. 사회보장수급권은 정당한 권한이 있는 기관에 서면으로 통지하여 포기할 수 있다(동법 제14조 제1항).

ㄷ. 사회보장수급권은 관계 법령에서 정하는 바에 따라 다른 사람에게 양도하거나 담보로 제공할 수 없으며, 이를 압류할 수 없다(동법 제12조).

ㄹ. 사회보장수급권의 포기는 취소할 수 있다(동법 제14조 제2항).

56 각 법률의 권리구제절차 내용으로 옳은 것은?

① 국민연금법에 따르면 심사청구와 재심사청구의 순으로 진행된다.
② 국민건강보험법에 명시되어 있는 권리구제절차는 심사청구이다.
③ 고용보험법에 명시되어 있는 권리구제절차는 이의신청이다.
④ 한부모가족지원법에 따르면 이의신청과 심판청구의 순으로 진행된다.
⑤ 기초연금법에 명시되어 있는 권리구제절차는 이의신청과 재심사청구이다.

57 사회보장기본법상 용어의 정의에 관한 내용으로 옳은 것을 모두 고른 것은?

> ㄱ. "사회보험"이란 국민에게 발생하는 사회적 위험을 보험의 방식으로 대처함으로써 국민의 건강과 소득을 보장하는 제도를 말한다.
> ㄴ. "공공부조"(公共扶助)란 국가와 지방자치단체의 책임 하에 생활 유지 능력이 없거나 생활이 어려운 국민의 최저생활을 보장하고 자립을 지원하는 제도를 말한다.
> ㄷ. "평생사회안전망"이란 생애주기에 걸쳐 보편적으로 충족되어야 하는 기본욕구와 특정한 사회위험에 의하여 발생하는 특수욕구를 동시에 고려하여 소득·서비스를 보장하는 맞춤형 사회보장제도를 말한다.

① ㄱ
② ㄱ, ㄴ
③ ㄱ, ㄷ
④ ㄴ, ㄷ
⑤ ㄱ, ㄴ, ㄷ

58 사회보장급여의 이용·제공 및 수급권자 발굴에 관한 법률의 설명으로 옳은 것은?

① 2017년 12월 30일에 제정, 2018년 7월 1일부터 시행되었다.
② 지원대상자가 누락되지 않도록 하기 위해 보장기관의 업무담당자는 지원대상자의 동의를 받지 않고도 직권으로 사회보장급여의 제공을 신청할 수 있다.
③ 수급자란 사회보장급여를 받고 있는 사람을 말한다.
④ 보건복지부장관은 사회보장급여 부정수급 실태조사를 5년마다 실시하고 그 결과를 공개해야 한다.
⑤ 이 법에 따른 처분에 이의가 있는 수급권자 등은 그 처분을 받은 날부터 30일 이내에 처분을 결정한 보장기관의 장에게 이의신청을 해야 한다.

59 사회복지사업법상 기본이념에 해당하는 것은?

① 사회통합과 행복한 복지사회의 실현
② 국민의 복지증진에 이바지
③ 어려운 사람의 자활을 지원
④ 사회 참여와 평등을 통한 사회통합
⑤ 사회복지서비스를 이용하는 사람의 선택권 보장

56

① 가입자의 자격, 기준소득월액, 연금보험료, 그 밖의 이 법에 따른 징수금과 급여에 관한 국민연금공단 또는 국민건강보험공단의 처분에 이의가 있는 자는 그 처분을 한 국민연금공단 또는 국민건강보험공단에 심사청구를 할 수 있다(국민연금법 제108조 제1항). 심사청구에 대한 결정에 불복하는 자는 그 결정통지를 받은 날부터 90일 이내에 대통령령으로 정하는 사항을 적은 재심사청구서에 따라 국민연금재심사위원회에 재심사를 청구할 수 있다(동법 제110조 제1항).

② 국민건강보험법에 명시되어 있는 권리구제절차는 이의신청과 심판청구이다.

③ 고용보험법에 명시되어 있는 권리구제절차는 심사청구와 재심사청구이다.

④ 한부모가족지원법에 명시되어 있는 권리구제절차는 심사청구이다.

⑤ 기초연금법에 명시되어 있는 권리구제절차는 이의신청이다.

57

ㄱ. 사회보장기본법 제3조 제2호

ㄴ. 동법 제3조 제3호

ㄷ. 동법 제3조 제5호

58

③ 사회보장급여의 이용 · 제공 및 수급권자 발굴에 관한 법률 제2조 제3호

① 2014년 12월 30일에 제정, 2015년 7월 1일부터 시행되었다.

② 보장기관의 업무담당자는 지원대상자가 누락되지 아니하도록 하기 위하여 관할 지역에 거주하는 지원대상자에 대한 사회보장급여의 제공을 직권으로 신청할 수 있다. 이 경우 지원대상자의 동의를 받아야 하며, 동의를 받은 경우에는 지원대상자가 신청한 것으로 본다(동법 제5조 제2항).

④ 보건복지부장관은 속임수 등의 부정한 방법으로 사회보장급여를 받거나 타인으로 하여금 사회보장급여를 받게 한 경우에 대하여 보장기관이 효과적인 대책을 세울 수 있도록 그 발생 현황, 피해사례 등에 관한 실태조사를 3년마다 실시하고, 그 결과를 공개하여야 한다(동법 제19조의2 제1항).

⑤ 이 법에 따른 처분에 이의가 있는 수급권자 등은 그 처분을 받은 날로부터 90일 이내에 처분을 결정한 보장기관의 장에게 이의신청을 할 수 있다. 다만, 정당한 사유로 인하여 그 기간 내에 이의신청을 할 수 없음을 증명한 때에는 그 사유가 소멸한 때부터 60일 이내에 이의신청을 할 수 있다(동법 제17조 제1항).

59

⑤ 사회복지서비스를 제공하는 자는 필요한 정보를 제공하는 등 사회복지서비스를 이용하는 사람의 선택권을 보장하여야 한다(사회복지사업법 제1조의2 제4항).

① 사회보장은 모든 국민이 다양한 사회적 위험으로부터 벗어나 행복하고 인간다운 생활을 향유할 수 있도록 자립을 지원하며, 사회참여 · 자아실현에 필요한 제도와 여건을 조성하여 사회통합과 행복한 복지사회를 실현하는 것을 기본이념으로 한다(사회보장기본법 제2조).

② 사회보장기본법은 사회보장에 관한 국민의 권리와 국가 및 지방자치단체의 책임을 정하고 사회보장정책의 수립 · 추진과 관련 제도에 관한 기본적인 사항을 규정함으로써 국민의 복지증진에 이바지하는 것을 목적으로 한다(사회보장기본법 제1조).

③ 국민기초생활보장법은 생활이 어려운 사람에게 필요한 급여를 실시하여 이들의 최저생활을 보장하고 자활을 돕는 것을 목적으로 한다(국민기초생활보장법 제1조).

④ 장애인복지의 기본이념은 장애인의 완전한 사회참여와 평등을 통하여 사회통합을 이루는 데에 있다(장애인복지법 제3조).

60 사회복지사업법의 내용으로 옳은 것은?

① 「사회보장기본법」상 사회서비스는 사회복지서비스의 범위에 포함되는 개념이다.
② 사회복지서비스 제공은 현물 제공이 원칙이다.
③ 사회복지사 자격은 1년을 초과하여 정지시킬 수 있다.
④ 사회복지법인은 보건복지부장관의 허가를 받아 설립한다.
⑤ 보건복지부장관은 시설에서 제공하는 서비스의 적정기준을 마련하여야 한다.

62 국민기초생활보장법상 외국인에 대한 특례 규정이다. (   )에 들어갈 내용이 옳지 않은 것은?

> 국내에 체류하고 있는 외국인 중 (ㄱ)하여 본인 또는 배우자가 임신 중이거나 (ㄴ)하고 있거나 (ㄷ)과 (ㄹ)으로서 (ㅁ)으로 정하는 사람이 이 법에 따른 급여를 받을 수 있는 자격을 가진 경우에는 수급권자가 된다.

① ㄱ : 대한민국 국민과 혼인
② ㄴ : 대한민국 국적의 미성년 자녀를 양육
③ ㄷ : 배우자의 대한민국 국적인 직계비속
④ ㄹ : 생계나 주거를 같이하고 있는 사람
⑤ ㅁ : 대통령령

61 사회복지사업법에 명시된 날에 해당하는 것은?

① 장애인의 날 4월 20일
② 노인의 날 10월 2일
③ 아동학대예방의 날 11월 19일
④ 사회복지의 날 9월 7일
⑤ 어버이날 5월 8일

63 국민기초생활보장법상 5년 이하의 징역 또는 5천만원 이하의 벌금에 처해지는 경우는?

① 부정한 방법으로 급여를 받은 경우
② 수급권자의 금융정보를 사용 · 제공한 경우
③ 지급받은 급여를 용도 외로 사용한 경우
④ 직무상 알게 된 비밀을 누설한 경우
⑤ 종교상의 행위를 강제한 경우

60

② 사회복지서비스를 필요로 하는 사람(보호대상자)에 대한 사회복지서비스 제공은 현물(現物)로 제공하는 것을 원칙으로 한다(사회복지사업법 제5조의2 제1항).

① '사회복지서비스'란 국가 · 지방자치단체 및 민간부문의 도움을 필요로 하는 모든 국민에게 「사회보장기본법」에 따른 사회서비스 중 사회복지사업을 통한 서비스를 제공하여 삶의 질이 향상되도록 제도적으로 지원하는 것을 말한다(동법 제2조 제6호).

③ 보건복지부장관은 사회복지사가 법령에 따른 사회복지사의 자격취소 등의 사유에 해당하는 경우 그 자격을 취소하거나 1년의 범위에서 정지시킬 수 있다(동법 제11조의3 제1항 참조).

④ 사회복지법인을 설립하려는 자는 대통령령으로 정하는 바에 따라 시 · 도지사의 허가를 받아야 한다(동법 제16조 제1항).

⑤ 보건복지부장관은 시설에서 제공하는 서비스의 최저기준을 마련하여야 한다(동법 제43조 제1항).

61

④ 국가는 국민의 사회복지에 대한 이해를 증진하고 사회복지사업 종사자의 활동을 장려하기 위하여 매년 9월 7일을 사회복지의 날로 하고, 사회복지의 날부터 1주간을 사회복지주간으로 한다(사회복지사업법 제15조의2 제1항).

① 장애인에 대한 국민의 이해를 깊게 하고 장애인의 재활의욕을 높이기 위하여 매년 4월 20일을 장애인의 날로 하며, 장애인의 날부터 1주간을 장애인주간으로 한다(장애인복지법 제14조 제1항).

② 노인에 대한 사회적 관심과 공경의식을 높이기 위하여 매년 10월 2일을 노인의 날로, 매년 10월을 경로의 달로 한다(노인복지법 제6조 제1항).

③ 아동의 건강한 성장을 도모하고, 범국민적으로 아동학대의 예방과 방지에 관한 관심을 높이기 위하여 매년 11월 19일을 아동학대예방의 날로 지정하고, 아동학대예방의 날부터 1주일을 아동학대예방주간으로 한다(아동복지법 제23조 제1항).

⑤ 부모에 대한 효사상을 앙양하기 위하여 매년 5월 8일을 어버이날로 한다(노인복지법 제6조 제2항).

62

외국인에 대한 특례(국민기초생활보장법 제5조의2)

국내에 체류하고 있는 외국인 중 대한민국 국민과 혼인하여 본인 또는 배우자가 임신 중이거나 대한민국 국적의 미성년 자녀를 양육하고 있거나 배우자의 대한민국 국적인 직계존속(直系尊屬)과 생계나 주거를 같이하고 있는 사람으로서 대통령령으로 정하는 사람이 이 법에 따른 급여를 받을 수 있는 자격을 가진 경우에는 수급권자가 된다.

63

② 금융정보 등의 제공에 관한 규정을 위반하여 금융정보 등을 사용 · 제공 또는 누설한 자는 5년 이하의 징역 또는 5천만원 이하의 벌금에 처한다(국민기초생활보장법 제48조 제1항).

① · ③ 거짓이나 그 밖의 부정한 방법으로 급여를 받거나 다른 사람으로 하여금 급여를 받게 한 자, 급여의 대리수령 등에 관한 규정을 위반하여 지급받은 급여를 목적 외의 용도로 사용한 자는 1년 이하의 징역, 1천만원 이하의 벌금, 구류 또는 과료에 처한다(동법 제49조 참조).

④ 비밀누설 등의 금지에 관한 규정을 위반하여 직무상 알게 된 비밀을 누설하거나 다른 용도로 사용한 자는 1년 이하의 징역 또는 1천만원 이하의 벌금에 처한다(동법 제49조의2).

⑤ 보장시설의 장의 의무에 관한 규정을 위반하여 수급자의 급여 위탁을 정당한 사유 없이 거부한 자나 종교상의 행위를 강제한 자는 300만원 이하의 벌금, 구류 또는 과료에 처한다(동법 제50조).

64 산업재해보상보험법상 '업무상 사고'에 해당하지 않는 것은?

① 근로자가 근로계약에 따른 업무나 그에 따르는 행위를 하던 중 발생한 사고
② 사업주가 제공한 시설물 등을 이용하던 중 그 시설물 등의 결함이나 관리소홀로 발생한 사고
③ 사업주가 주관하거나 사업주의 지시에 따라 참여한 행사나 행사준비 중에 발생한 사고
④ 비통상적인 경로와 방법으로 출퇴근하는 중 발생한 사고
⑤ 휴게시간 중 사업주의 지배관리하에 있다고 볼 수 있는 행위로 발생한 사고

66 국민연금법상 급여의 종류에 해당하는 것을 모두 고른 것은?

> ㄱ. 노령연금
> ㄴ. 장해급여
> ㄷ. 유족연금
> ㄹ. 반환일시금

① ㄱ, ㄴ, ㄷ
② ㄱ, ㄴ, ㄹ
③ ㄱ, ㄷ, ㄹ
④ ㄴ, ㄷ, ㄹ
⑤ ㄱ, ㄴ, ㄷ, ㄹ

65 기초연금법상 수급권자의 범위에 관한 내용이다. (　　)에 들어갈 숫자가 옳은 것은?

> • 기초연금은 (ㄱ)세 이상인 사람으로서 소득인정액이 보건복지부장관이 정하여 고시하는 금액(이하 "선정기준액"이라 한다) 이하인 사람에게 지급한다.
> • 보건복지부장관은 선정기준액을 정하는 경우 (ㄱ)세 이상인 사람 중 기초연금 수급자가 100분의 (ㄴ) 수준이 되도록 한다.

① ㄱ : 60, ㄴ : 70
② ㄱ : 65, ㄴ : 70
③ ㄱ : 65, ㄴ : 80
④ ㄱ : 70, ㄴ : 70
⑤ ㄱ : 70, ㄴ : 80

67 고용보험법의 내용으로 옳은 것은? (해설 참조)

① 구직급여를 지급받으려는 사람은 이직 후 지체없이 직업안정기관에 출석하여 실업을 신고하여야 한다.
② 농업·임업 및 어업 중 법인이 아닌 자가 상시 4명의 근로자를 사용하는 사업에 대하여 고용보험법은 적용된다.
③ 구직급여의 수급 요건으로서 기준기간은 피보험자의 이직일 이전 36개월로 한다.
④ 실업 신고일부터 계산하기 시작하여 14일간의 대기기간 중에는 구직급여를 지급하지 않는다.
⑤ 이주비는 구직급여의 종류에 해당한다.

64

업무상 재해의 인정 기준 중 업무상 사고(산업재해보상보험법 제37조 제1항 참조)

- 근로자가 근로계약에 따른 업무나 그에 따르는 행위를 하던 중 발생한 사고
- 사업주가 제공한 시설물 등을 이용하던 중 그 시설물 등의 결함이나 관리소홀로 발생한 사고
- 사업주가 주관하거나 사업주의 지시에 따라 참여한 행사나 행사준비 중에 발생한 사고
- 휴게시간 중 사업주의 지배관리하에 있다고 볼 수 있는 행위로 발생한 사고
- 그 밖에 업무와 관련하여 발생한 사고

65

기초연금 수급권자의 범위 등(기초연금법 제3조 제1항 및 제2항)

- 기초연금은 65세 이상인 사람으로서 소득인정액이 보건복지부장관이 정하여 고시하는 금액(이하 "선정기준액"이라 한다) 이하인 사람에게 지급한다.
- 보건복지부장관은 선정기준액을 정하는 경우 65세 이상인 사람 중 기초연금 수급자가 100분의 70 수준이 되도록 한다.

66

ㄴ. 장해급여는 산업재해보상보험법상 보험급여에 해당한다.

국민연금법상 급여의 종류(국민연금법 제49조)

- 노령연금
- 장애연금
- 유족연금
- 반환일시금

67

이 문제는 개정 전 내용에 해당하므로 간단히 살펴본 후 넘어가도록 합니다.

① 고용보험법 제42조 제1항
② "농업·임업 및 어업 중 법인이 아닌 자가 상시 4명 이하의 근로자를 사용하는 사업"은 적용 제외 사업으로 명시되어 있었으나, 2024년 6월 25일 시행령 개정에 따라 해당 항목이 삭제되었다.
③ 구직급여의 수급 요건으로서 기준기간은 원칙적으로 이직일 이전 18개월로 한다(동법 제40조 제2항 참조).
④ 실업의 신고일부터 계산하기 시작하여 원칙적으로 7일간은 대기기간으로 보아 구직급여를 지급하지 아니한다(동법 제49조 제1항).
⑤ 이주비는 취업촉진 수당의 종류에 해당한다(동법 제37조 제2항 참조).

참고

2024년 6월 25일 시행령 개정에 따라 법인이 아닌 자가 상시 4명 이하의 근로자를 사용하는 농업·임업·어업 사업에 종사하는 근로자도 고용보험 가입을 신청하는 경우 고용보험에 가입할 수 있습니다.

68 국민건강보험법상 국민건강보험공단이 관장하는 업무에 해당하지 않는 것은?

① 가입자 및 피부양자의 자격 관리
② 자산의 관리 · 운영 및 증식사업
③ 의료시설의 운영
④ 건강보험에 관한 교육훈련 및 홍보
⑤ 요양급여비용의 심사

69 학대에 관한 설명으로 옳은 것을 모두 고른 것은?

> ㄱ. 장애인복지법상 장애인학대에 경제적 착취는 포함되지 않는다.
> ㄴ. 아동학대범죄의 처벌 등에 관한 특례법에 따른 아동학대범죄는 아동복지법상 아동학대관련범죄에 해당한다.
> ㄷ. 노인복지법상 노인학대라 함은 노인에 대하여 신체적 · 정신적 · 정서적 · 성적 폭력 및 경제적 착취 또는 가혹행위를 하거나 유기 또는 방임을 하는 것을 말한다.

① ㄷ
② ㄱ, ㄴ
③ ㄱ, ㄷ
④ ㄴ, ㄷ
⑤ ㄱ, ㄴ, ㄷ

70 노인복지법상 노인복지시설의 종류에 해당하지 않는 것은?

① 노인주거복지시설
② 독거노인종합지원센터
③ 노인보호전문기관
④ 학대피해노인 전용쉼터
⑤ 노인일자리지원기관

71 사회복지법상 연령 규정이 옳지 않은 것은?

① 다문화가족지원법상 "아동 · 청소년"이란 24세 이하인 사람을 말한다.
② 아동복지법상 "아동"이란 18세 미만인 사람을 말한다.
③ 한부모가족지원법상 "청소년 한부모"란 24세 이하의 모 또는 부를 말한다.
④ 한부모가족지원법상 "취학 중인 경우의 아동"은 24세 미만인 사람을 말한다.
⑤ 노인복지법상 노인의 정의에 대한 연령 규정은 없다.

68

⑤ 요양급여비용의 심사는 건강보험심사평가원이 관장하는 업무에 해당한다(국민건강보험법 제63조 제1항 참조).

국민건강보험공단이 관장하는 업무(국민건강보험법 제14조 제1항)

- 가입자 및 피부양자의 자격 관리(①)
- 보험료와 그 밖에 이 법에 따른 징수금의 부과 · 징수
- 보험급여의 관리
- 가입자 및 피부양자의 질병의 조기발견 · 예방 및 건강관리를 위하여 요양급여 실시 현황과 건강검진 결과 등을 활용하여 실시하는 예방사업으로서 대통령령으로 정하는 사업
- 보험급여 비용의 지급
- 자산의 관리 · 운영 및 증식사업(②)
- 의료시설의 운영(③)
- 건강보험에 관한 교육훈련 및 홍보(④)
- 건강보험에 관한 조사연구 및 국제협력
- 국민건강보험법에서 공단의 업무로 정하고 있는 사항
- 국민연금법, 고용보험 및 산업재해보상보험의 보험료징수 등에 관한 법률, 임금채권보장법 및 석면피해구제법에 따라 위탁받은 업무
- 그 밖에 국민건강보험법 또는 다른 법령에 따라 위탁받은 업무
- 그 밖에 건강보험과 관련하여 보건복지부장관이 필요하다고 인정한 업무

69

ㄱ. '장애인학대'란 장애인에 대하여 신체적 · 정신적 · 정서적 · 언어적 · 성적 폭력이나 가혹행위, 경제적 착취, 유기 또는 방임을 하는 것을 말한다(장애인복지법 제2조 제3항).
ㄴ. 아동복지법상 '아동학대관련범죄'란 아동학대범죄의 처벌 등에 관한 특례법에 따른 아동학대범죄 또는 아동에 대한 형법상 살인의 죄에 관한 규정에 해당하는 죄를 말한다(아동복지법 제3조 제7의2호).
ㄷ. 노인복지법 제1조의2 제4호

70

노인복지시설의 종류(노인복지법 제31조 참조)

- 노인주거복지시설(①)
- 노인의료복지시설
- 노인여가복지시설
- 재가노인복지시설
- 노인보호전문기관(③)
- 노인일자리지원기관(⑤)
- 학대피해노인 전용쉼터(④)

참고

노인일자리전담기관으로서 '노인인력개발기관', '노인일자리지원기관', '노인취업알선기관'에 관한 규정이 2024년 11월 1일부로 「노인 일자리 및 사회활동 지원에 관한 법률」로 이관되었으나, '노인일자리지원기관'의 경우 법률 이관 이후에도 「노인복지법」에 따른 노인복지시설로 분류되고 있습니다.

71

④ "아동"이란 18세 미만(취학 중인 경우에는 22세 미만을 말하되, 「병역법」에 따른 병역의무를 이행하고 취학 중인 경우에는 병역의무를 이행한 기간을 가산한 연령 미만을 말한다)의 자를 말한다(한부모가족지원법 제4조 제5호).

72 사회복지공동모금회법의 내용으로 옳지 않은 것은?

① 기부하는 자의 의사에 반하여 기부금품을 모집하여서는 아니 된다.

② 공동모금재원은 지역 · 단체 · 대상자 및 사업별로 복지수요가 공정하게 충족되도록 배분하여야 한다.

③ 공동모금재원의 배분은 객관적인 기준에 따라 효율적으로 이루어지도록 하고, 그 결과를 공개하여야 한다.

④ 이 법 또는 모금회의 정관으로 규정하지 아니한 사항은 「민법」 중 사단법인에 관한 규정을 준용한다.

⑤ 국가나 지방자치단체는 모금회에 기부금품 모집에 필요한 비용과 모금회의 관리 · 운영에 필요한 비용을 보조할 수 있다.

73 자원봉사활동의 기본 방향에 관한 자원봉사활동기본법 제2조 제2호 규정이다. ( )에 들어갈 내용이 아닌 하나는?

> 자원봉사활동은 무보수성, 자발성, ( ), ( ), ( ), ( )의 원칙 아래 수행될 수 있도록 하여야 한다.

① 공익성
② 비영리성
③ 비정파성(非政派性)
④ 비종파성(非宗派性)
⑤ 무차별성

74 성폭력방지 및 피해자보호 등에 관한 법률의 내용으로 옳지 않은 것은?

① 피해자의 의사에 반하여 피해자 상담을 할 수 있다.

② 보호시설의 장이나 종사자는 업무상 알게 된 비밀을 누설해서는 아니 된다.

③ 보호시설에 대한 보호비용의 지원 방법 및 절차 등에 필요한 사항은 여성가족부령으로 정한다.

④ 시장 · 군수 · 구청장은 민간의료시설을 피해자 등의 치료를 위한 전담의료기관으로 지정할 수 있다.

⑤ 국가 또는 지방자치단체는 이 법 제27조 제2항에 따른 치료 등 의료 지원에 필요한 경비의 전부 또는 일부를 지원할 수 있다.

75 장애인고용부담금 부과처분과 관련한 헌법재판소 결정(2001헌바96)의 내용으로 옳지 않은 것은?

① 기업의 경제상 자유는 공공복리를 위해 법률로 제한할 수 있다.

② 국가는 경제주체 간의 조화를 통한 경제민주화를 위해 규제와 조정을 할 수 있다.

③ 고용부담금제도는 장애인고용의무제의 실효성을 확보하는 수단이므로 입법목적의 정당성이 인정된다.

④ 고용부담금제도는 그 자체가 고용의무를 성실히 이행하는 사업주와 그렇지 않는 사업주 간의 경제적 부담의 불균형을 조정하는 기능을 하기 때문에 고용부담금제도 자체의 차별성은 문제가 되지 않는다.

⑤ 대통령령이 정하는 일정 수 이상의 근로자를 고용하는 사업주는 기준고용률 이상에 해당하는 장애인을 고용해야 한다고 규정한 구 장애인고용촉진등에관한법률 제35조 제1항 본문은 헌법에 불합치한다.

72

④ 이 법 또는 모금회의 정관으로 규정하지 아니한 사항은 「민법」 중 재단법인에 관한 규정을 준용한다(사회복지공동모금회법 제34조).
① 동법 제3조 제1항
② 공동모금재원은 지역·단체·대상자 및 사업별로 복지수요가 공정하게 충족되도록 배분하여야 하고, 이 법의 목적 및 재원 사용 등의 용도에 맞도록 공정하게 관리·운용하여야 한다(동법 제3조 제2항).
③ 동법 제3조 제3항
⑤ 동법 제33조 제1항

73

자원봉사활동의 기본 방향(자원봉사활동기본법 제2조 제2호)

자원봉사활동은 무보수성, 자발성, 공익성, 비영리성, 비정파성(非政派性), 비종파성(非宗派性)의 원칙 아래 수행될 수 있도록 하여야 한다.

74

① 성폭력피해상담소, 성폭력피해자보호시설, 성폭력피해자통합지원센터 및 중앙디지털성범죄피해자지원센터 등의 장과 종사자는 피해자 등이 분명히 밝힌 의사에 반하여 법령에 따른 업무 등을 할 수 없다(성폭력방지 및 피해자보호 등에 관한 법률 제24조).
② 성폭력피해상담소, 성폭력피해자보호시설, 성폭력피해자통합지원센터 또는 중앙디지털성범죄피해자지원센터 등의 장이나 그 밖의 종사자 또는 그 직에 있었던 사람은 그 직무상 알게 된 비밀을 누설하여서는 아니 된다(동법 제30조).
③ 동법 제14조 제2항
④ 여성가족부장관, 특별자치시장·특별자치도지사 또는 시장·군수·구청장은 국립·공립병원, 보건소 또는 민간의료시설을 피해자 등의 치료를 위한 전담의료기관으로 지정할 수 있다(동법 제27조 제1항).
⑤ 동법 제28조 제1항

75

⑤ 장애인고용의무조항(구 장애인고용촉진등에관한법률 제35조 제1항 본문 중 "대통령령이 정하는 일정 수 이상의 근로자를 고용하는 사업주" 부분)에 대하여 위헌의견에 찬성한 재판관이 5인이어서 다수이기는 하지만 헌법소원에 관한 인용결정을 위한 심판정족수(6인 이상의 찬성)에는 이르지 못하여 위헌결정을 할 수 없으므로, 이 사건 심판대상조항 모두에 대하여 합헌결정을 선고한 것이다(헌재 2001헌바96).

참고

사업주의 장애인고용의무(구 장애인고용촉진등에관한 법률 제35조 제1항)

대통령령이 정하는 일정 수 이상의 근로자를 고용하는 사업주는 그 근로자의 총수의 100분의 1이상 100분의 50이내의 범위안에서 대통령령이 정하는 비율 이상에 해당하는 장애인을 고용하여야 한다.

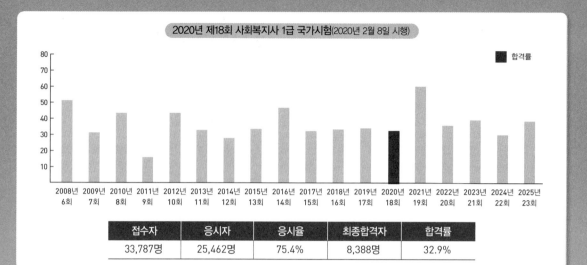

2020년 제18회 시험은 어떻게 출제되었나?

전반적인 난이도 측면에서 이전 시험과 비슷한 수준인 것으로 보입니다. 물론 초창기 시험에 비해 사례형 문항이나 심화된 지문 내용으로 인해 문항 내용이 다소 까다로운 것처럼 보일 수 있겠으나, 이론학습이 충실히 이루어졌다면 약간의 응용으로 충분히 풀 수 있을 것으로 보입니다. 다만, 각 영역별 구분이 모호한 경우도 볼 수 있는데, 특히 5영역 지역사회복지론, 6영역 사회복지정책론, 8영역 사회복지법제론은 이를 별개의 영역으로 구분하여 학습하기보다는 서로 연관된 내용들을 교차하여 학습할 필요가 있습니다.

1교시 사회복지기초

1영역 인간행동과 사회환경은 시험에서 주로 다루어지는 학자 및 이론이 제한적이므로 수험생들이 가장 쉽게 접근할 수 있는 영역입니다. 이번 시험에서도 인간발달에 관한 기본적인 내용에서부터 로저스, 에릭슨, 아들러, 피아제 등의 이론, 생태학적 이론 및 사회체계이론 등 비교적 고르게 출제되었으며, 문항별 난이도 또한 그리 높지 않았습니다.

2영역 사회복지조사론은 본래 수험생들이 가장 어렵게 생각하는 영역이나, 다행히 이번 시험에서는 과거에 비해 쉽게 출제되었습니다. 다만, 이번에도 보기상의 사례 형태로 출제된 문항들이 눈에 띄는데, 사실 이런 형태의 문항들은 단순 이론 암기로는 풀 수 없습니다. 따라서 이해가 아닌 암기로 시험에 임한 분들은 어렵게 느껴졌을 것으로 보입니다.

2교시 사회복지실천

3영역 사회복지실천론은 전반적으로 무난한 난이도를 보였습니다. 실천론에서는 특히 실천 과정에 대한 문항들이 다수 출제되는데, 이번에도 접수단계에서 종결단계에 이르기까지 비교적 고르게 출제되었습니다. 다만, 사례관리에 관한 문항, 윤리에 관한 문항이 각각 3문항씩 출제된 점에 주목할 필요가 있습니다.

4영역 사회복지실천기술론은 이번 시험에서 가장 어렵게 출제된 영역으로 보입니다. 여기서는 단순 이론적 지식으로 풀기 어려운 응용문제와 사례문제들이 눈에 띄는데, 특히 가족실천에서 사회복지사의 합류나 노인학대, 알코올 중독자 가족 모임 등 사례문제는 사실 명확히 정답을 한정하기 어렵고 논란의 소지도 있습니다.

5영역 지역사회복지론은 비교적 예상 가능한 내용 범위의 문항들이 출제되었으나, 출제자가 문항 자체를 까다롭게 제시한 흔적이 보입니다. 특히 보기에서 옳은 것(혹은 틀린 것)을 모두 고르는 이른바 K형 문항은 수험생들을 고심하게 만들었을 것으로 보입니다. 이번 시험에서는 지역사회복지실천모델에 관한 문항 수가 줄어든 반면, 법제론에서 출제될만한 문항들이 제법 보였습니다.

3교시 사회복지정책과 제도

6영역 사회복지정책론은 수험생에 따라 난이도 수준이 다르게 느껴졌을 것으로 보입니다. 그 원인은 누구도 예상치 못한 최근 사회복지정책 이슈에 관한 문제와 생계급여액 계산문제에서 비롯됩니다. 물론 비교적 간단한 계산이 필요한 문제이나 사회복지사 자격시험에서 계산문제가 출제된다는 사실만으로도 적지 않은 충격으로 다가왔을 겁니다.

7영역 사회복지행정론은 지난 17회 시험과 달리 비교적 쉬운 난이도를 보였습니다. 따라서 어느 정도 이론학습에 충실하였다면 충분히 점수를 획득할 수 있을 것으로 보입니다. 다만, 「사회복지법인 및 사회복지시설 재무·회계 규칙」에 관한 문제가 이번에도 한 문항 출제되었는데, 그 방대한 내용을 모두 암기하기는 어려울 것으로 보입니다.

8영역 사회복지법제론은 사실 암기영역이라 할 수 있는 만큼, 학습시간에 비례하여 점수의 높낮이가 결정된다고 해도 과언이 아닙니다. 출제자가 비교적 다양한 법령에서 문제를 출제하려고 노력한 흔적이 보이나, 앞선 5영역이나 6영역에 법령 관련 문제가 출제된 만큼, 특히 사회보장급여법이나 사회보험 관련 법률에 대한 체계적인 학습이 다시 한번 강조됩니다.

2020년도 제18회 사회복지사 1급 국가자격시험

교 시	문제형별	시 간	시험과목
1~3교시		200분	① 사회복지기초 ② 사회복지실천 ③ 사회복지정책과 제도

수험번호		성 명	

수험자 유의사항

1. 시험문제지 표지와 시험문제지 내 문제형별의 동일여부 및 시험문제지의 총면수, 문제번호 일련순서, 인쇄상태 등을 확인하시고, 문제지 표지에 수험번호와 성명을 기재하시기 바랍니다.

2. 답은 각 문제마다 요구하는 가장 적합하거나 가까운 답 1개만 선택하고, 답안카드 작성 시 시험문제지 형별누락, 마킹착오로 인한 불이익은 전적으로 수험자에게 책임이 있음을 알려 드립니다.

3. 답안카드는 국가전문자격 공통 표준형으로 문제번호가 1번부터 125번까지 인쇄되어 있습니다. 답안 마킹 시에는 반드시 시험문제지의 문제번호와 동일한 번호에 마킹하여야 합니다.

4. 감독위원의 지시에 불응하거나 시험시간 종료 후 답안카드를 제출하지 않을 경우 불이익이 발생할 수 있음을 알려 드립니다.

5. 답안작성은 시험시행일 현재 시행되는 법령 등을 적용하시기 바랍니다.

6. 시험문제지는 시험 종료 후 가져가시기 바랍니다.

제1과목 ▶ 사회복지기초

제1영역 **인간행동과 사회환경**

01 인간발달의 원리에 관한 설명으로 옳지 않은 것은?

① 환경적 요인보다 유전적 요인을 중요시 한다.
② 결정적 시기가 있다.
③ 일정한 순서가 있다.
④ 개인차이가 존재한다.
⑤ 특정단계의 발달은 이전의 발달과업 성취에 기초한다.

02 다음의 설명으로 옳은 것을 모두 고른 것은?

> ㄱ. 성장은 키가 커지거나 몸무게가 늘어나는 등의 양적 변화를 의미한다.
> ㄴ. 성숙은 유전인자에 의해 발달 과정이 방향 지어지는 것을 의미한다.
> ㄷ. 학습은 직·간접 경험 및 훈련과정을 통한 변화를 의미한다.

① ㄱ
② ㄴ
③ ㄱ, ㄴ
④ ㄴ, ㄷ
⑤ ㄱ, ㄴ, ㄷ

03 로저스(C. Rogers)의 이론이 사회복지실천에 미친 영향으로 옳지 않은 것은?

① 비지시적인 상담의 중요성을 강조한다.
② 공감적 상담의 중요성을 강조한다.
③ 비심판적 태도는 원조관계에 유용하다.
④ 클라이언트 자기결정권의 중요성을 강조한다.
⑤ 클라이언트의 과거 정신적 외상의 중요성을 강조한다.

04 개방형 가족체계에 관한 설명으로 옳은 것은?

① 외부체계와의 상호작용을 하지 않는다.
② 체계 내의 가족기능은 쇠퇴하게 된다.
③ 에너지, 정보, 자원을 다른 체계들과 교환한다.
④ 주변 환경으로부터 고립되어 있다.
⑤ 지역사회와의 교류가 제한된다.

제1과목 ▶ 사회복지기초

01

① '환경 속의 인간(Person In Environment)'은 인간발달 이해를 위한 기본 관점으로, 발달은 유전적 요인뿐만 아니라 외부로부터 받은 환경과의 상호작용으로 진행된다. 따라서 인간행동의 이해를 위해 유전적 요인과 환경적 요인의 상호작용을 분석하여야 한다.

03

⑤ 로저스(Rogers)의 인본주의이론이 사회복지실천에 미친 영향은 감정이입, 진실성(일치성), 자기결정권, 무조건적인 긍정적 관심, 비심판적 태도 등이 있다. 참고로 클라이언트의 과거 정신적 외상의 중요성을 강조한 것은 프로이트(Freud)의 정신분석이론이다.

02

성장, 성숙, 학습

성 장 (Growth)	• 신체 크기의 증대, 근력의 증가, 인지의 확장 등과 같은 양적 확대를 의미한다. • 특히 신체적 부분에 국한된 변화를 설명할 때 주로 사용된다.
성 숙 (Maturation)	• 부모로부터 받은 유전인자가 지니고 있는 정보에 따라 일어나는 변화를 의미한다. • 경험이나 훈련에 관계없이 일어나는 것으로, 내적·유전적 메커니즘에 의해 출현되는 신체적·심리적 변화를 말한다.
학 습 (Learning)	• 훈련과정을 통해 행동이 변화하는 과정을 의미한다. • 특수한 경험이나 훈련 또는 연습과 같은 외부 자극이나 조건, 즉 환경에 의해 개인이 내적으로 변하는 것을 의미한다.

04

개방형 가족체계와 폐쇄형 가족체계

개방형 가족 체계	가족구성원 간에 상호작용과 외부체계와의 상호작용이 원만하다. 이러한 가족은 그 영역이 지역사회의 공간으로 확대되는 동시에 외부문화도 가족공간으로 유입된다.
폐쇄형 가족 체계	가족 간의 의사소통이 부족하고 외부체계와의 상호작용을 하지 않는다. 따라서 외부와의 상호작용과 사람, 물건, 정보, 자원 등의 출입을 제한한다. 이러한 가족은 자녀의 활동에 대한 부모의 통제가 강하다.

05 다음 학자의 주요 이론과 기법의 연결이 옳은 것은?

① 스키너(B. Skinner) – 행동주의이론 – 강화계획
② 프로이트(S. Freud) – 정신분석이론 – 타임아웃기법
③ 피아제(J. Piaget) – 분석심리이론 – 합리정서치료
④ 매슬로우(A. Maslow) – 인본주의이론 – 자유연상
⑤ 융(C. Jung) – 개인심리이론 – 행동조성

06 로저스(C. Rogers)의 이론에 관한 설명으로 옳은 것을 모두 고른 것은?

> ㄱ. 인간은 합목적적이며 건설적인 존재이다.
> ㄴ. 모든 인간에게는 객관적 현실만 존재한다.
> ㄷ. 완전히 기능하는 사람은 자신의 경험에 대해 개방적이다.
> ㄹ. 무조건적인 긍정적 관심이 건강한 성격 발달을 위한 중요한 요소이다.

① ㄱ, ㄴ
② ㄴ, ㄷ
③ ㄱ, ㄴ, ㄷ
④ ㄱ, ㄷ, ㄹ
⑤ ㄱ, ㄴ, ㄷ, ㄹ

07 매슬로우(A. Maslow)의 이론에 관한 설명으로 옳지 않은 것은?

① 인간의 창조성은 잠재적 본성이다.
② 각 개인은 통합된 전체로 간주된다.
③ 안전의 욕구는 소속과 사랑의 욕구보다 상위단계의 욕구이다.
④ 인간의 욕구는 자신을 성장하도록 동기부여 한다.
⑤ 인간본성에 대해서 낙관적인 태도를 보이고 있다.

08 융(C. Jung)의 이론에 관한 설명으로 옳은 것은?

① 남성의 여성적인 면은 아니무스(Animus), 여성의 남성적인 면은 아니마(Anima)이다.
② 원초아(Id), 자아(Ego), 초자아(Superego)의 중요성을 강조한다.
③ 음영(Shadow)은 자기나 자아상과 같은 개념으로 인간의 어둡고 동물적인 측면이다.
④ 페르소나(Persona)는 개인이 외부세계에 보여주는 이미지이며, 사회적 요구에 대한 반응이다.
⑤ 집단무의식(Collective Unconscious)은 다양한 콤플렉스에 기초한다.

05

② 타임아웃(Time-out)은 문제행동이 어떠한 상황으로 인해 강화되는 경우 행위자를 상황으로부터 격리시키는 것으로 행동주의 기법에 해당한다.

③ 분석심리이론을 주창한 학자는 융(Jung)이며, 합리정서치료의 대표적인 학자는 엘리스(Ellis)이다.

④ 자유연상(Free Association)은 클라이언트로 하여금 의식에 떠오르는 것이면 모든 것을 이야기하도록 하는 것으로, 프로이트(Freud)의 정신분석이론과 연관된 기법이다.

⑤ 개인심리이론을 주창한 학자는 아들러(Adler)이며, 목표행동을 세분화하여 연속적 · 단계적으로 강화하는 행동조성(Shaping)은 행동주의 기법에 해당한다.

07

③ 소속과 사랑의 욕구(애정과 소속에 대한 욕구)가 안전(안정)에 대한 욕구보다 상위단계의 욕구이다.

욕구위계의 5단계 피라미드(Maslow)

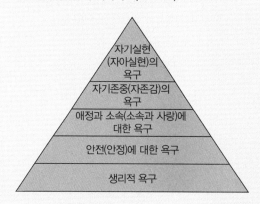

06

ㄴ. 로저스(Rogers)의 인본주의이론(현상학이론)은 인간의 주관적 경험을 강조하며, 주관적 현실세계만이 존재한다고 본다.

08

① 아니무스(Animus)는 무의식에 존재하는 여성의 남성적인 측면을 말하며, 아니마(Anima)는 무의식에 존재하는 남성의 여성적인 측면을 말한다.

② 원초아(Id), 자아(Ego), 초자아(Super-ego)의 중요성을 강조한 것은 프로이트(Freud)의 정신분석이론이다.

③ 음영(Shadow)은 우리 자신이 용납하기 어려운 특질과 감정들로서, 대부분 자기상(Self-image)과 반대되는 요소들로 구성되어 있다.

⑤ 집단무의식(Collective Unconscious)은 모든 인류에게 공통적 · 보편적으로 존재하는 것으로서, 개인적 경험과는 상관없이 조상 또는 종족 전체의 경험 및 생각과 관계가 있는 원시적 감정, 공포, 사고, 원시적 성향 등을 포함하는 무의식이다.

09 에릭슨(E. Erikson)의 이론에 관한 설명으로 옳지 않은 것은?

① 사회적 관심, 창조적 자아, 가족형상 등을 강조한다.
② 청소년기의 자아정체감 발달을 강조한다.
③ 성격발달에 있어서 환경과의 상호작용이 중요하다고 본다.
④ 각 단계의 발달은 이전 단계의 심리사회적 갈등해결과 통합을 토대로 이루어진다.
⑤ 발달은 점성의 원리에 기초한다.

10 아들러(A. Adler)의 이론에 관한 설명으로 옳은 것을 모두 고른 것은?

> ㄱ. 인간을 사회적 존재로 보았다.
> ㄴ. 인간의 성격발달 단계를 제시하였다.
> ㄷ. 출생순위, 가족과 형제관계에서의 경험은 생활양식에 영향을 준다.

① ㄱ
② ㄴ
③ ㄷ
④ ㄱ, ㄴ
⑤ ㄱ, ㄷ

11 피아제(J. Piaget)의 인지이론에 관한 설명으로 옳은 것은?

① 구체적 조작기에는 추상적으로 사고하고 추론을 통해 가설을 검증할 수 있다.
② 인지능력의 발달은 아동과 환경 간의 상호작용에 의해 단계적으로 성취되며 발달단계의 순서는 변하지 않는다.
③ 인간의 무의식에 초점을 둔다.
④ 도덕발달단계를 1단계에서 6단계로 제시한다.
⑤ 보존개념은 전조작기에 획득된다.

12 받아들일 수 없는 자신의 욕망이나 충동을 타인에게 돌리는 방어기제는?

① 전치(Displacement)
② 억압(Repression)
③ 투사(Projection)
④ 합리화(Rationalization)
⑤ 반동형성(Reaction Formation)

09

① 아들러(Adler)의 개인심리이론에 대한 내용이다.

아들러(Adler) 개인심리이론의 주요 개념

- 창조적 자기 또는 창조적 자아(Creative Self) : 개인이 인생의 목표를 직시하고 결정하고 선택하는 능력을 말하는 것으로, 특히 성격형성에서 자유와 선택을 강조하는 개념이다.
- 사회적 관심(Social Interest) : 개인이 이상적 공동사회 추구의 목표를 달성하고자 하는 성향을 말하는 것으로, 인류와의 동일시 감정과 인류 각 구성원에 대한 감정이입을 의미한다.
- 가족형상(Family Constellation) : 가족성원 간 정서적 유대, 가족의 크기, 가족의 성적 구성 및 출생순위, 가족역할 모델 등을 포함하는 가족분위기를 의미한다.

10

ㄴ. 아들러(Adler)는 특별히 인간의 성격발달 단계를 제시하지 않았다. 다만, 프로이트(Freud)와 마찬가지로 발달이 대략 5세경에 거의 형성되며, 이후에는 근본적인 변화가 없다고 보는 결정론적 관점을 취하고 있다.

11

① 가설 · 연역적 사고는 물론 추상적 사고 또한 가능한 것은 형식적 조작기이다.
③ 인간의 무의식에 초점을 둔 것은 프로이트(Freud)의 정신분석이론이다.
④ 도덕성 발달 수준을 3수준, 6단계로 구분한 것은 콜버그(Kohlberg)의 도덕성 발달이론이다.
⑤ 전조작기에는 보존개념을 어렴풋이 이해하기 시작하지만 아직 획득하지 못한 단계이며, 구체적 조작기에서 사물의 형태가 변하더라도 그 사물의 질량이나 무게 등은 변하지 않을 수 있다는 보존개념(Conservation)을 획득하게 된다.

12

① 전치(Displacement)는 자신이 어떤 대상에 느낀 감정을 보다 덜 위협적인 다른 대상에게 표출하는 것이다.
② 억압(Repression)은 죄의식이나 괴로운 경험, 수치스러운 생각을 의식에서 무의식으로 밀어내는 것으로서 선택적인 망각을 의미한다.
④ 합리화(Rationalization)는 현실에 더 이상 실망을 느끼지 않기 위해 또는 정당하지 못한 자신의 행동에 그럴듯한 이유를 붙이기 위해 자신의 말이나 행동을 정당화하는 것이다.
⑤ 반동형성(Reaction Formation)은 자신이 가지고 있는 무의식적 소망이나 충동을 본래의 의도와 달리 반대되는 방향으로 바꾸는 것이다.

13 반두라(A. Bandura)의 사회학습이론으로 옳지 않은 것은?

① 자기강화란 자기 스스로 목표한 일을 달성하고 자신에게 강화물을 주어서 행동을 유지하고 변화해 나가는 과정이다.

② 자기효능감은 자신이 바라는 목적을 이루기 위해 특정 행동을 성공적으로 수행할 수 있다는 신념이다.

③ 관찰학습은 단순한 환경적 자극에 대한 반응을 통하여 행동을 학습하는 것이 아니라 타인의 행동을 관찰함으로써 행동을 습득하는 것이다.

④ 관찰학습의 마지막 단계는 운동재생단계이다.

⑤ 인간의 성격은 개인적, 행동적, 환경적 요소들 간의 지속적인 상호작용에 의하여 발달한다.

14 행동주의의 주요 개념에 관한 설명으로 옳은 것을 모두 고른 것은?

> ㄱ. 인간의 행동은 환경적 자극에 의해 동기화된다.
> ㄴ. 변별자극은 어떤 반응이 보상될 것이라는 단서 혹은 신호로 작용하는 자극이다.
> ㄷ. 강화에는 즐거운 결과를 의미하는 정적 강화와 혐오적 결과를 제거하는 부적 강화가 있고 이 두 가지는 모두 행동의 빈도를 증가시킨다.

① ㄱ
② ㄴ
③ ㄱ, ㄴ
④ ㄴ, ㄷ
⑤ ㄱ, ㄴ, ㄷ

15 생태학적 이론에 관한 설명으로 옳지 않은 것은?

① 개인을 환경과 상황 속에서 이해한다.

② 성격은 개인과 환경 사이의 상호작용의 산물이다.

③ 적합성은 인간의 욕구와 환경자원이 부합되는 정도를 말한다.

④ 생활상의 문제는 전체적 생활공간 내에서 이해한다.

⑤ 환경과의 상호작용에서 인간을 수동적인 존재로 본다.

16 사회체계이론의 개념 중 체계 내부 간 또는 체계 외부와의 상호작용이 증가함으로써 체계 내의 에너지양이 증가하는 것을 의미하는 것은?

① 엔트로피(Entropy)
② 시너지(Synergy)
③ 항상성(Homeostasis)
④ 넥엔트로피(Negentropy)
⑤ 홀론(Holon)

13

관찰학습의 과정(Bandura)

주의집중 과정	모델에 주의를 집중시키는 과정으로서 모델은 매력적 특성을 가지고 있어서 주의를 끌게 되며, 관찰자의 흥미와 같은 심리적 특성에 대해서도 영향을 받는다.
보존과정 (기억과정, 파지과정)	모방한 행동을 상징적 형태로 기억 속에 담는 것을 말한다. 이때 행동의 특징을 회상할 수 있는 능력이 관찰학습에서 중요하다.
운동재생 과정	모델을 모방하기 위해 심상 및 언어로 기호화된 표상을 외형적인 행동으로 전환하는 단계이다. 이때 전제조건은 신체적인 능력이다.
동기화과정 (자기강화과정)	관찰을 통해 학습한 행동은 강화를 받아야 동기화가 이루어져 행동의 수행가능성을 높인다. 행동을 학습한 후 그 행동을 수행할 여부를 결정하는 데 중요한 역할을 하는 것이 바로 강화이다.

14

ㄱ. 스키너(Skinner)는 인간의 행동은 환경적 자극에 의해 동기화되고, 행동에 따르는 강화에 의해 전적으로 결정된다고 보았다.

ㄴ. 변별자극은 바람직한 결과를 얻기 위해 어떤 행동을 선택해야 할지를 암시해 준다. 예를 들어, 아이가 벽에 낙서를 했을 때 어머니가 무서운 표정을 짓는다면, 벽에 낙서를 하는 행동은 곧 처벌로 이어진다는 신호로 작용하여 일종의 변별자극이 된다.

ㄷ. 정적 강화는 유쾌 자극을 제시하여 행동의 빈도를 증가시키는 것이며, 부적 강화는 불쾌 자극을 철회하여 행동의 빈도를 증가시키는 것이다.

15

생태학적 이론의 주요 개념으로서 개인-환경 간의 적합성(Goodness-of-fit)

• 개인의 적응적 욕구와 환경의 질이 어느 정도 부합되는가와 연관된 개념이다.

• 개인과 환경이 지속적으로 상호작용하는 적응(Adaptation)의 과정을 통해 획득된다.

• 인간과 환경이 서로의 요구에 적응하면서 변화하고 발달해 감에 따라 서로에게 더욱 유익한 효과를 얻어낼 수 있다.

• 상호작용은 적응적일 수도, 부적응적일 수도 있다. 즉, 개인과 환경 간에 협력적 상호관계가 유지될 때 적합성이 이루어지는 반면, 양자 간에 갈등과 힘의 불균형이 야기될 때 부적합성이 야기된다.

16

① 엔트로피(Entropy)는 폐쇄체계적인 속성을 가지며, 체계 내부의 에너지만 소모함으로써 유용한 에너지가 감소하는 상태를 말한다. 체계가 소멸해 가거나, 무질서해지고 비조직화 되는 과정을 의미한다.

③ 항상성(Homeostasis)은 개방체계적인 속성으로서, 환경과 지속적으로 소통하면서 역동적인 균형을 이루는 상태를 말한다.

④ 넥엔트로피 또는 역(부적)엔트로피(Negentropy)는 개방체계적인 속성을 가지며, 체계 외부로부터 에너지가 유입됨으로써 체계 내부의 불필요한 에너지가 감소하는 상태를 말한다.

⑤ 홀론(Holon)은 전체와 부분을 별개로 나눌 수 없다는 사실을 전제로, 작은 체계들 속에서 그들을 둘러싼 큰 체계의 특성이 발견되기도 하고 작은 체계들이 큰 체계에 동화되기도 하는 체계의 이중적 성격을 나타낸다.

17 집단에 관한 설명으로 옳은 것은?

① 1차 집단(Primary Group)은 목적달성을 위해 인위적으로 만들어진 집단이다.
② 2차 집단(Secondary Group)은 혈연이나 지연을 바탕으로 자연발생적으로 이루어진 집단이다.
③ 자연집단(Natural Group)은 특정 위원회나 팀처럼 일정한 목적을 갖는 것이 특징이다.
④ 자조집단(Self-help Group)은 유사한 어려움과 관심사를 가진 구성원들의 경험을 나누며 바람직한 변화를 추구한다.
⑤ 개방집단(Open-end Group)은 집단이 진행되는 동안 새로운 구성원의 입회가 불가능하다.

18 태내기(Prenatal Period)의 발달에 관한 설명으로 옳지 않은 것은?

① 환경호르몬, 방사능 등 외부환경과 임신부의 건강상태, 정서상태, 생활습관 등이 태아의 발달에 영향을 미친다.
② 터너(Turner)증후군은 남아가 XXY, XXXY 등의 성염색체를 가져 외모는 남성이지만 사춘기에 여성적인 2차 성징이 나타난다.
③ 양수검사는 임신초기에 할 경우 자연유산의 위험성이 있으므로 임신중기에 실시하는 것이 좋다.
④ 융모막검사는 정확도가 양수검사에 비해 떨어지고 유산의 위험성이나 사지 기형의 가능성이 있어 염색체 이상이나 노산일 경우에 제한적으로 실시하는 것이 좋다.
⑤ 다운증후군은 23쌍의 염색체 중 21번 염색체가 하나 더 존재해서 유발된다.

19 영아기(0~2세)에 관한 설명으로 옳지 않은 것은?

① 제1성장 급등기라고 할 정도로 일생 중 신체적으로 급격한 성장이 일어난다.
② 프로이트(S. Freud)의 구강기, 피아제(J. Piaget)의 감각운동기에 해당된다.
③ 생존반사로는 연하반사(삼키기반사), 빨기반사, 바빈스키반사, 모로반사 등이 있다.
④ 대상이 눈에 보이지 않아도 존재한다는 사실을 인식할 수 있는 대상연속성이 습득된다.
⑤ 양육자와의 애착관계형성은 사회 · 정서적 발달에 매우 중요하다.

20 아동기(7~12세)의 발달에 관한 설명으로 옳은 것을 모두 고른 것은?

> ㄱ. 에릭슨(E. Erikson)의 심리사회적 위기 중 솔선성 대 죄의식(Initiative vs Guilt)이 해당된다.
> ㄴ. 조합기술을 획득하기 위해서는 가역성, 보상성, 동일성의 원리에 대한 이해가 필요하다.
> ㄷ. 단체놀이를 통해 개인의 목표가 단체의 목표에 속함을 인식하고 노동배분(역할분담)의 개념을 학습한다.
> ㄹ. 추상적 사고가 가능해져서 미래의 사건을 예측할 수 있는 가설적, 연역적 사고가 발달한다.

① ㄱ
② ㄷ
③ ㄱ, ㄷ
④ ㄴ, ㄷ
⑤ ㄴ, ㄹ

17

① · ② 1차 집단(Primary Group)은 혈연이나 지연을 바탕으로 자연발생적으로 이루어지는 집단인 반면, 2차 집단(Secondary Group)은 목적달성을 위해 인위적인 계약으로 만들어진 집단이다.

③ 자연집단(Natural Group)은 상호 호감이 있는 사람들끼리 혹은 공통적인 배경이나 관심사 등을 바탕으로 자연스럽게 형성된 집단인 반면, 형성집단(Formed Group)은 특정 위원회나 팀처럼 일정한 목적을 달성하기 위해 개인들이나 사회기관, 학교, 회사 등과 같은 조직에 의해 구성된 집단이다.

⑤ 개방집단(Open-ended Group)은 집단이 진행되는 동안 구성원들의 가입과 탈퇴가 자유로운 집단인 반면, 폐쇄집단(Close-ended Group)은 구성원의 자격을 먼저 분명하게 설정한 후 구성원들이 처음부터 동시에 들어와 집단이 운영되는 동안 새로운 구성원의 유입 없이 끝까지 일정하게 운영되는 집단이다.

18

② 정상인의 성염색체가 남성 XY, 여성 XX를 나타내는 것에 반해 XXY, XXYY, XXXY 등의 여러 가지 이상한 형태를 보이는 것은 클라인펠터증후군(Klinefelter's Syndrome)이다. 클라인펠터증후군은 남성염색체가 있음에도 불구하고 유방이 발달하는 등 여성의 신체적 특성을 나타낸다.

19

영아기 반사운동의 주요 유형

• 생존반사

젖찾기반사 (탐색반사)	영아는 입 부근에 부드러운 자극을 주면 자극이 있는 쪽으로 입을 벌린다.
연하반사 (삼키기반사)	영아는 음식물이 목에 닿으면 식도를 통해 삼킨다.
빨기반사	영아는 입에 닿는 것은 무엇이든 빤다.

• 원시반사(비생존반사)

바빈스키반사	영아의 발바닥을 간질이면 발가락을 발등을 향해 부채 모양으로 편 후 다시 오므린다.
모로반사 (경악반사)	영아는 큰 소리가 나면 팔과 다리를 벌리고 마치 무엇인가 껴안으려는 듯 몸 쪽으로 팔과 다리를 움츠린다.
걷기반사 (걸음마반사)	바닥에 영아의 발을 닿게 하여 바른 자세가 갖추어지면 영아는 걷는 것처럼 두 발을 번갈아 떼어놓는다.
쥐기반사 (파악반사)	영아의 손바닥에 무엇을 올려놓으면 손가락을 쥐는 것과 같은 반응을 한다.

20

ㄱ. 에릭슨(Erikson)의 심리사회적 위기 중 '근면성 대 열등감(Industry vs Inferiority)'에 해당된다.

ㄴ. 조합기술이 아닌 보존개념의 획득과 연관된다. 보존개념의 획득에는 어떤 상태의 변화가 그 과정을 역으로 밟아갈 때 다시 원상복귀 될 수 있다는 '가역성', 높이의 감소가 폭의 차원으로 보상된다는 '보상성', 어떤 방법으로든 가감하지 않는 이상 그 양은 동일하다는 '동일성'이라는 세 가지 개념 획득을 전제로 한다.

ㄹ. 추상적 사고가 가능해져서 미래의 사건을 예측할 수 있는 가설적, 연역적 사고가 발달하는 것은 대략 12세 이상의 형식적 조작기에 해당한다.

21 유아기(3~6세)의 발달에 관한 설명으로 옳은 것은?

① 프로이트(S. Freud)의 오이디푸스 콤플렉스와 엘렉트라 콤플렉스가 일어나는 시기이다.
② 콜버그(L. Kohlberg)의 후인습적 단계의 도덕적 사고가 나타나는 시기이다.
③ 피아제(J. Piaget)의 자율적 도덕성의 단계이다.
④ 심리사회적 유예가 일어나는 시기이다.
⑤ 보존기술, 분류기술 등 기본적 논리체계가 획득된다.

22 청소년기(13~19세)에 관한 설명으로 옳지 않은 것은?

① 신체적 성장이 급속히 이루어진다는 점에서 제2의 성장급등기라고 한다.
② 어린이도 성인도 아니라는 점에서 주변인이라고 불린다.
③ 상상적 청중과 개인적 우화는 청소년기에 타인을 배려하는 사고가 반영된 예이다.
④ 피아제(J. Piaget)의 인지발달과정 중 형식적 조작기에 해당된다.
⑤ 정서적 변화가 급격히 일어난다는 점에서 질풍노도의 시기라고 한다.

23 노년기(성인후기, 65세 이상)에 관한 설명으로 옳지 않은 것은?

① 시각, 청각, 미각 등의 감각기능이 약화되고, 생식기능 또한 점차 약화된다.
② 퀴블러-로스(E. Kübler-Ross)는 인간이 죽음에 적응하는 5단계 중 마지막 단계를 타협단계라고 하였다.
③ 신체변화에 대한 적응, 인생에 대한 평가, 역할 재조정, 죽음에 대한 대비 등이 주요 발달과업이다.
④ 에릭슨(E. Erikson)은 자아통합을 이루지 못하면 절망감을 느낀다고 보았다.
⑤ 신장기능이 저하되어 신장질환에 걸릴 가능성이 증가하고, 방광이나 요도기능의 저하로 야간에 소변보는 횟수가 증가한다.

24 중년기(성인중기, 40~64세)에 관한 설명으로 옳지 않은 것은?

① 에릭슨(E. Erikson)의 생산성 대 침체성(Generativity vs Stagnation)의 단계에 해당된다.
② 아들러(A. Adler)는 외부에 쏟았던 에너지를 자기 내부로 돌리며 개성화 과정을 경험한다고 본다.
③ 결정성 지능은 계속 증가하지만 유동성 지능은 감소한다고 본다.
④ 성인병 같은 다양한 신체적 질환이 많이 나타나고 갱년기를 경험한다.
⑤ 남성은 테스토스테론이, 여성은 에스트로겐의 분비가 감소되는 호르몬의 변화과정을 겪는다.

21

① 유아기(3~6세)는 프로이트(Freud)의 심리성적 발달단계 중 남근기(Phallic Stage)에 해당한다. 이 시기에 남아는 오이디푸스 콤플렉스(Oedipus Complex), 여아는 엘렉트라 콤플렉스(Electra Complex)를 경험하게 된다. 또한 남아는 거세불안을, 여아는 남근선망을 경험하게 된다.
② 콜버그(Kohlberg)의 전인습적 단계의 도덕적 사고가 나타나는 시기이다.
③ 피아제(Piaget)의 타율적 도덕성의 단계이다.
④ 심리사회적 유예(Psychosocial Moratorium)의 특수한 상황을 경험하는 시기는 청소년기(13~19세 또는 12~20세)이다.
⑤ 보존개념을 획득하고 분류화(Classification)와 서열화(Seriation)가 가능한 시기는 구체적 조작기에 해당하는 아동기(7~12세)이다.

23

퀴블러-로스(Kübler-Ross)의 죽음의 직면(적응)단계

부정 (제1단계)	• "그럴 리가 없어"라며, 자신이 곧 죽는다는 사실을 부인한다. • 이와 같은 반응은 갑작스런 심리적 충격에 대한 완충작용을 한다.
분노 (제2단계)	• "왜 하필이면 나야"라며, 다른 사람들은 멀쩡한데 자신만 죽게 된다는 사실에 대해 분노한다. • 이와 같은 분노의 감정은 치료진이나 가족에게 투사된다.
타협 (제3단계)	• "우리 딸 결혼식 날까지 살 수 있도록 해 주세요"라며, 죽음을 피할 수 없음을 깨달은 채 인생과업을 마칠 때까지 생이 지속되기를 희망한다. • 절대적인 존재나 초자연적인 힘에 의지하기도 하며, 치료진이나 가족에게 협력적인 태도를 보이기도 한다.
우울 (제4단계)	• 병의 진행에 의한 절망감과 함께 세상의 모든 것들과의 결별에서 오는 상실감을 토로한다. • 이미 죽음을 실감하기 시작하면서 극심한 우울상태에 빠진다.
수용 (제5단계)	• 죽음에 대해 담담하게 생각하고 이를 수용하게 된다. • 세상으로부터 초연해지면서 마치 마음의 평화를 회복한 듯한 모습을 보인다.

22

③ 상상적 청중(Imaginary Audience)은 자신이 마치 무대 위의 주인공처럼 다른 사람들로부터 주의와 관심의 대상이 되고 있다고 믿는 현상인 반면, 개인적 우화(Personal Fable)는 자신이 마치 독특한 존재이기라도 한 것처럼 자신의 사고와 감정이 다른 사람과 근본적으로 다르다고 믿는 현상이다. 이와 같이 상상적 청중 현상과 개인적 우화 현상은 청소년기의 자아중심적 사고가 반영된 예로 볼 수 있다.

24

융(Jung)의 분석심리이론에서 중년기의 개성화(Individuation)

개성화는 자기실현을 의미하는 것으로서, 모든 콤플렉스와 원형을 끌어들여 성격을 조화하고 안정성을 유지하는 것이다. 중년기 성인들의 과제는 진정한 자기(Self)가 되어 내부세계를 형성하고 자신의 정체성을 확장하는 것이다. 개성화를 통해 자아의 에너지를 외적·물질적인 차원에서 내적·정신적인 차원으로 전환하게 된다.

25 마샤(J. Marcia)의 자아정체감 유형에 속하지 않는 것은?

① 정체감 수행(Identity Performance)
② 정체감 혼란(Identity Diffusion)
③ 정체감 성취(Identity Achievement)
④ 정체감 유예(Identity Moratorium)
⑤ 정체감 유실(Identity Foreclosure)

제2영역 **사회복지조사론**

26 조사설계(Research Design)에 반드시 포함되어야 할 내용이 아닌 것은?

① 구체적인 자료수집방법
② 모집단 및 표집방법
③ 자료분석 절차와 방법
④ 연구문제의 의의와 조사의 필요성
⑤ 주요 변수의 개념정의와 측정방법

27 영가설(Null Hypothesis)에 관한 설명으로 옳은 것은?

① 변수 간의 관계가 존재한다는 가설이다.
② 변수 간 관계없음이 검증된 가설이다.
③ 조사자가 검증하고자 하는 가설이다.
④ 영가설에 대한 반증가설이 연구가설이다.
⑤ 변수 간 관계가 우연임을 말하는 가설이다.

28 자료수집에 관한 설명으로 옳지 않은 것은?

① 질문지법은 문서화된 질문지를 사용한다.
② 면접법은 조사대상자에게 질문내용을 구두 전달한다.
③ 관찰법은 유형, 시기, 방법, 추론 정도에 따라 조직적 관찰과 비조직적 관찰로 구분된다.
④ 비관여적 조사는 기존의 기록물이나 역사자료 등을 분석한다.
⑤ 내용분석법은 신문, 책, 일기 등의 직접자료를 수집하고 분석하는 방법이다.

25

청소년기 자아정체감의 범주(Marcia)

- 정체감 성취 : 정체성 위기와 함께 정체감 성취에 도달하기 위한 격렬한 결정과정을 경험한다.
- 정체감 유예 : 정체성 위기로 격렬한 불안을 경험하지만 아직 명확한 역할에 전념하지 못한다.
- 정체감 유실 : 정체성 위기를 경험하지 않았음에도 사회나 부모의 요구와 결정에 따라 행동한다.
- 정체감 혼란(혼미) : 정체성 위기를 경험하지 않았으며, 명확한 역할에 대한 노력도 없다.

27

⑤ 영가설은 변수 간 관계가 우연에서 비롯될 수 있는 확률, 즉 영가설이 참일 수 있는 확률을 의미한다. 우연이란 연구결과에 대한 설명이 될 수 있는 여러 가지 대립가설들 가운데 하나의 것에 불과하다.
① 변수 간의 관계가 존재한다는 가설은 대립가설이다.
② 영가설은 검증된 가설이 아닌 처음부터 버릴 것을 예상하는 가설이다.
③ 조사자가 검증하고자 하는 가설은 연구가설(혹은 대립가설)이다.
④ 영가설은 연구가설을 반증하기 위해 사용되는 가설이다.

26

④ 연구문제의 의의와 조사의 필요성은 조사설계에 앞서 문제형성 과정에서 다룬다.

조사설계(Research Design)

- 연구문제의 이론 명제나 가설 혹은 단순한 의문을 경험적으로 검증해 보기 위한 일종의 조사 틀을 짜는 작업이다.
- 조사대상 변수들 사이의 논리적 구조를 설정하고 가설설정에서 일반화에 이르기까지 필요한 제반 활동에 대하여 계획을 세우는 과정이다.
- 넓은 의미의 조사설계는 연구디자인은 물론 주요 변수의 개념정의와 측정방법, 표집방법, 자료수집방법, 자료분석방법 등에 대한 결정을 모두 포함한다.

28

⑤ 내용분석법은 비관여적 방법이다. 비관여적 조사는 관여적 조사의 반응성 문제를 해결하기 위해 기존의 통계자료나 문헌, 기록물이나 역사자료, 물리적 흔적 등을 분석함으로써 관찰대상(연구대상)과 아무런 상호작용 없이 비관여적으로 자료를 수집한다.

29 가정폭력이 피해 여성의 우울증에 미치는 영향은 여성이 맺고 있는 사회적 네트워크의 수준에 따라 달라진다는 연구 결과가 발표되었다. 이 연구에서 존재하지 않는 변수는?

① 독립변수
② 매개변수
③ 종속변수
④ 조절변수
⑤ 내생변수

30 후기실증주의 과학철학에 관한 설명으로 옳은 것은?

① 실증주의가 주장하는 연역주의에 대한 대안이다.
② 관찰대상이 인간과 무관하게 존재할 수 있다고 본다.
③ 지식의 본질을 잠정적, 확률적으로 본다.
④ 관찰의 이론의존성을 부인한다.
⑤ 과학은 혁명적으로 변화한다고 본다.

31 연구윤리에 부합하는 사회복지조사로 옳은 것은?

① 연구참여자가 평소와 다른 행동을 하지 않도록 연구자의 신분을 숨기고 자료를 수집하였다.
② 연구결과의 확산을 위해 연구참여자의 신분을 다른 연구기관에 동의 없이 공개하였다.
③ 연구결과에 영향을 미치지 않도록 연구참여자에게 일어날 수 있는 이익을 미리 알리지 않았다.
④ 연구 참여 여부를 성적평가와 연계하여 연구참여자의 참여동기를 높였다.
⑤ 연구참여자에게 연구과정에서 발생할 수 있는 고통을 미리 알리고 사전 동의를 구하였다.

32 다음 연구 상황에 유용한 조사유형은?

> 일본 후쿠시마 원전 유출이 지역주민들의 삶에 초래한 변화를 연구하고자 하였으나 관련 연구나 선행 자료가 상당히 부족함을 발견하였다.

① 평가적 연구
② 기술적 연구
③ 설명적 연구
④ 탐색적 연구
⑤ 척도개발 연구

29

① 독립변수는 원인을 가져다주는 기능을 하는 변수이다(→ 가정폭력).

③ 종속변수는 결과를 나타내는 기능을 하는 변수이다(→ 피해 여성의 우울증).

④ 조절변수는 독립변수와 종속변수 사이의 관계를 체계적으로 변화시키는 일종의 독립변수로서, 종속변수에 영향을 미치는 독립변수의 인과관계를 조절할 수 있는 또 다른 독립변인이다(→ 피해 여성이 맺고 있는 사회적 네트워크 수준).

⑤ 외생변수와 내생변수는 인과경로모형의 경로분석을 통해 변수들 간의 인과관계 경로에 관한 가설을 검증하기 위해 사용하는 변수들로, 이때 외생변수는 독립변수, 내생변수는 종속변수로써 기능한다.

30

②·③·④ 후기실증주의는 객관성, 정확성, 일반 법칙화를 강조하면서도 관찰과 측정이 순수히 객관적일 수 없음을 인정한다. 다만, 잠재적인 비객관적 영향의 충격을 최소화시키려고 노력하면서, 인간의 비합리적 행위도 합리적으로 설명하기 위해 보다 확률에 근거한 논리적인 절차를 사용한다.

① 후기실증주의는 사회를 자연과 동일시한 채 관찰에 의한 경험적 검증을 통해 사회의 법칙을 묘사하려는 실증주의에 대한 대안으로 등장하였다.

⑤ 쿤(Kuhn)의 과학적 패러다임(Paradigm)에 대한 설명에 해당한다. 쿤은 패러다임의 변화를 점진적인 것이 아닌 혁신적인 것으로 보았으며, 기존의 패러다임을 부정하고 새롭게 출발할 때 과학은 혁명적으로 발전한다고 주장하였다.

31

① 연구자가 연구참여자에게서 자연스러운 행동을 관찰하기 위해 자신의 신분을 숨기고 자료를 수집하는 경우가 있으나, 이는 일종의 속임수이므로 윤리적인 문제의 소지가 있다. 다만, 갱집단 활동, 성매매행위 등 조사연구의 의도를 숨겨야만 정확한 결과를 얻을 수 있는 경우에 한하여 연구참여자 속이기가 제한적으로 허용된다.

② 연구자는 일차적으로 익명성과 비밀성을 지켜야 한다. 익명성(Anonymity)은 연구참여자들로 하여금 신원을 밝히지 않고 응답할 수 있도록 하는 것이고, 비밀성(Confidentiality)은 연구자가 연구참여자에 대해 알고는 있지만 이를 공개하지 않는 것이다.

③ 연구자는 연구참여자에게 연구에 참여하는 것이 무엇을 의미하며, 어떤 결과가 나올 수 있는지에 대해 충분히 이해할 수 있도록 설명해 주어야 한다.

④ 연구자는 연구참여자에게 조사에 참여하는 것을 강요해서는 안 되며, 연구참여자는 자발적으로 연구에 참여할 것을 동의해야 한다.

32

조사연구의 주요 유형

탐색적 연구	예비조사(Pilot Study)라고도 하며, 연구문제에 대한 사전지식이 결여된 경우 문제영역을 결정하기 위해 예비적으로 실시한다.
기술적 연구	특정 현상을 사실적으로 묘사하려는 조사로, 현상이나 주제를 정확하게 기술(Description)하는 것을 주목적으로 한다.
설명적 연구	변수 간의 인과관계를 규명하려는 조사, 즉 특정 변수에 영향을 미치는 요인에 대한 조사이다.

33 다음 연구설계에 관한 설명으로 옳지 않은 것은?

> 노인복지관의 노노케어 프로그램 자원봉사자 40명을 무작위로 골라 20명씩 두 집단으로 배치하고, 한 집단에는 자원봉사 교육을 실시하고 다른 집단에는 아무런 개입을 하지 않았다. 10주 후 두 집단 간 자원봉사만족도를 비교·분석하였다.

① 사전조사를 실시하지 않아 내적 타당도를 저해하지 않는다.
② 무작위 선정으로 내적 타당도를 저해하지 않는다.
③ 통제집단을 확보하기 어려울 때 사용할 수 있는 설계이다.
④ 사전검사를 하지 않아도 집단 간 차이를 어느 정도 통제할 수 있다.
⑤ 통제집단 전후 비교에 비해 설계가 간단하여 사회조사에서 많이 활용된다.

34 종단연구(Longitudinal Study)에 관한 설명으로 옳지 않은 것은?

① 시간 흐름에 따른 조사대상의 변화를 측정하는 연구이다.
② 일정 기간의 변화에 대해 가장 포괄적 자료를 제공하는 것은 동년배집단연구(Cohort Study)이다.
③ 조사대상의 추적과 관리 때문에 가장 많은 비용이 드는 것은 패널연구(Panel Study)이다.
④ 일정 주기별 인구변화에 대한 조사는 경향연구(Trend Study)이다.
⑤ 동년배집단연구는 언제나 동일한 대상을 조사하는 것은 아니다.

35 가설에 관한 설명으로 옳은 것을 모두 고른 것은?

> ㄱ. 이론적 배경을 가져야 한다.
> ㄴ. 변수 간 관계를 가정한 문장이다.
> ㄷ. 가설구성을 통해 연구문제가 도출된다.
> ㄹ. 창의적 해석이 가능하도록 개방적으로 구성되어야 한다.

① ㄱ, ㄴ
② ㄱ, ㄷ
③ ㄱ, ㄴ, ㄹ
④ ㄴ, ㄷ, ㄹ
⑤ ㄱ, ㄴ, ㄷ, ㄹ

36 단일사례설계의 개입효과에 관한 설명으로 옳지 않은 것은?

① 개입 후 변화의 파동이 심하면 효과 판단이 어렵다.
② 기초선이 불안정할 경우 기초선의 경향선을 이용하여 통계적으로 개입효과를 판단한다.
③ 기초선에서 개입기간까지의 경향선을 통해 시각적으로 개입효과를 판단한다.
④ 기초선과 개입기간 두 평균값의 통계적 검증을 통해 개입효과를 판단한다.
⑤ 개입 후 상당한 기간이 지나 최초의 변화가 발생할 경우 개입효과가 있다고 판단한다.

33

③ 통제집단을 확보하기 어려울 때 사용할 수 있는 대표적인 연구설계로 단일집단 사전사후 검사설계(단일집단 전후 비교설계)가 있다. 단일집단 사전사후 검사설계는 일회검사 사례설계(1회 사례연구)에 사전검사를 추가한 것으로서, 조사대상에 대해 사전검사를 한 다음 개입을 하며, 이후 사후검사를 하여 인과관계를 추정하는 방법이다.

① · ② · ④ · ⑤ 통제집단 사후 검사설계(통제집단 후 비교설계)에 대한 설명이다. 통제집단 사후 검사설계는 통제집단 사전사후 검사설계(통제집단 전후 비교설계)의 단점을 보완하기 위해 실험대상자를 무작위할당하고 사전조사 없이 실험집단에 대해서는 조작을 가하고 통제집단에 대해서는 아무런 조작을 가하지 않은 채 그 결과를 서로 비교하는 방법이다.

34

② 종단연구 중 패널연구(Panel Study)가 동일한 대상을 반복적으로 관찰하기 때문에 일정 기간에 걸쳐 나타나는 변화에 대해 가장 포괄적인 자료를 제공할 수 있다. 따라서 패널연구는 종단연구들 가운데 가장 정확하고 신뢰할만한 연구로 알려져 있는 반면, 비용이 많이 들고 상당 기간 표본의 거처에 대한 지속적인 파악이 필수적이므로 가장 하기 어려운 연구로도 알려져 있다.

35

ㄱ. 가설은 이론과 논리적으로 연관되어야 한다. 이론적 배경은 연구목적을 수행하기 위해 설정한 가설이 연구자의 주관적인 생각이나 판단에 의한 것이 아닌 선행연구에서 검증을 거친 과학적 근거 하에 설정된 것임을 나타내기 위함이다.

ㄴ. 가설은 둘 이상의 변수들 간의 관계를 예측하는 진술이다. 좋은 가설은 그와 같은 변수들이 어떤 형태로 서로 관련되어 있는지를 명확하게 서술한다.

ㄷ. 연구문제가 변수들 간의 관계에 대한 의문을 제기하는 것이라면, 가설은 그와 같은 의문에 대한 가정적인 해답을 제시하는 것이다.

ㄹ. 한 가설에는 두 개 정도의 변수 간의 관계만을 간결하게 설명해야 한다. 만약 한 가설에 다수의 변수들 간의 관계에 대한 내용이 포함되어 있는 경우 측정상의 문제가 발생하게 된다.

36

⑤ 개입 후 상당한 기간이 지나 최초의 변화가 발생할 경우 개입효과가 있는 것으로 판단하기 어렵다.

단일사례설계의 개입효과를 평가할 때 고려해야 할 기준

변화의 파동	• 표적행동이 시간의 경과에 따라 파동을 일으키면서 변화하는 정도를 말한다. • 특히 파동이 심한 경우 관찰횟수가 많아야 변화의 일정한 유형을 파악할 수 있다.
변화의 경향	• 기초선 단계 변화의 경향을 개입 단계 변화의 경향과 연결시켜서 검토하는 것을 말한다. • 두 단계의 경향의 방향이 일치하면 개입의 효과를 판단하기 어려운 반면, 서로 상반되면 개입의 효과를 판단하기 쉽다.
변화의 수준	• 표적행동의 점수를 말한다. • 기초선 단계의 점수와 개입 단계의 점수 간 차이가 클수록 개입의 효과에 대해 확신할 수 있다.

37 실험설계의 내적 타당도에 관한 설명으로 옳은 것을 모두 고른 것은?

> ㄱ. 우연한 사건은 내적 타당도에 부정적 영향을 미칠 수 있다.
> ㄴ. 사전점수가 매우 높은 집단을 선정하면 내적 타당도를 저해한다.
> ㄷ. 내적 타당도가 높은 연구결과는 일반화 가능성이 높다.

① ㄱ
② ㄴ
③ ㄱ, ㄴ
④ ㄴ, ㄷ
⑤ ㄱ, ㄴ, ㄷ

38 혼합연구방법(Mixed Methodology)에 관한 설명으로 옳지 않은 것은?

① 철학적, 개념적, 이론적 틀을 기반으로 한다.
② 설계유형은 병합, 설명, 구축, 실험이 있다.
③ 양적 설계에 질적 자료를 단순히 추가하는 것은 아니다.
④ 각각의 연구방법을 통해 얻은 결과가 서로 확증되는지 알아보기 위해 사용한다.
⑤ 질적 연구방법으로 발견한 연구주제를 양적 연구방법을 이용하여 탐구하기도 한다.

39 질적 연구에 관한 설명으로 옳지 않은 것은?

① 풍부하고 자세한 사실의 발견이 가능하다.
② 문제에 대한 통찰력을 제공한다.
③ 연구참여자의 상황적 맥락 안에서 이루어진다.
④ 다른 연구자들이 재연하기 용이하다.
⑤ 현상에 대해 심층적으로 기술한다.

40 내용분석에 관한 설명으로 옳지 않은 것은?

① 역사적 분석과 같은 시계열 분석에 어려움이 있다.
② 인간의 의사소통 기록을 체계적으로 분석한다.
③ 분석상의 실수를 언제라도 수정할 수 있다.
④ 양적 조사와 질적 조사에 공통으로 사용할 수 있다.
⑤ 기존 자료를 활용하여 타당도 확보가 어렵다.

37

ㄷ. 외적 타당도가 높은 연구결과는 일반화 가능성이 높다.

실험설계의 내적 타당도와 외적 타당도

내적 타당도	연구과정 중 종속변수에서 나타나는 변화가 독립변수의 변화에 의한 것임을 확신할 수 있는 정도. 즉 인과관계에 대한 확신의 정도를 말한다.
외적 타당도	연구결과에 의해 기술된 인과관계가 연구대상 이외의 경우로 확대·일반화될 수 있는 정도를 말한다.

38

혼합연구방법(Mixed Methodology)의 설계유형

삼각화 설계 (Triangulation Design)	• 정성적 자료와 정량적 자료가 대등한 위상을 가지는 설계방식이다. • 정성적 및 정량적 분석결과를 직접 대조시켜 각각의 결과의 유효성을 재차 검증하거나 정성적 방법을 정량적 방법으로 변환시키기 위해 사용된다.
내재적 설계 (Embedded Design)	• 한쪽의 자료유형이 다른 쪽의 자료유형에 포섭된 설계방식이다. • 포섭하는 자료유형이 일차적인 역할을 수행하는 반면, 포섭된 자료유형은 이차적인 역할을 수행한다.
설명적 설계 (Explanatory Design)	• 정량적 분석결과를 설명하기 위해 정성적 분석이 추가되는 설계방식이다. • 정량적 조사로 일반적인 논리와 이해를 얻은 후 정성적 조사를 통해 통계적 결과에 대한 분석을 수정하고 정량적 조사로 발견하지 못한 현상을 발견할 수 있다.
탐색적 설계 (Exploratory Design)	• 첫 번째 분석이 완료된 후 다른 분석을 시작하는 2단계 설계방식이다. • 설명적 설계와 달리 정성적 분석이 완료된 후 정량적 분석이 이루어지는 경우가 대부분이다.

39

④ 질적 연구는 서로 다른 연구자들의 연구에 의해 동일한 결과가 재연될 수 있는가에 대한 신뢰성이 문제시된다. 이와 관련하여 질적 연구자들은 관찰결과의 일관성이 아닌 연구자가 기록하는 내용과 실제로 일어나는 상황 간의 일치성 정도를 신뢰성으로 간주하는 경향이 있다.

40

① 내용분석은 장기간에 걸쳐 일어난 과정을 조사할 수 있으므로 역사적 분석과 같은 시계열 분석도 적용 가능하며, 시간과 비용 면에서도 경제적이다.

41 측정의 신뢰도와 타당도에 관한 설명으로 옳은 것은?

① 신뢰도는 일관성으로 표현될 수 있는 개념이다.
② 측정도구의 문항 수가 적을수록 신뢰도는 높아진다.
③ 검사-재검사 방법은 타당도를 측정하는 방법이다.
④ 편향(Bias)은 측정의 비체계적 오류와 관련된다.
⑤ 측정도구의 신뢰도가 높아지면 타당도도 높아진다.

42 A대학교는 전체 재학생 중 5백 명을 선정하여 취업욕구조사를 하고자 한다. 비용 부담이 가장 적고 절차가 간편한 자료수집방법은?

① 우편조사
② 방문조사
③ 전화조사
④ 온라인조사
⑤ 면접조사

43 다음에 해당하는 표집방법은?

> 빈곤노인을 위한 새로운 사회복지서비스 개발을 위해 사회복지관의 노인 사례관리담당자에게 의뢰하여 자신의 욕구를 잘 표현할 수 있는 빈곤노인을 조사대상으로 선정하였다.

① 층화표집
② 할당표집
③ 의도적 표집
④ 우발적 표집
⑤ 체계적 표집

44 다음 변수의 측정수준을 고려하여 변수의 유형을 순서대로 나열한 것은?

> • 장애 유형 - 정신장애, 지체장애 등
> • 장애 등록 후 기간 - 개월 수
> • 장애 등록 연령 - 나이
> • 장애인의 건강 정도 - 상, 중, 하

① 비율변수, 비율변수, 서열변수, 명목변수
② 명목변수, 비율변수, 비율변수, 서열변수
③ 명목변수, 등간변수, 명목변수, 서열변수
④ 등간변수, 비율변수, 서열변수, 비율변수
⑤ 명목변수, 비율변수, 비율변수, 명목변수

41

① 신뢰도(Reliability)는 일관성 또는 안정성으로 표현될 수 있는 개념으로, 측정도구가 측정하고자 하는 현상을 일관성 있게 측정하는 능력에 관한 것이다.

② 측정도구의 문항 수가 적을수록 신뢰도는 낮아지는 반면, 문항 수가 많을수록 신뢰도는 어느 정도 높아진다.

③ 검사-재검사 방법은 신뢰도를 측정하는 방법이다.

④ 편향(Bias)은 측정의 체계적 오류(Systematic Error)와 관련된다.

⑤ 타당도는 신뢰도의 충분조건인 반면, 신뢰도는 타당도의 필요조건에 해당한다. 즉, 신뢰도가 높다고 하여 반드시 타당도가 높은 것은 아니며, 타당도가 낮다고 하여 반드시 신뢰도가 낮은 것은 아니다.

42

인터넷(온라인)조사법

장점	• 시간 및 공간상의 제약이 다른 방법에 비해 상대적으로 적다. • 절차가 간편하여 조사가 신속히 이루어지며, 쌍방향 소통이 가능하다. • 조사비용이 적게 들며, 조사대상자가 많은 경우에도 추가비용이 들지 않는다. • 멀티미디어 자료를 활용할 수 있다. • 특수계층의 응답자에게도 적용가능하다. • 이메일 등을 통해 추가질문을 할 수 있다.
단점	• 컴퓨터와 인터넷을 사용할 수 있는 사람만을 대상으로 할 수 있다. • 컴퓨터 시스템을 사용하므로 고정비용이 발생한다. • 복잡하거나 문항 수가 많은 경우에 적합하지 않다. • 표적집단 확인이 대면면접에 비해 제한적이다. • 표본의 대표성 문제가 제기될 수 있다. • 응답자에 대한 통제가 쉽지 않으며, 응답률과 회수율이 낮게 나타날 수 있다.

43

③ 의도적 표집(Purposive Sampling)은 비확률표집 방법으로서, 조사자의 직관적 판단에 기초하여 관찰표본을 선정하는 방법이다. 조사자는 조사 의도에 맞는 대상을 표집하며, 이때 조사 목적을 가장 잘 반영하는 사람들을 조사대상으로 선정한다. 예를 들어, 빈곤노인을 위한 사회복지서비스 개발 연구의 조사대상으로 자신의 욕구를 잘 표현할 수 있는 빈곤노인을 선정할 수 있다.

① 층화표집(Stratified Sampling)은 확률표집방법으로서, 모집단을 보다 동질적인 몇 개의 층(Strata)으로 나눈 후, 이러한 각 층으로부터 단순무작위 표집을 하는 방법이다.

② 할당표집(Quota Sampling)은 비확률표집방법으로서, 모집단을 일정한 카테고리로 나눈 다음, 이들 카테고리에서 정해진 요소 수를 작위적으로 추출하는 방법이다.

④ 우발적 표집(Accidental Sampling)은 비확률표집방법으로서, 시간과 공간을 정해 두고 표본을 우발적으로 선택하는 방법이다.

⑤ 체계적 표집(Systematic Sampling)은 확률표집방법으로서, 모집단 목록에서 구성요소에 대해 일정한 순서에 따라 매 K번째 요소를 추출하는 방법이다.

44

측정수준에 따른 변수의 유형

명목변수 (Nominal Variable)	어떤 대상의 속성을 질적인 특성에 의해 상호배타적인 몇 개의 카테고리로 나눌 수 있을 뿐, 그 카테고리를 서열이나 수치로 나타낼 수 없는 변수이다.
서열변수 (Ordinal Variable)	어떤 대상의 속성을 상호배타적인 몇 개의 카테고리로 나눌 수 있고, 카테고리 간의 서열을 측정할 수 있는 변수이다. 다만, 각 카테고리에 부여된 수치는 단순히 서열만을 나타낼 뿐 카테고리 간의 차이를 나타내지는 않는다.
등간변수 (Interval Variable)	카테고리 간의 서열은 물론 카테고리 간의 간격을 측정할 수 있는 변수이다. 등간변수는 각 카테고리 간에 동등한 간격을 가지고 있다.
비율변수 (Ratio Variable)	카테고리 간의 간격이 등간격일뿐만 아니라 카테고리 간에 몇 배나 큰가 혹은 몇 배나 작은가를 측정할 수 있는 변수이다. 등간변수의 모든 특성과 함께 절대영점(True Zero)을 가지고 있다.

45 설문지 작성에 관한 내용으로 옳지 않은 것은?

① 개연성 질문(Contingency Questions)은 사고의 흐름에 따라 배치한다.

② 고정반응(Response Set)을 예방하기 위해 유사질문들은 분리하여 배치한다.

③ 민감한 주제나 주관식 질문은 설문지의 뒷부분에 배치한다.

④ 명목측정을 위한 질문은 단일차원성의 원칙을 지켜 내용을 구성한다.

⑤ 신뢰도 측정을 위한 질문들은 가능한 한 서로 가깝게 배치한다.

46 다음에서 설명하고 있는 타당도는?

> 측정되는 개념이 속한 이론 체계 내에서 다른 개념들과 논리적으로 어느 정도 관련성을 갖고 있는지를 경험적으로 검증하는 가장 수준이 높은 타당도

① 액면타당도(Face Validity)

② 기준타당도(Criterion Validity)

③ 동시타당도(Concurrent Validity)

④ 구성타당도(Construct Validity)

⑤ 예측타당도(Predictive Validity)

47 확률표집에 관한 설명으로 옳지 않은 것은?

① 무작위추출방식으로 표본을 추출한다.

② 의식적이거나 무의식적인 편향(Bias)을 방지할 수 있다.

③ 모집단의 규모와 특성을 알 때 사용할 수 있다.

④ 표본오차를 추정할 수 있다.

⑤ 질적 연구에서 주로 사용한다.

48 다음 연구주제를 검증하기 위하여 변수를 구성할 때 변수명(측정방법), 해당 변수의 종류와 분석 가능한 통계수치의 연결이 옳은 것은?

> 학업중단 청소년의 아르바이트 경험이 삶의 만족에 미치는 영향은 또래집단의 지지정도에 따라 차이가 있을 것이다.

① 아르바이트 경험(유무) – 독립변수, 산술평균

② 아르바이트 경험(종류) – 독립변수, 최빈값

③ 아르바이트 경험(개월 수) – 조절변수, 중간값

④ 또래집단의 지지(5점 척도) – 독립변수, 산술평균

⑤ 삶의 만족(5점 척도) – 매개변수, 산술평균

45

⑤ 신뢰도 측정을 위해 짝(Pair)으로 된 문항들은 가급적 서로 떨어진 상태로 배치한다.

47

확률표집방법과 비확률표집방법

확률표집방법 (Probability Sampling)	• 모집단의 각 표집단위가 모두 추출의 기회를 가지고 있으며, 각 표집단위가 추출될 확률을 정확히 알고 있는 가운데 표집을 하는 방법이다. • 양적 연구에 빈번히 활용되는 방법으로, 모집단에 대한 정보와 그 정보가 수록된 표집틀을 확보할 수 있을 때 사용할 수 있다.
비확률표집방법 (Nonprobability Sampling)	• 모집단 구성요소가 표본으로 추출될 확률을 사전에 알 수 없으므로 표본이 모집단을 어떻게 대표하는지 또한 알 수 없는 방법이다. • 질적 연구에 빈번히 활용되는 방법으로, 연구자의 편견이 개입될 수 있기 때문에 연구결과의 일반화에 한계가 있다.

46

④ 구성타당도(Construct Validity)는 측정도구가 실제로 측정하고자 하는 개념을 측정하는지를 이론적인 틀 내에서 경험적으로 검증하는 방법이다.

① 액면타당도 또는 안면타당도(Face Validity)는 내용타당도와 마찬가지로 측정항목이 연구자가 의도한 내용대로 실제로 측정하고 있는가 하는 것으로서, 내용타당도가 전문가의 평가 및 판단에 근거한 반면, 액면타당도는 전문가가 아닌 일반인의 일반적인 상식에 준하여 분석한다.

② 기준타당도(Criterion Validity)는 이미 전문가가 만들어놓은 신뢰도와 타당도가 검증된 측정도구에 의한 측정결과를 기준으로, 사용하고 있는 측정도구의 측정값과 기준이 되는 측정도구의 측정값 간의 상관관계를 검증하는 방법이다.

③ 동시타당도(Concurrent Validity)는 기준타당도의 한 유형으로서, 새로운 검사를 제작했을 때 새로 제작한 검사의 타당도를 위해 기존에 타당도를 보장받고 있는 검사와의 유사성 혹은 연관성에 의해 타당도를 검증하는 방법이다.

⑤ 예측타당도 또는 예언타당도(Predictive Validity)는 어떠한 행위가 일어날 것이라고 예측한 것과 실제 대상자 또는 집단이 나타낸 행위 간의 관계를 측정하는 것이다.

48

변수의 종류와 분석 가능한 통계수치

• 문제의 보기에서 학업중단 청소년의 아르바이트 경험은 일종의 원인에 해당하는 독립변수, 삶의 만족은 결과에 해당하는 종속변수, 그리고 또래집단의 지지는 인과관계를 조절하는 조절변수로 볼 수 있다.

• 아르바이트 경험의 종류는 측정 수준에서 가장 낮은 수준에 있는 명목척도로 측정된다. 명목척도는 변수가 가지는 질적인 부분을 상호 배타적이고 포괄적으로 분류하는 역할을 하며, 이렇게 분류한 범주에 부여된 숫자나 기호는 수량적인 의미 없이 단순한 분류와 명명 혹은 지시의 기능을 할 뿐이다.

• 명목척도를 활용하여 할 수 있는 통계적 분석은 매우 한정적인데, 가장 기본적인 기술형태로 빈도나 백분율, 최빈값 등이 있다.

49 측정 시 나타날 수 있는 체계적 오류에 관한 설명으로 옳지 않은 것은?

① 코딩 왜곡은 체계적 오류를 발생시킨다.
② 익명의 응답은 체계적 오류를 최소화한다.
③ 편견 없는 단어는 체계적 오류를 최소화한다.
④ 척도구성 과정의 실수는 체계적 오류를 발생시킨다.
⑤ 비관여적 관찰은 체계적 오류를 최소화한다.

50 질적 연구방법과 적절한 연구 주제가 바르게 연결된 것을 모두 고른 것은?

> ㄱ. 현상학 – 늙어간다는 것이 어떤 의미인지를 이해할 수 있다.
> ㄴ. 참여행동연구 – 이혼 가족이 경험한 가족해체 사례를 심층적으로 이해할 수 있다.
> ㄷ. 근거이론 – 지속적 비교 기법을 통해 노인의 재취업경험을 이론화할 수 있다.
> ㄹ. 생애사 – 위안부 피해자 할머니 삶의 중요한 사건을 이해할 수 있다.

① ㄱ, ㄴ
② ㄴ, ㄷ
③ ㄷ, ㄹ
④ ㄱ, ㄷ, ㄹ
⑤ ㄱ, ㄴ, ㄷ, ㄹ

제2과목 ▶ 사회복지실천

제1영역 사회복지실천론

01 생태도를 통하여 파악할 수 있는 내용에 해당되지 않는 것은?

① 클라이언트 · 가족구성원과 자원체계 간의 에너지 흐름
② 클라이언트 · 가족구성원에게 스트레스가 되는 체계
③ 클라이언트 · 가족구성원 간의 자원 교환 정도
④ 클라이언트 · 가족구성원의 환경체계 변화가 필요한 내용
⑤ 클라이언트 · 가족구성원의 생애 동안 발생한 문제의 발전과정에 관한 정보

02 다음은 '한국사회복지사 윤리강령' 중 어느 영역에 해당하는가? (해설참조)

> • 사회복지사는 인권존중과 인간평등을 위해 헌신해야 하며, 사회적 약자를 옹호하고 대변하는 일을 주도해야 한다.
> • 사회복지사는 자신이 일하는 지역사회의 문제를 이해하고, 그것을 해결하는 일에 적극적으로 참여해야 한다.

① 사회복지사의 기본적 윤리기준
② 사회복지사의 동료에 대한 윤리기준
③ 사회복지사의 사회에 대한 윤리기준
④ 사회복지사의 클라이언트에 대한 윤리기준
⑤ 사회복지사의 기관에 대한 윤리기준

49

① 코딩 혹은 부호화(Coding)는 측정된 변수의 변숫값에 기호를 부여하는 과정으로, 이때 코딩을 하는 사람들이 지침서(Codebook)에 따라 코딩을 하여야 일관성 있는 부호화가 가능하다. 그러나 만약 측정자의 상태에 문제가 있다거나 측정도구에 대한 적응 및 사전교육 등이 제대로 이루어지지 않는 경우 비체계적 오류가 발생되어 측정의 신뢰도를 저해하게 된다.

50

ㄴ. 참여행동연구(Participatory Action Research)는 사회변화(Social Change)와 임파워먼트(Empowerment)를 목적으로, 단순히 개인이나 지역사회의 문제를 밝히는 데 그치지 않고 급진적인 변화를 시도하는 질적 연구방법이다. 참여, 권력 및 권한 강화, 평가와 행동을 핵심요소로 하며, 사회적 약자나 소수집단을 대상으로 집합적인 교육, 분석, 조사, 행동을 전개한다.

ㄱ. 현상학적 연구(Phenomenological Study)는 어떤 현상에 대한 사람들의 주관적인 경험의 의미를 탐구하고 해석하는 질적 연구방법이다. 하나의 개념이나 현상에 대한 여러 개인들의 체험의 의미를 기술하는 방식으로 이루어지며, 연구자는 그 본질이나 경험의 중심적인 기저 의미를 탐색한다.

ㄷ. 근거이론연구(Grounded Theory Study)는 사람이나 현상에 대한 이론을 귀납적으로 구성하는 데 중점을 두는 질적 연구방법이다. 새로운 표본으로부터 자료를 수집하여 앞선 조사에서 얻어진 개념과 지속적으로 비교하는 방식으로 그 개념의 적합성 내지 정확성을 수정·보완한다.

ㄹ. 생애사 연구(Life History Study)는 연구대상자의 자기반성적 이야기를 토대로 구성되는 것으로, 특히 과거 경험에 대한 연구대상자의 주관적인 의미 부여와 해석에 중점을 두는 질적 연구방법이다. 생애사 연구에서 연구자는 연구대상자의 인생사를 통해 드러나는 주관적인 의미세계를 재해석한다.

제2과목 ▶ 사회복지실천

01

⑤ 가족구성원으로서 클라이언트의 생애 동안 발생한 사건이나 문제의 발전과정을 사정하는 데 사용되는 대표적인 사정도구는 생활력표(생활력도표)이다.

02

이 문제는 개정 전 내용에 해당하므로 간단히 살펴본 후 넘어가도록 합니다. 《사회복지사 윤리강령》이 2023년 4월 11일부로 개정되었습니다. 이번 제5차 개정에서는 사회복지사의 사회에 대한 윤리기준으로 다음을 제시하고 있습니다.

사회에 대한 윤리기준

• 사회복지사는 자신이 일하는 지역사회를 이해하고, 클라이언트가 지역사회에서 서로 도우며 함께 살아가도록 지원해야 한다.

• 사회복지사는 정치적 영역이 클라이언트의 권익과 사회복지 실천에 미치는 영향을 인식하여 사회정의 실현을 위한 사회정책의 수립과 법령 제·개정을 지원·옹호해야 한다.

• 사회복지사는 사회재난과 국가 위급 상황에서 문제를 해결하기 위해 적극적으로 활동해야 한다.

• 사회복지사는 지역사회, 국가, 나아가 전 세계와 그 구성원의 복지 증진, 삶의 질 향상을 위해 적극적으로 노력해야 한다.

• 사회복지사는 인간과 자연이 서로 떨어져 살 수 없음을 깨닫고, 인간과 자연환경, 생명 등 생태에 미칠 영향을 생각하며 실천해야 한다

참고로 이 문제의 정답은 출제 당시 ③번이었습니다.

03 자선조직협회(COS)에 관한 설명으로 옳은 것은?

① 빈민 지원 시 중복과 누락을 방지하고자 시작되었다.
② 빈곤의 원인을 개인의 도덕 문제가 아니라 산업화의 결과로 보았다.
③ 연구 및 조사를 통하여 사회제도를 개혁하고자 설립되었다.
④ 빈민 지역의 주민들을 이웃으로 생각하여 함께 생활하였다.
⑤ 집단 및 지역사회복지의 태동에 영향을 주었다.

04 다음 중 1차 현장이면서 이용시설에 해당하는 것은?

① 장애인복지관, 보건소
② 노인복지관, 지역아동센터
③ 아동양육시설, 사회복지관
④ 노인요양시설, 장애인공동생활가정
⑤ 정신건강복지센터, 학교

05 브론펜브레너(V. Bronfenbrenner)가 제시한 생태체계에 관한 설명으로 옳은 것은?

① 미시체계 : 개인의 일상생활에 존재하는 실제적인 환경
② 중간체계 : 개인이 직접 상호작용을 하지 않지만 간접적인 영향을 미치고 있는 환경
③ 내부체계 : 개인 내면의 심리적인 상호작용
④ 외부체계 : 개인이 속한 사회의 이념이나 제도의 일반적 형태
⑤ 거시체계 : 개인이 적극적으로 참여하는 둘 이상의 환경 간의 상호관계

06 돌고프, 로웬버그와 해링턴(R. Dolgoff, F. Lowenberg & D. Harrington)의 윤리적 의사결정과정의 순서로 옳은 것은?

ㄱ. 가장 적절한 전략이나 개입방법을 선택한다.
ㄴ. 해당 문제와 관련된 사람과 제도를 확인한다.
ㄷ. 확인된 목표에 따라 설정된 개입방안의 효과성과 효율성을 평가한다.
ㄹ. 문제를 해결하거나 문제의 정도를 경감할 수 있는 개입목표를 명확히 한다.

① ㄴ - ㄱ - ㄹ - ㄷ
② ㄴ - ㄹ - ㄱ - ㄷ
③ ㄴ - ㄹ - ㄷ - ㄱ
④ ㄹ - ㄴ - ㄱ - ㄷ
⑤ ㄹ - ㄷ - ㄴ - ㄱ

03

① 자선조직협회(COS ; Charity Organization Society)는 무계획적인 시여에서 벗어나 빈민에 대한 환경조사를 통해 중복구제를 방지함으로써 구제의 합리화와 조직화를 이루고자 하였다.

② · ③ · ④ · ⑤ 인보관 운동(Settlement House Movement)의 내용에 해당한다.

04

① 장애인복지관은 1차 현장이면서 이용시설인 반면, 보건소는 2차 현장이면서 이용시설에 해당한다.

③ 아동양육시설은 1차 현장이면서 생활시설인 반면, 사회복지관은 1차 현장이면서 이용시설에 해당한다.

④ 노인요양시설은 2차 현장이면서 생활시설인 반면, 장애인공동생활가정은 1차(혹은 2차) 현장이면서 생활시설에 해당한다.

⑤ 정신건강복지센터와 학교는 2차 현장이면서 이용시설에 해당한다.

참고

기관의 운영목적에 따른 분류로서 1차 현장 및 2차 현장은 활동의 양상에 따라 달리 분류될 수 있습니다. 즉, 사회복지서비스를 제공하는 것이 그 기관의 일차적인 목적인 경우 1차 현장으로, 교육서비스나 의료서비스 등을 제공하는 것이 그 기관의 일차적인 목적인 경우 2차 현장으로 분류됩니다. 다만, 제공되는 서비스의 양상을 명확히 구분하기 어려운 경우도 있으므로, 이와 같은 분류가 교재에 따라 달리 제시될 수도 있습니다.

05

브론펜브레너(Bronfenbrenner)의 생태학적 체계모델에 의한 5가지 체계

미시체계 (Micro System)	개인에게 가장 근접한 환경이다. 가족, 학교, 이웃 등의 물리적 환경과 사회적 환경, 그리고 그 환경 내에서 갖게 되는 지위, 역할, 활동, 대인관계 등을 의미한다.
중간체계 (Meso System)	서로 상호작용하는 두 가지 이상 미시체계들 간의 관계망을 말한다. 특히 개인이 다양한 역할을 동시에 수행한다는 의미가 내포된다.
외체계 또는 외부체계 (Exo System)	개인이 직접 참여하거나 관여하지는 않지만 개인에게 영향을 미치는 환경체계이다.
거시체계 (Macro System)	개인이 속한 사회의 이념(신념)이나 제도, 즉 정치, 경제, 문화 등의 광범위한 사회적 맥락을 의미한다.
시간체계 (Chrono System)	전 생애에 걸쳐 일어나는 변화를 비롯하여 사회역사적인 환경을 포함한다. 개인이 어느 시대에 출생하여 성장했는지에 따라 개인의 발달 및 삶의 양상이 크게 좌우될 수 있는 것이다.

06

윤리적 의사결정과정

- 문제와 그 문제에 영향을 주는 요인들을 확인한다.
- 해당 문제와 관련된 사람과 제도를 확인한다. (ㄴ)
- 확인된 사람과 제도들에 영향을 주는 사회적 · 전문적 가치와 함께 클라이언트와 서비스 종사자의 개인적 가치를 확인한다.
- 문제를 해결하거나 문제의 정도를 경감할 수 있는 개입목표를 명확히 한다. (ㄹ)
- 개입방안과 대상을 확인한다.
- 확인된 목표에 따라 설정된 개입방안의 효과성과 효율성을 평가한다. (ㄷ)
- 의사결정에 관여하는 사람이 누구인지 결정한다.
- 가장 적절한 전략이나 개입방법을 선택한다. (ㄱ)
- 선택된 전략이나 개입방법을 수행한다.
- 수행 과정을 모니터링하면서 예기치 않은 결과의 발생 가능성에 주의를 기울인다.
- 결과를 평가하고 추가적인 문제를 확인한다.

07 사회복지실천이 봉사활동에서 전문직으로 출발하게 된 계기가 아닌 것은?

① 우애방문자들의 활동에 보수를 지급하기 시작하였다.
② 우애방문자를 지도·감독하는 체계를 마련하였다.
③ 자선조직협회는 교육 프로그램을 마련하였다.
④ 의사인 카보트(R. Cabot)가 매사추세츠병원에 의료사회복지사를 정식으로 채용하였다.
⑤ 전통적 방법론의 한계로 인하여 통합적 방법론이 등장하였다.

08 사회복지사가 경험할 수 있는 윤리적 딜레마 상황을 모두 고른 것은?

> ㄱ. 실천 결과의 모호성
> ㄴ. 사회복지사와 클라이언트 간의 힘의 불균형
> ㄷ. 클라이언트체계의 다중성
> ㄹ. 기관에 대한 의무와 클라이언트에 대한 의무의 상충

① ㄱ, ㄹ
② ㄴ, ㄷ
③ ㄴ, ㄹ
④ ㄱ, ㄴ, ㄷ
⑤ ㄱ, ㄴ, ㄷ, ㄹ

09 노인복지관의 사회복지사가 접수단계에서 수행하는 역할로 옳지 않은 것은?

① 가족 간의 상호작용 유형을 조정한다.
② 기관 및 사회복지사 자신을 소개한다.
③ 원하는 서비스가 무엇인지 질문한다.
④ 이름과 나이를 확인한다.
⑤ 클라이언트의 저항감이 파악되면 완화시킨다.

10 사회복지실천 과정의 자료수집에 관한 예시로 옳은 것을 모두 고른 것은?

> ㄱ. 가출청소년의 가족관계 파악을 위해 부모와 면담 실시
> ㄴ. 진로 고민 중인 청년의 진로탐색을 위해 적성검사 실시
> ㄷ. 이웃의 아동학대 신고가 사실인지 여부를 확인하기 위해 가정방문 실시

① ㄱ
② ㄷ
③ ㄱ, ㄴ
④ ㄴ, ㄷ
⑤ ㄱ, ㄴ, ㄷ

07

⑤ 사회복지실천에서 통합적 방법론은 사회복지사가 개인, 집단, 지역사회에서 제기되는 사회문제에 활용할 수 있는 공통된 원리나 개념을 제공하는 방법의 통합화를 의미하는 것으로서, 이는 1950년대 후반 펄만(Perlman)이 진단주의의 입장에서 기능주의를 부분적으로 통합한 시도를 계기로 1960~1970년대에 이르러 본격적으로 대두되었다.

① · ② · ③ · ④ 사회복지실천이 봉사의 형태에서 전문직으로 발돋움하게 되는 계기로, 전통적 방법론이 주류를 이루었던 1950년대 이전의 상황에 해당한다. 사회복지실천의 발달과정에서 개별사회사업의 이론과 실천의 발달은 사회복지 전문직을 정립하는 계기가 되었으나, 개인의 심리문제에 지나치게 집착하여 과도하게 분화된 전문화를 야기하는 한편, 하나의 실천영역을 강조하는 것이 다양한 요인에 의해 복합적으로 작용하는 실천영역에서 효과적이지 못하다는 사실을 인식시킴으로써 이후 통합적 방법론의 필요성이 제기되기에 이른다.

08

사회복지사가 경험할 수 있는 윤리적 딜레마 상황

• 가치의 상충(Competing Values)
• 의무의 상충(Competing Loyalties)
• 클라이언트체계의 다중성(Multiple Client System)
• 실천 결과의 모호성(Ambiguity)
• 사회복지사와 클라이언트 간의 힘 내지 권력의 불균형(Power Imbalance)

09

① 문제가 있는 가족에는 문제를 일으키는 사람이 존재한다기보다는 문제를 일으키는 상호작용 유형(Pattern)이 존재한다. 이와 같은 가족 간 상호작용 유형의 조정은 개입단계에서 이루어진다.

접수단계에서 사회복지사의 주요 과제(과업)

• 클라이언트의 문제와 욕구를 확인한다.
• 클라이언트와 라포(Rapport)를 형성하며, 원조관계를 수립한다.
• 클라이언트를 동기화하며, 기관의 서비스와 원조과정에 대해 안내한다.
• 클라이언트의 양가감정을 수용하고 저항감을 해소한다.
• 서비스 제공 여부를 결정하며, 필요시 다른 기관으로 의뢰한다.

10

자료수집의 정보원

• 클라이언트의 이야기
• 클라이언트의 심리검사 결과
• 클라이언트에 대한 비언어적 행동관찰
• 클라이언트가 직접 작성한 양식
• 중요한 사람과의 상호작용 및 가정방문
• 클라이언트에 대한 사회복지사의 개인적 경험(주관적 관찰 내용)
• 부수정보(가족, 이웃, 친구, 친척, 학교, 다른 기관으로부터 얻게 되는 정보) 등

11 종결단계에서 사회복지사의 과업이 아닌 것은?

① 사후관리 계획 수립
② 성과유지 전략 확인
③ 필요시 타 기관에 의뢰
④ 종결 기준 및 목표 수립
⑤ 종결에 대한 정서 다루기

12 다음은 사정결과를 요약한 것이다. 사회복지사가 이후 단계에서 가장 먼저 수행해야 할 과업은?

> 경제적 도움을 요청하여 기관에 접수된 클라이언트는 성장기 학대경험과 충동적인 성격 때문에 가족 및 이웃과의 갈등문제를 심각하게 겪고 있다. 배우자와는 이혼 위기에 있고, 근로능력은 있으나 근로의지가 거의 없어서 실직한 상태이다.

① 이혼위기에 접근하기 위해 부부 상담서비스를 제공한다.
② 이웃과의 갈등 문제해결을 위하여 분쟁조정위원회에 의뢰한다.
③ 원인이 되는 성장기 학대경험에 관한 치료부터 시작한다.
④ 근로의욕을 높이기 위해 집단 프로그램에 참여하도록 한다.
⑤ 클라이언트와 함께 다루고자 하는 문제의 우선순위를 정한다.

13 사회복지실천과정의 개입단계에서 사회복지사가 수행하는 과업으로 옳은 것을 모두 고른 것은?

> ㄱ. 계획된 방법으로 서비스를 제공
> ㄴ. 서비스 제공 전략 및 우선순위 결정
> ㄷ. 계획 수정 필요시 재사정 실시
> ㄹ. 제공된 서비스에 대한 과정 및 총괄평가

① ㄱ
② ㄱ, ㄷ
③ ㄴ, ㄹ
④ ㄱ, ㄴ, ㄷ
⑤ ㄴ, ㄷ, ㄹ

14 사례관리에 관한 내용으로 옳지 않은 것은?

① 중복서비스를 제공하는 전문기관의 확대로 등장
② 클라이언트의 자율성 극대화 및 역량강화
③ 주로 복합적인 욕구나 문제를 가진 사람이 대상
④ 계획 – 사정 – 연계·조정 – 점검의 순으로 진행
⑤ 다양한 욕구충족을 위해 포괄인 서비스 제공

11

④ 종결 기준 및 목표 수립은 목표를 설정하고 이를 구체화하는 과정으로, 이는 계획 및 계약의 단계에서 사회복지사의 과업에 해당한다. 목표설정은 개입이 종결된 후 그 결과를 효과적으로 평가할 수 있는 근거를 제공한다는 점에서, 개입 결과의 평가 기준이자 종결의 기준을 마련하는 과정으로 볼 수 있다.

참고

사회복지실천의 과정에 대한 내용은 학자마다 혹은 교재마다 약간씩 차이가 있습니다. 각 단계의 구분방식에 따라 수행해야 할 과업이 달리 분류될 수 있으며, 특정 과업이 배타적으로 어느 한 단계로 분류되지 않은 채 다른 단계에서도 수행될 수 있으므로, 이점 감안하여 학습하시기 바랍니다. 참고로 위의 해설은 〈접수 및 관계형성 – 자료수집 및 사정 – 계획 및 계약 – 개입 – 평가 및 종결(종결 및 평가)〉의 5단계를 토대로 하였습니다.

12

사정결과에 따른 목표설정

• 사회복지실천에서 자료수집 및 사정이 이루어진 다음 사정결과를 토대로 계획을 세우고 그 과정에서 목표를 설정하게 된다.
• 클라이언트는 보기의 사례와 같이 경제적인 어려움, 정서적인 문제, 이혼 위기, 실업 상태 등 복합적인 문제를 나타내 보이기도 하는데, 이와 같이 목표가 여러 가지인 경우 시급성과 달성가능성을 따져 우선순위를 정해야 한다.
• 일반적으로 목표설정의 최우선 순위는 가장 시급하게 해결해야 할 문제에 초점이 주어진다.

13

ㄴ. 계획 및 계약 단계의 과업에 해당한다.
ㄹ. 평가 및 종결(종결 및 평가) 단계의 과업에 해당한다.

사회복지실천 단계에서의 개입

• 개입은 계획 내지는 계약 내용에 따라 실행함으로써 클라이언트의 실제적인 변화를 도모하는 과정이다.
• 문제해결을 위한 구체적인 변화전략을 수립하고 다양한 개입기술로써 클라이언트의 변화를 창출하며, 개입의 효과성과 적절성을 평가하기 위한 점검을 하면서 개입을 통해 유도된 변화가 지속될 수 있도록 한다.

14

사례관리의 과정

접수(Intake) – 사정(Assessment) – 계획(Service Plan) – 개입 또는 계획의 실행(Intervention) – 점검(Monitoring) 및 재사정(Reassessment) – 평가(Evaluation) 및 종결(Disengagement)

참고

사례관리의 과정은 학자에 따라 혹은 교재에 따라 약간씩 다르게 제시되고 있습니다. 이점 감안하여 학습하시기 바랍니다.

15 다음에서 사례관리자가 수행한 역할이 아닌 것은?

> 사례관리자는 알코올, 가정폭력, 실직 문제가 있는 클라이언트를 면담하여 알코올 치료와 근로에 대한 동기를 부여하고, 지역자활센터 이용 방법을 설명하였다. 또한, 클라이언트의 배우자와 다른 알코올중독자들의 배우자 5명으로 집단을 구성하고 알코올중독의 영향에 대해서 체계적으로 가르쳐 주었으며, 가정폭력상담소에 연계하여 전문상담을 받도록 하였다.

① 상담가
② 중재자
③ 교육자
④ 중개자
⑤ 정보제공자

16 사례관리 실천과정 중 개입(실행)단계의 과업에 해당하는 것은?

① 클라이언트와 서비스 제공자 간의 갈등 발생 시 조정
② 클라이언트의 욕구에 기초하여 구체적이고 명확한 목표수립
③ 서비스 이용 대상자에 대한 적격성 여부 판별
④ 기관 내부 사례관리팀 구축 및 운영 능력 파악
⑤ 클라이언트가 달성한 변화, 성과, 영향 등을 측정하기 위한 도구 개발

17 임파워먼트모델에 관한 설명으로 옳지 않은 것은?

① 클라이언트와 문제해결 방안을 함께 수립한다.
② 개인, 대인관계, 제도적 차원에서 임파워먼트가 이루어진다.
③ 클라이언트와 협력관계를 확립하는 것을 중요시한다.
④ 클라이언트의 문제와 부적응의 개입에 초점을 맞춘다.
⑤ 개입과정은 대화-발견-발달 단계로 진행된다.

18 핀커스와 미나한(A. Pincus & A. Minahan)의 4체계 모델에 관한 설명으로 옳은 것은?

① 이웃이나 가족 등은 변화매개체계에 해당한다.
② 문제해결을 위해 사회복지사와 상호작용하는 사람들은 행동체계에 해당한다.
③ 비자발적인 클라이언트는 의뢰-응답체계에 해당한다.
④ 목표달성을 위해 변화가 필요한 사람들은 변화매개체계에 해당한다.
⑤ 전문가 육성 교육체계도 전문체계에 해당한다.

15

① 사례관리자는 상담가로서 클라이언트를 면담하고 문제해결을 위한 동기를 부여하였다.
③ 사례관리자는 교육자로서 클라이언트의 문제와 그 영향에 대해 체계적으로 가르쳐 주었다.
④ 사례관리자는 중개자로서 클라이언트로 하여금 다른 전문기관에서 전문상담을 받도록 연계해 주었다.
⑤ 사례관리자는 정보제공자로서 지역자활센터의 이용 방법에 대해 설명해 주었다.

16

② 사정된 자료를 근거로 하여 구체적이고 명확한 목표를 수립하는 것은 계획단계의 과업에 해당한다.
③ 서비스 혹은 서비스 이용 대상자에 대한 적격성 여부를 판별하는 것은 초기과정으로서 접수단계의 과업에 해당한다.
④ 문제 해결을 위한 내부자원 및 외부자원을 파악하는 것은 사정단계의 과업에 해당한다.
⑤ 클라이언트가 달성한 변화, 성과, 영향 등을 측정할 수 있는 목표달성척도를 작성하는 것은 계획단계의 과업에 해당한다.

참고
사례관리의 실천과정에서 어느 과업이 반드시 특정 단계에 국한하여 수행되는 것은 아닙니다. 예를 들어, 서비스 이용 대상자의 적격성 여부 판별은 보통 접수단계에서 이루어지나, 사정단계에서 사정면접을 통해서도 이루어질 수 있습니다.

17

④ 임파워먼트 접근법은 클라이언트 개인이 지니는 고통의 원인을 사회경제적 지위, 연령, 성역할과 성정체성, 육체 혹은 정신적 기능 등의 차별성에 근거한 외부적 억압에서 비롯되는 것으로 이해한다. 따라서 임파워먼트모델은 클라이언트로 하여금 그와 같은 차별성으로 인한 장벽들에 직면하도록 돕는 데 초점을 맞춘다.

18

핀커스와 미나한(Pincus & Minahan)의 4체계 모델
• 표적체계(Target System) : 목표달성을 위해 변화시킬 필요가 있는 대상
• 클라이언트체계(Client System) : 서비스나 도움을 필요로 하는 사람들
• 변화매개체계(Change Agent System) : 사회복지사와 사회복지사가 속한 기관 및 조직
• 행동체계(Action System) : 변화매개인들이 변화 노력을 달성하기 위해 서로 상호작용하는 사람들

19 사회복지실천에서 통합적 방법에 관한 설명으로 옳은 것은?

① 사례관리가 실천현장에서 일반화된 이후 등장하였다.
② 다양한 클라이언트 체계와 수준에 접근할 수 있다.
③ 고도의 전문화를 통해 해당 실천영역 고유의 문제에 집중한다.
④ 전통적 방법에 비하여 다양하고 복잡한 문제 상황에 개입하기에 적합하지 않다.
⑤ 다양한 유형의 클라이언트를 통합한다는 의미를 가진다.

20 클라이언트를 개별화하기 위해 사회복지사에게 필요한 역량이 아닌 것은?

① 언어적 표현에 대한 경청 능력
② 비언어적 표현에 대한 관찰 능력
③ 질환에 대해 진단할 수 있는 능력
④ 편견과 선입관에 대한 자기인식 능력
⑤ 감정을 민감하게 포착할 수 있는 능력

21 사회복지실천에서 전문적 관계의 특성에 관한 설명으로 옳지 않은 것은?

① 클라이언트의 욕구가 중심이 된다.
② 시간적인 제한을 둔다.
③ 전문가 자신의 정서를 통제하는 관계이다.
④ 전문가가 설정한 목적 달성을 위해 형성된다.
⑤ 전문가는 전문성에 기반을 둔 권위를 가진다.

22 '클라이언트의 자기결정'을 돕는 데 필요한 사회복지사의 역량으로 옳은 것을 모두 고른 것은?

> ㄱ. 경청하고 수용하는 태도
> ㄴ. 클라이언트가 활용 가능한 자원을 찾고 분석하도록 지원하는 능력
> ㄷ. 클라이언트의 잠재력을 개발하는 데 도움이 되는 환경조성 능력
> ㄹ. 클라이언트에게 필요한 것들을 결정하여 이를 관철시키는 능력

① ㄱ, ㄹ
② ㄴ, ㄷ
③ ㄱ, ㄴ, ㄷ
④ ㄴ, ㄷ, ㄹ
⑤ ㄱ, ㄴ, ㄷ, ㄹ

19

① 사례관리는 사회복지실천의 전통적 방법을 통합적으로 적용하는 사회복지실천의 하나로, 클라이언트의 다양한 욕구를 충족시키기 위해 통합적 서비스를 제공해야 한다는 인식에서 비롯되었다.

③ 고도의 전문화를 통해 해당 실천영역 고유의 문제에 집중할 것을 강조한 것은 전통적 방법이다.

④ 통합적 접근은 제한된 특정 문제 중심의 개입을 해 온 전통적 방법이 현대사회의 다양하고 복잡한 문제 상황에 대해 적절히 개입하기 어렵다는 인식에서 비롯되었다.

⑤ 통합적 접근은 기존의 개별사회사업, 집단사회사업, 지역사회조직사업 등 개별화된 접근법을 방법론적 측면에서 통합한다는 의미를 가진다.

20

개별화(Individualization)를 위한 사회복지사의 역량 (역할)

• 첫째, 인간에 대한 편견과 선입관으로부터 벗어나야 한다.

• 둘째, 인간행동에 대한 지식을 가지고 활용할 수 있어야 한다.

• 셋째, 클라이언트의 언어적 표현과 비언어적 표현을 경청하고 관찰해야 한다.

• 넷째, 개입에 있어서 클라이언트와 보조를 맞추어야 한다.

• 다섯째, 클라이언트의 감정과 사고를 민감하게 포착하여야 한다.

21

사회복지실천에서 전문적 (원조)관계의 특성

• 서로 합의된 의식적 목적이 있다.

• 클라이언트의 문제와 욕구가 중심이 된다.(①)

• 시간적인 제한을 둔다.(②)

• 전문가 자신의 정서를 통제하는 관계이다.(③)

• 사회복지사는 특화된 지식 및 기술, 그리고 전문직 윤리강령에서 비롯되는 권위를 가진다.(⑤)

22

클라이언트의 자기결정에 대한 사회복지사의 역할

• 첫째, 사회복지사는 경청하고 수용하는 태도로써 클라이언트로 하여금 자기수용을 할 수 있도록 돕는다.(ㄱ)

• 둘째, 사회복지사는 클라이언트의 내적 자원을 발견하여 이를 활용할 수 있도록 잠재력 개발에 도움이 되는 환경을 조성한다.(ㄷ)

• 셋째, 사회복지사는 클라이언트가 활용 가능한 지역사회 자원에 대한 정보를 제공함으로써 클라이언트 스스로 이를 선택 및 활용하도록 돕는다.(ㄴ)

• 넷째, 사회복지사는 클라이언트로 하여금 자신의 문제를 스스로 해결하여 인격적인 성장을 할 수 있도록 분위기를 조성한다.

23 개방형 질문의 예시로 옳지 않은 것은?

① 선생님은 어제 자녀와 대화를 나누셨나요?
② 부모님은 그 상황에서 무엇을 생각하셨을 까요?
③ 그 상황에서 선생님의 기분은 어떠하셨나요?
④ 어떤 상황이 되면 문제가 해결되었다고 생각하세요?
⑤ 그러한 행동을 하게 되면 선생님의 가족들은 어떤 반응을 보이시나요?

24 면접에 관한 설명으로 옳지 않은 것은?

① 사회복지사와 클라이언트 사이의 특정한 역할 관계가 있다.
② 시간과 장소 등 구체적인 요건이 필요하다.
③ 목적보다는 과정지향적 활동이므로 목적에 집착하는 것을 지양한다.
④ 클라이언트의 어려움을 극복하는 데 필요한 변화들을 가져오기도 한다.
⑤ 클라이언트를 이해하는 데 필요한 정보를 수집하기도 한다.

25 면접을 위한 의사소통기술 중 클라이언트의 혼란스럽고 갈등이 되는 느낌을 가려내어 분명히 해 주는 기술은?

① 재명명
② 재보증
③ 세분화
④ 명료화
⑤ 모델링

제2영역   **사회복지실천기술론**

26 사회복지실천의 지식과 기술을 습득하는 방법으로 옳은 것을 모두 고른 것은?

> ㄱ. 사례회의(Case Conference)를 개최하여 통합적 지원방법에 대해 논의한다.
> ㄴ. 가족치료모델을 이해하기 위해 해결중심가족치료 세미나에 참석한다.
> ㄷ. 윤리적 가치갈등의 문제에 대하여 직장동료한테 자문을 구한다.
> ㄹ. 초점집단면접(Focus Group Interview)을 실시하여 이용자 인식을 확인한다.

① ㄱ, ㄷ
② ㄴ, ㄹ
③ ㄱ, ㄴ, ㄷ
④ ㄴ, ㄷ, ㄹ
⑤ ㄱ, ㄴ, ㄷ, ㄹ

23

① 폐쇄형 질문의 예시에 해당한다. 폐쇄형 질문은 클라이언트가 대답할 수 있는 범위를 '예/아니요' 또는 다른 단답식 답변으로 제한하는 방식이다.

24

사회복지면접의 특성

- 면접을 위한 장(Setting)과 맥락이 있으며, 면접이 기관의 상황적 특성과 맥락에서 이루어진다.
- 목적지향적인 활동으로서, 개입 목적에 따라 의사소통 내용이 제한된다.
- 한정적 · 계약적인 것으로서, 사회복지사와 클라이언트 간에 상호 합의한 상태에서 진행된다.
- 사회복지사와 클라이언트의 특정한 역할 관계가 있다. 즉, 사회복지사와 클라이언트의 역할이 서로 다르다.(①)
- 개인적 · 사적인 차원에서 이루어지는 것이 아닌 공식적 · 의도적인 차원에서 이루어지는 활동이다.
- 필요에 따라 여러 장소에서 수행되며, 시간과 장소 등 구체적인 요건이 필요하다.(②)
- 클라이언트의 어려움을 극복하는 데 필요한 변화들을 가져오기도 한다.(④)
- 클라이언트를 이해하는 데 필요한 정보를 수집하기도 한다.(⑤)

25

④ 명료화(Clarification)는 클라이언트의 말 중에서 모호하거나 모순된 점이 발견될 때, 이를 명확히 이해하고 넘어가기 위해 그를 사회복지사가 다시 질문함으로써 클라이언트가 의미를 명백하게 하는 기술이다.
① 재명명(Reframing)은 클라이언트로 하여금 문제를 다른 시각에서 보거나 다른 방법으로 이해하도록 돕는 기술이다.
② 재보증(Reassurance)은 클라이언트의 능력이나 자질에 대해 사회복지사가 신뢰를 표현함으로써 클라이언트의 불안을 제거하고 위안을 주는 기술이다.
③ 세분화(Partializing)는 복잡한 문제를 작고 통제 가능한 단위들로 나눔으로써 클라이언트로 하여금 문제에 대한 이해를 돕고 문제해결의 동기를 증진시키는 기술이다.
⑤ 모델링(Modeling)은 행동 및 사회학습방법의 하나로, 클라이언트가 활용하기를 바라거나 필요로 하는 절차에 대해 시범을 보이는 기술이다.

26

사회복지실천을 위한 지식과 기술의 습득

- 사회복지실천기술은 사회복지실천활동 수행 시 효과적으로 지식을 이용하고 적용할 수 있도록 해 주는 방법으로, 지식과 기술을 한 데 모아 행동으로 옮기는 실천요소이다.
- 문제를 인식하고 분석하며 적절한 지식과 기법을 선택하여 활용하는 실천과정의 기술은 다양한 현장에서의 훈련 및 재교육, 슈퍼비전, 전문적 자문, 각종 사례회의 및 세미나 등을 통해 습득할 수 있다.

27 집단사회복지실천의 중간단계에 해당하는 내용으로 옳은 것을 모두 고른 것은?

> ㄱ. 성원의 내적 변화를 파악하기 위해 개별상담을 한다.
> ㄴ. 성원들의 참여를 촉진하기 위해 집단의 목적을 상기시킨다.
> ㄷ. 하위집단의 의사소통과 상호작용 빈도를 평가한다.
> ㄹ. 집단에 대한 의존성을 감소시키기 위해 모임주기를 조절한다.

① ㄱ, ㄷ
② ㄴ, ㄹ
③ ㄱ, ㄴ, ㄷ
④ ㄴ, ㄷ, ㄹ
⑤ ㄱ, ㄴ, ㄷ, ㄹ

28 집단성원의 주도성이 높은 것부터 순서대로 나열한 것은?

> ㄱ. 자조집단
> ㄴ. 성장집단
> ㄷ. 치료집단
> ㄹ. 교육집단

① ㄱ – ㄴ – ㄹ – ㄷ
② ㄱ – ㄷ – ㄴ – ㄹ
③ ㄱ – ㄹ – ㄷ – ㄴ
④ ㄴ – ㄱ – ㄹ – ㄷ
⑤ ㄴ – ㄹ – ㄱ – ㄷ

29 집단성원 간의 관계를 파악하는 사정도구에 관한 설명으로 옳은 것은?

① 소시오메트리 : 성원 간의 상호작용 빈도를 기록한다.
② 상호작용차트 : 집단성원에 대한 다양한 측면의 인식 정도를 평가한다.
③ 소시오그램 : 성원 간의 관계를 표현한 것으로 하위집단의 유무를 알 수 있다.
④ 목적달성척도 : 목적달성을 위한 집단성원들의 협력과 지지 정도를 측정한다.
⑤ 의의차별척도 : 가장 호감도가 높은 성원과 호감도가 낮은 성원을 파악할 수 있다.

30 사회기술훈련에서 활용되는 기법을 모두 고른 것은?

> ㄱ. 코 칭
> ㄴ. 과제제시
> ㄷ. 모델링
> ㄹ. 자기옹호

① ㄱ, ㄷ
② ㄴ, ㄹ
③ ㄱ, ㄴ, ㄷ
④ ㄴ, ㄷ, ㄹ
⑤ ㄱ, ㄴ, ㄷ, ㄹ

27

ㄹ. 집단에 대한 의존성을 감소시키기 위해 모임주기를 조절하며, 종결에 따른 집단성원들의 감정적 반응을 다루는 것은 집단사회복지실천의 종결단계에 해당하는 내용이다.

28

ㄱ. 자조집단(Self-help Group)은 집단 활동을 통해 집단성원 각자 자신의 문제 상황에 대처할 수 있는 능력을 고양하는 것을 목적으로 한다. 전형적으로 자조집단에서는 집단의 일반 구성원인 비전문가가 리더로 활동하게 된다.

ㄴ. 성장집단(Growth Group)은 집단성원들의 자기인식을 증진시키며, 각 성원들의 잠재력을 최대화하는 것을 목표로 한다. 집단지도자는 촉진자 및 역할모델로서 기능한다.

ㄹ. 교육집단(Education Group)은 집단성원들의 지식, 정보, 기술의 향상을 주된 목표로 하며, 이를 통해 자기 자신은 물론 자신이 속한 사회에 대한 이해의 폭을 넓히도록 한다. 집단지도자는 교사 및 집단토의를 위한 구조 제공자로서 기능한다.

ㄷ. 치료집단(Therapy Group)은 집단성원들이 스스로 자신의 부적응적인 행동을 변화시키고, 개인적인 문제를 완화하거나 제거할 수 있도록 원조한다. 집단지도자는 전문가, 권위적인 인물 또는 변화매개인으로서 보다 적극적인 역할을 수행한다.

29

③ 소시오그램(Sociogram)은 집단성원들 간의 상호작용을 도식화하여 구성원의 지위, 구성원 간의 관계, 하위집단은 물론 집단성원 간 결탁, 수용, 거부 등을 파악하는 데 유용한 사정도구이다.

① 집단성원과 사회복지사 또는 집단성원들 간의 상호작용 빈도를 확인하여 이를 기록하는 것은 상호작용차트(Interaction Chart)이다.

②·⑤ 집단성원들이 서로 간의 관계에 대해 인식하고 있는 정도를 평가하는 것은 소시오메트리(Sociometry)이다. 소시오메트리는 집단성원 간 관심 정도를 측정하기 위한 방법으로 각 성원에 대한 호감도를 1점(가장 싫어함)에서 5점(가장 좋아함)으로 평가한다.

④ 목적달성척도(Goal-attainment Scaling)는 개입의 목표가 어느 정도 달성되었는지를 평가하기 위한 것으로, 각 목표영역에서 달성될 수 있는 성과를 5점 척도로 나누어 기록하는 사정도구이다.

30

ㄱ. 코칭(Coaching)은 치료자가 클라이언트에게 어떤 힌트나 신호를 줌으로써 특정 상황에서 필요로 하는 사항이나 기술을 쉽게 인지할 수 있도록 해 주는 기술이다.

ㄴ. 과제제시(Task Presentation)는 치료자가 클라이언트와 상의 하에 실생활 장면에서 실행할 수 있는 과제를 제시하는 기술이다.

ㄷ. 모델링(Modeling)은 모델의 행동을 관찰하고 모방하여 학습함으로써 의도했던 기술을 수행할 수 있도록 해 주는 기술이다.

ㄹ. 자기옹호(Self-advocacy)는 클라이언트로 하여금 스스로 목소리를 내어 자신의 권리를 주장할 수 있도록 해 주는 기술이다.

31 토스랜드와 리바스(R. Toseland & R. Rivas)가 분류한 성장집단에 관한 설명으로 옳지 않은 것은?

① 촉진자로서의 전문가 역할이 강조된다.
② 성원 간의 상호작용이 중요한 도구가 된다.
③ 개별 성원의 자기표출을 긍정적으로 인식한다.
④ 공동과업의 성공적 수행이 일차적인 목표이다.
⑤ 공감과 지지를 얻기 위해 동질성이 높은 성원으로 구성한다.

32 다음 사례에 해당하는 단일사례설계의 유형은?

> 노인복지관 사회복지사가 어르신들의 우울감 개선 프로그램을 계획하였다. 프로그램 시작 전에 참여하는 어르신들의 심리검사를 행하였고, 2주간의 정서지원프로그램 실시 후 변화를 측정하였다. 1주일 후에는 같은 어르신들을 대상으로 2주간의 명상프로그램을 진행하여 우울감을 개선하고자 한다.

① AB
② BAB
③ ABA
④ ABAB
⑤ ABAC

33 가정폭력 피해경험이 있는 사회복지사가 자기노출을 고려하는 목적으로 옳은 것은?

① 역전이를 활용하기 위해
② 클라이언트의 표현을 촉진하기 위해
③ 자신과 비슷한 경험인지 알아보기 위해
④ 클라이언트의 자기합리화를 돕기 위해
⑤ 사회복지사가 자신의 문제를 극복했는지 확인하기 위해

34 초기면접을 위한 준비로 적절하지 않은 것은?

① 면접 목적을 잠정적으로 설정한다.
② 모든 질문을 사전에 확정해 놓는다.
③ 슈퍼바이저나 동료에게 미리 조언을 구한다.
④ 클라이언트 특성을 고려하여 시설환경에 대한 준비를 한다.
⑤ 의뢰서에 있는 클라이언트의 문제와 관련한 전문 지식을 보완한다.

31

④ 성장집단(Growth Group)은 집단성원들의 자기 인식을 증진시키며, 각 성원들의 잠재력을 최대화 하는 것을 목표로 한다. 참고로 공동과업의 성공 적 수행을 일차적인 목표로 하는 것은 과업집단 (Task Group)이다.

32

ABAC 설계

- ABAC 설계는 ABCD 설계의 논리에 반전설계의 논리를 결합시킨 것이다.
- 복수요인설계로서 ABCD 설계는 서로 다른 개입이 연속적으로 이루어짐으로써 각각의 개입방법에 대한 독자적인 효과의 인과관계를 명확히 밝히기 어려운 한계가 있다.
- ABAC 설계는 AB 이후에 AC를 시도한다는 점에서 ABC(혹은 ABCD)의 단점을 보완하는 한편, 새로운 기초선으로 인해 C의 효과를 앞선 B의 효과와 섞지 않고 볼 수 있는 장점이 있다.
- 보기의 사례에서는 서로 다른 개입방법(예 2주간의 정서지원프로그램과 2주간의 명상프로그램)의 중간에 새로운 기초선을 도입함으로써 두 가지 프로그램의 상호작용 효과를 통제하고 있다.

33

자기노출(Self-disclosure)

- 사회복지사가 면접을 효과적으로 전개하기 위해 클라이언트에게 자신에 대한 주관적인 정보 즉, 자신의 경험이나 생각, 느낌 등을 클라이언트에게 노출하는 기술이다.
- 사회복지사의 자기노출은 진실성(진솔성)을 보여주는 중요한 방법으로, 클라이언트와의 친밀한 대화를 촉진하면서 이러한 대화를 방해하는 장애물을 제거하기 위해 활용된다.

34

② 초기면접에서 모든 질문이 반드시 유용한 것은 아니다. 특히 초기면접에서는 클라이언트로 하여금 자신이 말하고 싶을 때 자신의 생각과 감정을 표현할 수 있도록 선택의 자유를 허용하는 개방형 질문이 유용하다. 초기면접에서 너무 많은 질문은 클라이언트를 심문하는 것처럼 보일 수 있으며, 과도한 질의-응답식 면접은 상담자로서 사회복지사가 앞으로 무엇이 논의되어야 하고 어떤 방향으로 나아가야 한다는 것을 모두 다 알고 있다는 인상을 줄 수 있다.

35 1인 가구의 가족사정에 관한 내용으로 옳은 것을 모두 고른 것은?

> ㄱ. 원가족 생활주기 파악
> ㄴ. 원가족 스트레스와 레질리언스 탐색
> ㄷ. 구조적 관점으로 미분화된 경계 파악
> ㄹ. 역사적 관점으로 미해결된 과거관계의 잔재 확인

① ㄹ
② ㄱ, ㄷ
③ ㄴ, ㄹ
④ ㄱ, ㄴ, ㄷ
⑤ ㄱ, ㄴ, ㄷ, ㄹ

36 다음 사례에서 사회복지사의 개입방법에 관한 설명으로 옳은 것은?

> 가정폭력으로 이혼한 영미 씨의 전 남편은 딸의 안전을 확인해야 양육비를 주겠다며 딸의 휴대폰 번호도 못 바꾸게 하였다. 영미 씨는 아버지의 언어폭력으로 인한 고통을 호소하는 딸에게 전화를 계속하여 받도록 하였다. 사회복지사는 이에 대한 사정평가 후, 경제적 어려움에 대한 불안감이 가정폭력을 사실상 지속시킨다고 판단하여 양육비이행지원서비스를 받을 수 있도록 지원하고 아버지의 전화를 차단하도록 하였다.

① 가족 옹호
② 가족 재구성
③ 재정의하기
④ 탈삼각화기법
⑤ 균형 깨트리기

37 가족의 특성에 관한 설명으로 옳은 것을 모두 고른 것은?

> ㄱ. 사회변화에 민감한 체계이다.
> ㄴ. 현대 가족은 점차 정서적 기능이 약화되고 있다.
> ㄷ. 가족의 현재 모습은 세대 간 전승된 통합과 조정의 결과물이다.
> ㄹ. 기능적인 가족은 응집성과 적응성, 문제해결력이 높은 가족이다.

① ㄱ, ㄷ
② ㄴ, ㄹ
③ ㄱ, ㄴ, ㄷ
④ ㄴ, ㄷ, ㄹ
⑤ ㄱ, ㄴ, ㄷ, ㄹ

38 다음 사례에서 사회복지사가 우선적으로 계획할 내용으로 적절한 것은?

> 은옥 씨는 심각한 호흡기 질환을 앓고 있으며, 28세 아들은 고교 졸업 후 게임에만 몰두하며 집에만 있다. 아들은 쓰레기를 건드리지도 못하게 하여 집은 쓰레기로 넘쳐나고, 이는 은옥 씨의 건강에 치명적인 위협이 되고 있다. 은옥 씨는 과거 자신의 잘못과 아들에 대한 죄책감을 호소하고 있으나, 서비스를 거부하며 특히 아들에 대한 접근을 막고 있다.

① 치료적 삼각관계 형성하기
② 가족하위체계 간의 경계 만들기
③ 가족의 기능적 분화수준 향상시키기
④ 가족과 합류(Joining)할 수 있는 방법 탐색하기
⑤ 역설적 개입으로 치료자의 지시에 저항하도록 하기

35

ㄱ. 가족생활주기의 사정은 전체로서의 가족이 거치게 되는 발달단계를 통해 가족문제에 대한 보다 명확한 통찰력을 제공해 줄 수 있다.

ㄴ. 레질리언스(Resilience)는 본래 어떤 충격으로부터의 회복력이나 탄력성을 의미하는 것으로서, 가족치료에서는 가족성원들이 직면하게 되는 역경이나 고난을 잘 통과해 나가는 과정을 일컫는다.

ㄷ. 구조적 가족치료에서는 가족성원들 사이의 경계가 분명한 경우 자율성, 독립성을 가질 수 있는 반면, 경계가 불분명한 경우 가족성원들 사이의 의존성이 강화되어 자율성, 독립성을 침해할 수 있다고 본다.

ㄹ. 보웬(Bowen)은 현재 가족의 문제를 파악하기 위해 여러 세대에 걸친 가족체계를 분석해야 한다는 점을 강조하였다. 특히 그는 다세대적 전이(Multigenerational Transfer)의 개념을 통해 한 세대의 핵가족 내에 존재하는 정서적 장애가 여러 세대의 핵가족에 걸쳐 전수된다고 주장하였다.

36

① 가족 옹호(Family Advocacy)는 가족을 위한 기존의 서비스 혹은 서비스 전달을 향상시키거나 새로운 혹은 변화된 형태의 서비스를 개발하도록 하는 것으로, 가족의 사회환경을 향상시키고 사회정의를 증진시키기 위한 과정으로 볼 수 있다. 보기의 사례에서 사회복지사는 이혼가정의 양육비 문제와 가정폭력 문제 사이에서 변화를 가져오기 위해 문제를 정확히 진단하고 그에 대한 새로운 전략을 세우고 있다.

② · ③ 재구성 또는 재정의(Reframing)는 가족성원의 문제를 다른 시각에서 보거나 다른 방법으로 이해하도록 돕는 방법이다.

④ 탈삼각화(Detriangulation)는 가족 내 삼각관계를 교정하여 미분화된 가족자아 집합체로부터 벗어나도록 돕는 방법이다.

⑤ 균형 깨뜨리기(Unbalancing)는 가족 내 하위체계들 간의 역기능적 균형을 깨뜨리기 위한 방법이다.

37

가족의 일반적인 특성

• 가족은 다세대에 걸친 역사성의 산물이다.
• 가족의 현재 모습은 세대 간 전승된 통합과 조정의 결과물이다.(ㄷ)
• 가족은 사회변화에 민감한 체계이다.(ㄱ)
• 가족구성원 간 상호 영향은 지속적이다.
• 가족마다 권력구조와 의사소통 형태를 갖고 있다.
• 가족 내 공식적 · 비공식적 역할들은 고정되어 있지 않다.
• 가족은 생활주기를 따라 단계적으로 발달하고 변화한다.
• 사회 변화에 따라 가족의 구조와 기능도 변화한다.
• 기능적인 가족은 응집성과 적응성, 문제해결력이 높은 가족이다.(ㄹ)
• 가족은 가족항상성을 통해 다른 가족과 구별되는 정체성을 갖는다.
• 위기 시 가족은 역기능적 행동을 보일 수도 있지만 가족탄력성을 보일 수도 있다.
• 현대 가족은 점차 정서적 기능이 약화되고 있다.(ㄴ)

38

합류 또는 합류하기(Joining)

• 치료자가 가족성원들과의 관계형성을 위해 가족을 수용하고 가족에 적응함으로써 기존의 가족구조에 참여하는 방법이다. 치료자는 합류를 통해 가족 상호작용의 맥락을 파악하고, 가족의 희생양이 느끼는 고통을 이해할 수 있다.

• 합류를 촉진하기 위한 기법으로 '따라가기(Tracking)', '유지하기(Accomodation)', '흉내 내기(Mimesis)'가 있다.

39 노인학대가 의심된다는 이웃의 신고로 노인 보호전문기관에서 상황을 파악하고자 하였다. 어르신은 사회복지사의 개입을 거부하며 방어적이다. 이 상황에 관한 분석으로 적절하지 않은 것은?

① 비난형 의사소통 유형이다.
② 스스로 해결하고자 하는 의지의 표현이다.
③ 현재의 상태를 유지하려고 하는 항상성이 있다.
④ 독립과 자립을 강조하는 사회문화적 영향으로 도움에 거부적이다.
⑤ 일방적 신고를 당해서 외부인에 대한 불신과 배신감을 느끼고 있다.

40 가계도 분석에 관한 설명으로 옳은 것을 모두 고른 것은?

> ㄱ. 세대를 통해 반복되는 패턴 분석
> ㄴ. 가족구성원에 대한 객관적 정보를 파악
> ㄷ. 가족기능의 불균형과 그것에 기여하는 요인 분석
> ㄹ. 가족구성원별 인생의 중요사건과 이에 대한 다른 가족구성원의 역할 분석

① ㄹ
② ㄱ, ㄷ
③ ㄴ, ㄹ
④ ㄱ, ㄴ, ㄷ
⑤ ㄱ, ㄴ, ㄷ, ㄹ

41 알코올 중독자 당사자는 치료에 거부적이다. 우선적으로 동기화되어 있는 가족들을 알코올 중독자 가족모임이나 자녀모임에 참여하도록 하였다. 이때 사회복지사가 개입 시 고려한 내용으로 옳은 것은?

① 가족항상성
② 가족모델링
③ 가족재구조화
④ 다세대 간 연합
⑤ 순환적 인과성

42 클라이언트를 문제 중심으로 보지 않고, 필요한 자원을 활용하거나 문제에 대처할 수 있도록 지지하여 자립을 가능하게 하는 실천 모델은?

① 과제중심모델
② 심리사회모델
③ 역량강화모델
④ 위기개입모델
⑤ 인지행동모델

39

① 문제상의 노인은 외부인에 대한 불신을 드러내면서 사회복지사의 개입을 거부하고 있는데, 이는 사티어(Satir)의 의사소통 유형 중 산만형(혼란형)과 연관된다. 산만형(혼란형)은 위협을 무시하고 상황과 관계없이 행동하며, 말과 행동이 불일치하고 정서적으로 혼란스러워 보인다. 특히 내면적으로 모두가 자신을 거부한다고 생각함으로써 무서운 고독감과 자신의 무가치함을 느낀다.

참고

사실 이 문제는 사례의 내용만으로 의사소통의 유형을 특정하기 어렵습니다. 다만, 표적 대상인 노인의 행동이 자신, 타인, 상황에 대한 무시, 그리고 누구도 자신에게 신경쓰지 않는다는 내적 정서상태에서의 불신에 기인한 것으로 볼 수 있습니다.

40

가계도를 통해 알 수 있는 정보

• 가족구성원에 대한 정보(성별, 나이, 출생 및 사망 시기, 직업 및 교육수준, 결혼 및 동거관계 등)(ㄴ)
• 가족구조 및 가족관계의 양상(자연적 혈연관계 또는 인위적 혈연관계)
• 가족 내 하위체계 간 경계의 속성
• 가족성원 간의 단절 또는 밀착 정도
• 가족 내 삼각관계
• 가족성원의 역할과 기능의 균형상태
• 가족기능의 불균형과 그것에 기여하는 요인(ㄷ)
• 가족구성원별 인생의 중요사건과 이에 대한 다른 가족구성원의 역할(ㄹ)
• 그 밖에 가족양상의 다세대적 전이, 세대 간 반복되는 유형 등 종단·횡단, 종합·통합적인 가족의 속성(ㄱ)

41

순환적 인과성(Circular Causality)

• 가족체계를 원인에 따른 결과 또는 자극에 따른 반응과 같은 선형적(단선적) 유형으로 보는 것이 아닌 가족체계의 상호작용 패턴에 초점을 두는 순환적 반응으로 보는 것이다.
• 가족체계 내의 한 구성원의 변화는 다른 구성원을 자극하여 반응을 이끌어내게 되고, 이것이 또 다시 다른 구성원을 자극함으로써 가족 전체에 영향을 미치게 된다.
• 가족 문제를 해결하기 위해서는 문제의 원인 그 자체보다는 문제가 유지되는 가족의 상호작용 과정을 살펴보아야 한다. 즉, '왜(Why)'가 아닌 '무엇(What)'에 초점을 두어야 한다.
• 문제를 일으키거나 증상을 표출하는 성원 또는 다른 성원의 변화를 통해 가족의 역기능적 문제가 해결된다. 즉, 가족체계 내의 한 구성원의 긍정적인 변화는 곧 가족 전체의 긍정적인 변화로 이어지면서 문제가 해결될 수 있다.

42

① 과제중심모델은 클라이언트의 문제를 자원 혹은 기술의 부족으로 이해하고 클라이언트가 동의한 과제를 중심으로 구체적인 문제해결에 주력하는 단기간의 종합적인 개입모델이다.
② 심리사회모델은 클라이언트의 과거 경험이 현재 심리 혹은 사회기능에 미치는 영향을 다루며, 클라이언트의 과거와 현재의 경험과 관련한 내적 갈등을 이해하고 통합함으로써 클라이언트의 성장을 돕는 개입모델이다.
④ 위기개입모델은 위기상황에 처해 있는 개인이나 가족을 초기에 발견하여 그 구체적이고 관찰 가능한 문제에 초점을 두고 초기단계에서 원조활동을 수행하는 단기적 개입모델이다.
⑤ 인지행동모델은 문제에 대한 논박을 통해 인지적 왜곡이나 오류가 있음을 밝혀내며, 질문을 통해 자기발견과 타당화의 과정을 거침으로써 사건이나 행동의 의미를 재발견하도록 돕는 개입모델이다.

43 심리사회모델의 기법에 관한 설명으로 옳지 않은 것은?

① 발달적 성찰 : 현재 클라이언트 성격이나 기능에 영향을 미친 가족의 기원이나 초기 경험을 탐색한다.
② 지지하기 : 클라이언트의 현재 또는 최근 사건을 고찰하게 하여 현실적인 해결방법을 찾는다.
③ 탐색-기술-환기 : 클라이언트의 상황에 관한 사실을 드러내고 감정의 표현을 통해 감정의 전환을 제공한다.
④ 수용 : 온정과 친절한 태도로 클라이언트의 감정이나 주관적인 상태에 감정이입을 하며 공감한다.
⑤ 직접적 영향 : 사회복지사와 클라이언트 간의 신뢰관계를 바탕으로 클라이언트에게 제안과 설득을 제공한다.

44 인지적 왜곡이나 오류의 유형에 관한 설명으로 옳은 것은?

① 과잉일반화는 정반대의 증거나 증거가 없음에도 불구하고 어떤 결론을 내리는 것이다.
② 임의적 추론은 상반된 사고의 경향성을 보이는 것이다.
③ 개인화는 하나 또는 별개의 사건들을 가지고 결론을 내린 후 비논리적으로 확장하는 것이다.
④ 선택적 사고는 상황에 대한 자신의 관점을 지지하기 위해 특정 자료들을 걸러내거나 무시하는 것이다.
⑤ 과장과 축소는 하나의 사건 혹은 별개의 사건들의 결론을 주관적으로 내리는 것이다.

45 해결중심모델에 관한 설명으로 옳은 것은?

① 클라이언트의 문제의 원인을 심리내부에서 찾는다.
② 의료모델을 기초로 문제 중심의 접근을 지향한다.
③ 다양한 질문기법들을 활용하여 클라이언트와 대화한다.
④ 클라이언트의 준거틀, 인식, 강점보다 문제 자체에 초점을 둔다.
⑤ 신속한 문제해결을 위해 행동변화를 위한 새로운 전략을 가르친다.

46 청소년의 정체성 위기, 결혼, 자녀의 출산, 중년기의 직업 변화, 은퇴 등 개인의 생애주기에 따른 위기는?

① 실존적 위기
② 상황적 위기
③ 발달적 위기
④ 부정적 위기
⑤ 환경적 위기

43

② 클라이언트를 둘러싼 최근 사건에 대해 '상황 속 인간'의 관점에서 고찰하는 것으로서, 사건에 대한 클라이언트의 지각방식 및 행동에 대한 신념, 외적 영향력 등을 평가하는 개입기법은 '인간-상황(개인-환경)에 대한 고찰(Person-Situation Reflection)'이다. 참고로 '지지하기(Sustainment)'는 사회복지사가 클라이언트를 수용하고 원조하려는 의사와 클라이언트의 문제해결능력에 대한 확신을 표현함으로써 클라이언트의 불안을 줄이고 자기존중감을 증진시키는 개입기법이다.

44

④ 선택적 사고(Selective Abstraction)는 일부 정보들만을 본 후 결론을 내리는 것이다. 상황에 대한 자신의 관점을 지지하기 위해 특정 자료들을 걸러내거나 무시하는 것이므로 '정신적 여과(Mental Filter)'라고도 한다.
① 어떤 결론을 지지하는 증거가 없거나 그 증거가 결론에 위배됨에도 불구하고 그와 같은 결론을 내리는 것은 임의적 추론(Arbitrary Inference)이다.
② 모든 경험을 한두 개의 범주로만 이해하고 중간지대가 없이 흑백논리로써 현실을 파악하는 것은 이분법적 사고(Dichotomous Thinking)이다.
③ 한두 가지의 고립된 사건에 근거해서 일반적인 결론을 내리고 그것을 서로 관계없는 상황에 적용하는 것은 과잉일반화(Overgeneralization)이다.
⑤ 과장과 축소(Magnification/Minimization)는 어떤 사건의 의미나 중요성을 실제보다 지나치게 확대하거나 축소하는 것이다.

45

③ 해결중심모델에서 사회복지사는 변화촉진을 위한 질문자 역할을 수행하며, 이를 위해 상담 전 변화질문, 예외질문, 기적질문, 척도질문, 대처질문, 관계성질문 등 다양한 질문기법들을 활용한다.
① 클라이언트의 문제의 원인을 심리내부에서 찾는 대표적인 모델로 정신역동모델이 있다. 정신역동모델은 클라이언트의 불안과 무의식적 갈등을 의식화한 뒤, 이것이 현재의 행동에 어떠한 영향을 주고 있는지를 통찰하도록 돕는다.
②·④ 해결중심모델은 문제의 원인을 규명하기보다는 클라이언트가 가지고 있는 자원을 활용하여 해결방안을 마련하는 단기적 개입모델이다. 즉, 문제의 원인보다는 문제의 내용을 파악하며, 문제 자체보다는 해결에 초점을 둔다.
⑤ 해결중심모델에서 클라이언트는 자신이 무엇을 원하고 삶에서 어떤 변화가 일어나기 바라는지를 가장 잘 알고 있는 전문가(Expert)로 간주된다. 따라서 사회복지사는 클라이언트를 변화시키는 전문가가 아닌 클라이언트의 변화에 도움을 주는 자문가(Consultant)의 역할을 수행한다.

46

위기의 유형(James & Gilliland)

발달적 위기	일생을 살아가는 동안 성장하고 발달하는 과정에서의 변화나 전환으로 인해 부적응적인 반응이 나타나는 경우이다. 예 사춘기, 결혼, 자녀출산, 대학졸업, 은퇴, 배우자 사별 등
상황적 위기	개인이 예측하거나 통제할 수 없는 사건이 발생하는 경우이다. 예 자동차 사고, 유괴, 강간, 실직, 질병 등
실존적 위기	내적 갈등 또는 불안을 포함하는 개념으로, 삶의 목표, 책임감, 독립성, 자유의지와 같은 중요한 실존적인 주제와 관련된 경우이다. 예 조직 내에서 존재감 상실, 노후에 인생을 회고하고 느끼는 무의미감 등
환경적 위기	자연이나 인간이 유발한 재해가 어떤 잘못 등을 하지 않은 개인이나 집단에게 발생하는 경우이다. 예 홍수, 태풍, 지진, 해일, 유독성 물질 유출, 전쟁 등

47 문제중심기록의 특성으로 옳지 않은 것은?

① 현상의 복잡성을 단순화시키고 부분화를
  강조하는 단점이 있다.
② 문제유형의 파악이 용이하며 책무성이 명확
  해진다.
③ 클라이언트의 주관적 진술과 사회복지사의
  관찰과 같은 객관적 자료를 구분한다.
④ 클라이언트의 문제 상황을 진단하고 개입
  계획을 제외한 문제의 목록을 작성한다.
⑤ 슈퍼바이저, 조사연구자, 외부자문가 등이
  함께 검토하는 데 용이하다.

48 정신역동모델에 관한 설명으로 옳은 것은?

① 통찰보다는 치료적 처방에 초점을 둔다.
② 무의식적 충동과 미래 의지를 강조한다.
③ 사회구성주의적 관점의 영향을 받았다.
④ 기능주의 학파의 이론적 기초가 되었다.
⑤ 자유연상, 훈습, 직면의 기술을 사용한다.

49 다음 사례에 적용한 실천모델은?

> 성폭력 피해 대학생인 A씨는 심적 고통을 받고
> 있으며 서비스 제공자와의 만남도 거부하고 있
> 다. 이에 사회복지사는 A씨가 절망감에 극단적
> 인 선택을 할 가능성이 높다고 생각하여 안전
> 확보를 위한 지지체계를 구성하였다.

① 과제중심모델
② 심리사회모델
③ 해결중심모델
④ 위기개입모델
⑤ 역량강화모델

50 집단을 대상으로 한 실천의 내용으로 옳지
않은 것은?

① 성원 간의 갈등이 심하여 조기종결을 하였다.
② 집단과정을 촉진하기 위해 공동지도자를
  두었다.
③ 적정규모를 유지하기 위해 신규 회원을 받
  았다.
④ 집단규칙은 사회복지사가 제공하였다.
⑤ 개별성원의 의도적인 집단 경험을 유도하
  였다.

47

④ 문제중심기록의 SOAP 포맷에는 개입계획에 대한
내용도 포함된다.

문제중심기록의 SOAP 포맷

주관적 정보 (Subjective Information)	클라이언트가 지각하는 문제, 즉 자기의 상황과 문제에 대해 스스로 어떻게 생각하고 느끼는지에 대한 주관적인 정보를 기술한다.
객관적 정보 (Objective Information)	클라이언트의 행동이나 외모에 대한 사회복지사의 관찰을 비롯하여 사실적 자료와 같은 객관적인 정보를 기술한다.
사 정 (Assessment)	주관적 정보와 객관적 정보를 토대로 사정, 견해, 해석 및 분석을 기술한다.
계 획 (Plan)	주관적 정보, 객관적 정보, 사정을 토대로 확인된 문제에 대해 무엇을 할 것인지에 대한 계획을 기술한다.

48

① · ⑤ 정신역동모델은 치료적 처방제공보다는 클라
이언트의 무의식적 갈등이 현재의 행동에 어떠한
영향을 주고 있는지를 통찰하도록 돕기 위해 자유
연상, 해석, 꿈의 분석, 저항의 분석, 전이의 분
석, 직면, 훈습 등 다양한 기술들을 활용한다.
② 정신역동모델은 클라이언트의 미래 의지를 강조
하지 않는다. 다만, 클라이언트의 과거를 탐색함
으로써 현재의 상황과 과거의 발달경험 간의 관계
를 규명하고 현재와 과거의 연관성을 구성하는 데
주력한다.
③ 정신역동모델은 의미를 구성하는 과정에서의 대
인 간 상호작용에 초점을 두는 사회구성주의적 관
점에 근거를 두지 않는다.
④ 정신역동모델은 진단주의 학파와 이론적 맥락을
같이 한다. 진단주의 학파는 인간을 기계적 · 결정
론적 관점에서 바라보며 무의식을 강조하는 경향
이 있는 반면, 기능주의 학파는 인간을 의지적 ·
낙관적 관점에서 바라보며 인간 스스로의 창조성
과 성장 가능성을 강조한다.

49

위기개입모델의 위기개입 과정(Gilliland)

문제 정의 (제1단계)	사회복지사는 클라이언트의 관점에서 문제에 관한 정보를 경청하며, 언어적 · 비언어적 메시지를 전달하여 클라이언트에게 관심을 갖고 있음을 보여 준다.
안전 확보 (제2단계)	클라이언트의 안전을 확보하는 것이 중요하므로, 클라이언트 주변의 위험을 최소화하고 치명성(Lethality)을 사정한다.
지 지 (제3단계)	수용적 · 비심판적인 태도로 클라이언트를 지지하며, 클라이언트에게 관심과 돌봄을 표현한다.
대안 탐색 (제4단계)	클라이언트의 지지체계, 대처기제, 사고방식, 현실성 등 다양한 측면들을 고려하여 가능한 대안을 탐색한다.
계획 수립 (제5단계)	사회복지사와 클라이언트 간의 협력관계를 통해 현실적인 단기계획을 수립함으로써 클라이언트의 자립심을 고양시킨다.
참여 유도 (제6단계)	사회복지사와 클라이언트가 수립한 계획을 클라이언트로 하여금 요약하게 함으로써 클라이언트의 책임감을 높이고 위기 해결을 위한 노력에 참여하도록 유도한다.

50

④ 집단규칙은 집단성원들과 함께 논의하여 결정해
야 한다. 이는 특히 집단의 초기단계에서 집단규
칙에 관한 내용을 함께 논의함으로써 그들에게 익
숙지 않은 집단이 어떻게 효과적으로 운영되는지
에 대해 지도를 받을 수 있는 계기가 된다.

51 지역사회복지에 관한 내용으로 옳은 것은?

① UN 지역사회개발 원칙은 정부의 적극적 지원을 받는 것이 아니라 민간 자원동원을 강조하였다.

② 던햄(A. Dunham)은 사회복지기관은 조직 운영과 실천을 민주적으로 해야 한다고 하였다.

③ 로스(M. G. Ross)는 추진회 활동 초기에는 소수집단을 위한 사업부터 전개하는 것이 좋다고 하였다.

④ 맥닐(C. F. McNeil)은 지역사회도 자기결정의 권리가 있어 자발적인 사업추진은 거부해야 한다고 하였다.

⑤ 워렌(R. L. Warren)은 지역사회조직사업의 주요 목적은 지역사회 이익 옹호, 폭넓은 권력 집중이라고 하였다.

52 지역사회에 관한 설명으로 옳지 않은 것은?

① 지역사회에 대한 정의나 구분은 학자에 따라 매우 다양하다.

② 현대의 지역사회는 지리적 개념을 넘어 기능적 개념까지 포괄하는 추세이다.

③ 지역사회를 상호의존적인 집단들의 결합체로도 볼 수 있다.

④ 펠린(P. F. Fellin)은 역량있는 지역사회를 바람직한 지역사회로 보았다.

⑤ 로스(M. G. Ross)는 지역사회의 기능을 사회통제, 사회통합 등 다섯 가지로 구분하였다.

53 한국 지역사회복지 역사에 관한 설명으로 옳은 것은?

① 2001년 국민기초생활보장제도 시행으로 정부의 책임성 강화

② 2007년 「협동조합기본법」의 제정으로 자활공동체가 보다 쉽게 협동조합을 결성할 수 있게 됨

③ 2010년 사회복지통합관리망(행복e음) 구축

④ 2015년 시·군·구 희망복지지원단 운영으로 통합사례관리 시행

⑤ 2018년 주민자치센터를 행정복지센터로 명칭 변경

54 한국 지역사회복지 역사에 관한 설명으로 옳은 것을 모두 고른 것은?

ㄱ. 1970년대 : 재가복지서비스 도입
ㄴ. 1990년대 : 사회복지공동모금제도 실시
ㄷ. 2000년대 : 지역사회복지계획 수립의 법제화

① ㄱ
② ㄱ, ㄴ
③ ㄱ, ㄷ
④ ㄴ, ㄷ
⑤ ㄱ, ㄴ, ㄷ

51

② 던햄(Dunham)은 사회복지의 개념이 민주사회에서 생성되었다고 보았다. 그는 지역사회조직의 원리를 제시하면서, 사회복지기관이 지역사회의 유대감과 민주주의의 실천을 위해 협력하며, 지역사회의 복지와 민주적 제도를 위협하는 세력을 극복해야 한다고 강조하였다.

① UN 지역사회개발 원칙은 자조적 프로젝트의 효과를 위해 정부의 적극적 지원을 받아야 한다고 강조하였다.

③ 로스(Ross)는 추진회가 지역사회의 다양한 문제를 발견하여 모든 주민이 공동의 목표로 합의를 가지고 사업을 전개해야 한다고 강조하였다.

④ 맥닐(McNeil)은 지역주민 스스로 자기결정의 권리를 가지고 문제해결에 자발적으로 참여하도록 유도해야 한다고 강조하였다.

⑤ 워렌(Warren)은 지역사회 내에 권력이 폭넓게 분산되어 있어야 한다고 강조하였다.

52

⑤ 지역사회의 기능을 생산·분배·소비(경제제도), 상부상조(사회복지제도), 사회화(가족제도), 사회통제(정치제도), 사회통합(종교제도) 등 다섯 가지로 구분한 학자는 길버트와 스펙트(Gilbert & Specht)이다.

53

③ 2010년 1월 사회복지 급여·서비스의 지원대상자 자격 및 이력에 관한 정보를 통합적으로 관리하고 지방자치단체의 복지업무처리를 지원하기 위해 사회복지통합관리망(행복e음)이 구축되었다.

① 국민기초생활보장제도는 2000년 10월부터 전국적으로 시행되었다.

②「협동조합기본법」은 2012년 1월 26일 제정되어 2012년 12월 1일부터 시행되었다.

④ 희망복지지원단은 2012년 4월 각 지방자치단체에 설치되어 5월부터 공식적으로 운영되었다.

⑤ 정부는 '읍·면·동 복지허브화' 추진을 위해 2016년 3월 자치단체의 조례 개정을 권고하여 기존의 '읍·면 사무소 및 동 주민센터'를 '읍·면·동 행정복지센터'로 순차적으로 변경하도록 하였다.

참고

이 문제의 지문 ⑤번에서 '주민자치센터'는 '주민센터'로 표기하는 것이 옳습니다.

54

ㄱ. 1990년대 재가복지가 정부 차원의 지원을 받아 종합적인 프로그램으로 발전하게 되었다. 특히 1991년 '재가복지봉사센터의 설치·운영계획'이 마련되어, 이듬해 1992년 '재가복지봉사센터 설치·운영지침'이 제정되었다.

ㄴ. 1997년「사회복지공동모금법」제정을 통해 1998년에 전국 16개의 광역 시·도에 '사회복지공동모금회'가 설립되어 전국적으로 공동모금이 실시되었으며, 1999년에 사회복지공동모금법이「사회복지공동모금회법」으로 개정되어 지역공동모금회가 중앙공동모금회의 지회로 전환되었다.

ㄷ. 2003년「사회복지사업법」개정을 통해 2005년 7월 31일부터 시·도 및 시·군·구 지역사회복지계획을 4년마다 수립·시행하도록 의무화하였다.

55 갈등이론에 관한 설명으로 옳은 것을 모두 고른 것은?

> ㄱ. 갈등 현상을 사회적 과정의 본질로 간주한다.
> ㄴ. 사회나 조직을 지배하는 특정 소수집단의 역할이 중요하다.
> ㄷ. 사회관계는 교환적인 활동을 통해 이익이나 보상이 주어질 때 유지된다.
> ㄹ. 사회문제는 사회변화가 아닌 개인의 사회적 적응을 통해 해결할 수 있다.

① ㄱ
② ㄱ, ㄴ
③ ㄴ, ㄷ
④ ㄱ, ㄴ, ㄷ
⑤ ㄴ, ㄷ, ㄹ

56 지역사회복지실천 가치에 관한 설명으로 옳지 않은 것은?

① 상호학습이 없으면 비판적 의식은 제한적으로 생성됨
② 억압을 조장하는 사회구조 및 의사결정과정을 주시하고 이해함
③ 억압적이고 정의롭지 못한 사회현실 개혁을 위한 끊임없는 노력이 필요함
④ 실천가가 주목해야 할 역량강화는 불리한 조건에 처한 주민들의 능력 고취임
⑤ 다양한 문화에 대한 이해를 바탕으로 특수문화가 있는 지역에서 일어나는 억압은 인정됨

57 다음 사례에 해당하는 지역사회복지 실천이론이 올바르게 짝지어진 것은?

> A사회복지관은 지역의 B단체로부터 많은 후원금을 지원받았고 단체 회원들의 자원봉사 참여가 많았다. 그러나 최근에는 B단체의 후원금과 자원봉사자가 감소하여 교육을 통해 주민들의 역량을 강화시켜 복지관 사업에 함께 참여하도록 하고 있다. 또한, 다양한 후원기관을 발굴하고자 노력 중이다.

① 사회학습이론, 권력의존이론
② 권력의존이론, 사회구성이론
③ 사회구성이론, 다원주의이론
④ 다원주의이론, 엘리트이론
⑤ 엘리트이론, 사회학습이론

58 지역사회복지실천모델에 관한 설명으로 옳지 않은 것은?

① 로스만(J. Rothman)의 사회행동모델은 불이익을 받거나 권리가 박탈당한 사람의 이익을 옹호한다.
② 로스만(J. Rothman)의 지역사회개발모델은 지역사회나 문제의 아노미 또는 쇠퇴된 상황을 전제한다.
③ 로스만(J. Rothman)의 사회계획모델은 주택이나 정신건강 등의 이슈를 명확히 하고 권력구조에 대항한다.
④ 웨일과 갬블(M. Weil & D. Gamble)의 기능적 지역사회조직모델은 발달장애아동의 부모 모임과 같이 공통 이슈를 지닌 집단의 이해관계를 기반으로 한다.
⑤ 웨일과 갬블(M. Weil & D. Gamble)의 연합모델의 표적체계는 선출직 공무원이나 재단 및 정부당국이 될 수 있다.

55

ㄱ. 갈등이론은 지역사회에 존재하는 갈등 현상에 주목하며, 갈등을 사회발전의 요인과 사회통합의 관점에서 다룬다. 특히 지역사회 내의 각 계층들이 이해관계에 의해 형성되며, 지역사회 구성원들 간에 경제적 자원, 권력, 권위 등이 불평등한 배분관계에 놓일 때 갈등이 발생한다고 본다.

ㄴ. 갈등이론은 대중 혹은 사회적 약자가 조직적 결성과 대항을 통해 소수 기득권층과의 갈등을 해결하고 타협을 하는 과정을 강조한다.

ㄷ. 사회교환이론(교환이론)의 내용에 해당한다. 사회교환이론은 물질적 또는 비물질적인 자원의 교환을 인간의 기본적인 상호작용의 형태로 간주하며, 인간관계에 대한 경제적 관점을 토대로 이익이나 보상에 의한 긍정적인 이득을 최대화하는 한편, 비용이나 처벌의 부정적인 손실을 최소화하는 교환의 과정을 분석한다.

ㄹ. 갈등이론은 지역사회가 갈등을 겪으면서 보다 역동적이고 민주적인 지역사회로 변화할 수 있다고 본다.

56

⑤ 지역사회복지실천은 문화적 다양성 존중을 기본 가치로 한다. 따라서 지역사회 내외의 차이 및 문화의 다양성을 인정하고 소외된 집단을 정책결정 과정에 참여하도록 유도한다.

57

사회학습이론과 권력의존이론

사회학습 이론	지역주민들에게 영향을 미치는 지역사회 및 환경에 대한 학습과 교육을 통해 주민들의 역량을 강화시킴으로써 지역사회의 발전을 유도할 수 있다고 본다(→ 교육을 통한 주민들의 역량 강화).
권력의존 이론	재정지원자에 대한 지나친 의존은 조직의 목적 상실, 자율성 제한 등 부정적인 영향을 미칠 수 있으므로, 특정 지원자에 대한 의존성에서 탈피할 필요가 있다고 본다(→ 다양한 후원기관의 발굴 노력).

58

③ 로스만(Rothman)의 사회계획모델은 주택, 정신건강(보건), 범죄 등 구체적인 사회문제를 해결하는 기술적인 과정을 중시한다. 문제해결을 위한 공식적·합리적인 계획이 핵심이며, 과업지향적 활동목표를 가진다. 반면, 지역사회 내 권력과 자원의 재분배, 사회적 약자에 대한 의사결정의 접근성 강화를 위해 권력구조에 대항하는 대항활동(Confrontation)을 강조하는 것은 사회행동모델에 해당한다.

59 지역사회복지실천 단계와 활동의 연결로 옳지 않은 것은?

① 지역사회 욕구조사단계 - 초점집단면접(FGI) 진행
② 목적·목표설정단계 - 스마트(SMART) 기법 활용
③ 실행계획단계 - 프로젝트 활용
④ 자원계획단계 - 실행예산 수립
⑤ 평가단계 - 저항과 갈등 관리

60 다음에서 설명하는 사회복지사의 활동방법은?

> • 업무 설계 기재
> • 구체적인 실행방법 명시
> • 개별 사회복지기관이 다룰 수 있는 영역과 범위 안에 있는 이슈를 해결하기 위함

① 사회지표분석
② 프로그램 기획
③ 커뮤니티 프로파일링(Community Profiling)
④ 지역사회 지도 그리기
⑤ 청 원

61 네트워크 기술에 관한 설명으로 옳지 않은 것을 모두 고른 것은?

> ㄱ. 달성하고자 하는 목적을 위해서는 항상 강한 결속력이 필요하다.
> ㄴ. 참여 기관들은 평등한 주체로서의 관계가 보장되어야 한다.
> ㄷ. 구성원 사이의 신뢰와 호혜성이 형성되어야 네트워크가 지속될 수 있다.
> ㄹ. 사회적 교환은 네트워크 형성과 유지의 작동원리이다.

① ㄱ
② ㄴ, ㄷ
③ ㄱ, ㄴ, ㄹ
④ ㄴ, ㄷ, ㄹ
⑤ ㄱ, ㄴ, ㄷ, ㄹ

62 임파워먼트 기술에 해당하는 것을 모두 고른 것은?

> ㄱ. 권력 키우기
> ㄴ. 의식 고양하기
> ㄷ. 공공의제 만들기
> ㄹ. 지역사회 사회자본 확장

① ㄹ
② ㄱ, ㄷ
③ ㄴ, ㄹ
④ ㄱ, ㄴ, ㄷ
⑤ ㄱ, ㄴ, ㄷ, ㄹ

59

⑤ 저항과 갈등 관리는 '실행(변화노력 실행)'단계의
활동에 해당한다.

지역사회복지실천 9단계 과정(Kettner, Daley & Nichol)

- 제1단계 : 변화기회 확인
- 제2단계 : 변화기회 분석
- 제3단계 : 목적 및 목표 설정
- 제4단계 : 변화노력 설계 및 구조화
- 제5단계 : 자원계획
- 제6단계 : 변화노력 실행
- 제7단계 : 변화노력 점검
- 제8단계 : 변화노력 평가
- 제9단계 : 재사정 및 변화노력 안정화

참고

지역사회복지실천 단계는 학자마다 혹은 교재마다 매우
다양하게 제시되고 있습니다. 여기서는 문제의 내용에
가장 구체적으로 부합하는 케트너(Kettner) 등의 실천단
계를 제시합니다. 참고로 이 문제의 지문 ③번 '실행계획
단계'는 '실행단계'로 표기하는 것이 옳습니다.

60

① 사회지표분석(Social Indicator Analysis)은 일정
인구가 생활하는 지역의 지역적 · 생태적 · 사회
적 · 경제적 및 인구적 특성에 근거하여 지역사회
의 욕구를 추정할 수 있다는 전제하에 사회지표를
분석하는 방법이다.

③ 커뮤니티 프로파일링(Community Profiling)은
지역주민의 적극적인 참여로 지역사회의 욕구와
자원 등 지역사회의 현실을 파악하고 문제점을 확
인함으로써 지역사회를 더욱 잘 이해하도록 하기
위한 방법이다.

④ 지역사회 지도 그리기(Community Mapping)는
지역사회시설이나 공원, 빌딩의 위치, 사회복지기
관 등을 도표로 나타내기 위해 근린지역의 거리나
영역에 대한 지도를 이용하는 방법이다.

⑤ 청원(Petitioning)은 특정 조직이나 기관이 일정
한 방향으로 별도의 조치를 해줄 것을 요청하기
위해 다수인의 서명지를 전달하는 방법이다.

61

ㄱ. 네트워크의 기능과 역할은 무엇보다도 참여자들
의 결속력에 기초하므로 결속력 제고를 통한 기
능과 역할의 확대 노력이 필요하다. 다만, 네트워
크는 위계조직이 아니므로 목적 달성을 위해 항
상 강한 결속력을 필요로 하는 것은 아니다. 오히
려 네트워크는 계획수립 및 의사결정을 위한 공
식적 · 비공식적 회의의 개최, 특정 프로젝트의
공동수행을 위한 타 분야 전문가들로 구성된 임
시특별팀 구성, 설득과 정보교환을 통한 역할 조
정 등 수평적 방식으로 운영하기 위한 노력이 필
요하다.

62

**지역사회의 임파워먼트를 높이기 위한 구체적인 방법
(Rubin & Rubin)**

- 의식 제고 또는 의식 고양하기(Consciousness
Raising)(ㄴ)
- 자기 주장 또는 자기 목소리(Self-assertion)
- 공공의제의 틀 형성하기 또는 공공의제 만들기
(Framing the Agenda)(ㄷ)
- 권력 키우기(Building Power)(ㄱ)
- 역량 건설(Capacity Building)
- 사회자본의 창출 또는 사회자본의 확장(Creating
Social Capital)(ㄹ)

63 다음에서 설명하는 지역사회복지실천모델은?

> 주민의 관점에서 개발계획을 수립하고, 주민들이
> 사회·경제적 투자를 이용하도록 준비시킨다.

① 사회운동모델
② 정치·사회적 행동모델
③ 근린지역사회조직모델
④ 지역사회 사회·경제개발모델
⑤ 프로그램 개발과 지역사회연결모델

64 조직가의 역할과 기술이 바르게 연결되지 않은 것은?

① 교사 – 능력개발
② 옹호자 – 소송제기
③ 연계자 – 모니터링
④ 평가자 – 자금 제공
⑤ 협상가 – 회의 및 회담 진행

65 다음 사례에 해당하는 사회복지사의 역할이 아닌 것은?

> A사회복지관에서는 클라이언트의 노후화된 주택의 개·보수를 위해 다양한 자원을 활용한 주거지원 서비스를 제공하려고 한다.

① 관리자
② 후보자
③ 정보전달자
④ 네트워커(Networker)
⑤ 계획가

66 협상(Negotiation) 기술에 관한 설명으로 옳지 않은 것은?

① 협상 범위를 면밀히 분석한다.
② 사회행동모델에 사용할 수 없다.
③ 협상 과정에 중재자가 개입할 수 있다.
④ 재원확보와 기관 간 협력을 만드는 데 유리하다.
⑤ 협상 시 양쪽 대표들은 이슈와 쟁점에 대해 토의해야 한다.

63

④ 지역사회 사회·경제개발모델은 지역주민의 관점에 입각하여 개발계획을 주도하며, 사회·경제적 투자에 대한 지역주민의 활용 역량을 제고하는 것을 목표로 한다.
① 사회운동모델은 특정 집단이나 이슈에 대해 새로운 패러다임을 제공할 수 있는 사회정의실현의 행동화를 목표로 한다.
② 정치·사회적 행동모델은 정책 및 정책입안자의 변화에 초점을 둔 사회정의실현 활동의 전개를 목표로 한다.
③ 근린지역사회조직모델은 구성원의 조직 능력을 개발하고 범지역적인 계획 및 외부개발에 영향과 변화를 일으킬 수 있는 능력을 개발하는 것을 목표로 한다.
⑤ 프로그램 개발과 지역사회연결모델은 지역사회서비스의 효과성 증진을 위해 새로운 프로그램을 개발하는 동시에 기존 프로그램을 확대 혹은 재조정하는 것을 목표로 한다.

64

④ 평가자(Evaluator)는 지역사회에서 다양한 규모 체계들의 기능에 대한 광범위한 지식기반을 갖춘 전문가로서, 프로그램 및 체계들이 얼마나 효과적·효율적으로 운영되고 있는지를 평가한다.

65

① 관리자로서 사회복지사는 기관의 목표를 세우고 서비스 프로그램을 운영하며, 지역사회의 지지를 얻어 재정자원을 확보하고 실무자의 업무를 조정하는 등 사회복지기관이나 부서의 행정책임에 관한 역할을 수행한다.
③ 정보전달자로서 사회복지사는 지리적으로 분산되어 있는 구성원들로 하여금 지역사회에 대한 관심을 유지시키고 의사소통을 원활히 하기 위해 소식지를 발간하거나 게시판을 관리하는 등의 역할을 수행한다.
④ 네트워커(Networker)로서 사회복지사는 지역사회의 복지서비스 생산 및 전달에 필요한 자원을 교환하고, 서비스 연계를 위해 각 조직 간의 협력적인 관계를 형성 및 유지시키는 역할을 수행한다.
⑤ 계획가로서 사회복지사는 지역사회에 충족되지 못한 욕구나 새롭게 대두되는 욕구를 충족시키도록 프로그램을 계획하는 역할을 수행한다.

66

② 사회행동모델은 갈등 또는 경쟁, 대결, 직접적인 행동, 협상 등을 변화를 위한 전술·기법으로 사용한다. 특히 협상(Negotiation)은 갈등관계에 있는 당사자들 간에 합의를 도출하거나 차이를 조정함으로써 상호 간의 이해를 도모하기 위해 활용된다.

67 지방자치발달이 지역사회복지에 미치는 영향이 아닌 것은?

① 지방정부 간 복지 수준 불균형 초래
② 지역주민들의 주체적 참여 기회 제공
③ 중앙정부의 사회복지 책임과 권한 강화
④ 지역주민들의 지역사회복지에 대한 책임의식 향상
⑤ 지방자치단체장 후보의 사회복지 관련 선거공약 활성화

68 시·군·구 지역사회보장계획에 포함되어야 할 내용으로 옳은 것을 모두 고른 것은?

> ㄱ. 지역사회보장 전달체계의 조직과 운영
> ㄴ. 지역 내 부정수급 발생 현황 및 방지대책
> ㄷ. 사회보장급여의 사각지대 발굴 및 지원 방안
> ㄹ. 지역사회보장의 분야별 추진전략, 중점 추진사업 및 연계협력 방안

① ㄱ, ㄹ
② ㄴ, ㄹ
③ ㄱ, ㄴ, ㄷ
④ ㄱ, ㄷ, ㄹ
⑤ ㄱ, ㄴ, ㄷ, ㄹ

69 시·군·구 지역사회보장협의체가 심의·자문하는 내용이 아닌 것은?

① 시·군·구 사회보장 추진
② 시·군·구 사회보장급여 제공
③ 시·군·구 지역사회보장계획 수립·시행 및 평가
④ 읍·면·동 단위 지역사회보장협의체의 구성 및 운영
⑤ 특별자치시의 사회보장과 관련된 서비스를 제공하는 관계 기관·법인·단체·시설과의 연계·협력 강화

70 사회복지전담공무원에 관한 설명으로 옳지 않은 것은?

① 2000년 별정직에서 일반직인 사회복지직렬로 전환
② 국민기초생활보장제도의 시행으로 인원 확대
③ 1992년 서울, 부산, 대구 3곳에서 처음으로 임용·배치
④ 사회복지전문요원에서 사회복지전담공무원으로 명칭 변경
⑤ 취약계층에 대한 상담과 지도, 생활실태의 조사 등 사회보장급여 관련 업무 담당

67

지방분권이 지역사회복지에 미치는 부정적 영향

- 지방자치단체장의 의지에 따라 복지서비스의 지역 간 불균형이 나타날 수 있다.
- 사회복지 행정업무와 재정을 지방에 이양함으로써 중앙정부의 사회적 책임성을 약화시킬 수 있다.
- 지방정부가 사회개발정책에 우선을 두는 경우 지방정부의 복지예산이 감소될 수 있다.
- 지방정부 간의 재정력 격차로 복지수준의 차이가 나타날 수 있다.
- 지방정부 간의 경쟁이 심화되어 지역 이기주의가 나타날 수 있다.
- 복지행정의 전국적 통일성을 저해할 수 있다.

69

시·군·구 지역사회보장협의체의 심의·자문 내용 (사회보장급여의 이용·제공 및 수급권자 발굴에 관한 법률 제41조 제2항 참조)

- 시·군·구의 지역사회보장계획 수립·시행 및 평가에 관한 사항(③)
- 시·군·구의 지역사회보장조사 및 지역사회보장지표에 관한 사항
- 시·군·구의 사회보장급여 제공에 관한 사항(②)
- 시·군·구의 사회보장 추진에 관한 사항(①)
- 읍·면·동 단위 지역사회보장협의체의 구성 및 운영에 관한 사항(④)
- 그 밖에 위원장이 필요하다고 인정하는 사항

68

시·군·구 지역사회보장계획에 포함되어야 하는 사항(사회보장급여의 이용·제공 및 수급권자 발굴에 관한 법률 제36조 제1항 참조)

- 지역사회보장 수요의 측정, 목표 및 추진전략
- 지역사회보장의 목표를 점검할 수 있는 지표(지역사회보장지표)의 설정 및 목표
- 지역사회보장의 분야별 추진전략, 중점 추진사업 및 연계협력 방안(ㄹ)
- 지역사회보장 전달체계의 조직과 운영(ㄱ)
- 사회보장급여의 사각지대 발굴 및 지원 방안(ㄷ)
- 지역사회보장에 필요한 재원의 규모와 조달 방안
- 지역사회보장에 관련한 통계 수집 및 관리 방안
- 지역 내 부정수급 발생 현황 및 방지대책(ㄴ)
- 그 밖에 대통령령으로 정하는 사항

70

③ 사회복지전담공무원은 1987년에 당시 생활보호대상자를 비롯하여, 노인, 장애인 등 저소득 취약계층에게 전문적인 복지서비스를 제공하기 위하여 저소득 취약계층 밀집지역의 읍·면·동사무소에 사회복지전문요원으로 최초 배치되었다.

71 사회복지협의회에 관한 설명으로 옳지 않은 것은? (해설참조)

① 민간 사회복지 증진을 위한 법적 단체
② 사회복지 소외계층 발굴 및 민간사회복지 자원과의 연계·협력
③ 시·도와 시·군·구에서 모두 의무 설치
④ 1970년 사회복지법인 한국사회복지협의회로 명칭 변경
⑤ 사회복지에 관한 조사·연구 및 정책 건의

72 다음에서 사회복지관이 사회복지서비스를 우선 제공하여야 할 대상을 모두 고른 것은?

> A씨는 국민기초생활보장법에 따른 수급자로서, 75세인 어머니와 보호가 필요한 유아 자녀, 교육이 필요한 청소년 자녀, 취업을 희망하는 배우자와 함께 살고 있다.

① A씨
② A씨, 배우자
③ 어머니, 배우자
④ 배우자, 자녀
⑤ A씨, 어머니, 배우자, 자녀

73 사회적경제에 관한 설명으로 옳은 것을 모두 고른 것은?

> ㄱ. 협동조합의 발기인은 5인 이상의 조합원 자격을 가진 자가 된다.
> ㄴ. 마을기업은 회원 외에도 지역주민의 의견을 적극 반영한다.
> ㄷ. 자활기업은 조합 또는 「부가가치세법」 상의 사업자로 한다.

① ㄱ
② ㄱ, ㄴ
③ ㄱ, ㄷ
④ ㄴ, ㄷ
⑤ ㄱ, ㄴ, ㄷ

74 한국 지역사회복지의 최근 동향으로 옳은 것을 모두 고른 것은?

> ㄱ. 중앙정부의 '사회서비스원' 운영
> ㄴ. '시·군·구 복지허브화' 실시
> ㄷ. '읍·면·동 찾아가는 보건복지서비스' 실시
> ㄹ. 사회적경제 주체들의 다양화

① ㄱ, ㄴ
② ㄴ, ㄹ
③ ㄷ, ㄹ
④ ㄱ, ㄷ, ㄹ
⑤ ㄱ, ㄴ, ㄷ, ㄹ

71

이 문제는 개정 전 내용에 해당하므로 간단히 살펴본 후 넘어가도록 합니다. 사회복지협의회는 「사회복지사업법」에 설립 근거를 두고 있으며, 전국 단위의 한국사회복지협의회(중앙협의회), 시·도 단위의 시·도 사회복지협의회, 시·군·구 단위의 시·군·구 사회복지협의회를 설치하도록 하고 있습니다. 특히 시·군·구 사회복지협의회의 설치에 관한 규정은 본래 임의규정으로 되어 있었으나, 2024년 1월 2일 법 개정에 따라 2025년 1월 3일부로 의무적으로 설치하도록 변경되었습니다. 따라서 이 문제의 정답은 출제 당시 ③번이었으나, 개정법령을 따를 경우 ③번 또한 옳은 내용으로 볼 수 있습니다(사회복지사업법 제33조 참조).

72

사회복지관의 사회복지서비스 우선 제공 대상자(사회복지사업법 제34조의5 제2항 참조)

사회복지관은 모든 지역주민을 대상으로 사회복지서비스를 실시하되, 다음의 지역주민에게 우선 제공하여야 한다.

- 「국민기초생활보장법」에 따른 수급자 및 차상위계층(→ A씨)
- 장애인, 노인, 한부모가족 및 다문화가족(→ 어머니)
- 직업 및 취업 알선이 필요한 사람(→ 배우자)
- 보호와 교육이 필요한 유아·아동 및 청소년(→ 자녀)
- 그 밖에 사회복지관의 사회복지서비스를 우선 제공할 필요가 있다고 인정되는 사람

73

ㄱ. 협동조합을 설립하려는 경우에는 5인 이상의 조합원 자격을 가진 자가 발기인이 되어 정관을 작성하고 창립총회의 의결을 거친 후 주된 사무소의 소재지를 관할하는 시·도지사에게 신고하여야 한다(협동조합기본법 제15조 제1항).

ㄴ. 마을기업은 공공성을 지정요건으로 한다. 따라서 마을기업의 설립 과정에 지역주민 또는 지역 내 다양한 이해관계자 등을 참여시켜야 하며, 의견을 수렴하고 반영하도록 노력하여야 한다(2025년 마을기업 육성사업 시행지침 참조).

ㄷ. 국민기초생활보장법 제18조 제2항 참조

74

ㄱ. 사회서비스원은 중앙정부가 아닌 지방자치단체에서 설립·운영하는 공익법인이다. 지방자치단체로부터 국·공립 시설을 위탁받아 운영하고 서비스 종사자들을 직접 고용하여 관리하며, 종합재가센터를 설치하여 재가서비스를 직접 제공한다. 또한 민간 제공기관에 대한 상담·자문, 지역 내 사회서비스의 질 제고를 위한 연구·개발 및 교육사업 지원, 지역 내 사회서비스 수급계획 수립 지원, 재난 등 발생 시 돌봄 공백 최소화를 위한 긴급돌봄서비스 제공 등을 수행한다.

ㄴ. '시·군·구 복지허브화'가 아닌 '읍·면·동 복지허브화'가 실시되고 있다. 읍·면·동 복지허브화는 읍·면·동에 맞춤형복지 전담팀 설치 및 전담인력 배치를 통해 찾아가는 복지상담, 복지 사각지대 발굴, 통합사례관리, 지역자원 발굴 및 지원 등의 서비스를 제공하고, 특히 복지 관련 공공 및 민간 기관·법인·단체·시설 등과의 지역 네트워크를 기반으로 읍·면·동이 지역복지의 중심기관이 되어 주민의 보건·복지·고용 등의 다양한 문제에 능동적으로 대응한다.

75 지역사회복지운동이 갖는 의의에 관한 설명으로 옳은 것을 모두 고른 것은?

> ㄱ. 복지권리의식과 시민의식을 배양하는 복지권 확립
> ㄴ. 지역사회의 다양한 자원 활용 및 관련 조직 간의 협력을 통한 지역자원동원
> ㄷ. 지역사회의 정체성 확인과 역량강화를 통해 지역사회 변화를 주도
> ㄹ. 사회복지가 추구하는 사회적 가치로서 사회정의 실현

① ㄱ
② ㄱ, ㄹ
③ ㄴ, ㄷ
④ ㄱ, ㄴ, ㄷ
⑤ ㄱ, ㄴ, ㄷ, ㄹ

제3과목 ▶ 사회복지정책과 제도

제1영역 **사회복지정책론**

01 사회복지역사에 관한 내용 중 연결이 옳은 것은?

① 엘리자베스 구빈법(1601) - 열등처우의 원칙
② 길버트법(1782) - 원외구제 허용
③ 비스마르크 3대 사회보험 - 질병보험, 실업보험, 노령폐질보험
④ 미국 사회보장법(1935) - 보편적 의료보험제도 도입
⑤ 베버리지 보고서(1942) - 소득비례방식의 사회보험 도입

02 빈곤과 불평등 측정에 관한 설명으로 옳은 것은?

① 완전 평등 사회에서 로렌츠 곡선은 45° 각도의 직선과 거리가 가장 멀어진다.
② 지니계수의 최대값은 1, 최소값은 −1이다.
③ 빈곤갭은 빈곤선 이하에 속하는 인구가 전체인구에서 차지하는 비율을 의미한다.
④ 빈곤율은 빈곤선과 실제소득과의 격차를 반영한다.
⑤ 센(Sen) 지수는 빈곤집단 내의 불평등 정도를 반영한다.

03 사회복지의 가치 중 '자유'에 관한 설명으로 옳은 것은?

① 자유지상주의 관점에서는 적극적 자유를 옹호한다.
② 소극적 자유 보장을 위해서는 국가의 역할이 많을수록 좋다.
③ 적극적 자유의 관점에서 자유의 침해는 개인에게 필요한 자원이나 기회를 박탈당한 것을 의미한다.
④ 적극적 자유의 관점에서는 임차인의 주거 안정을 위해 임대인의 자유를 제약할 수 없다.
⑤ 개인의 행동에 대한 외적 강제가 없는 상태는 적극적 자유의 핵심이다.

정답 및 해설

75

ㄱ. 지역사회복지운동은 주민참여 활성화에 의해 복지에 대한 권리의식과 시민의식을 배양하는 사회권(복지권) 확립의 운동이다.

ㄴ. 지역사회복지운동은 다양한 자원 활용 및 관련 조직 간의 유기적인 협력이 이루어지는 동원운동(연대운동)이다.

ㄷ. 지역사회복지운동은 지역주민의 주체성 및 역량을 강화하고 지역사회의 변화를 주도하는 조직운동이다.

ㄹ. 지역사회복지운동은 인간성 회복을 위한 인도주의 정신과 사회적 가치로서 사회정의를 실현하고자 하는 사회개혁운동이다.

제3과목 ▶ 사회복지정책과 제도

01

② 길버트법(1782년)은 원내구제와 원외구제를 인정하는 인도주의적 · 이상주의적 구제법으로 과거의 시설구호 원칙에서 거택보호의 원칙으로 전환되는 계기가 되었다.

① 피구제 빈민 생활상황이 자활의 최하급 노동자의 생활조건보다 높지 않은 수준에서 보호되어야 한다는 '열등처우의 원칙'을 확립한 것은 신구빈법(1834년)이다.

③ 비스마르크(Bismarck)는 국가 주도하에 1883년 질병(건강)보험, 1884년 산업재해보험, 1889년 노령 및 폐질보험(노령폐질연금) 순으로 사회보험 입법을 추진하였다.

④ 사회보장법(1935년)은 미국 사회보장 제도의 근간이 되는 것으로서, 실업보험, 노령연금, 공공부조, 보건 및 복지서비스 프로그램 등으로 구성되었다. 보편적 의료보험제도를 도입하려는 시도는 2010년 이른바 '오바마케어'로 불리는 '환자보호 및 적정부담돌봄법(PPACA ; Patient Protection and Affordable Care Act)'을 시작으로 몇 차례 있었으나, 아직까지 전 국민을 대상으로 완전한 형태의 보편적 의료보험제도는 시행되고 있지 않다.

⑤ 베버리지 보고서(1942)는 정액기여-정액급여 방식의 사회보험 도입을 주장하였다.

02

⑤ 센 지수(Sen Index)는 기존의 빈곤율과 빈곤갭 개념의 단점을 보완하고자 새롭게 고안된 것으로서, 빈곤율, 빈곤갭 비율(소득갭 비율), 그리고 빈곤선에 있는 계층들 간의 소득불평등 정도를 의미하는 저소득층 지니계수로 구성된 지수이다. '0~1'까지의 값을 가지며, 그 값이 '1'에 가까워질수록 빈곤의 정도가 심한 상태임을 나타낸다.

① 로렌츠 곡선(Lorenz Curve)이 45° 각도의 직선과 일치하면 소득분포가 완전히 균등한 상태이다.

② 지니계수의 최대값은 '1', 최소값은 '0'이다. 완전평등 상태에서 지니계수는 '0', 완전불평등 상태에서 지니계수는 '1'이다.

③ 빈곤갭(Poverty Gap)은 빈곤선을 기준으로 빈곤선 이하에 있는 사람들의 빈곤선과 개인(혹은 가구)의 소득 간의 차이를 계산한 값이다.

④ 빈곤율(Poverty Rate)은 개인의 소득차이를 반영하지 않고 단순히 빈곤선 소득 이하에 살고 있는 사람들의 숫자가 얼마인가를 통해 빈곤한 사람의 규모, 즉 빈곤인구가 전체 인구에서 차지하는 비율을 나타낸다.

03

③ 물리적이고 가시적인 침탈을 자유의 침해로 간주하는 소극적 자유와 달리, 적극적 자유는 개인에게 필요한 자원이나 개인이 수행할 수 있는 행위들의 선택지 집합으로서 기회를 박탈당한 것을 자유의 침해로 간주한다.

① 자유지상주의 관점에서는 소극적 자유를 옹호한다.

② 소극적 자유에서는 복지에 대한 국가의 개입에 부정적인 입장을 보인다.

④ 적극적 자유의 관점에서는 임차인의 주거 안정을 위해 임대인의 자유를 제약할 수 있다.

⑤ 개인의 행동에 대한 외적 강제가 없는 상태는 소극적 자유의 핵심이다.

04 사회복지 발달이론에 관한 설명으로 옳지 않은 것은?

① 사회양심이론 - 사회복지는 이타주의가 제도화된 것임
② 수렴이론 - 산업화를 이룬 나라들은 사회복지제도를 도입하게 됨
③ 시민권론 - 마샬(T. H. Marshall)은 사회권(Social Right)을 복지권(Welfare Right)이라 함
④ 권력자원론 - 사회복지정책은 권력 엘리트의 산물임
⑤ 구조기능주의론 - 사회복지는 산업화, 도시화에 따른 사회문제에 대한 적응의 결과임

05 빈곤의 개념에 관한 설명으로 옳지 않은 것은?

① 절대적 빈곤은 육체적 효율성을 유지하기 위한 최소한의 생활필수품을 소비하지 못하는 상태이다.
② 최저생계비를 계측하여 빈곤선을 설정하는 방식은 절대적 빈곤 개념을 적용한 것이다.
③ 국민기초생활보장제도는 절대적 빈곤 개념을 적용하고 있다.
④ 상대적 빈곤은 한 사회의 평균적인 생활수준과 비교하여 빈곤을 규정한다.
⑤ 중위소득을 활용하여 상대적 빈곤선을 설정할 수 있다.

06 최근 논의되는 사회복지정책 이슈들에 관한 설명으로 옳지 않은 것은?

① 생태주의 관점에서는 복지국가의 '성장' 패러다임을 옹호한다.
② 4차 산업혁명, 일자리 감소, 소득 양극화 심화 등의 이슈는 '기본소득' 도입의 필요성과 관련되어 있다.
③ 민달팽이유니온, 복지국가청년네트워크 등은 청년세대 운동조직이 출현한 사례에 해당한다.
④ '마을만들기' 사업은 주민참여형 복지라고 할 수 있다.
⑤ '커뮤니티 케어'는 탈시설화와 관련되어 있다.

07 사회적 배제의 개념적 특성에 관한 설명으로 옳지 않은 것은?

① 개인과 집단의 다차원적 불이익에 초점을 두고, 다층적 대책을 촉구한다.
② 특정 집단이 경험하는 배제는 정태적 사건이 아니라 동태적 과정으로 본다.
③ 사회적 배제 개념은 열등처우의 원칙으로부터 등장하였다.
④ 소득의 결핍 그 자체보다 다양한 배제 행위가 발생하는 과정에 초점을 둔다.
⑤ 사회적 관계망으로부터의 단절과 차별 문제를 제기한다.

04

④ 사회복지정책을 권력 엘리트의 산물로 보는 사회복지정책 관련 이론은 엘리트이론(Elite Theory)이다. 엘리트이론에 따르면, 사회는 엘리트와 대중으로 구분되며, 정책결정에 있어서 대중의 의견은 무시된다. 즉, 사회는 소수의 엘리트집단을 정점으로 한 피라미드 구조로 이루어져 있으며, 정책은 엘리트들이 사회의 개량과 개선을 위해 대중에게 일방적·하향적으로 전달·집행한다.

05

③ 우리나라의 국민기초생활보장제도는 상대적 빈곤문제에 보다 효과적으로 대응하기 위해 복지사업의 주요 기준으로 기존의 '최저생계비' 대신 '중위소득(기준 중위소득)'을 적용하고 있다. 즉, 최저생계비 기준의 절대적 빈곤 개념에서 중위소득 기준의 상대적 빈곤 개념으로 전환한 것이다.

06

① 생태주의 관점은 성장 위주의 정책 과정에서 소외된 인간성을 회복하고 진정한 복지사회를 완성시키기 위한 대안으로 제시된 것으로서, 성장의 패러다임을 거부하고 공생의 패러다임을 옹호한다.
② 기본소득은 재산의 많고 적음이나 노동의 유무와 관계없이 모든 사회구성원으로 하여금 최소한의 인간다운 삶을 누리도록 조건 없이 지급하는 소득을 말한다.
③ 민달팽이유니온은 주거취약계층인 청년들이 각종 교육 및 주거상담, 비영리 주거모델 달팽이집 실험 등 다양한 활동을 통해 청년주거문제를 해결하고자 조직한 것이다. 또한 복지국가청년네트워크는 청년들이 겪고 있는 다양한 사회문제(예 교육, 일자리, 주거, 의료, 노후, 사회안전망 등)를 청년의 시각에서 바라보고 해결방안을 모색하고자 조직한 것이다.
④ '마을만들기' 사업은 주민참여에 의한 지역사회복지운동의 한 형태로서 주민조직화와 연관된다.
⑤ '커뮤니티 케어(Community Care)', 즉 지역사회보호(지역사회돌봄)는 기존의 시설보호 위주의 서비스에서 탈피하여 지역사회와 상호 보완하여 서비스를 개선시키고자 등장한 개념이다.

07

사회적 배제(Social Exclusion)
- 빈곤·박탈과 관련된 사회문제를 나타내는 새로운 접근법으로, 관례적인 사회적 규범으로부터 완전히 차단된 사람들을 묘사한다.
- 배제의 개념은 사람들을 온전히 사회에 참여할 수 없도록 하는 상황들(예 장애로 인한 낙인, 인종적 불이익 등)과 함께 빈곤문제를 사회통합문제의 일부로 파악하도록 하는 한편, 주로 물질적 자원의 제공에 관심을 기울이던 기존의 빈곤정책과 달리 사회적 관계의 중요성을 고려하면서 사회에 진입시키기 위한 정책들을 강조한다.

08 사회복지 재원에 관한 설명으로 옳지 않은 것은?

① 일반세 중 재산세의 계층 간 소득재분배 효과가 가장 크다.

② 목적세는 사용목적이 정해져 있어 재원 안정성이 높다.

③ 이용료는 저소득층의 서비스 이용을 저해할 수 있다.

④ 고용주가 부담하는 사회보험료는 수직적 소득재분배 성격을 지닌다.

⑤ 기업이 직원들에게 제공하는 기업복지는 소득역진적 성격이 강하다.

09 복지혼합(Welfare-Mix)의 유형 중 서비스 이용자의 선택권이 작은 것에서 큰 순서로 나열한 것은?

① 세제혜택 – 계약 – 증서

② 세제혜택 – 증서 – 계약

③ 증서 – 계약 – 세제혜택

④ 계약 – 증서 – 세제혜택

⑤ 계약 – 세제혜택 – 증서

10 이용료(본인부담금) 부과 방식에 따른 소득재분배 효과가 작은 것에서 큰 순서로 나열한 것은?

① 정액제 – 정률제 – 연동제(Sliding Scale)

② 정률제 – 연동제(Sliding Scale) – 정액제

③ 정률제 – 정액제 – 연동제(Sliding Scale)

④ 연동제(Sliding Scale) – 정액제 – 정률제

⑤ 연동제(Sliding Scale) – 정률제 – 정액제

11 실업보험을 민간 시장에서 제공할 때 발생할 수 있는 문제점을 모두 고른 것은?

ㄱ. 역의 선택(Adverse Selection)이 나타난다.
ㄴ. 가입자의 도덕적 해이가 발생할 가능성이 크다.
ㄷ. 위험발생이 상호의존적이기 때문에 보험료율 계산이 어렵다.
ㄹ. 무임승차자 문제가 발생한다.

① ㄹ

② ㄱ, ㄷ

③ ㄴ, ㄹ

④ ㄱ, ㄴ, ㄷ

⑤ ㄱ, ㄴ, ㄷ, ㄹ

08

① 일반세 중 계층 간 소득재분배 효과가 가장 큰 것은 소득세이다. 소득세에는 개인소득세와 법인소득세가 있는데, 특히 개인소득세의 경우 누진세율을 적용하고 일정 소득 이하인 사람에게 조세를 면제해 주거나 저소득층에게 보다 많은 조세감면 혜택을 부여한다.

10

이용료(본인부담금) 부과 방식

정액제 (Copayment)	서비스 이용자에게 서비스 비용에 관계없이 일정액을 부담시키는 방식이다.
정률제 (Coinsurance)	서비스 이용자에게 서비스 비용의 조정된 비율에 따른 금액을 부담시키는 방식이다.
연동제 (Sliding Scale)	서비스 이용자의 경제적 능력에 따라 이용료를 차등화시키는 방식이다.

09

복지혼합(Welfare-Mix)의 주요 유형

계약 또는 위탁계약 (Contracts)	재화나 서비스의 배분이나 공급권을 일정기간 동안 특정 개인이나 집단에게 부여하는 것으로, 일종의 공급자 지원방식이다.
증서 또는 바우처 (Voucher)	정부가 이용자로 하여금 재화나 서비스를 구매할 수 있도록 증서(바우처)를 지급하는 것으로, 일종의 수요자 지원방식이다.
세제혜택 (Tax Expenditure)	정부가 공급자나 수요자에게 세제혜택을 줌으로써 재화나 서비스의 제공 및 수혜의 폭이 넓어지도록 유도하는 간접지원방식이다.

11

ㄹ. 실업보험과 같은 사회보험은 공공재(Public Goods)의 특성을 가지며, 무임승차(Free-rider) 현상은 그와 같은 공공재의 문제점에 해당한다. 사람들은 자신의 이익을 위해 가급적 다른 사람이 대신 공공재를 생산하도록 기다렸다가 이를 공짜로 소비하려는 심리를 가질 수 있다.

ㄱ. 역의 선택(Adverse Selection)은 보험계약에 있어서 상대적으로 위험발생 가능성이 높은 사람들이 집중적으로 자신에게 유리한 보험을 선택적으로 가입함으로써 전체 보험료의 인상을 야기하고 위험분산을 저해하는 현상이다. 이는 국가가 직접적으로 개입하여 보험집단의 크기를 확대함으로써 약화시킬 수 있다.

ㄴ. 도덕적 해이(Moral Hazard)는 어떤 사람이 보험에 가입했다고 하여 보험에 가입하기 전에 비해 위험발생을 예방하려는 노력을 덜하게 되는 현상을 말한다. 도덕적 해이로 인해 보험료가 올라가게 되는 경우 보험가입자 수가 감소하게 되어 민간보험을 통한 제공이 어렵게 되므로 강제적인 방식이 요구된다.

ㄷ. 민간 보험시장에서 어떤 위험에 대비한 보험 상품이 제공되기 위해서는 재정 안정이 이루어져야 한다. 그러나 만약 어떤 사람의 위험발생이 다른 사람의 위험발생과 연계되어 있는 경우 재정 안정을 유지하기 어렵다.

12 베버리지(W. Beveridge)가 사회보장 프로그램의 성공을 위해 제시한 전제조건을 모두 고른 것은?

> ㄱ. 아동(가족)수당
> ㄴ. 완전고용
> ㄷ. 포괄적 의료 및 재활서비스
> ㄹ. 최저임금

① ㄹ
② ㄱ, ㄷ
③ ㄴ, ㄹ
④ ㄱ, ㄴ, ㄷ
⑤ ㄱ, ㄴ, ㄷ, ㄹ

14 사회보험료와 조세에 관한 설명으로 옳은 것을 모두 고른 것은?

> ㄱ. 정률의 사회보험료는 소득세에 비해 역진적이다.
> ㄴ. 사회보험료는 조세에 비해 징수에 대한 저항이 적다.
> ㄷ. 소득세와 사회보험료 모두 소득이 높은 사람이 더 많이 부담한다.
> ㄹ. 조세는 지불능력(Capacity to Pay)과 관련되어 있다.

① ㄱ, ㄴ
② ㄱ, ㄷ
③ ㄴ, ㄹ
④ ㄱ, ㄴ, ㄷ
⑤ ㄱ, ㄴ, ㄷ, ㄹ

13 우리나라 사회복지정책의 대상 선정에 관한 설명으로 옳은 것은?

① 소득이나 자산을 조사하여 대상을 선정하는 것은 보편주의 원칙에 부합한다.
② 아동수당은 인구학적 기준을 적용한 제도이다.
③ 장애수당은 전문가의 진단을 고려하지 않는다.
④ 긴급복지지원제도는 보편주의 원칙에 부합한다.
⑤ 기초연금의 대상 선정기준에는 부양의무자 유무가 포함된다.

15 사회복지정책을 분석하는 접근방법에 관한 설명으로 옳은 것은?

① 산물분석은 특정 정책이 실행된 이후 그 결과를 분석·평가하는 데 관심을 둔다.
② 산물분석은 정책이 형성되는 사회정치적 맥락을 고찰한다.
③ 성과분석은 정책결정이라는 정책활동의 결과물에 대한 내용을 분석하는 것이다.
④ 과정분석은 정책 기획과정(Planning Process)을 거쳐 이끌어 낸 여러 정책대안을 분석한다.
⑤ 과정분석은 정책 사정(Policy Assessment)이 어떻게 이루어지는지를 이해하기 위한 목적에서 이루어진다.

12

베버리지(Beveridge)의 사회보장 프로그램의 성공을 위한 전제조건

- 첫째, 통일적이고 종합적이며 적절한 사회보험 프로그램
- 둘째, 사회보험을 통해 충분히 보호받지 못하는 사람들을 위한 공공부조
- 셋째, 자녀들에 대해 주당급여를 제공하는 아동수당(가족수당)
- 넷째, 전 국민에 대한 포괄적 의료 및 재활서비스 (포괄적 보건서비스)
- 다섯째, 경기위기 시 대량실업을 방지하기 위한 공공사업을 통한 완전고용

14

ㄱ. 사회보험 보험료율은 소득의 많고 적음에 관계없이 일정한 반면, 소득세는 누진적이다. 또한 대부분의 보험료에 상한선이 정해져 있는 것과 달리, 소득세에는 상한선이 없다.

ㄴ. 사회보장성 조세로서 사회보험료는 일반조세와 달리 미래에 받을 수 있는 사회보장급여에 대한 권리를 갖는 것으로 인식되므로 조세저항이 상대적으로 적다.

ㄷ. 사회보험에서 개인별로 부담하는 보험료 총액과 보험급여가 절대적으로 일치하는 것은 아니며, 일반적으로 사회보험료 또한 소득이 높은 사람이 더 많이 부담하는 경향이 있다.

ㄹ. 조세는 납세자가 장차 받을 수 있을 것으로 기대되는 어떤 가치가 아닌 추정된 조세부담능력 (Assumed Capacity), 즉 지불능력(Capacity to Pay)과 관련되어 있다.

13

② 아동수당은 인구학적 급여(Demogrant)에 해당한다. 인구학적 급여는 연령, 성별 등 인구학적 기준에 의해 동일집단으로 간주된 사람들(예 아동, 노인 등)에게 주어지는 단일한 급여를 말한다.

① 소득이나 자산을 조사하여 대상을 선정하는 것은 선별주의 원칙에 부합한다.

③ 장애수당은 전문가의 진단을 고려한다.

④ 긴급복지지원제도는 선별주의 원칙에 부합한다.

⑤ 기초연금은 65세 이상의 노인들(→ 인구학적 기준) 중 소득인정액(→ 자산조사)이 선정기준액 이하인 노인을 대상으로 한다.

15

⑤ 과정분석(Studies of Process)은 복지정책의 계획과 관련된 각종 정보와 함께 다양한 정치집단, 정부조직, 그리고 이익집단 간의 관계 및 상호작용이 정책형성에 어떻게 영향을 미치는가를 분석하는 데 초점을 둔다.

① 특정한 정책선택에 의해 실행된 프로그램이 산출한 결과를 기술하고 평가하는 데 초점을 두는 것은 성과분석(Studies of Performance)이다.

② 사회정치적 및 기술방법론적 변수들과 관련하여 정책형성의 동태적 측면에 초점을 두는 것은 과정분석이다.

③·④ 기획 과정을 통해 얻게 되는 산물로서 프로그램안(案)이나 법률안 혹은 확정적 계획 등 정책선택의 형태와 내용을 분석하는 것은 산물분석 (Studies of Product)이다.

16 산업재해보상보험제도에 관한 설명으로 옳지 않은 것은?

① 근로복지공단은 보험급여를 결정하고 지급한다.
② 업무상의 재해란 업무상의 사유에 따른 근로자의 부상 · 질병 · 장해 또는 사망을 말한다.
③ 직장 내 괴롭힘, 고객의 폭언 등으로 인한 업무상 정신적 스트레스가 원인이 되어 발생한 질병은 업무상 재해로 인정되지 않는다.
④ 업무상 질병의 인정 여부를 심의하기 위하여 근로복지공단 소속 기관에 업무상질병판정위원회를 둔다.
⑤ 국민건강보험공단이 보험료를 징수한다.

17 민영화에 관한 설명으로 옳지 않은 것은?

① 1980년대 등장한 신자유주의와 관련이 있다.
② 정부가 공급하는 재화와 서비스 비용을 절감하기 위해 도입되었다.
③ 소비자 선호와 소비자 선택을 중시한다.
④ 경쟁을 유발시켜 서비스 품질을 향상시키고자 한다.
⑤ 상업화를 통해 취약계층의 서비스 접근성이 높아진다.

18 국민기초생활보장제도에 관한 설명으로 옳지 않은 것은? (해설참조)

① 국민기초생활보장제도는 보충성의 원칙에 기반하고 있다.
② 「북한이탈주민의 보호 및 정착지원에 관한 법률」상의 북한이탈주민과 그 가족은 의료급여 2종 수급권자에 속한다.
③ 급여는 개별가구 단위로 실시하되, 특히 필요하다고 인정하는 경우에는 개인 단위로 실시할 수 있다.
④ 수급권자와 그 친족, 그 밖의 관계인은 관할 시장 · 군수 · 구청장에게 수급권자에 대한 급여를 신청할 수 있다.
⑤ 생계급여는 수급자의 소득인정액 등을 고려하여 차등지급할 수 있다.

19 공공부조, 사회보험, 사회수당의 특성에 관한 설명으로 옳지 않은 것은?

① 공공부조는 다른 두 제도에 비해 권리성이 약하다.
② 사회수당은 수평적 재분배 효과가 있다.
③ 사회보험의 급여조건은 보험료 기여조건과 함께 사회적 위험에 직면해야 하는 조건이 부가된다.
④ 사회수당은 기여 여부와 무관하게 지급된다.
⑤ 운영효율성은 세 제도 중 공공부조가 가장 높다.

16

업무상 재해의 인정 기준 중 업무상 질병(산업재해보상보험법 제37조 제1항 참조)

- 업무수행 과정에서 물리적 인자, 화학물질, 분진, 병원체, 신체에 부담을 주는 업무 등 근로자의 건강에 장해를 일으킬 수 있는 요인을 취급하거나 그에 노출되어 발생한 질병
- 업무상 부상이 원인이 되어 발생한 질병
- 직장 내 괴롭힘, 고객의 폭언 등으로 인한 업무상 정신적 스트레스가 원인이 되어 발생한 질병
- 그 밖에 업무와 관련하여 발생한 질병

17

⑤ 서비스 이용의 접근성은 지리적 · 재정적 · 문화적 · 기능적 측면에서 살펴볼 수 있다. 그중 재정적 접근성은 서비스 이용에 있어서 금전적인 부담 또는 재정적인 장벽을 말하는 것으로서, 특히 민영화는 서비스 이용자의 재정적 접근성에 부정적인 영향을 미칠 수 있다.

18

이 문제는 개정 전 내용에 해당하므로 간단히 살펴본 후 넘어가도록 합니다. 2022년 8월 9일 의료급여법 시행령 개정에 따라 1종 수급권자의 선정조건이 보다 까다로워졌습니다. 의료급여를 받을 수 있는 수급권자 중 종전에는 「의사상자 등 예우 및 지원에 관한 법률」에 따라 의료급여를 받는 사람, 「북한이탈주민의 보호 및 정착지원에 관한 법률」의 적용을 받고 있는 사람과 그 가족으로서 보건복지부장관이 의료급여가 필요하다고 인정한 사람 등에 대해서는 일괄적으로 1종 수급권자로 하던 것을, 시행령 개정에 따라 해당 수급권자가 속한 세대 구성원의 연령 또는 근로능력 등에 관하여 일정한 요건을 충족하거나 해당 수급권자가 보건복지부장관이 정하는 중증질환을 가진 경우 등을 추가적인 조건으로 제시하여 이를 충족하는 경우에 한정하여 1종 수급권자로 하고, 그 조건에 해당하지 않는 사람은 2종 수급권자로 구분하도록 하고 있습니다. 따라서 이 문제의 정답은 출제 당시 ②번이었으나, 개정법령을 따를 경우 ②번 또한 일부 옳은 내용으로 볼 수 있습니다(의료급여법 시행령 제3조 제2항 참조).

19

목표효율성과 운영효율성

- 목표효율성(Target Efficiency)은 정책이 목표로 하는 대상자들에게 자원을 얼마나 집중적으로 할당하였는지를 판단한다.
- 운영효율성(Administrative Efficiency)은 정책을 운영하는 데 비용을 얼마나 유효적절하게 투입하였는지를 판단한다.
- 공공부조는 목표효율성은 높지만, 운영효율성은 낮다. 반면, 사회보험이나 사회수당은 운영효율성은 높지만, 목표효율성은 상대적으로 낮다.

20 국민건강보험제도에 관한 설명으로 옳지 않은 것은?

① 사립학교교원의 보험료는 가입자 본인, 사용자, 국가가 분담한다.
② 직장가입자의 보수월액은 직장가입자가 지급받는 보수를 기준으로 하여 산정한다.
③ 직장가입자의 보험료율은 건강보험정책심의위원회에서 심의·의결한다.
④ 부가급여로 임신·출산 진료비, 장제비, 상병수당을 지급하고 있다.
⑤ 국민건강보험공단의 회계연도는 정부의 회계연도에 따른다.

21 우리나라의 근로장려세제에 관한 설명으로 옳지 않은 것은?

① 근로장려금 신청 접수는 보건복지부에서 담당한다.
② 근로능력이 있는 빈곤층에 대해 근로의욕을 고취한다.
③ 미국의 EITC를 모델로 하였다.
④ 근로장려금은 근로소득 외에 재산보유상태 등을 반영하여 지급한다.
⑤ 근로빈곤층에게 실질적 혜택을 제공하여 빈곤탈출을 지원한다.

22 고용보험제도에 관한 설명으로 옳은 것은?

① 실업급여를 받을 권리는 양도 또는 압류하거나 담보로 제공할 수 없다.
② 구직급여의 급여일수는 대기기간을 포함하여 산정한다.
③ 육아휴직 시작일로부터 3개월까지는 월 통상임금의 100분의 50에 해당하는 금액을 지급한다.
④ 자영업자인 피보험자의 실업급여에는 구직급여, 연장급여, 조기재취업 수당이 포함된다.
⑤ 65세 이후에 자영업을 개시한 사람에게도 구직급여를 적용한다.

23 국민기초생활보장 대상 가구의 월 생계급여액은? (단, 다음에 제시된 2019년 기준으로 계산한다)

> • 전세주택에 거주하는 부부(45세, 42세)와 두 자녀(15세, 12세)로 구성된 가구로 소득인정액은 월 100만원으로 평가됨(부양의무자는 없음)
> • 2019년 가구 규모별 기준 중위소득은 다음과 같이 가정함
>
> 1인 : 1,700,000원, 2인 : 2,900,000원,
> 3인 : 3,700,000원, 4인 : 4,600,000원

① 0원
② 380,000원
③ 700,000원
④ 1,380,000원
⑤ 3,600,000원

20

④ 국민건강보험법 제50조는 부가급여로 임신·출산 진료비, 장제비, 상병수당 등을 규정하고 있으나, 그중 장제비 제도는 2008년부로 폐지되었고, 상병수당 제도는 미시행되다가 2022년 7월 1단계, 2023년 7월 2단계, 2024년 7월 3단계 시범사업으로 대상지역을 확대하였으며, 시범사업의 효과 분석과 사회적 논의를 바탕으로 법령 정비 및 전국 확대 시행을 검토 중이다.

21

① 근로장려금 신청 접수는 관할 세무서에서 담당한다. 근로장려세제(EITC ; Earned Income Tax Credit)는 근로소득 수준에 따라 산정된 근로장려금을 세금 환급 형태로 지급하여 근로빈곤층의 근로유인을 제고하고 실질소득을 지원하기 위한 근로연계형 소득지원제도이다. 환급 가능한 세액공제도의 일종이므로 일반적인 환급금과 동일하게 관할 세무서에 신청한 경우에 한하여 적용한다.

22

① 고용보험법 제38조 제1항
② 하나의 수급자격에 따라 구직급여를 지급받을 수 있는 날(소정급여일수)은 대기기간이 끝난 다음날부터 계산하기 시작하여 피보험기간과 연령에 따라 법령에서 정한 일수가 되는 날까지로 한다(동법 제50조 제1항).

③ 육아휴직 급여 월별 지급액은 종전 월 통상임금의 100분의 80이었으나 시행령 개정으로 육아휴직 시작일~6개월째까지는 월 통상임금에 해당하는 금액으로, 육아휴직 급여액의 상한액도 종전 월 150만원에서 육아휴직 시작일~3개월까지는 월 250만원, 4~6개월째까지는 월 200만원, 7개월째~종료일까지는 월 160만원으로 상향되었다(동법 시행령 제95조 참조).
④ 자영업자인 피보험자의 실업급여의 종류는 고용보험법에 따른 실업급여의 종류에 따른다. 다만, 훈련연장급여, 개별연장급여, 특별연장급여 등의 연장급여와 조기재취업 수당은 제외한다(동법 제69조의2).
⑤ 65세 이후에 고용(65세 전부터 피보험 자격을 유지하던 사람이 65세 이후에 계속하여 고용된 경우는 제외)되거나 자영업을 개시한 사람에게는 고용안정·직업능력개발 사업을 적용하되, 실업급여는 적용하지 아니한다(동법 제10조 제2항 참조).

23

생계급여액의 산출

> 생계급여액 = 생계급여 최저보장수준(대상자 선정기준) − 소득인정액
> [단, 2019년 기준 생계급여 최저보장수준(대상자 선정기준)은 기준 중위소득의 30%]

소득인정액이 월 100만원인 4인 가구의 생계급여액을 산출하는 것이므로,
생계급여액 = (4,600,000원 × 0.3) − 1,000,000원
= 380,000원

참고
2025년 기준 생계급여 최저보장수준(대상자 선정기준)은 기준 중위소득의 32%에 해당합니다.

24 노인장기요양보험제도에 관한 설명으로 옳은 것은?

① 장기요양보험사업의 보험자는 보건복지부장관이다.
② 등급판정에 따른 장기요양인정의 유효기간은 최소 6개월 이상으로서 대통령령으로 정한다.
③ 통합 징수한 장기요양보험료와 건강보험료를 각각의 독립회계로 관리하여야 한다.
④ 재가급여 비용은 수급자가 해당 장기요양급여비용의 100분의 20을 부담한다.
⑤ 수급자는 시설급여와 특별현금급여를 중복하여 받을 수 있다.

25 기초연금제도에 관한 설명으로 옳은 것은?

① 65세 이상 모든 고령자에게 제공하는 사회수당이다.
② 무기여 방식의 노후 소득보장제도이다.
③ 기초연금액의 산정 시 국민연금 급여액을 고려하지 않는다.
④ 기초연금액은 가구유형, 소득과 상관없이 동일하다.
⑤ 기초연금의 수급권자가 사망하면 유족급여를 지급한다.

26 사회복지행정의 개념에 관한 설명으로 옳지 않은 것은?

① 사회복지정책을 개별적이고 구체적인 서비스로 전환시키는 과정이다.
② 사회서비스 활동으로 민간조직을 제외한 공공조직이 수행한다.
③ 관리자가 조직목표를 달성하기 위해서 수행하는 과정, 기능 그리고 활동이다.
④ 사회복지 과업수행을 위해서 인적 · 물적 자원을 체계적으로 결합 · 운영하는 합리적 행동이다.
⑤ 사회복지제도와 정책을 서비스 급여, 프로그램으로 전환시키기 위한 전달체계이다.

27 조직 내 비공식조직의 순기능으로 옳은 것은?

① 조직의 응집력을 높인다.
② 공식 업무의 신뢰성과 일관성을 높인다.
③ 정형화된 구조로 조직의 안정성을 높인다.
④ 파벌이나 정실인사의 부작용이 나타난다.
⑤ 의사결정이 하층부에 위임되어 직원들의 참여의식을 높인다.

24

③ 국민건강보험공단은 통합 징수한 장기요양보험료와 건강보험료를 각각의 독립회계로 관리하여야 한다(노인장기요양보험법 제8조 제3항).
① 장기요양보험사업의 보험자는 국민건강보험공단으로 한다(동법 제7조 제2항).
② 등급판정에 따른 장기요양인정의 유효기간은 최소 1년 이상으로서 대통령령으로 정한다(동법 제19조 제1항).
④ 재가급여 비용은 해당 장기요양급여비용의 100분의 15를, 시설급여 비용은 해당 장기요양급여비용의 100분의 20을 장기요양급여를 받는 자가 부담한다(동법 시행령 제15조의8 참조).
⑤ 수급자는 재가급여, 시설급여 및 특별현금급여를 중복하여 받을 수 없다. 다만, 가족요양비 수급자 중 기타 재가급여를 받는 경우에는 그러하지 아니하다(동법 시행규칙 제17조 제1항).

25

② 기초연금은 공적연금의 사각지대에 놓인 65세 이상 노인의 노후소득을 보장하고 생활안정을 지원하기 위한 것으로 무기여 수당 방식으로 운용된다.
① 기초연금은 65세 이상인 사람으로서 소득인정액이 선정기준액 이하인 사람을 지급대상으로 한다.
③ 기초연금 수급권자에 대한 기초연금액은 기준연금액과 국민연금 급여액 등을 고려하여 산정한다(기초연금법 제5조 제1항).
④ 기초연금 급여는 매년 조정된 기준연금액을 기준으로 국민연금 수급 여부 및 수급액, 소득재분배 급여금액(A급여액)에 의해 개인별 기초연금액을 산정한 다음, 부부 동시 수급 여부, 소득역전 여부 등을 고려하여 최종 기초연금 급여액을 결정한다.
⑤ 유족급여는 산업재해보상보험법상 보험급여에 해당한다.

26

② 사회복지행정은 사회복지정책으로 표현된 추상적인 것을 실제적인 사회복지서비스로 전환하는 공·사의 전 과정이다. 특히 광의의 사회복지행정은 공공 및 민간기관을 포함한 사회복지조직 구성원들의 총제적인 활동을 말한다.

27

조직 내 비공식조직의 순기능과 역기능

순기능	• 조직 내 구성원들이 소속감 및 안정감을 갖기 쉬우므로 조직의 응집력을 높인다. • 공식적으로 거론될 수 없는 문제나 사안들에 대한 의사소통 경로가 될 수 있으며, 심리적 불만에 대한 배출구가 될 수도 있다.
역기능	• 파벌이 형성될 수 있으며, 조직 내 갈등을 고조시킬 수 있다. • 업무의 처리나 인사 등에서 자신이 속한 비공식조직의 구성원에게 유리한 결정을 내리는 정실주의(정실행위)가 나타날 수 있다.

28 사회복지조직에서 활용되고 있는 관료제의 역기능으로 옳지 않은 것은?

① 조직 운영규정 자체가 목적으로 인식될 수 있다.
② 조직 변화가 어렵다.
③ 부서이기주의가 나타날 수 있다.
④ 서비스가 최저수준에 머무를 수 있다.
⑤ 조직의 복잡한 규칙을 적용하면서 창조성이 향상된다.

30 다음에서 설명하고 있는 이론은?

> • 서비스 전달체계에서 업무환경을 강조한다.
> • 생존을 위해서 환경으로부터 합법성을 부여받아야 한다.
> • 조직의 내·외부 환경의 역학관계가 서비스 전달체계에 영향을 미친다.

① 관료제이론
② 정치경제이론
③ 인간관계이론
④ 목표관리이론(MBO)
⑤ 총체적 품질관리(TQM)

29 사회복지조직의 조직문화에 관한 설명으로 옳은 것을 모두 고른 것은?

> ㄱ. 사회복지서비스 체계의 규범과 가치로서 역할을 한다.
> ㄴ. 사회복지서비스 제공자의 상황인식에 중요한 역할을 한다.
> ㄷ. 조직구성원의 행태와 인식 그리고 태도를 통해서 조직 효과성과 연결하는 역할을 한다.

① ㄱ
② ㄷ
③ ㄱ, ㄴ
④ ㄴ, ㄷ
⑤ ㄱ, ㄴ, ㄷ

31 사회복지행정의 특성에 관한 설명으로 옳지 않은 것은?

① 조직들 간의 통합과 연계를 중시한다.
② 지역사회 욕구를 충족시키기 위한 조직관리 기술을 필요로 한다.
③ 모든 구성원들이 조직운영 과정에 참여하여 일정 부분 영향을 미친다.
④ 조직 내부 부서 간의 관료적이고 위계적인 조직관리 기술을 필요로 한다.
⑤ 사회복지조직의 관리자는 조직의 운영을 지역사회와 연관시킬 책임이 있다.

28

관료제의 경직성

- 관료제는 조직관리를 위한 합리적인 규칙을 의미하는 것으로, 의사결정의 계층화와 고도의 전문화를 특징으로 한다.
- 관료제이론은 한 번 정해진 규칙이 조직의 안정성을 보장하고 효율적인 의사결정을 가능하게 만든다고 보는데, 이는 오히려 정해진 규칙에 집착하는 관행을 만들고, 조직운영의 경직성을 초래함으로써 조직 변화를 어렵게 만든다.

29

사회복지조직에서 조직문화의 역할

휴먼서비스 조직의 성공은 서비스 제공자와 서비스 대상자 간의 관계형성과 상호작용의 정도에 달려있으며, 이들 당사자 간의 관계와 상호작용의 수준 및 특성은 조직문화(Organizational Culture)에 의해 좌우된다. 글리슨(Glisson)은 사회복지조직에서 조직문화의 역할을 다음의 세 가지 관점에서 설명하였다.

- 첫째, 사회복지서비스 체계의 규범과 가치로서 역할을 한다.
- 둘째, 사회복지서비스 제공자의 상황인식에 중요한 역할을 한다.
- 셋째, 조직구성원의 행태와 인식 그리고 태도를 통해서 조직 효과성과 연결하는 역할을 한다.

30

② 정치경제이론은 조직이 합법성이나 세력 등의 정치적 자원과 함께 인적·물적 자원 등의 경제적 자원을 통해 서비스 활동을 수행하며 생존을 하게 되는데, 이와 같은 외부환경적 요소가 조직의 내부에 영향을 미치게 되어 조직 내부의 권력관계와 조직 외부의 이익집단 간의 역학관계에 의해 조직의 의사결정에 크게 영향을 미친다고 주장한다.

① 관료제이론은 합리적이고 합법적인 규칙과 최대한의 효율성을 목적으로 한 조직구조에 관한 이론이다. 관료제는 조직관리를 위한 합리적인 규칙을 의미하는 것으로, 의사결정의 계층화, 고도의 전문화에 기초한다.

③ 인간관계이론은 조직의 생산성 향상을 위해 인간의 정서적인 요인과 함께 심리사회적 요인, 비공식적 요인에 역점을 두어 인간을 관리하는 기술 또는 방법을 강조한다.

④ 목표관리(MBO ; Management By Objectives)는 조직구성원의 광범위한 참여와 합의하에 조직의 목표를 설정·평가·환류함으로써 조직 운영의 효율성을 향상시키는 목표 중심의 민주적·참여적 관리를 강조한다.

⑤ 총체적 품질관리(TQM ; Total Quality Management)는 조직운영, 제품, 서비스의 지속적인 개선을 통해 고품질과 경쟁력을 확보하기 위한 전 종업원의 체계적인 노력을 강조한다.

31

④ 휴먼서비스는 사회복지사와 클라이언트 간의 대면(만남)에 의존하므로, 클라이언트의 능동적인 참여와 사회복지사의 적극적인 업무 진행이 필수적이다. 행정조직 또한 명령과 복종체제인 수직적(위계적) 조직보다는 서로 협력하는 수평적 조직이 요구된다. 즉, 클라이언트와의 전문적인 상호작용을 위해서는 참여적 수평적 조직구조가 유리하며, 이를 통해 창의성과 역동성을 추구할 수 있다.

32 1950년대 우리나라 사회복지행정 역사에 관한 설명으로 옳지 않은 것은?

① 외국민간원조기관협의회(KAVA, Korea Association of Voluntary Agencies)는 구호물자의 배분을 중심으로 사회복지행정 활동을 하였다.
② KAVA는 구호 활동과 관련된 조직관리 기술을 도입했다.
③ 사회복지기관들은 수용 · 보호에 바탕을 둔 행정관리 기술을 사용하였다.
④ KAVA는 서비스 중복, 누락, 서비스 제공자 간의 협력체계 구축에 초점을 두었다.
⑤ KAVA는 지역사회 조직화나 공동체 형성을 위한 조직관리 기술을 적극적으로 활용하였다.

33 하센필드(Y. Hasenfeld)가 주장하는 조직환경 대응전략이 아닌 것은?

① 권위주의 전략
② 경쟁 전략
③ 협동 전략
④ 방해 전략
⑤ 전문화 전략

34 리더십이론에 관한 설명으로 옳지 않은 것은?

① 관리격자이론은 조직원의 특성과 같은 상황적 요소를 고려하고 있다.
② 특성이론의 비판적 대안으로 행동이론이 등장하였다.
③ 섬김의 리더십(Servant Leadership)은 힘과 권력에 의한 조직지배를 지양한다.
④ 거래적 리더십은 교환관계를 기반으로 하여 조직성과를 높이고자 한다.
⑤ 상황이론은 과업환경에 따라 적합하게 대응하는 리더십이 효과적이라고 가정한다.

35 사회복지시설평가에 관한 설명으로 옳지 않은 것은?

① 평가의 근거는 1997년 개정된 사회복지사업법이다.
② 평가의 목적은 시설운영의 효율화 등을 위한 것이다.
③ 이용자의 권리에 관한 지표의 경우 거주시설(생활시설)에 한해서 적용하여 평가한다.
④ 개별 사회복지시설의 고유성이 반영되지 못하는 점은 평가의 한계점으로 여겨진다.
⑤ 평가지표 선정 시 현장의견수렴 절차가 필요하다.

32

외국민간원조기관협의회(KAVA ; Korea Association of Voluntary Agencies)

- 한국전쟁을 계기로 우리나라에 들어온 외국민간원조기관 간의 정보교환 및 사업협력 등을 목적으로 구성된 협의회이다.
- 일선기관들이 사업을 수행하는 데 필요한 정보교환, 사업평가, 사업조정 등을 위해 협력체계를 구축하였다.
- 구호물자 및 양곡 배급, 의료서비스 제공, 학교 및 병원 설립, 후생시설 운영 등 특히 구호 활동과 관련된 조직관리 기술을 도입하였으며, 당시 사회복지기관들도 수용 · 보호에 바탕을 둔 행정관리 기술을 주로 사용하였다.
- 일부 회원단체들이 정착사업이나 농촌개발사업, 지도자 훈련사업 등을 실시하기도 하였으나 지역사회 조직화나 공동체 형성 등 보다 체계적인 형태의 조직관리 기술이 활용되지는 못하였다.

33

권력관계 변화 혹은 종속관계 극복을 위한 조직의 대응전략(Hasenfeld)

권위주의 전략 (Authority Strategy)	명령에 대해 동의하도록 효과적인 제재를 가할 수 있는 능력을 향상시키는 전략이다.
경쟁적 전략 (Competitive Strategy)	서비스의 질과 절차 및 관련된 행정절차 등을 더욱 바람직하고 매력적으로 하기 위해 다른 사회복지조직들과 경쟁하여 세력을 증가시키는 전략이다.
협동적 전략 (Cooperative Strategy)	과업환경 내 다른 조직에게 필요한 서비스를 제공하여 그 조직이 그러한 서비스를 획득하는 데 대한 불안감을 해소시키는 전략이다.
방해 전략 (Disruptive Strategy)	조직의 자원생산 능력을 위협하는 행동을 의도적으로 하는 전략이다.

34

① 관리격자이론은 "지도자는 어떤 행동을 하며, 어떻게 행동을 하는가?"라는 관점에 초점을 두고 적합한 지도자의 행동 유형을 규명하고자 하는 행동이론(행위이론)의 범주에 포함된다. 반면, 상황적 요소를 고려하는 상황이론의 범주에 포함되는 것으로 특히 조직원의 특성과 업무환경 특성을 고려하는 경로-목표이론이 있다.

35

③ 이용자의 권리에 관한 지표는 거주시설(생활시설)은 물론 이용시설에도 적용하여 평가한다. 해당 지표에는 이용자의 비밀보장, 학대예방 및 인권보장, 고충처리, 이용자의 자기결정권 등에 관한 사항이 포함되어 있다.

참고

사회복지시설 평가업무가 종전 한국사회보장정보원(사회보장정보원)에서 중앙사회서비스원으로 이관되었습니다.

36 다음 사례에서 설명하는 동기이론은?

> A는 자신보다 승진이 빠른 입사 동기인 사회복지사 B와의 비교로, 보충해야 할 업무역량을 분석하였다. A는 B가 가진 프로그램 기획력과 사례관리 역량의 필요성을 알게 되었고, 직무 향상과 승진을 위해 대학원 진학을 결정하였다.

① 욕구위계이론(A. Maslow)
② 동기위생이론(F. Herzberg)
③ ERG이론(C. Alderfer)
④ 형평성이론(J. S. Adams)
⑤ 기대이론(V. H. Vroom)

37 직무수행평가에 관한 설명으로 옳은 것은?

① 기준의 확립은 평가의 마지막 단계에서 이루어진다.
② 조직원들에게 직무수행의 기대치를 전달하는 목적을 지니고 있다.
③ 도표평정식평가(Graphic Rating Scale)는 관대화 오류(Leniency Error)가 발생되지 않는다.
④ 자기평가는 서비스 이용자에 의한 평가보다 많은 비용이 소모되는 어려움이 있다.
⑤ 동료평가는 직무에 대해서 평가대상자보다 넓은 지식과 이해를 하고 있다는 전제를 바탕으로 실시한다.

38 사회복지조직의 책임성을 확보하기 위한 노력이 아닌 것은?

① 개인정보 보호를 위해 사회복지조직 후원금 사용 정보의 미공개
② 「사회복지사업법」에 따른 사회복지법인 이사회 구성
③ 「사회복지법인 및 사회복지시설 재무ㆍ회계규칙」에 근거한 예산 편성
④ 배분사업 공모를 통한 사회복지 프로그램 재정지원 시행
⑤ 사회복지예산 수립을 위한 주민참여제도 시행

39 다음에서 설명하는 직원능력 개발방법은?

> • 지속적이고 새로운 전문지식 습득 방법
> • 지역사회의 필요 및 구성원의 욕구에 따라 융통성 있게 실시 가능
> • 사회복지사에게 직무연수 방식으로 제공

① 패널토의(Panel Discussion)
② 순환보직(Job Rotation)
③ 계속교육(Continuing Education)
④ 역할연기(Role Playing)
⑤ 분임토의(Syndicate)

36

④ 아담스(Adams)의 형평성(공정성 또는 공평성)이론은 투입, 산출, 준거인물을 요소로 하여 자신의 '산출/투입'보다 준거가 되는 다른 사람의 '산출/투입'이 클 때 비형평성을 자각하게 되고, 형평성 추구행동을 작동시키는 동기가 유발된다고 본다.

① 매슬로우(Maslow)는 욕구위계이론(욕구계층이론)을 통해 인간의 욕구가 가장 낮은 것으로부터 가장 높은 것으로 올라가는 위계 혹은 계층(Hierarchy)을 이루며, 그와 같은 욕구가 행동을 일으키는 동기요인이라 주장하였다.

② 허즈버그(Herzberg)는 동기위생이론을 통해 인간이 이원적 욕구구조 즉, 불만을 일으키는 요인(→ 위생요인)과 만족을 일으키는 요인(→ 동기요인)을 가진다는 욕구충족요인 이원론을 주장하였다.

③ 알더퍼(Alderfer)는 ERG이론을 통해 매슬로우의 5단계 욕구를 세 가지 범주, 즉 '존재욕구', '(인간)관계욕구', '성장욕구'로 구분하였다.

⑤ 브룸(Vroom)은 기대이론을 통해 인간이 행동하는 방향과 강도가 그 행동이 일정한 성과로 이어진다는 기대와 강도, 실제로 이어진 결과에 대해 느끼는 매력에 달려 있다고 주장하였다.

37

① 직무수행 기준의 확립은 직무수행평가의 첫 단계에서 이루어진다.

③ 도표평정식평가는 한쪽에는 바람직한 평정요소를 나열하고, 다른 쪽에는 이들 요소와 관련된 직무수행 등급을 나타내는 척도를 제시함으로써 평가자가 각각의 요소에 대해 직무수행 등급을 표시하는 것이다. 이 방법은 평정표 작성 및 평정이 쉬운 반면, 집중현상이나 관대화 경향이 나타날 수 있다.

④ 자기평가는 비용이 적게 소모되고 반복적인 시행이 가능하지만, 적절치 못한 사실에 대해 평가하지 않거나 허위보고가 이루어질 가능성을 배제하기 어렵다.

⑤ 동료평가는 신뢰성과 타당성을 갖기 위해 익명성을 필요로 한다.

38

사회복지조직의 책임성 확보를 위한 행정통제 효율화 방안

• 행정정보 공개를 통해 조직의 개방성을 유도한다.
• 사회복지 정책과정에 주민참여의 기회를 확대한다.
• 전문직의 전문성 향상과 함께 전문직으로서의 권한을 강화한다.
• 외부통제와 내부통제의 균형이 이루어지도록 한다.
• 사회복지행정 평가제도를 확립한다.

39

③ 계속교육은 학교교육이 끝난 직원들을 대상으로 그들의 전문성을 유지 및 향상시키기 위해 계속적으로 필요한 교육을 실시하는 방법이다.

① 패널토의는 토의법의 일종으로서, 특정 주제에 대해 지식과 경험이 풍부한 전문가들이 사회자의 진행에 따라 토의를 하고 연수자는 그 토의를 듣는 방법이다.

② 순환보직은 일정한 시일의 간격을 두고 여러 다른 직위나 직급에 전보 또는 순환보직 등을 통해 직원들을 훈련시키는 방법이다.

④ 역할연기는 직원으로 하여금 어떤 사례나 사건을 구체적인 상황에 근거하여 실제 연기로 표현해 보도록 하는 방법이다.

⑤ 분임토의 또는 신디케이트는 전체를 10명 내외의 소집단들로 나누고 각 집단별로 동일한 문제를 토의하여 그 해결방안을 작성하도록 한 후, 전체가 모인 자리에서 각 집단별 해결방안을 발표하고 그에 대해 토론하여 합리적인 해결방안을 모색하는 방법이다.

40 최근 사회복지행정의 환경 변화로 옳지 않은 것은?

① 지역사회 주민운동의 활성화
② 사회서비스 공급의 주체로서 영리부문의 참여
③ 지역사회보장협의체를 통한 민·관 협력체계 구축
④ 사회적경제에 의한 비영리조직의 시장경쟁력 강화 필요
⑤ 복지다원주의 패러다임 등장으로 국가 주도의 복지서비스 공급

41 직무소진(Burnout)에 관한 설명으로 옳은 것을 모두 고른 것은?

> ㄱ. 직무에서 비롯되는 스트레스에 대한 반응이다.
> ㄴ. 목적의식이나 관심을 점차적으로 상실하는 과정이다.
> ㄷ. 감정이입이 업무의 주요 기술인 직무현장에서 발생하는 현상이다.

① ㄱ
② ㄴ
③ ㄱ, ㄷ
④ ㄴ, ㄷ
⑤ ㄱ, ㄴ, ㄷ

42 변혁적 리더십에 관한 설명으로 옳은 것을 모두 고른 것은?

> ㄱ. 새로운 비전제시 및 지적 자극, 조직문화 창출을 지향한다.
> ㄴ. 성과에 대한 금전적인 보상이 구성원의 높은 헌신을 가능하게 한다.
> ㄷ. 조직목표 중 개인의 사적이익을 가장 우선시 한다.

① ㄱ
② ㄴ
③ ㄱ, ㄷ
④ ㄴ, ㄷ
⑤ ㄱ, ㄴ, ㄷ

43 사회복지관에서 우편으로 잠재적 후원자에게 기관의 현황이나 정보 등을 제공하여 후원자를 개발하는 마케팅 방법은?

① 고객관계관리 마케팅
② 데이터베이스 마케팅
③ 다이렉트 마케팅
④ 소셜 마케팅
⑤ 크라우드 펀딩

40

⑤ 복지다원주의(Welfare Pluralism)는 복지혼합(Welfare Mix)을 통한 복지공급 주체의 다양화를 표방한다. 1980년대 영국의 대처리즘(Thatcherism)과 미국의 레이거노믹스(Reaganomics) 등으로 대표되는 신보수주의 성향은 복지공급의 영역을 국가로 제한하지 않은 채 사회복지서비스의 다양한 공급주체의 역할에 주목하였다.

41

ㄱ. 소진 또는 직무소진(Burnout)은 과도한 스트레스에 노출되어 신체적 · 정신적 기력이 고갈됨으로써 직무수행능력이 떨어지고 단순 업무에만 치중하게 되는 현상이다.

ㄴ. 직무에 만족하지 못한 직원들은 감정의 고갈과 목적의식의 상실, 자신의 업무와 클라이언트에 대한 관심 상실 등 부정적인 태도를 보이기 쉽다.

ㄷ. 사회복지조직에서 소진은 클라이언트 중심의 실천, 감정이입적 업무 특성, 급속한 변화와 비현실적 기대, 저임금과 열악한 환경 등 다양한 원인에서 비롯된다.

42

ㄴ · ㄷ. 거래적 리더십과 연관된다.

거래적 리더십과 변혁적 리더십의 차이점

거래적 리더십	• 구성원은 이기적이므로 개인적인 관심에 주의를 기울인다. • 리더는 조직성원의 보수나 지위를 보상하는 것과 같이 거래를 통해 조직성원의 동기 수준을 높인다. • 리더는 조직성원의 역할과 임무를 명확히 제시하며, 복종과 그에 대한 보상을 강조한다.
변혁적 리더십	• 리더십은 높은 도덕적 가치와 이상에 호소하여 조직성원의 의식을 변화시킨다. • 리더는 추종자들에게 권한부여(Empowerment)를 통해 개혁적 · 변화지향적인 모습과 함께 비전을 제시함으로써 그들에게 높은 수준의 동기를 부여한다. • 변혁적 리더는 구성원 스스로 업무에 대한 확신감을 가질 수 있도록 동기를 부여하고 업무결과에 대한 욕구를 자극함으로써, 구성원 스스로 추가적인 노력을 통해 기대 이상의 성과를 가져오도록 유도한다.

43

③ 다이렉트 마케팅(DM ; Direct Marketing)은 후원을 요청하는 편지를 잠재적 후원자들에게 발송함으로써 후원자를 개발하는 가장 전통적인 방법이다.

① 고객관계관리 마케팅(CRM ; Customer Relationship Management Marketing)은 고객과 관련된 자료를 분석하여 고객 특성에 기초한 맞춤서비스를 지속적으로 제공함으로써 가치 있는 고객을 파악 · 획득 · 유지하는 방법이다.

② 데이터베이스 마케팅(DBM ; Database Marketing)은 고객정보, 경쟁사정보, 산업정보 등 시장에 관한 각종 정보를 직접 수집 · 분석하고 이를 데이터베이스화하여 마케팅전략을 수립하는 방법이다.

④ 사회 마케팅 또는 소셜 마케팅(Social Marketing)은 사회문제로부터 도출된 사회적 목표를 달성하기 위해 사회적 아이디어를 개발하고 이를 일반인들에게 수용시키기 위한 방법이다.

⑤ 크라우드 펀딩(Crowd Funding)은 "대중으로부터 자금을 모은다"는 의미로, 소셜미디어나 인터넷 등의 매체를 활용하여 필요한 자금을 불특정 다수로부터 지원받는 방법이다.

44 총체적 품질관리(TQM) 원칙에 관한 설명으로 옳은 것은?

① 조직구성원들의 집단적 노력을 강조한다.
② 현상 유지가 조직의 중요한 관점이다.
③ 의사결정은 전문가의 직관을 기반으로 한다.
④ 구성원들과 각 부서는 경쟁체제를 형성한다.
⑤ 품질결정은 전문가가 주도한다.

45 사회복지법인 및 사회복지시설 재무·회계 규칙상 사회복지관의 결산보고서에 첨부해야 하는 서류가 아닌 것은?

① 과목 전용조서
② 사업수입명세서
③ 사업비명세서
④ 세입·세출명세서
⑤ 인건비명세서

46 사회복지서비스 전달체계의 도입을 시대 순으로 나열한 것은?

> ㄱ. 사회복지사무소 시범사업
> ㄴ. 희망복지지원단
> ㄷ. 사회복지전문요원
> ㄹ. 보건복지사무소 시범사업
> ㅁ. 지역사회보장협의체

① ㄹ - ㄷ - ㄴ - ㄱ - ㅁ
② ㄷ - ㄹ - ㄱ - ㄴ - ㅁ
③ ㄹ - ㄱ - ㄷ - ㄴ - ㅁ
④ ㄱ - ㄷ - ㄹ - ㅁ - ㄴ
⑤ ㄷ - ㄹ - ㅁ - ㄴ - ㄱ

47 시간별 활동계획 도표(Gantt Chart)의 설명으로 옳은 것을 모두 고른 것은?

> ㄱ. 시간별 활동계획의 설계는 확인-조정-계획-실행의 순환적 과정으로 이루어진다.
> ㄴ. 헨리 간트(H. Gantt)에 의해 최초로 개발되었다.
> ㄷ. 목표달성 기한을 정해 놓고 목표달성을 위해 설정된 주요활동과 시간계획을 연결시켜 도표로 나타낸 것이다.
> ㄹ. 활동과 활동 사이의 상관관계를 파악하기 힘들다.

① ㄱ, ㄴ
② ㄱ, ㄷ
③ ㄴ, ㄷ
④ ㄴ, ㄹ
⑤ ㄷ, ㄹ

44

① 총체적 품질관리(TQM ; Total Quality Management)는 품질에 중점을 둔 관리기법으로서, 조직운영, 제품, 서비스의 지속적인 개선을 통해 고품질과 경쟁력을 확보하기 위한 전 종업원의 체계적인 노력으로 볼 수 있다.
② 지속적인 서비스 품질향상을 강조하며, 서비스 생산 과정과 절차를 지속적으로 개선한다.
③ 의사결정은 객관적인 데이터 분석을 기반으로 한다.
④ 조직의 문제점을 발견하고 시정함에 있어 지속적인 학습과정을 강조하며, 팀워크를 통한 조직의 지속적인 변화를 도모한다.
⑤ 품질(Quality)을 조직의 중심적인 목표로 인식하며, 고객(Customers)을 품질에 대해 정의를 내리는 사람, 즉 품질의 최종 결정자로 간주한다.

45

결산보고서에 첨부해야 할 서류(사회복지법인 및 사회복지시설 재무 · 회계 규칙 제20조 제1항 참조)

• 세입 · 세출결산서
• 과목 전용조서(①)
• 예비비 사용조서
• 재무상태표
• 수지계산서
• 현금 및 예금명세서
• 유가증권명세서
• 미수금명세서
• 재고자산명세서
• 그 밖의 유동자산명세서
• 고정자산(토지 · 건물 · 차량운반구 · 비품 · 전화가입권)명세서
• 부채명세서(차입금 · 미지급금을 포함)
• 각종 충당금 명세서
• 기본재산수입명세서(법인만 해당)
• 사업수입명세서(②)
• 정부보조금명세서
• 후원금수입 및 사용결과보고서
• 후원금 전용계좌의 입출금내역
• 인건비명세서(⑤)
• 사업비명세서(③)
• 그 밖의 비용명세서(인건비 및 사업비를 제외한 비용)
• 감사보고서
• 법인세 신고서(수익사업이 있는 경우만 해당)

46

사회복지서비스 전달체계의 도입

ㄷ. 1987년 7월 사회복지전문요원제도가 시행되어 공공영역에 사회복지전문요원이 배치되었다.
ㄹ. 1995년 7월부터 1999년 12월까지 4년 6개월간 보건복지사무소 시범사업이 실시되었다.
ㄱ. 2004년 7월부터 2006년 6월까지 2년간 사회복지사무소 시범사업이 실시되었다.
ㄴ. 2012년 5월 시 · 군 · 구에 희망복지지원단을 설치하여 통합사례관리사업을 실시하였다.
ㅁ. 2015년 7월 「사회보장급여의 이용 · 제공 및 수급권자 발굴에 관한 법률」이 시행됨에 따라 기존의 '지역사회복지협의체'가 '지역사회보장협의체'로 변경되었다.

47

ㄱ. '계획(Plan)-실행(Do)-확인(Check)-조정(Act)'의 일련의 절차를 프로그램 기획과정으로 보는 것은 방침관리기획(PDCA Cycle)이다.
ㄴ. 간트 차트(Gantt Chart)로도 불리는 시간별 활동계획 도표는 1910년 미국의 기술공학자이자 사업가인 헨리 간트(Henry L. Gantt)에 의해 최초로 개발되었다.
ㄷ. 목표달성 기한을 정해 놓고 목표달성을 위해 설정된 주요 세부목표와 프로그램의 상호관계 및 시간계획을 연결시켜 도표화한 것은 프로그램 평가 검토기법(PERT ; Program Evaluation Review Technique)이다.
ㄹ. 간트 차트는 단선적 활동만을 표시하여 복잡한 작업단계들 간의 상관관계를 나타낼 수 없으므로, 활동과 활동 사이의 상관관계를 파악하기 힘들다.

48 사회복지 프로그램 목표에서 성과목표로 옳은 것은?

① 1시간씩 학습지도를 제공한다.
② 월 1회 요리교실을 진행한다.
③ 자아존중감을 10% 이상 향상한다.
④ 10분씩 명상훈련을 실시한다.
⑤ 주 2회 물리치료를 제공한다.

49 품목별 예산에 관한 설명으로 옳지 않은 것은?

① 예산의 남용을 방지할 수 있다.
② 회계책임을 명백히 할 수 있다.
③ 신축성 있게 예산을 집행할 수 있다.
④ 급여와 재화 및 서비스 구매에 효과적이다.
⑤ 정책 및 사업의 우선순위를 소홀히 할 수 있다.

50 중·장년 고독사 예방 프로그램을 기획하기 위해 사회복지관에서 근무하는 사회복지사, 사회복지전담공무원, 보건소 간호사 등이 모여 상호간 질의와 응답을 통해 자료를 수집하는 방법은?

① 패널조사
② 초점집단조사
③ 델파이기법
④ 사회지표조사
⑤ 서베이조사

제3영역 **사회복지법제론**

51 제정연도가 가장 빠른 것과 가장 늦은 것을 순서대로 짝지은 것은?

> ㄱ. 긴급복지지원법
> ㄴ. 고용보험법
> ㄷ. 노인복지법
> ㄹ. 기초연금법

① ㄴ, ㄱ
② ㄴ, ㄹ
③ ㄷ, ㄱ
④ ㄷ, ㄴ
⑤ ㄷ, ㄹ

48

과정목표와 성과목표

과정목표 (Process Objectives)	• 프로그램 수행단계별로 이루어지거나 설정될 수 있는 목표를 말한다. • 무엇으로 어떻게 결과에 도달할 것인지에 대한 목표 진술과 함께 과정목표에 의해 실행되어야 할 구체적인 행동들이 포함된다. 예 10대 미혼모를 대상으로 월 4회 1시간씩 육아교실을 진행한다.
성과목표 (Outcome Objectives)	• 일련의 프로그램이 수행된 결과 클라이언트체계의 변화를 나타내는 최종목표를 말한다. • 프로그램의 결과 표적대상이 변화하게 될 행동이나 태도를 기술하는 것으로, 변화 정도는 어떠하며, 언제 변화가 나타날 것인지 등을 표현한다. 예 중장년 실직자를 대상으로 자아존중감을 10% 이상 향상시킨다.

49

품목별(항목별) 예산(LIB ; Line-Item Budget)의 장단점

장 점	• 회계작성 및 회계작업이 용이하다. • 집행내용을 명확히 보여주므로 급여와 재화 및 서비스 구매에 효과적이다.(④) • 지출근거가 명확하므로 예산통제에 효과적이며, 예산의 남용을 방지할 수 있다.(①) • 회계책임을 명백히 할 수 있다.(②)
단 점	• 조직의 활동내용을 명확히 알기 어려우며, 정책 및 사업의 우선순위를 소홀히 할 수 있다.(⑤) • 예산증감을 전년도와 비교하여 결정하므로 신축성이 떨어진다. • 부서별 중복되는 활동이 있는 경우 효율성이 문제시된다. • 신규 사업을 벌이기보다는 전년도 사업을 답습하는 경향이 있다.

50

② 초점집단조사 또는 초점집단기법(Focus Group Technique)은 소수 이해관계자들의 인위적인 면접집단 또는 토론집단을 구성하여 연구자가 토의주제나 쟁점을 제공하며, 특정한 토의 주제 또는 쟁점에 대해 여러 명이 동시에 질의 · 응답을 하거나 인터뷰를 하는 등의 방법으로 상호작용을 통해 공동의 관점을 확인하는 방법이다.

① 패널조사(Panel Study)는 '패널(Panel)'이라 불리는 특정응답자 집단을 정해 놓고 그들로부터 상당히 긴 시간 동안 지속적으로 연구자가 필요로 하는 정보를 획득하는 방법이다.

③ 델파이기법(Delphi Technique)은 전문가 · 관리자들로부터 우편이나 이메일(E-mail)로 의견이나 정보를 수집하여 그 결과를 분석한 후 그것을 다시 응답자들에게 보내어 의견을 묻는 식으로 만족스러운 결과를 얻을 때까지 계속하는 방법이다.

④ 사회지표조사 또는 사회지표분석(Social Indicator Analysis)은 일정 인구가 생활하는 지역의 지역적 · 생태적 · 사회적 · 경제적 및 인구적 특성에 근거하여 지역사회의 욕구를 추정할 수 있다는 전제하에 사회지표를 분석하는 방법이다.

⑤ 서베이조사(Survey)는 질문지(설문지), 면접, 전화 등을 사용하여 응답자로 하여금 연구주제와 관련된 질문에 답하도록 함으로써 체계적이고 계획적으로 자료를 수집 및 분석하는 방법이다.

51

ㄱ. 긴급복지지원법 : 2005년 12월 23일 제정, 2006년 3월 24일 시행

ㄴ. 고용보험법 : 1993년 12월 27일 제정, 1995년 7월 1일 시행

ㄷ. 노인복지법 : 1981년 6월 5일 제정, 같은 날 시행

ㄹ. 기초연금법 : 2014년 5월 20일 제정, 2014년 7월 1일 시행

52 헌법 제34조 규정의 일부이다. (   )에 들어갈 내용이 순서대로 옳은 것은?

> • 국가는 사회보장 · (   )의 증진에 노력할 의무를 진다.
> • 신체장애자 및 질병 · 노령 기타의 사유로 생활능력이 없는 국민은 (   )이 정하는 바에 의하여 국가의 보호를 받는다.

① 공공부조, 헌법
② 공공부조, 법률
③ 사회복지, 헌법
④ 사회복지, 법률
⑤ 자원봉사, 법률

53 법령의 제정에 관한 헌법의 내용으로 옳은 것은?

① 국무총리는 총리령을 발할 수 없다.
② 지방자치단체의 장은 부령을 발할 수 있다.
③ 정부는 법률안을 제출할 수 없다.
④ 법률안은 국무회의의 심의를 거쳐야 한다.
⑤ 법률은 특별한 규정이 없는 한 공포한 날로부터 90일을 경과함으로써 효력을 발생한다.

54 사회보장기본법의 내용으로 옳지 않은 것은?

① 사회보장위원회의 위원장은 보건복지부장관이 된다.
② 사회보장위원회는 30명 이내의 위원으로 구성한다.
③ 사회보장 기본계획은 5년마다 수립하여야 한다.
④ 보건복지부장관은 사회보장정보시스템의 구축 · 운영을 총괄한다.
⑤ 모든 국민은 사회보장 관계 법령에서 정하는 바에 따라 사회보장급여를 받을 권리를 가진다.

55 사회보장기본법상 사회보장제도의 신설 또는 변경에 따른 협의 및 조정에 관한 내용으로 옳지 않은 것은?

① 국가와 지방자치단체는 기존 제도와의 관계, 사회보장 전달체계와 재정 등에 미치는 영향 등을 사전에 충분히 검토하여야 한다.
② 지방자치단체의 장은 국무조정실장과 협의하여야 한다.
③ 중앙행정기관의 장은 보건복지부장관과 협의하여야 한다.
④ 국가와 지방자치단체는 사회보장급여가 중복 또는 누락되지 아니하도록 하여야 한다.
⑤ 중앙행정기관의 장은 협의에 관련된 자료의 수집 · 조사 및 분석에 관한 업무를 사회보장정보원에 위탁할 수 있다.

52

생존권 및 협의의 복지권에 관한 규정(헌법 제34조)

- 제1항 : 모든 국민은 인간다운 생활을 할 권리를 가진다.
- 제2항 : 국가는 사회보장 · <u>사회복지</u>의 증진에 노력할 의무를 진다.
- 제3항 : 국가는 여자의 복지와 권익의 향상을 위하여 노력하여야 한다.
- 제4항 : 국가는 노인과 청소년의 복지향상을 위한 정책을 실시할 의무를 진다.
- 제5항 : 신체장애자 및 질병 · 노령 기타의 사유로 생활능력이 없는 국민은 법률이 정하는 바에 의하여 국가의 보호를 받는다.
- 제6항 : 국가는 재해를 예방하고 그 위험으로부터 국민을 보호하기 위하여 노력하여야 한다.

53

④ 헌법개정안 · 국민투표안 · 조약안 · 법률안 및 대통령령안은 국무회의의 심의를 거쳐야 한다(헌법 제89조 제3호).

① 국무총리 또는 행정각부의 장은 소관사무에 관하여 법률이나 대통령령의 위임 또는 직권으로 총리령 또는 부령을 발할 수 있다(헌법 제95조).

② 지방자치단체는 주민의 복리에 관한 사무를 처리하고 재산을 관리하며, 법령의 범위 안에서 자치에 관한 규정을 제정할 수 있다(헌법 제117조 제1항).

③ 국회의원과 정부는 법률안을 제출할 수 있다(헌법 제52조).

⑤ 법률은 특별한 규정이 없는 한 공포한 날로부터 20일을 경과함으로써 효력을 발생한다(헌법 제53조 제7항).

54

① 사회보장위원회의 위원장은 국무총리가 되고 부위원장은 기획재정부장관, 교육부장관 및 보건복지부장관이 된다(사회보장기본법 제21조 제2항).

② 사회보장위원회는 위원장 1명, 부위원장 3명과 행정안전부장관, 고용노동부장관, 여성가족부장관, 국토교통부장관을 포함한 30명 이내의 위원으로 구성한다(동법 제21조 제1항).

③ 보건복지부장관은 관계 중앙행정기관의 장과 협의하여 사회보장 증진을 위하여 사회보장에 관한 기본계획(사회보장 기본계획)을 5년마다 수립하여야 한다(동법 제16조 제1항).

④ 동법 제37조 제3항

⑤ 동법 제9조

55

② · ③ 중앙행정기관의 장과 지방자치단체의 장은 사회보장제도를 신설하거나 변경할 경우 신설 또는 변경의 타당성, 기존 제도와의 관계, 사회보장 전달체계에 미치는 영향, 지역복지 활성화에 미치는 영향 및 운영방안 등에 대하여 대통령령으로 정하는 바에 따라 보건복지부장관과 협의하여야 한다(사회보장기본법 제26조 제2항).

① · ④ 국가와 지방자치단체는 사회보장제도를 신설하거나 변경할 경우 기존 제도와의 관계, 사회보장 전달체계에 미치는 영향, 재원의 규모 · 조달방안을 포함한 재정에 미치는 영향 및 지역별 특성 등을 사전에 충분히 검토하고 상호협력하여 사회보장급여가 중복 또는 누락되지 아니하도록 하여야 한다(동법 제26조 제1항).

⑤ 중앙행정기관의 장과 지방자치단체의 장은 협의에 따른 업무를 효율적으로 수행하기 위하여 필요하다고 인정하는 경우에는 관련 자료의 수집 · 조사 및 분석에 관한 업무를 정부출연연구기관, 한국사회보장정보원, 그 밖에 대통령령으로 정하는 전문기관 또는 단체에 위탁할 수 있다(동법 제26조 제3항).

56 사회보장급여의 이용·제공 및 수급권자 발굴에 관한 법률상 사회보장정보원에 관한 내용으로 옳지 않은 것은?

① 사회보장정보원은 법인으로 한다.
② 정부는 사회보장정보원의 설립에 필요한 비용을 출연할 수 있다.
③ 사회보장정보원의 운영에 필요한 비용은 정부가 지원할 수 없으며 정보이용자가 지불하는 부담금으로 충당한다.
④ 사회보장정보원에 관하여 이 법에서 규정한 사항 외에는 「민법」 중 재단법인에 관한 규정을 준용한다.
⑤ 사회보장정보원의 임직원은 그 직무상 알게 된 비밀을 다른 용도로 사용하여서는 아니 된다.

57 사회보장급여의 이용·제공 및 수급권자 발굴에 관한 법률상 사회복지전담공무원에 관한 내용으로 옳지 않은 것을 모두 고른 것은?

ㄱ. 시·군·구, 읍·면·동에 사회복지전담공무원을 둘 수 있고 시·도에는 둘 수 없다.
ㄴ. 사회복지전담공무원은 「사회복지사업법」에 따른 사회복지사의 자격을 가진 사람으로 한다.
ㄷ. 시·도지사 및 시장·군수·구청장은 「지방공무원 교육훈련법」에 따라 사회복지전담공무원의 교육훈련에 필요한 시책을 수립·시행하여야 한다.

---

① ㄱ
② ㄴ
③ ㄱ, ㄴ
④ ㄱ, ㄷ
⑤ ㄴ, ㄷ

58 사회복지사업법에서 열거하고 있는 사회복지사업 관련 법률에 해당하지 않는 것은?

① 아동복지법
② 노인복지법
③ 입양특례법
④ 국민건강보험법
⑤ 사회복지공동모금회법

59 사회복지사업법상 사회복지시설(이하 '시설'이라 한다)의 운영위원회에 관한 내용으로 옳은 것은?

① 시설의 장은 운영위원이 될 수 없다.
② 운영위원회의 위원은 시설의 장이 위촉한다.
③ 시설 거주자 대표는 운영위원이 될 수 없다.
④ 운영위원회는 시설운영에 관하여 의결권을 갖는다.
⑤ 시설 거주자의 보호자 대표는 운영위원이 될 수 있다.

56

② · ③ 정부는 사회보장급여의 이용 및 제공이 원활히 이루어질 수 있도록 한국사회보장정보원의 설립 · 운영에 필요한 비용을 출연하거나 지원할 수 있다(사회보장급여의 이용 · 제공 및 수급권자 발굴에 관한 법률 제29조 제4항).

① 한국사회보장정보원은 법인으로 한다(동법 제29조 제2항).

④ 한국사회보장정보원에 관하여 이 법에서 규정한 사항 외에는 「민법」 중 재단법인에 관한 규정을 준용한다(동법 제29조 제5항).

⑤ 한국사회보장정보원의 임직원이나 임직원으로 재직하였던 사람은 그 직무상 알게 된 비밀을 누설하거나 다른 용도로 사용하여서는 아니 된다(동법 제29조 제8항).

57

ㄱ. 사회복지사업에 관한 업무를 담당하게 하기 위하여 시 · 도, 시 · 군 · 구, 읍 · 면 · 동 또는 사회보장사무 전담기구에 사회복지전담공무원을 둘 수 있다(사회보장급여의 이용 · 제공 및 수급권자 발굴에 관한 법률 제43조 제1항).

58

사회복지사업법상 사회복지사업 관련 법률(사회복지사업법 제2조 제1호 참조)

• 국민기초생활보장법   • 아동복지법(①)
• 노인복지법(②)   • 장애인복지법
• 한부모가족지원법   • 영유아보육법
• 성매매방지 및 피해자보호 등에 관한 법률
• 정신건강증진 및 정신질환자 복지서비스 지원에 관한 법률
• 성폭력방지 및 피해자보호 등에 관한 법률
• 국내입양에 관한 특별법(구 입양특례법)(③)
• 국제입양에 관한 법률
• 일제하 일본군위안부 피해자에 대한 생활안정지원 및 기념사업 등에 관한 법률
• 사회복지공동모금회법(⑤)
• 장애인 · 노인 · 임산부 등의 편의증진 보장에 관한 법률

• 가정폭력방지 및 피해자보호 등에 관한 법률
• 농어촌주민의 보건복지증진을 위한 특별법
• 식품 등 기부 활성화에 관한 법률
• 의료급여법   • 기초연금법
• 긴급복지지원법   • 다문화가족지원법
• 장애인연금법
• 장애인활동 지원에 관한 법률
• 노숙인 등의 복지 및 자립지원에 관한 법률
• 보호관찰 등에 관한 법률
• 장애아동 복지지원법
• 발달장애인 권리보장 및 지원에 관한 법률
• 청소년복지 지원법
• 스토킹방지 및 피해자보호 등에 관한 법률
• 그 밖에 대통령령으로 정하는 법률

참고
「입양특례법」이 2023년 7월 18일 전부개정 되어 「국내입양에 관한 특별법」의 제명으로 2025년 7월 19일부터 시행됩니다.

59

운영위원회의 위원(운영위원)이 될 수 있는 사람(사회복지사업법 제36조 제2항)
운영위원회의 위원은 다음 각 호의 어느 하나에 해당하는 사람 중에서 관할 시장 · 군수 · 구청장이 임명하거나 위촉한다.
1. 시설의 장
2. 시설 거주자 대표
3. 시설 거주자의 보호자 대표
4. 시설 종사자의 대표
5. 해당 시 · 군 · 구 소속의 사회복지업무를 담당하는 공무원
6. 후원자 대표 또는 지역주민
7. 공익단체에서 추천한 사람
8. 그 밖에 시설의 운영 또는 사회복지에 관하여 전문적인 지식과 경험이 풍부한 사람

참고
④ 운영위원회는 시설운영에 관하여 '의결권'이 아닌 '심의권'을 갖습니다(사회복지사업법 제36조 제1항 참조).

60 사회복지사업법상 사회복지법인(이하 '법인'이라 한다)에 관한 내용으로 옳은 것은?

① 법인 설립 허가자는 보건복지부장관이다.
② 법인 설립은 시장·군수·구청장에 신고한다.
③ 해산한 법인의 남은 재산은 설립자에 귀속된다.
④ 이사는 법인이 설치한 사회복지시설의 장을 겸직할 수 있다.
⑤ 주된 사무소가 서로 다른 시·도에 소재한 법인이 합병할 경우 시·도지사에게 신고하여야 한다.

61 국민기초생활보장법상 용어의 정의로 옳은 것은?

① 수급권자란 이 법에 따른 급여를 받는 사람을 말한다.
② 기준 중위소득이란 국민 가구소득의 평균값을 말한다.
③ 보장기관이란 이 법에 따른 급여를 실시하는 사회복지시설을 말한다.
④ 소득인정액이란 보장기관이 급여의 결정 및 실시 등에 사용하기 위하여 산출한 개별 가구의 소득평가액과 재산의 소득환산액을 합산한 금액을 말한다.
⑤ 최저생계비란 국민이 쾌적한 문화생활을 유지하기 위하여 필요한 적정선의 비용을 말한다.

62 국민기초생활보장법상 자활 지원에 관한 내용으로 옳지 않은 것은?

① 보장기관은 자활지원사업의 원활한 추진을 위하여 자활기금을 적립한다.
② 보장기관은 지역자활센터에 국유·공유 재산의 무상임대 지원을 할 수 있다.
③ 보장기관은 수급자 및 차상위자가 자활에 필요한 자산을 형성할 수 있도록 재정적인 지원을 할 수 있다.
④ 보장기관은 수급자 및 차상위자의 자활 촉진에 필요한 사업을 수행하게 하기 위하여 법인 등의 신청을 받아 지역자활센터를 지정할 수 있다.
⑤ 수급자 및 소득인정액이 기준 중위소득의 100분의 70 이상인 자는 상호 협력하여 자활기업을 설립·운영할 수 있다.

63 기초연금법의 내용이다. (   )에 들어갈 숫자가 순서대로 옳은 것은?

- 보건복지부장관은 선정기준액을 정하는 경우 65세 이상인 사람 중 기초연금 수급자가 100분의 (   ) 수준이 되도록 한다.
- 본인과 그 배우자가 모두 기초연금 수급권자인 경우에는 각각의 기초연금액에서 기초연금액의 100분의 (   )에 해당하는 금액을 감액한다.

① 60, 40
② 60, 50
③ 70, 20
④ 70, 30
⑤ 80, 10

60

④ 이사는 법인이 설치한 사회복지시설의 장을 제외한 그 시설의 직원을 겸할 수 없다(사회복지사업법 제21조 제1항).
① · ② 사회복지법인을 설립하려는 자는 대통령령으로 정하는 바에 따라 시 · 도지사의 허가를 받아야 한다(동법 제16조 제1항).
③ 해산한 법인의 남은 재산은 정관으로 정하는 바에 따라 국가 또는 지방자치단체에 귀속된다(동법 제27조 제1항).
⑤ 법인은 시 · 도지사의 허가를 받아 이 법에 따른 다른 법인과 합병할 수 있다. 다만, 주된 사무소가 서로 다른 시 · 도에 소재한 법인 간의 합병의 경우에는 보건복지부장관의 허가를 받아야 한다(동법 제30조 제1항).

61

④ 국민기초생활보장법 제2조 제9호
① '수급권자'란 이 법에 따른 급여를 받을 수 있는 자격을 가진 사람을 말한다. 참고로 이 법에 따른 급여를 받는 사람은 '수급자'에 해당한다(동법 제2조 제1호 및 제2호).
② '기준 중위소득'이란 보건복지부장관이 급여의 기준 등에 활용하기 위하여 중앙생활보장위원회의 심의 · 의결을 거쳐 고시하는 국민 가구소득의 중위값을 말한다(동법 제2조 제11호).
③ '보장기관'이란 이 법에 따른 급여를 실시하는 국가 또는 지방자치단체를 말한다(동법 제2조 제4호).
⑤ '최저생계비'란 국민이 건강하고 문화적인 생활을 유지하기 위하여 필요한 최소한의 비용으로서 법령에 따라 보건복지부장관이 계측하는 금액을 말한다(동법 제2조 제7호).

62

⑤ 수급자 및 차상위자는 상호 협력하여 자활기업을 설립 · 운영할 수 있다(국민기초생활보장법 제18조 제1항). 참고로 '차상위계층'은 수급권자에 해당하지 아니하는 계층으로서 소득인정액이 기준 중위소득의 100분의 50 이하인 사람을 말한다(동법 시행령 제3조 참조).
① 동법 제18조의7 제1항
② 보장기관은 지정을 받은 지역자활센터에 대하여 지역자활센터의 설립 · 운영 비용 또는 사업수행 비용의 전부 또는 일부, 국유 · 공유 재산의 무상임대, 보장기관이 실시하는 사업의 우선 위탁 등의 지원을 할 수 있다(동법 제16조 제2항 참조).
③ 동법 제18조의8 제1항
④ 보장기관은 수급자 및 차상위자의 자활 촉진에 필요한 사업을 수행하게 하기 위하여 사회복지법인, 사회적협동조합 등 비영리법인과 단체(이하 "법인 등"이라 한다)를 법인 등의 신청을 받아 지역자활센터로 지정할 수 있다(동법 제16조 제1항).

63

기초연금 수급권자의 범위 및 기초연금액의 감액

기초연금법 제3조 제2항	보건복지부장관은 선정기준액을 정하는 경우 65세 이상인 사람 중 기초연금 수급자가 100분의 70 수준이 되도록 한다.
기초연금법 제8조 제1항	본인과 그 배우자가 모두 기초연금 수급권자인 경우에는 각각의 기초연금액에서 기초연금액의 100분의 20에 해당하는 금액을 감액한다.

64 긴급복지지원법의 내용으로 옳지 않은 것은?

① 주거지가 불분명한 자도 긴급지원대상자가 될 수 있다.
② 국내에 체류하는 모든 외국인은 긴급지원 대상자가 될 수 없다.
③ 위기상황에 처한 사람에게 일시적으로 신속하게 지원하는 것을 기본원칙으로 한다.
④ 누구든지 긴급지원대상자를 발견한 경우에는 관할 시장·군수·구청장에게 신고하여야 한다.
⑤ 국가 및 지방자치단체는 위기상황에 처한 사람에 대한 발굴조사를 연 1회 이상 정기적으로 실시하여야 한다.

65 국민건강보험법상 요양급여에 해당하지 않는 것은?

① 예방·재활
② 이송(移送)
③ 요양병원간병비
④ 처치·수술 및 그 밖의 치료
⑤ 약제(藥劑)·치료재료의 지급

66 산업재해보상보험법상 업무상 사고에 해당하지 않는 것은?

① 출장기간 중 발생한 모든 사고
② 근로자가 근로계약에 따른 업무나 그에 따르는 행위를 하던 중 발생한 사고
③ 휴게시간 중 사업주의 지배관리하에 있다고 볼 수 있는 행위로 발생한 사고
④ 사업주가 주관하거나 사업주의 지시에 따라 참여한 행사나 행사준비 중에 발생한 사고
⑤ 사업주가 제공한 시설물 등을 이용하던 중 그 시설물 등의 결함이나 관리소홀로 발생한 사고

67 노인장기요양보험법상 장기요양급여 제공의 기본원칙에 해당하는 것을 모두 고른 것은?

ㄱ. 노인 등의 심신상태나 건강 등이 악화되지 아니하도록 의료서비스와 연계하여 이를 제공하여야 한다.
ㄴ. 노인 등이 자신의 의사와 능력에 따라 최대한 자립적으로 일상생활을 수행할 수 있도록 제공하여야 한다.
ㄷ. 노인 등이 가족과 함께 생활하면서 가정에서 장기요양을 받는 재가급여를 우선적으로 제공하여야 한다.
ㄹ. 노인 등의 심신상태·생활환경과 노인 등 및 그 가족의 욕구·선택을 종합적으로 고려하여 필요한 범위 안에서 이를 적정하게 제공하여야 한다.

① ㄴ, ㄹ
② ㄱ, ㄴ, ㄷ
③ ㄱ, ㄷ, ㄹ
④ ㄴ, ㄷ, ㄹ
⑤ ㄱ, ㄴ, ㄷ, ㄹ

64

② 국내에 체류하고 있는 외국인 중 대통령령으로 정하는 사람이 이 법에 따른 긴급지원대상자에 해당하는 경우에는 긴급지원대상자가 된다(긴급복지지원법 제5조의2).
① 긴급복지지원법에 따른 지원은 긴급지원대상자의 거주지를 관할하는 시장·군수·구청장이 한다. 다만, 긴급지원대상자의 거주지가 분명하지 아니한 경우에는 지원요청 또는 신고를 받은 시장·군수·구청장이 한다(동법 제6조 제1항).
③ 긴급복지지원법에 따른 지원은 위기상황에 처한 사람에게 일시적으로 신속하게 지원하는 것을 기본원칙으로 한다(동법 제3조 제1항).
④ 동법 제7조 제2항
⑤ 동법 제7조의2 제1항

66

① 근로자가 사업주의 지시를 받아 사업장 밖에서 업무를 수행하던 중에 발생한 사고는 법령에 따른 업무상 사고로 본다. 다만, 사업주의 구체적인 지시를 위반한 행위, 근로자의 사적 행위 또는 정상적인 출장 경로를 벗어났을 때 발생한 사고는 업무상 사고로 보지 않는다(산업재해보상보험법 시행령 제27조 제2항).

65

③ 요양병원간병비는 노인장기요양보험법상 장기요양급여에 해당한다(노인장기요양보험법 제23조 제1항 참조).

요양급여(국민건강보험법 제41조 제1항)

가입자와 피부양자의 질병, 부상, 출산 등에 대하여 다음 각 호의 요양급여를 실시한다.
1. 진찰·검사
2. 약제(藥劑)·치료재료의 지급(⑤)
3. 처치·수술 및 그 밖의 치료(④)
4. 예방·재활(①)
5. 입원
6. 간호
7. 이송(移送)(②)

67

장기요양급여 제공의 기본원칙(노인장기요양보험법 제3조)

• 장기요양급여는 노인 등이 자신의 의사와 능력에 따라 최대한 자립적으로 일상생활을 수행할 수 있도록 제공하여야 한다.(ㄴ)
• 장기요양급여는 노인 등의 심신상태·생활환경과 노인 등 및 그 가족의 욕구·선택을 종합적으로 고려하여 필요한 범위 안에서 이를 적정하게 제공하여야 한다.(ㄹ)
• 장기요양급여는 노인 등이 가족과 함께 생활하면서 가정에서 장기요양을 받는 재가급여를 우선적으로 제공하여야 한다.(ㄷ)
• 장기요양급여는 노인 등의 심신상태나 건강 등이 악화되지 아니하도록 의료서비스와 연계하여 이를 제공하여야 한다.(ㄱ)

68 고용보험법의 내용으로 옳은 것은?

① 고용노동부장관은 보험사업에 대하여 3년 마다 평가를 하여야 한다.
② 국가는 매년 보험사업에 드는 비용의 20% 를 특별회계에서 부담하여야 한다.
③ 피보험자는 이 법이 적용되는 사업에 고용된 날의 다음 달부터 피보험자격을 취득한다.
④ 실업급여로서 지급된 금품에 대하여 국가 는 「국세기본법」에 따른 모든 공과금을 부 과하여야 한다.
⑤ 고용보험사업으로 고용안정 · 직업능력개 발 사업, 실업급여, 육아휴직 급여 및 출산 전후휴가 급여 등을 실시한다.

69 아동복지법의 내용이다. (   )에 들어갈 내 용이 순서대로 옳은 것은? (해설참조)

- 국무총리 소속으로 (   )를 둔다.
- 시 · 도지사, 시장 · 군수 · 구청장 소속으로 (   )를 각각 둔다.
- 보건복지부장관은 아동정책기본계획을 (   )년마다 수립하여야 한다.
- 보건복지부장관은 아동종합실태를 (   )년 마다 조사하여 그 결과를 공표하여야 한다.

① 아동복지심의위원회, 아동정책조정위원회, 3, 5
② 아동정책조정위원회, 아동복지심의위원회, 3, 5
③ 아동복지심의위원회, 아동정책조정위원회, 5, 3
④ 아동정책조정위원회, 아동복지심의위원회, 5, 3
⑤ 아동정책조정위원회, 아동복지심의위원회, 5, 5

70 장애인복지법에 근거하여 설치 또는 설립하 는 것이 아닌 것은?

① 장애인 거주시설
② 한국장애인개발원
③ 장애인권익옹호기관
④ 발달장애인지원센터
⑤ 장애인자립생활지원센터

71 노인복지법상 노인학대에 관한 내용으로 옳 지 않은 것은?

① 「119구조 · 구급에 관한 법률」에 따른 119구 급대의 구급대원은 65세 이상의 사람에 대 한 노인학대 신고의무자에 속한다.
② 노인학대를 알게 된 때에는 신고의무자만 신고할 수 있다.
③ 법원이 노인학대관련범죄자에 대하여 취업 제한명령을 하는 경우, 취업제한기간은 10 년을 초과하지 못한다.
④ 노인학대신고를 접수한 노인보호전문기관의 직원은 지체 없이 노인학대의 현장에 출동 하여야 한다.
⑤ 국가와 지방자치단체는 노인학대를 예방하 고 수시로 신고를 받을 수 있도록 긴급전화 를 설치하여야 한다.

68

⑤ 고용보험은 이 법의 목적을 이루기 위하여 고용보험사업으로 고용안정 · 직업능력개발 사업, 실업급여, 육아휴직 급여 및 출산전후휴가 급여 등을 실시한다(고용보험법 제4조 제1항).

① 고용노동부장관은 보험사업에 대하여 상시적이고 체계적인 평가를 하여야 한다(동법 제11조의2 제1항).

② 국가는 매년 보험사업에 드는 비용의 일부를 일반회계에서 부담하여야 한다(동법 제5조 제1항).

③ 근로자인 피보험자는 이 법이 적용되는 사업에 고용된 날에 피보험자격을 취득한다(동법 제13조 제1항).

④ 실업급여로서 지급된 금품에 대하여는 국가나 지방자치단체의 공과금(「국세기본법」 또는 「지방세기본법」에 따른 공과금을 말한다)을 부과하지 아니한다(동법 제38조의2).

69

이 문제는 개정 전 내용에 해당하므로 간단히 살펴본 후 넘어가도록 합니다. 2021년 12월 21일 법 개정에 따라 아동종합실태조사의 주기가 기존 '5년'에서 '3년'으로 단축되었습니다. 따라서 이 문제의 정답은 출제 당시 ⑤번이었으나, 개정법령을 따를 경우 정답은 ④번입니다.

• 아동정책조정위원회(법 제10조 제1항) : 아동의 권리증진과 건강한 출생 및 성장을 위하여 종합적인 아동정책을 수립하고 관계 부처의 의견을 조정하며 그 정책의 이행을 감독하고 평가하기 위하여 국무총리 소속으로 아동정책조정위원회를 둔다.

• 아동복지심의위원회(법 제12조 제1항) : 시 · 도지사, 시장 · 군수 · 구청장은 법령에 따른 아동의 보호 및 지원서비스에 대해 필요하다고 인정하는 사항을 심의하기 위하여 그 소속으로 아동복지심의위원회를 각각 둔다.

• 아동정책기본계획의 수립(법 제7조 제1항) : 보건복지부장관은 아동정책의 효율적인 추진을 위하여 5년마다 아동정책기본계획을 수립하여야 한다.

• 아동종합실태조사(법 제11조 제1항) : 보건복지부장관은 3년마다* 아동의 양육 및 생활환경, 언어 및 인지 발달, 정서적 · 신체적 건강, 아동안전, 아동학대 등 아동의 종합실태를 조사하여 그 결과를 공표하고, 이를 기본계획과 시행계획에 반영하여야 한다.

70

④ 발달장애인지원센터는 「발달장애인 권리보장 및 지원에 관한 법률」에 근거하여 설치하는 발달장애인 전문기관이다. 관련 법률에 따라 보건복지부장관은 중앙발달장애인지원센터를, 시 · 도지사는 지역발달장애인지원센터를 설치하여야 한다(발달장애인 권리보장 및 지원에 관한 법률 제33조 참조).

① 국가와 지방자치단체는 장애인 거주시설, 장애인 지역사회재활시설, 장애인 자립생활지원시설, 장애인 직업재활시설, 장애인 의료재활시설 등 장애인복지시설을 설치할 수 있다(장애인복지법 제58조 및 제59조 참조).

② 장애인 관련 조사 · 연구 및 정책개발 · 복지진흥 등을 위하여 한국장애인개발원을 설립한다(동법 제29조의2 제1항).

③ 국가는 지역 간의 연계체계를 구축하고 장애인학대를 예방하기 위하여 장애인학대 예방과 관련된 업무를 담당하는 중앙장애인권익옹호기관을 설치 · 운영하여야 한다(동법 제59조의11 제1항).

⑤ 국가와 지방자치단체는 장애인의 자립생활을 실현하기 위하여 장애인자립생활지원센터를 통하여 필요한 각종 지원서비스를 제공한다(동법 제54조 제1항).

71

② 누구든지 노인학대를 알게 된 때에는 노인보호전문기관 또는 수사기관에 신고할 수 있다(노인복지법 제39조의6 제1항).

72 사회복지공동모금회법상 공동모금재원 배분 기준에 포함되어야 하는 사항으로 명시되지 않은 것은?

① 배분한도액
② 배분심사기준
③ 배분신청자의 재산
④ 공동모금재원의 배분대상
⑤ 배분신청기간 및 배분신청서 제출 장소

74 성폭력방지 및 피해자보호 등에 관한 법률상 성폭력피해자보호시설의 종류가 아닌 것은?

① 일반보호시설
② 상담지원시설
③ 외국인보호시설
④ 특별지원 보호시설
⑤ 자립지원 공동생활시설

73 다문화가족지원법의 내용으로 옳지 않은 것은?

① 다문화가족은 대한민국 국적을 취득한 자로 이루어진 가족이어야 한다.
② 다문화가족이 이혼 등의 사유로 해체된 경우에도 그 구성원이었던 자녀에 대하여 이 법을 적용한다.
③ 다문화가족지원센터는 결혼이민자 등에 대한 한국어교육 업무를 수행한다.
④ 국가와 지방자치단체는 다문화가족에 대해 가족생활교육 등을 추진하는 경우, 문화의 차이를 고려한 전문적인 서비스가 제공될 수 있도록 노력하여야 한다.
⑤ 여성가족부장관은 5년마다 다문화가족정책에 관한 기본계획을 수립하여야 한다.

75 가정폭력방지 및 피해자보호 등에 관한 법률의 내용으로 옳지 않은 것은?

① 이 법에서의 '아동'이란 18세 미만인 자를 말한다.
② 국가인권위원회 위원장은 3년마다 가정폭력에 대한 실태조사를 실시하여야 한다.
③ 시·도지사는 외국어 서비스를 제공하는 긴급전화센터를 따로 설치·운영할 수 있다.
④ 지방자치단체는 가정폭력 관련 상담소를 외국인, 장애인 등 대상별로 특화하여 운영할 수 있다.
⑤ 지방자치단체는 가정폭력 관련 상담원 교육훈련시설을 설치·운영할 수 있다.

72

공동모금재원 배분기준에 포함되어야 하는 사항(사회복지공동모금회법 제20조 제1항)

- 공동모금재원의 배분대상(④)
- 배분한도액(①)
- 배분신청기간 및 배분신청서 제출 장소(⑤)
- 배분심사기준(②)
- 배분재원의 과부족(過不足) 시 조정방법
- 배분신청 시 제출할 서류
- 그 밖에 공동모금재원의 배분에 필요한 사항

73

① 「재한외국인 처우 기본법」에 따른 결혼이민자와 「국적법」에 따라 출생, 인지, 귀화에 의해 대한민국 국적을 취득한 자로 이루어진 가족도 다문화가족지원법상 다문화가족이다(다문화가족지원법 제2조 제1호 참조).
② 동법 제14조의2
③ 다문화가족지원센터는 다문화가족을 위한 교육 · 상담 등 지원사업의 실시, 결혼이민자 등에 대한 한국어교육, 다문화가족 지원서비스 정보제공 및 홍보, 다문화가족 지원 관련 기관 · 단체와의 서비스 연계, 일자리에 관한 정보제공 및 일자리의 알선, 다문화가족을 위한 통역 · 번역 지원사업, 다문화가족 내 가정폭력 방지 및 피해자 연계 지원, 그 밖에 다문화가족 지원을 위하여 필요한 사업 등의 업무를 수행한다(동법 제12조 제4항).
④ 동법 제7조
⑤ 동법 제3조의2 제1항

참고

「재한외국인 처우 기본법」에 따른 '결혼이민자'란 대한민국 국민과 혼인한 적이 있거나 혼인관계에 있는 사람으로서, 대한민국의 국적을 가지고 있지 않지만 대한민국에 거주할 목적을 가지고 합법적으로 체류하고 있는 사람을 말합니다.

74

성폭력피해자보호시설의 종류(성폭력방지 및 피해자보호 등에 관한 법률 제12조 제3항 참조)

- 일반보호시설(①)
- 장애인보호시설
- 특별지원 보호시설(④)
- 외국인보호시설(③)
- 자립지원 공동생활시설(⑤)
- 장애인 자립지원 공동생활시설

75

② 여성가족부장관은 3년마다 가정폭력에 대한 실태조사를 실시하여 그 결과를 발표하고, 이를 가정폭력을 예방하기 위한 정책수립의 기초자료로 활용하여야 한다(가정폭력방지 및 피해자보호 등에 관한 법률 제4조의2 제1항).
① 동법 제2조 제4호
③ 여성가족부장관 또는 시 · 도지사는 피해자의 신고접수 및 상담, 관련 기관 · 시설과의 연계, 피해자에 대한 긴급한 구조의 지원, 경찰관서 등으로부터 인도받은 피해자 및 피해자가 동반한 가정구성원의 임시 보호 등의 업무를 수행하기 위하여 긴급전화센터를 설치 · 운영하여야 한다. 이 경우 외국어 서비스를 제공하는 긴급전화센터를 따로 설치 · 운영할 수 있다(동법 제4조의6 제1항).
④ 국가나 지방자치단체는 가정폭력 관련 상담소를 설치 · 운영할 수 있다. 상담소는 외국인, 장애인 등 대상별로 특화하여 운영할 수 있다(동법 제5조 제1항 및 제4항).
⑤ 국가나 지방자치단체는 상담원에 대하여 교육 · 훈련을 실시하기 위하여 가정폭력 관련 상담원 교육훈련시설을 설치 · 운영할 수 있다(동법 제8조의3 제1항).

좋은 책을 만드는 길, 독자님과 함께 하겠습니다.

2026 시대에듀 사회복지사 1급 기출이 답이다 회차별 올인 기출문제집

개정20판1쇄 발행	2025년 07월 25일 (인쇄 2025년 05월 21일)
초 판 발 행	2005년 12월 22일 (인쇄 2005년 12월 22일)
발 행 인	박영일
책 임 편 집	이해욱
저 자	이용석, 사회복지사 수험연구소
편 집 진 행	노윤재 · 호은지
표지디자인	김도연
편집디자인	김휘주 · 김혜지
발 행 처	(주)시대교육
공 급 처	(주)시대고시기획
출 판 등 록	제 10-1521호
주 소	서울시 마포구 큰우물로 75 [도화동 538 성지 B/D] 9F
전 화	1600-3600
팩 스	02-701-8823
홈 페 이 지	www.sdedu.co.kr

I S B N	979-11-383-9309-6 (13330)
정 가	28,000원

꿈을 꾸기에 인생은 빛난다.

− 모차르트 −

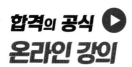

( )년도 제( )회 ( )국가전문자격시험 답안카드

성명

교시(차수) 기재란
( )교시·차 ① ② ③

문제지 형별 기재란
( )형 Ⓐ Ⓑ

선택과목 1

선택과목 2

수험번호

	⓪	①	②	③	④	⑤	⑥	⑦	⑧	⑨
	⓪	①	②	③	④	⑤	⑥	⑦	⑧	⑨
	⓪	①	②	③	④	⑤	⑥	⑦	⑧	⑨
	⓪	①	②	③	④	⑤	⑥	⑦	⑧	⑨
	⓪	①	②	③	④	⑤	⑥	⑦	⑧	⑨
	⓪	①	②	③	④	⑤	⑥	⑦	⑧	⑨
	⓪	①	②	③	④	⑤	⑥	⑦	⑧	⑨
	⓪	①	②	③	④	⑤	⑥	⑦	⑧	⑨

감독위원 확인
(인)

1	① ② ③ ④ ⑤	21	① ② ③ ④ ⑤	41	① ② ③ ④ ⑤	61	① ② ③ ④ ⑤	81	① ② ③ ④ ⑤	101	① ② ③ ④ ⑤
2	① ② ③ ④ ⑤	22	① ② ③ ④ ⑤	42	① ② ③ ④ ⑤	62	① ② ③ ④ ⑤	82	① ② ③ ④ ⑤	102	① ② ③ ④ ⑤
3	① ② ③ ④ ⑤	23	① ② ③ ④ ⑤	43	① ② ③ ④ ⑤	63	① ② ③ ④ ⑤	83	① ② ③ ④ ⑤	103	① ② ③ ④ ⑤
4	① ② ③ ④ ⑤	24	① ② ③ ④ ⑤	44	① ② ③ ④ ⑤	64	① ② ③ ④ ⑤	84	① ② ③ ④ ⑤	104	① ② ③ ④ ⑤
5	① ② ③ ④ ⑤	25	① ② ③ ④ ⑤	45	① ② ③ ④ ⑤	65	① ② ③ ④ ⑤	85	① ② ③ ④ ⑤	105	① ② ③ ④ ⑤
6	① ② ③ ④ ⑤	26	① ② ③ ④ ⑤	46	① ② ③ ④ ⑤	66	① ② ③ ④ ⑤	86	① ② ③ ④ ⑤	106	① ② ③ ④ ⑤
7	① ② ③ ④ ⑤	27	① ② ③ ④ ⑤	47	① ② ③ ④ ⑤	67	① ② ③ ④ ⑤	87	① ② ③ ④ ⑤	107	① ② ③ ④ ⑤
8	① ② ③ ④ ⑤	28	① ② ③ ④ ⑤	48	① ② ③ ④ ⑤	68	① ② ③ ④ ⑤	88	① ② ③ ④ ⑤	108	① ② ③ ④ ⑤
9	① ② ③ ④ ⑤	29	① ② ③ ④ ⑤	49	① ② ③ ④ ⑤	69	① ② ③ ④ ⑤	89	① ② ③ ④ ⑤	109	① ② ③ ④ ⑤
10	① ② ③ ④ ⑤	30	① ② ③ ④ ⑤	50	① ② ③ ④ ⑤	70	① ② ③ ④ ⑤	90	① ② ③ ④ ⑤	110	① ② ③ ④ ⑤
11	① ② ③ ④ ⑤	31	① ② ③ ④ ⑤	51	① ② ③ ④ ⑤	71	① ② ③ ④ ⑤	91	① ② ③ ④ ⑤	111	① ② ③ ④ ⑤
12	① ② ③ ④ ⑤	32	① ② ③ ④ ⑤	52	① ② ③ ④ ⑤	72	① ② ③ ④ ⑤	92	① ② ③ ④ ⑤	112	① ② ③ ④ ⑤
13	① ② ③ ④ ⑤	33	① ② ③ ④ ⑤	53	① ② ③ ④ ⑤	73	① ② ③ ④ ⑤	93	① ② ③ ④ ⑤	113	① ② ③ ④ ⑤
14	① ② ③ ④ ⑤	34	① ② ③ ④ ⑤	54	① ② ③ ④ ⑤	74	① ② ③ ④ ⑤	94	① ② ③ ④ ⑤	114	① ② ③ ④ ⑤
15	① ② ③ ④ ⑤	35	① ② ③ ④ ⑤	55	① ② ③ ④ ⑤	75	① ② ③ ④ ⑤	95	① ② ③ ④ ⑤	115	① ② ③ ④ ⑤
16	① ② ③ ④ ⑤	36	① ② ③ ④ ⑤	56	① ② ③ ④ ⑤	76	① ② ③ ④ ⑤	96	① ② ③ ④ ⑤	116	① ② ③ ④ ⑤
17	① ② ③ ④ ⑤	37	① ② ③ ④ ⑤	57	① ② ③ ④ ⑤	77	① ② ③ ④ ⑤	97	① ② ③ ④ ⑤	117	① ② ③ ④ ⑤
18	① ② ③ ④ ⑤	38	① ② ③ ④ ⑤	58	① ② ③ ④ ⑤	78	① ② ③ ④ ⑤	98	① ② ③ ④ ⑤	118	① ② ③ ④ ⑤
19	① ② ③ ④ ⑤	39	① ② ③ ④ ⑤	59	① ② ③ ④ ⑤	79	① ② ③ ④ ⑤	99	① ② ③ ④ ⑤	119	① ② ③ ④ ⑤
20	① ② ③ ④ ⑤	40	① ② ③ ④ ⑤	60	① ② ③ ④ ⑤	80	① ② ③ ④ ⑤	100	① ② ③ ④ ⑤	120	① ② ③ ④ ⑤
										121	① ② ③ ④ ⑤
										122	① ② ③ ④ ⑤
										123	① ② ③ ④ ⑤
										124	① ② ③ ④ ⑤
										125	① ② ③ ④ ⑤

수험자 유의사항

1. 시험 중에는 통신기기(휴대전화·소형 무전기 등) 및 전자기기(초소형 카메라 등)를 소지하거나 사용할 수 없습니다.
2. 부정행위 예방을 위해 시험문제지에도 수험번호와 성명을 반드시 기재하시기 바랍니다.
3. 시험시간이 종료되면 즉시 답안작성을 멈춰야 하며, 종료시간 이후 계속 답안을 작성하거나 감독위원의 답안카드 제출지시에 불응할 때에는 당해 시험이 무효처리 됩니다.
4. 기타 감독위원의 정당한 지시에 불응하여 타 수험자의 시험에 방해가 될 경우 퇴실조치 될 수 있습니다.

답안카드 작성 시 유의사항

1. 답안카드 기재·마킹 시에는 반드시 검정색 사인펜을 사용해야 합니다.
2. 답안카드를 잘못 작성했을 시에는 카드를 교체하거나 수정테이프를 사용하여 수정할 수 있습니다.
   그러나 불완전한 수정처리로 인해 발생하는 전산자동판독불가 등 불이익은 수험자의 귀책사유입니다.
   - 수정테이프 이외의 수정액, 스티커 등은 사용불가
   - 답안카드 왼쪽(성명·수험번호 등)을 제외한 '답안란' 만 수정테이프로 수정 가능
3. 성명란은 수험자 본인의 성명을 정자체로 기재합니다.
4. 해당차수(교시)시험을 기재하고 해당 란에 마킹합니다.
5. 시험문제지 형별기재란은 시험문제지 형별을 기재하고, 우측 형별마킹란도 해당 형별을 마킹합니다.
6. 수험번호란은 숫자로 기재하고 아래 해당번호에 마킹합니다.
7. 시험문제지 형별 및 수험번호 등 마킹착오로 인한 불이익은 전적으로 수험자의 귀책사유입니다.
8. 감독위원의 날인이 없는 답안카드는 무효처리 됩니다.
9. 상단과 우측의 검은색 띠(▌▌) 부분은 낙서를 금지합니다.

부정행위 처리규정

시험 중 다음과 같은 행위를 하는 자는 당해 시험을 무효처리하고 자격별 관련 규정에 따라 일정기간 동안 시험에 응시할 수 있는 자격을 정지합니다.

1. 시험과 관련된 대화, 답안카드 교환, 다른 수험자의 답안·문제지를 보고 답안 작성, 대리시험을 치르거나 치르게 하는 행위, 시험문제 내용과 관련된 물건을 휴대하거나 이를 주고받는 행위
2. 시험장 내외로부터 도움을 받아 답안을 작성하는 행위, 공인어학성적 및 응시자격서류를 허위기재하여 제출하는 행위
3. 통신기기(휴대전화·소형 무전기 등) 및 전자기기(초소형 카메라 등)를 휴대하거나 사용하는 행위
4. 다른 수험자와 성명 및 수험번호를 바꾸어 작성·제출하는 행위
5. 기타 부정 또는 불공정한 방법으로 시험을 치르는 행위

성 명

교시(차수) 기재란

( )교시·차 ① ② ③

문제지 형별 기재란

( )형 Ⓐ Ⓑ

선택과목 1

선택과목 2

수 험 번 호

⓪	⓪	⓪	⓪	⓪	⓪	⓪
①	①	①	①	①	①	①
②	②	②	②	②	②	②
③	③	③	③	③	③	③
④	④	④	④	④	④	④
⑤	⑤	⑤	⑤	⑤	⑤	⑤
⑥	⑥	⑥	⑥	⑥	⑥	⑥
⑦	⑦	⑦	⑦	⑦	⑦	⑦
⑧	⑧	⑧	⑧	⑧	⑧	⑧
⑨	⑨	⑨	⑨	⑨	⑨	⑨

감독위원 확인

(인)

번호	답란	번호	답란	번호	답란	번호	답란	번호	답란	번호	답란
1	① ② ③ ④ ⑤	21	① ② ③ ④ ⑤	41	① ② ③ ④ ⑤	61	① ② ③ ④ ⑤	81	① ② ③ ④ ⑤	101	① ② ③ ④ ⑤
2	① ② ③ ④ ⑤	22	① ② ③ ④ ⑤	42	① ② ③ ④ ⑤	62	① ② ③ ④ ⑤	82	① ② ③ ④ ⑤	102	① ② ③ ④ ⑤
3	① ② ③ ④ ⑤	23	① ② ③ ④ ⑤	43	① ② ③ ④ ⑤	63	① ② ③ ④ ⑤	83	① ② ③ ④ ⑤	103	① ② ③ ④ ⑤
4	① ② ③ ④ ⑤	24	① ② ③ ④ ⑤	44	① ② ③ ④ ⑤	64	① ② ③ ④ ⑤	84	① ② ③ ④ ⑤	104	① ② ③ ④ ⑤
5	① ② ③ ④ ⑤	25	① ② ③ ④ ⑤	45	① ② ③ ④ ⑤	65	① ② ③ ④ ⑤	85	① ② ③ ④ ⑤	105	① ② ③ ④ ⑤
6	① ② ③ ④ ⑤	26	① ② ③ ④ ⑤	46	① ② ③ ④ ⑤	66	① ② ③ ④ ⑤	86	① ② ③ ④ ⑤	106	① ② ③ ④ ⑤
7	① ② ③ ④ ⑤	27	① ② ③ ④ ⑤	47	① ② ③ ④ ⑤	67	① ② ③ ④ ⑤	87	① ② ③ ④ ⑤	107	① ② ③ ④ ⑤
8	① ② ③ ④ ⑤	28	① ② ③ ④ ⑤	48	① ② ③ ④ ⑤	68	① ② ③ ④ ⑤	88	① ② ③ ④ ⑤	108	① ② ③ ④ ⑤
9	① ② ③ ④ ⑤	29	① ② ③ ④ ⑤	49	① ② ③ ④ ⑤	69	① ② ③ ④ ⑤	89	① ② ③ ④ ⑤	109	① ② ③ ④ ⑤
10	① ② ③ ④ ⑤	30	① ② ③ ④ ⑤	50	① ② ③ ④ ⑤	70	① ② ③ ④ ⑤	90	① ② ③ ④ ⑤	110	① ② ③ ④ ⑤
11	① ② ③ ④ ⑤	31	① ② ③ ④ ⑤	51	① ② ③ ④ ⑤	71	① ② ③ ④ ⑤	91	① ② ③ ④ ⑤	111	① ② ③ ④ ⑤
12	① ② ③ ④ ⑤	32	① ② ③ ④ ⑤	52	① ② ③ ④ ⑤	72	① ② ③ ④ ⑤	92	① ② ③ ④ ⑤	112	① ② ③ ④ ⑤
13	① ② ③ ④ ⑤	33	① ② ③ ④ ⑤	53	① ② ③ ④ ⑤	73	① ② ③ ④ ⑤	93	① ② ③ ④ ⑤	113	① ② ③ ④ ⑤
14	① ② ③ ④ ⑤	34	① ② ③ ④ ⑤	54	① ② ③ ④ ⑤	74	① ② ③ ④ ⑤	94	① ② ③ ④ ⑤	114	① ② ③ ④ ⑤
15	① ② ③ ④ ⑤	35	① ② ③ ④ ⑤	55	① ② ③ ④ ⑤	75	① ② ③ ④ ⑤	95	① ② ③ ④ ⑤	115	① ② ③ ④ ⑤
16	① ② ③ ④ ⑤	36	① ② ③ ④ ⑤	56	① ② ③ ④ ⑤	76	① ② ③ ④ ⑤	96	① ② ③ ④ ⑤	116	① ② ③ ④ ⑤
17	① ② ③ ④ ⑤	37	① ② ③ ④ ⑤	57	① ② ③ ④ ⑤	77	① ② ③ ④ ⑤	97	① ② ③ ④ ⑤	117	① ② ③ ④ ⑤
18	① ② ③ ④ ⑤	38	① ② ③ ④ ⑤	58	① ② ③ ④ ⑤	78	① ② ③ ④ ⑤	98	① ② ③ ④ ⑤	118	① ② ③ ④ ⑤
19	① ② ③ ④ ⑤	39	① ② ③ ④ ⑤	59	① ② ③ ④ ⑤	79	① ② ③ ④ ⑤	99	① ② ③ ④ ⑤	119	① ② ③ ④ ⑤
20	① ② ③ ④ ⑤	40	① ② ③ ④ ⑤	60	① ② ③ ④ ⑤	80	① ② ③ ④ ⑤	100	① ② ③ ④ ⑤	120	① ② ③ ④ ⑤
										121	① ② ③ ④ ⑤
										122	① ② ③ ④ ⑤
										123	① ② ③ ④ ⑤
										124	① ② ③ ④ ⑤
										125	① ② ③ ④ ⑤

수험자 유의사항

1. 시험 중에는 통신기기(휴대전화·소형 무전기 등) 및 전자기기(초소형 카메라 등)를 소지하거나 사용할 수 없습니다.
2. 부정행위 예방을 위해 시험문제지에도 수험번호와 성명을 반드시 기재하시기 바랍니다.
3. 시험시간이 종료되면 즉시 답안작성을 멈춰야 하며, 종료시간 이후 계속 답안을 작성하거나 감독위원의 제출지시에 불응할 때에는 당해 시험이 무효처리 됩니다.
4. 기타 감독위원의 정당한 지시에 불응하여 시험에 방해가 될 경우 퇴실조치 될 수 있습니다.

답안카드 작성 시 유의사항

1. 답안카드 기재·마킹 시에는 반드시 검정색 사인펜을 사용해야 합니다.
2. 답안카드를 잘못 작성했을 시에는 카드를 교체하거나 수정테이프를 사용하여 수정할 수 있습니다.
   그러나 불완전한 수정처리로 인해 발생하는 전산자동판독불가 등 불이익은 수험자의 귀책사유입니다.
   - 수정테이프 이외의 수정액, 스티커 등은 사용불가
   - 답안카드 왼쪽(성명·수험번호 등)을 제외한 '답안란' 만 수정테이프로 수정 가능
3. 성명란은 수험자 본인의 성명을 정자체로 기재합니다.
4. 해당차수(교시)시험을 기재하고 해당 란에 마킹합니다.
5. 시험문제지 형별기재란은 시험문제지 형별을 기재하고, 우측 형별마킹란에 해당 형별을 마킹합니다.
6. 수험번호란은 숫자로 기재하고 아래 해당번호에 마킹합니다.
7. 시험문제지 형별 및 수험번호 등 마킹착오로 인한 불이익은 전적으로 수험자의 귀책사유입니다.
8. 감독위원의 날인이 없는 답안카드는 무효처리 됩니다.
9. 상단과 우측의 검은색 띠(▮▮▮) 부분은 낙서를 금지합니다.

부정행위 처리규정

시험 중 다음과 같은 행위를 하는 자는 당해 시험을 무효처리하고 자격별 관련 규정에 따라 일정기간 동안 시험에 응시할 수 있는 자격을 정지합니다.

1. 시험과 관련된 대화, 답안카드 교환, 다른 수험자의 답안·문제지를 보고 답안 작성, 대리시험을 치르거나 치르게 하는 행위, 시험문제 내용과 관련된 물건을 휴대하거나 이를 주고받는 행위
2. 시험장 내외로부터 도움을 받아 답안을 작성하는 행위, 공인어학성적 및 응시자격서류를 허위기재하여 제출하는 행위
3. 통신기기(휴대전화·소형 무전기 등) 및 전자기기(초소형 카메라 등)를 이용하여 답안을 작성하거나 제출하는 행위
4. 다른 수험자와 성명 및 수험번호를 바꾸어 작성·제출하는 행위
5. 기타 부정 또는 불공정한 방법으로 시험을 치르는 행위

( )년도 제( )회 ( )국가전문자격시험 답안카드

성 명

교시(차수) 기재란
( )교시 · 차 ① ② ③
문제지 형별 기재란
( )형 Ⓐ Ⓑ

선택과목 1
선택과목 2

수 험 번 호

⓪ ① ② ③ ④ ⑤ ⑥ ⑦ ⑧ ⑨
⓪ ① ② ③ ④ ⑤ ⑥ ⑦ ⑧ ⑨
⓪ ① ② ③ ④ ⑤ ⑥ ⑦ ⑧ ⑨
⓪ ① ② ③ ④ ⑤ ⑥ ⑦ ⑧ ⑨
⓪ ① ② ③ ④ ⑤ ⑥ ⑦ ⑧ ⑨
⓪ ① ② ③ ④ ⑤ ⑥ ⑦ ⑧ ⑨
⓪ ① ② ③ ④ ⑤ ⑥ ⑦ ⑧ ⑨
⓪ ① ② ③ ④ ⑤ ⑥ ⑦ ⑧ ⑨

감독위원 확인
(인)

번호	답란	번호	답란	번호	답란	번호	답란	번호	답란	번호	답란
1	①②③④⑤	21	①②③④⑤	41	①②③④⑤	61	①②③④⑤	81	①②③④⑤	101	①②③④⑤
2	①②③④⑤	22	①②③④⑤	42	①②③④⑤	62	①②③④⑤	82	①②③④⑤	102	①②③④⑤
3	①②③④⑤	23	①②③④⑤	43	①②③④⑤	63	①②③④⑤	83	①②③④⑤	103	①②③④⑤
4	①②③④⑤	24	①②③④⑤	44	①②③④⑤	64	①②③④⑤	84	①②③④⑤	104	①②③④⑤
5	①②③④⑤	25	①②③④⑤	45	①②③④⑤	65	①②③④⑤	85	①②③④⑤	105	①②③④⑤
6	①②③④⑤	26	①②③④⑤	46	①②③④⑤	66	①②③④⑤	86	①②③④⑤	106	①②③④⑤
7	①②③④⑤	27	①②③④⑤	47	①②③④⑤	67	①②③④⑤	87	①②③④⑤	107	①②③④⑤
8	①②③④⑤	28	①②③④⑤	48	①②③④⑤	68	①②③④⑤	88	①②③④⑤	108	①②③④⑤
9	①②③④⑤	29	①②③④⑤	49	①②③④⑤	69	①②③④⑤	89	①②③④⑤	109	①②③④⑤
10	①②③④⑤	30	①②③④⑤	50	①②③④⑤	70	①②③④⑤	90	①②③④⑤	110	①②③④⑤
11	①②③④⑤	31	①②③④⑤	51	①②③④⑤	71	①②③④⑤	91	①②③④⑤	111	①②③④⑤
12	①②③④⑤	32	①②③④⑤	52	①②③④⑤	72	①②③④⑤	92	①②③④⑤	112	①②③④⑤
13	①②③④⑤	33	①②③④⑤	53	①②③④⑤	73	①②③④⑤	93	①②③④⑤	113	①②③④⑤
14	①②③④⑤	34	①②③④⑤	54	①②③④⑤	74	①②③④⑤	94	①②③④⑤	114	①②③④⑤
15	①②③④⑤	35	①②③④⑤	55	①②③④⑤	75	①②③④⑤	95	①②③④⑤	115	①②③④⑤
16	①②③④⑤	36	①②③④⑤	56	①②③④⑤	76	①②③④⑤	96	①②③④⑤	116	①②③④⑤
17	①②③④⑤	37	①②③④⑤	57	①②③④⑤	77	①②③④⑤	97	①②③④⑤	117	①②③④⑤
18	①②③④⑤	38	①②③④⑤	58	①②③④⑤	78	①②③④⑤	98	①②③④⑤	118	①②③④⑤
19	①②③④⑤	39	①②③④⑤	59	①②③④⑤	79	①②③④⑤	99	①②③④⑤	119	①②③④⑤
20	①②③④⑤	40	①②③④⑤	60	①②③④⑤	80	①②③④⑤	100	①②③④⑤	120	①②③④⑤

121 ①②③④⑤
122 ①②③④⑤
123 ①②③④⑤
124 ①②③④⑤
125 ①②③④⑤

절취선

[이 답안지는 마킹연습용 모의 답안지입니다.]

수험자 유의사항

1. 시험 중에는 통신기기(휴대전화·소형 무전기 등) 및 전자기기(초소형 카메라 등)를 소지하거나 사용할 수 없습니다.
2. 부정행위 예방을 위해 시험문제지에도 수험번호와 성명을 반드시 기재하시기 바랍니다.
3. 시험시간이 종료되면 즉시 답안작성을 멈춰야 하며, 종료시간 이후 계속 답안을 작성하거나 감독위원의 답안카드 제출지시에 불응할 때에는 당해 시험이 무효처리 됩니다.
4. 기타 감독위원의 정당한 지시에 불응하여 타 수험자의 시험에 방해가 될 경우 퇴실조치 될 수 있습니다.

답안카드 작성 시 유의사항

1. 답안카드 기재·마킹 시에는 반드시 검정색 사인펜을 사용해야 합니다.
2. 답안카드를 잘못 작성했을 시에는 카드를 교체하거나 수정테이프를 사용하여 수정할 수 있습니다.
   그러나 불완전한 수정처리로 인해 발생하는 전산자동판독불가는 수험자의 귀책사유입니다.
   -수정테이프 이외의 수정액, 스티커 등은 사용불가
   -답안카드 왼쪽(성명·수험번호 등)을 제외한 '답안란' 만 수정테이프로 수정 가능
3. 성명란은 수험자 본인의 성명을 정자체로 기재합니다.
4. 해당차수(교시)시험을 기재하고 해당란에 마킹합니다.
5. 시험문제지 형별기재란은 시험문제지 형별을 기재하고, 우측 형별마킹란에 해당 형별을 마킹합니다.
6. 수험번호란은 숫자로 기재하고 아래 해당번호에 마킹합니다.
7. 시험문제지 형별 및 수험번호 등 마킹착오로 인한 불이익은 전적으로 수험자의 귀책사유입니다.
8. 감독위원의 날인이 없는 답안카드는 무효처리 됩니다.
9. 상단과 우측의 검은색 띠(▮▮▮) 부분은 낙서를 금지합니다.

부정행위 처리 규정

시험 중 다음과 같은 행위를 하는 자는 당해 시험을 무효처리하고 자격별 관련 규정에 따라 일정기간 동안 시험에 응시할 수 있는 자격을 정지합니다.

1. 시험과 관련된 대화, 답안카드 교환, 다른 수험자의 답안·문제지를 보고 답안 작성, 대리시험을 치르거나 치르게 하는 행위, 시험문제 내용과 관련된 물건을 휴대하거나 이를 주고받는 행위
2. 시험장 내외로부터 도움을 받아 답안을 작성하는 행위, 공인어학성적 및 응시자격서류를 허위기재하여 제출하는 행위
3. 통신기기(휴대전화·소형 무전기 등) 및 전자기기(초소형 카메라 등)를 휴대하여 작성·제출하는 행위
4. 다른 수험자와 성명 및 수험번호를 바꾸어 작성·제출하는 행위
5. 기타 부정 또는 불공정한 방법으로 시험을 치르는 행위

( )년도 제( )회 ( )국가전문자격시험 답안카드

성 명

수험번호								
⓪	⓪	⓪	⓪	⓪	⓪	⓪	⓪	⓪
①	①	①	①	①	①	①	①	①
②	②	②	②	②	②	②	②	②
③	③	③	③	③	③	③	③	③
④	④	④	④	④	④	④	④	④
⑤	⑤	⑤	⑤	⑤	⑤	⑤	⑤	⑤
⑥	⑥	⑥	⑥	⑥	⑥	⑥	⑥	⑥
⑦	⑦	⑦	⑦	⑦	⑦	⑦	⑦	⑦
⑧	⑧	⑧	⑧	⑧	⑧	⑧	⑧	⑧
⑨	⑨	⑨	⑨	⑨	⑨	⑨	⑨	⑨

감독위원 확인

(인)

1	① ② ③ ④ ⑤	21	① ② ③ ④ ⑤	41	① ② ③ ④ ⑤	61	① ② ③ ④ ⑤	81	① ② ③ ④ ⑤	101	① ② ③ ④ ⑤
2	① ② ③ ④ ⑤	22	① ② ③ ④ ⑤	42	① ② ③ ④ ⑤	62	① ② ③ ④ ⑤	82	① ② ③ ④ ⑤	102	① ② ③ ④ ⑤
3	① ② ③ ④ ⑤	23	① ② ③ ④ ⑤	43	① ② ③ ④ ⑤	63	① ② ③ ④ ⑤	83	① ② ③ ④ ⑤	103	① ② ③ ④ ⑤
4	① ② ③ ④ ⑤	24	① ② ③ ④ ⑤	44	① ② ③ ④ ⑤	64	① ② ③ ④ ⑤	84	① ② ③ ④ ⑤	104	① ② ③ ④ ⑤
5	① ② ③ ④ ⑤	25	① ② ③ ④ ⑤	45	① ② ③ ④ ⑤	65	① ② ③ ④ ⑤	85	① ② ③ ④ ⑤	105	① ② ③ ④ ⑤
6	① ② ③ ④ ⑤	26	① ② ③ ④ ⑤	46	① ② ③ ④ ⑤	66	① ② ③ ④ ⑤	86	① ② ③ ④ ⑤	106	① ② ③ ④ ⑤
7	① ② ③ ④ ⑤	27	① ② ③ ④ ⑤	47	① ② ③ ④ ⑤	67	① ② ③ ④ ⑤	87	① ② ③ ④ ⑤	107	① ② ③ ④ ⑤
8	① ② ③ ④ ⑤	28	① ② ③ ④ ⑤	48	① ② ③ ④ ⑤	68	① ② ③ ④ ⑤	88	① ② ③ ④ ⑤	108	① ② ③ ④ ⑤
9	① ② ③ ④ ⑤	29	① ② ③ ④ ⑤	49	① ② ③ ④ ⑤	69	① ② ③ ④ ⑤	89	① ② ③ ④ ⑤	109	① ② ③ ④ ⑤
10	① ② ③ ④ ⑤	30	① ② ③ ④ ⑤	50	① ② ③ ④ ⑤	70	① ② ③ ④ ⑤	90	① ② ③ ④ ⑤	110	① ② ③ ④ ⑤
11	① ② ③ ④ ⑤	31	① ② ③ ④ ⑤	51	① ② ③ ④ ⑤	71	① ② ③ ④ ⑤	91	① ② ③ ④ ⑤	111	① ② ③ ④ ⑤
12	① ② ③ ④ ⑤	32	① ② ③ ④ ⑤	52	① ② ③ ④ ⑤	72	① ② ③ ④ ⑤	92	① ② ③ ④ ⑤	112	① ② ③ ④ ⑤
13	① ② ③ ④ ⑤	33	① ② ③ ④ ⑤	53	① ② ③ ④ ⑤	73	① ② ③ ④ ⑤	93	① ② ③ ④ ⑤	113	① ② ③ ④ ⑤
14	① ② ③ ④ ⑤	34	① ② ③ ④ ⑤	54	① ② ③ ④ ⑤	74	① ② ③ ④ ⑤	94	① ② ③ ④ ⑤	114	① ② ③ ④ ⑤
15	① ② ③ ④ ⑤	35	① ② ③ ④ ⑤	55	① ② ③ ④ ⑤	75	① ② ③ ④ ⑤	95	① ② ③ ④ ⑤	115	① ② ③ ④ ⑤
16	① ② ③ ④ ⑤	36	① ② ③ ④ ⑤	56	① ② ③ ④ ⑤	76	① ② ③ ④ ⑤	96	① ② ③ ④ ⑤	116	① ② ③ ④ ⑤
17	① ② ③ ④ ⑤	37	① ② ③ ④ ⑤	57	① ② ③ ④ ⑤	77	① ② ③ ④ ⑤	97	① ② ③ ④ ⑤	117	① ② ③ ④ ⑤
18	① ② ③ ④ ⑤	38	① ② ③ ④ ⑤	58	① ② ③ ④ ⑤	78	① ② ③ ④ ⑤	98	① ② ③ ④ ⑤	118	① ② ③ ④ ⑤
19	① ② ③ ④ ⑤	39	① ② ③ ④ ⑤	59	① ② ③ ④ ⑤	79	① ② ③ ④ ⑤	99	① ② ③ ④ ⑤	119	① ② ③ ④ ⑤
20	① ② ③ ④ ⑤	40	① ② ③ ④ ⑤	60	① ② ③ ④ ⑤	80	① ② ③ ④ ⑤	100	① ② ③ ④ ⑤	120	① ② ③ ④ ⑤

121	① ② ③ ④ ⑤
122	① ② ③ ④ ⑤
123	① ② ③ ④ ⑤
124	① ② ③ ④ ⑤
125	① ② ③ ④ ⑤

[이 답안지는 마킹연습용 모의 답안지입니다.]

수험자 유의사항

1. 시험 중에는 통신기기(휴대전화·소형 무전기 등) 및 전자기기(초소형 카메라 등)를 소지하거나 사용할 수 없습니다.
2. 부정행위 예방을 위해 시험문제지에도 수험번호와 성명을 반드시 기재하시기 바랍니다.
3. 시험시간이 종료되면 즉시 답안작성을 멈춰야 하며, 종료시간 이후 계속 답안을 작성하거나 감독위원의 제출지시에 불응할 때에는 당해 시험이 무효처리 됩니다.
4. 기타 감독위원의 정당한 지시에 불응하여 타 수험자의 시험에 방해가 될 경우 퇴실조치 될 수 있습니다.

답안카드 작성 시 유의사항

1. 답안카드 기재·마킹 시에는 반드시 검정색 사인펜을 사용해야 합니다.
2. 답안카드를 잘못 작성했을 시에는 카드를 교체하거나 수정테이프를 사용하여 수정할 수 있습니다.
   그러나 불완전한 수정처리로 인해 발생하는 전산자동판독불가 등 불이익은 수험자의 귀책사유입니다.
   - 수정테이프 이외의 수정액, 스티커 등은 사용불가
   - 답안카드 왼쪽(성명·수험번호 등)을 제외한 '답안란'만 수정테이프로 수정 가능
3. 성명란은 수험자 본인의 성명을 정자체로 기재합니다.
4. 해당차수(교시)시험을 기재하고 해당 란에 마킹합니다.
5. 시험문제지 형별기재란은 시험문제지 형별을 기재하고, 우측 형별마킹란은 해당 형별을 마킹합니다.
6. 수험번호란은 숫자로 기재하고 아래 해당번호에 마킹합니다.
7. 시험문제지 형별 및 수험번호 등 마킹착오로 인한 불이익은 전적으로 수험자의 귀책사유입니다.
8. 감독위원의 날인이 없는 답안카드는 무효처리 됩니다.
9. 상단과 우측의 검은색 띠(▋) 부분은 낙서를 금지합니다.

부정행위 처리규정

시험 중 다음과 같은 행위를 하는 자는 당해 시험을 무효처리하고 자격별 관련 규정에 따라 일정기간 동안 시험에 응시할 수 있는 자격을 정지합니다.

1. 시험과 관련된 대화, 답안카드 교환, 다른 수험자의 답안·문제지를 보고 답안 작성, 대리시험을 치르거나 치르게 하는 행위, 시험문제 내용과 관련된 물건을 휴대하거나 이를 주고받는 행위
2. 시험장 내외로부터 도움을 받아 답안을 작성하는 행위, 공인어학성적 및 응시자격서류를 허위기재하여 제출하는 행위
3. 통신기기(휴대전화·소형 무전기 등) 및 전자기기(초소형 카메라 등)를 휴대하거나 사용하는 행위
4. 다른 수험자와 성명 및 수험번호를 바꾸어 작성·제출하는 행위
5. 기타 부정 또는 불공정한 방법으로 시험을 치르는 행위

사회복지사 1급

합격 ROADMAP

기본부터 탄탄히!

다양한 이론이 나오는 사회복지사 1급 시험을 확실하게 합격할 수 있도록 최신 기출문제, 영역별 핵심이론, 적중문제, 바로암기 OX 등 합격에 필요한 것들을 한 권에 모두 담았습니다!

핵심만 쏙쏙!

방대한 사회복지사 이론을 핵심만 쏙쏙 골라 구성했습니다. 합격에 필요한 핵심이론, 최신 기출문제로 구성된 실제기출, 출제경향을 반영한 개념쏙쏙 등을 담은 핵심요약집으로 효율·효과적으로 학습해 보세요!

사회복지사 1급 시험 어떻게 준비하세요?

핵심만 쏙쏙 담은 알찬 교재!
시대에듀의 사회복지사 1급 기본서와 문제집 시리즈,
최종 마무리 시리즈로 합격을 준비하세요.

기출문제를 풀어야
합격이 풀린다!

최근 6년 동안의 기출문제와 더없이 상세하고 꼼꼼한
해설을 통해 반복해서 출제되는 핵심 내용들을 반드시
짚고 넘어가세요!

실전감각
200% 충전하기!

최신 출제경향을 반영하여 실제 시험과 유사하게 구성
한 실전동형모의고사 5회분을 수록했습니다. 핵심이
론만을 넣어 구성한 핵심암기노트도 놓치지 마세요!

※ 본 도서의 세부구성 및 이미지는 변동될 수 있습니다.

나는 이렇게 합격했다

자격명: 위험물산업기사
구분: 합격수기
작성자: 배*상

나는 할수있다
69년생 50중반 직장인   입니다. 요즘
자격증을 2개정도는 가지고 입사하는 젊은친구들에게
일을시키고 지시하는 역할이지만 정작 제자신에게 부족한점
이많다는것을느꼈기   때문에 자격증을따야겠다고
결심했습니다. 처음   시작할때는 과연되겠
냐?하는의문과격정   합격은   이한가득이었지만
시대에듀인강   을우연히접하게
되었고 잘차려 시대에듀   진밥상과같은커
리큘럼은 뒤늦게 시   작한늦깍이 수험   생이었던저를
합격의길로인도해주었습니다. 직장생활을
하면서취득했기에 더욱기뻤습니다.
감사합니다!

당신의 합격 스토리를 들려주세요.
추첨을 통해 선물을 드립니다.